浙江统计年鉴

ZHEJIANG STATISTICAL YEARBOOK

2002

(总第20期 NO.20)

浙 江 省 统 计 局 编

Compiled by
Statistical Bureau of
Zhejiang Province

中国统计出版社
China Statistics Press

（京）新登字 041 号

图书在版编目（CIP）数据

浙江统计年鉴.2002/浙江省统计局编.
-北京：中国统计出版社，2002.7
ISBN 7-5037-3758-1
Ⅰ.浙…
Ⅱ.浙…
Ⅲ.社会经济统计-统计资料-浙江省-2002-年鉴
Ⅳ.C832.55-54

中国版本图书馆 CIP 数据核字（2002）第 033320 号

浙江统计年鉴—2002

作　　者/　浙江省统计局
责任编辑/　蔡启新　左南丁
E —mail/　yearbook@stats.gov.cn
责任校对/　潘强敏　胡　东　季　南
封面设计/　许小忠
出版发行/　中国统计出版社
通讯地址/　北京市西城区三里河月坛南街 75 号　中国统计出版社
电　　话/　（010）63262295
印　　制/　浙江兴雅印刷有限公司
经　　销/　新华书店
开　　本/　890＊1240 毫米　1/16 开本
字　　数/　150 万
印　　张/　45
印　　数/　1—3000 册
版　　别/　2002 年 7 月第 1 版
版　　次/　2002 年 7 月第 1 次印刷
书　　号/　ISBN　7—5037—3758—1/F.1355
定　　价/　200.00 元

《浙江统计年鉴—2002》编辑委员会

Editorial Board

国内生产总值

Gross Domestic Product

（亿元）

(100 million yuan)

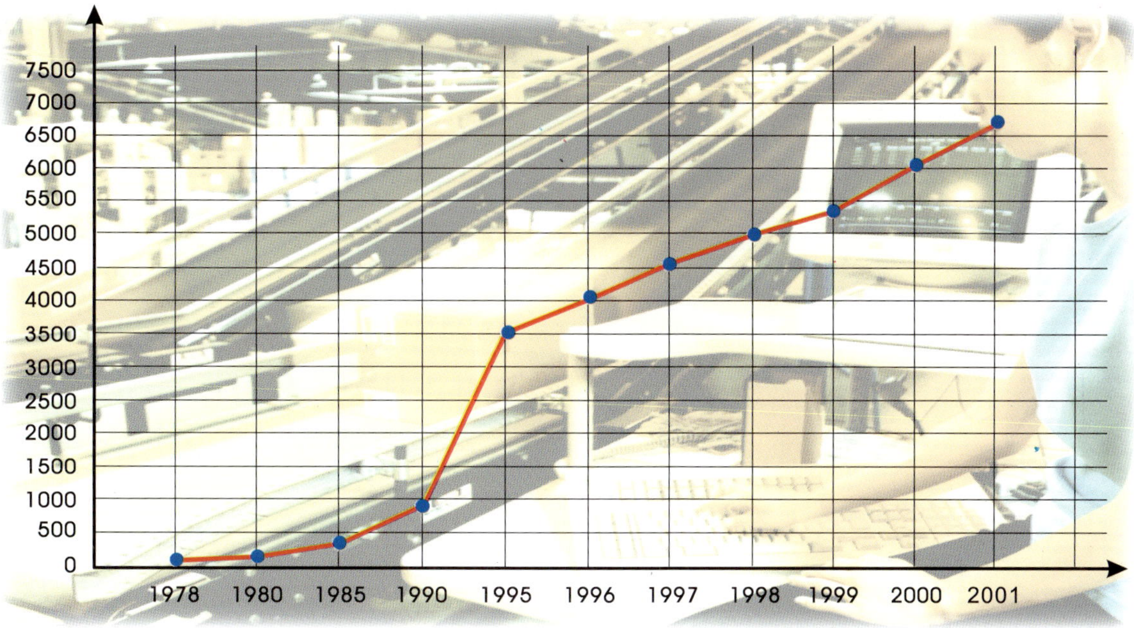

工农业增加值

The Value-added of Industry and Farming, Forestry, Animal Husbandry and Fishery

（亿元）

(100 million yuan)

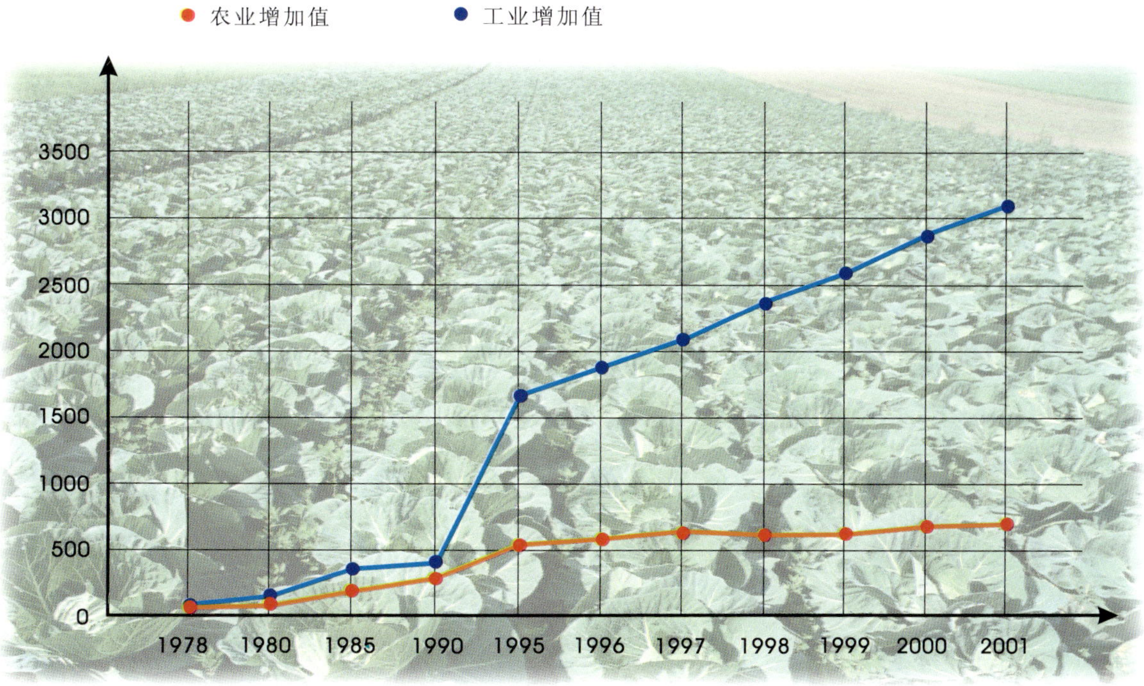

社会消费品零售总额

Tatal Retail Sales of Consumer Goods

（亿元）

(100 million yuan)

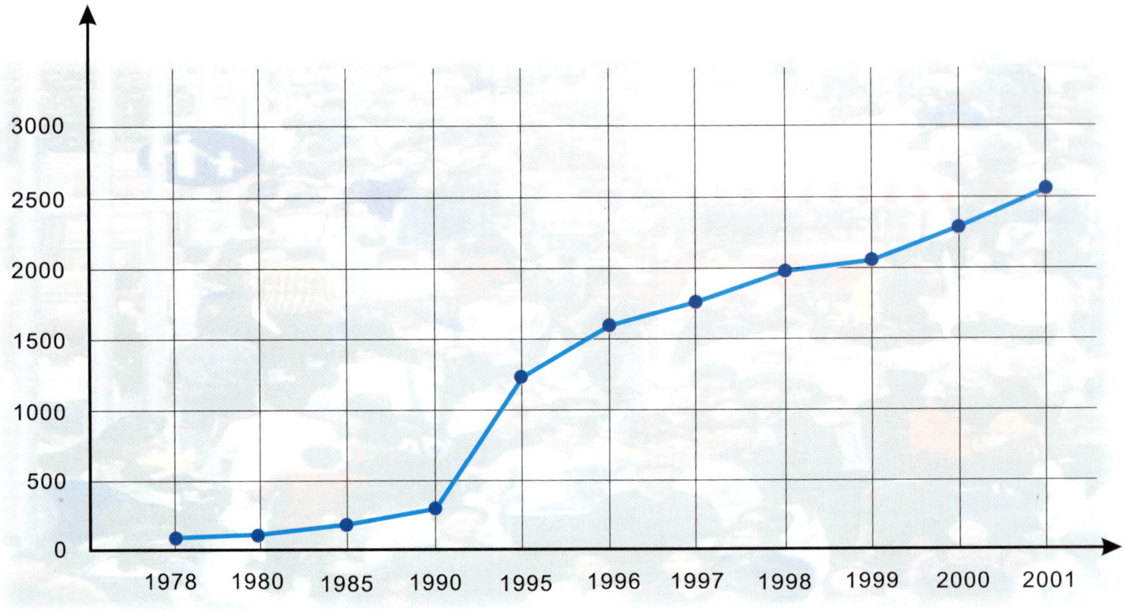

外贸出口总额

Total Exports

（亿美元）

(USD 100 million)

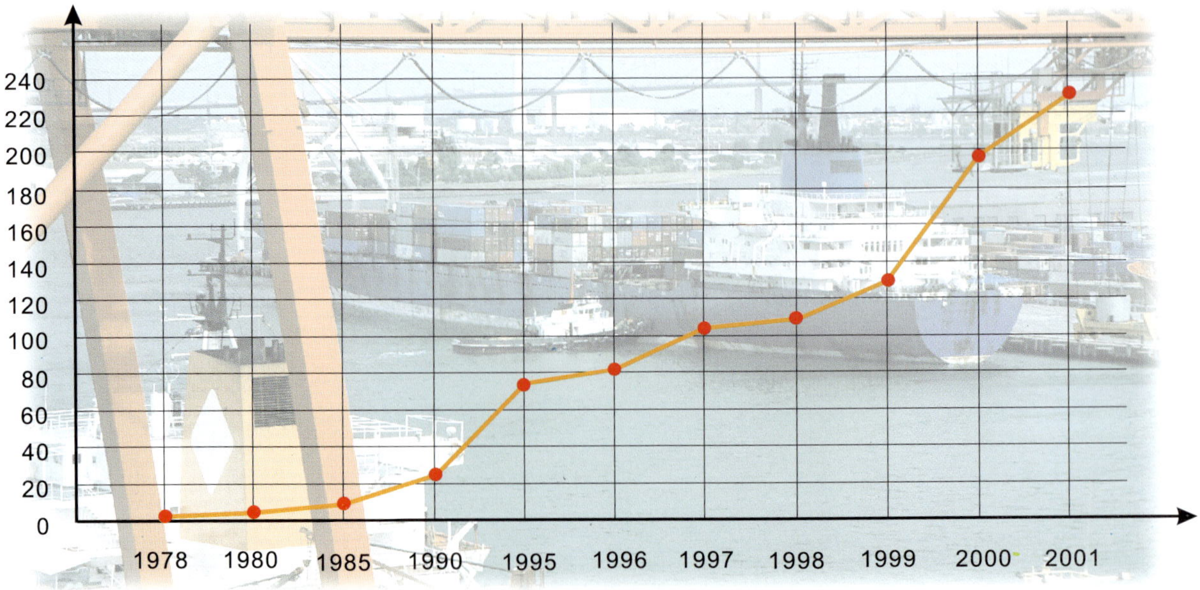

全社会固定资产投资

（亿元）

Total Investment in Fixed Assets

(100 million yuan)

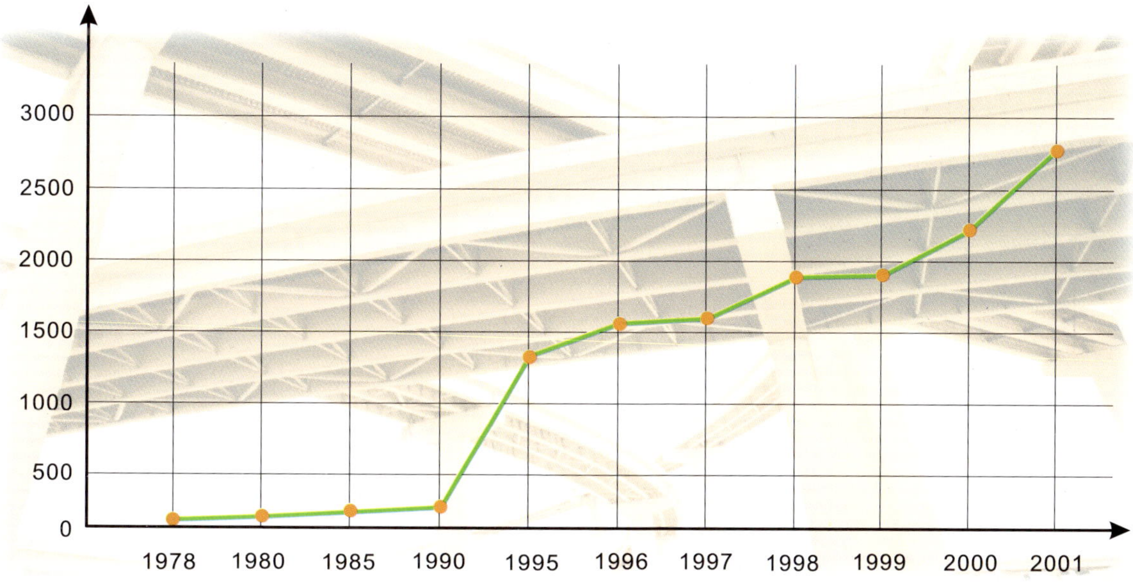

财政总收支

（亿元）

Total Financial Revenue & Expenditure

(100 million yuan)

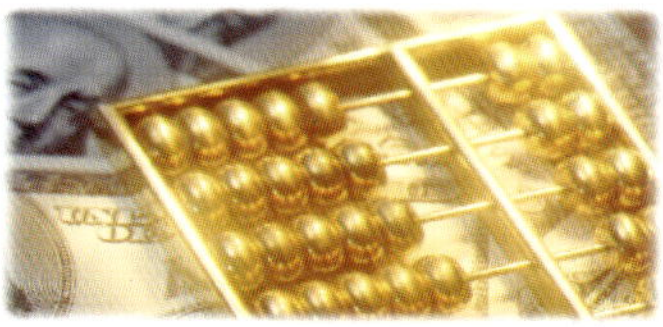

• 财政总支出　• 财政总收入

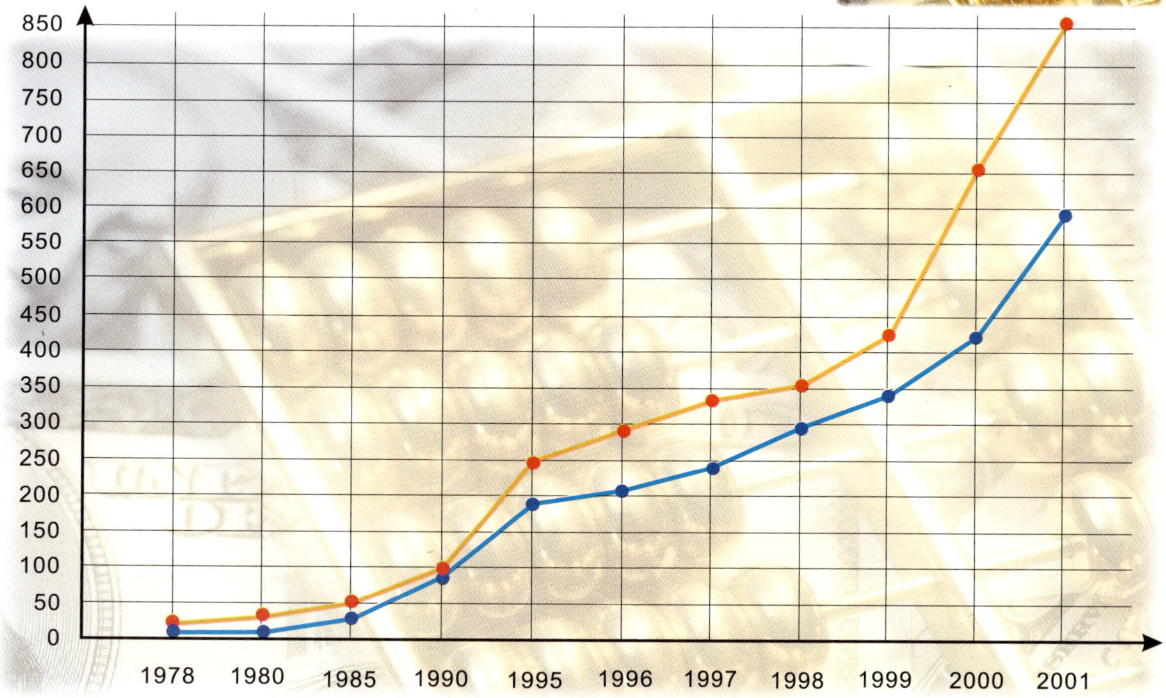

城乡居民人均收入（元）

Per Capita Annual Income of Urban and Rural Residents (yuan)

• 农村居民人均纯收入　• 城镇居民人均可支配收入

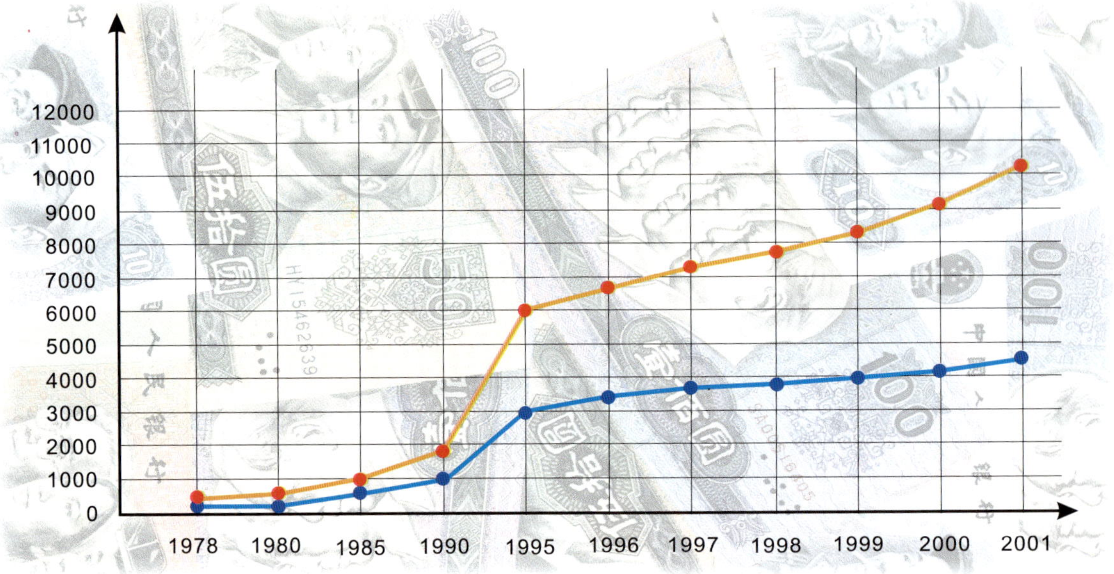

城乡居民储蓄存款年末余额（亿元）

Residents´ Savings Deposits in Urban and Rural Area (Year-end) (100 million yuan)

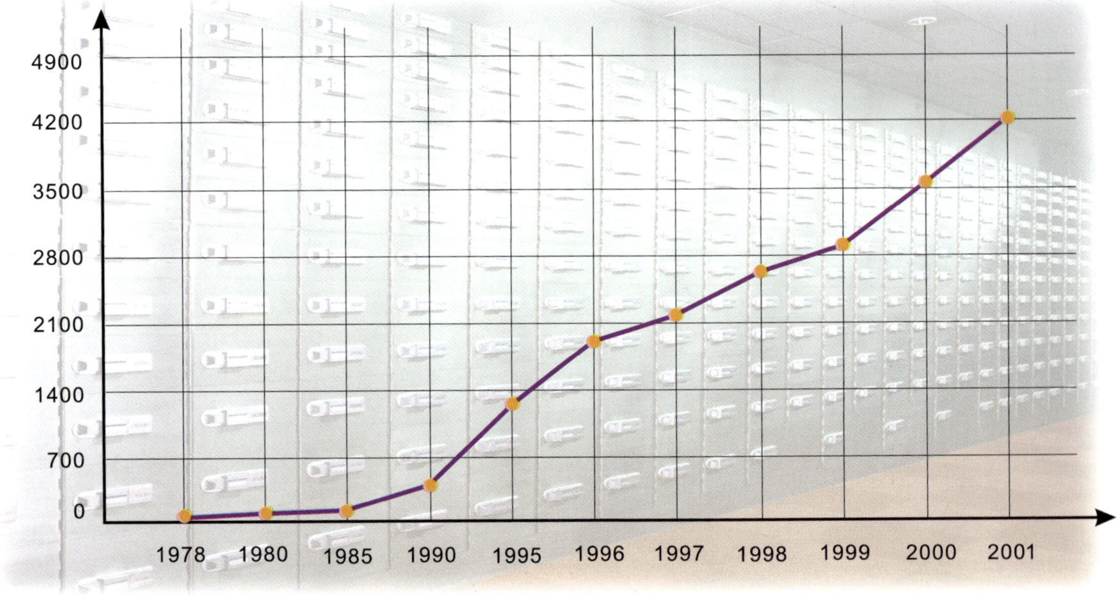

团结奋进创改革大业　规范执法树国税新风

浙江省国家税务局

浙江省国家税务局局长：钱宝荣

2001年，全省国税系统广大干部职工以“三个代表”的重要思想为指针，坚持“加强征管、堵塞漏洞、惩治腐败、清缴欠税”的税收工作方针，税收工作再跨新台阶。税收总量突破500亿大关，全年共组织税收收入542.35亿元，比上年增长12.18%，完成年度计划的102.98%。其中，增值税、消费税“两税”入库463.42亿元，比上年增长11.97%，完成年度计划的101.77%，税收收入和“两税”继续列全国第五位和第四位。税收宏观调控作用得到新的发挥，全年共审批民政福利企业先征后返17.88亿元，办理出口退税138.45亿元，比上年增长27.84%，总量居全国第2位，办理预免预抵未调库税额48.90亿元，有力地支持了全省外贸和经济的发展。与此同时，全省各级国税机关不断推进依法治税水平，“金税工程”全面开通，全国税收征管信息系统（CTAIS系统）推广应用如期到位，全省基层征收单位又从2000年底的134个减少到79个，基本形成了以市地为单位集中征收的征管改革新优势。整顿和规范税收秩序初战告捷，全年共查获偷税金额50万元以上的大案131起，捣毁发票制假售假窝点7个。队伍建设、党风廉政建设、系统精神文明建设不断深入，全年受党纪政纪处分的干部不到干部总人数的1‰，进一步树立了国税新形象。

省国税局重视形象工程建设，进一步改进机关工作作风，拓宽监督渠道，完善和扩大社会监督网络，更好地接受社会监督，全系统共聘请了社会各界行风建设特邀监察员1164名，系统内兼职监察员918名，进一步规范了各级机关和广大干部的执法和服务行为，树立了“干净干事”的良好国税形象。

柴松岳省长对浙江国税圆满完成各项工作为地方财政收入做出积极贡献表示满意。

省委常委、常务副省长吕祖善说，我省国税系统实施生产性出口企业“免、抵、退”政策，缓解了退税指标不足的压力，为支持外贸出口作了很大的贡献。

我省的税收征管改革经过几年来的不断探索和实践，已基本构建起“一项制度，四大体系”的新征管模式。截止2001年底，全省基层征收机构从1995年的748个减至79个，其中征收局58个，延伸点21个，全面建立了以县市为单位集中征收新格局。

追求卓越的

杭州分公司党委书记、总经理：程政钦

中国太平洋人寿保险股份有限公司杭州分公司是一家管理规范、经营稳健、服务优质的专业寿险公司，管辖浙江省内(除宁波外)太保寿险机构，系总公司系统AAA级分公司。

公司拥有先进的硬件设施，保单签发全部实施电子化，电脑全省联网，客户资料安全、准确。公司拥有客户30多万，员工万余人，队伍整体素质较高，培训到位。公司拥有完善的客户服务系统和专业的客户服务专员，在全国40多个大中城市设立了目前国内同业中提供服务项目最全、覆盖面最广的"太平洋寿险急难救助"计划，功能齐全的95500全国统一服务电话为客户随时提供有关咨询、变更、投诉等服务。成立8年来，公司业务和管理一年上一个台阶，2001年保费收入9.7亿，业务质量不断提高，实现社会效益与经济效益双丰收。2001年，全辖共处理各类赔案27335件，累计赔款支出3291.9万元（不含给付）。特别是发生在杭州的"6.26洪灾"特大理赔案，在不到10天的时间内将234万元赔款送到22位死者家属手上，得到了高度好评及社会广泛赞誉，中央电视台、《金融时报》等媒体专门就此事作了详细报道。

杭州分公司党委、总经理室在研究工作

温州市国光房地产开发有限公司

温州市国光房地产开发有限公司为二级开发企业，现有员工106人，其中高级职称38人，占员工总数36%。公司自1996年成立以来，开发商品房514213平方米，总投资20.2亿元。2001年公司在温州市区开发的有：解放南路10-1#地块“南方大厦”、解南12#地块“鸿锳大厦”、信河街3#地块“新国光商住广场”、江滨路25#地块“东都大厦”。创下了温州市房地产行业的四个第一：1、开发规模第一，总开发面积达27万平方米；2、投资额第一，总投资达11亿元；3、销售量第一，全年预售额6亿元；4、上缴税金第一，达3600万元。公司同时还积极向其它领域拓展，开发江心西园游览项目，占地600亩，投资3.0亿元。创办中坚水泥管桩厂，用地100亩，投资1.0亿元。经过几年的努力，公司正逐步成为一家规模较大的综合型房地产开发公司。

公司开发的“南方大厦”正在建设中

在各级领导的关怀下，在全体员工的共同努力下，公司先后获得“温州市资信百佳企业”、“温州市房开公司定性定量考核先进单位”、“浙江省商品房销售面积计量规范单位”、“浙江省重点税源企业”、“温州市纳税大户”等光荣称号。公司以树立社会信誉、创造国光品牌为宗旨，开拓进取，为推进我国住宅产业现代化，与社会各界朋友携手共进、共创新世纪的雄伟业绩。

公司开发的“新国光商住广场”正在建设中

公司办公大楼

详细地址：浙江省温州市火车站站前东小区
国光大厦16-18层
法人代表：潘伟光
邮政编码：325014
电话号码：0577-86068001
传真号码：0577-86066908
电子信箱 Guoguang@mail.wzptt.zj.cn
企业网址：www.GG-fk.com

中国广厦

中国广厦建设集团有限责任公司简介

中国广厦建设集团有限责任公司是具有国家一级总承包资质，以工业民用建筑、交通、水利建设工程总承包为主体、集建筑、房地产、信息网络、金融、文化影视和科研为一体的国家级企业集团。拥有总资产60余亿元。近几年来，通过资本运作，先后兼并、控股了重庆第一建筑（集团）公司、中国南京国际经济技术合作有限公司、北京中地建设公司、杭州建工集团等一批大中型企业。成功地实现了产业扩张、市场扩张和资本扩张。是国家建设部首批49家大型企业集团试点单位、“全国建筑业优秀企业”、“全国企业形象最佳单位”。其控股企业“浙江广厦”是建设部推荐的全国首家建筑业上市公司。

目前，广厦集团正在进行“第三次创业”。其目标是：以构筑可持续发展能力为核心，组建广厦控股下的七大产业集团，运用资本工具实现更高层次的规模经济，使广厦集团成为有较强竞争力的跨国集团。

法定代表人：楼忠福

总 部 地 址：浙江省杭州市玉古路166号

邮　　　编：310013 电话：0571－87969988

传　　　真：0571－87963818

网　　　址：www.China-guangsha.Com

电 子 信 箱：guangsha@mail.hz.zj.cn

杭州市萧山区供销合作社联合社
浙江万丰企业集团公司

杭州市萧山区供销合作社联合社和浙江万丰企业集团公司系二块牌子一套班子的集体所有制企业。区供销社成立于建国初期，具有与共和国同龄的悠久历史。集团公司创立于1993年7月，是经省计经委、省体改委批准的全省供销社系统第一家省批企业集团。

杭州市萧山区供销合作社联合社（浙江万丰企业集团公司）集工业、贸易、服务、房地产开发、学校教学于一体。目前拥有的企事业单位有：城厢、临浦、河上、瓜沥、义盛五大中心供销合作社；农业生产资料有限公司、棉麻公司、物资回收公司、烟花爆竹专营有限公司、万丰医药有限公司、万丰石油有限公司、集嘉轻纺有限公司、万丰房地产开发公司、浙江萧山鞋城、新江南美食休闲娱乐城有限公司、葆春堂大药房等11家直属商贸服务企业；汇利纺织有限公司、区供销社棉纺织厂、钱江蔬菜食品有限公司、万丰制药有限公司、畜产品有限公司、商业机械实业公司、萧山供销皮件厂等重点工业企业；还有一所开设专业超前、在校学生人数达750多人的萧山经济贸易学校。全系统有员工1800多人，年工业总产值3亿多元，商品购销额达10多亿元，所有者权益2.4亿元。企业曾先后被评为全国工交商经济效益先进单位，全国商业系统先进单位，全国供销社系统科技兴农、社会化服务先进单位，全国百强县（市）供销社第十名和全国供销社系统“工业国家队”。

近几年来，全区供销社系统通过脱胎换骨的改革，企业正以灵活的经营机制和超前的发展思路，焕发出勃勃生机。今年1—9月，企业发展势头强劲，经济效益明显回升，对国家财政贡献也成倍增长。目前，一批极具发展潜力的项目已建成运作或正在抓紧建设。其中有：经营面积达1.2万平方米，总资产超过5000万元，集沐浴、休闲、棋牌、餐饮、歌舞城于一体的新江南美食休闲娱乐城，自8月10日开张营业以来，以中国悠久的沐浴与餐饮文化为底蕴，以倡导健康、绿色消费为经营理念，以温馨、亲善的休闲环境，一流周到的优质服务，充分展示现代人的生活情趣，走近市民，融进市场，人气旺盛，生意兴隆。同时，占地21亩，建筑面积达2.4万平方米的城中城·幸福时代花园，已进入全面动迁阶段；河浜路供销商城的建设也将启动；征地50亩的废钢交易市场也完成前期准备工作；宁东、城东等标志性加油站正在紧张建设之中。

萧山区供销社（浙江万丰企业集团公司）领导班子正以全新的精神姿态，团结带领系统全体干部员工，开拓创新，拼搏进取，谱写新世纪供销事业的新篇章。

详细地址：浙江省杭州市萧山区人民路51号

法人代表：楼增明

邮政编码：311200

电话号码：0571-82622956

传真号码：0571-82634783

企业网址：www.xs-coop.com

永嘉县交通工程公司

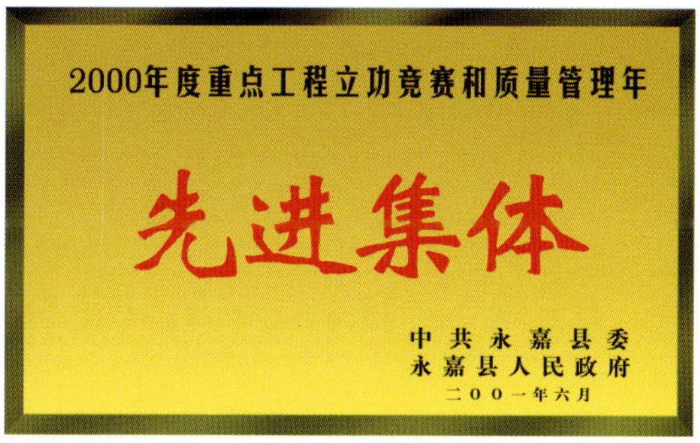

永嘉县交通工程公司，创建于1976年6月，系公路工程二级、航务工程三级资质施工企业。公司现有职工1600余人，有职称人员225人，其中工程技术人员156人，公司现有资产总额1.6亿元，注册资金3268万元。主营公路路基、路面、桥梁、隧道、大型土石方工程；兼营码头、防波堤、围堤护岸、船坞、船台、滑道、堆场及陆域工程。

企业从创建至今，在浙闽两省拓展了广泛的建设市场，完成了许多施工业绩。尤其在省重点工程瓯江三桥（东瓯大桥）、41省道等项目施工中，工程质量优良，分别被温州市人民政府评为工程建设“先进单位”；被永嘉县委、县府评为2000年度重点工程建设立功竞赛和质量管理年活动“先进集体”；企业被省建设银行评为“信用等级AAA企业”。

椒江粮食中转库码头

仙清线赤岩隧道

楠溪五桥

为适应市场经济发展的需要，加强企业竞争能力、拓宽建设市场，公司改善经营管理制度，建立、健全了经济责任制，制订了科学、系统的管理制度，狠抓质量管理、安全管理和成本核算。注重人才的培养与引进工作，狠抓职工素质的提高，在生产上进行了大型机械设备的投入。特别是经过近几年的努力，公司在激烈的市场竞争中以“重合同、守信誉”的工作作风赢得了市场，取得了良好的经济效益，并使公司得到迅速的发展与壮大。

东瓯大桥接线工程

详细地址：浙江省永嘉县瓯北镇襟江中路80号
法人代表：朱国成
邮政编码：325102
电话号码：0577-67332068　　67333925
传真号码：0577-67333931
电子信箱：Jtgsgs@mail.wzptt.zj.cn

中国饮料行业龙头

娃哈哈十五年来的快速发展，得到了国家与社会的重视和肯定，党和国家领导人多次莅临娃哈哈集团公司总部或外地生产基地视察，给予了亲切关怀，提出了殷切期望。

娃哈哈人以此为动力，发扬励精图治、艰苦奋斗、勇于开拓、自强不息的企业精神，积极开拓进取。2001年销售总额超60亿元，总资产48亿元。“九五”期间，娃哈哈销售收入、产值、利税、利润、资产规模等增长了五倍，以实际行动向世人展现了民族工业的风采！

荣誉榜

◎国务院批准的520家国家重点企业之一
◎中国饮料工业十强
◎娃哈哈——中国驰名商标
◎1998、1999、2000连续三年荣获“全国质量效益型先进企业”，并获“全国质量效益型先进企业特别奖”
◎通过ISO9001质量体系认证
◎非常可乐荣获国家级新产品认证
◎娃哈哈纯净水连续3年国家抽检合格
◎全国食品工业科技进步优秀企业
◎中国企业管理杰出贡献奖
◎浙江省五星级企业

非常可乐

非常柠檬

娃哈哈纯净水

娃哈哈茶饮料

娃哈哈乐酸乳饮料

娃哈哈A
钙奶饮

浙江卧龙集团公司

总裁：陈建成

浙江卧龙集团公司位于浙东重镇上虞市经济开发区(邮编312300，电话0575-2111888，传真0575-2019783，http://www.wolong.com，Email：wolong@mail.sxptt.zj.cn)。公司主要生产经营家用电器类电机、工业驱动电机、汽车摩托车电机、电子控制装置、发电机及机组、电动自行车、厨房残渣处理器、建筑用振动器、房地产开发、酒店服务及化工产品，主导产品在国内市场占有率达20%左右，大量出口;公司主要经济指标名列全国微分电机行业前列,是全国机械工业百强企业之一，中国分马力电机行业协会和微分电机行业协会副理事长单位、浙江省电机行业协会理事长单位。主体企业浙江卧龙科技股份有限公司具有年产240万台(套)各类电机及机电一体化产品的经营能力。以高新技术改造传统产业取得了显著成果，相继获得省部级科技成果21项，火炬项目4项，国家重点新产品6项，获得和申请专利49项。卧龙牌电机被认定为浙江省名牌产品50强之一，卧龙牌商标被确认为浙江省著名商标，公司被认定为浙江省区外高新技术企业、国家级重点高新技术企业。公司已通过美国BQR组织和中国商检认证中心IS09001质量体系认证，以及长城、UL、CE等安全认证；已全面推行“6S”管理和信息化管理，提高了企业基础管理水平和市场快速反应能力。

浙江正宇机电有限公司

公司全景

浙江正宇机电有限公司创建于1982年，1994年企业改制为私营企业。公司位于永康市花街；占地面积40万平方米；员工1000余人，其中技术人员80余人、高级工程师16人。公司生产的各种品牌农用车、变型运输机，畅销闽、浙、赣、苏、豫、鲁、皖、粤等省市。公司资产总值4亿元，1998年－2001年完成销售收入近10亿元，实现税利近1亿元。成为全国最大的变型机生产企业之一、全国最大规模私营企业第14位、省级重点骨干企业、浙江省行业最大工业企业、最佳效益企业、被授予浙江省先进企业、浙江省模范纳税户。

公司拥有各种生产设备400余台，建成自动链板整机装配线，车架铆接线、车厢组合线、驾驶室焊装线、阴级电泳涂装线（L=1.6KM）和整车检测线等10余条，公司具备年生产能力12万辆。公司始终把质量管理作为企业管理的中心环节来抓，贯彻ISO9000管理模式，企业已通过部级生产条件的验收和省局的“管理示范企业”的考核验收，正宇牌运输车获质量达标产品证书。

一流的装配流水线

新建皮卡总装厂

停车场一角

详细地址：浙江省永康市花街镇
法人代表：裘宇朝
邮政编码：312302
电话号码：0579-7291228
传真号码：0579-7291516

财通证券经纪有限责任公司（筹）

筹建负责人：（签名）

财通证券经纪有限责任公司（筹）是以浙江财政证券公司为主体，联合部分市县国债服务中介机构，经中国证监会机构字[2002]164号文件批准筹建的专业证券公司。公司总部位于浙江省杭州市解放路111号金钱大厦。法定代表人为陈海晓，注册资本金拟定5亿元人民币。公司主要经营范围为：证券的代理买卖，代理还本付息、分红派息，证券的代保管、鉴证，代理登记开户及其他经中国证监会批准的业务。现有证券营业部11家，证券服务部3家，拥有19个沪深交易席位。从业人员中80%以上具有大专以上学历，其中，博士、硕士和中级以上职称人员占38%。

多年来，财通证券严格坚持"规范经营、稳健发展"的经营原则，取得较好的经济效益，累计实现证券交易额2400亿元，发行国债110亿元，实现利润2.8亿元。

详细地址：浙江省杭州市解放路111号

筹建负责人：陈海晓

邮政编码：310009

电话号码：0571-87828088

传真号码：0571-87828033

电子信箱：bgs@mail.zjczzq.com.cn

企业网址：www.zjczzq.com.cn

温岭市职业中等专业学校

校长兼书记：冯建荣

温岭市职业中等专业学校是一所市政府直属的全日制公立学校，学校创办于1964年，1994年被评为省首批示范性职业中学，1999年经省教委、省计经委批准，学校由原来的温岭市农业技术学校升格为温岭市职业中等专业学校，同年，又被评为省三级重点职业学校。学校占地面积220亩，其中校园面积60亩，学校设有服装、计算机、机械、电子电工、美术装潢、保安及综合实验班等六类专业，在校生近1000人，教职工62人。近40年来，学校为社会输送了一批又一批学有所长，一专多能的各类人才，有力地促进了当地经济的发展，取得了良好的社会效益。

近几年来，学校的办学规模，办学质量都有了突飞猛进的发展，拥有多媒体教室、两个计算机房、语音室、校园网、校园闭路电视等现代化的教育教学手段，拥有一支具有高尚师德和精湛师能的师资队伍，以提高学生的全面素质作为教育教学的着眼点，既提高学生思想文化素质，又重视学生的技能素质和实践能力。几年来，学校在参加台州市职高文化课、专业课会考、统考中都取得了好成绩，位居同类学校前列；在参加各级各类技能操作比赛中，也是硕果累累，同时，也为高等院校输送了许多合格人才。

光荣的校史——市职业中专成立庆典大会

学校实行封闭式准军事化管理，而又不失规范、科学，同时，又注重学生管理的艺术性，形成了学校、家庭、社会相结合的德育网络。

学生第二课堂活动丰富多彩，开创了"校园吉尼斯"这一新颖别致的系列活动，深受学生欢迎，校园文化氛围浓厚，不失为莘莘学子的"学园"、"乐园"。

由于管理有利、有力，学校连续被评为台州市"文明单位"、"综合治理先进单位"，温岭市督导评估一类一等先进学校。

发展才是硬道理，作为一所农村职业学校，在前进的道路上肯定会碰到许多挫折，但学校全体教职工紧紧团结在一起，不断改革创新，不断努力奋斗，定将把职教事业再推上一个新的台阶，力争评上省一级重点职业学校。

详细地址：浙江省温岭市松门镇神址塘
校长兼书记：冯建荣
邮政编码：317511
电话号码：0576-6653847

机电专业学生在实习

温岭市贯庄文化技术学校

校长兼书记：陈祥德

温岭市贯庄文化技术学校是所集普通中专、成人中专、职业中专、职业高中于一体的公立全日制学校，是台州电大实验学校，台州市首批省级示范性文技校。

学校教学设备齐全，配有计算机房、多媒体教室、会计模拟实习室、书画室、健身房等技能训练的实习场所，拥有2000多平方米的草坪及篮球场、排球场、足球场等运动场所，还配备了多功能卡拉OK厅和师生阅览室，并在全校范围内建立了电教网络系统，提高了现代信息教育技术手段，每个教室设有25英寸彩电，丰富了校园文化生活。

学校为实现"使每位学生都成为好学生"的承诺，以"科学、严谨、求实、创新"为校训，管理严谨，教风、学风良好，教学成果显著，教师教学论文和教学比武多次在省、地、市级获奖，在历次职业中专文化课，专业课统考及各项技能比赛中均名列全市前茅。第二课堂教学在激发学生兴趣，培养技能方面收到显著成效，受到台州市教委的高度重视。由于办学成绩出色，连续被市政府授予"文明单位"、"先进农函大辅导站"、"教育管理奖"、"一类一等学校"等荣誉。

学校毕业生深受各用人单位的欢迎和好评，有许多毕业生被公安局、邮电局、银行、公交公司等单位录用。特别是该校作为台州电大的实验的学校，毕业生可直接升到台州电大就读，圆了许多职高毕业生的大学梦。

详细地址：浙江省温岭市贯庄前江
校长兼书记：陈祥德
邮政编码：317507
电话号码：0576-6888028　6888666

杭州富通集团有限公司

董事长：王建沂

杭州富通集团有限公司创建于1987年，是一家主要从事信息传输载体和光网络设备研发、制造、销售的高科技企业。是国家信息产业部及科技部认定的全国电子信息百强企业和国家重点高新技术企业。2000年5月，江泽民总书记曾视察过富通集团。

公司主导产品包括光纤预制棒、光纤、光缆、光元器件、通信电缆、数据电缆、电子线等产品。产品生产全部采用国际标准，已通过了ISO9002国际质量体系认证，获得信息产业部、广电总局、总参通信部入网证书以及美国UL、加拿大CUL认证和日本JQA、F-Mark品质认证。其中，公司单模光纤的生产，填补了浙江省内空白；光纤预制棒的研制成功，突破了中国光通信产业发展的瓶颈，也大大降低了我国信息化建设中的投资成本。

面向未来，集团将以振兴光通信产业为己任，以“永续经营、永续存在”为经营理念，致力于倡导一种“促进道德行为，鼓励个人正直，承担社会责任”的企业文化，继续做优、做强、做精，为构筑命运与发展共同体，加快我国的信息化进程而不懈努力。

光纤预制棒生产现场

详细地址：浙江省富阳市富通路8号

法人代表：王建沂

邮政编码：311400

电话号码：0571-63322660

传真号码：0571-63326488

珍珠之乡

——诸暨市山下湖镇

书记：陈国镇

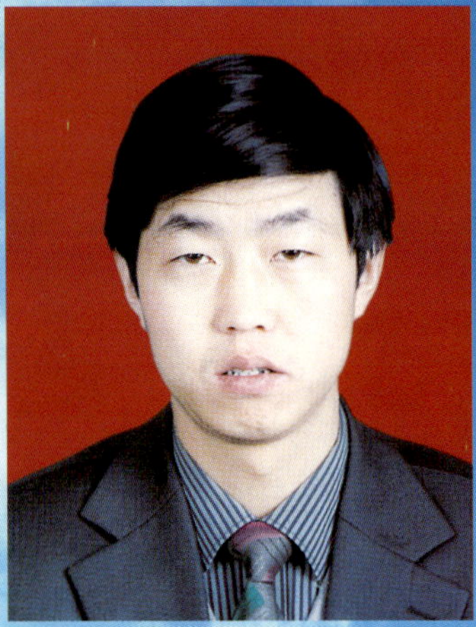

镇长：何鸿成

山下湖镇位于浙江省诸暨市域北部，北靠杭州，东临绍兴，总面积42.56平方公里，人口28700人。2001年全镇实现工农业总产值29.6亿元，其中工业产值27.4亿元，农民人均纯收入达9758元，是浙江省首批小康镇乡和全国小城镇经济综合开发示范镇。该镇是全国最大的珍珠市场——诸暨珍珠市场所在地，也是全国淡水珍珠养殖基地、交易中心、信息中心和研发中心，誉称“中国珍珠之乡”。

该镇工业经济以珍珠、水泵水带和建材三大产业为主。其中淡水珍珠是山下湖的特色经济和支柱产业，全镇现有珍珠养殖面积18.3万亩，年产珍珠280吨，各类珍珠加工企业344家，2001年实现产值17.8亿元。诸暨市珍珠市场总建筑面积15360平方米，拥有国家摊位1000多个，营业房260个，年成交珍珠640吨，成交额12亿元。浙江省重点建设工程——山下湖珍珠产品加工园，占地500亩，总投资1.98亿元，正在如火如荼地建设之中。

栩栩如生的珍珠制品

山下湖镇人民政府热诚欢迎中外客商投资考察！

● 珍珠产品加工园区联系电话：0575-7681339

● 诸暨珍珠市场联系电话：0575-7681086

详细地址：浙江省诸暨市山下湖镇镇府路27号
书　　记：陈国镇
镇　　长：何鸿成
邮政编码：311804
电话号码：0575-7681183

万事利集团有限公司

董事局主席：沈爱琴

万事利集团前身为杭州笕桥绸厂，创办于1975年。经过20余年的发展，已成为一家以丝绸纺织服装为主业，以房地产、生物科技为两翼的国家大型一档企业。集团现有员工2000多名，固定资产6亿元，下辖全资、中外合资、股份制等跨所有制、跨地区、跨行业的21家公司，涉足服装、丝绸、针织、生物科技、房地产开发等五大产业。产品畅销全国各地并出口美国、日本、意大利、德国等30余个国家和地区。

凭借雄厚的技术优势，先进的工艺设备，一流的产品质量，集团先后荣获“全国质量效益型企业”、“全国管理先进示范单位”、“全国服装行业百强企业”等殊荣。万事利真丝服装被国家工商局评定为“中国驰名商标”，成为目前我国丝绸行业第一个也是唯一的一个驰名商标。集团董事局主席沈爱琴的卓越成绩也得到了社会的充分肯定，被评为“全国三八红旗手”、“全国劳动模范”，荣获“紫荆花杯杰出中国企业家成就奖”、第八届全国优秀企业家“金球奖”等多项荣誉，并被推选为九届全国人大代表。

知识经济时代，商机无限。集团将把握时代脉搏，以建设国际化的现代企业为目标，力争早日建成一个国内一流，在国际上具有竞争力的企业集团，使“万事利”成为国内著名、国外具有较大影响力的国际品牌。

万事利集团总部办公大楼

详细地址：浙江省杭州市机场路195号
法人代表：沈爱琴
邮政编码：310021
电话号码：0571-85148888（总机转）
传真号码：0571-85140886
企业网址：www.wensli.com

浙江省電影總公司

浙江省电影总公司成立于1950年，一贯致力于本省电影发行放映事业，形成了遍布全省的电影网络，建立了集制片、发行、放映一体化的营运机制，其规模、业绩已跃居全国电影发行放映大户，树立了良好的企业形象。

1994年总公司投资建立“奥斯卡娱乐总汇”，含一个票房超百万的电影厅、一个50座电影小厅、歌舞厅、KTV包厢、棋牌室等。

1999年8月，总公司投资建立了全国首家“电影超市”——浙江庆春电影大世界，开业以来，票房收入稳居全国前列。

2002年2月，又投资新建了浙江翠苑电影大世界，无论创意还是设施，又都上了一个台阶。目前，总公司已建立了品牌优势，致力开发品牌影院。

2002年5月，为深化电影改革，总公司又发起成立了浙江时代电影大世界有限公司，组建了全国规模第二的拥有68家影院123块银幕的电影院线，投身于电影市场的开发。

普陀山银海饭店是总公司控股90%的涉外旅游饭店，位于佛顶山下风景秀丽的千步沙旁，有双标房75间，热诚欢迎中外宾客光顾。

公司地址：浙江省杭州市环城西路3号
法人代表：张文兴
邮政编码：310006
电话号码：0571-87026111
传真号码：0571-87027021

CHNT® 中国驰名商标

正泰集团——
中国低压电器行业大型企业集团

正泰集团集科技、工业、贸易、信息业为一体，以低、中、高压电器和输配电设备、仪器仪表、通信设备、建筑电器、汽车电器为主导产品，是中国最大的工业电器制造企业之一，综合实力名列中国民营企业第5位。

在北美、南美、欧洲、中东、南非、澳州、东南亚等地设有分支机构，营销网络遍布国内及30多个国家和地区。致力于创造国际品牌的正泰人，不断进取、超越和完善，赢得了人们越来越多的友好、信赖与支持。

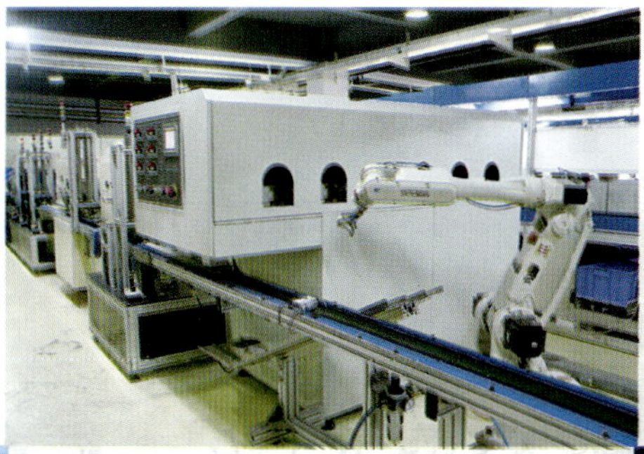

CHNT 正泰集团公司

地址:浙江省乐清柳市正泰大厦　邮编:325604

电话:(0577)62777777　62877777

传真:(0577)62775888

http://www.chint.com　E-mail:chint@chint.com

杭州华丰（新丰）纸业有限公司

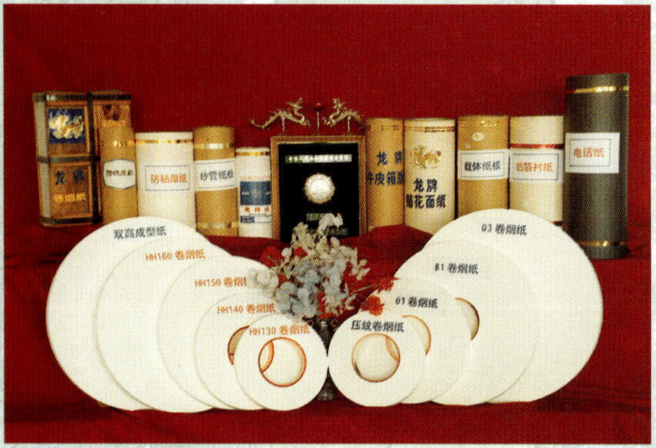

公司部份产品

华丰造纸厂创建于1922年，是全国卷烟纸行业龙头企业。

1993年，华丰造纸厂与海外发展（新加坡）有限公司、中国烟草物资公司合资成立杭州华丰纸业有限公司和杭州新丰纸业有限公司，总投资5700万美元，目前职工人数2000人。

公司占地面积3 7万余平方米，拥有10条生产线，年生产能力5万吨，其中七号机和八号机是具有世界先进水平的卷烟纸生产线，年产高档卷烟纸15000吨。公司主要产品有：各种系列卷烟纸、成型纸、拷贝纸、电话纸、牛皮箱纸板、纱管纸板、静电复印纸、复写原纸等10多个品种。公司拥有雄厚的技术力量和完善的生产经营管理体系，1997年获得ISO9002质量体系认证，2000年获得ISO10012计量体系认证。“龙牌”是省著名商标，“龙牌”卷烟纸是省名牌产品，1997年被评为省“小型巨人”企业。近年来，公司年实现销售收入、税利分别在4亿、6千万元以上。

世界先进水平的卷烟纸机

华丰产品凭借可靠的质量和信誉，畅销国内外市场。卷烟纸国内市场占有位居前列，并拥有进出口自主权，年出口创汇500万美元以上。

公司厂房园景

公司园景

详细地址：浙江省杭州市和睦路155号

法人代表：黄胜利

邮政编码：310011

电话号码：0571-88091424 总机转

传真号码：0571-88091536

电子信箱 huafeng@mail.hz.zj.cn

企业网址 www.huafengpaper.com

江苏 AB 集团有限责任公司

江苏AB集团位于昆山市西郊，依伴着美丽的阳澄湖畔，距上海虹桥机场50公里。

通过10多年的创业，现下设五大公司，十大职能部室。现有80余家销售公司，营销网络遍及全国各大中城市。

AB产品在国内市场的综合占有率，稳居同行前三位。被评为“全国消费者信得过产品”。“AB”商标是“江苏省著名商标”，并于2000年9月底被国家工商局认定为“中国驰名商标”。AB集团公司是江苏省明星企业，被农业部评定为——“国家级乡镇企业集团”。

该集团作为国内保健内衣的先行开拓者，在抗菌保健裤已盛销誉满全国的同时，又超前引进了德国、意大利、香港、台湾等国际一流的设备和配套软件技术，相继开发了纯棉丝光弹力衫、纯棉丝光T恤、纯棉丝光背心、棉莱卡内衣、精品羊毛内衣、新颖保暖内衣、莫黛尔家居休闲服、儿童内衣等大类系列品种，AB产品全部通过ISO9002国际质量认证，使广大消费者买得放心、穿着舒心。

该集团始终以“致力人类健康，追求卓越成就”为经营宗旨，积极扩张国内事业，奋力拓展国外市场，坚定不移地走出一条跨省建厂、跨国合作的AB特色之路。为21世纪的人类文明健康，贡献出更多、更新、更美的内衣产品。

地　　址：江苏省昆山市正仪镇振兴东路5号
法人代表：周惠明
邮　　编：215347
电　　话：0520-7891804
传　　真：0520-7892008
电子信箱 abgroup1@public1.sz.js.cn
网　　址 www.chinaabgroub.com
杭州销售公司电话：0571-85779181　85779183
传真：0571-85779184

浙江省浙信房地产公司

法人代表：盛建荣

浙江省浙信房地产公司成立于1980年，系浙江国信控股集团有限责任公司下属的全资 子公司，注册资本金5000万元人民币，公司总资产达10亿元人民币，累计开发面积达200多万平方米，实现利税2亿余元。

公司经过20年的风雨历程，已成为集房地产开发、设计、营销、物业管理于一体，具有国家一级开发资质的国有大型房地产企业。

公司秉承“诚信为本、质量第一、优良服务”的经营宗旨，坚持经济效益与社会效益并举，倡导人性、和谐、优雅的居住文化。公司连续10多年被银行授予“AAA”级信用企业；在1995年首届华东房产展销会上，被评为“十佳开发商”；1998年被浙江省消费者协会、中国质量万里行浙江省工作站等单位评为“98服务质量信得过单位”；公司开发的国信·翰林花园被列入省级住宅小区试点工程，并荣获优秀户型设计一等奖，“3.15”消费者信得过楼盘；2002年公司被评为“浙江省诚信房地产公司”、“杭城十大品牌房产”。公司实施完成的浙江省中医学院移址新建工程，得到了国家教委和省、市领导的充分肯定和极高评价。

公司将始终如一地坚持“信誉第一、质量第一、客户第一、服务第一”的企业精神，为创建“国信房产”名优品牌发奋有为。

国信·翰林花园效果图

详细地址：浙江省杭州市凤起路108号
法人代表：盛建荣
邮政编码：310003
电话号码：0571-85783828
传真号码：0571-85783808
电子信箱：gxfc@zjonline.com.cn
企业网址：www.gx-estate.com.cn

国信嘉园效果图

杭州鸿镁房地产开发有限公司

杭州鸿镁房地产开发有限公司是2000年成立的省内一家大型中外合资经营的专业房地产开发企业。公司充分利用合资企业独特的优势，引进国外先进的管理经验和市场竞争机制，加强内部管理，力争把企业办成示范性强、辐射面广、社会经济效益好的现代化企业。

自进入杭州市场进行房地产开发，公司本着以诚信经营为企业立身之本的原则，着手进行杭州湖滨路01号地块"西湖国贸中心"项目的开发工程，在2000年度被杭州政府评为引进外资重大项目奖。"西湖国贸中心"是一座畅开式建筑，建筑面积53088平方米，地上七层，地下二层，是集商场、写字楼为一体的综合性楼宇，地下共有231个停车位。它的最主要特点是地理位置极佳，大多数写字楼都面朝西湖。

在杭州市政府"住在杭州、游在杭州、学在杭州、创业在杭州"政策环境下，公司开发的"西湖国贸中心"必将成为杭州西湖边一个亮丽的地标。公司也必将成为杭州房地产界的主力军。

详细地址：浙江省杭州市长生路65号

法人代表：胡守锡

邮政编码：310006

电话号码：0571-87063186

传真号码：0571-87063201

电子信箱 hongyingco@mail.hz.zj.cn

企业网址 hongying.tv

宁波卷烟厂

宁波卷烟厂1925年建厂，至今已有70多年的卷烟生产历史，是国有大型二级企业。该厂现有固定资产15亿元，所有者权益25.6亿元，职工1800名，厂区占地面积15万平方米。1995年全国经济综合评价500强名列73位，全国烟草行业第10位。据统计，1997年—2000年4年间，该厂创税利80.78亿元，比1956年—1996年的税利总和还要多22.32亿元。2000年该厂销售卷烟46.2万箱，实现销售收入46亿元，创利税31亿元。“大红鹰”销售9.6万箱，实现销售收入突破18亿元，在行业排行榜上分别列第9位和第3位，是中国卷烟行业“三大高档品牌”之一。“五一”、“上游”分别突破8万箱、7万箱，均创历史新高，其中，“五一”还首次入选“全国名优卷烟”。　该厂是“浙江省四星级企业”，1999年荣获“全国五一劳动奖状”，是全国烟草行业第六家、浙江省烟草行业第一家，于1996年一次性通过ISO9002国际质量认证的企业。

先进的卷接包设备

近几年来，该厂的产品在总公司、省公司的历次抽检中，产品质量监督抽检合格率均为100%。该厂的国家“九五”重点技改项目于1998年10月15日正式开工，该项目投资15亿元，于2001年底完成，宁烟成为“产品一流、技术一流、管理一流、效益一流、环境一流”的现代化企业。

现代化的生产流水线

地　　址：浙江省宁波市曙光路109号
法人代表：徐芳权
邮　　编：315040
电　　话：0574-87332984
传　　真：0574-87333303
网　　址：www.nbjyc.com.cn

杭州卷烟厂

杭州卷烟厂创建于1949年10月，是一座现代化的大型烟草企业。1988年成为烟草行业第一批国家二级企业。1996年1月经国家局批准兼并了嘉兴卷烟厂，这在全国烟草行业尚属首例。1997年，通过了ISO9002质量体系认证，迈出了与国际接轨的第一步。1999年，杭烟有史以来规模最大的10%重点技改竣工通过国家验收，为企业实现新飞越奠定了坚实的基础。

目前，企业拥有员工约1800人，资产总额达到34亿元，装备水平达到90年代国际先进水平。制丝设备采用德国虹霓公司引进的8000公斤/小时制丝生产线，卷接包设备机型统一，均采用PROTOS-70和GDX1或GDX2连接机组，共17套。企业年产卷烟60余万箱，其中高中档产品总量占55%以上。企业发展至今，共为国家创税利150多亿元。

2000年，该厂的经济效益有了新的增长，实现销售收入43.6亿元，创税利29.2亿元，利润9.7亿元。历年来，企业各项主要经济技术指标和生产效益都保持较高的水平，获得了“浙江省文明单位”、“浙江省优秀企业”、“浙江省五星级企业”、全国烟草行业“先进集体”和“质量效益型先进企业”、“全国职业道德建设先进单位”、“全国食品行业质量效益型先进企业”等众多荣誉，并跨入了全国烟草行业“管理示范联系企业”行列。

该厂遵循“高质量生产好每一支卷烟，对每一个顾客负责”的质量方针，以先进的技术、一流的设备、科学的管理为保障，生产的产品深受消费者的青睐，形成了高档消费、中档消费、一般消费三大规模板块均衡发展的格局。近年来，杭烟大力开展技术创新，推出的“长嘴利群”、“中低焦油利群”等高技术含量的产品，市场反响良好；开发的5毫克以下超低焦油产品受到国外经销商的认可，批量出口美国。产品知名度和信誉度不断提高，并形成了一个名牌群体，“杭州”、“雄狮”、“利群”、“新安江”牌卷烟分别获得“浙江名牌”称号；“利群”和“杭州”牌卷烟被评为“全国名优卷烟”；“利群”牌被评为“浙江省著名商标”。

地　　址：浙江省杭州市中山南路77号
企业负责人：孟伟刚
邮　　编：310008
电　　话：0571-86076766
传　　真：0571-86051543
网　　址 www.HZLiQun.com
客户服务中心：8008571056

朵而 胶囊

以内养外补血养颜

“以内养外”的新理念

海南养生堂在美容领域开创“以内养外”的新理念，那就是：通过内服保健品，增强机体的免疫力，调理人体内部机能，促进和改善内分泌以及皮肤的微循环，可以从根本上达到养颜美容效果。

养生堂发掘祖国传统医学宝库，并吸收世界现代医学最新成果，所研制的纯天然保健品——朵儿胶囊，是“以内养外“这一全新理念的结晶。它通过对全身气血的滋补作用来改善人体基本功能，达到美化周身肌肤的目的。

朵儿的主要成份
INGREDIENTS

朵儿的功能与主治：益气滋阴，补血养颜。用于面色无华，肤色萎黄，头晕疲乏，睡眠不佳，体弱、病后、产后、月经不调所致的血虚症候。现代药效学研究和临床证实，朵儿胶囊的养颜美容功能，是其多种药效作用的集中表现。

朵儿的临床验证

经过对气血两虚等病例的临床观察，在服药前后对头晕目眩等症状作了自身对比，结果见下图。同时分别作了血常规、尿常规、肝功能、肾功能、心电图等检查，结果表明朵而胶囊能提高血红蛋白（血色素）、升高红细胞，对气血两虚症总有效率达94.00%。

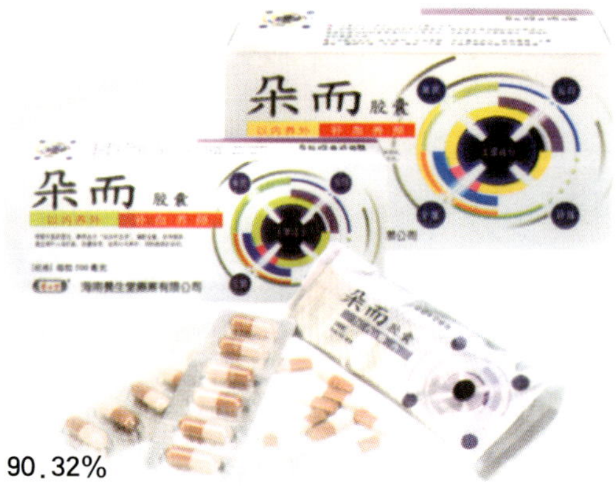

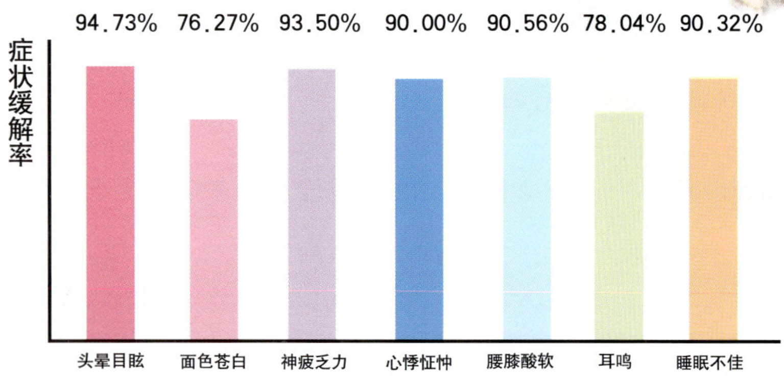

正大青春寶藥業有限公司

CHIATAI QINGCHUNBAO PHARMACEUTICAL CO.,LTD.

正大青春宝药业有限公司是中国(杭州)青春宝集团公司与泰国正大集团于1992年11月合资经营的，全国规模最大的以天然药物为主的现代化综合性制药企业。位于浙江省杭州市西部桃源岭下，占地面积为12万平方米，建筑面积近10万平方米，拥有现代化的厂房，先进的生产设备和科研机构、信息系统、产品检测中心和电子计算机中心，能生产15个剂型的近百种产品。其中“青春宝”抗衰老剂被海外誉为中国四大国宝之一，倍受世界各地消费者的青睐。还有抗癌药“参麦注射液”及治疗各种疾病的多种药品，她把细心的关怀悄悄地传递给人类。

地址：浙江省杭州市西溪路551号

总裁：冯根生

邮编：310023

电话：0571-85121494

传真：0571-85121494

春兰（集团）公司

春兰电器集团，是春兰旗下的五大产业集团之一，集团下辖：江苏春兰制冷设备股份有限公司、泰州春兰空调器厂、苏州春兰空调器有限公司、江苏春兰除湿设备有限公司、泰州乐金春兰家用电器有限公司、江苏春兰洗涤机械有限公司、泰州春兰电视机有限公司、泰州春兰电子有限公司、泰州春兰

橡塑公司等 9 家制造工厂及泰州星威春兰连锁店有限公司、春兰电器研究所、春兰电器宣传中心、春兰电器采购中心和春兰电器服务中心。

该集团的空调制造基地位居世界七强之一，同时还拥有技术、规模都领先于国内的智能环保冰箱生产基地和洗衣机生产基地。它的主要产品有：家用系列空调、商用系列空调器、冰箱、洗衣机、彩电、电脑、除湿机、空调压缩机和冰箱压缩机等。

该集团瞄准世界家用电器的最新科技，大力引进尖端技术，汇聚了众多高层次科研人才，致力于提升电器产品品质，不断开发和制造出引领世界潮流的电器新产品。科学的经营理念、完善的科技创新体系、强大的设计制造能力、可靠的质量保证、健全的服务体系，令春兰电器产品蜚声海内外。

在江总书记“科技兴企，走向世界”题词的亲切勉励下，集团的广大员工正大力弘扬“执行、合作、创新”的春兰精神，面向世界、面向未来，努力开创二十一世纪辉煌！

地　　址：江苏省泰州青年路 18 号
法人代表：张鸿志
邮　　编：225300
电　　话：0523-6611198
传　　真：0523-6224181
杭州分公司电话：0571-86048484

浙江步森西服有限公司

浙江步森西服有限公司是浙江步森集团下属分公司，是当今中国的新生代民营股份制企业，座落于美丽的西施故里。公司成立于1999年8月，年产“步森”牌中高档西服20万套，休闲服、茄克和风衣6万件及系列配套产品。

为适应现代市场发展需要，公司提出了“强、稳、新、远、牌”五字经营方针，以“团结、拼搏、开拓、创新”为企业精神，同时建立了一套统一的、完整的地区级特许连锁专卖市场营销模式，导入了低成本、快速度周转的市场信息网络，为提升“步森”品牌形象和扩大市场占有率打下了坚实的基础。

步森西服的设计源于意大利、法国等欧洲著名的服装设计样板和风格，融汇世界各地的服装设计理念，经创新变革，结合国人体型，推出的步森西服，具有创意独特、典雅、风格品味时尚、款式新颖、面料新型、辅料优良、工艺精细、质量优等等特色，采用287道大流水作业工序。公司投资2000万元引进国际领先的西服生产线，主要有法国力克CAD辅助设计排版系统、德国INDUPRESS全自动立体整烫设备、德国杜克普专用缝纫设备、德国坎尼吉赛粘合机、德国士多宝专用机、意大利金柏斯贡针机、意大利面料预缩机、日本NCA自动拉布裁剪机等高档西服生产设备。

步森西服发展中，硕果累累。1999/2000年被国家服装质量检测中心评为“优等品”；2000年被国际羊毛局指定为全羊毛标志特许使用单位；2000年9月“步森”商标被国家工商局认定为中国驰名商标；公司通过ISO9002质量体系认证。

地　　址：浙江省诸暨市枫桥工业区
法人代表：陈能恩
邮　　编：311811
电　　话：0575-7048100　7048281
传　　真：0575-7048281
电子信箱：busenxf@163.com

吉利集团有限公司

董事长:李书福

吉利集团总部地处浙江沿海商贸城市台州市境内，这里山川秀美，经济繁荣，民资充裕，交通十分便捷。

吉利集团是一家国家级企业集团，所涉足之产业相当广泛，集团经过18年的努力，已成为产业覆盖家用轿车、摩托车、建筑装潢材料并涉足高等教育和度假旅游业的综合性企业集团。吉利是全国唯一拥有轿车生产权的民营企业。其轿车产品已进入国家经贸委产品公告。

集团所生产的吉利牌汽车、摩托车和装潢材料产品以性能优良、安全可靠、造型美观、价格适中，深受消费者厚爱。吉利每年向社会奉献价值30亿元的商品，创利税逾亿元。

集团奉行诚信、求实、灵活、高效的经营思想，贯彻“时刻对品牌负责，永远让顾客满意”的质量方针；严格建立质量保证体系和质量管理体系，通过了ISO9000质量体系认证；引入国际先进的MRPII资源管理模式。集团拥有自营进出口权，大大方便了与世界各国的商贸往来。

吉利摩托，完美和谐、浑然天成！

集团多次获得部、省质量效益型先进企业和技术创新先进单位，以及纳税先进单位等荣誉。多年来，集团生产经营规模一直名列全国乡镇企业第五位和全国民营企业第四位。

吉利人很努力，吉利人很务实，吉利人的抱负很远大。吉利集团诚挚的希望在各级领导、社会各界人士的关心支持下，为发展国民经济作出更大的贡献。

李书福与美国肯塔基州立大学校长签订合作办学协议。

详细地址：浙江省台州市路桥区吉利大道
法人代表：李书福
邮政编码：318050
电话号码：0576-2520380
传真号码：0576-2441639
电子信箱：geely@geely.com
企业网址：www.geely.com

金华尼奥普兰车辆有限公司

董事长：庞青年

金华尼奥普兰车辆有限公司坐落在金华市经济技术开发区内，是国家定点的豪华客车生产企业，专业生产“青年·尼奥普兰”牌系列豪华客车。公司的第一期工程占地80000余平方米，建有按德国要求设计的标准厂房30000余平方米，年生产能力达1500台。第二期工程预计在2002年底建成，工程占地530000余平方米，厂房100000平方米，年生产能力可达5000台。

公司依托国际知名的德国“尼奥普兰”客车生产技术，加以消化和吸收，产品研发始终追踪国际豪华客车生产的最新发展。公司生产的系列车型全部引进德国尼奥普兰的先进技术工艺、图纸、全套设施、工装、夹具，组织生产。整车全部采用世界第一品牌的部件、进口钢材和板材，再加上采用了全承载车身、独立悬挂前桥，从而保证了客车具有极好的安全性、行驶平顺性和乘座舒适性。目前产品有六大系列48个车型，其中JNP6125-A型豪华客车被交通部评为全国唯一的最高等级大型高三级客车。产品既有JNP6127系列“欧洲之星”这样的豪华旗舰产品，又有JNP6127W、JNP6125W这样让使用单位效益明显的豪华卧铺车，又有JNP6900型豪华中客，满足了不同用户的需要。

回顾历史，展望未来。公司一直注重人才培养和引进，完善管理体系和激励机制，加强金融服务，进一步发挥汽车生产整体优势。公司确定市场战略思想：优质低价，取胜市场。领先国内市场，面向国际市场。

详细地址：浙江省金华市八一南街961号
法人代表：庞青年
邮政编码：321017
电话号码：0579-2466846
传真号码：0579-2465022
电子信箱 PLP@neoplan.com.cn
企业网址：www.neoplan.com.cn

02年6月24日
金通证券股份有限公司

金通证券股份有限公司

金通证券股份有限公司是经中国证监会、浙江省人民政府批准设立的综合类证券公司。公司注册资本8.85亿元，净资产9.35亿元，下设34个营业网点，目前已形成包括证券承销、证券经纪、证券自营、资产管理、财务顾问、投资咨询等在内的较完整的业务体系，是浙江省经营规模最大的证券经营机构。

中户交易厅

金通证券的前身——浙江省国际信托投资公司证券管理总部，自1991年创立以来，十年如一日，规范经营，稳健发展，在竞争中保持了持续健康快速的发展势头，取得了良好的经营业绩，赢得了卓越的社会信誉。曾先后担任了巨化股份、钱江摩托、民丰特纸等数十家上市公司的承销和上市推荐工作，参与发起设立国泰基金管理公司和金泰、金鑫证券投资基金。2001年实现证券交易量1198亿元，完成利润2.0亿元，在“2001年度证券公司龙虎榜”上，股票基金交易总金额排名第16位，利润总额排名第10位，人均利润排名第4位，创造了骄人的经营业绩。

公司将实施“立足浙江、面向全国、走向世界”的发展战略，坚持“以人为本、效率优先、规范经营、稳健发展、回报股东、服务社会”的经营理念，以实现企业的利润最大化为目标，在控制风险的前提下，努力开拓，积极创新，为缔造管理科学、运作规范、效益上乘、队伍精良的现代企业奠定基础。

交易大厅

董 事 长：应土歌
总　　裁：沈　强
公司地址：浙江省杭州市凤起路108号
　　　　　国信房产大厦内
邮　　编：310003
接待电话：0571-85783737
传　　真：0571-85106383
客户服务中心：0571-96598
公司网址：www.bigsun.com.cn.

杭州大厦集团公司

杭州大厦集团公司组建于1994年，总资产3.5亿元。公司倡导“稳健、求实、开拓、创新”精神，实行科技、工业、运输、旅游、贸易相结合的经营方针，致力于规范化管理、综合性发展、多元化组合的战略，向现代化企业集团迈进。

杭州三和国际货运有限公司车队

杭州高新区之江软件园中浙江威盛自动化有限公司

集团公司有以杭州大厦、秋涛宾馆、临安国际大酒店为主体，集住宿、餐饮、娱乐、购物和旅游为一体的宾馆饭店业，其中核心企业杭州大厦是全国外商投资先进企业、浙江省最佳饭店、浙江省和杭州市“诚实之身，信誉兴业”典型示范单位、杭州市利税贡献大户，其购物中心商品零售额2001年突破13亿元，列全省同行单店第一名，宾馆利润实绩已经第五年名列全省同行榜首。有以杭州三和国际货运公司、杭州金叶铁路集装箱公司、浙江中侨汽车出租公司为龙头，集铁路、公路，客运和货运连接海空运的运输业。有以浙江威盛自动化公司为主导，集自动化控制的研发、生产和应用的高科技企业。集团公司积极开展进出口业务和国际经济技术合作，在匈牙利投资设立了布达佩斯新丽都宾馆有限公司。

杭州大厦

详细地址：浙江省杭州市武林广场1号

董事长、总经理：吴一华

邮政编码：310006

电话号码：0571-85154458

传真号码：0571-85150680

电子信箱 hztower@mail.hz.zj.cn

企业网址 www.hztower.com

百大集团股份有限公司

杭州大酒店大堂

百大集团股份有限公司是一家集百货业、酒店业、旅游业等于一体的综合性集团公司。总部座落于杭州市黄金地段武林广场东南侧，旗下拥有杭州百货大楼、杭州大酒店、杭州园林旅游贸易有限公司、杭州灵隐旅游发展有限公司、杭州旅游市场有限公司及杭州科希盟科技有限公司。2001年末，公司拥有总资产13.16亿元，总股本2.69亿元，全年实现营业收入10.15亿元，利润总额5600万元。

杭州百货大楼商场内景

杭州百货大楼现营业面积达22000平方米，经营国内外8万余种名优商品。推出“26条服务理念”、“56条优质服务措施”，并设有网上商城和消费信贷等服务项目。杭州大酒店拥有客房285间，设有观光电梯和旋转餐厅，为涉外三星级旅游饭店。杭州灵隐旅游发展有限公司承担了灵隐旅游景区扩建工程项目。

百大集团在十二年的发展过程中，紧紧抓住改革机遇，积极创造竞争领先优势，步入了快速发展轨道，先后进入全国最大300家股份制企业、全国商界“双百强”行列。2001年杭州市政府授予公司“百大百分之百为大家”特色品牌服务企业称号。

公司地址：浙江省杭州市延安路546号
法人代表：董伟平
邮政编码：310006
电话号码：0571-85158800（总机）
传真号码：0571-85150586
企业网址 www.baida group.com

杭州百货大楼商场内景

杭州大酒店旋转餐厅

杭州舟山大厦有限公司

在杭州城的凤起路旁、青云街上有一家集餐饮、客房、写字楼、会议中心、棋牌娱东、美容美发、商务中心等服务设施于一体的旅游涉外宾馆——舟山大厦。她是舟山人民政府按三星级宾馆标准兴建的现代化宾馆，开业于2000年8月13日。

舟山大厦楼高12层，面各达5000平方米。宾馆内拥有中央空调、双路电梯、闭路电视等现代化设施，装潢格调豪华典雅。大厦紧傍着杭城市河——中河，周边相邻着杭州环北小商品城、杭州家电城、杭州丝绸城等全国知名的专业市场，可谓环境优雅、交通便捷、商贾云集、设施完备。

大厦拥有包括豪华套房、豪华单人间、豪华标准间以及普通标准间和套房等上百间客房，以适合消费者各层次的需要。

总经理：周玉君

标准客房

大厦二楼是可同时容纳数百人就餐的餐饮大厅，三楼的豪华包厢更有特色，由于各包厢的名字都是舟山群岛的各岛屿命名（如普陀山、桃花岛、沈家门等），再加上各包厢内都设有水族箱，使人有身临舟山之感。在舟山大厦用餐，吃的当然是正宗的舟山海鲜。大厦每天都从舟山当地直接进货，用专车送达，同时还聘请了舟山当地的名厨掌勺，吃海鲜到舟山已成了众多食客的一种享受。

舟山大厦现有员工近百名，别看人数并不太多，但这些服务人员都是经过严格的就职前培训和考核，是一批工作中自觉遵守规章制度，全心全意为顾客服务的精兵强将。

优质的服务，高品位的享受，到舟山大厦会让您有一种回家的感觉。

详细地址：浙江省杭州市青云街18号

法人代表：周玉君

邮政编码：310003

电话号码：0571-87240198　87230202

传真号码：0571-87240558

浙江省企业调查队

浙江省企业调查队成立于1997年6月，是受国家统计局和浙江省统计局双重领导、依照公务员管理的大型调查信息咨询机构。在全省11个市设立有中心城市企业调查队，形成了正规、健全的调查网络，直接面对企业、企业家和市场开展调查。组织开展规模以下工业抽样调查、企业景气调查、重点企业监测以及企业集团调查等经常性调查项目，并根据党政领导和社会各界的要求，开展不同类型的专项调查。与全国各省区市的企业调查队有着密切的合作关系。

浙江省企业调查队队长：严勤芳

2000年和2001年，浙江省企业调查队连续在全国企调系统荣获“综合考核先进单位”称号，在各单项评比中均获得先进。全省企调系统积极开展统计调查和课题研究，多个课题和专项调查分析得到省委、省政府主要领导的批示，2001年还成功申请了国家社科基金项目立项课题。浙江省企业调查队开展的各类专项调查，如体育产业、浙江信用状况等专项调查研究在社会上引起较大的反响。

浙江省企业调查队秉承“决策者的智囊和参谋，企业家的顾问和朋友，联结政府与企业的纽带，了解企业与市场的窗口”这一宗旨，充分发挥“快速高效、机动灵活”的特点和优势，以“服务政府、服务企业、服务浙江经济”为己任，“团结、务实、创新、进取”。

面对经济快速发展和结构调整，面对改革的进一步深入，面对我国加入世贸组织和中国统计加入国际货币基金组织的数据公布通用系统（GDDS）等一系列挑战，浙江省企业调查队将积极投身于浙江经济建设，投身于统计改革，不断探索，开拓创新，乘势而上，与时俱进。

委托专项调查联系方式：
详细地址：浙江省杭州市教工路79号天湖大厦6楼
邮政编码：310012
电话号码：88841429，88212686
传真号码：88212686
电子信箱：zjeso@163.com

浙江省统计信息咨询中心

浙江省统计信息咨询中心，是一家集市场研究、信息咨询、资料开发、专项培训等为一体的综合性、权威性统计信息咨询机构，也是浙江省统计局唯一对外服务的窗口。本中心上系国家统计信息中心及其各大信息公司，下联我省各市、县统计局，内依省统计局各专业处室，外靠各省、市、自治区统计信息咨询机构，形成了一个极为完整的统计信息网络。并拥有人口、工业、农业、第三产业、基本单位等各种普查数据和工商企业动态数据库。

本中心设有市场调查部、业务开发部、发行部、综合财务部，下设《浙江统计年鉴》编辑部、《浙江行政事业公务手册》编辑部、《浙江省工商指南》编辑部、《浙江之最》编辑部。拥有各种高、中级统计专业人才和高素质的统计调查队伍。

本中心依靠全面翔实的统计资料、完整的统计信息网络和高素质的统计调查队伍，为您提供“权威、客观”的统计资料、“优质、高效”的信息咨询和“快捷、准确”的市场调查服务。

编　者　说　明

一、《浙江统计年鉴－2002》是一部全面反映浙江国民经济和社会发展情况的资料性年刊,本年鉴收录了浙江及各市、县2001年经济和社会各方面大量的统计数据,以及历史重要年份和改革开放以来浙江主要统计数据。

二、全书内容分为18部分,即:1.综合;2.人口和从业人员;3.固定资产投资;4.物价;5.人民生活;6.农业;7.工业;8.建筑业和地质勘查;9.交通运输和邮电通讯业;10.批发零售贸易和餐饮业;11.对外经济贸易和旅游;12.财政和金融;13.城市建设和环境保护;14.教育科技、专利、测绘和标准计量;15.文化、体育和卫生;16.档案、司法、社会福利、工会、妇联组织和社会治安;17.市地县国民经济主要指标;18.附录(企业统计情况及部分企业简介)。为便于读者使用,部分统计表下作了简要注释,每篇章后附有《主要统计指标解释》。

三、本年鉴对过去发表的统计资料重新予以核实,凡与本年鉴数据有出入的,以本年鉴为准。

四、本年鉴凡带续表的资料,如有注解均注在最后一张续表的下方。

五、本年鉴中和符号使用说明:"…"表示数据不足本表最小单位数;"#"表示其中主要项;"空格"表示该项统计指标数据不详或无该项数据。

《浙江统计年鉴》自公开出版以来,受到了社会各界的重视和好评,为进一步提高年鉴的编辑水平,欢迎读者提出宝贵意见。

Preface

Zhejiang Statistical Yearbook 2002 is an annual statistis publication, which contains very comprehensive statistics of Zhejiang's social and economic development in 2001 and selected data of some important years and of the period since China adopted the policy of reforming and opening to the outside world.

The yearbook is composed of 18 parts. 1. General Suryey 2. Population and Empoloyment 3. Investment in Fixed Assets 4. Prices 5. People's Livelihood 6. Agriculture 7. Industry 8. Construction and Geological Prospecting 9. Transportation, Posts and Telecmmunication 10. Wholesale and Retail Sale Trade and Catering Trade 11. Foreign Economy and Trade, Tourism 12. Public Finance and Banking 13. City Construction and Environment Protection 14. Education, Science, Patent, Surveying and Mapping, Standard Calculating 15. Culture, Sports, and Public Health 16. Archives, Judicature, Social Welfare and Labour Union 17. Main Indicators of National Economy by City, Prefecture and County 18. Appendix. In addition, brief notes are placed at lower part of some tables and explanatory notes on main indicators are provided at end of each part.

The statistics in former statistical yearbook have been already checked. The data in Zhejiang statistical yearbook 2001 shall be regarded as authentic ones. The footnotes are placed at the last page, if the table is a continued one.

Notations used in this yearbook:

"…" indicates that the figure is not large enough to be measured with the smallest unit in the table. "#" indicates the major items of the total. "blank" indicates that the data not available.

Since issued openly, Zhejiang Statistical Yearbook has received favourable comments from all the various aspects. In order to further improve editorial levels, welcome valuable suggestion from general readers.

目　　录
CONTENTS

一、综合
Chapter 1 GENERAL SURVEY

二、人口和从业人员
Chapter 2 POPULATION and EMPLOYMENT

三、固定资产投资

Chapter 3 INVESTMENT in FIXED ASSETS

四、物价

Chapter 4 PRICES

五、人民生活
Chapter 5 PEOPLES LIVELIHOOD

六、农业
Chapter 6 AGRICULTURE

七、工业
Chapter 7 INDUSTRY

八、建筑业和地质勘查

Chapter 8 CONSTRUCTION and GEOLOGICAL PROSPECTING

九、交通运输和邮电通信业
Chapter 9 TRANSPORTATION,POSTS and TEIECOMMUNICATIONS

十、批发、零售贸易和餐饮业
Chapter 10 WHOLESALE and RETAIL SALE TRADE and CATERING TRADE

十一、对外经济贸易和旅游
Chapter 11 FOREIGN ECONOMY and TRADE, TOURISM

十二、财政和金融
Chapter 12 PUBLIC FINANCE and BANKING

十三、城市建设和环境保护
Chapter 13 CITY CONSTRUCTION and ENVIRONMENT PROTECTION

十四、教育、科技、专利、测绘和标准计量
Chapter 14 EDUCATION, SCIENCE, PATENT, SVRVEYING & MAPPING and STANDARD CALCULATING

十五、文化、体育和卫生
Chapter 15 CULTURE, SPORTS and PUBLIC HEALTH

十六、档案、司法、社会福利和工会组织
Chapter 16 ARCHIVES, JUDICATURE, SOCIAL WELFARE and LABOUR UNION

十七、各市、县国民经济主要指标
Chapter 17 Major Indicators of National Economy by City, Prefecture and County

综　合

GENERAL SURVEY

Chapter 1

****

1. 综 合

General Survey

****

2001年国内生产总值	Gross Domestic Product	6748.15	亿元	(100 million yuan)
第一产业	Primary Industry	695.15	亿元	(100 million yuan)
第二产业	Secondary Industry	3459.75	亿元	(100 million yuan)
#工业	Industry	3106.29	亿元	(100 million yuan)
第三产业	Tertiary Industry	2593.25	亿元	(100 million yuan)
2001年人均国内生产总值	Per Capita GDP	14655	元	(yuan)
2001年国内生产总值构成	Structure of Gross Domestic Product	100	%	
第一产业	Primary Industry	10.3	%	
第二产业	Secondary Industry	51.3	%	
#工业	Industry	46.1	%	
第三产业	Tertiary Industry	38.4	%	

****

国 内 生 产 总 值（亿元）

Gross Domestic Product（100 million yuan）

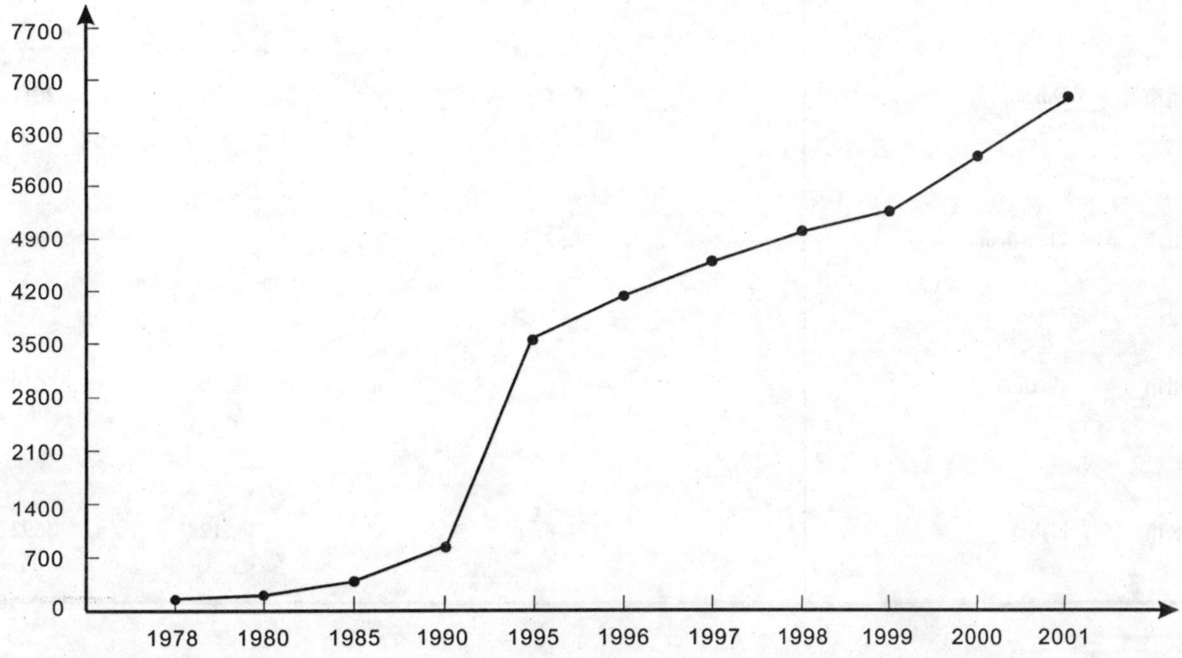

1-1 行政区划(2001 年底)
Divisions of Administrative Areas(End of 2001)

单位:个 (unit)

地　区 Region		市辖区 Districts under City Administration	县及县级市 Counties (Cities)	建制镇 Towns	乡 Townships	村 Village
合　计	**Total**	**28**	**60**	**838**	**576**	**41383**
杭州市	Hangzhou	8	5	122	58	4782
宁波市	Ningbo	5	6	101	18	3990
温州市	Wenzhou	3	8	130	154	6121
嘉兴市	Jiaxing	2	5	60	2	1099
湖州市	Huzhou		3	48	19	1464
绍兴市	Shaoxing	1	5	80	18	5266
金华市	Jinhua	2	7	87	55	5973
衢州市	Quzhou	1	5	55	84	2611
舟山市	Zhoushan	2	2	24	12	766
台州市	Taizhou	3	6	68	28	5619
丽水市	Lishui	1	8	63	128	3692

1－2 人口和自然资源
Population and Natural Resources

项目		Item		2001
人　口		**Population**		
年末人口总数	（万人）	Year-end Population	(10000 persons)	4519.84
人口密度	（人/平方公里）	Density of Population	(person/sq. km)	444
土　地		**Land**		
土地面积	（万平方公里）	Land Area	(10000 sq. km)	10.18
山区面积	（%）	Mountains Area	(%)	70.4
平原面积	（%）	Plains Area	(%)	23.2
河流湖泊面积	（%）	Rivers Area	(%)	6.4
气　候(主要城市)		**Climate(Main Cities)**		
年平均降雨量	（毫米）	Total Precipitation	(millimeters)	1445
年平均气温	（摄氏度）	Average Temperature	(℃)	18.1
森　林		**Forest**		
林地面积	（万公顷）	Area of Afforestated Land	(10000 hectares)	554
森林覆盖率	（%）	Forest-coverage Rate	(%)	59.4
林木蓄积量	（万立方米）	Total Standing Stock Volume	(10000 cu. m)	13847
水利资源		**Water Resources**		
水资源总量	（亿立方米）	Hydropower Resources	(100 million cu. m)	937
淡水已养殖面积	（千公顷）	Cultivated Freshwater Area	(1000 hectare)	210.76
海水已养殖面积	（千公顷）	Cultivated Seawater Area	(1000 hectare)	112.75
海岸线总长度	（公里）	Length of Mainland Coastline	(km)	6486
矿产资源	**（万吨）**	**Mineral Resources**	**(10 000 tons)**	
铁矿石保有储量		Iron Ore		4131
煤保有储量		Coal		9849
沸石岩保有储量		Zeolite		12712
叶蜡石保有储量		Pyrophyllite		3632
萤石矿石保有储量(矿石)		Fluorite		4408
明矾石矿石保有储量(矿石)		Alumstone		26028
水泥石灰岩保有储量		Cement Limestone		188436

1－3 主要城市平均气温(2001 年)

Average Temperature in Major Cities(2001)

单位:0.1 摄氏度 (0.1℃)

城市名称 City		1月 Jan.	2月 Feb.	3月 Mar.	4月 Apr.	5月 May	6月 June	7月 July	8月 Aug.	9月 Sep.	10月 Oct.	11月 Nov.	12月 Dec.	年平均 Annual Average
杭州	Hangzhou	61	71	123	161	219	244	303	264	241	196	127	66	216
宁波	Ningbo	69	80	122	162	213	245	299	277	246	198	132	76	177
温州	Wenzhou	98	105	137	174	221	253	290	277	255	213	152	104	190
嘉兴	Jiaxing	55	68	113	156	213	243	302	267	241	192	119	61	169
湖州	Huzhou	53	65	113	156	217	245	303	266	242	190	118	58	169
绍兴	Shaoxing	60	73	122	163	220	246	305	268	236	289	123	67	173
金华	Jinhua	72	88	132	176	229	250	309	270	240	203	129	75	181
衢州	Quzhou	70	86	128	170	225	245	299	263	238	200	122	72	177
舟山	Zhoushan	74	80	113	152	198	235	281	270	243	198	137	84	172
丽水	Lishui	85	101	143	183	230	258	301	274	239	209	132	86	187
临海	Linhai	81	92	134	173	222	252	297	274	247	206	138	87	184

注:本表由省气象局整理提供. 表 1－3 至 1－8 同。
The data on this table are provided by Provincial Meteorological Bureau. Table from 1－3 to 1－8 are the same.

1-4 主要城市降水量(2001年)
Precipitation in Major Cities(2001)

单位:0.1毫米 (0.1millimeters)

城市名称 City		1月 Jan.	2月 Feb.	3月 Mar.	4月 Apr.	5月 May	6月 June	7月 July	8月 Aug.	9月 Sep.	10月 Oct.	11月 Nov.	12月 Dec.	全年 Annual Total
杭州	Hangzhou	884	1060	476	888	968	4088	1032	3902	446	349	404	1178	15666
宁波	Ningbo	1003	985	337	504	998	3754	1860	1590	1470	142	419	1279	14341
温州	Wenzhou	928	988	795	947	1410	4752	1645	2362	1245	331	499	1104	17006
嘉兴	Jiaxing	883	811	392	910	527	2713	180	2093	244	246	234	1143	10322
湖州	Huzhou	1174	988	460	1084	664	2256	1139	2656	317	454	290	1192	12674
绍兴	Shaoxing	923	971	491	736	1215	3370	832	3355	1535	502	479	1685	16094
金华	Jinhua	1245	874	807	838	979	1714	279	1594	736	352	570	1092	11080
衢州	Quzhou	1413	973	1065	1432	1122	3244	768	1858	314	375	881	1059	14504
舟山	Zhoushan	892	865	314	552	729	3208	897	2777	2522	217	435	1239	14647
丽水	Lishui	872	697	1126	1016	1345	3677	821	2612	447	180	999	814	14606
临海	Linhai	847	706	775	639	743	4872	1194	4327	2332	194	441	970	18040

1－5 主要城市日照时数(2001年)
Sunshine Hours in Major Cities(2001)

单位:0.1小时 (0.1hours)

城市名称 City		1月 Jan.	2月 Feb.	3月 Mar.	4月 Apr.	5月 May	6月 June	7月 July	8月 Aug.	9月 Sep.	10月 Oct.	11月 Nov.	12月 Dec.	全年 Annual Total
杭州	Hangzhou	776	721	1625	1378	1574	1233	2589	1233	1391	1842	1350	932	16644
宁波	Ningbo	838	875	1845	1672	1448	1230	2943	1644	1204	2080	1357	1019	18155
温州	Wenzhou	906	767	1479	1133	1152	1151	2104	1615	1103	1745	1619	906	15680
嘉兴	Jiaxing	914	701	1496	1486	1687	995	2305	1576	1501	2039	1573	1027	17300
湖州	Huzhou	847	708	1844	1345	1380	1079	2345	1447	1599	1883	1495	852	16842
绍兴	Shaoxing	891	826	1699	1484	1574	1203	2883	1411	1488	2128	1405	1030	18022
金华	Jinhua	932	881	1647	1455	1674	1230	2754	1519	1305	2041	1630	1021	18089
衢州	Quzhou	1058	866	1656	1327	1618	1158	2693	1540	1749	2181	1624	961	18431
舟山	Zhoushan	1042	929	1907	1720	1262	1149	2925	1967	1294	2094	1506	987	18782
丽水	Lishui	813	693	1415	836	1108	1353	2437	1361	771	1670	1200	994	14601
临海	Linhai	825	807	1591	1431	1197	1045	2650	1405	1040	1897	1409	990	16287

1-6 主要城市累计降水量(1997-2001年)

To6tal Precipitation in Major Cities(1997-2001)

单位:0.1毫米 (0.1millimeters)

城市名称 City		1月 Jan.	2月 Feb.	3月 Mar.	4月 Apr.	5月 May	6月 June	7月 July	8月 Aug.	9月 Sep.	10月 Oct.	11月 Nov.	12月 Dec.	全年 Annual Total
杭州	Hangzhou	529.3	373.9	657.4	538.7	566.4	1486.9	1005.9	1103.6	329.2	275.8	371.9	323.5	7562.5
宁波	Ningbo	538.3	341.1	667.4	445.2	484.3	1202.0	1110.2	1131.1	960.0	419.6	433.7	345.3	8078.2
温州	Wenzhou	369.8	411.1	803.6	630.9	894.6	1827.1	990.2	1222.2	976.8	459.9	438.2	282.8	9307.2
嘉兴	Jiaxing	493.6	294.6	517.4	407.3	409.4	1230.9	644.8	1223.2	285.6	211.3	309.2	283.8	6311.1
湖州	Huzhou	546.4	350.5	602.8	364.9	496.0	1347.3	727.6	987.8	318.7	281.7	376.1	293.1	6692.9
绍兴	Shaoxing	592.3	334.6	710.3	463.5	658.3	1280.5	727.0	1089.9	674.6	310.9	429.4	407.1	7678.4
金华	Jinhua	567.1	371.0	791.7	685.7	696.8	1330.4	856.6	673.8	226.1	284.5	444.6	279.5	7207.8
衢州	Quzhou	669.5	423.7	995.1	983.6	744.7	1748.9	1056.7	880.8	218.6	337.7	547.3	293.0	8899.6
舟山	Zhoushan	566.4	357.3	692.9	480.9	495.6	1124.5	560.1	1356.1	1102.8	387.3	425.3	373.8	7922.9
丽水	Lishui	420.8	317.7	783.6	702.4	611.3	1773.8	811.8	939.2	260.1	360.4	432.3	231.7	7645.1
临海	Linhai	441.2	284.7	671.1	441.0	573.1	1597.6	946.3	1816.7	867.8	511.1	407.8	220.8	8779.2

1-7 主要城市累计日照时数(1997-2001年)
Total Sunshine Hours in Major Cities(1997-2001)

单位:0.1小时 (0.1hours)

城市名称 City		1月 Jan.	2月 Feb.	3月 Mar.	4月 Apr.	5月 May	6月 June	7月 July	8月 Aug.	9月 Sep.	10月 Oct.	11月 Nov.	12月 Dec.	全年 Annual Total
杭州	Hangzhou	464.1	497.4	531.0	717.5	863.0	639.2	1012.1	841.8	766.9	661.2	612.0	483.3	8089.5
宁波	Ningbo	482.5	547.0	567.6	840.8	882.9	660.4	1077.0	934.4	784.7	736.4	591.5	500.6	8605.8
温州	Wenzhou	507.3	417.8	487.3	583.6	703.8	564.6	871.3	866.3	774.0	724.4	625.7	565.4	7691.5
嘉兴	Jiaxing	521.3	565.7	583.3	801.1	896.0	653.6	1049.5	871.7	826.6	714.2	644.4	564.9	8692.3
湖州	Huzhou	515.0	530.7	569.9	754.2	820.5	627.7	957.3	822.5	805.6	689.0	639.2	532.2	8263.8
绍兴	Shaoxing	480.1	500.0	529.0	758.8	874.0	639.0	1064.8	928.4	795.1	716.5	589.7	503.8	8379.2
金华	Jinhua	463.6	478.5	522.0	707.3	883.4	684.7	1129.5	968.8	842.6	763.3	647.2	561.7	8652.6
衢州	Quzhou	486.6	471.1	511.2	644.9	869.6	647.0	1101.5	966.2	979.3	829.5	670.6	529.0	8769.5
舟山	Zhoushan	523.4	601.5	625.1	851.1	889.1	638.8	1142.3	980.9	837.5	796.4	659.3	612.0	9157.4
丽水	Lishui	429.9	442.8	482.2	582.5	725.3	577.7	914.3	887.2	716.4	716.3	547.8	503.8	7526.2
临海	Linhai	505.4	484.6	542.7	721.1	694.9	488.1	891.0	861.0	766.6	709.5	613.0	561.2	7839.1

1-8 主要城市平均气温(1997-2001年)
Average Temperature in Major Cities(1997-2001)

单位:0.1摄氏度 (0.1℃)

城市名称 City		1月 Jan.	2月 Feb.	3月 Mar.	4月 Apr.	5月 May	6月 June	7月 July	8月 Aug.	9月 Sep.	10月 Oct.	11月 Nov.	12月 Dec.	年平均 Annual Average
杭州	Hangzhou	5.0	6.9	11.0	17.0	22.2	24.4	28.6	27.7	24.1	19.5	12.8	0.87	17.3
宁波	Ningbo	6.0	7.5	11.3	16.8	21.8	24.5	28.6	28.2	24.4	20.0	13.9	8.4	17.6
温州	Wenzhou	9.1	9.9	12.8	17.7	22.1	24.7	28.1	28.0	25.2	21.6	16.1	11.4	18.9
嘉兴	Jiaxing	4.6	6.4	10.5	16.2	21.5	24.2	28.4	27.4	23.8	19.0	12.5	7.0	16.8
湖州	Huzhou	4.3	6.2	10.5	16.4	21.8	24.5	26.6	27.6	23.8	18.8	12.1	6.8	16.8
绍兴	Shaoxing	5.0	6.8	11.1	17.1	24.4	24.6	28.7	27.9	23.6	19.0	12.7	7.3	17.1
金华	Jinhua	6.3	8.2	12.2	18.3	23.2	25.1	29.1	28.2	24.5	20.2	13.7	8.5	18.1
衢州	Quzhou	6.3	8.2	11.8	17.9	22.8	24.7	28.5	27.6	24.2	20.1	13.2	8.3	17.8
舟山	Zhoushan	6.6	7.3	10.8	15.4	20.1	23.2	27.1	27.3	24.0	20.1	14.5	9.3	17.1
丽水	Lishui	7.7	9.7	13.4	19.0	23.2	25.7	28.8	28.3	24.6	20.9	14.4	9.4	18.8
临海	Linhai	7.3	8.7	12.3	17.7	22.2	24.8	28.5	27.9	24.6	20.6	14.7	9.6	18.3

1－9　国民经济主要指标

指标		Item	
人口		**Population**	
年末总人口	（万人）	Year-end Population	（10000 persons）
年末从业人员数	**（万人）**	**Year-end Employment**	**（10000 persons）**
国内生产总值	**（亿元）**	**Gross Domestic Product**	**（100 million yuan）**
人均国内生产总值	**（元）**	**Per Capital GDP**	**（yuan）**
运输、邮电和通信		**Transportation, Post and Telecommunications Services**	
旅客周转量	（亿人公里）	Turnover Volume of Passenger Traffic	（100 million passenger-km）
货物周转量	（亿吨公里）	Turnover Volume of Freight Traffic	（100 million ton-km）
电话普及率	（部/百人）	Number of Telephone Sets Owned per 100 persons	（set/100 persons）
全社会固定资产投资总额	**（亿元）**	**Total Investment in Fixed Assets**	**（100 million yuan）**
财政收支		**Finance**	
财政总收入	（亿元）	Financial Revenue	（100 million yuan）
#地方财政收入	（亿元）	Local Financial Revenue	
财政支出	（亿元）	Financial Expenditure	（100 million yuan）
社会消费品零售总额	（亿元）	Total Retail Sales of Consumer Goods	（100 million yuan）
出口总额	（亿美元）	Total Exports Value	（USD10000）

1 - 9 Main Indicators of National Economy

1978	1990	1995	1998	2000	2001	指数 Index(2001 为以下各年%) (2001 as Percentage of the Following Years)			平均年增长(%) Average Annual Growth Rate(%)	
						1978	1998	2000	1979 - 2001	1999 - 2001
3750.96	4234.91	4369.63	4446.86	4501.22	4519.84	120.5	101.6	100.4	0.8	0.5
1794.96	**2554.46**	**2621.47**	**2612.54**	**2726.09**	**2796.65**	**155.8**	**107.0**	**102.6**	**1.9**	**2.3**
123.72	**897.99**	**3524.79**	**4987.50**	**6036.34**	**6748.15**	**1684.4**	**134.9**	**110.5**	**13.1**	**10.5**
331	**2122**	**8074**	**11247**	**13309**	**14655**	**1381.6**	**131.1**	**108.8**	**12.1**	**9.5**
66.68	257.29	483.06	552.35	606.73	651.79	977.8	118.1	107.5	10.4	5.7
164.19	400.65	874.29	897.88	1199.74	1371.60	835.6	152.8	114.4	9.7	15.2
	1.6	9.1	20.5	45.5	62.3	-	303.9	149.8	-	44.8
23.23	**186.96**	**1357.9**	**1847.93**	**2267.22**	**2776.69**	**11953.1**	**150.3**	**122.5**	**23.2**	**11.6**
27.45	101.59	248.50	401.80	658.42	855.82	3116.9	212.9	129.9	16.1	28.7
27.45	101.59	248.50	198.10	342.77	500.69	1824.0	252.8	146.1	13.5	36.2
17.43	80.23	180.29	286.81	431.43	597.35	3427.4	208.3	138.5	16.6	27.7
46.86	353.75	1325.70	1909.14	2298.76	2555.46	5453.4	133.8	111.1	19.0	10.2
0.5	21.89	76.98	108.7	194.44	229.77	45954.0	211.0	118.3	30.5	28.3

指标		Item	
物价指数		**Price Indices**	
居民消费价格指数(1985 年=100)		General Consumer Price Index(1985=100)	
农村居民消费价格指数(1985 年=100)		Rural Consumer Price Index(1985=100)	
城镇居民消费价格指数(1978 年=100)		Urban Consumer Price Index(1978=100)	
城乡居民收入		**Living Standard**	
城镇居民人均可支配收入	(元)	Per Capital Disposable Income of Urban Households	(yuan)
农村居民人均纯收入	(元)	Per Capital Annual Net Income of Rural Housholds	(yuan)
教育和文化		**Education and Culture**	
高等学校在校学生数	(万人)	Students Enrollment in Institutions of Higher Education	(10000 persons)
中等专业学校在校学生数	(万人)	Students Enrollment in Specializad Secondary Schools	(10000 persons)
普通中学在校学生数	(万人)	Student Enrollment in Regular Secondary Schools	(10000 persons)
小学在校学生数	(万人)	Students Enrollment in Primary Schools	(10000 persons)
报纸出版数量	(万份)	Number of Newspapers Published	(10000 copies)
杂志出版数量	(万份)	Number of Magazines Published	(10000 copies)
图书出版数量	(万份)	Number of Books Published	(10000 copies)
卫生		**Public Health**	
卫生机构数	(个)	Number of Health Institutions	(unit)
#医院		Hospitals	
卫生技术人员	(万人)	Medical Technical Personnel	(10000 persons)
#医生		Doctors	
床位数	(万张)	Medical Beds	(10000 beds)
#医院		Hospitals	

注：1. 本表价值量指标按当年价格计算,发展速度按可比价格计算。
2. 城镇居民人均可支配收入、农村居民人均纯收入发展速度均已扣除价格变动因素。

1 – 9 continued

1978	1990	1995	1998	2000	2001	指数 Index(2001 年为以下各年%) (2001 as Percentage of the Following years) 1978	1998	2000	平均年增长(%) Average Annual Growth Rate(%) 1979 – 2001	1999 – 2001
	169.4	328.6	363.4	362.6	361.9	–	99.6	99.8	–	...
	165.0	299.5	324.9	323.6	323.6	–	99.6	100.0	–	...
100	239.5	489.2	498.8	580.1	577.8	577.8	115.8	99.6	7.9	5.0
332	1932	6221	7837	9279	10465	541.7	133.5	113.3	7.6	13.3
165	1099	2966	3815	4254	4582	680.5	121.7	106.9	8.7	6.8
2.4	6.0	9.3	11.4	22.2	30.6	1265.7	269.9	137.8	11.7	39.2
2.8	6.7	13.9	16.7	14.8	12.9	463.4	77.4	87.4	6.9	–8.2
214.7	169.6	210.5	217.7	249.6	263.0	122.5	120.8	105.4	0.9	6.5
501.4	372.4	353.8	365.2	353.8	346.3	69.1	94.8	97.9	–1.6	–1.8
24080	66865	113514	149302	173526	196937	817.8	131.9	113.5	9.6	9.7
393	4716	8417	8358	8736	8674	2207.1	104.5	99.3	14.4	1.5
12033	19596	22608	26647	27014	26108	217.0	98.0	96.7	3.4	–0.7
6939	8917	8723	7524	7465	7736	111.5	102.8	103.6	0.5	0.9
3512	3351	3437	3341	3170	3008	85.7	90.0	94.9	–0.7	–3.4
8.1	13.1	14.4	15.6	15.8	16.3	201.9	104.8	103.4	3.1	1.6
3.3	5.9	6.7	7.0	7.4	7.7	235.2	109.4	103.4	3.8	3.0
6.2	9.7	10.6	10.1	11.4	11.5	186.6	114.6	101.4	2.8	4.7
5.7	8.8	9.7	10.4	10.7	11.0	194.0	105.8	102.2	2.9	1.9

1. Figures in value terms are calculated at current prices, While the indices and growth rates are calculated at comparable prices.
2. The indices of Per-capital Annual Disposable income of Urban households and Per-capital Annual net income of rural households are deducted the factor of changes in prices.

1－10 国民经济主要比例关系
Main Proportional Indicators of National Economy

单位:%　　　　　(%)

指　　标	Item	1978	1990	1995	1998	2000	2001
国内生产总值中三次产业比例	**Industrial Structure of GDP**						
第一产业	Primary Industry	38.1	25.1	15.9	12.7	11.0	10.3
第二产业	Secondary Industry	43.4	45.4	52.0	54.3	52.7	51.3
第三产业	Tertiary Industry	18.6	29.5	32.1	33.0	36.3	38.4
居民消费中城镇和农村居民消费比例	**Structure of Rural and Urban Resident Consumption**						
农村居民消费	Rural Consumption		72.4	61.7	59.7	57.9	56.0
城镇居民消费	Urban Consumption		27.6	38.3	40.3	42.1	44.0
基本建设投资中三次产业比例	**Industrial Structure in Capital Construction**						
第一产业	Primary Industry		1.6	0.5	0.5	0.3	0.4
第二产业	Secondary Industry		49.8	36.0	35.6	27.3	23.8
第三产业	Tertiary Industry		48.6	63.5	63.9	72.4	75.8
基本建设投资中能源运输邮电比例	**Structure of Energy, Transportation, Postal and Telecommunications Services Investment in Capital Construction**						
能源	Energy		36.5	16.4	23.9	21.2	15.3
运输邮电业	Transportation, Postal and Telecommunications Services		16.7	20.3	22.3	27.8	24.4

指　　标	Item	1978	1990	1995	1998	2000	2001
农业生产中农、林、牧、渔业产值比例	**Structure of Agricultural Gross Output Value**						
农　业	Farming	77.4	59.4	54.1	53.4	49.0	49.0
林　业	Forestry	3.0	4.7	5.6	4.6	6.4	5.4
牧　业	Animal Husbandry	14.3	23.7	18.5	16.5	16.7	17.7
渔　业	Fishery	5.3	12.2	21.8	25.5	27.9	27.9
客运量中各种运输方式比例	**Structure of Passenger Traffic**						
铁　路	Railways	9.2	5.0	3.3	2.7	3.1	3.2
公　路	Highways	62.4	84.6	92.9	94.5	94.3	94.8
水　运	Waterways	28.4	10.3	3.6	2.6	2.4	1.8
民用航空	Civil Aviation		0.1	0.2	0.2	0.2	0.2
货运量中各种运输方式比例	**Structure of Freight Traffic**						
铁　路	Railways	16.7	5.1	3.1	2.9	2.6	2.8
公　路	Highways	31.8	68.3	72.3	75.1	73.5	71.6
水　运	Waterways	51.5	26.6	24.6	22.0	23.9	25.6

注：本表价值量指标按当年价格计算。

The data in value terms in the table are calculated at current prices.

1－11 按经济类型分的国民经济主要比例关系
Main Proportional Indicators of National Economy by Ownership

单位：(%) (%)

指 标	Item	1978	1990	1995	1998	2000	2001
全社会从业人员	**Number of Employed Persons**						
国有经济	State-owned Units	183.14	11.0	11.2	9.8	7.6	6.6
城镇集体经济	Urban Collective-Owned Units	129.75	7.4	6.2	3.9	2.2	1.5
其他经济	Other Ownership		0.2	1.6	3.7	4.8	5.2
城镇私营和个体从业人员	Urban Private Enterprises and Individuals	1.51	1.2	3.7	4.7	7.7	8.4
乡村从业人员	Rural Employed Persons	1480.56	80.2	76.9	77.4	77.6	77.7
其他从业人员	Other Employed Persons			0.4	0.5	0.5	0.5
社会消费品零售总额	**Total Retail Sales of Consumer Goods**						
国有经济	State-Owned Units	19.33	27.6	22.0	12.0	9.4	8.0
集体经济	Collective-Owned Units	25.08	31.1	14.9	11.3	8.6	6.5
联营	Joint-Owned Units		0.6	0.4	0.4	0.4	0.3
个体	Individuals	0.19	27.6	42.1	56.1	60.3	63.7
其他经济	Other Ownership	2.26	13.1	20.6	20.2	21.3	21.5

注：本表价值量指标按当年价格计算。

The data in value terms are calculated at current prices.

1－12 平均每天主要社会经济活动
Indicators on Average Daily Social and Economic Activities

指　标	Item	1978	1990	1995	1998	2000	2001
平均每天创造财富	**Daily Production**						
国内生产总值(亿元)	Gross Domestic Product(100 million yuan)	0.34	2.46	9.66	13.67	16.52	18.49
财政收入(亿元)	Total Financial Revenue(100 million yuan)	0.08	0.28	0.68	1.10	1.80	2.34
每天其他经济活动	**Other Daily Economic Activities**						
客运量(万人)	Passenger Traffic(10000 persons)	56	165	299	324	340	364
货运量(万吨)	Freight Traffic(10000 tons)	23	92	171	165	205	213
出版报纸(万份)	Newspapers Published(10000 copies)	66	183	311	409	475	548
出版杂志(万册)	Magazines Published(10000 copies)	1	13	23	23	24	24
出版图书(万册)	Books Publisheds (10000 copies)	33	54	62	73	74	71
邮电业务量(万元)	Business Volume of Postal and Telecommunications Servics(10000 yuan)	19	241	1726	4321	8879	7671
进出口总额(万美元)	Total Imports and Exports(USD 10000)		760	2935	4383	7626	8986
#出口	Exports		600	1932	2986	5327	6301
人口变动和婚姻	**Population Changes and Marriages**						
出生(人)	Births(person)	1856	1774	1494	1358	1318	1263
死亡(人)	Deaths(person)	596	730	796	771	784	789
结婚(对)	Marriages(couple)		1013	979	1059	1052	915
离婚(对)	Divorces(couple)		21	37	51	56	63

注:本表价值量指标按当年价格计算。

The data in Value terms in the table are calculated at current prices.

1－13　国内生产总值

Gross Domestic Product

年份 Year	国内生产总值（亿元） Gross Domestic Product (100 million yuan)	第一产业 Primary Industry	第二产业 Secondary Industry	工业 Industry	建筑业 Construction	第三产业 Tertiary Industry	#交通运输和仓储业、邮电通讯业 Transportation, Storage, Postal and Telecommunications	#批发和零售贸易餐饮业 Wholesale & Retail Trade and Catering Services	人均国内生产总值（元） Per-capita GDP (yuan)
1970	69.17	32.28	22.42	20.0	2.12	14.47	2.75	5.23	211
1971	70.43	31.98	23.49	20.71	2.78	14.96	2.39	5.42	210
1972	84.39	39.78	29.22	26.34	2.88	15.39	2.47	5.74	247
1973	86.99	39.22	31.89	28.98	2.91	15.88	2.42	5.96	250
1974	86.57	42.10	28.34	25.34	3.00	16.13	2.09	6.11	245
1975	84.23	39.20	28.63	25.48	3.15	16.40	2.03	6.26	235
1976	87.27	39.57	30.72	27.00	3.72	16.98	2.05	6.06	240
1977	100.00	39.18	41.52	37.07	4.45	19.30	2.51	7.15	271
1978	123.72	47.09	53.52	46.97	6.55	23.11	3.22	7.98	331
1979	157.64	67.56	64.07	55.59	8.48	26.01	4.15	8.72	417
1980	179.68	64.61	84.07	73.71	10.36	31.00	4.88	10.55	470
1981	204.45	69.06	94.68	84.08	10.60	40.71	7.16	15.35	530
1982	233.41	84.88	98.44	87.21	11.23	50.09	9.12	19.43	597
1983	256.23	82.89	113.12	102.55	10.57	60.22	11.20	23.12	648
1984	322.07	104.4	141.48	127.91	13.57	76.19	15.47	28.42	807
1985	427.50	123.88	198.91	178.68	20.23	104.71	20.31	40.52	1063
1986	500.06	136.29	230.89	206.63	24.26	132.88	24.98	48.77	1231
1987	603.71	159.41	281.47	249.69	31.78	162.83	29.47	58.78	1470
1988	765.76	195.68	354.39	315.36	39.03	215.69	36.24	81.96	1842
1989	843.72	210.95	386.25	346.50	39.75	246.52	43.39	88.50	2009
1990	897.99	225.04	408.18	363.74	44.44	264.77	45.01	91.86	2122
1991	1081.75	245.22	494.11	438.36	55.75	342.42	60.04	127.94	2540
1992	1365.06	262.67	653.43	581.73	71.70	448.96	80.03	174.33	3187
1993	1909.49	317.84	980.42	873.92	106.50	611.23	110.33	239.58	4431
1994	2666.86	443.87	1388.06	1236.74	151.32	834.93	147.17	335.60	6149
1995	3524.79	559.80	1834.47	1632.37	202.10	1130.52	204.59	473.35	8074
1996	4146.06	609.18	2200.19	1962.80	237.39	1336.69	234.89	567.84	9455
1997	4638.24	637.48	2509.56	2254.90	254.66	1491.20	288.93	617.69	10515
1998	4987.50	631.31	2709.08	2445.43	263.65	1647.11	321.75	665.80	11247
1999	5364.89	631.94	2902.81	2630.00	272.81	1830.14	364.90	712.42	12037
2000	6036.34	664.16	3183.47	2883.37	300.10	2188.71	428.30	827.78	13309
2001	6748.15	695.15	3459.75	3106.29	353.46	2593.25	503.68	908.83	14655

注：本表按当年价格计算。2000，2001 年人均国内生产总值均按常住人口计算。

The figures in this table are calculated at current prices. The per capita GDP in 2000,2001 are calculated at permanent residence.

1－14 按行业和构成分的国内生产总值

Gross Domestic Product by Sector and Structure

单位:亿元 (100 million yuan)

指 标	Item	1978	1990	1995	1998	2000	2001
国内生产总值	**Gross Domestic Product**	123.72	897.99	3524.79	4987.5	6036.34	6748.15
按行业分	by Sector						
第一产业(农业)	Primary Industry(Agriculture)	47.09	225.04	559.8	631.31	664.16	695.15
第二产业	Secondary Industry	53.52	408.18	1834.47	2709.08	3183.47	3459.75
工业	Industry	46.97	363.74	1962.80	2445.43	2883.37	3106.29
建筑业	Construction	6.55	44.44	202.10	263.65	300.10	353.46
第三产业	Tertiary Industry	23.11	264.77	1130.52	1647.11	2188.71	2593.25
农林牧渔服务业	Farming, Forestry, Animal Husbandry, Fishery and Services		0.56	5.01	6.26	6.40	7.11
地质勘探水利管理业	Geological Prospecting and Water Conservancy		1.12	4.25	6.30	7.16	7.84
交通运输和仓储业、邮电通讯业	Transportation, Storage, Postal and Telecommunications Services	3.22	45.01	204.59	321.75	428.30	503.68
批发和零售贸易、餐饮业	Wholesale & Retail Trade and Catering Services	7.98	91.86	473.35	665.80	827.78	908.83
金融保险业	Banking and Insurance		44.48	139.69	172.19	209.25	243.94
房地产业	Real Estate Trade		17.21	56.05	83.65	116.90	146.31
社会服务业	Social Services		16.95	86.48	147.16	220.20	277.35
卫生、体育、社会福利事业	Health Care, Sports and Social Welfare		6.88	30.75	52.44	80.89	109.03
教育、文艺、广播电影电视事业	Eclucation, Culture, Arts, Radio, Film and Television		15.36	49.09	78.16	135.76	198.20
科学研究和综合技术服务业	Scientific Research and Polytechnical Services		3.35	6.91	10.90	16.28	21.95
国家政党机关和社会团体	Government Agencies, Party Agencies and Social Organizations		17.21	59.35	93.05	126.71	149.56
其他	Others		4.78	15.00	9.45	13.08	19.45
按构成分	by Structure						
劳动者报酬	Compensation of laborers		476.40	1683.28	2349.89	2982.39	3254.06
固定资产折旧	Depreciation of Fixed Assets		89.08	299.86	487.00	767.78	875.99
生产税净额	Net taxes on Production		121.02	404.55	574.80	872.66	965.44
营业盈余	Operating Surplus		211.49	1137.10	1575.81	1413.51	1652.66

1-15 国内生产总值指数(1970年=100)

Indices of Gross Domestic Product (1970=100)

年份 Year	国内生产总值 Gross Domestic Product	第一产业 Primary Industry	第二产业 Secondary Industry	#工业 Industry	#建筑业 Construction	第三产业 Tertiary Industry	#交通运输和仓储业、邮电通讯业 Transportation Storage Postal and Telecommications	#批发和零售贸易餐饮业 Wholesale & Retail Trade and Catering Services	人均国内生产总值 Per-capita GDP
1971	104.5	99.8	112.2	109.5	135.9	104.6	90.5	104.8	102.3
1972	122.9	119.1	139.5	139.7	137.8	107.4	90.9	111.3	117.9
1973	126.1	116.2	152.3	153.8	138.7	110.9	88.7	115.5	118.9
1974	125.0	122.6	137.5	136.9	142.0	112.6	76.0	118.3	116.0
1975	120.7	112.1	138.7	137.7	147.7	114.4	62.5	121.2	110.4
1976	125.5	113.9	148.8	145.9	175.0	118.5	63.6	117.4	113.2
1977	144.3	112.7	201.3	200.3	210.4	134.5	84.0	138.5	128.3
1978	175.8	133.8	258.8	253.3	308.1	152.7	116.7	154.7	154.3
1979	199.6	148.3	305.2	296.5	383.1	165.1	130.5	165.2	173.2
1980	231.9	144.3	403.1	395.3	473.2	186.5	159.3	185.3	199.1
1981	258.6	151.2	448.8	447.0	467.7	235.1	222.5	258.0	219.8
1982	288.1	176.1	471.0	468.2	494.2	277.7	270.2	314.9	241.8
1983	311.3	165.5	544.2	555.3	454.9	322.2	325.7	356.5	258.4
1984	379.0	197.4	675.0	690.5	549.0	387.5	433.7	413.6	311.7
1985	461.2	201.1	913.3	931.9	762.7	462.0	527.0	507.0	376.1
1986	516.8	209.0	1040.8	1064.5	848.1	539.7	604.7	566.6	417.6
1987	578.0	211.2	1216.1	1239.2	1029.5	598.6	677.1	624.8	461.7
1988	642.9	209.1	1414.7	1456.4	1072.4	657.5	763.6	700.5	507.4
1989	639.1	209.7	1426.5	1481.4	971.0	623.7	661.5	607.5	499.4
1990	664.2	215.3	1500.9	1562.1	992.9	632.3	658.5	559.7	515.0
1991	782.7	232.3	1774.8	1849.3	1191.7	794.5	865.7	755.9	603.2
1992	931.5	233.8	2222.7	2341.4	1324.1	980.5	1105.4	963.9	713.6
1993	1136.7	245.0	2960.4	3168.1	1506.0	1135.9	1321.9	1117.3	865.5
1994	1364.0	255.7	3774.5	4055.1	1828.2	1314.2	1669.6	1294.9	1031.7
1995	1591.8	274.9	4469.0	4776.9	2278.0	1552.1	2005.1	1599.2	1195.8
1996	1794.0	287.0	5161.7	5531.7	2555.9	1724.4	2273.8	1794.3	1341.6
1997	1993.1	299.9	5822.4	6267.4	2747.6	1905.5	2546.7	1946.8	1481.6
1998	2194.4	309.5	6451.2	6963.1	2918.0	2124.6	2816.7	2129.8	1623.8
1999	2413.8	319.7	7186.6	7784.7	3096.0	2332.8	3143.4	2304.4	1776.4
2000	2679.3	334.1	8027.4	8718.9	3371.5	2610.4	3523.8	2546.4	1959.4
2001	2960.6	350.1	8910.4	9678.0	3772.7	2910.6	3869.1	2821.4	2131.8

注：本表按可比价格计算。
The figures in this table are calculated at comparable prices.

1－16 国内生产总值构成

Structure of Gross Domestic Product

单位:%　　　　　　　　　　　　　　　　　　　　　　　　　　　　　　　　　　　　　　(%)

年份 Year	国内生产总值 Gross Domestic Product	第一产业 Primary Industry	第二产业 Secondary Industry	#工业 Industry	#建筑业 Construction	第三产业 Tertiary Industry	#交通运输和仓储业、邮电通讯业 Transportation Storage Postal and Telecommications	#批发和零售贸易餐饮业 Wholesale & Retail Trade and Catering Services
1970	100	46.7	32.4	29.3	3.1	20.9	4.0	7.6
1971	100	45.4	33.4	29.4	4.0	21.2	3.4	7.7
1972	100	47.1	34.6	31.2	3.4	18.3	2.9	6.8
1973	100	45.1	36.7	33.3	3.4	18.2	2.8	6.9
1974	100	48.6	32.8	29.3	3.5	18.6	2.4	7.1
1975	100	46.5	34.0	30.1	3.9	19.5	2.4	7.4
1976	100	45.3	35.2	30.9	4.3	19.5	2.3	6.9
1977	100	39.2	41.5	37.1	4.4	19.3	2.5	7.2
1978	100	38.1	43.3	38.0	5.3	18.6	2.6	6.5
1979	100	42.9	40.6	35.3	5.3	16.5	2.6	5.5
1980	100	36.0	46.8	41.0	5.8	17.2	2.7	5.9
1981	100	33.8	46.3	41.1	5.2	19.9	3.5	7.5
1982	100	36.4	42.2	37.4	4.8	21.4	3.9	8.3
1983	100	32.3	44.2	40.0	4.2	23.5	4.4	9.0
1984	100	32.4	43.9	39.7	4.2	23.7	4.8	8.8
1985	100	29.0	46.5	41.8	4.7	24.5	4.8	9.5
1986	100	27.2	46.2	41.3	4.9	26.6	5.0	9.8
1987	100	26.4	46.6	41.4	5.2	27.0	4.9	9.7
1988	100	25.6	46.3	41.2	5.1	28.1	4.7	10.7
1989	100	25.0	45.8	41.1	4.7	29.2	5.1	10.5
1990	100	25.1	45.4	40.5	4.9	29.5	5	10.2
1991	100	22.7	45.7	40.5	5.2	31.6	5.6	11.8
1992	100	19.2	47.9	42.6	5.3	32.9	5.9	12.8
1993	100	16.6	51.4	45.8	5.6	32.0	5.8	12.5
1994	100	16.6	52.1	46.4	5.7	31.3	5.5	12.6
1995	100	15.9	52.0	46.3	5.7	32.1	5.8	13.4
1996	100	14.7	53.1	47.4	5.7	32.2	5.7	13.7
1997	100	13.7	54.1	48.6	5.5	32.2	6.2	13.3
1998	100	12.7	54.3	49.0	5.3	33.0	6.5	13.3
1999	100	11.8	54.1	49.0	5.1	34.1	6.8	13.3
2000	100	11.0	52.7	47.7	5.0	36.3	7.1	13.7
2001	100	10.3	51.3	46.1	5.2	38.4	7.5	13.5

注：本表按当年价格计算。
The figures in this table are calculated at current prices

1－17 按支出法计算的国内生产总值

Gross Domestic Product Calculated by Expenditure Approach

单位:亿元 (100 million yuan)

指 标	Item	1990	1995	1998	2000	2001
国内生产总值	**Gross Domestic Product Calculated with Expenditure Approach**	**897.99**	**3569.15**	**4976.17**	**6040.00**	**6749.18**
最终消费	**Final Consumption**	**548.85**	**1495.24**	**2172.29**	**2774.65**	**3306.10**
居民消费	Resident Consumption	474.67	1235.98	1678.15	1957.85	2197.33
农村居民	Rural Resident	343.73	762.32	1002.03	1134.31	1229.92
城镇居民	Urban Resident	130.94	473.66	676.12	823.54	967.41
政府消费	Government Consumption	74.18	259.26	494.14	816.80	1108.77
资本形成总额	**Total Capital Formation**	**252.44**	**1786.79**	**2482.45**	**2673.60**	**2891.02**
固定资本形成总额	Fixed Capital Formation	186.96	1357.90	1848.00	2267.20	2645.40
存货增加	Changes in Inventories	65.48	428.89	634.45	406.40	245.62
货物和服务净出口	**Net Export**	**96.70**	**287.12**	**321.43**	**591.75**	**552.06**
出口	Export	424.25	1193.83	1639.28	2677.81	3273.30
进口	Import	327.55	906.71	1317.85	2086.06	2721.24

注：本表按当年价格计算。
The data in this table are calculated at current prices.

1－18 总 产 出

Total Output

单位:亿元 (100 million yuan)

指 标	Item	1990	1995	1998	2000	2001
总产出	**Total Output**	2357.60	11561.90	17268.58	20581.09	22736.87
第一产业	Primary Industry	336.04	891.71	1003.66	1062.87	1107.98
第二产业	Secondary Industry	1581.00	8574.83	13166.75	15304.11	16612.89
工业	Industry	1434.15	7754.48	12031.30	14018.32	15015.78
建筑业	Construction	146.85	820.35	1135.45	1285.79	1597.11
第三产业	Tertiary Industry	440.46	2095.36	3098.17	4214.11	5016
#交通运输仓储及邮电业	Transportation, Storage, Postal and Telecommications	80.95	370.89	564.76	757.52	935.56
批发和零售贸易业餐饮业	Wholesale & Retail Trade and Catering Services	156.49	933.13	1303.87	1608.51	1777.40

注：本表按当年价格计算。
The data in this table are calculated at current prices.

1－19 居民消费水平和指数

Resident Consumption Level and Its Indices

年份 Year	居民总消费水平(元/人) Resident Consumption level (yuan/person)	农村居民总消费水平 Rural Resident	城镇居民总消费水平 Urban Resident	居民总消费水平指数 Indices of Resident Consumption Level (1970＝100)	农业居民消费水平指数 Rural Resident	城镇居民消费水平指数 Urban Resident
1970	125	107	254	100	100	100
1971	125	106	268	99.2	99.1	101.2
1972	144	124	289	117.6	117.8	118.4
1973	146	125	300	120.0	118.7	123.2
1974	150	128	312	123.2	121.5	127.9
1975	145	122	321	118.4	115.9	131.5
1976	152	128	338	124.8	121.5	138.6
1977	162	137	356	132.8	130.0	146.0
1978	193	164	409	157.6	156.1	167.6
1979	216	184	451	175.2	174.9	180.3
1980	237	200	482	187.2	188.8	179.9
1981	310	276	534	240.9	256.9	191.6
1982	344	312	544	266.2	289.9	191.6
1983	368	337	562	281.2	309.7	192.3
1984	420	382	651	313.6	344.7	215.3
1985	550	489	892	357.8	386.3	256.1
1986	661	579	1089	405.2	431.5	294.1
1987	774	681	1247	440.7	476.9	303.6
1988	993	864	1646	468.4	505.1	324.7
1989	1092	955	1780	433.7	466.4	300.7
1990	1122	975	1857	436.0	466.4	307.2
1991	1227	1055	2086	464.7	497.5	326.9
1992	1375	1146	2496	490.4	515.7	358.0
1993	1653	1305	3308	516.8	532.0	390.9
1994	2249	1730	4640	567.5	569.2	447.6
1995	2831	2138	5926	614.0	608.0	489.7
1996	3412	2580	7052	685.8	686.3	530.8
1997	3670	2744	7566	716.7	714.4	548.8
1998	3784	2824	7630	740.4	740.8	551.0
1999	3877	2797	7985	762.6	745.2	579.7
2000	4366	3229	8478	858.7	860.0	615.6
2001	4772	3434	9459	939.4	922.8	681.5

注：本表绝对数按当年价格计算，指数按可比价格计算。

The absolute figures in this table are calculated at current prices, while the indices are calculated at comparable prices.

主要统计指标解释

国内生产总值 是按市场价格计算的国内生产总值的简称。它是一个国家(地区)所有常住单位在一定时期内生产活动的最终成果。国内生产总值有三种表现形态,即价值形态、收入形态和产品形态。从价值形态看,它是所有常住单位在一定时期内所生产的全部货物和服务价值超过同期投入的全部非固定资产货物和服务价值的差额,即所有常住单位增加值之和;从收入形态看,它是所有常住单位在一定时期内所创造并分配给常住单位和非常住单位的初次分配收入之和;从产品形态看,它是最终使用的货物和服务减去进口货物和服务。在实际核算中,国内生产总值的三种表现形态表现为三种计算方法,即生产法、收入法和支出法。三种方法分别从不同的方面反映国内生产总值及其构成。

可比价格 指在不同时期的价值指标对比时,扣除了价格变动的因素,以确切反映物量的变化。按可比价格计算有两种方法:一种是直接用产品产量乘某一年的不变价格计算;另一种是用价格指数换算。

不变价格 指用同类产品的年平均价格作为固定价格,来计算各年产品价值。按不变价格计算的产品价值消除了价格变动因素,不同时期对比可以反映生产的发展速度。新中国成立后,随着工农业产品价格水平的变化,国家统计局先后五次制定了全国统一的工业产品不变价格和农业产品不变价格,从 1949 年到 1957 年使用 1952 年工(农)业产品不变价格,从 1957 年到 1971 年使用 1957 年不变价格,从 1971 年到 1981 年使用 1970 年不变价格,从 1981 年到 1990 年使用 1980 年不变价格,从 1990 年开始使用 1990 年不变价格。

平均每年增长速度 在我国计算平均增长速度有两种方法,一种是习惯上经常使用的"水平法",又称几何平均法,是以间隔期最后一年的水平同基期水平对比来计算平均每年增长(或下降)速度。另一种是"累计法",又称代数平均法或方程法,是以间隔期内各年水平的总和同基期水平对比来计算平均每年增长(或下降)速度。

在一般正常情况下,两种方法计算的平均每年增长速度比较接近,但在经济发展不平衡,出现大起大落时,两种方法计算的结果差别较大。

本《年鉴》内所列的平均每年增长速度,除固定资产投资是用"累计法"计算以外,其余均用"水平法"计算。从某年到某年平均每年增长速度的年份,均不包括基期年在内。如建国四十三年的平均增长速度是以 1949 年为基期计算的,则写为 1950—1992 年平均增长速度,余类推。

三次产业 根据社会生产活动历史发展的顺序对产业结构的划分,产品直接取自自然界的部门称为第一产业,对初级产品进行再加工的部门称为第二产业,为生产和消费提供各种服务的部门称为第三产业。它是世界上通用的产业结构分类,但各国的划分不尽一致。我国的三次产业划分是:

第一产业:农业(包括种植业、林业、牧业、副业和渔业)。

第二产业:工业(包括采掘工业、制造业、自来水、电力、蒸气、热水、煤气)和建筑业。

第三产业:除第一、第二产业以外的其他各业。由于第三产业包括的行业多、范围广,根据我国的实际情况,第三产业可分为两大部分:一是流通部门,二是服务部门。具体又可分为四个层次:

第一层次:流通部门,包括交通运输业、邮电通讯业、商业、饮食业、物资供销和仓储业。

第二层次:为生产和生活服务的部门,包括金融、保险业,地质普查业,房地产、公用事业,居民服务业,咨询服务业和综合技术服务业,农、林、牧、渔、水利服务业和水利业,公路、内河(湖)航道养护业等。

第三层次:为提高科学文化水平和居民素质服务的部门,包括教育、文化、广播电视,科学研究、卫生、体育和社会福利事业等。

第四层次:为社会公共需要服务的部门,包括国家机关、政党机关、社会团体,以及军队和警察等。

支出法国内生产总值 指一个国家(或地区)所有常住单位在一定时期内用于最终消费、资本形成总额,以及货物和服务的净出口总额,它反映本期生产的国内生产总值的使用构成。

Explanatory Notes on Main Statistical Indicators

Gross Domestic Product refers to gross domestic product calculated at market prices, which is the final products of all resident units in a country (or region) during a certain period of time. Gross domestic product is expressed in three different forms, i. e. value added, income, and products respectively. The form of value added refers to the total value of all products and services produced by all resident units during a certain period of time minus total value of input of materials and services of the nature of non-fixed assets or the summation of the value added of all resident units; the form of income includes all the income created by all resident units and distributed primarily to all resident and non-resident units; the form of products refers to all final goods and services minus imports of goods and services. In the practice of national accounting, gross domestic product is calculated with three approaches, i. e. product approach, income approach, and expenditure approach respectively to reflect gross domestic product and its composition from different aspects.

Comparable Prices are applied when comparing indicators of value over time to reflect accurately the changes in real term. Two methods are used for calculating comparable prices: 1. Multiplying the output of products by their constant prices of certain year; 2. Conversion of the data in current prices by relevant price index.

Constant Price refers to the average price of a given product in certain year, which is used for comparison of output value over time. As the output value at constant prices removes the factor of price changes, it reflects the trend of production development over time. Since 1949, with the changes in general price level, the State Statistical Bureau has issued nationally unified constant prices five times: the 1952 constant prices for 1949-1957; the 1957 constant prices for 1958-1970; the 1970 constant prices for 1971-1981; the 1980 constant prices for 1981-1990; and the 1990 constant prices have used since 1991.

Average Annual Growth Rate Two methods for calculcating average annual growth rate are applied in China, one is often called "level approach" or the method of calculating geometric average, which is derived by comparing the level of the last year of the interval with that of the beginning year; the other is called "accumulative approach" or algebraic average or equation method, which is derived by the summation of the actual figure of each year in the interval divided by the figure in the base year.

Usually the results calculated by the two methods are fairly close, but they differed sharply when uneven economic development occurred with striking fluctuations in growth.

The average annual growth rates listed in this statistical yearbook are calculated by "level approach" except for the growth rate of investment in fixed assest. The base years are not listed when the years are listed for average annual growth rates. For instance, the average annual growth rate of 43 years since 1949 is listed as average annual growth rate of 1950-1992 without listing the base year 1949. And the analogy of this is also for the rest.

Three Industries Industry structure has been classified according to the historical sequence of development. Primary industry refers to extraction of natural resources; secondary industry involves processing of primary products; and tertiary industry provides services of various kinds for production and consumption. The above classification is universal although it varies to some extent form country to country. Industry in China comprises:

Primary industry: agriculture (including farming, forestry, animal husbandry, sideline production and fishery).

Secondary industry: industry (including mining and quarrying, manufacturing, water supply, electricity generation and supply, steam, hot water, gas) and construction.

Tertiary industry: all other industries not included in primary or secondary industry.

Due to the fact that tertiary industry involves in a large variety of industries in China, it is divided into two sectors: circulation sector and service sector and further into four levels:

The first level: circulation sector, including transportation, postal and telecommunications, commerce, catering trade, material supply and marketing, and storage.

The second level: service sector providing services for production and consumption, including banking, insurance, geological, survey, real estates, public utilities, service for residents, consultancy service, and comprehensive technical services, and service for agriculture, forestry, animal husbandry, fishery, water conservancy, and maintenance of roads and inland water ways, etc.

The third level: service sector for upgrading scientific, educational and cultural level of the people, including education, culture, broadcasting, television, scientific research, public health, sports, and social welfare, etc.

The fourth level: sector providing services for public needs, including government agencies, political and party organizations, social organizations, armies, and policemen.

GDP Calculated by Expenditure Approach refers to total expenditure on final consumption , total capital formation and net export of goods and services by resident units of a country in a certain period of time. It reflects the composition of GDP by its use.

人口
和从业人员
POPULATION and EMPLOYMENT

Chapter 2

2. 人口和从业人员

Population and Employment

2001 年年末总人口	Total Population (Year-end)	4519.84 万人	(10000 persons)
＃男性	Male	2323.87 万人	(10000 persons)
＃农业人口	Agriculture	3 473.63 万人	(10000 persons)
2001年年末总户数	Total Household (Year-end)	1447.67 万户	(10000 households)
2001年人口密度	Density of Population	444 人/平方公里	(persons/sq.km)
2001年人口自然增长率	Population Natural Growth Rate	3.77 ‰	
2001年年末社会从业人员	Employed Persons (Year-end)	2796.65 万人	(10000 persons)
＃职工人数	Staff and Workers	372.39 万人	(10000 persons)

人口从业人员（万人）
Population and Employment （10000 persons）

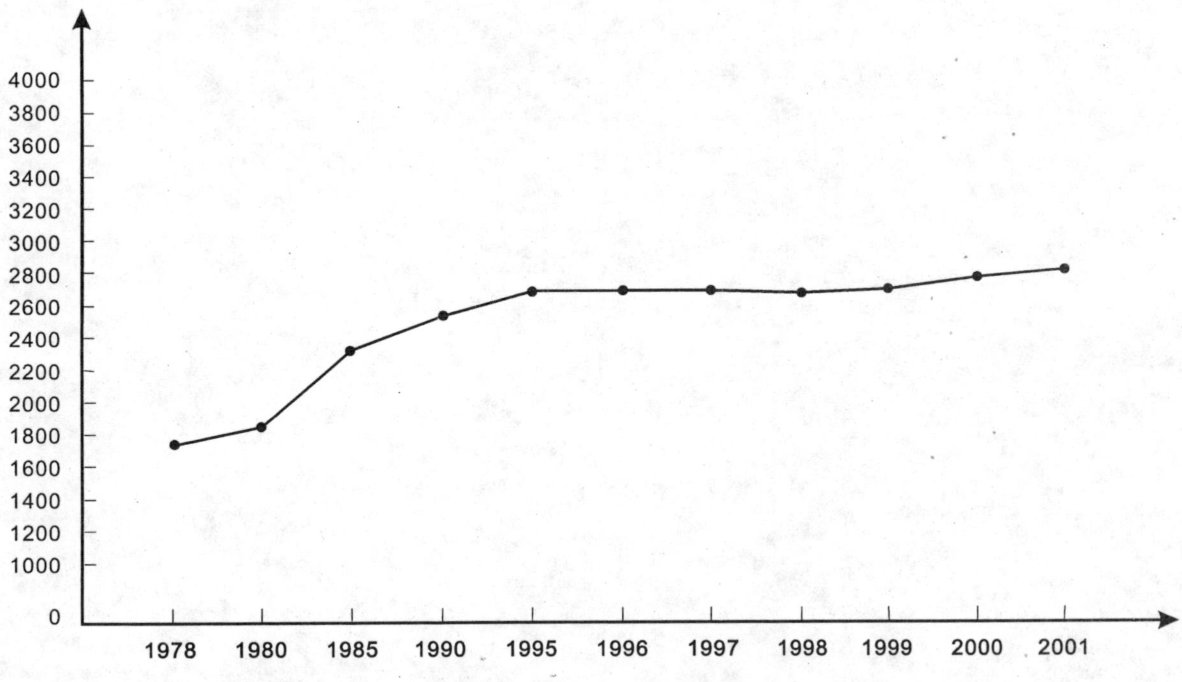

2-1 历年总户数和总人口数(年底数)
Total Population and Households(year-end)

年份 Year	总户数（万户） Total Households (10000 households)	总人口数（万人） Total Population (10000 persons)	按性别分 By Sex		按农业和非农业分 By Agriculture and Non-agriculture	
			男性 Male	女性 Female	农业人口 Agriculture	非农业人口 Non-agriculture
1970	742.43	3315.84	1722.22	1593.62	2917.40	398.44
1971	755.81	3389.89	1762.24	1627.65	2972.26	417.63
1972	766.47	3450.79	1792.35	1658.44	3030.41	420.38
1973	782.64	3512.92	1824.70	1688.22	3084.82	428.10
1974	802.24	3560.87	1848.93	1711.94	3147.16	413.71
1975	826.83	3614.47	1877.43	1737.04	3197.25	417.22
1976	852.96	3662.82	1902.20	1760.62	3238.40	424.42
1977	878.62	3707.10	1924.65	1782.45	3287.85	419.25
1978	897.62	3750.96	1948.29	1802.67	3321.96	429.00
1979	905.32	3792.33	1967.40	1824.93	3332.57	459.76
1980	923.58	3826.58	1985.59	1840.99	3346.40	480.18
1981	965.92	3871.51	2007.55	1863.96	3362.04	509.47
1982	990.66	3924.32	2034.98	1889.34	3387.79	536.53
1983	1014.03	3963.10	2056.06	1907.04	3413.05	550.05
1984	1038.85	3993.09	2071.46	1921.63	3425.47	567.62
1985	1081.20	4029.56	2090.69	1938.87	3395.35	634.21
1986	1122.09	4070.07	2112.05	1958.02	3417.19	652.88
1987	1167.30	4121.19	2137.38	1983.81	3455.14	666.05
1988	1211.08	4169.85	2161.26	2008.59	3487.61	682.24
1989	1240.41	4208.88	2180.83	2028.05	3515.46	693.42
1990	1259.49	4234.91	2193.71	2041.20	3538.13	696.78
1991	1276.80	4261.37	2206.65	2054.72	3555.37	706.00
1992	1297.81	4285.91	2218.72	2067.19	3560.13	725.78
1993	1311.07	4313.30	2232.72	2080.58	3563.24	750.06
1994	1321.54	4341.20	2246.57	2094.63	3565.19	776.01
1995	1339.82	4369.63	2259.54	2110.09	3567.14	802.49
1996	1353.99	4400.09	2273.54	2126.55	3570.17	829.92
1997	1369.79	4422.28	2282.85	2139.43	3557.19	865.09
1998	1389.44	4446.86	2293.29	2153.57	3539.78	907.08
1999	1410.25	4467.46	2302.64	2164.82	3519.79	947.67
2000	1440.40	4501.22	2316.54	2184.68	3506.20	995.02
2001	1447.67	4519.84	2323.87	2195.97	3473.63	1046.21

注：本表资料为公安年报数。

Data in this table were taken from the annual reports of the Bureau of Public Security.

2-2 各市、县总户数和总人口数(2001年底)

Total Households and Population by City and County(End of 2001)

地区 Region		总户数(万户) Total Households (10000 households)	总人口数(万人) Total Population (10000 persons)	按性别分 By Sex		按农业和非农业分 By Agriculture and Non-agriculture	
				男性 Male	女性 Female	农业人口 Agriculture	非农业人口 Non-agriculture
合计	**Total**	**1447.67**	**4519.84**	**2323.87**	**2195.97**	**3473.63**	**1046.21**
杭州市	**Hangzhou**	**195.56**	**629.14**	**322.78**	**306.36**	**391.37**	**237.77**
杭州市区	District	115.81	379.49	194.59	184.90	186.23	193.26
建德市	Jiande	16.70	51.38	26.66	24.72	40.61	10.77
富阳市	Fuyang	19.34	62.02	31.84	30.18	51.44	10.58
临安市	Linan	16.07	51.64	26.19	25.45	42.55	9.09
桐庐县	Tonglu	13.75	39.65	20.28	19.37	31.29	8.36
淳安县	Chunan	13.89	44.95	23.21	21.74	39.24	5.71
宁波市	**Ningbo**	196.10	543.35	275.50	267.84	392.48	150.87
宁波市区	District	48.30	126.14	63.82	62.31	45.45	80.69
余姚市	Yuyao	28.17	82.80	41.85	40.95	67.15	15.64
慈溪市	Cixi	36.87	100.84	50.53	50.31	86.25	14.59
奉化市	Fenghua	17.32	48.82	24.88	23.94	39.24	9.58
象山县	Xiangshan	18.28	53.05	27.38	25.67	43.34	9.71
宁海县	Ninghai	19.27	58.43	30.58	27.84	51.81	6.61
鄞县	yin	27.88	73.28	36.46	36.82	59.25	14.04
温州市	**Wenzhou**	206.20	738.81	385.84	352.97	604.67	134.14
温州市区	District	38.46	131.36	67.04	64.32	75.02	56.34
瑞安市	Ruian	29.03	111.49	57.83	53.66	93.58	17.91
乐清市	Yueqing	33.91	115.50	60.08	55.42	104.56	10.94
洞头县	Dongtou	3.50	12.55	6.57	5.99	11.12	1.43
永嘉县	Yongjia	25.01	89.58	46.86	42.72	82.43	7.14
平阳县	Pingyang	22.26	84.06	44.12	39.92	70.75	13.31
苍南县	Cangnan	32.35	122.30	64.76	57.54	100.25	22.06
文成县	Wencheng	11.44	37.16	19.97	17.19	34.55	2.60
泰顺县	Taishun	10.24	34.81	18.59	16.22	32.40	2.40
嘉兴市	**Jiaxing**	97.27	331.93	166.28	165.65	248.38	83.55
嘉兴市区	District	24.77	79.11	39.71	39.40	49.10	30.01
海宁市	Haining	17.82	64.05	31.89	32.15	49.42	14.63
平湖市	Pinghu	13.91	48.30	24.01	24.29	37.70	10.60
桐乡市	Tongxiang	17.55	65.82	33.34	32.48	54.13	11.69
海盐县	Haiyan	11.39	36.54	18.22	18.32	28.70	7.84
嘉善县	Jiashan	11.83	38.12	19.11	19.01	29.34	8.78
湖州市	**Huzhou**	80.25	256.49	130.68	125.81	185.53	70.96
湖州市区	District	31.63	107.52	54.09	53.43	73.13	34.39
德清县	Deqing	12.86	42.37	21.30	21.07	31.13	11.24
长兴县	Changxing	21.02	61.84	32.20	29.64	45.23	16.61
安吉县	Anji	14.74	44.77	23.09	21.67	36.04	8.73

注：本表资料为公安年报数。
Data in this table were taken from the annual reports of the Bureau of Public Security,

2－2 续表　continued

地区 Region		总户数（万户）Total Households（10000 households）	总人口数（万人）Total Population（10000 persons）	按性别分 By Sex		按农业和非农业分 By Agriculture and Non-agriculture	
				男性 Male	女性 Female	农业人口 Agriculture	非农业人口 Non-agriculture
绍兴市	**Shaoxing**	**149.90**	**433.27**	**220.01**	**213.26**	**347.53**	**85.73**
绍兴市区	District	20.25	59.92	29.80	30.12	28.82	31.10
诸暨市	Zhuji	37.31	106.04	53.95	52.09	92.55	13.49
上虞市	Shangyu	26.39	77.49	38.94	38.55	63.77	13.72
嵊州市	Shengzhou	26.15	73.86	38.57	35.29	64.12	9.74
绍兴县	Shaoxing	23.80	72.42	36.02	36.40	61.72	10.70
新昌县	Xinchang	15.98	43.52	22.73	20.79	36.55	6.97
金华市	**Jinhua**	**155.08**	**447.94**	**231.34**	**216.60**	**364.14**	**83.80**
金华市区	District	32.71	91.34	47.25	44.10	65.09	26.26
兰溪市	Lanxi	21.61	65.86	34.58	31.28	54.50	11.35
东阳市	Dongyang	27.50	78.81	40.04	38.77	68.79	10.02
义乌市	Yiwu	23.05	67.21	34.59	32.62	49.57	17.64
永康市	Yongkang	18.03	53.38	27.29	26.09	46.60	6.78
武义县	Wuyi	11.71	32.77	17.06	15.70	28.15	4.61
浦江县	Pujiang	13.18	37.96	19.76	18.20	32.88	5.08
磐安县	Panan	7.28	20.61	10.79	9.83	18.56	2.05
衢州市	**Quzhou**	**76.90**	**243.57**	**128.56**	**115.01**	**202.94**	**40.63**
衢州市区	District	9.44	27.76	14.51	13.25	11.21	16.55
江山市	Jiangshan	17.92	56.79	29.94	26.85	48.98	7.80
衢县	Quxian	15.93	52.23	27.77	24.46	50.09	2.14
常山县	Changshan	9.77	32.12	17.04	15.09	28.04	4.09
开化县	Kaihua	10.46	34.17	17.89	16.28	30.10	4.07
龙游县	Longyou	13.37	40.49	21.42	19.08	34.51	5.98
舟山市	**Zhoushan**	**35.12**	**98.10**	**49.36**	**48.74**	**68.28**	**29.82**
舟山市区	District	23.78	68.85	34.81	34.04	45.64	23.21
岱山县	Daishan	8.35	20.81	10.37	10.44	16.61	4.20
嵊泗县	Shengsi	2.99	8.44	4.18	4.26	6.03	2.42
台州市	**Taizhou**	**177.49**	**548.52**	**283.63**	**264.89**	**456.43**	**92.09**
台州市区	District	46.56	143.90	73.57	70.33	116.40	27.50
临海市	Linhai	34.63	110.15	57.20	52.95	96.52	13.63
温岭市	Wenling	38.98	114.09	58.64	55.45	97.40	16.69
仙居县	Xianju	14.41	45.82	23.96	21.86	41.38	4.43
天台县	Tiantai	18.27	55.47	29.05	26.42	46.71	8.77
三门县	Sanmen	12.07	40.06	21.14	18.92	36.18	3.88
玉环县	Yuhuan	12.57	39.03	20.08	18.95	21.84	17.19
丽水市	**Lishui**	**77.80**	**248.73**	**129.88**	**118.85**	**211.88**	**36.85**
丽水市区	District	12.14	35.81	18.32	17.48	24.53	11.28
龙泉市	Longquan	8.22	27.50	14.33	13.18	23.43	4.07
青田县	Qingtian	13.84	47.77	25.06	22.71	42.57	5.20
庆元县	Qingyuan	6.07	19.73	10.20	9.52	17.42	2.31
缙云县	Jinyun	14.83	43.60	22.64	20.96	39.83	3.77
遂昌县	Shunchang	7.02	22.57	11.94	10.63	19.15	3.42
松阳县	Shongyang	7.43	23.07	12.11	10.96	20.24	2.83
景宁自治县	Jingning	5.00	17.73	9.49	8.24	15.58	2.15
云和县	Yunhe	3.24	10.95	5.79	5.16	9.12	1.83

2-3 历年人口自然变动情况
Population Natural Changes

年份 Year	出生 Birth		死亡 Death		自然增长 Natural Growth	
	人数(万人) Population (10000 persons)	出生率(‰) Birth Rate (‰)	人数(万人) Population (10000 persons)	死亡率(‰) Death Rate (‰)	人数(万人) Population (10000 persons)	自然增长率(‰) Natural Growth Rate (‰)
1970	85.93	26.16	19.57	5.96	66.36	20.20
1971	86.16	25.70	20.45	6.10	65.71	19.60
1972	83.72	24.48	20.60	6.02	63.12	18.46
1973	80.92	23.24	21.16	6.08	59.76	17.16
1974	74.00	20.92	21.78	6.16	52.22	14.76
1975	69.92	19.49	22.64	6.31	47.28	13.18
1976	68.99	18.96	22.00	6.05	46.99	12.91
1977	69.78	18.94	24.13	6.55	45.65	12.39
1978	67.75	18.17	21.75	5.83	46.00	12.34
1979	67.82	17.98	22.23	5.89	45.59	12.09
1980	59.40	15.59	23.97	6.29	35.43	9.30
1981	69.00	17.93	24.12	6.27	44.89	11.66
1982	71.38	18.31	23.17	5.94	48.21	12.37
1983	62.66	15.89	25.13	6.37	37.53	9.52
1984	49.80	12.52	23.82	5.99	25.97	6.53
1985	50.59	12.61	24.25	6.05	26.34	6.56
1986	64.64	15.96	24.06	5.94	40.58	10.02
1987	69.67	17.01	28.34	6.92	41.33	10.09
1988	64.42	15.54	26.32	6.35	38.10	9.19
1989	63.68	15.20	26.85	6.41	36.83	8.79
1990	64.75	15.33	26.65	6.31	38.10	9.02
1991	61.59	14.48	27.18	6.39	34.41	8.09
1992	63.10	14.72	28.17	6.57	34.93	8.15
1993	58.79	13.61	28.42	6.58	30.37	7.03
1994	56.67	13.24	28.25	6.64	28.42	6.60
1995	54.52	12.66	29.07	6.75	25.45	5.91
1996	53.21	12.09	28.96	6.58	24.25	5.51
1997	50.47	11.41	28.66	6.48	21.81	4.93
1998	49.57	11.15	28.14	6.33	21.43	4.82
1999	47.51	10.64	28.36	6.35	19.15	4.29
2000	48.09	10.30	28.63	6.13	19.46	4.17
2001	46.14	10.02	28.78	6.25	17.39	3.77

注：表中1985年至1999年及2001年数字为人口变动抽样调查数,2000年数字为第五次人口普查数。

The data from 1985 to 1999 and 2001 were estimated on the basis of the annual sample surveys on population changes,

The data in 2000 were taken from the fifth population census,

2-4 各市人口自然变动情况
Population Natural Changes by City

单位:‰ (‰)

地区 Region		自然增长率 Natural Growth Rate		出生率 Birth Rate		死亡率 Death Rate	
		2000	2001	2000	2001	2000	2001
全 省	**Total**	**4.17**	**3.77**	**10.30**	**10.02**	**6.13**	**6.25**
杭州市	Hangzhou	3.57	2.92	10.07	8.33	6.50	5.41
宁波市	Ningbo	3.10	1.70	9.30	7.35	6.20	5.65
温州市	Wenzhou	20.78	7.53	27.25	12.02	6.47	4.49
嘉兴市	Jiaxing	2.50	1.01	9.56	7.76	7.06	6.75
湖州市	Huzhou	3.00	1.98	10.46	7.88	7.46	5.90
绍兴市	Shaoxing	3.51	3.04	10.58	9.55	7.07	6.52
金华市	Jinhua	5.41	3.79	12.24	9.90	6.83	6.11
衢州市	Quzhou	5.67	4.54	12.53	10.23	6.86	5.69
舟山市	Zhoushan	1.02	-0.03	7.73	6.34	6.71	6.37
台州市	Taizhou	7.22	5.53	13.38	11.27	6.16	5.74
丽水市	Lishui	11.01	5.34	17.32	11.26	6.31	5.92

注：2001 年系抽样调查数，各市地系公安统计年报数。2000 年全省自然增长率、出生率、死亡率、系人口普查数。

The total data in 2001 were estimated on the basis of the annual Sample Surveys, in 2000 were taken from the fifth census,

The regional data are taken from the annual reports of the Bureau of Public Security,

2－5 非农业人口变动情况

Changes of Non-agriculture Population

单位:万人 (10000 persons)

项目	Item	1990	1995	1998	2000	2001
增加人口数合计	**Increased Population**	**45.64**	**65.08**	**97.71**	**110.28**	**125.70**
出生人口	Birth Population	6.61	5.94	7.28	11.16	8.58
非农业人口迁入	Population Transfered into	29.65	31.35	38.15	47.71	55.43
农业人口转非农业人口	Population Changed into Non-agriculture	6.41	16.77	21.40	33.46	39.38
#招生	Students Recruited	2.41	6.23	7.42	7.55	7.18
招工	Workers Recruited	1.07	1.34	0.81	0.40	6.32
复员转业	Demobilized Soldiers	0.54	0.57	0.62	1.07	0.79
其他人口	Others	1.94	9.77	29.73	6.19	8.02
减少人口数合计	**Decreased Population**	**41.23**	**38.60**	**55.73**	**62.85**	**74.51**
死亡人口	Death Population	3.65	3.89	4.40	5.59	4.25
非农业人口迁出	Population Transfered out	30.59	29.59	35.87	45.95	51.07
服兵役	Enlisting in the Army	0.63	0.31	0.43	0.54	0.52
其他人口	Others	6.36	4.81	14.23	9.87	18.67

2－6 计划生育情况

Family Planning

单位:% (%)

地区	Region	计划内生育率 Birth Rate Control		已婚育龄妇女独生子女领证率 Proportion of Only Child Certificate		晚婚率 Proportion of Late Marriage	
		2000	2001	2000	2001	2000	2001
合　计	**Total**	**96.05**	**97.33**	**19.84**	**19.42**	**62.81**	**62.13**
杭州市	Hangzhou	97.98	98.21	31.53	30.26	66.86	65.74
宁波市	Ningbo	98.66	98.85	26.08	24.65	71.66	66.52
温州市	Wenzhou	86.67	93.83	12.26	13.04	50.16	54.90
嘉兴市	Jiaxing	98.57	98.58	36.47	35.57	48.67	46.10
湖州市	Huzhou	98.82	98.27	30.56	30.89	49.05	50.37
绍兴市	Shaoxing	99.44	99.26	18.74	18.44	63.51	65.11
金华市	Jinhua	97.27	97.71	11.64	11.00	64.78	63.29
衢州市	Quzhou	98.02	98.47	11.22	10.90	66.74	64.39
舟山市	Zhoushan	99.59	99.62	15.08	13.74	68.51	69.06
台州市	Taizhou	97.66	97.66	11.95	11.95	78.03	70.50
丽水市	Lishui	95.10	94.27	7.29	8.37	61.46	62.75

2-7 从业人员总数(年底数)

Total Number of Employed Persons(year-end)

单位:万人 (10000 persons)

年份 Year	从业人员总数 Employed Persons	职工合计 Staff and Workers	国有单位 State-owned Units	城镇集体单位 Urban Collective Owned Units	其他单位 Other Types of Ownership	城镇私营和个体从业人员 Urban Private Enterprises and Individuals	乡村从业人员 Rural Employed Persons	其它从业人员 Other Employed Persons
1978	1794.96	312.89	183.14	129.75		1.51	1480.56	
1979	1829.90	339.91	196.78	143.13		2.00	1487.99	
1980	1856.42	359.73	208.50	151.23		3.51	1493.18	
1981	1954.53	397.35	223.62	155.73		4.11	1571.07	
1982	2021.74	374.33	232.29	142.04		5.25	1642.16	
1983	2141.16	382.75	237.68	145.07		7.61	1750.80	
1984	2248.91	402.51	228.26	172.72	1.53	9.55	1836.85	
1985	2318.56	426.57	240.71	183.81	2.05	12.09	1879.90	
1986	2386.42	443.04	251.92	188.73	2.39	12.87	1930.51	
1987	2444.73	459.65	263.46	192.97	3.22	15.69	1969.39	
1988	2502.73	475.74	274.30	196.97	4.47	22.54	2004.45	
1989	2522.86	470.12	274.95	189.34	5.83	27.03	2025.71	
1990	2554.46	476.02	280.87	189.12	6.03	29.84	2048.60	
1991	2579.36	492.81	293.41	191.09	8.31	30.98	2049.22	6.35
1992	2600.38	491.37	297.96	181.62	11.79	38.29	20[illegible].04	5.68
1993	2615.89	502.36	300.59	176.12	25.65	52.54	2052.66	8.33
1994	2640.51	500.88	294.13	170.42	36.33	82.39	2024.39	32.85
1995	2621.47	498.61	294.59	161.89	42.13	96.44	2015.45	10.97
1996	2625.06	495.35	290.22	156.25	48.88	108.99	2010.21	10.51
1997	2619.66	482.26	285.05	144.53	52.68	110.27	2016.20	10.93
1998	2612.54	455.80	256.61	102.94	96.25	122.86	2021.56	12.32
1999	2625.17	427.45	233.15	80.21	114.09	163.34	2021.24	13.14
2000	2726.09	398.53	208.19	58.93	131.41	208.56	2106.14	12.86
2001	2796.65	372.39	185.36	41.28	145.75	236.00	2173.63	14.63

注:1978-2000年按户籍统计,2001年按所在地统计。
Data in this table from 1978 to 2000 were taken statistics by residence registration, in 2001 was taken statistics by location.

2-8 分行业从业人员总数(年底数)
Number of Employed Persons by Sector(year-end)

单位:万人 (10000 persons)

行业	Sector	1990	1995	1998	2000	2001
总计	**Total**	**2554.46**	**2621.47**	**2612.54**	**2726.09**	**2796.65**
农、林、牧、渔业	Farming, Forestry, Animal Husbandry and Fishery	1360.24	1154.27	1110.93	1021.73	991.47
采掘业	Mining and Quarrying	5.83	15.64	17.11	9.49	8.96
制造业	Manufacturing	637.28	686.76	669.15	696.40	726.28
电力、煤气及水的生产和供应业	Electricity, Gas and Water Production and Supply	6.51	13.32	15.28	9.11	9.11
建筑业	Construction	111.71	167.10	152.60	151.70	157.24
地质勘查业、水利管理业	Geological Prospecting and Water Conservancy	4.07	2.19	2.16	1.79	1.89
交通运输、仓储及邮电通讯业	Transport, Storage, Post and Telecommunications	82.52	115.34	114.61	106.00	110.60
批发和零售贸易、餐饮业	Wholesale and Retail Sale Trade and Catering Services	149.13	260.22	295.84	287.08	305.11
金融、保险业	Banking and Insurance	8.59	12.63	14.51	16.55	18.11
房地产业	Real Estate Trade	1.58	2.95	3.80	4.12	4.67
社会服务业	Social Services	80.58	64.08	68.90	274.73	302.14
卫生、体育和社会福利业	Health Care, Sports and Social Welfare	19.57	28.97	31.70	21.87	26.86
教育、文化艺术及广播电影电视业	Education, Culture and Art, Radio, Film and Television	44.36	46.29	51.45	52.80	57.11
科学研究和综合技术服务业	Scientific Research and Polytechnical Services	3.82	4.39	4.65	4.42	4.62
国家机关、政党机关和社会团体	Government Agencies, Party Agencies and Social Organizations	26.15	31.45	34.62	34.93	33.89
其他行业	Others	12.52	15.87	25.23	33.37	38.59

2-9 按经济类型分的城镇单位从业人员总数(2001年底)

Number of Urban Employed Persons by Ownership(End of 2001)

单位:万人 (10000 persons)

行业	Sector	合计 Total	国有单位 State-owned Units	城镇集体 Urban Collective owned Units	其它单位 Others
总计	**Total**	**366.31**	**183.94**	**38.27**	**144.1**
农、林、牧、渔业	Farming, Forestry, Animal Husbandry and Fishery	4.50	4.06	0.23	0.21
采掘业	Mining and Quarrying	1.95	0.82	0.02	1.11
制造业	Manufacturing	103.05	14.40	8.49	80.16
电力、煤气及水的生产和供应业	Electeicity, Gas and Water Production and Supply	8.93	6.50	0.27	2.16
建筑业	Construction	42.65	4.33	12.22	26.10
地质勘查业、水利管理业	Geological Prospecting and Water Conservancy	1.73	1.63	0.07	0.03
交通运输、仓储及邮电通讯业	Transport, Storage, Post and Telecommunications	19.41	12.16	1.01	6.24
批发和零售贸易、餐饮业	Wholesale and Retail Sale Trade and Catering Services	24.88	6.81	4.29	13.78
金融、保险业	Banking and Insurance	17.67	10.82	3.49	3.36
房地产业	Real Estate Trade	4.53	2.25	0.21	2.07
社会服务业	Social Services	21.07	11.13	2.94	7.00
卫生、体育和社会福利业	Health Care, Sports and Social Welfare	21.35	17.80	3.44	0.11
教育、文化艺术和广播电影电视业	Education, Culture and Art, Radio, Film and Television	51.71	50.65	0.56	0.50
科学研究和综合技术服务业	Scientific Research and Polytechnical Services	4.54	3.86	0.21	0.47
国家机关、政党机关和社会团体	Government Agencies, Party Agencies and Social Organizations	33.73	33.59	0.12	0.02
其他行业	Others	4.61	3.13	0.70	0.78

2－10　按行业分的城镇单位从业人员(2001年底)

单位:万人

分　类	Category	单位从业人员 Employed Persons	#在岗职工合计 Staff and Workers at work
总计	**Total**	**366.31**	**353.18**
农、林、牧、渔业	Farming, Forestry, Animal Husbandry and Fishery	4.50	4.41
采掘业	Mining and Quarrying	1.95	1.95
制造业	Manufacturing	103.05	101.03
电力、煤气及水的生产和供应业	Electeicity, Gas and Water Production and Supply	8.93	8.85
建筑业	Construction	42.65	40.92
地质勘查业、水利管理业	Geological Prospecting and Water Conservancy	1.73	1.68
交通运输、仓储及邮电通讯业	Transport, Storage, Post and Telecommunications	19.41	18.79
批发和零售贸易、餐饮业	Wholesale and Retail Sale Trade and Catering Services	24.88	23.68
金融、保险业	Banking and Insurance	17.67	14.84
房地产业	Real Estate Trade	4.53	4.17
社会服务业	Social Services	21.07	19.91
卫生、体育和社会福利业	Health Care, Sports and Social Welfare	21.35	20.72
教育、文化艺术和广播电影电视业	Education, Culture and Art, Radio, Film and Television	51.71	50.37
科学研究和综合技术服务业	Scientific Research and Polytechnical Services	4.54	4.29
国家机关、政党机关和社会团体	Government Agencies, Party Agencies and Social Organizations	33.73	33.12
其他行业	Others	4.61	4.45

2－10 Number of vrban Employed Persons By Sector(End of 2001)

(10000 persons)

#专业技术人员 Specialized Technical Personnel	#女性 Female	#使用的农村劳动力 Rural Labourer	按用工期限分组 By Time Limit 长期职工 Long-term Staff and Workers	临时职工 Temporary Staff and Workers	其它从业人员 Other Employed Persons	#聘用的离退休人员 Retired and Resigned Persons Employed	#聘用的港澳台和外籍人员 Employed Persons from Hong-Kong, Macao, Taiwan and Foreigner
109.65	**48.90**	**64.75**	**302.34**	**50.84**	**13.13**	**2.62**	**0.15**
1.54	0.37	0.37	4.21	0.20	0.09	0.01	
0.33	0.10	0.17	1.90	0.05			
13.42	4.63	31.79	83.50	17.53	2.02	0.66	0.12
2.50	0.67	0.27	8.58	0.27	0.08	0.03	
6.79	1.20	21.43	23.68	17.24	1.73	0.22	
0.68	0.16	0.08	1.60	0.08	0.05	0.01	
3.91	1.12	0.79	17.65	1.14	0.63	0.05	
5.39	2.20	1.61	20.74	2.94	1.20	0.26	
8.83	4.36	0.63	13.69	1.15	2.83	0.05	
1.53	0.51	0.21	3.57	0.60	0.36	0.12	0.01
3.64	1.36	3.09	16.21	3.70	1.15	0.29	0.01
15.28	9.61	1.20	19.13	1.59	0.63	0.33	
41.34	21.15	1.58	48.12	2.25	1.34	0.29	0.01
2.82	0.85	0.10	4.04	0.25	0.25	0.12	
0.16	0.07	1.07	31.65	1.47	0.61	0.13	
1.49	0.54	0.36	4.07	0.38	0.16	0.05	

2-11 按行业分的国有单位从业人员(2001年底)

单位:万人

分 类	Category	单位从业人员 Employed Persons in Urban Units	#在岗职工合计 Staff and Workers at Work
总计	**Total**	**183.94**	**177.5**
农、林、牧、渔业	Farming, Forestry, Animal Husbandry and Fishery	4.06	3.99
采掘业	Mining and Quarrying	0.82	0.82
制造业	Manufacturing	14.40	14.18
电力、煤气及水的生产和供应业	Electeicity, Gas and Water Production and Supply	6.50	6.45
建筑业	Construction	4.33	4.25
地质勘查业、水利管理业	Geological Prospecting and Water Conservancy	1.63	1.59
交通运输、仓储及邮电通讯业	Transport, Storage, Post and Telecommunications	12.16	11.74
批发和零售贸易、餐饮业	Wholesale and Retail Sale Trade and Catering Services	6.81	6.53
金融、保险业	Banking and Insurance	10.82	8.76
房地产业	Real Estate Trade	2.25	2.15
社会服务业	Social Services	11.13	10.60
卫生、体育和社会福利业	Health Care, Sports and Social Welfare	17.80	17.28
教育、文化艺术和广播电影电视业	Education, Culture and Art, Radio, Film and Television	50.65	49.41
科学研究和综合技术服务业	Scientific Research and Polytechnical Services	3.86	3.70
国家机关、政党机关和社会团体	Government Agencies, Party Agencies and Social Organizations	33.59	33.00
其他行业	Others	3.13	3.05

2－11 Number of Employed Persons in State-owned Units by Sector(End of 2001)

(10000 persons)

			按用工期限分组 By Time Limit				
#专业技术人员 Specialized Technical Personnel	#女性 Female	#使用的农村劳动力 Rural Labourer	长期职工 Long-term Staff and Workers	临时职工 Temporary Staff and Workers	其它从业人员 Other Employed Persons	#聘用的离退休人员 Retired and Resigned Persons Employed	#聘用的港澳台和外籍人员 Employed Persons from Hong-Kong, Macao, Taiwan and Foreigner
76.43	**37.31**	**10.49**	**163.48**	**14.02**	**6.44**	**1.10**	**0.01**
1.40	0.35	0.29	3.83	0.16	0.07	0.01	
0.13	0.04	0.07	0.79	0.03			
2.02	0.72	2.73	11.63	2.55	0.22	0.06	
1.82	0.51	0.11	6.27	0.18	0.05	0.01	
1.04	0.27	1.38	2.73	1.52	0.08	0.03	
0.65	0.15	0.07	1.51	0.08	0.04	0.01	
2.61	0.76	0.34	11.26	0.48	0.42	0.02	
1.66	0.63	0.27	5.75	0.78	0.28	0.06	
5.43	2.66	0.19	7.95	0.81	2.06	0.02	
0.74	0.26	0.06	1.92	0.23	0.10	0.04	
1.78	0.70	1.22	8.88	1.72	0.53	0.11	
12.78	8.26	0.86	15.95	1.33	0.52	0.27	
40.81	20.84	1.50	47.23	2.18	1.24	0.23	0.01
2.47	0.74	0.08	3.51	0.19	0.16	0.08	
0.08	0.02	1.07	31.54	1.46	0.59	0.13	
1.01	0.40	0.25	2.73	0.32	0.08	0.02	

2－12　按行业分的城镇集体单位从业人员(2001 年)

单位:万人

分　类	Category	单位从业人员 Employed Persons in Urban Units	#在岗职工合计 Staff and Workers at Work
总计	**Total**	**38.27**	**37.27**
农、林、牧、渔业	Farming, Forestry, Animal Husbandry and Fishery	0.23	0.23
采掘业	Mining and Quarrying	0.02	0.02
制造业	Manufacturing	8.49	8.28
电力、煤气及水的生产和供应业	Electeicity, Gas and Water Production and Supply	0.27	0.27
建筑业	Construction	12.22	12.01
地质勘查业、水利管理业	Geological Prospecting and Water Conservancy	0.07	0.06
交通运输、仓储及邮电通讯业	Transport, Storage, Post and Telecommunications	1.01	0.99
批发和零售贸易、餐饮业	Wholesale and Retail Sale Trade and Catering Services	4.29	4.10
金融、保险业	Banking and Insurance	3.49	3.46
房地产业	Real Estate Trade	0.21	0.18
社会服务业	Social Services	2.94	2.82
卫生、体育和社会福利业	Health Care, Sports and Social Welfare	3.44	3.34
教育、文化艺术和广播电影电视业	Education, Culture and Art, Radio, Film and Television	0.56	0.52
科学研究和综合技术服务业	Scientific Research and Polytechnical Services	0.21	0.21
国家机关、政党机关和社会团体	Government Agencies, Party Agencies and Social Organizations	0.12	0.10
其它行业	Others	0.70	0.68

2 – 12 Number of Employed Persons in Urban Collective Owned Units by Sector (2001)

(10000 persons)

			按用工期限分组 By Time Limit				
#专业技术人员 Specialized Technical Personnel	#女性 Female	#使用的农村劳动力 Rural Labourer	长期职工 Long-term Staff and Workers	临时职工 Temporary Staff and Workers	其它从业人员 Other Employed Persons	#聘用的离退休人员 Retired and Resigned Persons Employed	#聘用的港澳台和外籍人员 Employed Persons from Hong-Kong, Macao, Taiwan and Foreigner
9.27	**3.69**	**10.99**	**28.74**	**8.53**	**1.00**	**0.29**	
0.10	0.01	0.03	0.21	0.02			
			0.02				
0.84	0.28	2.96	6.85	1.43	0.21	0.08	
0.05	0.01	0.03	0.24	0.03			
1.81	0.30	6.02	6.55	5.46	0.21	0.04	
0.02		0.01	0.06		0.01		
0.09	0.03	0.08	0.93	0.06	0.02	0.01	
0.69	0.26	0.29	3.70	0.40	0.19	0.04	
2.08	1.02	0.33	3.34	0.12	0.03		
0.07	0.02	0.01	0.15	0.03	0.03	0.01	
0.31	0.11	0.78	2.18	0.64	0.12	0.03	
2.44	1.32	0.34	3.08	0.26	0.10	0.06	
0.28	0.17	0.04	0.48	0.04	0.04	0.02	
0.1	0.03	0.01	0.19	0.02			
0.08	0.05	0.01	0.09	0.01	0.02		
0.31	0.08	0.05	0.67	0.01	0.02		

2-13 按行业分的城镇其他单位从业人员(2001年底)

单位:万人

分 类	Category	单位从业人员 Employed Persons in Urban Units	#在岗职工合计 Staff and Workers at work
总计	**Total**	**144.1**	**138.41**
农、林、牧、渔业	Farming, Forestry, Animal Husbandry and Fishery	0.21	0.19
采掘业	Mining and Quarrying	1.11	1.11
制造业	Manufacturing	80.16	78.57
电力、煤气及水的生产和供应业	Electeicity, Gas and Water Production and Supply	2.16	2.13
建筑业	Construction	26.10	24.67
地质勘查业、水利管理业	Geological Prospecting and Water Conservancy	0.03	0.02
交通运输、仓储及邮电通讯业	Transport, Storage, Post and Telecommunications	6.24	6.05
批发和零售贸易、餐饮业	Wholesale and Retail Sale Trade and Catering Services	13.78	13.05
金融、保险业	Banking and Insurance	3.36	2.63
房地产业	Real Estate Trade	2.07	1.84
社会服务业	Social Services	7.00	6.50
卫生、体育和社会福利业	Health Care, Sports and Social Welfare	0.11	0.10
教育、文化艺术和广播电影电视业	Education, Culture and Art, Radio, Film and Television	0.50	0.44
科学研究和综合技术服务业	Scientific Research and Polytechnical Services	0.47	0.38
国家机关、政党机关和社会团体	Government Agencies, Party Agencies and Social Organizations	0.02	0.02
其他行业	Others	0.78	0.71

2 – 13 Number of Employed Persons in Urban Units of Other Types Ownership (End of 2001)

(10000 persons)

#专业技术人员 Specialized Technical Personnel	#女性 Female	#使用的农村劳动力 Rural Labourer	按用工期限分组 By Time Limit: 长期职工 Long-term Staff and Workers	按用工期限分组 By Time Limit: 临时职工 Temporary Staff and Workers	其它从业人员 Other Employed Persons	#聘用的离退休人员 Retired and Resigned Persons Employed	#聘用的港澳台和外籍人员 Employed Persons from Hong-Kong, Macao, Taiwan and Foreigner
23.95	**7.91**	**43.27**	**110.12**	**28.29**	**5.69**	**1.24**	**0.14**
0.03	0.01	0.06	0.18	0.01	0.02		
0.21	0.07	0.10	1.09	0.02			
10.55	3.62	26.09	65.01	13.56	1.59	0.52	0.12
0.63	0.16	0.12	2.07	0.06	0.03	0.02	
3.93	0.63	14.02	14.41	10.26	1.43	0.15	
0.02			0.02		0.01		
1.22	0.34	0.37	5.46	0.59	0.19	0.03	
3.04	1.31	1.05	11.29	1.76	0.73	0.17	
1.32	0.68	0.11	2.40	0.23	0.73	0.03	
0.72	0.23	0.14	1.50	0.34	0.23	0.07	0.01
1.55	0.56	1.09	5.16	1.34	0.50	0.15	0.01
0.06	0.04		0.09	0.01	0.01		
0.25	0.13	0.04	0.41	0.03	0.06	0.04	
0.25	0.07	0.02	0.35	0.03	0.09	0.03	
			0.02				
0.17	0.06	0.06	0.66	0.05	0.07	0.03	

2-14 按三次产业分的从业人员总数(年底数)
Number of Employed Persons by Type of Industry(year-end)

年份 year	绝对数(万人) Absolute Value(10000 persons)			构成(以合计为100) Composition(Total=100)		
	第一产业 Primary Industry	第二产业 Secondary Industry	第三产业 Tertiary Industry	第一产业 Primary Industry	第二产业 Secondary Industry	第三产业 Tertiary Industry
1985	1273.25	735.22	310.09	54.9	31.7	13.4
1986	1275.22	765.13	346.07	53.4	32.1	14.5
1987	1272.01	802.04	370.68	52.0	32.8	15.2
1988	1282.16	803.67	416.90	51.2	32.1	16.7
1989	1330.74	770.12	422.00	52.7	30.5	16.7
1990	1358.28	762.48	433.70	53.2	29.8	17.0
1991	1366.99	770.86	441.51	53.0	29.9	17.1
1992	1359.49	770.81	470.08	52.3	29.6	18.1
1993	1248.22	886.90	480.77	47.7	33.9	18.4
1994	1193.56	917.87	529.08	45.2	34.8	20.0
1995	1152.15	882.82	586.50	44.0	33.7	22.3
1996	1129.34	886.02	609.70	43.0	33.8	23.2
1997	1113.27	881.42	624.97	42.5	33.6	23.9
1998	1108.81	854.14	649.59	42.4	32.7	24.9
1999	1078.16	784.29	762.73	41.0	29.9	29.1
2000	1019.77	866.70	839.62	37.4	31.8	30.8
2001	989.14	901.59	905.92	35.4	32.2	32.4

2-15 按三次产业分的城镇从业人员人数(年底数)

Number of Urban Employed Persons by Type of Industry(year-end)

年份 year	绝对数(万人) Absolute Value(10000 persons)			构成(以合计为100) Composition(Total = 100)		
	第一产业 Primary Industry	第二产业 Secondary Industry	第三产业 Tertiary Industry	第一产业 Primary Industry	第二产业 Secondary Industry	第三产业 Tertiary Industry
1985	11.23	245.45	181.98	2.6	56.0	41.5
1986	11.55	254.98	189.38	2.5	55.9	41.5
1987	11.60	256.34	198.40	2.4	55.8	41.7
1988	11.26	273.97	213.05	2.3	55.0	42.8
1989	10.76	267.93	218.46	2.2	53.9	43.9
1990	10.44	270.95	224.47	2.1	53.6	44.4
1991	10.39	284.91	234.84	2.0	53.7	44.3
1992	10.31	280.89	244.14	1.9	52.5	45.6
1993	9.06	297.13	257.04	1.6	52.8	45.6
1994	5.17	247.36	267.83	1.0	47.5	51.5
1995	5.08	243.01	281.42	1.0	45.9	53.1
1996	4.77	244.64	294.06	0.9	45.0	54.1
1997	4.72	242.85	298.45	0.8	44.5	54.7
1998	4.69	237.67	308.43	0.9	43.1	56.0
1999	4.87	231.31	328.84	0.9	40.9	58.2
2000	4.61	237.18	342.04	0.8	40.6	58.6
2001	4.03	255.90	363.09	0.6	41.1	58.3

2-16 分行业全部职工人数(年底数)

Number of Staff and Workers by Sector(year-end)

单位:万人 (10000 persons)

行业	Sector	1990	1995	1998	2000	2001
总计	**Total**	**476.02**	**498.61**	**455.80**	**398.53**	**372.39**
农、林、牧、渔业	Farming, Forestry, Animal Husbandry and Fishery	12.40	8.09	6.92	5.45	5.04
采掘业	Mining and Quarrying	5.80	5.26	3.95	2.78	2.40
制造业	Manufacturing	224.97	205.94	161.99	127.03	110.43
电力、煤气及水的生产和供应业	Electricity, Gas and Water Production and Supply	6.49	8.29	9.20	9.03	9.03
建筑业	Construction	25.65	45.01	44.25	44.23	42.19
地质勘查业、水利管理业	Geological Prospecting and Water Conservancy	4.07	2.15	2.13	1.76	1.83
交通运输、仓储及邮电通讯业	Transport, Storage, Post and Telecommunications	28.01	27.64	26.47	23.30	20.49
批发和零售贸易、餐饮业	Wholesale and Retail Sale Trade and Catering Services	63.58	66.85	54.19	35.63	26.97
金融、保险业	Banking and Insurance	7.88	12.30	13.80	14.62	15.29
房地产业	Real Estate Trade	1.58	2.78	3.51	3.78	4.30
社会服务业	Social Services	11.55	15.99	18.79	18.53	20.43
卫生、体育和社会福利业	Health Care, Sports and Social Welfare	14.96	17.51	20.17	20.35	20.83
教育、文化艺术及广播电影电视业	Education, Culture and Art, Radio, Film and Television	37.57	44.04	48.61	50.15	50.77
科学研究和综合技术服务业	Scientific Research and Polytechnical Services	2.93	4.24	4.42	4.19	4.37
国家机关、政党机关和社会团体	Government Agencies, Party Agencies and Social Organizations	26.15	30.78	33.85	34.20	33.28
其他行业	Others	2.43	1.74	3.55	3.50	4.74

2-17 分行业国有单位职工人数(年底数)

Number of Staff and Workers in State-owned Units by Sector(year-end)

单位:万人 (10000 persons)

行业	Sector	1990	1995	1998	2000	2001
总计	**Total**	**280.87**	**294.59**	**256.61**	**208.19**	**185.36**
农、林、牧、渔业	Farming, Forestry, Animal Husbandry and Fishery	11.86	7.58	6.36	4.94	4.59
采掘业	Mining and Quarrying	5.56	4.81	3.54	2.45	1.06
制造业	Manufacturing	107.42	96.27	59.20	28.37	17.10
电力、煤气及水的生产和供应业	Electricity, Gas and Water Production and Supply	6.19	7.81	7.65	6.75	6.59
建筑业	Construction	8.05	10.82	7.91	6.37	4.70
地质勘查业、水利管理业	Geological Prospecting and Water Conservancy	3.81	2.06	2.01	1.66	1.74
交通运输、仓储及邮电通讯业	Transport, Storage, Post and Telecommunications	18.22	20.21	19.43	16.80	12.63
批发和零售贸易、餐饮业	Wholesale and Retail Sale Trade and Catering Services	28.90	32.38	24.17	13.19	7.49
金融、保险业	Banking and Insurance	5.06	8.16	8.60	8.84	9.02
房地产业	Real Estate Trade	1.23	2.10	2.38	2.25	2.23
社会服务业	Social Services	7.22	10.18	11.26	10.27	10.89
卫生、体育和社会福利业	Health Care, Sports and Social Welfare	10.86	13.40	15.99	16.65	17.38
教育、文化艺术及广播电影电视业	Education, Culture and Art, Radio, Film and Television	36.15	43.24	47.92	49.42	49.80
科学研究和综合技术服务业	Scientific Research and Polytechnical Services	2.87	4.01	4.10	3.78	3.78
国家机关、政党机关和社会团体	Government Agencies, Party Agencies and Social Organizations	25.55	30.48	33.72	34.12	33.15
其他行业	Others	1.92	1.08	2.37	2.33	3.21

2－18 分行业城镇集体单位职工人数(年底数)
Number of Staff and Workers in Urban Collective-owned Units by Sector(year-end)

单位:万人 (10000 persons)

行 业	Sector	1990	1995	1998	2000	2001
总计	**Total**	**189.12**	**161.89**	**102.94**	**58.93**	**41.29**
农、林、牧、渔业	Farming, Forestry, Animal Husbandry and Fishery	0.44	0.30	0.38	0.35	0.24
采掘业	Mining and Quarrying	0.24	0.41	0.20	0.06	0.02
制造业	Manufacturing	112.60	75.81	40.42	18.61	10.14
电力、煤气及水的生产和供应业	Electricity, Gas and Water Production and Supply	0.30	0.27	0.34	0.29	0.29
建筑业	Construction	17.55	33.00	23.48	15.51	12.29
地质勘查业、水利管理业	Geological Prospecting and Water Conservancy	0.26	0.09	0.11	0.09	0.07
交通运输、仓储及邮电通讯业	Transport, Storage, Post and Telecommunications	9.73	6.92	4.56	2.09	1.18
批发和零售贸易、餐饮业	Wholesale and Retail Sale Trade and Catering Services	34.24	30.56	19.90	9.92	5.48
金融、保险业	Banking and Insurance	2.82	3.95	3.69	3.68	3.58
房地产业	Real Estate Trade	0.35	0.36	0.35	0.24	0.20
社会服务业	Social Services	3.90	4.23	3.55	2.80	2.88
卫生、体育和社会福利业	Health Care, Sports and Social Welfare	4.10	4.10	4.12	3.62	3.35
教育、文化艺术及广播电影电视业	Education, Culture and Art, Radio, Film and Television	1.42	0.77	0.57	0.55	0.53
科学研究和综合技术服务业	Scientific Research and Polytechnical Services	0.06	0.19	0.18	0.21	0.21
国家机关、政党机关和社会团体	Government Agencies, Party Agencies and Social Organizations	0.60	0.30	0.13	0.08	0.11
其他行业	Others	0.51	0.63	0.96	0.83	0.72

2-19 分行业其他单位职工人数(年底数)
Number of Staff and Workers in Units of Other Types of Ownership by Sector(year-end)

单位:万人 (10000 persons)

行业	Sector	1990	1995	1998	2000	2001
总计	**Total**	**6.03**	**42.13**	**96.25**	**131.41**	**145.74**
农、林、牧、渔业	Farming,Forestry,Animal Husbandry and Fishery	0.10	0.21	0.18	0.16	0.21
采掘业	Mining and Quarrying		0.04	0.21	0.27	1.32
制造业	Manufacturing	4.95	33.86	62.37	80.05	83.19
电力、煤气及水的生产和供应业	Electricity,Gas and Water Production and Supply		0.21	1.21	1.99	2.15
建筑业	Construction	0.05	1.19	12.86	22.35	25.20
地质勘查业、水利管理业	Geological Prospecting and Water Conservancy			0.01	0.01	0.02
交通运输、仓储及邮电通讯业	Transport,Storage,Post and Telecommunications	0.06	0.51	2.48	4.41	6.68
批发和零售贸易、餐饮业	Wholesale and Retail Sale Trade and Catering Services	0.44	3.91	10.12	12.52	14.00
金融、保险业	Banking and Insurance		0.19	1.51	2.10	2.69
房地产业	Real Estate Trade		0.32	0.78	1.29	1.87
社会服务业	Social Services	0.43	1.58	3.98	5.46	6.66
卫生、体育和社会福利业	Health Care,Sports and Social Welfare		0.01	0.06	0.08	0.10
教育、文化艺术及广播电影电视业	Education,Culture and Art,Radio,Film and Television		0.03	0.12	0.18	0.44
科学研究和综合技术服务业	Scientific Research and Polytechnial Services		0.04	0.14	0.20	0.38
国家机关、政党机关和社会团体	Government Agencies,Party Agencies and Social Organizations					0.02
其他行业	Others		0.03	0.22	0.34	0.81

2-20 按经济类型分的全部职工人数(2001年底)

Number of Staff and Workers by Ownership(End of 2001)

单位:万人 (10000 persons)

行业	Sector	合计 Total	国有单位 State-owned Units	城镇集体单位 Urban Collective Owned Units	其他单位 Units of Other Types of Ownership
总计	**Total**	**372.39**	**185.36**	**41.29**	**145.74**
农、林、牧、渔业	**Farming, Forestry, Animal Husbandry and Fishery**	**5.04**	**4.59**	**0.24**	**0.21**
农业	Farming	1.28	1.26	0.01	0.01
林业	Forestry	0.70	0.68		0.02
畜牧业	Animal Husbandry	0.26	0.19		0.07
渔业	Fishery	0.51	0.41	0.01	0.09
农、林、牧、渔服务业	Services	2.29	2.05	0.22	0.02
采掘业	**Mining and Quarrying**	**2.40**	**1.06**	**0.02**	**1.32**
制造业	**Manufacturing**	**110.43**	**17.10**	**10.14**	**83.19**
电力、煤气及水的生产和供应业	**Electricity, Gas and Water Production and Supply**	**9.03**	**6.59**	**0.29**	**2.15**
建筑业	**Construction**	**42.19**	**4.70**	**12.29**	**25.20**
土木工程建筑业	Civil Engineering	37.70	3.60	10.75	23.35
线路管道和设备安装业	Circuit, Pipelines and Equipment Installation	3.91	1.09	1.45	1.37
建筑物的装修装饰业	Buildings Fitting up and Decoration	0.58	0.01	0.09	0.48
地质勘查业水利管理业	**Geological Prospecting and Water Conservancy**	**1.83**	**1.74**	**0.07**	**0.02**
地质勘查业	Geological Prospecting	0.76	0.74	0.01	0.01
水利管理业	Water Conservancy	1.07	1.00	0.06	0.01
交通运输、仓储及邮电通信业	**Transport, Storage, Post and Telecommunications**	**20.49**	**12.63**	**1.18**	**6.68**
铁路运输业	Railway Transport	2.61	2.23	0.01	0.37
公路运输业	Highway Transport	4.80	1.85	0.57	2.38
管道运输业	Pipeline Transport				
水上运输业	Water Way Transport	1.82	0.76	0.13	0.93
航空运输业	Air Transport	0.13	0.10		0.03
交通运输辅助业	Transport Supporting and Auxiliary Services	5.47	3.86	0.31	1.3
其他交通运输业	Other Transport	0.05	0.04		0.01
仓储业	Storage	0.56	0.22	0.01	0.33
邮电通信业	Post and Telecommunications	5.05	3.57	0.15	1.33
批发和零售贸易餐饮业	**Wholesale and Retail Sale Trade andCatering Services**	**26.97**	**7.49**	**5.48**	**14.00**
食品、饮料、烟草和家庭用品批发业	Wholesale Trade of Food, Beverages, Tobacco and Household Goods	10.12	3.98	0.95	5.19
能源、材料和机械电子设备批发业	Wholesale Trade of Energy, Materials and Electronic Equipment	4.52	1.52	0.66	2.34
其他批发业	Other Wholesale Trade	1.55	0.26	0.64	0.65
零售业	Retail Trade	8.89	1.40	2.87	4.62
商业经纪与代理业	Commercial Brokerage and Agencies	0.06	0.04		0.02
餐饮业	Catering Services	1.83	0.29	0.36	1.18
金融、保险业	**Finance and Insurance**	**15.29**	**9.02**	**3.58**	**2.69**
金融业	Finance	13.75	8.20	3.58	1.97
保险业	Insurance	1.54	0.82		0.72
房地产业	**Real Estate Trade**	**4.30**	**2.23**	**0.20**	**1.87**
房地产开发与经营业	Real Estate Development and Operation	2.13	0.79	0.12	1.22
房地产管理业	Real Estate Management	2.03	1.34	0.07	0.62

行　业	Sector	合计 Total	国有单位 State-owned Units	城镇集体单位 Urban Collective-owned Units	其他单位 Units of Other Types of Ownership
房地产代理与经纪业	Real Estate Brokerages and Agencies	0.14	0.10	0.01	0.03
社会服务业	**Social Services**	**20.43**	**10.89**	**2.88**	**6.66**
公共服务业	Public Facilities Services	8.16	5.91	1.21	1.05
居民服务业	Resident Services	0.68	0.32	0.15	0.22
旅馆业	Hotels	7.00	2.86	0.57	3.56
租赁服务业	Leasing Services	0.11	0.04	0.02	0.05
旅游业	Tourism	0.59	0.23	0.04	0.31
娱乐服务业	Recreational Services	0.20	0.03	0.03	0.14
信息、咨询服务业	Information and Consultancy Services	1.03	0.38	0.23	0.42
计算机应用服务业	Computer Application Services	0.74	0.08	0.01	0.65
其他社会服务业	Other Social Services	1.92	1.04	0.62	0.26
卫生体育和社会福利业	**Health Care, Sports and Social Welfare**	**20.83**	**17.38**	**3.35**	**0.10**
卫生	Health Care	19.94	16.53	3.32	0.09
体育	Sports	0.25	0.25		
社会福利保障业	Social Welfare	0.64	0.60	0.03	0.01
教育、文化艺术及广播电影电视业	**Education, Culture and Art, Radio, Film and Television**	**50.77**	**49.80**	**0.53**	**0.44**
教育	Education	46.09	45.33	0.36	0.40
#普通高等教育	Regular Institution of Higher Education	4.07	3.97	0.08	0.02
普通中学	Regular Secondary Schools	18.17	17.97	0.01	0.19
小学	Primary Schools	17.42	17.36	0.03	0.03
文化艺术业	Culture and Arts	2.27	2.21	0.05	0.01
广播电影电视业	Radio, Film and Television	2.41	2.26	0.12	0.03
科学研究和综合技术服务业	**Scientific Research and Polytechnical Services**	**4.37**	**3.78**	**0.21**	**0.38**
科学研究业	Scientific Research	1.08	1.06		0.02
自然科学研究	Natural Science Research	0.96	0.94		0.02
社会科学研究	Social Science Research	0.10	0.10		
其它科学研究	Other Science Research	0.02	0.02		
综合技术服务业	Polytechnical Services	3.29	2.72	0.21	0.36
气象	Meteorology	0.15	0.15		
地震	Seismorology	0.01	0.01		
测绘	Survey and Mapping	0.20	0.18	0.02	
技术监督	Technological Supervision	0.56	0.50	0.02	0.04
海洋环境	Oceanic Environment	0.16	0.16		
环境保护	Environment Protection	0.35	0.30	0.04	0.01
技术推广和科技交流服务业	Echnology Application and Dissemination as well as Science Technology Exchange Services	0.39	0.18	0.08	0.13
工程设计业	Engineering Design	1.19	1.02	0.04	0.13
其他综合技术服务业	Other Polytechnical Services	0.28	0.22	0.01	0.05
国家机关、政党机关和社会团体	**Government Agencies, Party Agencies and Social Organizations**	**33.28**	**33.15**	**0.11**	**0.02**
#国家机关	Government Agencies	31.14	31.14	0.05	
政党机关	Party Agencies	1.44	1.44		
其他行业	**Others**	**4.74**	**3.21**	**0.72**	**0.81**
#企业管理机构	Enterprises Management Organization	3.85	2.37	0.69	0.80

2-21 分行业单位女性从业人员(2001 年底)

Number of Employed Female Staff and Workers by Sector(End of 2001)

单位:万人 (10000 persons)

行业	Sector	合计 Total	国有单位 State-owned Units	城镇集体单位 Urban Collective Owned Units	其他单位 Units of Other Types of Ownership
总计	**Total**	**141.48**	**72.29**	**12.90**	**56.29**
农、林、牧、渔业	**Farming, Forestry, Animal Husbandry and Fishery**	**1.30**	**1.20**	**0.03**	**0.07**
农业	Farming	0.39	0.38		0.01
林业	Forestry	0.18	0.17		0.01
畜牧业	Animal Husbandry	0.08	0.06		0.02
渔业	Fishery	0.10	0.08		0.02
农、林、牧、渔服务业	Services	0.55	0.51	0.03	0.01
采掘业	**Mining and Quarrying**	**0.46**	**0.18**	**0.01**	**0.27**
制造业	**Manufacturing**	**47.80**	**6.15**	**3.96**	**37.70**
电力、煤气及水的生产和供应业	**Electricity, Gas and Water Production and Supply**	**2.32**	**1.71**	**0.07**	**0.54**
建筑业	**Construction**	**4.11**	**0.71**	**0.94**	**2.46**
土木工程建筑业	Civil Engineering	3.41	0.47	0.77	0.17
线路管道和设备安装业	Circuit, Pipelines and Equipment Installation	0.61	0.23	0.16	0.22
建筑物的装修装饰业	Buildings Fitting up and Decoration	0.09	0.01	0.01	0.07
地质勘查业水利管理业	**Geological Prospecting and Water Conservancy**	**0.38**	**0.36**	**0.01**	
地质勘查业	Geological Prospecting	0.16	0.15		
水利管理业	Water Conservancy	0.22	0.21	0.01	
交通运输、仓储及邮电通信业	**Transport, Storage, Post and Telecommunications**	**5.33**	**3.15**	**0.34**	**1.84**
铁路运输业	Railway Transport	0.48	0.40	0.01	0.07
公路运输业	Highway Transport	1.23	0.46	0.12	0.65
管道运输业	Pipeline Transport				
水上运输业	Water Way Transport	0.23	0.07	0.02	0.14
航空运输业	Air Transport	0.03	0.02		0.01
交通运输辅助业	Transport Supporting and Auxiliary Services	1.41	0.91	0.12	0.38
其他交通运输业	Other Transport	0.01	0.01		
仓储业	Storage	0.14	0.05	0.01	0.08
邮电通信业	Post and Telecommunications	1.79	1.23	0.06	0.50
批发和零售贸易餐饮业	**Wholesale and Retail Trade and Catering Services**	**11.35**	**2.59**	**1.89**	**6.87**
食品、饮料、烟草和家庭用品批发商业	Wholesale Trade of Food, Beverages, Tobacco and Household Goods	378.00	1.30	0.28	2.20
能源、材料和机械电子设备批发业	Wholesale Trade of Energy, Materials and Electronic Equipment	1.52	0.45	6.26	0.81
其他批发业	Other Wholesale Trade	0.47	0.09	0.13	0.25
零售业	Retail Trade	4.48	0.58	1.02	2.88
商业经纪与代理业	Commercial Brokerage and Agencies	0.02	0.01		0.01
餐饮业	Catering Services	1.08	0.16	0.20	0.72
金融、保险业	**Finance and Insurance**	**8.89**	**5.37**	**1.75**	**1.77**
金融业	Finance	6.79	4.01	1.75	1.03
保险业	Insurance	2.10	1.36		0.74
房地产业	**Real Estate Trade**	**1.48**	**0.76**	**0.06**	**0.66**
房地产开发与经营业	Real Estate Development and Operation	0.68	0.23	0.03	0.42
房地产管理业	Real Estate Management	0.74	0.49	0.03	0.23

行　业	Sector	合计 Total	国有单位 State-owned Units	城镇集体单位 Urban Collective Owned Units	其他单位 Units of Other Types of Ownership
房地产代理与经纪业	Real Estate Brokerages and Agencies	0.06	0.04		0.01
社会服务业	**Social Services**	**9.23**	**4.70**	**1.29**	**3.25**
公共服务业	Public Facilities Services	3.22	2.34	0.54	0.34
居民服务业	Resident Services	0.30	0.12	0.06	0.11
旅馆业	Hotels	4.09	1.68	0.36	2.05
租赁服务业	Leasing Services	0.03	0.01	0.01	0.02
旅游业	Tourism	0.32	0.12	0.02	0.18
娱乐服务业	Recreational Services	0.10	0.02	0.02	0.07
信息、咨询服务业	Information and Consultancy Services	0.45	0.16	0.07	0.22
计算机应用服务业	Computer Application Services	0.21	0.03	0.58	0.18
其他社会服务业	Other Social Services	0.52	0.22	0.21	0.08
卫生体育和社会福利业	**Health Care, Sports and Social Welfare**	**12.57**	**10.65**	**1.86**	**0.06**
卫　生	Health Care	12.13	10.23	1.84	0.06
体　育	Sports	0.10	0.10		0.13
社会福利保障业	Social Welfare	0.34	0.32	0.02	0.11
教育、文化艺术及广播电影电视业	**Education, Culture and Art, Radio, Film and Television**	**25.65**	**25.01**	**0.36**	**0.28**
教　育	Education	23.83	23.28	0.28	0.27
#普通高等教育	Regular Institution of Higher Education	1.67	1.61	0.05	0.01
普通中学	Regular Secondary Schools	8.23	8.11		0.12
小　学	Primary Schools	10.33	10.29	0.02	0.02
文化艺术业	Culture and Arts	1.00	0.97	0.03	0.10
广播电影电视业	Radio, Film and Television	0.82	0.76	0.05	0.01
科学研究和综合技术服务业	**Scientific Research and Polytechnical Services**	**1.34**	**1.13**	**0.08**	**0.13**
科学研究业	Scientific Research	0.34	0.30		0.01
自然科学研究	Natural Science Research	0.30	0.29		0.01
社会科学研究	Social Science Research	0.03	0.03		
综合科学研究	Other Science Research	0.01	0.01		0.01
综合技术服务业	Polytechnical Services	1.00	0.79	0.08	0.12
气　象	Meteorology	0.04	0.04		
地震	Seismorology	0.32	0.32		
测绘	Survey and Mapping	0.05	0.04		
技术监督	Technological Supervision	0.17	0.16	0.01	0.01
海洋环境	Oceanic Environment	0.02	0.02		0.07
环境保护	Environment Protection	0.12	0.10	0.02	0.01
技术推广和科技交流服务业	Echnology Application and Dissemination as well as Science Technology Exchange Services	0.15	0.07	0.04	0.04
工程设计业	Engineering Design	0.35	0.29	0.01	0.04
其他综合技术服务业	Other Polytechnical Services	0.09	0.07		0.02
国家机关、政党机关和社会团体	**Government Agencies, Party Agencies and Social Organizations**	**7.51**	**7.43**	**0.06**	**0.02**
#国家机关	Government Agencies	6.89	6.89		
政党机关	Party Agencies	0.31	0.31		
其他行业	**Others**	**1.76**	**1.19**	**0.19**	**0.37**
#企业管理机构	Enterprises Management Organization	0.20	0.69	0.19	0.37

2-22 按行业和经济类型分的工业、建筑业企业职工人数
Number of Staff and Workers in Industry and Construction Enterprises by Sector and Ownership

单位:万人 (10000 persons)

分类	Category	1995	1998	2000	2001
总计	**Total**	**264.49**	**219.39**	**183.07**	**164.05**
采掘业	**Mining and Quarrying**	**5.25**	**3.95**	**2.78**	**2.40**
按经济类型分组	**By Ownership**				
国有经济单位	State-owned Units	4.80	3.54	2.45	1.06
城镇集体经济单位	Urban Collective Units	0.41	0.20	0.06	0.02
其他各种经济类型	Units of Other Types of Ownership	0.04	0.21	0.27	1.32
按行业分组	**By Sector**				
煤炭采选业	Coal Mining and Dressing	1.77	1.34	1.09	0.97
石油和天然气开采业	Petroleum and Natural Gas Extraction				
黑色金属矿采选业	Ferrous Metals Mining and Dressing	0.42	0.38	0.24	0.22
有色金属矿采选业	Nonferrous Metals Mining and Dressing	0.90	0.79	0.57	0.47
非金属矿采选业	Nonmetals Mining and Dressing	2.14	1.43	0.87	0.71
其他矿采选业	Other Minerals Mining and Dressing	0.01			0.02
木材及竹材采运业	Logging and Transport of Wood and Bamboo	0.01		0.01	0.01
制造业	**Manufacturing**	**205.94**	**161.99**	**127.03**	**110.43**
按经济类型分组	**By Ownership**				
国有经济单位	State-owned Units	96.27	59.20	28.37	17.10
城镇集体经济单位	Urban Collective Units	75.81	40.42	18.61	10.14
其他各种经济类型单位	Units of Other Types of Ownership	33.86	62.37	80.05	83.19
按行业分组	**By Sector**				
食品加工业	Food Processing	6.46	4.89	3.67	3.14
食品制造业	Food Manufacturing	7.67	5.69	4.44	3.95
饮料制造业	Beverage Manufacting	4.98	4.76	4.29	2.88
烟草制造业	Tobacco Processing	0.46	0.33	0.35	0.36
纺织业	Textile Industry	35.42	23.71	15.96	13.12
服装及其他纤维制品制造业	Garments and Other Fiber Products	9.57	7.45	7.97	7.54
皮革、毛皮、羽绒及其制品业	Leather, Furs, Down and Related Products	5.13	4.23	4.80	4.20
木材加工及竹、藤、棕、草制品业	Timber Processing, Bamboo, Cane, Palm Fiber and Straw Products	1.45	1.03	0.94	0.69
家具制造业	Furniture Manufacturing	1.35	0.73	0.45	0.52
造纸及纸制品业	Papermaking and Paper Products	4.19	3.83	2.56	2.38
印刷业记录媒介的复制	Printing and Record Medium Reproducts	3.24	2.54	2.04	1.77

单位:万人　　2-22 续表 continued　　(10000 persons)

分　类	Category	1995	1998	2000	2001
文教体育用品制造业	Cultural, Educational and Sport Goods	1.90	1.78	1.96	1.33
石油加工及炼焦业	Petroleum Processing and Coking	0.84	0.89	0.85	0.84
化学原料及化学制品制造业	Raw Chemical Materials and Chemcial Products	13.75	12.75	9.84	8.95
医药制造业	Medical and Pharmaceutical Products	3.77	3.88	3.70	3.34
化学纤维制造业	Chemical Fiber	3.09	2.16	1.69	1.49
橡胶制品业	Rubber Products	2.64	2.54	1.98	1.89
塑料制品业	Plastic Products	7.02	6.18	4.92	4.30
非金属矿物制品业	Nonmetal Mineral Products	11.33	9.03	5.89	4.60
黑色金属冶炼及压延加工业	Smelting and Pressing of Ferrous Metals	4.16	3.61	3.14	2.48
有色金属冶炼及压延加工业	Smelting and Pressing of Nonferrous Metals	1.52	1.40	0.87	0.74
金属制品业	Metal Products	8.90	6.93	5.17	4.54
普通机械制造业	Ordinary Machinery	17.50	13.67	10.54	9.44
专用设备制造业	Equipment for Special Purposes	10.80	8.15	5.78	4.54
交通运输设备制造业	Transport Equipment	9.40	6.95	5.41	4.66
武器弹药制造业	Weapons and Ammunition	0.12	0.10	0.09	0.07
电气机械及器材制造业	Electric Equipment and Machinery	12.30	9.98	8.46	6.96
电子及通信设备制造业	Electronic and Telecommunications	6.87	5.21	5.23	5.64
仪器仪表及文化、办公用机械制造业	Instruments, Meter, Cultural and Office Machinery	4.25	3.55	2.54	2.11
其他制造业	Other Manufacturing	5.86	4.04	2.59	1.96
电力、煤气及水的生产和供应业	**Electricity, Gas and Water Production and Supply**	**8.29**	**9.20**	**9.03**	**9.03**
按经济类型分组	**By Ownership**				
国有经济单位	State-owned Units	7.81	7.65	6.75	6.59
城镇集体经济单位	Urban Collective Units	0.27	0.34	0.29	0.29
其他各种经济类型单位	Units of Other Types of Ownership	0.21	1.21	1.99	2.15
按行业分组	**By Sector**				
电力、蒸汽、热水的生产和供应业	Electricity, Steam and Hot Water Production and Supply	6.63	7.33	7.15	7.10
煤气生产和供应业	Gas Production and Supply	0.50	0.46	0.37	0.38
自来水的生产和供应业	Water Prodution and Supply	1.16	1.41	1.51	1.55
建筑业	**Construction**	**45.01**	**44.25**	**44.23**	**42.19**
按经济类型分组	**By Ownership**				
国有经济单位	State-owned Units	10.82	7.91	6.37	4.70
城镇集体经济单位	Urban Collective Units	33.00	23.48	15.51	12.29
其他各种经济类型单位	Units of Other Types of Ownership	1.19	12.86	22.35	25.20

2-23 分行业城镇私营从业人员和个体从业人员人数(年底数)
Employed Persons in Urban Private Enterprises and Self-employed Individuals by Sector(year-end)

单位:万人　　　　(10000 persons)

行　业	Sector	1990	1995	1998	2000	2001
总　计	**Total**	**29.84**	**96.44**	**122.86**	**208.56**	**236.00**
农、林、牧、渔业	Farming, Forestry, Animal Husbandry and Fishery		0.18	0.24	1.30	1.24
采掘业	Mining and Quarrying	0.03	0.18	0.15	0.26	0.25
制造业	Manufacturing	6.76	33.05	41.45	73.92	82.91
电力、煤气及水的生产和供应业	Electricity, Gas and Water Production and Supply	0.02				
建筑业	Construction	0.08	1.11	1.66	4.01	4.85
地质勘查业水利管理业	Geological Prospecting and Water Conservancy					
交通运输、仓储及邮电通讯业	Transport, Storage, Post and Telecommunications	1.34	3.16	3.16	5.75	5.87
批发和零售贸易餐饮业	Wholesale and Retail Sale Trade and Catering Services	17.75	48.18	61.48	95.89	107.44
金融、保险业	Banking and Insurance					
房地产业	Real Estate Trade					
社会服务业	Social Services	3.34	9.01	13.19	24.71	30.86
卫生体育和社会福利业	Health Care, Sports and Social Welfare	0.43	1.08	0.99	0.90	0.40
教育、文化艺术及广播电影电视业	Education, Culture and Art, Radio, Film and Television	0.09				
科学研究和综合技术服务业	Scientific Research and Polytechnial Services					
国家机关、政党机关和社会团体	Government Agencies, Party Agencies and Social Organizations					
其他行业	Others		0.49	0.54	1.82	2.18

2－24 城镇新就业人数

Number of Newly Employed Persons in Urban Areas

单位:万人 (10000 persons)

项 目	Item	1990	1995	1998	2000	2001
总 计	**Total**	**21.93**	**38.73**	**34.50**	**67.97**	**53.67**
按就业人员主要来源分	**By Source of Major Employment**					
城镇失业人员	Urban Unemployment	7.21	12.67	10.68	35.73	26.64
农村劳动力	Rural Labor Force	5.50	10.44	8.68	8.66	10.75
大学、中专、技工学校毕业生	Graduates from Universities, Secondary Technical Schools and Worker Training Schools	4.62	5.94	5.89	5.82	6.24
部队转业干部和退伍军人	Demobilized Soldiers and Armymen Transferred to Civilian Work	0.63	0.69	0.64	0.85	0.66
其 他	Others	3.97	8.99	8.61	16.91	9.38
按就业人员安置去向分	**By Direction of Employment Assignment**					
国有经济单位	State-owned Units	12.57	12.99	9.33	6.90	7.46
城镇集体经济单位	Urban Collective – owned Units	6.11	7.06	3.46	2.38	1.92
其他经济单位	Others	0.44	4.63	9.12	13.37	16.35
城镇私营和个体劳动	Urban Private Enterprises and Individual Laborers	2.81	14.05	12.59	45.32	27.94

2－25 城镇失业人员和失业率

Number of Unemployed Persons and the Unemployment Rate in Urban Areas

年 份 Year	城镇从业人员（万人） Employed Persons in Urban Areas (10000 persons)	年末城镇登记失业人员（万人） Unemployed Persons in Urban Areas (10000 persons)	#失业青年 Unemployed Youthes	城镇登记失业率（%） Unemployment Rate in Urban Areas
1978	314.40	24.40		7.2
1979	341.91	13.22		3.7
1980	363.24	10.23		2.7
1981	383.46	5.24		1.3
1982	379.58	9.27		2.4
1983	390.36	7.15		1.8
1984	412.06	4.69		1.1
1985	438.66	3.45		0.8
1986	455.91	5.50	4.43	1.2
1987	475.34	7.51	6.03	1.6
1988	498.28	7.73	6.30	1.5
1989	497.15	10.53	8.80	2.1
1990	505.86	11.24	9.00	2.2
1991	530.14	10.87	8.65	2.0
1992	535.34	12.97	10.07	2.4
1993	563.23	14.68	10.95	2.6
1994	593.69	16.09	11.34	2.6
1995	604.81	17.72	11.85	2.8
1996	613.29	16.22	11.81	2.6
1997	603.46	18.75	10.39	3.0
1998	590.88	19.96	10.36	3.3
1999	603.93	21.17		3.4
2000	619.95	21.82		3.4
2001	623.02	23.99		3.7

2-26 单位从业人员变动情况(2001年)

Changes of Employed Persons (2001)

单位:万人 (10000 persons)

分类	Category	合计 Total	国有经济单位 State-owned Units	城镇集体经济单位 Urban Collective Owned Units	其他各种经济单位 Others
本年增加人数	Total Increment	**37.65**	**13.60**	**2.65**	**21.40**
#从农村招收	Recruited from Rural Area	13.44	1.98	1.14	10.32
从城镇招收	Recruited from Urban Area	5.67	1.21	0.38	4.08
录用的退伍军人	Demobilized Soldiers	0.66	0.37	0.05	0.24
录用的大、中专、技工学校毕业生	Graduates from Universities, Secondary Technical Schools and Worker Training Schools	6.24	3.25	0.24	2.75
调入	Transfered into	6.39	4.40	0.33	1.66
其它	Others	5.25	2.39	0.51	2.35
本年减少人数	Total Decrement	**43.38**	**16.60**	**5.22**	**21.56**
#离休退休退职	Retired and Resigned Persons	5.49	2.99	0.69	1.81
开除除名辞退	Discharged Persons	3.58	1.24	0.22	2.12
终止解除合同	Terminated Contracts	19.69	4.50	2.94	12.25
离开本单位仍保留劳动关系的职工	Staff and Workers Leaving Their Working Units While Keeping Their Labour Contract	3.76	1.49	0.51	1.76
调出	Transfered Out	5.75	4.34	0.28	1.13
其它	Others	5.11	2.04	0.58	2.49

2－27 离休、退休、退职职工人数(年底数)
Number of Retired and Resigned Persons(year-end)

单位:万人 (10000 persons)

年份 Year	合计 Total	离休干部 Retired Veterans	退休职工 Retired Persons	退职职工 Resigned Persons	离休、退休、退职人数与在职职工人数之比(以在职职工为100) Ratio of Staff and Workers on Their Posts to Retired and Resigned Persons (Employed Staff and Workers＝100)
1985	64.33	3.00	58.82	2.51	15.1
1986	69.33	3.41	63.00	2.92	15.6
1987	70.78	3.53	64.68	2.57	15.4
1988	75.16	3.72	68.61	2.83	15.8
1989	80.25	4.19	72.61	3.45	17.1
1990	81.70	4.34	72.98	3.00	17.2
1991	86.17	4.44	77.35	3.08	17.5
1992	89.62	4.63	80.96	2.83	18.2
1993	94.08	4.71	86.06	3.31	18.7
1994	98.73	4.67	90.79	3.27	19.7
1995	103.35	4.49	95.63	3.23	20.7
1996	109.66	4.37	102.03	3.26	22.1
1997	112.48	4.23	104.82	3.43	23.3
1998	118.56	4.16	111.06	3.34	26.0
1999	124.33	3.93	116.63	3.75	29.1
2000	131.69	3.74	124.04	3.91	33.0
2001	142.90	3.66	135.34	3.90	38.4

2-28 各市企业单位从业人员
Employed Persons in Enterprises by City

单位:万人 (10000 Persons)

地 区	Region	单位从业人员年末人数 Number of Employed Persons at the Year-end		#在岗职工 Staff and Workers at work		离岗职工 Laid-off Staff and Workers	
		2000	2001	2000	2001	2000	2001
总计	**Total**	**260.09**	**241.10**	**251.70**	**231.11**	**32.72**	**23.62**
杭州市	Hangzhou	62.88	57.75	60.28	54.87	6.84	4.88
宁波市	Ningbo	46.24	41.39	45.02	39.33	4.83	2.20
温州市	Wenzhou	34.19	35.81	33.05	34.42	6.67	5.24
嘉兴市	Jiaxing	20.50	18.29	19.62	17.38	3.00	2.14
湖州市	Huzhou	12.09	10.50	11.76	10.00	1.99	1.57
绍兴市	Shaoxing	26.72	24.97	26.11	24.26	2.50	1.88
金华市	Jinhua	15.63	13.71	15.32	13.48	1.60	1.00
衢州市	Quzhou	8.85	7.35	8.65	7.13	0.74	0.84
舟山市	Zhoushan	7.55	6.96	7.40	6.84	0.97	0.83
台州市	Taizhou	19.70	19.08	18.91	18.24	2.60	2.16
丽水市	Lishui	5.74	5.29	5.58	5.16	0.98	0.82

2-29 各市国有控股企业单位从业人员年末人数
Employed Persons in State-owned and State Holding Majority Shares Enterprises by City

单位:万人 (10000 Persons)

地 区	Region	单位从业人员年末人数 Number of Employed Persons at the Year-end		#在岗职工 Staff and Workers at work		离岗职工 Laid-off Staff and Workers	
		2000	2001	2000	2001	2000	2001
总计	**Total**	**112.25**	**104.30**	**108.04**	**99.02**	**17.42**	**13.09**
杭州市	Hangzhou	33.09	32.11	31.85	30.49	4.24	3.30
宁波市	Ningbo	17.88	16.34	17.49	15.76	2.57	1.43
温州市	Wenzhou	10.86	10.01	10.35	9.37	3.24	2.25
嘉兴市	Jiaxing	8.05	6.82	7.60	6.30	1.55	0.93
湖州市	Huzhou	7.54	6.00	7.31	5.59	1.23	0.94
绍兴市	Shaoxing	10.27	7.69	9.86	7.15	1.34	0.86
金华市	Jinhua	5.50	5.71	5.35	5.54	0.73	0.50
衢州市	Quzhou	3.86	4.79	3.73	4.66	0.37	0.65
舟山市	Zhoushan	4.28	4.49	4.21	4.43	0.54	0.61
台州市	Taizhou	8.16	7.80	7.57	7.26	1.17	1.18
丽水市	Lishui	2.76	2.52	2.72	2.46	0.44	0.39

2－30 各市事业单位从业人员
Employed Persons in Institations by City

单位:万人 (10000 Persons)

地 区	Region	单位从业人员年末人数 Number of Employed Persons at the Year－end		#在岗职工 Staff and Workers at work		离岗职工 Laid－off Staff and Workers	
		2000	2001	2000	2001	2000	2001
总计	**Total**	**90.63**	**91.36**	**88.65**	**88.81**	**1.59**	**1.71**
杭州市	Hangzhou	18.96	19.20	18.35	18.49	0.33	0.39
宁波市	Ningbo	11.42	11.74	11.11	11.32	0.16	0.15
温州市	Wenzhou	12.33	12.36	12.05	12.07	0.20	0.17
嘉兴市	Jiaxing	6.91	6.88	6.64	6.65	0.12	0.11
湖州市	Huzhou	4.80	4.54	4.60	4.34	0.05	0.07
绍兴市	Shaoxing	7.25	7.42	7.06	7.25	0.10	0.10
金华市	Jinhua	7.99	8.37	7.91	8.26	0.21	0.20
衢州市	Quzhou	3.78	3.57	3.71	3.52	0.06	0.04
舟山市	Zhoushan	2.84	2.61	2.79	2.57	0.04	0.04
台州市	Taizhou	9.05	9.13	8.86	8.83	0.20	0.20
丽水市	Lishui	4.90	4.93	4.84	4.89	0.10	0.10

2－31 各市机关单位从业人员
Employed Persons in Government Agencies by City

单位:万人 (10000 Persons)

地 区	Region	单位从业人员年末人数 Number of Employed Persons at the Year－end		#在岗职工 Staff and Workers at work		离岗职工 Laid－off Staff and Workers	
		2000	2001	2000	2001	2000	2001
总计	**Total**	**33.37**	**33.85**	**32.69**	**33.27**	**0.31**	**0.33**
杭州市	Hangzhou	6.54	6.54	6.39	6.45	0.11	0.14
宁波市	Ningbo	4.19	4.34	4.08	4.28		0.01
温州市	Wenzhou	5.10	5.10	5.01	5.02	0.05	0.04
嘉兴市	Jiaxing	2.06	2.08	2.01	2.04	0.01	0.01
湖州市	Huzhou	1.93	1.91	1.85	1.80	0.03	0.02
绍兴市	Shaoxing	2.50	2.51	2.44	2.46	0.02	0.01
金华市	Jinhua	3.26	3.04	3.23	3.01	0.03	0.03
衢州市	Quzhou	1.90	2.02	1.88	1.99	0.03	0.04
舟山市	Zhoushan	0.92	1.10	0.90	1.09		0.01
台州市	Taizhou	2.88	3.03	2.82	2.96	0.02	0.01
丽水市	Lishui	2.07	2.18	2.06	2.17	0.01	0.01

2-32 各市单位人才资源
Trained Personnel Resources by City

单位:万人 (10000 Person)

地 区	Region	人才资源年末人数 Number of Trained Personnel Resources		专业技术人员 Specialzed Technical Personnel		#女性 Female	
		2000	2001	2000	2001	2000	2001
总计	**Total**	**152.07**	**158.96**	**109.95**	**109.65**	**48.04**	**48.90**
杭州市	Hangzhou	36.36	37.22	25.99	25.99	11.12	11.62
宁波市	Ningbo	21.44	22.24	15.58	15.70	6.92	7.16
温州市	Wenzhou	19.55	21.85	13.68	13.93	6.01	6.03
嘉兴市	Jiaxing	10.74	10.93	7.99	7.48	3.34	3.20
湖州市	Huzhou	7.56	7.20	5.35	4.95	2.46	2.31
绍兴市	Shaoxing	12.63	13.57	9.61	9.77	3.92	3.90
金华市	Jinhua	11.94	12.39	9.17	8.91	3.98	4.11
衢州市	Quzhou	6.61	6.96	4.43	4.53	1.78	1.85
舟山市	Zhoushan	4.54	4.67	3.05	3.17	1.47	1.56
台州市	Taizhou	13.33	14.13	9.96	9.93	4.56	4.66
丽水市	Lishui	7.32	7.63	5.10	5.27	2.45	2.48

2-33 各市按经济类型分的全部单位专业技术人员(2001年)
Specialized Technical Personnel by City and Ownership(2001)

单位:万人 (10000 Person)

地区	Region	全部 Total	国有 State-owned Units	集体 Collective-owned Units	其他 Other Types of Ownership	#女性 Female 全部 Total	国有 State-owned Units	集体 Collective-owned Units	其他 Other Types of Ownership
总计	**Total**	**109.65**	**76.43**	**9.27**	**23.95**	**48.90**	**37.31**	**3.69**	**7.90**
杭州市	Hangzhou	25.99	17.52	1.40	7.07	11.62	8.39	0.66	2.57
宁波市	Ningbo	15.70	9.93	1.33	4.44	7.16	4.99	0.61	1.56
温州市	Wenzhou	13.93	10.17	1.49	2.27	6.03	5.09	0.37	0.57
嘉兴市	Jiaxing	7.48	5.42	0.54	1.52	3.20	2.50	0.18	0.52
湖州市	Huzhou	4.95	3.50	0.49	0.96	2.31	1.77	0.22	0.32
绍兴市	Shaoxing	9.77	6.35	1.10	2.32	3.91	2.89	0.37	0.65
金华市	Jinhua	8.91	6.64	0.88	1.39	4.11	3.25	0.41	0.45
衢州市	Quzhou	4.53	3.20	0.32	1.01	1.85	1.37	0.13	0.35
舟山市	Zhoushan	3.17	2.19	0.29	0.69	1.56	1.22	0.14	0.20
台州市	Taizhou	9.93	7.21	1.01	1.71	4.66	3.71	0.41	0.54
丽水市	Lishui	5.27	4.29	0.42	0.56	2.48	2.10	0.19	0.19

2-34 分行业全部单位专业技术人员(2001年)
Specialized Technical Personnel by Sector(2001)

单位:万人 (10000 Person)

行业	Sector	全部 Total	#国有 State-owned Units	#集体 Collective-owned Units	#女性 Female 全部 Total	#女性 Female #国有 State-owned Units	#女性 Female #集体 Collective-owned Units
总计	**Total**	**109.65**	**76.43**	**9.27**	**48.90**	**37.31**	**3.69**
农、林、牧、渔业	Farming, Forestry, Animal Husbandry and Fishery	1.54	1.40	0.10	0.37	0.35	0.01
采掘业	Mining and Quarrying	0.33	0.13		0.10	0.04	
制造业	Manufacturing	13.42	2.02	0.84	4.63	0.72	0.28
电力、蒸气及热水生产和供应业	Electricity, Gas and Water Production and Supply	2.50	1.82	0.05	0.67	0.51	0.01
建筑业	Construction	6.79	1.04	1.81	1.20	0.27	0.30
地质勘查业水利管理业	Geological Prospecting and Water Conservancy	0.68	0.65	0.02	0.16	0.15	
交通运输、仓储及邮电通讯业	Transport, Storage, Post and Telecommunications	3.91	2.61	0.09	1.12	0.76	0.03
批发和零售贸易餐饮业	Wholesale and Retail Sale Trade and Catering Services	5.39	1.66	0.69	2.20	0.63	0.26
金融、保险业	Banking and Insurance	8.83	5.43	2.08	4.36	2.66	1.02
房地产业	Real Estate Trade	1.53	0.74	0.07	0.51	0.26	0.02
社会服务业	Social Services	3.64	1.78	0.31	1.36	0.70	0.11
卫生体育和社会福利业	Health Care, Sports and Social Welfare	15.28	12.78	2.44	9.61	8.26	1.32
教育、文化艺术及广播电影电视业	Education, Culture and Art, Radio, Film and Television	41.34	40.81	0.28	21.15	20.84	0.17
科学研究和综合技术服务业	Scientific Research and Polytechnial Services	2.82	2.47	0.10	0.85	0.74	0.03
国家机关、政党机关和社会团体	Government Agencies, Party Agencies and Social Organizations	0.16	0.08	0.08	0.07	0.02	0.05
其他行业	Others	1.49	1.01	0.31	0.54	0.40	0.08

2-35 五次人口普查主要数据

项目	Item	第一次 The First Time 1953.7.1
总户数(万户)	**Total Family Households(10000 Households)**	**579.16**
平均每户人数(人)	Average Size of Family Households(person)	3.87
总人口(万人)	**Total Population(10000 persons)**	**2241.57**
按性别分	**By Sex**	
男	Male	1178.34
女	Female	1063.23
按城乡分	**By Residence**	
市镇人口	Urban	289.27
乡村人口	Rural	1952.30
按民族分	**By Nationality**	
汉　族	The Han Nationality	2233.22
少数民族	Minority Nationality	8.35
#畲族	The She Nationality	5.27
苗族	The Miao Nationality	2.84
回族	The Hui Nationality	0.19
满族	The Man Nationality	0.04
蒙古族	The MengGu Nationality	...
壮族	The Zhuang Nationality	...
按文化程度分	**By Educational Level**	
大学	University	
高中	Senior Secondary School	
初中	Junior Secondary School	
小学	Primary School	
文盲、半文盲(15 岁及 15 岁以上)	Illiterate and Semiliterate(15 years old and over)	

2-35 Basic Statistics on National Population Census

第二次 The Second Time 1964.7.1	第三次 The Third Time 1982.7.1	第四次 The Fourth Time 1990.7.1	第五次 The Fifth Time 2000.11.1
656.63	**960.36**	**1176.77**	**1478.97**
4.31	3.96	3.46	3.00
2831.86	**3888.46**	**4144.59**	**4593.06**
1479.06	2016.70	2136.48	2358.15
1352.80	1871.76	2008.11	2234.91
306.86	999.69	2628.02	2235.66
2525.00	2888.77	1516.57	2357.40
2821.19	3872.30	4123.45	4553.52
10.67	16.16	21.14	39.54
10.06	14.83	17.27	17.10
0.04	0.05	0.32	5.34
0.38	0.94	1.72	1.96
0.09	0.12	0.27	0.51
0.02	0.02	0.06	0.36
0.03	0.11	0.77	1.90
8.05	18.21	48.50	146.79
31.86	202.19	290.37	495.36
120.27	691.55	983.98	1531.94
809.63	1531.44	1643.92	1683.34
	930.67	723.64	321.85

2-36 各市、县第五次人口普查总户数和总人口数
Total Households and Population By City and County (the 5th National Population Census)

地区	Region	总户数(万户) Total Household (10000 Households)	总人口(万人) Total Population(10000 persons) 合计 Total	男 Male	女 Female	性别比(女=100) Sex Ratio (Female=100)	平均每户家庭人口数(人) Average Size of Family Households (person)
总计	**Total**	**1478.97**	**4593.07**	**2358.15**	**2234.91**	**105.51**	**3.00**
杭州市	**Hangzhou**	**221.8**	**687.87**	**354.51**	**333.37**	**106.34**	**2.98**
上城区	Shangcheng	11.97	33.51	17.26	16.24	106.29	2.69
下城区	Xiacheng	14.9	41.24	21.76	19.48	111.67	2.63
江干区	Jianggan	19.47	56.54	30.85	25.68	120.12	2.64
拱墅区	Gongshu	15.69	42.93	22.89	20.04	114.19	2.59
西湖区	Xihu	17.51	59.33	31.35	27.99	112.00	2.96
滨江区	Bingjiang	3.35	11.59	6.01	5.58	107.59	3.33
桐庐县	Tonglu	12.37	37.81	19.13	18.68	102.41	3.01
淳安县	Chunan	13.84	38.23	19.09	19.14	99.76	2.75
萧山市	Xiaoshan	39.14	123.33	61.32	62.01	98.89	3.09
建德市	Jiande	15.46	47.31	24.26	23.05	105.27	3.06
富阳市	Fuyang	19.11	62.86	32.42	30.45	106.47	3.22
余杭市	Yuhang	23.17	81.77	41.99	39.78	105.54	3.39
临安市	Linan	15.81	51.42	26.19	25.24	103.75	3.17
宁波市	**Ningbo**	**211.36**	**596.34**	**303.16**	**293.17**	**103.41**	**2.75**
海曙区	Haishu	13.01	34.97	17.93	17.04	105.23	2.55
江东区	Jiangdong	10.79	29.26	14.88	14.38	103.45	2.58
江北区	Jiangbei	9.78	27.12	14.01	13.11	106.82	2.58
北仑区	Beilun	13.83	38.23	19.67	18.56	105.95	2.62
镇海区	Zhenhai	10.54	27.17	14.00	13.17	106.33	2.54
象山县	Xiangshan	16.98	48.42	24.53	23.90	102.62	2.80
宁海县	Ninghai	18.15	51.82	26.44	25.38	104.19	2.82
鄞县	Yinxian	32.04	85.46	43.28	42.19	102.58	2.60
余姚市	Yuyao	28.50	85.27	42.98	42.29	101.64	2.95
慈溪市	Cixi	40.62	121.45	61.53	59.93	102.67	2.91
奉化市	Fenghua	17.13	47.16	23.93	23.23	102.99	2.70

2－36 续表 1 continued

地 区 Region		总户数(万户) Total Household (10000 Households)	总人口(万人) Total Population(10000 persons)				平均每户家庭人口数(人) Average Size of Family Households (person)
			合 计 Total	男 Male	女 Female	性别比(女=100) Sex Ratio (Female=100)	
温州市	**Wenzhou**	**215.01**	**755.76**	**398.66**	**357.10**	**111.64**	**3.35**
鹿城区	Lucheng	26.12	87.50	46.76	40.74	114.76	2.91
龙湾区	Longwan	5.22	20.49	11.04	9.45	116.85	3.40
瓯海区	Ouhai	22.37	83.56	45.00	38.56	116.70	3.44
洞头县	Dongtou	3.18	9.64	4.94	4.70	105.10	3.02
永嘉县	Yongjia	21.17	72.24	37.93	34.31	110.57	3.28
平阳县	Pingyang	21.63	74.04	38.80	35.24	110.10	3.38
苍南县	Cangnan	31.91	116.76	61.60	55.16	111.67	3.63
文成县	Wencheng	8.54	26.49	14.14	12.35	114.51	3.08
泰顺县	Taishun	8.50	27.98	15.14	12.84	117.92	3.26
瑞安市	Ruian	33.24	120.78	62.76	58.02	108.17	3.49
乐清市	Yueqing	33.15	116.28	60.55	55.73	108.65	3.36
嘉兴市	**Jiaxing**	**104.89**	**358.30**	**179.66**	**178.64**	**100.58**	**3.38**
秀城区	Xiucheng	16.64	50.03	25.31	24.72	102.37	2.94
秀洲区	Xiuzhou	11.00	38.16	19.26	18.91	101.85	3.41
嘉善县	Jiashan	13.38	42.60	21.49	21.11	101.81	3.16
海盐县	Haiyan	11.18	38.77	19.43	19.34	100.49	3.44
海宁市	Haining	19.05	66.61	33.13	33.47	98.99	3.48
平湖市	Pinghu	14.22	50.79	24.98	25.81	96.82	3.53
桐乡市	Tongxiang	19.42	71.34	36.06	35.28	102.19	3.66
湖州市	**Huzhou**	**76.84**	**262.56**	**133.33**	**129.23**	**103.18**	**3.36**
市辖区	Xiaqu	32.19	114.54	57.34	57.20	100.25	3.47
德清县	Deqing	12.45	43.65	22.05	21.60	102.06	3.47
长兴县	Changxing	18.78	61.15	31.57	29.58	106.75	3.23
安吉县	Anji	13.41	43.21	22.37	20.85	107.31	3.16

2 -36 续表 2 continued

地 区 Region		总户数(万户) Total Household (10000 Households)	总人口(万人) Total Population(10000 persons)				平均每户家庭人口数(人) Average Size of Family Households (person)
			合 计 Total	男 Male	女 Female	性别比(女=100) Sex Ratio (Female = 100)	
绍兴市	**Shaoxing**	**145.50**	**430.42**	**215.56**	**214.87**	**100.32**	**2.88**
越城区	Yuecheng	21.43	63.31	31.09	32.23	96.46	2.85
绍兴县	Shaoxing	25.69	79.18	39.28	39.90	98.45	3.03
新昌县	Xinchang	14.83	41.49	21.55	19.94	108.11	2.71
诸暨市	Zhuji	35.17	107.07	53.58	53.49	100.18	2.93
上虞市	Shangyu	23.98	72.25	35.49	36.76	96.55	2.98
嵊州市	Shengzhou	24.42	67.12	34.56	32.56	106.14	2.67
金华市	**Jinhua**	**156.35**	**457.19**	**234.53**	**222.66**	**105.33**	**2.76**
婺城区	Wucheng	14.93	42.49	21.68	20.81	104.17	2.60
金华县	Jinghua	17.06	47.58	25.17	22.41	112.34	2.67
武义县	Wuyi	10.85	30.12	15.62	14.50	107.68	2.74
浦江县	Pujiang	12.33	36.41	18.97	17.44	108.79	2.82
磐安县	Panan	6.90	17.58	8.92	8.67	102.92	2.53
兰溪市	Lanxi	20.25	60.72	31.41	29.31	107.16	2.93
义乌市	Yiwu	29.27	91.27	46.11	45.16	102.11	2.72
东阳市	Dongyang	26.08	75.31	37.56	37.75	99.48	2.79
永康市	Yongkang	18.68	55.71	29.09	26.61	109.33	2.89
衢州市	**Quzhou**	**71.35**	**212.89**	**110.52**	**102.37**	**107.96**	**2.93**
柯城区	Kecheng	9.65	28.63	14.81	13.82	107.12	2.85
衢县	Quxian	14.59	46.41	24.72	21.69	113.95	3.11
常山县	Changshan	8.94	26.55	13.75	12.8	107.4	2.94
开化县	Kaihua	9.58	27.16	13.70	13.46	101.74	2.80
龙游县	Longyou	12.02	36.82	19.42	17.40	111.63	2.99
江山市	Jiangshan	16.56	47.32	24.13	23.19	104.04	2.85

2-36 续表 3 continued

地　区 Region		总户数(万户) Total Household (10000 Households)	总人口(万人) Total Population(10000 persons)				平均每户家庭人口数(人) Average Size of Family Households (person)
			合　计 Total	男 Male	女 Female	性别比(女=100) Sex Ratio (Female=100)	
舟山市	**Zhoushan**	**36.07**	**100.15**	**50.62**	**49.54**	**102.18**	**2.73**
定海区	Dinghai	13.34	36.94	18.56	18.38	100.98	2.69
普陀区	Putuo	12.31	34.62	17.68	16.94	104.35	2.77
岱山县	Daishan	7.31	19.75	9.83	9.92	99.07	2.69
嵊泗县	Shengsi	3.12	8.84	4.55	4.29	105.99	2.81
台州市	**Taizhou**	**168.42**	**515.37**	**264.90**	**250.47**	**105.76**	**2.93**
椒江区	Jiaojiang	15.05	46.28	23.73	22.56	105.17	2.97
黄岩区	Huangyan	18.91	56.41	28.56	27.85	102.57	2.89
路桥区	Luqiao	13.33	46.50	24.36	22.14	110.04	3.25
玉环县	Yuhuan	14.50	46.01	24.37	21.64	112.65	3.07
三门县	Sanmen	10.88	31.54	16.25	15.29	106.33	2.88
天台县	Tiantai	14.37	40.73	20.44	20.29	100.70	2.81
仙居县	Xianju	12.99	36.76	18.82	17.94	104.91	2.80
温岭市	Wenling	37.44	116.28	60.40	55.88	108.10	2.84
临海市	Linhai	30.94	94.86	47.96	46.90	102.27	2.99
丽水市	**Lishui**	**71.37**	**216.21**	**112.70**	**103.51**	**108.88**	**3.00**
莲都区	Liandu	11.99	34.82	17.89	16.93	105.65	2.80
青田县	Qingtian	11.58	36.11	18.77	17.33	108.29	3.09
缙云县	Jinyun	12.98	36.23	18.71	17.52	106.82	2.75
遂昌县	Suichang	6.95	20.71	10.90	9.81	111.16	2.98
松阳县	Songyang	6.78	19.73	10.27	9.47	108.49	2.89
云和县	Yunhe	3.16	10.33	5.50	4.83	113.90	3.25
庆元县	Qingyuan	5.49	17.94	9.29	8.65	107.41	3.26
景宁县	Jingning	4.81	15.30	8.21	7.09	115.86	3.17
龙泉市	Longquan	7.64	25.04	13.15	11.89	110.66	3.27

2-37 第五次人口普查分年龄人口和性别比
Population by Age Group and Sex Ratio
(The 5th National Pouplation Census)

年 龄	Age	合 计 (万人) Total Population (10000 persons)	男 Male	女 Female	性别比 (女=100) Sex Ratio (Female=100)
总计	**Total**	**4593.07**	**2358.15**	**2234.91**	**105.51**
0-4岁	**Age 0-4**	**225.94**	**120.26**	**105.68**	**113.79**
0岁		46.77	24.92	21.85	114.06
1岁	1	40.60	21.63	18.97	114.04
2岁	2	42.61	22.64	19.97	113.34
3岁	3	46.25	24.65	21.6	114.08
4岁	4	49.71	26.42	23.29	113.46
5-9岁	**Age 5-9**	**270.82**	**143.43**	**127.39**	**112.60**
5岁	5	55.13	29.31	25.81	113.56
6岁	6	52.92	28.21	24.71	114.14
7岁	7	55.52	29.31	26.21	111.84
8岁	8	53.34	28.13	25.21	111.60
9岁	9	53.92	28.47	25.45	111.88
10-14岁	**Age 10-14**	**332.52**	**174.49**	**158.03**	**110.42**
10岁	10	63.54	33.60	29.93	112.26
11岁	11	65.51	34.51	31.00	111.30
12岁	12	64.65	33.88	30.78	110.06
13岁	13	75.64	39.55	36.09	109.59
14岁	14	63.18	32.96	30.22	109.07
15-19岁	**Age 15-19**	**345.09**	**174.40**	**170.69**	**102.17**
15岁	15	53.67	27.90	25.77	108.27
16岁	16	63.00	32.04	30.96	103.48
17岁	17	74.33	37.27	37.05	100.60
18岁	18	85.67	42.97	42.70	100.62
19岁	19	68.42	34.21	34.20	100.03

2-37 续表 1 continued

年 龄 Age		合 计 (万人) Total Population (10000 persons)	男 Male	女 Female	性别比 (女=100) Sex Ratio (Female=100)
20-24 岁	**Age 20-24**	**357.48**	**179.51**	**177.97**	**100.86**
20 岁	20	60.7	30.48	30.21	100.9
21 岁	21	71.75	36.00	35.75	100.7
22 岁	22	72.78	36.55	36.22	100.91
23 岁	23	72.54	36.41	36.14	100.75
24 岁	24	79.71	40.06	39.65	101.05
25-29 岁	**Age 25-29**	**442.45**	**223.38**	**219.07**	**101.97**
25 岁	25	79.57	39.96	39.61	100.89
26 岁	26	82.86	41.63	41.23	100.96
27 岁	27	91.34	46.03	45.31	101.60
28 岁	28	91.64	46.48	45.16	102.93
29 岁	29	97.05	49.28	47.77	103.17
30-34 岁	**Age 30-34**	**483.08**	**246.60**	**236.48**	**104.28**
30 岁	30	101.56	51.78	49.78	104.02
31 岁	31	99.67	50.80	48.87	103.94
32 岁	32	98.55	50.44	48.11	104.86
33 岁	33	85.06	43.35	41.71	103.91
34 岁	34	98.25	50.24	48.01	104.63
35-39 岁	**Age 35-39**	**445.55**	**228.90**	**216.65**	**105.65**
35 岁	35	100.66	51.66	49.00	105.43
36 岁	36	97.11	49.83	47.28	105.38
37 岁	37	112.03	57.59	54.44	105.80
38 岁	38	87.02	44.84	42.18	106.32
39 岁	39	48.73	24.97	23.76	105.13

年 龄 Age		合 计 （万人） Total Population （10000 persons）	男 Male	女 Female	性别比 （女=100） Sex Ratio （Female=100）
40-44 岁	**Age 40-44**	**351.37**	**183.35**	**168.02**	**109.12**
40 岁	40	65.50	34.10	31.40	108.59
41 岁	41	58.03	30.36	27.67	109.71
42 岁	42	71.65	37.72	33.93	111.16
43 岁	43	81.82	42.73	39.08	109.34
44 岁	44	74.38	38.44	35.94	106.97
45-49 岁	**Age 45-49**	**342.55**	**176.37**	**166.18**	**106.13**
45 岁	45	73.38	38.10	35.28	108.01
46 岁	46	76.17	39.39	36.78	107.10
47 岁	47	65.97	33.82	32.15	105.21
48 岁	48	67.59	34.71	32.88	105.57
49 岁	49	59.44	30.34	29.10	104.28
50-54 岁	**Age50-54**	**262.26**	**136.32**	**125.94**	**108.24**
50 岁	50	56.57	29.34	27.23	107.73
51 岁	51	57.69	30.12	27.56	109.29
52 岁	52	54.58	28.44	26.14	108.80
53 岁	53	49.37	25.62	23.75	107.90
54 岁	54	44.05	22.79	21.26	107.21
55-59 岁	**Age 55-59**	**167.03**	**88.66**	**78.38**	**113.12**
55 岁	55	38.01	19.94	18.08	110.28
56 岁	56	37.01	19.60	17.42	112.51
57 岁	57	32.75	17.38	15.37	113.03
58 岁	58	28.28	15.11	13.17	114.77
59 岁	59	30.98	16.64	14.34	116.01

年龄	Age	合计（万人）Total Population (10000 persons)	男 Male	女 Female	性别比（女=100）Sex Ratio (Female=100)
60-64 岁	**Age 60-64**	**157.06**	**84.18**	**72.88**	**115.50**
60 岁	60	28.45	15.36	13.09	117.33
61 岁	61	27.99	15.04	12.95	116.12
62 岁	62	34.41	18.54	15.86	116.87
63 岁	63	33.39	17.81	15.58	114.27
64 岁	64	32.83	17.44	15.40	113.25
65-69 岁	**Age 65-69**	**156.30**	**80.94**	**75.36**	**107.40**
65 岁	65	33.35	17.47	15.89	109.93
66 岁	66	31.95	16.69	15.27	109.27
67 岁	67	33.68	17.41	16.27	107.04
68 岁	68	30.89	15.81	15.08	104.81
69 岁	69	26.42	13.56	12.85	105.53
70-74 岁	**Age 70-74**	**116.72**	**58.41**	**58.31**	**100.18**
70 岁	70	25.48	13.01	12.47	104.35
71 岁	71	23.84	12.01	11.83	101.50
72 岁	72	25.81	12.89	12.92	99.77
73 岁	73	21.92	10.89	11.03	98.71
74 岁	74	19.67	9.61	10.06	95.56
75-79 岁	**Age 75-79**	**77.59**	**36.01**	**41.58**	**86.61**
75 岁	75	18.91	9.14	9.77	93.54
76 岁	76	17.57	8.28	9.29	89.11
77 岁	77	15.30	7.07	8.23	85.96
78 岁	78	14.05	6.33	7.72	82.04
79 岁	79	11.76	5.19	6.57	78.92

年　龄 Age		合　计（万人）Total Population（10000 persons）	男 Male	女 Female	性别比（女＝100）Sex Ratio（Female＝100）
80－84 岁	**Age 80－84**	**39.27**	**16.10**	**23.17**	**69.52**
80 岁	80	10.51	4.53	5.98	75.69
81 岁	81	9.03	3.75	5.27	71.20
82 岁	82	7.71	3.10	4.61	67.42
83 岁	83	6.64	2.62	4.02	65.20
84 岁	84	5.39	2.10	3.29	63.80
85－89 岁	**Age 85－89**	**15.37**	**5.51**	**9.86**	**55.87**
85 岁	85	4.49	1.70	2.79	61.10
86 岁	86	3.96	1.44	2.52	57.25
87 岁	87	2.89	1.01	1.88	54.00
88 岁	88	2.11	0.73	1.38	52.57
89 岁	89	1.92	0.62	1.29	48.17
90－94 岁	**Age 90－94**	**3.96**	**1.17**	**2.79**	**42.02**
90 岁	90	1.38	0.43	0.95	45.27
91 岁	91	0.95	0.29	0.66	43.50
92 岁	92	0.72	0.21	0.51	40.91
93 岁	93	0.52	0.14	0.38	38.21
94 岁	94	0.38	0.10	0.28	34.75
95 岁－99 岁	**Age 95－99**	**0.61**	**0.15**	**0.46**	**33.66**
95 岁	95	0.25	0.06	0.19	33.19
96 岁	96	0.16	0.04	0.12	34.36
97 岁	97	0.10	0.02	0.08	31.03
98 岁	98	0.06	0.02	0.04	36.43
99 岁	99	0.04	0.01	0.03	36.51
100 岁及以上	Age 100＋	0.05	0.01	0.04	26.80

2-38 第五次人口普查人口年龄分组情况
Population by Age (The 5th National Population Census)

单位:万人 (10000 persons)

分类	Category	总人口 Total Population		
		合计 Total	男 Male	女 Female
总计	**Total**	**4593.06**	**2358.15**	**2234.91**
不满周岁儿童	Children Less Than One Year Old	46.77	24.92	21.85
学龄前儿童(1-6岁)	Preschool-age (Age 1-6)	287.22	152.86	134.36
学龄儿童(7-12岁)	School-age Children (Age 7-12)	356.48	187.90	168.58
初中就学年龄(13-15岁)	Senior Secondary School Students (Age 13-15)	192.49	100.41	92.08
高中就学年龄(16-18岁)	Junior Secondary School Students (Age 16-18)	223.00	112.28	110.72
大学就学年龄(19-24岁)	College Students (Age 19-24)	425.89	213.72	212.17
兵源年龄(男18-22岁)	Persons for Military Service (Age 18-22)	180.22	180.22	
育龄妇女(15-49岁)	Women of Childbearing Age (Age 15-49)	1355.06		1355.06
劳动年龄	Worker			
国内口径	National Standard			
男(16-59岁)	Male (Age 16-59)	1609.58	1609.58	
女(16-54岁)	Female (Age 16-54)	1455.23		1455.23
国际口径(15岁及以上)	International Standard (15 years old and over)	3763.78	1919.96	1843.82
0-14岁人口	Age 0-14	829.29	438.19	391.10
60岁及以上人口	Age 60 +	566.92	282.48	284.44
65岁及以上人口	Age 65 +	409.86	198.30	211.56
80岁及以上人口	Age 80 +	59.26	22.95	36.31
100岁及以上人口	Age 100 +	0.05	0.01	0.04

2－39　各市第五次人口普查常住人口的户口登记状况

Registration of Permanent Population (The 5th National Population Census)

单位:万人　　(10000 persons)

地区别 Region		合计 Total	居住本乡镇街道，户口在本乡镇街道 Living in the Local Area with Registered Residence	居住本乡镇街道半年以上，户口在外乡镇街道 Living in the Local Area for More than half a Year with Registered Residence in Another Place	在本乡镇街道居住不满半年，离开户口登记地半年以上 Living in the Local Area for Less Than Half a Year But Away From Their Registred Area with More Than Half a Year	居住本乡镇街道，户口待定 Living in the Local Area with Their Registered Residence Uncertain	原住本乡镇街道，现在国外工作学习，暂无户口 Living in the Local Area Originally, Now Living or Working Abroad Without Registered Residence
总计		**4593.07**	**3686.10**	**793.57**	**66.29**	**41.62**	**5.48**
浙东北	**Eastern and Northern Region**	**2435.64**	**1970.78**	**406.63**	**38.06**	**18.45**	**1.73**
杭州市	Hangzhou	687.87	532.10	134.66	13.79	6.71	0.61
宁波市	Ningbo	596.34	456.39	125.85	9.72	3.87	0.50
嘉兴市	Jiaxing	358.30	309.95	41.34	4.77	2.11	0.14
湖州市	Huzhou	262.56	228.95	28.87	2.14	2.55	0.05
绍兴市	Shaoxing	430.42	363.86	58.13	5.69	2.47	0.28
舟山市	Zhoushan	100.15	79.53	17.78	1.96	0.75	0.14
浙西南	**Western and Southern Region**	**2157.42**	**1715.32**	**386.94**	**28.23**	**23.17**	**3.75**
温州市	Wenzhou	755.76	535.52	187.07	16.02	14.63	2.53
金华市	Jinhua	457.19	365.67	83.40	5.41	2.56	0.15
衢州市	Quzhou	212.89	195.54	15.56	0.45	1.26	0.08
台州市	Taizhou	515.37	429.24	78.20	5.08	2.78	0.07
丽水市	Lishui	216.21	189.35	22.72	1.26	1.94	0.93

2－40　第五次人口普查各民族人口数
Population by Nationality
(The 5th National Population Census)

单位:人　　　　(persons)

地　区 Region		合计 Total	汉族 Han Nationality	蒙古族 Menggu Nationality	回族 Hui Nationality
总计	**Total**	**45930651**	**45535266**	**3604**	**19609**
杭州市	Hangzhou	6878722	6833756	728	3867
宁波市	Ningbo	5963362	5929648	490	1160
温州市	Wenzhou	7557640	7444437	299	9650
嘉兴市	Jiaxing	3582996	3567646	135	1985
湖州市	Huzhou	2625595	2613706	68	313
绍兴市	Shaoxing	4304241	4287317	203	452
金华市	Jinhua	4571881	4535250	818	614
衢州市	Quzhou	2128856	2108011	407	432
舟山市	Zhoushan	1001530	999166	28	449
台州市	Taizhou	5153715	5130994	171	430
丽水市	Lishui	2162113	2085335	257	257

单位:人　　　　2-40　续表1　continued　　　　(persons)

地区 Region		苗族 Miao Nationality	彝族 Yi Nationality	壮族 Zhuang Nationality	布依族 Buyi Nationality
总计	**Total**	**53418**	**6344**	**18998**	**21457**
杭州市	Hangzhou	7316	529	3949	1845
宁波市	Ningbo	6020	699	4492	4365
温州市	Wenzhou	15242	578	1620	2522
嘉兴市	Jiaxing	3111	954	1539	544
湖州市	Huzhou	3069	493	1435	1571
绍兴市	Shaoxing	3864	714	3287	2036
金华市	Jinhua	6313	1308	1036	4810
衢州市	Quzhou	964	258	434	1274
舟山市	Zhoushan	836	42	29	131
台州市	Taizhou	5782	541	1038	1988
丽水市	Lishui	901	228	139	371

单位:人　　2-40　续表2　continued　　(persons)

地区	Region	满族 Man Nationality	侗族 Tong Nationality	土家族 Tujia Nationality	畲族 She Nationality	其他民族 Other Nationalities
总计	**Total**	**5089**	**17906**	**55310**	**170993**	**22657**
杭州市	Hangzhou	2221	3518	4396	14037	2560
宁波市	Ningbo	787	1363	10223	521	3594
温州市	Wenzhou	410	6438	20721	52588	3135
嘉兴市	Jiaxing	408	413	4590	164	1507
湖州市	Huzhou	177	234	960	1676	1893
绍兴市	Shaoxing	211	774	2070	316	2997
金华市	Jinhua	339	1455	4905	12150	2883
衢州市	Quzhou	159	182	365	15809	561
舟山市	Zhoushan	68	72	483	57	169
台州市	Taizhou	216	3150	6204	621	2580
丽水市	Lishui	93	307	393	73054	778

2-41 各市第五次人口普查按教育程度分的人口数

Population by Educational Level (The 5th National Population Census)

单位:万人 (10000 persons)

地 区 Region		合计 Total	小学 Primary School	初中 Junior Secondary School	高中 Senior Secondary School
总计	**Total**	**3857.43**	**1683.34**	**1531.94**	**384.86**
浙东北	**Eastern and Northern Region**	**2081.22**	**881.17**	**822.07**	**215.56**
杭州市	Hangzhou	596.85	223.76	228.89	71.54
宁波市	Ningbo	515.69	219.15	205.55	55.21
嘉兴市	Jiaxing	297.48	139.52	116.10	24.79
湖州市	Huzhou	222.43	107.18	86.35	17.76
绍兴市	Shaoxing	364.82	155.92	152.42	37.03
舟山市	Zhoushan	83.95	35.64	32.77	9.23
浙西南	**Western and Southern Region**	**1776.20**	**802.17**	**709.87**	**169.30**
温州市	Wenzhou	631.25	292.97	251.34	56.79
金华市	Jinhua	384.17	151.09	165.45	44.34
衢州市	Quzhou	169.69	78.99	64.10	16.78
台州市	Taizhou	415.93	196.32	162.44	37.44
丽水市	Lishui	175.16	82.79	66.55	13.96

地　区 Region		中专 Specialized Secondary School	大学专科 Special Subject (three years)	大学本科 Regular Collage Course
总计	**Total**	**110.50**	**95.60**	**51.19**
浙东北	**Eastern and Northern Region**	**65.81**	**58.66**	**37.95**
杭州市	Hangzhou	23.09	26.01	23.55
宁波市	Ningbo	15.20	13.65	6.93
嘉兴市	Jiaxing	9.09	5.77	2.22
湖州市	Huzhou	5.72	3.95	1.47
绍兴市	Shaoxing	9.71	6.90	2.84
舟山市	Zhoushan	2.99	2.37	0.94
浙西南	**Western and Southern Region**	**44.69**	**36.93**	**13.24**
温州市	Wenzhou	12.73	13.07	4.35
金华市	Jinhua	10.33	8.95	4.02
衢州市	Quzhou	4.53	4.12	1.18
台州市	Taizhou	10.17	6.95	2.61
丽水市	Lishui	6.94	3.84	1.08

注:大学本科含研究生及以上学历的人口。
The students of regular college course include postgraduates and above.

2-42 各市第五次人口普查15周岁及以上文盲、半文盲人口数
Illiterate and Semiliterate Persons of 15 Years Old and Over (The 5th National Population Census)

地区 Region		文盲、半文盲人口(万人) Illiterate and Semiliterate (10000 persons)			占总人口比重(%) Proportion to Total(%)		
		合计 Total	男 Male	女 Female	合计 Total	男 Male	女 Female
总计	**Total**	**321.85**	**83.54**	**238.31**	**7.01**	**1.82**	**5.19**
浙东北	**Eastern and Northern Region**	**150.71**	**37.17**	**113.54**	**6.19**	**1.53**	**4.66**
杭州市	Hangzhou	36.13	8.59	27.54	5.25	1.25	4.00
宁波市	Ningbo	34.87	9.06	25.81	5.85	1.52	4.33
嘉兴市	Jiaxing	28.40	6.70	21.70	7.93	1.87	6.06
湖州市	Huzhou	17.92	5.17	12.75	6.82	1.97	4.85
绍兴市	Shaoxing	23.84	5.12	18.72	5.54	1.19	4.35
舟山市	Zhoushan	9.55	2.53	7.02	9.54	2.53	7.01
浙西南	**Western and Southern Region**	**171.14**	**46.37**	**124.77**	**7.93**	**2.15**	**5.78**
温州市	Wenzhou	52.98	15.09	37.89	7.01	2.00	5.01
金华市	Jinhua	35.14	8.02	27.12	7.68	1.75	5.93
衢州市	Quzhou	22.28	6.34	15.94	10.47	2.98	7.49
台州市	Taizhou	42.85	11.46	31.39	8.31	2.22	6.09
丽水市	Lishui	17.91	5.47	12.44	8.28	2.53	5.75

2-43 第五次人口普查全省不同规模的家庭户类别

Households by Family-size(The 5th National Population Census)

单位:户 (household)

分 类 Category		家庭户数 Household	一代户 One Generation	二代户 Two Generation	三代户 Three Generation	四代户 Four Generation	五代及五代以上户 Five and Above
总计	**Total Household**	**14136916**	**4596843**	**7337845**	**2098680**	**103434**	**114**
一人户	With One Person	1912503	1912503				
二人户	With Two Person	3205670	2556253	649417			
三人户	With Three Person	4608381	77102	4447123	84156		
四人户	With Four Person	2625802	28748	1854070	741444	1540	
五人户	With Five Person	1236289	12598	309836	894241	19613	1
六人户	With Six Person	381252	3764	51069	277137	49262	20
七人户	With Seven Person	101322	1884	13341	62892	23170	35
八人户	With Eitht Person	36472	1292	5030	23976	6137	37
九人户	With Nine Person	13507	761	2577	7820	2339	10
十人及以上户	With Ten and Over Persons	15718	1938	5382	7014	1373	11

2－44　各市第五次人口普查分性别的就业和失业人口
The Number of Employed and Unemployment by Sex
(The 5th National Population Census)

单位:人　　　　(person)

地　区	Region	15岁及以上人口 15 Years Old and Above		
		合　计 Total	男 Male	女 Female
总　计	**Total**	**3657703**	**1850277**	**1807426**
杭州市	Hangzhou	553768	280631	273137
宁波市	Ningbo	488045	244901	243144
温州市	Wenzhou	576701	298547	278154
嘉兴市	Jiaxing	289977	144402	145575
湖州市	Huzhou	208950	105175	103775
绍兴市	Shaoxing	344276	170460	173816
金华市	Jinhua	360090	180894	179196
衢州市	Quzhou	168717	85791	82926
舟山市	Zhoushan	83400	41732	41668
台州市	Taizhou	412877	208770	204107
丽水市	Lishui	170902	88974	81928

2 - 44 续表 1 continued

地 区 Region		就业人口 Employed Persons		
		合 计 Total	男 Male	女 Female
总 计	**Total**	**2603910**	**1501319**	**1102591**
杭州市	Hangzhou	384432	216803	167629
宁波市	Ningbo	348907	199940	148967
温州市	Wenzhou	373551	236642	136909
嘉兴市	Jiaxing	230502	121758	108744
湖州市	Huzhou	151665	86055	65610
绍兴市	Shaoxing	253333	140797	112536
金华市	Jinhua	270715	150225	120490
衢州市	Quzhou	118983	70180	48803
舟山市	Zhoushan	50729	32644	18085
台州市	Taizhou	301532	173170	128362
丽水市	Lishui	119561	73105	46456

2-44 续表 2 continued

地 区 Region		失业人口 Unemployment Persons		
		合 计 Total	男 Male	女 Female
总 计	**Total**	**89241**	**48985**	**40256**
杭州市	Hangzhou	15026	7952	7074
宁波市	Ningbo	12779	6496	6283
温州市	Wenzhou	22862	13620	9242
嘉兴市	Jiaxing	5944	3089	2855
湖州市	Huzhou	4520	2321	2199
绍兴市	Shaoxing	6001	3194	2807
金华市	Jinhua	5606	3141	2465
衢州市	Quzhou	3198	1631	1567
舟山市	Zhoushan	2378	1420	958
台州市	Taizhou	7218	4174	3044
丽水市	Lishui	3709	1947	1762

2－45 各市、县第五次人口普查城乡人口数

Population by Urban and Rural Area
(The 5th National Population Census)

单位：人 (person)

地区	Region	合计 Total	市 City	镇 Town	乡村 Village
总计		**45930651**	**13102802**	**9253772**	**23574077**
杭州市	**Hangzhou**	**6878722**	**3350124**	**683273**	**2845325**
上城区	Shangcheng	335050	335050		
下城区	Xiacheng	412406	412406		
江干区	Jianggan	565360	565360		
拱墅区	Gongshu	429292	429292		
西湖区	Xihu	593324	593324		
滨江区	Jianggan	115887	115887		
桐庐县	Tonglu	378060		136267	241793
淳安县	Chunan	382347		68359	313988
萧山市	Xiaoshan	1233348	332166	164350	736832
建德市	Jiande	473062	99039	67678	306345
富阳市	Fuyang	628633	202846	64581	361206
余杭市	Yuhang	817715	154394	138718	524603
临安市	Linan	514238	110360	43320	360558
宁波市	**Ningbo**	**5963362**	**1916318**	**1407418**	**2639626**
海曙区	Haishu	349739	349739		
江东区	Jiangdong	292552	292552		
江北区	Jiangbei	271223	212757	24097	34369
北仑区	Beilun	382278	211062	54638	116578
镇海区	Zhenhai	271707	148613	40935	82159
象山县	Xiangshan	484236		184868	299368
宁海县	Ninghai	518186		208712	309474
鄞县	Yinxian	854627		362418	492209
余姚市	Yuyao	852719	226425	122387	503907
慈溪市	Cixi	1214537	346352	329375	538810
奉化市	Fenghua	471558	128818	79988	262752

2－45 续表 1 continued

地区	Region	合计 Total	市 City	镇 Town	乡村 Village
温州市	**Wenzhou**	**7557640**	**1806468**	**2084846**	**3666326**
鹿城区	Lucheng	875006	875006		
龙湾区	Longwan	204935	204935		
瓯海区	Ouhai	835607	290026	213420	332161
洞头县	Dongtou	96435		24417	72018
永嘉县	Yongjia	722390		277649	444741
平阳县	Pingyang	740448		371296	369152
苍南县	Cangnan	1167589		522369	645220
文成县	Wencheng	264878		79282	185596
泰顺县	Taishun	279799		78704	201095
瑞安市	Ruian	1207788	260701	204529	742558
乐清市	Yueqing	1162765	175800	313180	673785
嘉兴市	**Jiaxing**	**3582996**	**771803**	**589022**	**2222171**
秀城区	Xiucheng	500298	301978	26359	171961
秀洲区	Xiuzhou	381625	66099	57007	258519
嘉善县	Jiashan	425972		137112	288860
海盐县	Haiyan	387723		119420	268303
海宁市	Haining	666080	166901	64728	434451
平湖市	Pinghu	507899	124351	47178	336370
桐乡市	Tongxiang	713399	112474	137218	463707
湖州市	**Huzhou**	**2625595**	**352424**	**664245**	**1608926**
市辖区	Shixia	1145414	352424	208319	584671
德清县	Deqing	436524		146845	289679
长兴县	Changxing	611518		170928	440590
安吉县	Anji	432139		138153	293986

2－45　续表 2　continued

地　区	Region	合　计 Total	市 City	镇 Town	乡村 Village
绍兴市	**Shaoxing**	**4304241**	**1164167**	**931183**	**2208891**
越城区	Yuecheng	633118	633118		
绍兴县	Shaoxing	791797		223180	568617
新昌县	Xinchang	414907		176142	238765
诸暨市	Zhuji	1070675	209848	259183	601644
上虞市	Shangyu	722523	144589	152529	425405
嵊州市	Shengzhou	671221	176612	120149	374460
金华市	**Jinhua**	**4571881**	**1302225**	**770992**	**2498664**
婺城区	Wucheng	424859	354212	6988	63659
金华县	Jinhua	475800		80904	394896
武义县	Wuyi	301223		87819	213404
浦江县	Pujiang	364138		116973	247165
磐安县	Panan	175834		42313	133521
兰溪市	Lanxi	607196	155395	38461	413340
义乌市	Yiwu	912670	413677	146640	352353
东阳市	Dongyang	753094	200754	163658	388682
永康市	Yongkang	557067	178187	87236	291644
衢州市	**Quzhou**	**2128856**	**285009**	**344662**	**1499185**
柯城区	Koucheng	286271	175879		110392
衢县	Quxian	464128		53739	410389
常山县	Changshan	265467		57692	207775
开化县	Kaihua	271611		63803	207808
龙游县	Longyou	368157		84672	283485
江山市	Jiangshan	473222	109130	84756	279336

地 区 Region		合 计 Total	市 City	镇 Town	乡村 Village
舟山市	**Zhoushan**	**1001530**	**352485**	**208685**	**440360**
定海区	Dinghai	369448	169761	51133	148554
普陀区	Putuo	346237	182724	45169	118344
岱山县	Daishan	197483		69274	128209
嵊泗县	Shengsi	88362		43109	45253
台州市	**Taizhou**	**5153715**	**1550101**	**1105739**	**2497875**
椒江区	Jiaojiang	462846	462846		
黄岩区	Huangyan	564120	245743	27223	291154
路桥区	luqiao	464997	464997		
玉环县	Yuhuan	460091		276488	183603
三门县	Sanmen	315405		79360	236045
天台县	Tiantai	407270		111192	296078
仙居县	Xianju	367585		105989	261596
温岭市	Wenling	1162783	175383	358427	628973
临海市	Linhai	948618	201132	147060	600426
丽水市	**Lishui**	**2162113**	**251678**	**463707**	**1446728**
莲都区	Liandu	348241	181096	17920	149225
青田县	Qingtian	361062		125848	235214
缙云县	Jinyun	362252		81507	280745
遂昌县	Suichang	207087		48582	158505
松阳县	Songyang	197340		45996	151344
云和县	Yunhe	103273		31782	71491
庆元县	Qingyuan	179449		48590	130859
景宁县	Jingning	153011		38876	114135
龙泉市	Longquan	250398	70582	24606	155210

2-46 第五次人口普查各市家庭户的住房间数和面积
The Number of Rooms and Areas of the Households (The 5th National Population Census)

地 区 Region		家庭户数(户) Households (household)	家庭户人数(人) Persons(person)	平均每户住房间数(间/户) Rooms (room/household)	人均住房建筑面积(平方米/人) Per Capita Floor Space of Residential (sq. m/person)
合计	**Total**	**14136916**	**42437464**	**2.83**	**35.04**
杭州市	Hangzhou	2082829	6208735	2.79	36.16
宁波市	Ningbo	2010181	5518399	2.32	32.43
温州市	Wenzhou	1998828	6705950	2.96	28.54
嘉兴市	Jiaxing	1015166	3433700	2.96	45.70
湖州市	Huzhou	751428	2522341	3.02	33.85
绍兴市	Shaoxing	1410009	4054908	2.94	38.93
金华市	Jinhua	1490627	4118859	2.97	36.34
衢州市	Quzhou	704533	2064693	2.87	36.97
舟山市	Zhoushan	351086	957852	2.45	30.63
台州市	Taizhou	1617400	4740696	2.97	37.58
丽水市	Lishui	704829	2111331	2.88	27.70

2-47 按行业分的第五次人口普查职业人口

Professional Population by Sector (The 5th National Population Census)

单位:人 (person)

行业	Sector	总计 Total	国家机关、党群组织、企业、事业单位负责人 Person in Charge of Government and Party Agencies, Social Organizations, Enterprises and Institutions	专业技术人员 Specialized Technical Personnel	办事人员和有关人员 Office Worker and Related Persons
合计	**Total**	**2603910**	**45296**	**151735**	**97660**
农、林、牧、渔业	Farming, Forstry, Animal Husbandry and Fishery	877731	429	2246	738
采掘业	Mining and Quarrying	14018	414	464	521
制造业	Manufacturing	889899	21124	27621	29050
电力、煤气及水的生产和供应业	Production and Supply of Electricity	15966	538	1752	1924
建筑业	Construction	138667	1581	4853	3088
地质勘查业、水利管理业	Geological Prospectieng and Water Conservancy	1688	64	411	252
交通运输、仓储及邮电通信业	Transport, Storage, Post and Telecommunication Services	98340	1202	3488	8794
批发和零售贸易、餐饮业	Wholesale and Retail Sale Trade &Catering Services	301489	6034	7086	6182
金融、保险业	Finance and Insurance	19101	790	14872	2245
房地产业	Real Estate Trade	6065	532	1204	1815
社会服务业	Social Services	91840	1806	4647	5539
卫生、体育和社会福利业	Health Care, Sports and Social Welfare	27634	448	22283	1446
教育、文化艺术及广播电影电视业	Education, Culture and Arts, Radio, Film and Television	60970	1585	48994	3759
科学研究和综合技术服务业	Scientific Research and Polytechnic Services	4782	229	2633	888
国家机关、政党机关和社会团体	Government Agencies, Party Agencies and Social Organizations	52969	8292	8573	30456
其他行业	Others	2751	228	608	963

2－47 续表 continued

行业 Sector		商业、服务业人员 Persons Engaged in Commerce	农、林、牧、渔、水利业生产人员 Persons Engaged in Farming Forestry Animal Husbandry, Fishery and Water Conservancy	生产、运输设备操作人员及有关人员 Workers Engaged in Facilities Operation of Production and Transportation and Persons Related	不便分类的其他劳动者 Others
合计	Total	411370	897165	999608	1076
农、林、牧、渔业	Farming, Forstry, Animal Husbandry and Fishery	1135	870949	2224	10
采掘业	Mining and Quarrying	720	385	11505	9
制造业	Manufacturing	52758	17959	740791	596
电力、煤气及水的生产和供应业	Production and Supply of Electricity	1996	69	9677	10
建筑业	Construction	2305	50	126761	29
地质勘查业、水利管理业	Geological Prospectiong and Water Conservancy	80	416	465	
交通运输、仓储及邮电通信业	Transport, Storage, Post and Telecommunication Services	10693	6276	67880	7
批发和零售贸易、餐饮业	Wholesale and Retail Sale Trade &Catering Services	272885	198	9075	29
金融、保险业	Finance and Insurance	450	1	738	5
房地产业	Real Estate Trade	1624	19	868	3
社会服务业	Social Services	58252	527	21009	60
卫生、体育和社会福利业	Health Care, Sports and Social Welfare	2268	23	1163	3
教育、文化艺术及广播电影电视业	Education, Culture and Arts, Radio, Film and Television	3949	72	2592	19
科学研究和综合技术服务业	Scientific Research and Polytechnic Services	164	56	752	60
国家机关、政党机关和社会团体	Government Agencies, Party Agencies and Social Organizations	1829	145	3647	27
其他行业	Others	262	20	461	209

主要统计指标解释

人口数　指一定时点、一定地区范围内的有生命的个人的总和。

年度统计的年末人口数是指每年 12 月 31 日 24 时的人口数。

出生率(又称粗出生率)　指一定时期内(通常为一年)平均每千人所出生的人数的比率，一般用千分率表示。计算公式：

$$出生率 = \frac{年出生人数}{年平均人数} \times 1000‰$$

出生人数是指活产婴儿，即胎儿脱离母体时(不管怀孕月数)，有过呼吸或其他生命现象。

年平均人数是年初、年底人口数的平均数，也可用年中人口数代替。

死亡率(又称粗死亡率)　指一定时期内(通常为一年)一定地区的死亡人数与同期平均人数(或期中人数)之比，一般用千分率表示。计算公式：

$$死亡率 = \frac{年死亡人数}{年平均人数} \times 1000‰$$

人口自然增长率　指一定时期内(通常为一年)人口自然增加数(出生人数减死亡人数)与该时期内平均人数(或期中人数)之比，一般用千分率表示。计算公式：

$$人口自然增长率 = \frac{本年出生人数 - 本年死亡人数}{年平均人数} \times 1000‰$$

人口自然增长率 = 人口出生率 - 人口死亡率

从业人员　指从事一定社会劳动并取得劳动报酬或经营收入的人员。包括：

(1)全部职工

(2)再就业的离退休人员

(3)私营业主

(4)个体户主

(5)私营和个体从业人员

(6)乡镇企业从业人员

(7)农村从业人员

(8)其他从业人员(包括民办教师、宗教职业者等)

职工　指在国有经济、城镇集体经济、联营经济、股份制经济、外商和港、澳、台投资经济、其他经济单位及其附属机构工作，并由其支付工资的各类人员。

单位从业人员：　指在城镇各单位的从业人员，具体是指在各级国家机关、政党机关、社会团体及企业、事业单位中工作，并取得劳动报酬的全部人员。包括：在岗职工、再就业的离退休人员、民办教师以及在各单位中工作的外方人民和港澳台方人员、兼职人员、借用的外单位人员和第二职业者。不包括离开本单位仍保留劳动关系的职工。

城镇私营和个体从业人员：　在工商行政管理部门登记注册为城镇私营企业的企业中从业的人员以及登记注册为城镇个体从业的人员。

城镇登记从业人员：　指有非农业户口，在一定的劳动年龄内(16 岁以上及男 50 岁以下，女 45 岁以下)，有劳动能力，无业而要求就业，并在当地就业服务机构进行求职登记的人员。

Explanatory Notes on Main Statistical Indicators

Total Population refers to the total number of people alive at a certain point of time within a given area.

The annual statistics on total population is taken at midnight , the 31st of December.

Birth Rate (or Crude Birth Rate) refers to the ratio of the number of births to the average population during a certain period of time (usually a year), which is often expressed in ‰. The following formula is used:

$$\text{Birth Rate} = \frac{\text{Number of Births}}{\text{Average Number of Population}} \times 1000‰$$

Number of Births refers to live births , i. e. the births when babies had showed any vital phenomena regardless of the length of pregnancy.

Annual Average Number of Population is the average of the number of population at the beginning of the year and that at the end of the year. Sometimes it is substituted for with the mid-year population.

Death Rate (or Crude Death Rate) refers to the ratio of the number of deaths to the average population (or mid-year population) during a certain period of time (usually a year), which is often expressed in ‰. The following formula is uesd:

$$\text{Death Rate} = \frac{\text{Number of Deaths}}{\text{Annual Average Number of Population}} \times 1000‰$$

Natural Growth Rate of Population refers to the ratio of natural increase in population (number of births minus number of deaths) in a certain period of time (usually a year) to the average population (or mid-year population) of the same period, which is often expressed in ‰. The following formulas are applied:

$$\text{Natural Growth of Population} = \frac{\text{Number of Births} - \text{Number of Deaths}}{\text{Average Number of Population}} \times 1000‰$$

Natural Growth of Population = Birth Rate-Death Rate

Employed Persons refers to the persons who are engaged in social labour and receive remuneration payment or earn business income , including :

(1) total staff and workers,

(2) re-employed retirees,

(3) employers of private enterprises,

(4) employers of individual economy,

(5) employed persons in private enterprises and individual economy,

(6) employed persons in the enterprises in the urban areas,

(7) employed persons in the rural areas,

(8) other employed persons (including teachers in the schools run by the local people , people engaged in religious profession and the servicemen, etc.).

Staff and Workers refer to the persons who work in (and receive payment therefrom) enterprises and institutions of state ownership , collective ownership , joint ownership , share holding , foreign ownership, and ownership by entrepreneurs from Hong Kong, Macao, and Taiwan , and other types of ownership and their affiliated units.

固定资产投资
INVESTMENT in FIXED ASSETS

Chapter 3

****

3. 固定资产投资

Investment in Fixed Assets

****

2001年全社会固定资产投资总额	Total Investment in Fixed Assets	2776.69 亿元 (100 million yuan)
#国有经济	State-owned Units	1029.64 亿元 (100 million yuan)
城镇集体经济	Urban Collective-owned Units	80.61 亿元 (100 million yuan)
城镇个体和私营经济	Urban Individuals and Private-owned Units	99.82 亿元 (100 million yuan)
其他经济	Others	747.68 亿元 (100 million yuan)

****

全社会固定资产投资（亿元）

Total Investment in Fixed Assets（100 million yuan）

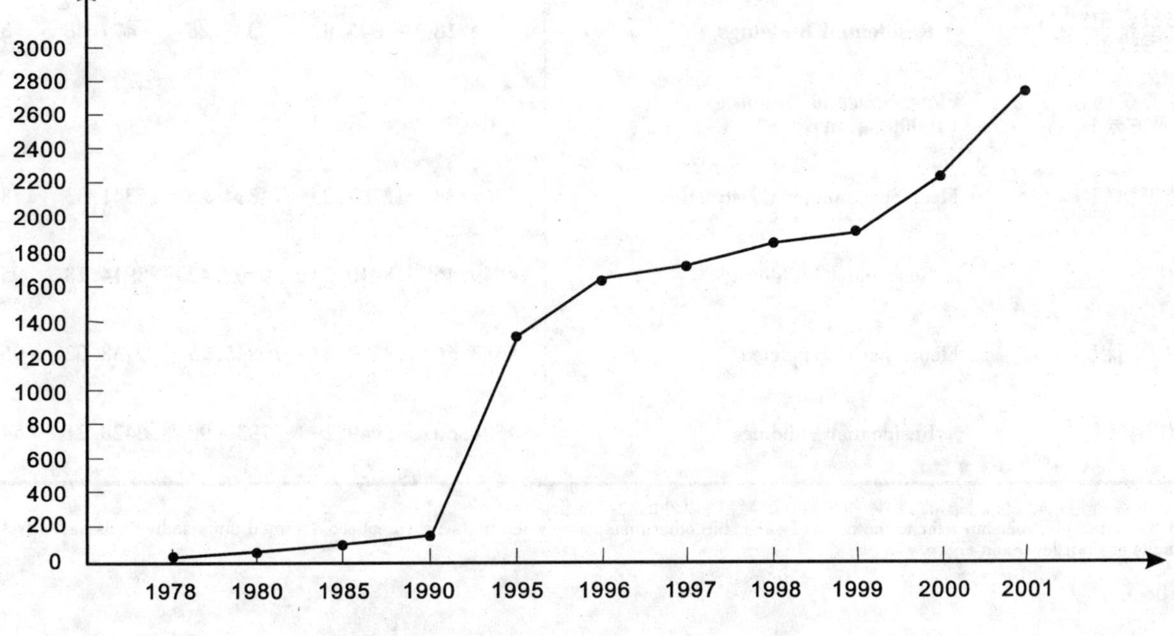

3-1 全社会固定资产投资
Total Investment in Fixed Assets

指标	Item	1990	1995	1998	2000	2001
投资总额(亿元)	**Total Investment (100 million yuan)**	**186.96**	**1357.90**	**1847.93**	**2267.22**	**2776.69**
城镇以上投资	**Investment at Town Level and Above**	**95.34**	**758.63**	**1136.54**	**1548.51**	**1957.75**
国有经济	State-owned Units	79.87	440.14	653.98	875.69	1029.64
城镇集体经济	Urban Collective-owned Units	12.87	94.34	73.90	76.18	80.61
城镇私营个体经济	Urban Individuals and Private-owned Units	2.60	21.63	25.87	59.47	99.82
其他经济	Others		202.52	382.79	537.17	747.68
农村投资	**Rural Investment**	**91.62**	**599.27**	**711.39**	**718.71**	**818.94**
农户投资	Peasant Household				225.89	191.57
非农户投资	Non-peasant Household				492.82	627.37
按构成分	**By Composition**					
建筑安装工程	Construction and Installation	140.30	787.63	1043.69	1336.06	1582.03
设备工器具购置	Purchase of Equipment and Instruments	36.64	324.24	474.04	580.59	675.17
其他费用	Others	10.02	246.04	330.20	350.57	519.80
总投资中:住宅投资	**Residential Buildings**	**74.18**	**345.01**	**381.25**	**477.48**	**582.58**
房屋建筑面积(万平方米)	**Floor Space of Buildings (10000 sq.m)**					
施工面积	Floor Space under Construction	6562.34	12767.23	14304.26	15341.33	17817.67
#住宅	Residential Buildings	4849.46	8010.64	9509.42	8914.28	9516.92
竣工面积	Floor Space Completed	5653.66	8520.67	10845.75	9738.02	9583.27
#住宅	Residential Buildings	4504.60	5949.29	7930.90	6428.21	5450.94

注:其它经济包括城镇以上国有、集体和私营、个体经济以外的经济成份。
Other types of ownership refer to the types of ownership other than state-owned units, urban collective owned units, individuals and private-owned units at town level and above.

3-2 按管理渠道分的固定资产投资

Investment Grouped by Channel of Management

单位:万元 (10000 yuan)

年份 Year	投资总额 Total Investment	基本建设投资 Capital Construction	更新改造投资 Innovation	房地产开发投资 Real Estate Development	其他固定资产投资 Others
1970	43599	34527	9072		
1971	62519	51729	10790		
1972	69598	55332	14266		
1973	62263	48305	13958		
1974	55306	45880	9426		
1975	59445	50391	9054		
1976	61115	50352	10763		
1977	79956	64486	15470		
1978	122692	100748	21944		
1979	130555	107543	23012		
1980	159946	136034	33912		
1981	151305	91030	60275		
1982	207398	123065	84333		
1983	212694	125013	74700		12981
1984	272775	169865	82210		20700
1985	395116	263534	111712		19870
1986	508310	314874	167638		25798
1987	594386	346383	220272		27731
1988	697258	411722	254502		31034
1989	686046	415090	225948		45008
1990	798747	440324	223211	95430	39782
1991	978712	508338	302212	117313	50849
1992	1553292	790348	483029	242348	37567
1993	3278749	1375876	761703	931511	209659
1994	4856634	2177383	803996	1558212	317043
1995	6904713	3062481	985073	2463774	393385
1996	8493067	4242370	1103365	2435395	711937
1997	9107144	5097477	1132179	2154416	723072
1998	10820689	6194581	1711610	2266855	647643
1999	12255919	6803491	2096183	2719899	636346
2000	14899778	8209838	2425515	3621771	642654
2001	18879430	9792027	3182496	5449072	455835

注:本表统计范围为除集体和私营个体以外的经济单位投资。
The figures in this table refer to the types of ownership other than collective owned units, individuals and private - owned units.

3-3 农业、工业和运输邮电业固定资产投资

Investment in Fixed Assets by Agriculture, Industry and Transportation, Postal and Telecommunications

单位:万元 (10000 yuan)

年份 Year	农业 Agriculture	工业 Industry	#能源工业 Energy Industry	运输邮电业 Transportation, Postal and Telecommunication Services
1980	6300	79316	18722	22351
1981	3283	85261	17318	9872
1982	4062	116402	26171	15842
1983	5010	120556	35497	15785
1984	6259	138309	41733	32470
1985	6389	195478	57755	38465
1986	8368	252412	77811	50167
1987	10618	203135	97154	58444
1988	13097	406686	159576	69293
1989	15722	394960	180906	90445
1990	13170	394256	193313	126122
1991	25370	466752	192178	150168
1992	26338	719714	243892	192952
1993	22801	1110770	307701	436800
1994	21960	986894	457863	718515
1995	19396	1927914	692707	904092
1996	34000	2707682	1218675	1448623
1997	25906	3030837	1590078	1636500
1998	34327	3259972	1807988	2563368
1999	57972	3306637	3306637	2883342
2000	38273	3810981	2136426	3483655
2001	16225	4216399	1945849	3768741

注:本表统计范围为除集体和私营个体以外的经济单位投资。
The figures in this table refer to the types of ownership other than collective owned units, individuals and private - owned units.

3－4 按建设性质分的固定资产投资

Investment in Fixed Assets by Type of Construction

单位:万元 (10000 yuan)

年 份 Year	按建设性质分 by Type of Construction #新建 New Construction	#扩建 Expansion	#改建 Reconstruction	在总计中:住宅 Residential Buildings
1980	67826	57571	31650	26192
1981	55302	60458	35000	31513
1982	63194	80452	58790	38573
1983	61163	73893	73641	41429
1984	75133	85485	62420	46718
1985	101553	176266	64136	67258
1986	151385	212193	87286	77282
1987	159688	261584	114195	72564
1988	226505	286001	114877	70083
1989	226866	272566	114929	67075
1990	283067	250849	127951	124729
1991	276903	342147	121427	146506
1992	444824	549748	228183	271230
1993	886039	891678	359730	907405
1994	1353722	1213693	503061	1390650
1995	1912312	1571826	615030	1810189
1996	2774548	2069054	883760	1746336
1997	3594983	2229315	777579	1532923
1998	4083144	2867764	1202300	1467009
1999	4436496	3224531	1418304	290293
2000	5681673	3447994	1823981	2824556
2001	6563169	4246517	1904677	392442

注:本表统计范围为除集体和私营个体以外的经济单位投资。
The figures in this table refer to the types of ownership other than collective owned units, individuals and private－owned units.

3-5 农业、工业基本建设投资
Investment in Capital Construction by Agriculture and Industry

年份 Year	绝对数（万元） Absolute Value (10000 yuan)		比重(以投资总额为100) Proportion (Investment in Capital Construction = 100)	
	农业 Agriculture	工业 Industry	农业 Agriculture	工业 Industry
1980	14251	49756	11.3	39.5
1981	6625	43425	7.3	47.7
1982	6882	63511	5.6	51.6
1983	7470	63967	6.0	51.1
1984	10696	72451	6.3	42.6
1985	11889	100105	4.5	38.0
1986	9650	114360	3.1	36.3
1987	11084	147164	3.2	42.5
1988	13108	195829	3.2	47.6
1989	14928	208790	3.6	50.3
1990	17263	216467	3.9	49.2
1991	27661	228631	5.4	44.9
1992	48214	338760	6.1	42.9
1993	16414	448460	1.2	32.5
1994	18670	683346	0.9	31.3
1995	15811	973847	0.5	31.8
1996	30682	1597982	0.7	37.6
1997	18846	2017685	0.4	39.5
1998	29663	2160451	0.4	32.3
1999	44004	1996208	0.6	29.3
2000	25943	2205080	0.3	26.9
2001	16225	2290797	0.17	23.39

3-6 能源工业和运输邮电业基本建设投资
Investment in Capital Construction by Energy Industry, Transportation, Postal and Telecommunications Services

年 份 Year	绝对数(万元) Absolute Value(10000 yuan)		比重(以投资总额为100) Proportion (Investment in Capital Construction = 100)	
	能源工业 Energy Industry	运输邮电业 Transportation, Postal and Telecommunications Services	能源工业 Energy Industry	运输邮电业 Transportation, Postal and Telecommunications Services
1981	13495	7400	14.8	8.1
1982	20553	10157	16.7	8.3
1983	30218	7216	24.2	5.8
1985	50866	24213	19.3	9.2
1986	64990	35760	20.6	11.4
1987	78728	37332	22.7	10.8
1988	137404	43882	33.4	10.7
1989	151472	46562	36.5	11.2
1990	160655	73384	36.5	16.7
1991	169150	78492	33.3	15.4
1992	216313	93996	27.4	11.9
1993	242009	220229	17.6	16.0
1994	342852	471931	15.7	21.7
1995	503271	621902	16.4	20.3
1996	1010462	925770	23.8	21.8
1997	1338676	1023266	26.3	20.1
1998	1601506	1495081	23.9	22.3
1999	1612320	1702843	23.7	25.0
2000	1741253	2283399	21.2	27.8
2001	1501451	2388405	15.3	24.4

3－7 三次产业基本建设投资和更新改造投资

Investment in Capital Construction and Innovation by Type of Industry

年 份 Year	基本建设(万元) Capital Construction(10000yuan)			更新改造(万元) Innovation(10000yuan)		
	第一产业 Primary Industry	第二产业 Secondary Industry	第三产业 Tertiary Industry	第一产业 Primary Industry	第二产业 Secondary Industry	第三产业 Tertiary Industry
1981	2755	44772	43503	1041	41836	17398
1982	2866	65277	54922	1930	55891	26512
1983	3409	66036	55568	1092	54382	19226
1985	2946	114337	146251	1620	92664	17428
1986	3169	120782	190923	3274	136733	27631
1987	2699	150221	193463	5461	178505	36306
1988	5323	204940	201459	4438	206971	43093
1989	5712	210550	198828	6999	181215	37734
1990	7247	218931	214146	4594	174794	43823
1991	8338	229909	270091	10655	235465	56092
1992	13525	344586	432237	8940	382241	91848
1993	16414	498324	861138	6264	547688	207751
1994	18670	746382	1412331	3263	580180	220553
1995	15811	1102582	1944088	3221	718472	263380
1996	30682	1686102	2525586	1986	747963	353416
1997	18846	2079556	2999075	1814	671477	458888
1998	29663	2203408	3961438	2779	805907	902924
1999	44004	2065995	4693492	12018	998317	1085848
2000	25943	2245122	5938773	10929	1298183	1116403
2001	38333	2334149	7419545	350	1760232	1421914

3－8　固定资产投资主要指标

Main Indicators of Investment in Fixed Assets

指　标	Item	1990	1995	1998	2000	2001
投资总额(万元)	**Total Investment (10000 yuan)**	**798747**	**6904713**	**10820689**	**14899778**	**18879430**
按管理渠道分	**By Type of Management**					
基本建设投资	Capital Construction	440324	3062481	6803491	8209838	9792027
更新改造投资	Innovation	223211	985073	1711610	2425515	3182496
房地产开发投资	Real Estate Development	95430	2463774	2266855	3621771	5449072
其他固定资产投资	Others	39782	393385	647643	642654	455835
按资金来源分	**By Source of Funds**					
国家预算内投资	State Budget	50627	91558	613135	641803	798181
国内贷款	Domestic Loans	171380	1464870	2463151	3938012	5722695
利用外资	Foreign Investment	39384	554259	933481	887521	721763
自筹投资	Fund Raising	363950	3449396	4916911	6680498	8615657
其他投资	Others	162287	1344630	2266116	2751944	4898591
按构成分	**By Composition**					
建筑安装工程	Construction and Installation	499996	4356921	5941528	8555062	11098040
设备工器具购置	Purchase of Equipment and Instruments	219906	1175211	2540231	3149316	3198388
其他费用	Others	78845	1372581	2338930	3195400	4583002
按建设性质分	**By Type of Construction**					
#新建	New Construction	283067	1912312	4083144	5681673	6563164
扩建	Expansion	250849	1571826	2867764	3447994	4246517
改建	Reconstruction	127951	615030	1202300	1823981	1904677
总投资中:住宅投资	**Residential Buildings**	**124729**	**1810189**	**1467009**	**2824556**	**4201349**

注:本表统计范围为除集体和私营个体以外的经济单位投资。
The figures in this table refer to the types of ownership other than collective owned units, individuals and private-owned units.

3－8 续表 continued

指 标	Item	1990	1995	1998	2000	2001
按国民经济行业分	**By Sector**					
农、林、牧、渔业	Farming, Forestry, Animal Husbandry and Fishery	13170	19396	34327	37073	39283
工业	Industry	394256	1927914	3259972	3810981	4216399
#能源工业	Energy	193313	692707	1807988	1867748	1945849
地质勘探业和水利管理业	Geological Surveying and Prospecting	9650	71289	389161	470311	461511
建筑业	Construction	3326	134212	54795	44957	67742
交通运输、仓储及邮电通信业	Transport, Storage, Post and Telecommunications	127704	935501	2624678	3563042	3827721
#交通运输业	Transport	96632	666727	1485237	2208304	2217575
邮电通信业	Post and Telecommunications	29490	237365	1078131	1275251	1551165
批发零售贸易、餐饮业	Wholesale & Retail Sale Trade and Catering Services	29946	207076	223857	164382	194930
金融、保险业	Banking and Insurance	8919	85863	85630	36570	48979
房地产业和社会服务业	Real Estate Trade and Social Services	26787	2926837	3201518	5424335	7985808
卫生、体育和社会福利事业	Health Care, Sports and Social Welfare	13890	78775	156192	230454	304635
教育文化艺术和广播电视事业	Education, Culture and Art Radio Film and Television	42627	198417	425284	664588	1132717
科学研究和综合技术服务业	Scientific Research and Polytechnical Services	3808	11742	17284	27906	47772
国家机关、政党机关和社会团体	Government Agencies, Party Agencies and Social Organizations	26599	235300	325660	342117	472830
其他行业	Others	98065	72391	41243	83062	79103
新增固定资产（万元）	**Newly Increased Fixed Assets (10000 yuan)**	**620929**	**4064703**	**7429864**	**10578552**	**13391434**
固定资产交付使用率（%）	Rate of Fixed Assets Put into Use (%)	77.70	58.90	68.70	71.00	70.93
房屋建筑面积（万平方米）	**Floor Space of Buildings (10000 sq. m)**					
施工面积	Floor Space Under Construction	1532.75	6150.35	5776.62	7287.61	10133.13
#住宅	Residential Buildings	703.84	3550.84	2899.21	4040.80	5573.05
竣工面积	Floor Space Completed	814.13	2510.96	2429.19	2901.67	3568.73
#住宅	Residential Buildings	430.94	1538.62	1312.06	1584.35	1915.02

3－9 基本建设投资主要指标
Main Indicators of Capital Construction

指 标	Item	1990	1995	1998	2000	2001
投资总额(万元)	**Total Investment(10000 yuan)**	**440324**	**3062481**	**6194581**	**8209838**	**9792027**
按资金来源分	**By Source of Funds**					
国家预算内投资	State Budgetary Appropriations	44580	64818	245640	508492	678153
国内贷款	Domestic Loans	81127	446431	1186577	2214347	2916718
债券	Debenture		19474	34855	31139	30813
利用外资	Foreign Investment	33168	362581	886210	824311	623952
自筹投资	Fund Raising	215456	1797938	3246998	3969025	4575003
#股票	Stock		18771	742	8474	13738
其他投资	Others	65993	390713	594301	662524	625091
按隶属关系分	**By Administrative Relationship**					
中央项目	Central Projects	188221	589282	1813970	1904146	1851948
地方项目	Local Projects	252103	2473199	4380611	6305692	7940078
按构成分	**By Composition**					
建筑安装工程	Construction and Installation	286755	2166474	3611703	5277895	6566327
设备工器具购置	Purchase of Equipment and Instruments	104110	448879	1207033	1350865	1109296
其他费用	Others	49459	447128	1375845	1581078	2116404
按大中小型项目分	**By Size of Projects**					
大中型项目	Large and Medium-sized	176713	595800	1773874	1837737	1400321
小型项目	Small-sized	263611	2466681	4420707	6372101	8375927
总投资中:住宅投资	**Residential Buildings**	**38748**	**205295**	**216176**	**261228**	**383448**
按建设性质分	**By Type of Construction**					
#新建	New Construction	243280	1607768	3646450	5215764	6114024
扩建	Expansion	140213	887838	1717815	1789144	2156376
改建	Reconstruction	23297	332634	585397	929977	1047718
按国民经济行业分	**By Sector**					
农、林、牧、渔业	Farming, Forestry, Animal Husbandry and Fishery	9104	15811	29663	25943	38333
工业	Industry	216467	973847	2160451	2205080	2290797

3－9 续表 continued

指 标	Item	1990	1995	1998	2000	2001
#能源工业	Energy	160655	503271	1601506	1741253	1501451
地质勘探业和水利管理业	Geological Surveying and Prospecting	8667	67967	382388	464454	457625
建筑业	Construction	2464	128735	43029	40042	43352
交通运输、仓储及邮电通信业	Transport, Storage, Post and Telecommunications	74697	652578	1555492	2354024	2446997
#交通运输业	Transport	55446	536685	1201919	1914782	1953207
邮电通信业	Post and Telecommunications	17938	85217	293162	368617	435198
批发零售贸易、餐饮业	Wholesale and Retail Sale Trade and Catering Services	18475	180117	174498	136368	178499
金融、保险业	Banking and Insurance	8566	84558	78845	29732	32543
房地产业	Real Estate Trade	2900	34271	34925	16046	52915
社会服务业	Social Services	16404	382305	809841	1668141	2318498
卫生、体育和社会福利事业	Health Care, Sports and Social Welfare	12773	73327	145868	203266	273518
教育文化艺术和广播电视事业	Education, Culture, Art Radio, Film and Television	41163	192707	409817	637834	1087118
科学研究和综合技术服务业	Scientific Research and Polytechnical Services	3523	10738	15215	21178	39547
国家机关、政党机关和社会团体	Government Agencies, Party Agencies and Social Organizations	23043	230555	317205	334595	459113
其他行业	Others	2078	34965	37344	73135	73172
新增固定资产(万元)	**Newly Increased Fixed Assets (10000 yuan)**	**321828**	**1888692**	**3951524**	**5851391**	**7672916**
固定资产交付使用率(%)	Rate of Fixed Assets Put into Use (%)	73.1	61.7	63.8	71.3	78.36
建设项目(个)	**Projects(unit)**					
施工项目个数	Number of Projects Under Construction	4515	5501	5036	4967	5174
#大中型项目	Large and Medium Sized	34	46	49	48	42
全部建成投产项目个数	Number of Projects Fully Completed and Put into Use	2543	3047	2570	2607	2492
#大中型项目	Large and Medium Sized	5	3	8	7	9
项目投产率(%)	Rate of Projects Completed and Put into Use(%)	56.3	55.4	51.0	52.5	48.2
房屋建筑面积(万平方米)	**Floor Space of Buildings(10000 sq. m)**					
施工面积	Floor Space Under Construction	756.98	1734.61	2049.04	2300.74	3347.89
#住宅	Residential Buildings	228.81	455.70	394.36	382.04	573.17
竣工面积	Floor Space Completed	397.42	783.16	888.52	1020.93	1306.27
#住宅	Residential Buildings	126.84	247.10	199.89	194.44	256.88
房屋竣工率(%)	Rate of Floor Space of Buildings Completed(%)	52.5	45.1	43.4	44.4	39.0

3－10 国民经济各行业基本建设投资和新增固定资产
Investment and Newly Increased Fixed Assets in Capital Construction by Sector

单位:万元 (10000 yuan)

行业	Sector	投资额 Investment		新增固定资产 Newly Increased Fixed Assets	
		2000	2001	2000	2001
合计	**Total**	**8209838**	**9792027**	**5851391**	**7672916**
农、林、牧、渔业	**Farming, Forestry, Animal Husbandry and Fishery**	**25943**	**38333**	**13890**	**25564**
农业	Farming	8186	16225	5078	9782
林业	Forestry	65	125	27	95
畜牧业	Animal Husbandry	677	23		700
渔业	Fishery	3214	5822	63	1003
农、林、牧、渔服务业	Services	13801	16138	8722	13984
采掘业	**Mining and Quarrying**	430	550	585	750
煤炭采选业	Coal Mining and Dressing				
黑色金属矿采选业	Ferrous Metals Mining and Dressing				
有色金属矿采选业	Nonferrous Metals Mining and Dressing	75	150		
非金属矿采选业	Nonmetals Mining and Dressing	355	400	585	750
其他矿采选业	Other Minerals Mining and Dressing				
木材及竹材采运业	Logging and Transport of Wood and Bamboo				
石油和天然气开采业	Petroleum and Natural Gas Extraction				
制造业	**Manufacturing**	**453239**	**809561**	**274301**	**508646**
食品加工业	Food Processing	16324	11715	4238	18450
食品制造业	Food Manufacturing	1201	14122	344	5076
饮料制造业	Beverage Manufacting	29121	6051	5381	5007
烟草加工业	Tobacco Processing	14272	11247	11965	9468
纺织业	Textile Industry	18120	45610	16748	20714
服装及其他纤维制品制造业	Garments and Other Fiber Products	15705	82096	10789	28117
皮革、毛皮、羽绒及其制品业	Leather, Furs, Down and Related Products	49546	38573	8413	15038
木材加工及竹、藤、棕、草制品业	Timber Processing, Bamboo, Cane, Palm Fiber and Straw Products	12742	8419	16326	7458
家具制造业	Furniture Manufacturing	780	4719	50	2110
造纸及纸制品业	Papermaking and Paper Products	20695	20841	26532	13127
印刷业、记录媒介的复制	Printing and Record Medium Reproducts	14482	3061	12801	960
文教体育用品制造业	Cultural, Educational and Sports Goods	7904	14925	505	20120
石油加工及炼焦业	Petroleum Processing and Coking	68942	103956	17077	38947
化学原料及化学制品制造业	Raw Chemical Materials and Chemical Products	45247	68530	17921	76188
医药制造业	Medical and Pharmaceutical Products	3949	25639	3392	7671
化学纤维制造业	Chemical Fiber				

行　业	Sector	投资额 Investment		新增固定资产 Newly Increased Fixed Assets	
		2000	2001	2000	2001
橡胶制品业	Rubber Products	8850	31017	2884	29251
塑料制品业	Plastic Products	16993	36276	16322	18742
非金属矿物制品业	Nonmetal Mineral Products	12855	13392	21729	10843
黑色金属冶炼及压延加工业	Smelting and Pressing of Ferrous Metals	6591	2150	3600	2000
有色金属冶炼及压延加工业	Smelting and Pressing of Nonferrous Metals	121	1544		1384
金属制品业	Metal Products	6976	21700	2562	10998
机械制造业(普通、专用)	Machinery(Ordinary and Special)	24946	66620	19357	60383
交通运输设备制造业	Transport Equipment	9537	41395	6679	24569
电气机械及器材制造业	Electric Equipment and Machinery	5635	14034	7608	8838
电子及通信设备制造业	Electronic and Telecommunications	28711	106023	34451	74087
仪器仪表及文化、办公用机械制造业	Instruments, Meters, Cultural and Office Machinery	3540	2900	3066	4876
其他制造业	Other Manufacturing	9454	13006	3561	6002
电力、煤气及水的生产和供应业	**Electricity, Gas and Water Production and Supply**	**1751411**	**1480686**	**1134351**	**2003242**
电力、蒸汽、热水生产和供应业	Electricity, Steam and Hot Water Production and Supply	1658388	1384673	1074059	1864275
煤气生产和供应业	Gas Production and Supply	13923	12822	10753	23817
自来水生产和供应业	Water Production and Supply	79100	83191	49539	115150
地质勘探业、水利管理业	**Geological Prospecting and Water Conservancy**	**464454**	**457625**	**208491**	**280435**
建筑业	**Construction**	**40042**	**43352**	**60028**	**15334**
交通运输、仓储及邮电通信业	**Transport, Storage, Post and Telecommunications**	**2354024**	**2446997**	**1808745**	**2030345**
交通运输业	Transport	1914782	1953207	1419665	1491648
仓储业	Storage	70625	58592	111157	110431
邮电通信业	Post and Telecommunications	368617	435198	277923	428266
批发和零售贸易、餐饮业	**Wholesale and Retail Sale Trade and Catering Services**	**136368**	**178499**	**178021**	**122264**
金融、保险业	**Banking and Insurance**	**29732**	**32543**	**29262**	**26904**
房地产业	**Real Estate Trade**	**16046**	**52915**	**14560**	**14027**
社会服务业	**Social Services**	**1668141**	**2318498**	**1150622**	**1388107**
卫生、体育和社会福利业	**Health Care, Sports and Social Welfare**	**203266**	**273518**	**164799**	**174923**
教育、文化艺术及广播电影电视业	**Education, Culture and Art, Radio, Film and Television**	**637834**	**1087118**	**493505**	**663769**
科学研究和综合技术服务业	**Scientific Research and Polytechnical Services**	**21178**	**39547**	**24536**	**21751**
国家机关、政党机关和社会团体	**Government Agencies, Party Agencies and Social Organizations**	**334595**	**459113**	**243739**	**332971**
其他行业	**Others**	**73135**	**73172**	**51956**	**63884**

3－11 更新改造投资主要指标
Main Indicators of Investment in Innovation

指 标	Item	1990	1995	1998	2000	2001
投资总额(万元)	**Total Investment(10000 yuan)**	**223211**	**985073**	**1711610**	**2425515**	**3182496**
按资金来源分	**By Source of Funds**					
国家投资	State Budgetary Appropriations	5758	4965	6525	129701	99417
国内贷款	Domestic Loans	78447	277194	324179	558346	674211
债券	Debenture		14841			30
利用外资	Foreign Investment	5774	41550	44625	33368	64308
自筹投资	Fundraising	118029	625913	1276327	1660138	2313688
#股票	Stock		228	19941	44252	25905
其他投资	Others	15203	35451	59954	43962	57785
按隶属关系分	**By Administrative Relationship**					
中央	Central Projects	40838	278779	509562	1006053	1289943
地方	Local Projects	182373	706294	1202048	1419462	1892553
按构成分	**By Composition**					
建筑安装工程	Construction and Installation	94680	346649	474546	651253	1033628
设备工器具购置	Purchase of Equipment and Instruments	112219	560740	1089991	1593943	1920427
其他费用	Others	16312	77684	147073	180319	228621
按建设性质分	**By Type of Construction**					
#新建	New Construction	10855	102462	113241	70753	211755
扩建	Expansion	107937	596343	1061903	1480231	2011440
改建	Reconstruction	81141	219625	439223	741822	774169
按用途分	**By Purpose**					
节约	Saving	15375	43424		101074	244366
#节约能源	Energy Saving	15067	41403	25051	85767	231967
增产	Increasing Production	82886	435155	868780	1289646	1462196
增加品种	Increasing Product Variety	26415	156768	146965	250738	302207
提高产品质量	Improving Product Quality	17142	71835	173749	304959	349390
三废治理	Environmental Protection	4986	10054	27277	59361	33132
其他	Others	58680	219835	461535	419737	791205
总投资中:住宅投资	**Residential Buildings**	**5881**	**9416**	**16574**	**3566**	**5447**

3－11 续表 continued

指 标	Item	1990	1995	1998	2000	2001
按国民经济行业分	**By Sector**					
农、林、牧、渔业	Farming, Forestry, Animal Husbandry and Fishery	3655	3221	2779	10929	350
工业	Industry	174033	713725	797983	1293571	1746069
#能源工业	Energy	32658	155864	158791	369489	430932
地质勘探业和水利管理业	Geological Surveying and Prospecting	969	3053	2197	5737	376
建筑业	Construction	761	4747	7924	4612	14163
交通运输、仓储及邮电通信业	Transport, Storage, Post and Telecommunications	28624	213279	832670	995169	1257802
#交通运输业	Transport	16803	63190	65635	88249	144197
邮电通信业	Post and Telecommunications	11552	149571	766136	906324	1113217
批发零售贸易、餐饮业	Wholesale and Retail Sale Trade and Catering Services	6173	8439	11857	2758	5576
金融、保险业	Banking and Insurance	105	61	1400	6332	16436
房地产管理	Real Estate Trade	55	256		955	
社会服务业	Social Services	6661	30173	39642	64220	65662
卫生、体育和社会福利事业	Health Care, Sports and Social Welfare	199	3661	418	18369	25379
教育文化艺术和广播电视事业	Education, Culture, Art, Radio, Film and Television	558	1769	4904	15988	37041
科学研究和综合技术服务业	Scientific Research and Polytechnical Services	235	913	1947	3810	5725
国家机关、政党机关和社会团体	Government Agencies, Party Agencies and Social Organizations	1148	1255	4056	2221	7438
其他行业	Others	35	521	70	844	479
新增固定资产(万元)	**Newly Increased Fixed Assets (10000 yuan)**	**173188**	**758305**	**1032479**	**1862027**	**2293819**
固定资产交付使用率(%)	Rate of Fixed Assets Put into Use(%)	77.6	77.0	60.3	76.8	72.1
建设项目(个)	**Projects(unit)**					
施工项目个数	Number of Projects under Construction	2301	2051	2113	3519	3291
全部建成投产项目个数	Number of Projects Fully Completed and Put into Use	1244	1261	1375	2601	1966
项目投产率(%)	Rate of Projects Completed and Put into Use(%)	54.1	61.5	65.1	73.9	59.7
房屋建筑面积(万平方米)	**Floor Space of Buildings(10000 sq. m)**					
施工面积	Floor Space under Construction	223.53	239.33	153.05	187.53	305.33
#住宅	Residential Buildings	35.53	20.19	11.79	4.41	5.07
竣工面积	Floor Space Completed	112.66	112.49	70.14	105.69	137.82
#住宅	Residential Buildings	19.79	11.34	7.11	2.17	2.46
房屋竣工率(%)	Rate of Floor Space of Buildings Completed(%)	50.4	47.0	45.8	56.4	45.1

3-12 国民经济各行业更新改造投资额和新增固定资产

Investment in Innovation and Newly Increased Fixed Assets by Sector

单位:万元 (10000 yuan)

行业	Sector	投资额 Investment		新增固定资产 Newly Increased Fixed Assets	
		2000	2001	2000	2001
合计	**Total**	**2425515**	**3182496**	**1862027**	**2293819**
农、林、牧、渔业	**Farming, Forestry, Animal Husbandry and Fishery**	**10929**	**350**	**9854**	**350**
农业	Farming	3810		2785	
林业	Forestry		30		30
畜牧业	Animal Husbandry	50	320		320
渔业	Fishery	7069		7069	
农、林、牧、渔服务业	Services				
采掘业	**Mining and Quarrying**	**7131**	**2513**	**7385**	**1877**
煤炭采选业	Coal Mining and Dressing				
黑色金属矿采选业	Ferrous Metals Mining and Dressing	1040	365	1040	240
有色金属矿采选业	Nonferrous Metals Mining and Dressing	4958	659	5364	502
非金属矿采选业	Nonmetals Mining and Dressing	1133	1489	981	1135
其他矿采选业	Other Minerals Mining and Dressing				
木材及竹材采运业	Logging and Transport of Wood and Bamboo				
制造业	**Manufacturing**	**936050**	**1336463**	**728700**	**1056454**
食品加工业	Food Processing	15355	27012	10946	13005
食品制造业	Food Manufacturing	14030	20790	9886	16841
饮料制造业	Beverage Manufacting	59921	126044	51890	107787
烟草加工业	Tobacco Processing	21227	26869	5761	85165
纺织业	Textile Industry	72273	105151	59556	65900
服装及其他纤维制品制造业	Garments and Other Fiber Products	31387	26468	29974	20790
皮革、毛皮、羽绒及其制品业	Leather, Furs, Down and Related Products	10111	36802	7798	26182
木材加工及竹、藤、棕、草制品业	Timber Processing, Bamboo, Cane, Palm Fiber and Straw Products	11910	10525	14163	9497
家具制造业	Furniture Manufacturing	3037	520	2915	20
造纸及纸制品业	Papermaking and Paper Products	23853	35115	17116	10388
印刷业、记录媒介的复制	Printing and Record Medium Reproducts	11681	19099	15444	15535
文教体育用品制造业	Cultural, Educational and Sports Goods	4674	5990	3314	5464
石油加工及炼焦业	Petroleum Processing and Coking	29611	39922	34468	41230
化学原料及化学制品制造业	Raw Chemical Materials and Chemical Products	106540	165278	86969	109426
医药制造业	Medical and Pharmaceutical Products	99250	122769	63149	78262
化学纤维制造业	Chemical Fiber	19423	67823	18705	59388

单位:万元　　3-12 续表 continued　　(10000 yuan)

行业	Sector	投资额 Investment		新增固定资产 Newly Increased Fixed Assets	
		2000	2001	2000	2001
橡胶制品业	Rubber Products	17263	8851	27373	12541
塑料制品业	Plastic Products	17721	36705	12351	28913
非金属矿物制品业	Nonmetal Mineral Products	48663	57773	36301	47660
黑色金属冶炼及压延加工业	Smelting and Pressing of Ferrous Metals	58200	82958	27955	85965
有色金属冶炼及压延加工业	Smelting and Pressing of Nonferrous Metals	10684	9400	8356	4973
金属制品业	Metal Products	6678	11675	4524	10189
机械制造业(普通、专用)	Machinery (Ordinary and Special)	45801	61413	40486	50650
交通运输设备制造业	Transport Equipment	98610	11684	44820	94187
电气机械及器材制造业	Electric Equipment and Machinery	35736	47472	32527	32131
电子及通信设备制造业	Electronic and Telecommunications	57414	65286	58321	33473
仪器仪表及文化、办公用机械制造业	Instruments, Meters, Cultural and Office Machinery	3265	7342	2443	5299
其他工业	Other Manufacturing	1732	1490	1189	1013
电力、煤气及水的生产和供应业	**Electricity, Gas and Water Production and Supply**	**350390**	**407093**	**153015**	**217777**
电力、蒸汽、热水生产和供应业	Electricity, Steam and Hot Water Production and Supply	339018	391010	148218	212126
煤气生产和供应业	Gas Production and Supply	860		1700	
自来水生产和供应业	Water Production and Supply	10512	16083	3097	5651
地质勘探业、水利管理业	**Geological Prospecting and Water Conservancy**	**5737**	**367**	**4362**	**1411**
建筑业	**Construction**	**4612**	**14163**	**4543**	**11335**
交通运输、仓储及邮电通信业	**Transport, Storage, Post and Telecommunications**	**995169**	**1257802**	**840644**	**817506**
交通运输业	Transport	88249	144197	76729	107861
仓储业	Storage	596	388	57	944
邮电通信业	Post and Telecommunications	906324	1113217	763858	708701
批发和零售贸易、餐饮业	**Wholesale and Retail Sale Trade and Catering Services**	**2758**	**5576**	**2173**	**3183**
金融、保险业	**Banking and Insurance**	**6332**	**16436**	**6332**	**16436**
房地产业	**Real Estate Trade**	**955**		**955**	
社会服务业	**Social Services**	**64220**	**65662**	**57502**	**55080**
卫生、体育和社会福利业	**Health Care, Sports and Social Welfare**	**18369**	**25379**	**15616**	**25829**
教育、文化艺术及广播电影电视业	**Education, Culture and Art, Radio, Film and Television**	**15988**	**37041**	**15089**	**27274**
科学研究和综合技术服务业	**Scientific Research and Polytechnical Services**	**3810**	**5725**	**12612**	**51764**
国家机关、政党机关和社会团体	**Government Agencies, Party Agencies and Social Organizations**	**2221**	**7438**	**2101**	**7348**
其他行业	**Others**	**844**	**479**	**1144**	**195**

3-13 房地产开发投资主要指标
Main Indicators of Real Estate Development

指 标	Item	1990	1995	1998	2000	2001
房地产开发投资额（万元）	**Real Estate Development (10000 yuan)**	**95430**	**2463774**	**2266855**	**3621771**	**5449072**
#土地开发投资额	Land Development		287653	183100	223778	288643
按资金来源分	**By Source of Funds**					
国家预算内投资	State Budgetary Appropriation	200	19007	8181	1320	135
国内贷款	Domestic Loans	10240	651902	676559	1042708	2057867
债券	Debenture		14110	1352	275	10
利用外资	Foreign Investment	420	80728	22278	11200	17962
自筹投资	Fund Raising	28581	827292	426005	576718	1429773
其他投资	Others	55989	884845	1132480	1989550	4195296
按构成分	**By Composition**					
建筑工程	Construction	81361	1639107	1415035	2091942	3065348
安装工程	Installation	1611	74353	92783	122115	150138
设备工器具购置	Purchase of Equipment and Instruments		21769	49101	43990	45976
其他费用	Others	12424	728545	709936	1363724	2187610
按用途分	**By Purpose**					
生产性建设	Production	7943	294275	307122	397485	751984
非生产性建设	Non-production	87487	2169499	1959733	3224286	4697088
#住宅	Residential Buildings	78114	1584615	1407193	2553026	3808907
新增固定资产（万元）	Newly Increased Fixed Assets (10000 yuan)	86377	1158857	1928141	2365924	2992491
商品房屋销售额（万元）	Total Sales of Commercial Houses (10000 yuan)		1121258	2151768	2925114	3693512
房屋建筑面积（万平方米）	Floor Space of Buildings (10000 sq. m)					
施工面积	Floor Space under Construction	517.46	4035.10	3420.43	4612.54	6371.79
#住宅	Residential Buildings	431.85	3060.09	2481.55	3644.99	4987.36
竣工面积	Floor Space Completed	271.26	1547.43	1403.20	1676.88	2053.89
#住宅	Residential Buildings	237.66	1272.95	1101.02	1382.58	1650.88
销售面积（万平方米）	**Floor Space of Commercial Houses Sold (10000 sq. m)**	**207.19**	**867.47**	**1192.36**	**1502.23**	**1801.45**

3-14 城镇集体经济单位固定资产投资主要指标

Main Indicators of Investment in Fixed Assets of Urban Collective - owned Units

指 标	Item	1990	1995	1998	2000	2001
投资总额(万元)	**Investment(10000 yuan)**	**124146**	**465253**	**341359**	**298910**	**361909**
按资金来源分	**By Source of Funds**					
国家预算内投资	State Budgetary Appropriation	1634	965	1303	6374	8195
国内贷款	Domestic Loans	42977	119986	70274	76889	104531
利用外资	Foreign Investment	2761	4758	1051	420	382
自筹投资	Fund Raising	67693	277456	229307	203843	256057
其他投资	Others	9081	62088	39424	11384	24674
按构成分	**By Composition**					
#建筑安装工程	Construction and Installation	57824	254770	180881	140698	189737
设备工器具购置	Purchase of Equipment and Instruments	58446	162227	117837	124534	93233
按建设性质分	**By Type of Construction**					
#新建	New Construction	27896	107860	83977	93544	171889
扩建	Expansion	58623	232764	156692	102488	105910
改建	Reconstruction	17261	56100	67777	82386	46428
总投资中:住宅投资	Residential Buildings	11257	38311	20024	9065	7452
按国民经济行业分	**By Sector**					
#农业	Agriculture	440	2093	1739	36	1553
工业	Industry	91543	278666	128061	176979	175722
#能源工业	Energy	5544	5085	6644	14545	12730
运输邮电业	Transport, Post and Telecommunications	5288	17461	10015	8063	14262
新增固定资产(万元)	**Newly Increased Fixed Assets (10000 yuan)**	**113215**	**390911**	**280304**	**298852**	**265500**
固定资产交付使用率(%)	**Rate of Fixed Assets Put into Use(%)**	**91.1**	**84.0**	**82.1**	**99.9**	**73.36**
项目个数(个)	**Projects(unit)**					
施工项目	Number of Projects under Construction	2580	1930	961	526	526
全部建成投产项目	Number of Projects Fully Completed and Put into Use	1521	1243	589	367	299
项目投产率(%)	Rate of Projects Completed and Put into Use(%)	59.0	64.4	61.3	69.8	56.8
房屋建筑面积(万平方米)	**Floor Space of Buildings (10000 sq. m)**					
施工面积	Floor Space under Construction	250.72	405.57	235.04	157.05	184.53
#住宅	Residential Buildings	65.17	85.46	34.20	12.93	13.44
竣工面积	Floor Space Completed	147.81	252.18	123.97	101.86	101.12
#住宅	Residential Buildings	42.54	59.84	24.82	9.35	9.02
房屋竣工率(%)	Rate of Floor Space of Buildings Completed(%)	59.0	62.2	52.7	64.9	54.8

注:本表2000,2001年统计范围为城关镇以上集体经济单位投资。表3-15同。
The statistics in 2000 and 2001 covered investment in fixed assets of urban collective - owned units at county town level and above. The same for table 3-15.

3-15 国民经济各行业城镇集体经济单位固定资产投资额和新增固定资产

Investment in Fixed Assets and Newly Increased Fixed Assets of Urban Collective - owned Units by Sector

单位:万元 (10000 yuan)

行业	Sector	投资额 Investment		新增固定资产 Newly Increased Fixed Assets	
		2000	2001	2000	2001
合计	**Total**	**298910**	**361909**	**298852**	**265500**
农、林、牧、渔业	**Farming, Forestry, Animal Husbandry and Fishery**	**36**	**1553**	**60**	**1268**
农业	Farming		1203		1203
林业	Forestry				
畜牧业	Animal Husbandry				
渔业	Fishery		350		65
农、林、牧、渔服务业	Services	36		60	
采掘业	**Mining and Quarrying**		250		210
煤炭采选业	Coal Mining and Dressing				
黑色金属矿采选业	Ferrous Metals Mining and Dressing				
有色金属矿采选业	Nonferrous Metals Mining and Dressing				
非金属矿采选业	Nonmetals Mining and Dressing		250		210
其他矿采选业	Other Minerals Mining and Dressing				
木材及竹材采运业	Logging and Transport of Wood and Bamboo				
制造业	**Manufacturing**	**162226**	**158278**	**159026**	**111594**
食品加工业	Food Processing	3462	1193	3362	250
食品制造业	Food Manufacturing	2200	615	1500	455
饮料制造业	Beverage Manufacturing	2417	200	3017	200
烟草加工业	Tobacco Processing				
纺织业	Textile Industry	15939	2440	13008	2440
服装及其他纤维制品制造业	Garments and Other Fiber Products	18652	7170	16502	7280
皮革、毛皮、羽绒及其制品业	Leather, Furs, Down and Related Products	2149	6664	2089	6655
木材加工及竹、藤、棕、草制品业	Timber Processing, Bamboo, Cane, Plam Fiber and Straw Products	268	208	268	208
家具制造业	Furniture Manufacturing	1100		1250	
造纸及纸制品业	Papermaking and Paper Products	1676	232	1676	232
印刷业、记录媒介的复制	Printing and Record Medium Reproducts	1437	5928	509	9147
文教体育用品制造业	Cultural. Educational and Sport Goods	1747	1911	1747	1961
石油加工及炼焦业	Petroleum Processing and Coking				
化学原料及化学制品制造业	Raw Chemical Materials and Chemical Products	3506	10467	4599	7419
医药制造业	Medical and Pharmaceutical Products	3545	3038	1651	6460
化学纤维制造业	Chemical Fiber	26638	32629	26416	1742

单位:万元　　3－15　续表　continued　　(10000 yuan)

行　业	Sector	投资额 Investment		新增固定资产 Newly Increased Fixed Assets	
		2000	2001	2000	2001
橡胶制品业	Rubber Products	328	821	128	
塑料制品业	Plastic Products	4165	5893	3745	1921
其它非金属矿物制品业	Nonmetal Mineral Products	27791	5891	27577	2703
黑色金属冶炼及压延加工业	Smelting and Pressing of Ferrous Metals	2515		2515	
有色金属冶炼及压延加工业	Smelting and Pressing of Nonferrous Metals	351	850	351	300
金属制品业	Metal Products	8655	20691	7014	23885
机械制造业(普通、专用)	Machinery (Ordinary and Special)	5010	19574	5043	14477
交通运输设备制造业	Transport Equipment	1670	12731	1961	9934
电气机械及器材制造业	Electric Equipment and Machinery	18955	15555	25529	9688
电子及通信设备制造业	Electronic and Telecommunications Equipment	3936	800	3692	1780
仪器仪表及文化、办公用机械制造业	Instruments, Meters, Cultural and Office Machinery		120		
其他工业	Other Manufacturing	4114	2657	3877	2457
电力、煤气及水的生产和供应业	**Electricity, Gas and Water Prodution and Supply**	**14753**	**17194**	**9928**	**26277**
电力、蒸汽、热水生产和供应业	Electricity, Steam and Hot Water Production and Supply	14545	12460	9575	24637
煤气生产和供应业	Gas Production and Supply		270		270
自来水生产和供应业	Water Production and Supply	208	4464	353	1370
地质勘探业、水利管理业	**Geological Prospecting and Water Conservancy**	**270**	**492**	**70**	**615**
建筑业	**Construction**	**6775**	**5877**	**8534**	**4110**
交通运输、仓储及邮电通信业	**Transport, Storage, Post and Telecommunications**	**8214**	**14332**	**9888**	**12708**
交通运输业	Transport	8063	14227	9737	12638
仓储业	Storage	151	70	151	70
邮电通信业	Post and Telecommunications		35		
批发和零售贸易、餐饮业	**Wholesale and Retail Sale Trade and Catering Services**	**21277**	**33989**	**18177**	**21065**
金融、保险业	**Banking and Insurance**	**24188**	**7019**	**41007**	**9407**
房地产业	**Real Estate Trade**	**2304**	**2973**	**125**	**685**
社会服务业	**Social Services**	**20686**	**75795**	**19670**	**31365**
卫生、体育和社会福利业	**Health Care, Sports and Social Welfare**	**10135**	**13776**	**10178**	**13981**
教育、文化艺术及广播电影电视业	**Education Culture , Art, Radio, Film and Television**	**11958**	**20177**	**12940**	**18728**
科学研究和综合技术服务业	**Scientific Research and Polytechnical Services**				
国家机关、政党机关和社会团体	**Government Agencies, Party Agencies andSocial Organizations**	**4436**	**4758**	**1588**	**7085**
其他行业	**Others**	**11652**	**5446**	**7661**	**6402**

3-16 城镇和工矿区私人建房投资主要指标
Individual Buildings Construction in Cities and Towns ,Industrial and Mining Areas

项　目	Item	1990	1995	1998	2000	2001
竣工房屋建筑面积(万平方米)	**Floor Space of Residential Buildings (10000 sq. m)**	**774.00**	**2047.83**	**1813.00**	**2060.87**	**1543.14**
#农业户	Peasant Households	649.17	1588.91	1409.05	1578.57	1101.42
竣工房屋建筑面积中的住宅面积	Floor Space of Residential Buildings	722.13	1785.89	1627.45	1829.14	1405.91
#农业户	Peasant Households	613.14	1414.56	1296.63	1439.04	1027.92
竣工房屋价值(万元)	**Value of Buildings Completed (10000 yuan)**	**142703**	**892367**	**849962**	**974618**	**778162**
#农业户	Peasant Households	116742	676076	646657	736810	538382
竣工房屋价值中的住宅价值	Residential Buildings	131911	751959	738831	853895	688592
#农业户	Peasant Households	111592	613232	584699	658491	482657
城市私人建房	Buildings Construction by Individuals in Cities	42638	134797	105141	71136	90467
#农业户	Peasant Households	35090	85045	58367	43582	50279
县城私人建房	Buildings Construction by Individuals in County Seat	21822	192152	137432	249455	210085
#农业户	Peasant Households	13475	109275	73384	131263	86311
镇私人建房	Buildings Construction by Individuals in Towns	77949	565118	605797	652508	474549
#农业户	Peasant Households	68177	481756	514906	561965	401526
工矿区私人建房	Buildings Construction by Individuals in Industry and Mining Areas	294	300	1592	1519	3061
#农业户	Peasant Households					266
建房户数(户)	**Number of Households with Buildings Construction(unit)**	**59020**	**118197**	**99223**	**90846**	**67779**
#农业户	Peasant Households	48777	97159	78084	71642	51805

3-17 农村非农户固定资产投资主要指标(2001 年)
Main Indicators of Investment in fixed Assets of Non-peasant Households in Rural Areas(2001)

指标	Item	2000	2001
本年固定资产投资完成(万元)	**Total Investment(10000 yuan)**	**4928196**	**6273722**
按投资来源分	**By Source of Funds**		
国家资金	**National Funds**		**292975**
国内贷款	Domestic Loans	753116	970387
利用外资	Foreign Investment	141110	207805
自筹资金	Fundraising	3688217	4591553
其他	Others		211002
按投资构成分	**By Compostion**		
建筑工程	Construction	2387692	2717987
#水利	Water Conservancy	329191	200687
房屋	House	1324655	1946221
#住宅	Residential Buildings	64911	102096
安装工程	Installation	185017	162722
设备工器具购置	Purchase of Equipment and Instruments	2127133	2982040
#生产设备	Equipment for Producing	1956097	2700331
其它	Others	228353	410973
按投资方向分	**By Direction**		
农业	Agriculture	370294	337873
采掘业	Mining and Quarrying	16979	54795
制造业	Manufacturing	3650903	4652008
电力煤气及水的生产及供应	Production and Supply of Electric Power	95330	163106
建筑业	Construction	62903	111901
地质勘探业水利管理业	Geological Prospecting and Water Conservancy	132314	7090
交通运输仓储及邮电通讯	Transport, Storage, Post and Telecommunications	66	187026
批发和零售贸易餐饮业	Wholesale and Retail Sale Trade and Catering	61254	49660
金融保险业	Banking and Insurance	117127	302
房地产业	Real Estate Trade	170154	20649
社会服务业	Social Services	170154	45796
卫生体育和社会福利事业	Health Care, Sports and Social Welfare	74777	115832
教育广播艺术及广播电影	Education Culture, Art, Radio, Film and Television		128287
科学研究和综合技术服务	Scientific Research and Polytechnical Services		
国家机关政党机关社会团	Government Agencies, Party Agencies and Social Organizations		147424
其它行业	Others	176095	251973
按具体投资项目分	**By Project**		
房屋	Houses	1324655	1946221
#住宅	Residential Buildings	64910	102096
道路	Roads	206334	319521
桥梁	Bridges	19463	21058
设备	Equipment	2127133	2982040
水利	Water Conservancy	329191	200687
其它	Others	921419	804195
本年施工房屋面积(万平方米)	**Floor Space of Buildings under Construction(10000 sq. m)**	**2295**	**3585**
#住宅	**Residential Buildings**	**210**	**335**
#当年新开工	**Newly Started Buildings**	**2078**	**1944**
本年竣工房屋面积(万平方米)	**Floor Space of Buildings Completed**	**1704**	**2447**
#住宅	Residential Buildings	184	317
本年竣工房屋投资完成(万元)	**Investment of Buildings Completed(10000 yuan)**	**919205**	**1496256**
#住宅	Residential Buildings	55920	75090

3-18 农村农户固定资产投资主要指标
Main Indicators of Investment in fixed Assets of Peasant Households in Rural Areas

项 目	Item	1999	2000	2001
固定资产投资完成额(万元)	**Total Investment in Fixed Assets(10000 yuan)**	**2096013**	**2258863**	**1915737**
按投资来源分	**By Source of Finance**			
自筹资金	Individual Funds	1626902	1785608	1855934
国内贷款	Domestic Loans	20140	28409	
其它	Others	286	52398	59803
按投资构成分	**By Composition**			
建筑工程	Construction	1732450	1862694	1404404
#住宅	Residential Building	1665813	1783482	1342430
安装工程	Installation		11224	
设备工器具购置	Purchase of Equipment and Instruments	167160	352782	416529
#生产设备	Equipment for Producing	79711	326383	308630
其它	Others	196403	32163	94804
按投资方向分	**By Direction**			
农业	Agriculture	71957	256142	1541857
采掘业	Mining and Quarrying			342
制造业	Manufacturing	30623	148602	165518
电力煤气及水的生产和供应业	Production And Supply of Electric Power, Gas and Water	1383		
建筑业	Construction	84714	69614	1831
交通运输业	Transportation	95384	123095	138505
邮电通讯业	Postal and Telecommunications			
批发零售贸易业	Wholesale, Ratail Sale Trade and Catering Services	1790	2874	1357
社会服务业	Social Services			692
文化教育事业	Culture and Education	9485		4068
卫生体育社会福利事业	Health Care, Sports and Social Welfare	7903		
其它	Others	1792773	1658536	61132
按具体投资项目分	**By Project**			
房屋	Houses	1665813	1862694	1404404
道路	Roads			1342430
桥梁	Bridges	7903		
设备	Equipment	139312	352782	416529
水利	Water Conservancy	12575		
其它	Others	270410	43387	94804
本年竣工房屋面积(万平方米)	**Floor space of Buildings Completed (10000 sq. m)**		**4742**	**3097**
#住宅	Residential Buildings		4452	2891

注:本表数据为抽样推算数据。
Data in this table are estimated by Sample Survey.

3-19 全社会固定资产投资房屋施工和竣工面积

Total Floor Space of Buildings under Construction and Completed

单位:万平方米 (10000 sq. m)

分类	Sector	房屋施工面积 Floor Space of Buildings under Construction		房屋竣工面积 Floor Space of Buildings Completed	
		2000	2001	2000	2001
总计	**Total**	**15341.33**	**17917.68**	**9738.02**	**9583.27**
城镇	**Urban Areas**	**7755.33**	**10852.68**	**3292.02**	**4039.27**
基本建设	Capital Construction	2300.74	3447.89	1020.93	1306.27
更新改造	Innovation	187.53	305.33	105.69	137.82
房地产开发	Real Estate Development	4612.54	6371.79	1676.88	2053.89
其他	Others	654.52	727.67	488.52	541.29
农村	**Rural Areas**	**7586**	**7065**	**6446**	**5544**
#非农户	Non - peasant Households	2295	3585	1704	2447
农户	Peasant Households	5291	3480	4742	3097

3-20 大中型基本建设项目投资

Investment in Capital Construction of Large and Medium-sized Projects

单位:万元 (10000 yuan)

年份 Year	建设项目个数(个) Number of Projects under Construction (unit)	#全投项目 Number of Projects Completed and Put into Use	自开始建设到本年底累计 Accumulation from Starting to year - end		本年完成投资 Investment Made in the Year	建设周期(年) Period of Construction (year)
			完成投资 Investment	新增固定资产 Newly Increased Fixed Assets		
1984	27	3	217485	116344	54827	7.7
1985	38	5	238532	147125	64563	6.6
1986	30	2	247654	121190	92282	6.7
1987	30	5	308855	14319	101178	7.3
1988	32	5	423272	172472	145999	6.3
1989	38	4	561260	247930	171915	5.7
1990	34	5	614568	228567	176713	5.4
1991	31	4	672308	408584	203509	5.5
1992	32	4	748604	348953	289928	5.2
1993	43	4	1046682	424089	331060	7.6
1994	49	11	1554599	794080	519225	8.7
1995	46	3	1433565	511533	593767	8.7
1996	50	5	2703891	1127068	1134818	6.4
1997	54	9	3646714	1285924	1455020	8.1
1998	49	8	5066499	2014945	1773874	6.7
1999	46	9	5247459	1565142	1655724	7.0
2000	48	7	6551692	2427032	1837737	6.4
2001	42	9	7673768	3925208	1400321	8.5

3－21 基本建设投资主要新增生产能力

Main Newly Increased Production Capacity through Capital Construction

能力名称	Item	1990	1995	1998	2000	2001
发电机组容量（万千瓦）	Capacity of Generating Sets(10000 kw)	39.00	67.50	143.00	63.34	187.64
#水电	Hydropower	6.10	0.40	8.00	63.34	6.44
火电	Thermal Power	32.90	67.10	25.70		180.00
输电线路(11万伏及以上)(公里)	Transmission Line (110000 Volt-ampre Level and above)(km)	324.78	1211.84	487.00	427.29	1493.21
变电设备(11万伏及以上)(万千伏安)	Power Equipment (110000 Volt-ampre Level and above)	27.15	200.20	337.00	223.90	737.22
水泥(万吨/年)	Cement(10000 tons/year)		19.00		54.50	
新(扩)建港口码头年吞吐量(万吨)	Newly Built or Expanded Ports Annual Handling Capacity(10000 tons)	87	537	466	297	762.62
泊位(个)	Number of Berths(unit)	17	21	17	25	23
新建公路(公里)	Length of Newly built(km)	140.17	394.54	920.00	445.63	815.18
改建公路(公里)	Length of Reconstructed Highways(km)	72.47	689.83	885.00	605.75	722.23
程控交换机(万线/年)	Program - Controlled Telephone Exchanges (10000 lines/year)				11.06	97.30
水库容量(总库容)(万立方米)	The Capacity of Reservoir(10000 cu. m)	2700	2900	2000		26200
商业石油库(万立方米)	Commercial Petroleum Depot(10000 cu. m)	0.03	1.50	1.00	3.00	3.85
粮食仓库(平方米)	Grain Storehouses(sq. m)	54443	34481	32852	158119	38500
(万公斤)	(10000 kg)	8209	7210	10263	51355	15320
大专院校学生席位(个)	Number of Student Seats of Universities and Colleges(unit)	4627	15701	2810	28986	19250
中等学校学生席位(个)	Number of Student Seats of Secondary Schools(unit)	112556	125826	132758	160563	140104
小学学生席位(个)	Number of Student Seats of Primary Schools (unit)	107149	92001	88698	83928	74872
其他学校学生席位(个)	Number of Student Seats of Other Schools (unit)		8328	4890	6286	7117
医院病床床位(个)	Number of Hospital Beds(unit)	4112	3616	4450	3388	4227
自来水供水能力(万吨/日)	Tap Water Supply Capacity(10000 tons/day)	11.82	77.51	106.00	61.70	200.10
自来水管道铺设长度(公里)	Legth of Tap Water PipeLines(km)	39.62	116.79	101.00	176.98	117.52
城市液化气储气能力(吨/年)	Storage Capacity of Liquefied Gas in Urban Area(ton/year)	2570		220	6957	25

3－22 更新改造投资主要新增生产能力

Main Newly Increased Production Capacity Through Innovation

能力名称	Item	1990	1995	1998	2000	2001
发电机组容量(万千瓦)	Capacity of Generating Sets(10000 kw)	2.54	7.57		3.90	175.77
#水电	Hydropower	0.02	5.20		3.30	169.02
火电	Thermal Power	2.18	1.93	22.00	0.30	6.75
输电线路(11万伏及以上)(公里)	Transmission Line (110000 Volt-ampre Level and above)(km)	98.45	108.03	25.00	112.42	121.72
变电设备(11万伏及以上)(万千伏安)	Transforming Power Equipment (110000 Volt-ampre Level and above)	26.59	169.92	41.00	140.65	44.60
水泥(万吨/年)	Cement(10000 tons/year)	14.70	123.00		35.00	166.00
印染布(万米/年)	Printed and Dyed Cloth(10000 m/year)	872	400	1280	3836.00	1520
丝绸织机(台)	Silk Loom(unit)	306	386	50		30
卷烟(万箱/年)	Cigarettes(10000 cases/year)	3.00	8.50	15.00		8
酒(吨/年)	Liquor(ton/year)	39950	94600	184000	201000	335000
机制纸及纸板(吨/年)	Machine-made Paper and Paperboard (ton/year)	29300	15100	24800	39000	
服装(万件/年)	Garments(10000 pcs/year)		168	146	232	890
新建公路(公里)	Length of Newly built Highways(km)		41.62		46.00	
改建公路(公里)	Length of Reconstructed Highways(km)	43.46	86.25	67.00	37.11	36.68
程控交换机(万线/年)	Program－Controlled Telephone Exchanges (10000 lines/year)				66.70	113.14
商业石油库(万立方米)	Commercial Petroleum Depot(10000 cu. m)	0.97	0.03			
自来水供水能力(万吨/日)	Tap Water Supply Capacity (10000 tons/Day)	7.28	28.20	8.00	6.00	5.60
自来水管道铺设长度(公里)	Length of Tap Water Pipeline Built(km)	11.08	25.32		2.00	
污水处理能力(万吨/日)	Disposal Capacity of Sewage (10000 tons/Day)	0.88	0.05	1.00	6.34	8.18

3-23 城镇集体经济单位投资新增生产能力
Main Newly Increased Production Capacity in Urban Collective Units

能力名称	Item	1990	1995	1998	2000	2001
发电机组容量（万千瓦）	Capacity of Generating Sets(10000 kw)	0.82	1.20	3.00		
#火电	Thermal Power	0.80	1.2	3.0		
铸铁件能力(吨/年)	Iron Casting Capacity(ton/year)		950			
水泥(万吨/年)	Cement(10000 tons/year)	0.3	15.5	3.00		
印染布(万米/年)	Printed and Dyed Cloth(10000 m/year)	3375	3000		180.00	
棉纺锭(锭)	Cotton Spindle(unit)	10000				
丝绸织机(台)	Silk Loom(unit)	185	324	300		
酒(吨/年)	Liquor(ton/year)		1200		50000	10000
机制纸及纸板（吨/年）	Machine-made Paper and Paperboard (ton/year)	900	3600			2000
制革(万张/年)	Tanning(10000 pcs/year)	21	40			
皮鞋(万双/年)	Leather Shoes(10000 pairs/year)		68	13		
服装(万件/年)	Garments(10000 pcs/year)		327	51	60	215
电扇(万只/年)	Electric Fans(10000 units/year)	17				
洗衣机(万台/年)	Washing Machines(10000 units/year)		5		50	
新建公路(公里)	Length of Newly Built Highways(km)	0.50	0.94			
医院病床床位(个)	Number of Hospital Beds(unit)	89	178	265	273	380
自来水供水能力（万吨/日）	Tap Water Supply Capacity(10000 tons/day)	2.10	3.14	10.00	0.20	
自来水管道铺设长度（公里）	Length of Tap Water Pipelines Built(km)	14			8.50	

3－24 施工的基本建设大中型项目(2001 年)

单位:万元

项 目	Project
秦山三期(重水堆)核电站工程	The Third Phase of Qinshan Nuclear Power Station (Stack of Heavy Water)
秦山 2＊600KW 核电机组	2＊600 KW Qinshan Nuclear Power Sets
浙江北仑发电厂二期工程	The Second Project of Zhejiang Beilun Power Plant
镇海扩建 800 万吨/年炼油工程	Zhenhai Refining Oil Extension Project with 8 million Tons/year
协和石化工程建设	Xiehe Petrochemical Project
天荒坪抽水蓄能电站	Tianhuangping Power Station with Drawing Water and Retaining Energy
珊溪水利工程	Shanxi Conservancy Project
天台县桐柏抽水蓄能电站工程	Tiantai Tongbai Power Station Project of Drawing Water and Retaining Energy
温州发电厂二期扩建工程	The Second Extension Project of Wenzhou Power Plant
杭宁高速公路二期	The Second Phase of Hangzhou－Ningbo Exprossway
乍嘉苏高速公路浙江段	Zhapu－Jiaxing－Suzhou Expressway in Zhejiang
宁波北仑港三期工程	The Third Phase of Ningbo Beilun Port
珊溪供水配套工程	Shanxi Project of Supply Water
杭金衢高速公路二期	The Second Phase of Hangzhou－Jinhua－Quzhou Expressway
杭金衢高速公路一期	The First Phase of Hangzhou－Jinhua－Quzhou Expressway
马迹山矿石集装箱码头	Majishan Ore Continer Wharf
秦山二三期送出工程	The Second and Third Conveying Project in Qinshan
瓯江二桥	Oujiang Bridge No. 2
杭嘉湖南排后续工程	The Project of Hangzhou－Jiaxing－Huzhou Draining the Water to South
绍兴汤浦水库工程	Project of Shaoxing TangPu Reservoir
运河截污	Damming Sewage of Canal

3-24 Large and Medium-sized Projects in Capital Construction under Construction(2001)

(10000 yuan)

开工年月 Starting Date	计划总投资 Total Investmemt Planned	累计完成投资 Accumulative Investment Actually Made	累计新增固定资产 Accumulative Newly Increased Fixed Assets	本年完成投资 Investment Made in 2000
199710	2395267	1675090	1042084	374282
199606	1482771	1177804	94916	208504
199512	1221801	932677	911007	5
199703	1075646	468217	281449	51788
199411	830000	149439		452
199403	737678	641666	596481	9418
199709	434750	322880		56082
200112	426000	28362		28362
199903	333974	299494		70374
199912	278142	170871		65486
199812	228790	127755		28535
200101	225270	130869	114719	130869
200007	168165	14960	127	11534
200012	165000	44838		30558
199907	143168	53938		18435
199802	130000	129024	124399	19146
200008	128240	62480	27001	53580
199501	125400	116610	116610	100
199101	115262	101570		3647
199712	97000	97000	97000	2200
199505	96363	96363	96363	8617

项　目	Project
杭金衢高速公路萧山段建设	Hangzhou - Jinhua - Quzhou Expressway in Xiaoshan
湖州市东西苕溪防洪工程	Flood Control Project of Huzhou Dongxi tiaoxi
宁波华东 bp 液化石油气有限公司 LPG 项目	LPG Project of Ningbo Liquefied Petroleum Limited Company
牌金温输变电工程	Paiton - Jinhua - Wenzhou Output and Transformer Project
杭州西区水厂一期	The First Phase of Hangzhou Westen Water Plant
杭金衢高速公路金华段	Hangzhou - Jinhua - Quzhou Expressway in Jinhua
栎社机场航站区及配套设施扩建工程	Extension Project of Lishe Arrport Ariation
杭瓶南输变电工程	Hangzhou - Pinggao - Nanqiao Transmitting Electricity Project
钱塘江北岸标准塘杭州段	Standard Seawall Project in the North of Qiantang River
宁波白溪水库	Ningbo Baixi Reservior
绍兴县 30 万吨/日污水处理厂	Shaoxing Sewage Disposal Plant with 300000 ton/day
黄岩永宁江治理二期工程	The Second Phase of Harness Project of Huangyan Yongning River
温州港七里港一期工程	The First Phase of Wenzhou Qili Port
红旗塘(浙江段)	Hongqi Dyke (Zhejiang)
中国美院校园改造	Campus Transforming in The Art College of China
杭州煤厂	Hangzhou Gas Company
江山市碗窑水库工程	Project of Jiangshan Wanyao Reservior
太湖环湖大堤浙江段工程	Large Dykes Surrounding Lake Project in Zhejiang
温州市中心片污水处理厂	Sewage Disposal Plant in the Central of Wenzhou
衢化集团偏氯乙烯工程	Chloridethylene Project of Quzhou Chemical Group
湖州市杭加湖北排通道工程	Hangzhou - Jiaxing - Huzhou Project of Draining the Water to North in Huzhou

开工年月 Starting Date	计划总投资 Total Investmemt Planned	累计完成投资 Accumulative Investment Actually Made	累计新增固定资产 Accumulative Newly Increased Fixed Assets	本年完成投资 Investment Made in 2001
1999.09	91733	68511	45289	28667
1991.12	88000	45643		7498
1997.12	80101	73534	418	36629
1999.04	77780	77780	77780	23302
1991.09	77067	77067	77067	130
1999.08	76880	43786		21672
1999.12	72658	67185		29274
1999.04	68528	68528	68528	12787
1998.03	56067	38662	25858	3750
1996.06	54000	52306	11288	7005
1999.03	51556	51556	51556	20556
2001.01	39000	6067		5023
1996.11	38342	26034		5025
1999.12	32485	15715		7108
2001.04	31230	10730		9532
1986.12	29360	29360	25935	935
1993.04	27206	27207	27207	29
1991.12	23850	23901		2840
1998.11	18967	12121		3834
1997.06	18835	12565	12126	740
1999.12	7000	3603		2011

3-25 全部建成的基本建设大中型项目一览(1996-2001年)

Basic Statistics on Completed Large and Medium-sized Projects of Capital Construction(1996-2001)

项　目	Project	开工日期 Starting Date	全部投产日期 Date of Completed and Put into Use
杭甬高速公路	Hangzhou-Ningbo Expressway	1992.08	1996.12
杭州半山发电厂四期扩建	The Fourth Phase Extension Project of Hangzhou Banshan Power Plant	1994.12	1996.12
钱江三桥	Qianjang Bridge No.3	1993.12	1996.12
湖南镇水电站扩建工程	Extension Project of Hydropower in Hunan Town	1995.03	1996.12
长风水利水电枢纽工程	ChangFeng Key Waterpower Project	1993.01	1996.07
镇海炼油化工炼油800万吨连续整	800 million Tons Extension Project of Zhenhai Refining Oil and Chemical Plant	1994.11	1997.06
浙江晴纶厂年产30000吨晴纶纤维	Annual Production Capacity of 30000 Tons Acrylic Fibres of Zhejiang Acrylic Fibres Plant	1991.10	1997.08
宁波横山水库引水工程	Water Conservancy Project of Ningbo Hengshan Reservoir	1994.04	1997.12
宁波北仑20万吨级矿石中转码头第二阶段工程	The Second Phase of Ore Transfer Wharf at 200000 Tons Level of Ningbo BeiLun Port	1994.06	1997.01
浙江涤伦厂扩建年产60000吨聚酯工程	Annual Production Capacity of 60000 Tons Polyester of Zhejiang Polyester Plant	1994.01	1997.12
衢州乌溪江引水工程	Water Conservancy Project of Quzhou Wuxi River	1989.08	1997.10
舟山岙山成品油工程	Aoshan Finished Oil Project in Zhoushan	1994.09	1997.09
舟山朱家尖民航机场	Zhoushan Zhujiajian Civil Airport	1992.12	1997.12
黄椒温供水工程	Huangyan-Jiaojiang-Wenzhou Supply Water Project	1993.09	1997.07
镇海300MW燃机工程	Zhenhai 300MW Gas Turbine Project	1995.12	1998.12

3-25 续表 1 continued

项 目	Project	开工日期 Starting Date	全部投产日期 Date of Completed and Put into Use
ABS 工程	ABS Project	1997.07	1998.07
宁波中华纸业年产 35 万吨涂布白纸板扩建工程	Annual Production Capacity of 350000 tons White Paperboard of Ningbo Zhonghua Papermaking Company	1994.11	1998.12
肖镇引水工程	Xiaozhen Drawing Water Project	1992.07	1998.12
半升洞油库码头扩建	The Extension Project of Banshengdong Wharf	1992.07	1998.12
金清新闸一期工程	The First Phase of Jinqing New Sluice	1991.05	1998.05
金温铁路	Jinhua-Wenzhou Railway	1992.12	1998.10
沪杭高速公路	Shanghai-Hangzhou Expressway	1994.01	1998.12
华越微电子有限公司集成电路改扩建工程	Extension Project of Integrated Circuit of Huayue Microelectronic Limited Company	1996.01	1998.08
兴中二期工程	The Second Phase of Xinzhong	1995.06	1999.09
舟山朱家尖海峡大桥工程	Bridge Project of Zhujiajian Channel in Zhoushan	1996.12	1999.05
黄岩民航站扩建工程	The Extension Project of Civil Avaition of Huangyan	1992.10	1999.01
衢化 3000 吨/年聚四氟乙稀	3000 Tons per - year Polyethylene of Quzhou Chemical Company	1995.12	1999.07
衢化灵山溪口矿山接替工程	Replacement Project from Lingshan to Xikou Mine of Quzhou	1993.07	1999.11
杭州煤气厂	Hangzhou Gas Company	1986.02	1999.12
宁波年产 60 万吨水泥熟料粉磨站	600000 Tons Cement Pulverizing Station of Ningbo	1993.12	1999.12
丽水玉溪水利枢纽工程	Yuxi Water Conservancy Project in Lishui	1994.02	1999.12
杭州萧山机场	Xiaoshan Airport	1999.03	2000.12
浙大公寓经济房大楼	Economical Apartment of Zhejiang Apartment House	1997.02	2000.12

3-25 续表2 continued

项 目	Project	开工日期 Starting Date	全部投产日期 Date of Completed and Put into Use
太浦河工程	Project of TaPu River	1991.11	2000.06
杭宁高速公路一期	The First Phase of Hangzhou - Ningbo Expressway	1999.12	2000.12
56万吨水泥生产线	560000Tons Cement Production line	1994.12	2000.12
永宁江治理工程	Harness Project of Yongning River	1993.12	2000.12
温岭市江厦排涝隧洞工程	jiangxia Tunnel Project for Draining Flood in Wenlin	1993.12	2000.12
绍兴汤浦水库工程	Shaoxing Tangpu Reservoir Project	1997.12	2001.12
绍兴县30万吨/日污水处理厂	Shaoxing Sewage Disposal Plant with 300000 tons/day	1999.03	2001.12
瓯江二桥	Oujiang Bridge No.2	1995.01	2001.03
偏氯乙烯工程	Chloridethylene Project	1997.06	2001.12
天荒坪抽水蓄能电站	Tianhuangping Power Station with Drawing Water and Retaining Energy	1994.03	2001.01
运河截污	Damming Sewage Project of Canal	1995.05	2001.07
西区水厂一期	The First Phase of Western Water Plant	1991.09	2001.03
牌金温输变电工程	Paitou - Jinhua - Wenzhou Output and Transformer Project	1999.04	2001.06
杭瓶南输变电工程	Hangzhou - Pinyao - Nanqiao Transmitting Electricity Project	1999.04	2001.04

主要统计指标解释

全社会固定资产投资额 固定资产投资额是以货币表现的建造和购置固定资产活动的工作量，它是反映固定资产投资规模、速度、比例关系和使用方向的综合性指标。全社会固定资产投资包括国有经济单位投资、城乡集体经济单位投资、其他各种经济类型的单位投资和城乡居民个人投资。按照我国现行计划管理体制，全社会固定资产投资总额分为基本建设、更新改造、房地产开发投资和其他固定资产投资四个部分；城乡集体经济单位投资包括城镇集体所有制单位投资和农村集体所有制单位投资；其他各种经济类型单位投资包括联营经济、股份制经济、中外合资经营、中外合作经营、外资、与大陆合资经营、与大陆合作经营、港澳台独资及其他经济的单位投资。城乡居民个人投资包括城市、县城、镇、工矿区所辖范围内的个人建房和农村个人建房及购买生产性固定资产的投资。

基本建设投资 基本建设是企业、事业、行政单位以扩大生产能力或工程效益为主要目的的新建、扩建工程及有关工作。包括(1)列入中央和各级地方本年基本建设计划的建设项目，以及虽未列入本年基本建设计划，但使用以前年度基建计划内结转投资(包括利用基建设备材料)在本年继续施工的建设项目；(2)本年基本建设计划内投资与更新改造计划内投资结合安排的新建项目和新增生产能力(或工程效益)达到大中型项目标准的扩建项目，以及为改变生产力布局而进行的全厂性迁建项目；(3)国有单位既未列入基建计划，也未列入更新改造计划的总投资在5万元以上的新建、扩建、恢复项目和为改变生产力布局而进行的全厂性迁建项目，以及行政、事业单位增建业务用房和行政单位增建生活福利设施的项目。

更新改造投资 更新改造是指企业、事业单位对原有设施进行固定资产更新和技术改造，以及相应配套的工程和有关工作(不包括在修理和维护工程)。包括(1)列入中央和各级地方本年更新改造计划的项目和虽未列入本年更新改造计划，但使用上年更新改造计划内结转的投资在本年继续施工的项目；(2)本年更新改造计划内投资与基本建设计划内投资结合安排的对企、事业单位原有设施进行技术改造或更新的项目，和增建主要生产车间、分厂等其新增生产能力(或工程效益)未达到大中型项目标准的项目，以及由于城市环境保护和安全生产的需要而进行的迁建工作；(3)国有企、事业单位既未列入基建计划也未列入更新改造计划，总投资在5万元以上的属于改建或更新改造性质的项目，以及由于城市环境保护和安全生产的需要而进行的迁建工程。

房地产开发投资 包括各种经济类型的房地产开发公司、商品房建设公司及其他房地产开发单位统一开发的包括统代建、拆迁还建的住宅、厂房、仓库、饭店、宾馆、度假村、写字楼、办公楼等房屋建筑物和配套的服务设施、土地开发工程，如道路、给水、排水、供电、供热、通讯、平整场地等基础设施工程的投资。包括非房地产企业实际从事房地产开发或经营活动，不包括单纯的土地交易活动。

其他固定资产投资 全社会固定资产投资中未列入基本建设、更新改造和房地产开发投资的建造和购置固定资产的活动。

施工项目 指报告期内曾进行建筑或安装工程施工活动的建设项目。包括报告期内新开工项目、报告期以前开工跨入报告期继续施工的项目以及报告期施工过并在报告期内全部建设投产或停缓建的项目。

全部建成投产项目 工业项目是指设计文件规定形成生产能力的主体工程及其相应配套的辅助设施全部建成，经负荷试运转，证明具备生产设计规定合格产品的条件，并经过验收鉴定合格或达到竣工验收标准，与生产性工程配套的生产福利设施可以满足近期正常生产的需要，正式移交生产的建设项目。非工业项目是指设计文件规定的主体工程和相应的配套工程全部建成，能够发挥设计规定的全部效益，经验收鉴定合格或达到竣工验收标准，正式移交使用的建设项目。

施工和竣工房屋建筑面积 房屋建筑面积是从房屋外墙线算起的各层平面面积的总和，包括房屋结构(如柱、墙)占用的面积和地下室面积。多层建筑按各自然层面积总和计算，包括房屋内的楼隔层，突出墙面的眺望间、门斗、有柱雨罩的面积。不包括突出墙面结构的构件、艺术装饰等所占的面积，如台阶等。凹阳台、挑阳台按其水平投影面积一半计算建筑面积。

新增固定资产 指通过投资活动所形成的新的固定资产价值。包括已经建成投入生产或交付使用的工程价值和达到固定资产标准的设备、工具、器具的价值及有关应摊入的费用。它是以价值形式表示的固定资产投资成果的综合性指标，可以综合反映不同时期、不同部门、不同地区的固定资产投资成果。

Explanatory Notes on Main Statistical Indicators

Total Investmentin in Fixed Assets: Amount of investment in fixed assets refers to the volume of activities in construction and purchases of fixed assets in monetary terms. It is a comprehensive indicator which shows the size, pace, proportional relations and use orientation of the investment in fixed assets. Total investment in fixed assets in the whole country includes the investment by the state-owned units, the investment by the urban and rural collective units, the investment by the units of other types of ownership and the investment by the individuals in the urban and rural areas. According to China's current planning management system, the investment in fixed assets in the whole country is classified into the following four parts: investment in capital construction, investment in innovation, investment in real estates development and other investment in fixed assets. The investment by the urban and rural collective units includes the investment by the urban collective units and the investment by the rural collective units. The investment by the units of other types of ownership includes the investment by the units of joint-owned economy, share-holding economy, Sino-foreign joint economy, Sino-foreign cooperative economy, economy exclusively with foreign investment, Mainland-Hong kong or Mainland-Macao or Mainland-Taiwan joint economy, Mainland-Hong kong or Mainland-Macao or Mainland-Taiwan cooperative economy, and economy exclusively with investment of Hong Kong or Macao or Taiwan. The investment by the individuals in the urban and rural areas includes the investment in personal house building in the areas under the jurisdiction of city, county, town and special industrial and mining areas as well as the investment in personal house building and purchase of productive fixed assets in the rural areas.

Investment in Capital Construction: Capital construction refers to the new construction projects or extension projects and the related work of the enterprises, institutions or administrative units mainly for the purpose of expanding production capacity or improving project efficiency. It includes: (1) projects listed in the capital construction plan of the current year of the central government and the local governments at various levels as well as the projects, though not listed in the capital construction plan of the current year, but continued to be constructed in this year, using the investment listed in the plan of capital construction of previous years and carried forward to this year (also using the equipment and materials kept in stock of the capital construction); (2) new construction projects arranged both in the plan of capital construction and the plan of innovation; extension projects with the newly increased production capacity (or project efficiency) up to the standard of a large and medium-sized project; and the projects of moving the whole factory to a new site so as to improve the distribution of productive forces; (3) new construction projects, extension projects or restoration projects with the total investment more than 50 thousand RMB yuan by the state-owned units, though listed neither in the plan of capital construction nor in the plan of innovation; the projects in the state-owned units of moving the whole factory to a new site so as to improve the distribution of productive forces; and the projects of building additional business houses by the administrative units and institutions and building welfare facilities by the administrative units.

Investment in Innovation: Innovation refers to the renewal of fixed assets and technological innovation of the original facilities by the enterprises and institutions as well as the corresponding supplementary projects and the related work (excluding major overhaul and maintenance projects). It includes: (1) projects listed in the innovation plan of the current year of the central government and the local governments at various levels as well as the projects, though not listed in the innovation plan of the current year, but continued to be constructed in this year, using the investment listed in the plan of innovation of previous years and carried forward to this year; (2) projects of technological innovation or renewal of the original facilities, arranged both in the plan of innovation and in the plan of capital construction; extension projects (main workshops or a branch of the factory) with the newly increased production capacity (or project efficiency) not up to the standard of a large and medium-sized project; and the projects of moving the whole factory to a new site so as to meet the requirements of urban environmental protection or safe production; (3) projects of reconstruction or technological innovation with the total investment more than 50 thousand RMB yuan by the state-owned units, though listed neither in the plan of capital contruction nor in the plan of innovation; the projects in the state-owned units of moving the whole factory to a new site so as to meet the requirements of urban environmental protection or safe production.

Investment in Real Estate Development: It includes the investment by the real estate development companies, commercial buildings construction companies and other real estate development units of various types of ownership in the construction of house buildings, such as residential buildings, factory buildings, warehouses, hotels, guesthouses, holiday villages, office buildings, and the complementary service facilities and land development projects, such as roads, watersupply, water drainage, power supply, heating, telecommunications, land levelling and other projects of infrastructure. It covers the activities of the non-real estate companies in real estate development or management, but excludes the activities in simple land transactions.

Other Investment in Fixed Assets: refers to the construction and purchases of fixed assets not listed in the investment in capital construction, investment in innovation and investment in real estate development.

Projects Under Construction refer to projects having construction and installation activities undertaken in the reference period, including projects started in the reference period, or continued from the previous period, or completed and put into production or suspended in the reference period.

Projects Completed and Put into Use Industrial projects refer to the major projects and accessory facilities completed which result in forming production capacity and have been checked and accepted while the living and welfare facilities have been completed and can ensure normal production and formally put into production. Non-industrial projects refer to the major projects and accessory facilities completed which possess the disigned capacity and have been checked, accepted and formally put into production.

Floor Space of Buildings Under Construction and Completed refers to total floor space in each story of buildings calculated from the outside line of building walls, including the space occupied by constructions like pillars or walls and basements. The floor space of multi - story building includes the total floor space of each story, including area occupied by separating walls, watching rooms, doorways, and pillars, but excluding protruding wall structures, artistic decoration, etc. (for example, flight of steps). The space of recessed verand and tantilevered balcony is counted by half of the projection area.

Newly Increased Fixed Assets refer to the newly increased value of fixed assets through investment, including the value of projects completed and put into production, the value of equipment, tools, and vessels considered as fixed assets, as well as the relevant expenses as investment in fixed assets. This is a comprehensive indicator of investment in fixed assets, reflecting the achievements of investment in fixed assets in different periods, different sectors, and different regions.

物　价
PRICES

Chapter 4

****

4. 物 价

Prices

****

2001年居民消费价格指数（上年=100）	Consumer Price Index (Preceding year=100)	98.8 %
# 城市	Urban Areas	99.6 %
农村	Rural Areas	100 %
2001年商品零售价格指数（上年=100）	Retail Price Index of Commodities (Preceding year=100)	98.1 %

****

居民消费价格指数（1985年=100）

Consumer Price Index（1985=100）

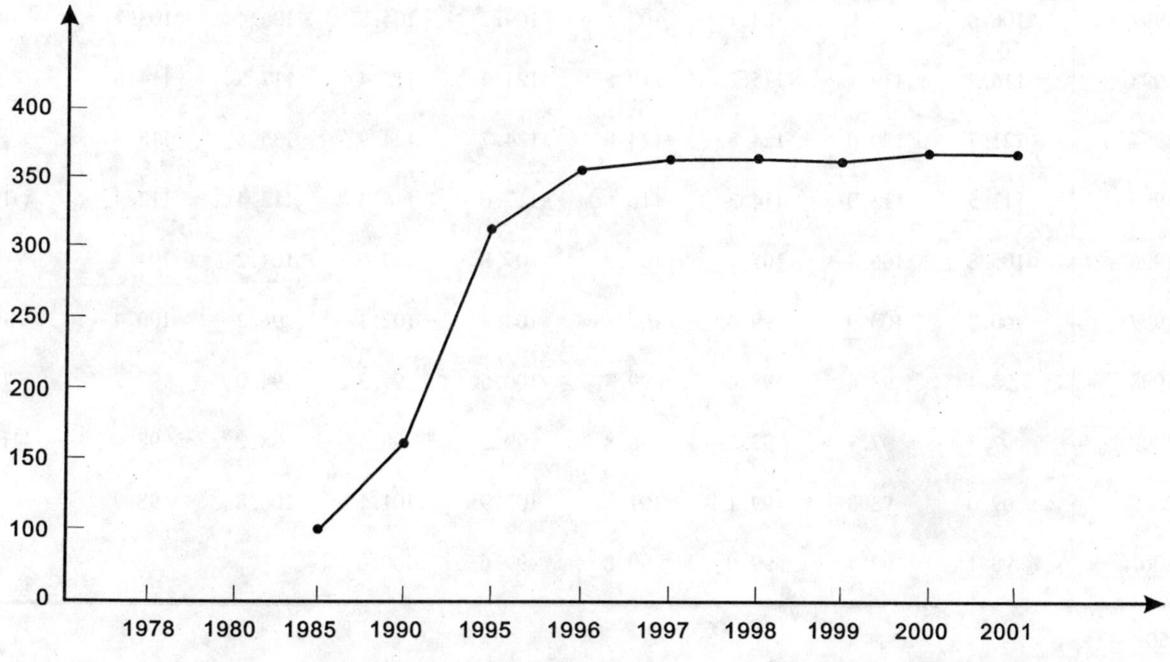

4－1 物价总指数

General Price Indices

（上年＝100） (preceding year＝100)

年份 Year	商品零售价格指数 General Retail Price Index of Commodities			居民消费价格指数 General Consumer Price Index			农副产品收购价格总指数 General Purchasing Price Index of Farm Products	农村工业品零售价格指数 General Retail Price Index of Rural Industrial Products	工农业商品综合比价指数 General Price Parity Index of Industrial and Farm Products
	全省 Total	城市 Urban Areas	农村 Rural Areas	全省 Total	城市 Urban Areas	农村 Rural Areas			
1978	100.1	99.9	100.1		100.0		103.6	99.9	96.4
1979	102.1	103.4	101.5		102.6		126.7	100.0	78.9
1980	108.0	109.5	106.9		108.8		106.9	100.6	94.1
1981	101.5	101.6	101.4		101.7		99.8	100.6	100.8
1982	100.9	102.1	100.1		101.9		103.9	101.1	97.3
1983	102.0	102.9	101.2		102.8		103.9	100.7	96.9
1984	103.4	103.5	103.4	103.0	103.7	101.8	108.1	102.7	95.0
1985	114.0	115.2	112.9	114.8	115.1	114.3	110.8	104.6	94.4
1986	106.0	106.1	105.9	106.2	106.3	106.1	100.6	103.8	103.2
1987	109.5	111.3	107.4	108.8	110.9	106.4	119.1	106.4	89.3
1988	122.1	124.2	120.5	121.5	123.4	119.8	133.1	118.0	88.7
1989	117.8	116.6	118.7	118.2	116.8	119.6	113.6	118.7	104.5
1990	101.6	101.4	101.8	102.1	102.1	102.0	98.7	102.4	103.7
1991	103.0	105.2	101.4	103.5	105.6	101.5	101.0	101.5	100.5
1992	106.6	108.9	104.1	107.5	109.2	104.8	106.4	103.1	96.9
1993	116.7	119.1	115.2	119.8	121.4	117.4	117.8	114.6	97.3
1994	121.7	120.0	124.8	124.8	124.7	124.9	136.8	118.8	86.8
1995	113.5	113.0	114.3	116.6	117.0	116.4	112.4	112.4	100.0
1996	105.8	106.4	105.1	107.9	109.8	107.0	104.2	104.1	99.9
1997	100.3	100.9	99.4	102.8	104.1	102.1	96.2	100.4	104.4
1998	98.4	98.4	98.4	99.7	100.5	99.3	94.0	97.2	103.4
1999	97.7	97.7	97.7	98.8	99.5	98.5	88.2	98.4	111.6
2000	99.0	98.8	99.1	101.0	100.9	101.1	100.8	98.7	97.9
2001	98.1	97.4	99.0	99.8	99.6	100.0			

4－2 物价总指数(1985 年＝100)
General Price Indices(1985＝100)

年份 Year	居民消费价格指数 General Consumer Price Index			商品零售价格指数 General Retail Price Index of Commodities	农副产品收购价格总指数 General Purchasing Price Index of Farm Products	农村工业品零售价格指数 General Retail Price Index of Rural Industrial Products	工农业商品综合比价指数 General Price Parity Index of Industrial and Farm Products
	全省 Total	城市 Urban Areas	农村 Rural Areas				
1986	106.2	106.3	106.1	106.0	100.6	103.8	103.2
1987	115.5	117.9	112.9	116.1	119.8	110.4	92.2
1988	140.4	145.5	135.2	141.7	159.5	130.3	81.7
1989	165.9	169.9	161.8	166.9	181.2	154.7	85.4
1990	169.4	173.5	165.0	169.6	178.8	158.4	88.6
1991	175.4	183.2	167.5	174.7	180.6	160.8	89.0
1992	188.5	200.0	175.5	186.2	192.2	165.8	86.3
1993	225.8	242.9	206.0	217.3	226.4	190.0	83.9
1994	281.8	302.8	257.3	264.5	309.7	225.7	72.9
1995	328.6	354.3	299.5	300.2	348.1	253.7	72.9
1996	354.6	389.1	320.5	217.6	362.7	264.1	72.8
1997	364.5	405.0	327.2	318.6	348.9	265.1	76.0
1998	363.4	407.0	324.9	313.5	328.0	257.7	78.6
1999	359.1	402.1	320.1	306.3	289.3	253.6	87.7
2000	362.6	405.7	323.6	303.2	291.6	250.3	86.6
2001	361.9	404.1	323.6	297.4			

4－3 物价总指数(2001 年)
General Price Indices(2001)

年份 Year	居民消费价格指数 General Consumer Price Index			商品零售价格指数 General Retail Price Index of Commodities
	全省 Total	城市 Urban Areas	农村 Rural Areas	
1978＝100		577.8		403.9
1980＝100		517.5		366.3
1985＝100	361.9	407.0	323.6	297.4
1990＝100	213.6	234.7	196.1	175.3
1995＝100	110.2	114.9	108.0	99.1
1996＝100	102.1	104.6	101.0	93.7
1997＝100	99.3	100.5	98.9	93.4
1998＝100	99.6	100.0	99.6	94.9
1999＝100	100.8	100.5	101.1	97.1
2000＝100	99.8	99.6	100.0	98.1

4－4 居民消费价格指数(2001 年)
Residents Consumer Price Indices(2001)

(上年＝100) (preceding year＝100)

项目	Item	全省 Total	城市 Urban Area	农村 Rural Area
居民消费价格总指数	**General Consumer Price Index**	**99.8**	**99.6**	**100.0**
非食品价格指数	**Non－food Price Index**	**100.4**	**100.2**	**100.6**
服务项目价格指数	**Price Index of Services**	**105.5**	**105.5**	**105.5**
扣除鲜菜鲜果总指数	**General Price Index Except Fresh Vegetables and Fruits**	**100.1**	**99.9**	**100.3**
消费品价格指数	**Price Index of Consumer Goods**	**98.2**	**97.9**	**98.4**
食　品	**Food**	**98.7**	**98.6**	**98.9**
粮　食	Grain	104.1	105.8	102.1
油　脂	Oil and Fat	91.1	87.3	93.4
肉禽及其制品	Meal, Poultry and Their Prdoucts	100.3	99.3	101.4
蛋	Eggs	106.6	106.5	106.7
水产品	Aquatic Products	94.3	94.3	94.2
菜	Vegetables	94.9	94.9	94.9
干鲜瓜果	Dried and Fresh Melon and Fruits	95.8	96.9	94.5
烟酒及用品	**Tobacco, Liquor and Articles**	**99.4**	**99.1**	**99.6**
烟　草	Tobacco	99.2	98.9	99.4
酒	Liquor	100.1	100.4	100.0
吸烟饮酒用品	Articles for Smoking and Drinking	98.0	97.8	98.5
衣着	**Clothing**	**98.4**	**96.6**	**100.8**
服　装	Garments	96.4	96.3	96.5
衣着材料	Clothing Material	99.0	98.3	100.1
鞋袜帽	Shoes, Stockings and Hats	102.8	96.6	109.6
衣着加工服务	Processing Services for Clothing	100.8	100.1	102.0
家庭设备用品及维修服务	**Houshold Facilities Articles and Maintenance Services**	**97.0**	**96.6**	**97.6**
耐用消费品	Durable Consumer Goods	95.7	95.6	95.9
室内装饰品	Interior Decorations	97.5	99.0	94.9
床上用品	Bed Articles	100.9	101.6	100.0
家庭日用杂品	Daily Use Household Articles	97.9	96.8	98.8
家庭服务及加工维修服务	Houshold and Processing Maintenance Services	98.3	97.5	100.4
医疗保健和个人用品	**Medicine, Medical Articles and Personal Goods**	**99.6**	**99.2**	**100.0**
医疗保健	Medicine and medical Articles	100.7	99.5	102.0
个人用品及服务	Personal Goods and Services	97.7	98.5	97.1
交通和通讯	**Transportation and Communication**	**95.6**	**95.1**	**96.1**
交　通	Transportation	98.4	100.1	97.2
通　信	Communication	92.4	91.3	94.4
娱乐教育文化用品及服务	**Recreation, Education, Culture Articles and Services**	**107.2**	**106.2**	**108.1**
文娱用耐用消费品及服务	Durable Consumer Goods for Recreational Use	91.0	89.4	93.2
教　育	Education	115.2	120.8	111.9
文化娱乐用品	Calture and Recreational Articles	99.4	99.4	99.5
旅游及外出	Tourism and Outsiding	91.9	91.7	100.2
居住	**Residence**	**99.8**	**102.0**	**97.7**
建房及装修材料	Building and Decoration Materials	98.9	98.1	99.1
租　房	Rent	112.6	116.3	101.4
自有住房	Personal Housing	100.4	100.1	101.6
水、电、燃料	Water. Electricity and Fuels	97.1	101.0	91.3

4-5 商品零售价格分类指数和农业生产资料零售价格指数

Retail Price Index of Commodities and Agricultural Means of Production

（上年=100） (preceding year=100)

项目	Item	全省 Total 2000	全省 Total 2001	城市 Urban Area 2000	城市 Urban Area 2001	农村 Rural Area 2000	农村 Rural Area 2001
商品零售价格指数	**General Retail Price Index**	**99.0**	**98.1**	**98.8**	**97.4**	**99.1**	**99.0**
食品类	**Food**	**98.9**	**99.7**	**98.3**	**99.2**	**99.6**	**100.2**
粮食	Grain	87.8	102.7	89.8	102.6	86.5	102.6
肉禽蛋	Meal,Poultry and Eggs	95.7	101.5	94.4	100.8	97.0	102.3
水产品	Aquatic Products	102.9	97.5	100.9	97.3	106.6	97.6
鲜菜	Fresh Vegetables	111.5	100.8	107.5	100.3	115.8	101.4
鲜果	Fresh Fruits	102.8	94.3	102.4	93.8	103.2	94.9
饮食业	Catering Trade	100.1	99.7	100.0	99.7	100.2	99.7
饮料、烟酒类	**Beverages,Tobacco and Liguor**	**98.8**	**99.6**	**98.8**	**99.8**	**98.8**	**99.4**
饮料	Beverages	97.9	97.3	98.1	97.1	97.8	97.5
烟酒	Tobacco and Liguor	99.0	100.2	99.0	100.4	99.1	100.0
服装、鞋帽类	**Garments,Shoes and Hats**	**98.2**	**95.1**	**98.6**	**92.4**	**97.7**	**99.2**
服装	Garments	97.6	93.2	97.7	89.5	97.4	98.9
鞋	Shoes	98.6	97.4	99.8	96.5	96.8	98.8
其它衣着	Other Clothing	99.8	98.5	99.8	96.8	99.8	100.7
纺织品类	**Textiles**	**99.3**	**98.6**	**100.5**	**98.1**	**97.7**	**99.2**
棉布	Cotton Cloth	99.8	99.9	100.4	99.8	99.2	100.0
棉花化纤混纺布	Blend Cloth	101.0	99.6	104.2	101.9	97.6	96.5
化纤布	Chemical Fiber Cloth	97.4	101.1	101.2	101.7	94.2	100.5
呢绒	Woolen Fabric	100.2	94.1	99.9	91.8	100.6	98.7
绸缎	Silk	99.4	99.2	100.2	99.9	98.3	98.1
其它纺织品	Other Textiles	98.8	98.7	99.6	98.0	98.0	99.6
中、西药类	**Traditional Chinese and Western Medicines**	**102.0**	**100.1**	**101.5**	**99.5**	**102.6**	**100.7**
中药	Traditional Chinese Medicine	105.2	102.0	104.1	101.6	106.1	102.3
西药	Western Medicine	99.7	98.7	99.4	98.1	100.0	99.4
医疗用品	Medical Articles	101.0	99.4	102.0	98.8	99.7	100.2
化妆品类	**Cosmetics**	**99.4**	**100.0**	**100.1**	**98.4**	**98.6**	**101.9**
书报杂志类	**Newspapers and Magazines**	**103.3**	**110.0**	**102.9**	**107.8**	**103.8**	**112.6**
文化体育用品类	**Cultural and Sports Goods**	**99.7**	**98.6**	**99.6**	**98.3**	**99.8**	**99.1**
文化用品	Cultural Goods	99.8	98.3	99.6	98.0	100.1	98.7
体育用品	Sports Goods	99.2	99.6	99.6	99.0	98.6	100.2
日用品类	**Articles for Daily Use**	**97.8**	**97.9**	**97.8**	**97.9**	**97.8**	**97.9**
一般日用品	Ordinary Articles for Daily Use	97.1	98.3	96.8	98.4	97.4	98.1
家具	Furniture	98.3	96.3	98.8	95.8	97.7	96.9
日用杂品	Sundries for Daily Use	99.3	98.7	99.6	99.0	99.0	98.3
家用电器类	**Household Appliance**	**93.7**	**92.9**	**93.4**	**92.5**	**94.0**	**93.4**
首饰类	**Jewelry**	**100.4**	**88.4**	**100.0**	**89.1**	**101.2**	**87.5**
燃料类	**Fuels**	**121.0**	**98.7**	**122.4**	**98.8**	**119.1**	**98.2**
建筑装璜材料类	**Building Decoration Materials**	**100.6**	**102.0**	**99.7**	**102.1**	**101.4**	**101.8**
机电产品类	**Mechanical and Electrical Products**	**95.1**	**92.5**	**95.4**	**92.5**	**94.1**	**93.4**
农业生产资料零售价格指数	**Price Index of Agricultural Means of Production**	**100.4**	**99.7**			**100.4**	**99.7**

4-6 商品零售价格分类指数和农业生产资料零售价格指数
General Retail Price Index of Commodities and Agricultural Means of Production

(上年=100) (Preceding year=100)

项目	Item	1996	1997	1998	1999	2000	2001
商品零售价格指数	**General Retail Price Index**	**105.8**	**100.3**	**98.4**	**97.7**	**99.0**	**98.1**
#城市	Urban Areas	106.4	100.9	98.4	97.7	98.8	97.4
农村	Rural Areas	105.1	99.4	98.4	97.7	99.1	99.0
食品类	Food	107.7	98.9	99.0	96.4	98.9	99.7
饮料、烟酒类	Beverages,Tobacco and Liquor	101.7	99.3	98.2	97.1	98.8	99.6
服装、鞋帽类	Garments,Shoes and Hats	107.8	104.4	101.2	99.3	98.2	95.1
纺织品类	Textiles	108.1	103.3	100.1	99.4	99.3	98.6
中、西药类	Traditional Chinese and Western Medicines	112.1	105.5	106.4	102.7	102.0	100.1
化妆品类	Cosmetics	104.3	101.4	101.5	100.7	99.4	100.0
书报杂志类	Newspapers and Magazines	135.0	110.2	103.7	103.8	103.3	110.0
文化体育用品类	Cultural and Sports Goods	106.9	102.0	99.2	99.9	99.7	98.6
日用品类	Articles for Daily Use	106.7	101.5	98.8	97.7	97.8	97.9
家用电器类	Household Appliances	99.0	96.8	94.8	95.4	93.7	92.9
首饰类	Jewelry	99.6	98.2	90.7	94.1	100.4	88.4
燃料类	Fuels	104.4	103.6	92.3	103.2	121.0	98.7
建筑装璜材料类	Building Decoration Materials	102.2	98.7	96.7	99.4	100.6	102.0
机电产品类	Machanical and Electrical Products	96.1	96.9	92.9	96.3	95.1	92.5
农业生产资料零售价格指数	**Price Index of Agricultural Means of Production**	**106.7**	**99.7**	**92.4**	**95.8**	**100.4**	**99.7**

4－7 各市、县商品零售价格指数和农业生产资料零售价格指数(2001年)

General Retail Price Index of Commodities and Agricultural Means of Production by City and County(2001)

(上年＝100) (preceding year＝100)

市(县)名称 City(County)	商品零售价格指数 General Retail Price Index of Commodities	一、食品类 Food	粮食 Grain	肉禽蛋 Meat, Poultry & Eggs	水产品 Aquatic Products	二、饮料、烟酒类 Beverages, Tobacco and Liquor
杭州市 Hangzhou	95.3	99.2	104.8	100.5	97.1	99.5
宁波市 Ningbo	94.8	96.3	99.7	98.8	86.9	99.4
温州市 Wenzhou	98.1	100	95.4	100.2	103.2	100.8
金华市 Jinhua	99.5	98.7	100.2	99.6	95.9	96.1
舟山市 Zhoushan	96.7	97.7	109.4	99.6	88.9	96.2
湖州市 Huzhou	100.3	101.4	110.2	99.9	98.3	97.4
绍兴市 Shaoxing	98.9	99.6	106.2	101.2	95.8	98.6
嘉兴市 Jiaxing	98.2	98.6	102.1	100.7	90.1	98.5
台州市 Taizhou	99	98.7	101.1	104.5	96.2	102.4
衢州市 Quzhou	100.4	100	101.2	102.2	93.9	101.1
丽水市 Lishui	99.3	98.8	96.3	102.3	96.9	100.2
新昌县 Xingchang	97.2	97.8	104.8	97.9	93.7	98.8
安吉县 Anji	98.2	102.8	106.7	106.1	97	97.2
临海市 Linhai	98.6	100.6	100.4	102.4	92.4	102.3
萧山市 Xiaoshan	98.3	100.3	108.1	103.2	92.9	99.2
龙泉市 Longquan	101.2	102.1	112.2	103.7	102.7	102.4
海宁市 Haining	98.6	98.7	99.2	100.1	96.1	96.8
江山市 Jiangshan	98.6	100.4	96.6	103	98.7	97.5
浦江县 Pujiang	99.1	99.1	99.9	102	101.4	99
建德市 Jiande	98.7	99.5	100.1	98.8	97.4	101.9
兰溪市 Lanxi	98.3	98.6	94.9	102.2	95	100.8

市(县)名称 City(County)	三、服装、鞋帽类 Garments, Shoes and Hats	四、纺织品类 Textiles	五、中、西药品类 Traditional Chinese & Western Medicines	六、化妆品类 Cosmetics	七、书报杂志类 Newspapers and Magazines	八、文化体育用品 Cultural and Sports Goods
杭州市 Hangzhou	85.0	94.9	97.3	97.3	106.2	97.9
宁波市 Ningbo	93.4	100.3	100.7	101.8	103.3	97.5
温州市 Wenzhou	97.6	99.4	102.7	99.6	105.0	96.8
金华市 Jinhua	99.5	99.9	100.1	98.6	110.9	98.9
舟山市 Zhoushan	96.0	99.7	96.1	102.9	105.4	98.1
湖州市 Huzhou	100.0	102.8	101.4	100.0	106.1	100.0
绍兴市 Shaoxing	99.3	99.9	98.8	101.1	118.7	100.0
嘉兴市 Jiaxing	90.2	99.2	101.8	99.2	118.3	99.4
台州市 Taizhou	96.8	100.2	96.7	92.4	109.8	98.0
衢州市 Quzhou	99.5	100.0	107.0	100.0	100.0	100.3
丽水市 Lishui	99.1	100.0	99.3	100.0	99.8	99.5
新昌县 Xingchang	97.8	98.1	98.5	99.4	119.0	99.0
安吉县 Anji	99.3	98.7	95.9	99.4	105.9	98.0
临海市 Linhai	97.9	101.8	109.9	97.5	113.4	103.6
萧山市 Xiaoshan	95.0	98.1	101.0	99.6	112.6	98.9
龙泉市 Longquan	101.7	100.4	99.8	100.0	112.8	99.3
海宁市 Haining	99.9	100.0	100.3	96.0	125.0	100.0
江山市 Jiangshan	100.0	94.8	101.1	100.0	113.2	100.6
浦江县 Pujiang	102.1	99.8	108.2	112.9	109.0	99.7
建德市 Jiande	94.8	100.0	100.8	100.0	107.1	98.1
兰溪市 Lanxi	101.5	97.3	96.7	96.0	105.0	99.1

市(县)名称 City(County)	九、日用品类 Articles for Daily Use	十、家用电器类 Household Appliance	十一、首饰类 Jewellery	十二、燃料类 Fuels	十三、建筑装璜材料类 Building Decoration Materials	十四、机电产品类 Mechanical and Electrical Products	农业生产资料零售价格指数 Price Index of Agricultural Means of Production
杭州市 Hangzhou	94.6	84.8	85.3	105.6	99.3	92.5	
宁波市 Ningbo	98.7	85.0	86.8	102.1	101.3	93.2	
温州市 Wenzhou	98.9	92.3	94.4	92.6	96.8	94.9	
金华市 Jinhua	100.8	98.4	97.8	100.2	105.4	96.1	
舟山市 Zhoushan	97.6	91.1	94.9	96.6	101.3	88.5	
湖州市 Huzhou	99.8	100.3	92.5	96.9	99.8	99.0	
绍兴市 Shaoxing	99.8	98.1	89.1	96.1	99.8	93.5	
嘉兴市 Jiaxing	99.5	94.9	79.0	96.0	105.4	97.4	
台州市 Taizhou	98.1	96.8	81.8	89.8	115.1	83.6	
衢州市 Quzhou	100.1	98.1	100.0	100.0	101.3	99.7	
丽水市 Lishui	99.5	97.2	100	94.1	110.7	88.9	
新昌县 Xingchang	95.1	95.0	88.9	98.7	103.7	90.0	99.0
安吉县 Anji	95.3	90.1	86.9	97.6	97.1	89.7	100.3
临海市 Linhai	98.5	79.7	88.4	93.8	105.0	92.3	97.8
萧山市 Xiaoshan	97.7	91.7	83.1	99.0	109.2	87.2	99.1
龙泉市 Longquan	100.4	96.8	102.7	94.4	103.7	97.4	100.4
海宁市 Haining	99.9	95.2	82.6	98.2	100.6	99.5	99.5
江山市 Jiangshan	100.2	88.9	92.3	84.7	104.7	86.5	101.3
浦江县 Pujiang	95.9	95.4	64.9	101.6	100.2	84.0	102
建德市 Jiande	99.1	93.4	89.4	98.1	98.6	96.5	98.3
兰溪市 Lanxi	98.7	96.1	91.5	100.2	101	94.7	99.1

4－8　各市、县居民消费价格指数(2001 年)
Residents Consumer Price Indices by City and County(2001)

(上年＝100)　　(preceding year＝100)

市(县)名称 City(County)	居民消费价格指数 Consumer Price Index	一、食品类 Food	粮食 Grain	肉禽及其制品 Meat and Poultry	蛋类 Eggs	水产品 Aquatic Products	鲜菜 Fresh Vegetables
杭州市　Hangzhou	99.5	98.3	118.8	99.2	109.0	95.7	94.3
宁波市　Ningbo	99.3	97.2	106.2	99.3	107.8	87.9	92.3
温州市　Wenzhou	98.9	97.3	96.8	99.8	104.5	91.3	93.6
金华市　Jinhua	99.5	97.2	98.9	100.2	107.9	90.9	89.3
舟山市　Zhoushan	99.3	96.6	103.0	98.4	110.7	91.7	88.9
湖州市　Huzhou	100.8	101.1	109.0	98.8	102.0	96.3	103.8
绍兴市　Shaoxing	99.4	96.8	95.9	98.4	112.1	91.1	95.7
嘉兴市　Jiaxing	99.5	96.7	105.0	98.1	104.0	86.9	96.0
台州市　Taizhou	98.4	95.4	102.5	101.4	107.5	90.2	88.8
衢州市　Quzhou	99.3	98.5	98.8	99.9	103.6	100.7	95.4
丽水市　Lishui	99.5	99.7	103.7	104.0	109.8	93.9	93.2
新昌县　Xingchang	99.6	96.9	101.6	99.0	106.4	96.2	86.2
安吉县　Anji	98.9	99.4	111.1	106.8	106.1	97.7	98.0
临海市　Linhai	100.2	101.0	105.2	102.6	110.1	93.4	97.9
萧山市　Xiaoshan	98.2	97.7	105.4	100.4	103.4	94.0	92.3
龙泉市　Longquan	100.1	101.1	98.9	102.1	82.9	102.6	109.8
海宁市　Haining	98.1	96.9	97.9	100.0	109.4	87.7	94.9
江山市　Jiangshan	99.6	99.4	98.7	102.9	99.9	97.6	102.9
浦江县　Pujiang	100.1	98.9	104.5	98.9	108.7	96.5	100.1
建德市　Jiande	100.0	98.2	99.7	98.6	108.1	88.0	95.7
兰溪市　Lanxi	98.9	98.2	102.5	99.8	105.2	90.3	92.1

市(县)名称 City(County)	二、衣着类 Clothing	三、家庭设备及用 Household Appliances and Articles	四、医疗保健 Health Care Services	五、交通和通讯工具 Means of Transportation and Communication	六、娱乐教育文化 Recreation, Education and Culture	七、居住 Residence	八、服务项目 Services
杭州市 Hangzhou	96.9	94.2	97.1	99.0	94.9	103.0	104.1
宁波市 Ningbo	100.8	97.8	94.0	98.0	94.8	104.0	104.3
温州市 Wenzhou	101.1	99.0	96.8	99.2	96.2	105.2	99.1
金华市 Jinhua	97.3	96.6	98.9	100.4	93.1	108.1	105.3
舟山市 Zhoushan	96.8	96.3	95.8	97.4	97.4	111.0	101.1
湖州市 Huzhou	99.4	100.5	99.5	99.6	99.1	105.9	98.6
绍兴市 Shaoxing	100.9	97.3	98.3	99.2	96.1	106.1	101.6
嘉兴市 Jiaxing	98.0	91.0	99.4	99.9	98.7	109.8	101.5
台州市 Taizhou	100.8	98.3	97.2	98.2	96.6	106.5	100.9
衢州市 Quzhou	101.1	99.8	97.3	100.6	97.7	99.9	101.4
丽水市 Lishui	100.1	99.8	98.7	98.1	93.0	104.1	100.5
新昌县 Xingchang	99.7	99.3	96.8	102.6	94.2	110.0	100.0
安吉县 Anji	98.7	103.1	96.5	99.4	93.9	100.5	97.6
临海市 Linhai	101.7	98.1	96.3	98.2	99.5	104.0	99.4
萧山市 Xiaoshan	99.5	95.5	97.2	97.5	93.2	105.4	101.0
龙泉市 Longquan	99.8	99.8	100.2	98.7	97.7	97.2	102.7
海宁市 Haining	97.7	100.1	98.4	97.9	97.3	101.3	98.7
江山市 Jiangshan	95.3	100.0	96.7	100.2	97.7	103.1	100.2
浦江县 Pujiang	101.2	104.3	98.9	100.8	94.7	103.5	101.0
建德市 Jiande	99.2	98.8	92.6	100.4	97.2	110.1	99.4
兰溪市 Lanxi	101.0	99.4	97.8	97.4	94.7	104.1	98.6

4－9　分月各种物价指数(2001年)
Price Indices by Month(2001)

(上年同期＝100)　　　　(preceding period＝100)

项目	Item	1月 Jan.	2月 Feb.	3月 Mar.	4月 Apr.
居民消费价格指数	**Consumer Price indices**	**101.0**	**99.5**	**100.2**	**100.8**
城市	Urban Areas	100.7	99.2	99.7	100.3
农村	Rural Areas	101.4	99.8	100.7	101.3
#服务项目价格指数	Services Price Index	109.0	108.4	107.8	108.1
城市	Urban Areas	109.2	109.0	108.1	108.3
农村	Rural Areas	108.8	107.9	107.4	107.8
商品零售价格指数	**Retail Price Index of Commodities**	**98.6**	**97.2**	**97.6**	**98.6**
城市	Urban Areas	97.9	96.9	97.3	98.0
农村	Rural Areas	99.4	97.6	97.9	99.4
农业生产资料零售价格指数	**Price Index of Agricultural Means of Production**	**99.4**	**99.6**	**99.7**	**99.0**
农贸市场农产品成交价格指数	**Transaction Price Indices of Farm Products in Rural Free Markets**	**92.9**	**84.1**	**89.3**	**89.9**

(上年同期＝100)　　4－9　续表1　continued　　(preceding period＝100)

项目	Item	5月 May	6月 June	7月 July	8月 Aug.
居民消费价格指数	**Consumer Price Indices**	**101.1**	**100.7**	**101.2**	**100.9**
城市	Urban Areas	100.8	100.3	100.9	100.3
农村	Rural Areas	101.5	101.2	101.5	101.4
#服务项目价格指数	Services Price Index	107.9	107.7	107.5	107.6
城市	Urban Areas	108.1	108.0	107.6	107.3
农村	Rural Areas	107.6	107.5	107.5	107.9
商品零售价格指数	**Retail Price Index of Commodities**	**99.4**	**98.7**	**99.5**	**98.4**
城市	Urban Areas	98.5	97.6	98.7	97.4
农村	Rural Areas	100.5	100.1	100.3	99.5
农业生产资料零售价格指数	**Price Index of Agricultural Means of Production**	**101.3**	**100.6**	**100.7**	**100.5**
农贸市场农产品成交价格指数	**Transaction Price Indices of Farm Products in Rural Free Markets**	**96.7**	**96.3**	**97.9**	**96.2**

(上年同期=100)　　4-9　续表2　continued　　(preceding period=100)

项目	Item	9月 Sep.	10月 Oct.	11月 Nov.	12月 Dec.
居民消费价格指数	**Consumer Price Index**	**97.3**	**98.9**	**98.3**	**98.2**
城市	Urban Areas	98.5	98.7	98.2	98.1
农村	Rural Areas	96.0	99.1	98.5	98.3
#服务项目价格指数	Services Price Index	101.2	100.7	101.0	100.4
城市	Urban Areas	100.3	100.5	100.8	100.0
农村	Rural Areas	102.1	100.9	101.2	100.9
商品零售价格指数	**Retail Price Index of Commodities**	**97.6**	**97.9**	**96.9**	**96.6**
城市	Urban Areas	96.6	97.2	96.4	95.7
农村	Rural Areas	98.9	98.9	97.6	97.5
农业生产资料零售价格指数	**Price Index of Agricultural Means of Production**	**99.7**	**99.1**	**98.5**	**97.9**
农贸市场农产品成交价格指数	**Transaction Price Indices of Farm Products in Rural Free Markets**	**93.8**	**96.9**	**93.8**	**96.9**

4-10　农贸市场农产品成交价格指数

Transaction Price Indices of Farm Products in Rural Free Markets

(上年=100)　　(Preceding year=100)

项目	Item	1996	1997	1998	1999	2000	2001
农产品成交价格指数	**Transaction Price Indices of Farm Products**	**105.3**	**95.0**	**96.1**	**91.3**	**94.8**	**93.7**
粮食	Grain	108.0	88.1	102.5	95.0	89.5	100.9
油脂类	Oil or Fat	92.8	97.3	102.0	99.1	79.2	87.0
肉禽蛋	Meat, Poultry and Eggs	107.0	96.2	94.7	91.0	92.4	100.4
水产品	Aquatic Products	112.1	100.6	96.4	94.8	99.4	90.3
鲜菜	Fresh Vegetables	100.2	93.9	99.3	91.1	100.3	98.2
干菜	Dried Vegetables	99.7	97.7	98.2	110.3	102.0	95.2
鲜果	Fresh Fruits	95.9	87.8	94.6	92.5	90.3	87.3
干果	Dried Fruits	110.7	91.1	92.2	82.4	95.3	100.8

4－11 固定资产投资价格指数
Price Indices of Investment in Fixed Assets

(上年＝100) (preceding year＝100)

项目	Item	1996	1997	1998	1999	2000	2001
固定资产投资价格指数	**Price Indices of Investment in Fixed Assets**	**101.25**	**99.5**	**97.6**	**98.2**	**100.3**	**100.4**
建筑安装工程	**Construction and Installation**	**101.55**	**99.8**	**97.0**	**98.8**	**101.5**	**101.2**
直接费	Direct Costs	102.24	99.4	97.2	99.7	101.7	101.2
#人工费	Manpower	122.01	105.1	102.8	103.6	101.6	102.4
机械使用费	Using Expenses of Machanism		100.4	103.3	96.6	101.6	99.8
材料费	Materials	97.07	97.9	95.1	99.2	101.7	101.1
钢材	Steel Products	96.4	98.3	93.6	98.2	104.2	99.7
木材	Timber	100.85	98.6	98.3	100.7	99.5	100.3
水泥	Cement	93.92	96.0	93.4	99.8	97.7	103.5
地方材料	Local Materials	96.87	98.4	96.9	100.0	100.4	102.8
化工材料	Chemical Materials		99.9	99.3	101.7	110.5	99.7
电料	Electrical Material		100.9	98.4	98.9	99.6	98.8
其他材料	Others	101.46	96.9	96.6	99.3	100.9	101.6
其他费用	Other Costs	102.1	103.3	95.6	93.0	100.3	100.9
设备、工器具购置	**Purchase of Equipment, Tools and Instruments**	**100.37**	**97.3**	**95.9**	**96.8**	**96.4**	**97.6**
金属制品业	Metal Products	101.37	98.0	97.5	95.7	98.0	98.8
机械工业	Machanical Industry	101.14	98.37	96.8	100.2	98.9	99.0
交通运输设备	Transport Equipment	97.08	95.4	92.7	90.5	94.1	98.1
电气机械及器材	Electric Equipment and Machinery	100.92	96.39	94.9	93.3	95.6	95.6
电子及通信设备制造业	Electronic and Telecommunications Equipment	93.19	86.53	91.9	90.8	95.2	97.8
仪器仪表及其他计量器	Instruments, Meters and Others	106.04	99.99	99.9	97.3	99.1	99.1
其他费用投资	**Others**	**100.87**	**100.3**	**101.6**	**97.8**	**101.7**	**101.1**

4－12 工业品出厂价格指数

Ex-Factory Price Indices of Industrial Products

（上年＝100） (Preceding year＝100)

项目	Item	1996	1997	1998	1999	2000	2001
全省	**General Index**	**99.5**	**99.2**	**95.6**	**96.8**	**101.1**	**98.3**
轻工业	**Light Industry**	**98.8**	**99.42**	**95.7**	**96.6**	**100.4**	**98.0**
以农产品为原料	Using Farm Products as Raw Materials	99.4	101.0	97.1	97.0	100.9	98.9
以非农产品为原料	Using Non Farm Products as Raw Materials	97.7	96.3	92.9	95.8	99.3	95.7
重工业	**Heavy Industry**	**100.5**	**98.8**	**95.4**	**97.0**	**102.0**	**98.6**
采掘	Mining and Quarrying Industry	105.1	86.8	90.7	94.6	98.2	99.4
原料	Raw Material Industry	101.1	104.0	96.3	99.0	107.8	98.6
加工	Manufacturing Industry	99.8	95.9	95.1	95.1	98.1	98.5
生产资料	**Means of Production**	**99.8**	**99.7**	**95.2**	**96.3**	**102.9**	**98.0**
采掘	Mining and Quarrying Industry	105.1	86.8	90.7	94.6	98.1	99.4
原料	Raw Material Industry	98.8	104.0	95.2	96.9	108.6	97.7
加工	Manufacturing Industry	100.5	96.3	95.4	95.9	98.7	98.3
生活资料	**Means of Subsistence**	**99.2**	**98.5**	**96.0**	**97.4**	**98.0**	**98.8**
食品	Food	101.3	98.0	97.9	99.5	95.2	99.2
衣着	Clothing	97.2	100.4	97.1	98.5	99.9	99.8
一般日用品	Articles for Daily Use	100.4	98.3	94.5	96.0	99.0	98.4
耐用消费品	Durable Consumer Goods	96.5	90.9	92.9	93.1	92.9	95.6
分部门	**by Sector**						
冶金工业	Metallurgical Industry	96.2	96.9	92.0	95.6	102.5	96.5
电力工业	Power Industry	107.3	120.9	112.4	101.3	101.9	98.9
煤炭及炼焦工业	Coal Industry	105.3	96.2	97.5	99.6	101.3	111.8
石油工业	Petroleum Industry	101.1	108.4	84.5	109.1	140.7	97.8
化学工业	Chemical Industry	101.1	95.7	91.4	96.2	100.5	95.6
机械工业	Machinery Industry	99.9	96.4	95.4	95.4	96.5	98.0
建筑材料工业	Building Materials Industry	92.8	91.2	94.4	96.5	100.3	101.8
森林工业	Timber Industry	102.1	100.4	93.7	96.8	96.8	99.0
食品工业	Food Industry	101.3	97.2	97.2	98.8	94.5	99.2
纺织工业	Textile Industry	92.8	102.0	92.6	94.2	107.5	97.5
缝纫工业	Tailoring Industry	105.4	102.6	101.3	101.6	99.7	100.0
皮革工业	Leather Industry	108.0	94.8	94.4	97.4	100.1	101.7
造纸工业	Paper Industry	108.3	100.2	95.4	96.1	99.9	97.6
文教艺术品工业	Cultural, Educational & Handicrafts Articles Industry	100.4	98.9	95.2	93.9	99.2	99.1
其他工业	Others	105.2	100.9	102.1	96.3	99.3	105.7

4-13 按行业分的工业品出厂价格指数(2001年)

Ex-Factory Price Indices of Industrial Products by Sector(2001)

(上年=100)　　(Preceding year=100)

项目	Item	1999	2000	2001
全省	General Index	96.8	101.1	98.3
煤炭采选业	Coal Mining and Dressing	101.5	99.5	114.4
黑色金属矿采选业	Ferrous Metals Mining and Dressing	97.5	95.5	101.4
有色金属矿采选业	Nonferrous Metals Mining and Dressing	95.1	102.7	102.3
非金属矿采选业	Nonmetal Minerals Mining and Dressing	93.8	97.6	97.2
木材及竹材采运业	Logging and Transport of Wood and Bamboo	100.1	99.3	100.1
食品加工业	Food Processing	95.2	89.6	99.6
食品制造业	Food Production	100.2	97.0	99.0
饮料制造业	Beverage Production	99.5	96.9	98.5
烟草加工业	Tobacco Processing	104.0	103.2	100.2
纺织行业	Textile Industry	93.9	106.2	97.8
服装及其他纤维制品制造业	Garments and Other Fiber Products	101.6	99.6	100.3
皮革、皮毛羽绒及其制品业	Leather, Furs and Related Products	97.7	99.8	100.8
木材加工及竹、藤、棕、草制品业	Timber Processing, Bamboo, Cane, Palm Fiber & Straw Products	96.1	96.9	99.2
家具制造业	Furniture Manufacturing	96.7	98.0	98.1
造纸及纸制品业	Papermaking and Paper Products	95.8	100.0	97.0
文教体育用品制造业	Cultural, Educational and Sports Articles	96.5	99.1	100.5
石油加工及炼焦业	Petroleum Processing and Coking	108.5	139.7	97.9
化学原料及化学制品制造业	Raw Chemical Materials and Chemical Products	96.7	99.9	97.2
医药制造业	Medical and Pharmaceutical Products	94.0	96.4	96.1
化学纤维制造业	Chemical Fiber	97.4	112.3	85.1
橡胶制品业	Rubber Products	94.2	96.8	98.3
塑料制品业	Plastic Products	97.1	102.5	98.3
非金属矿物制品业	Nonmetal Mineral Products	97.1	101.0	103.2
黑色金属冶炼及压延加工业	Smelting and Pressing of Ferrous Metals	93.9	100.6	98.3
有色金属冶炼及压延加工业	Smelting and Pressing of Nonferrous Metals	97.7	108.9	92.8
金属制品业	Metal Products	96.5	97.9	98.8
普通机械制造业	Ordinary Machanism	98.6	98.9	99.0
专用机械制造业	Equipment for Special Purpose	97.7	98.3	99.9
交通运输设备制造业	Transportation Equipment Manufacturing	91.9	94.1	98.1
电气机械及器材制造业	Electric Machinery and Equipment	94.0	95.6	95.6
电子及通信设备制造业	Electronic and Telecommunications Equipment	92.6	95.2	97.8
仪器仪表及文化办公用机械制造业	Instruments, Meters and Calculating Equipment	96.4	99.1	99.1
其他制造业(地毯,首饰,漆器,制伞)	Other Manufacturing	94.0	98.8	98.4
电力蒸汽热力生产和供应业	Production and Supply of Electric Power	101.3	101.8	98.8
煤气生产和供应业	Production and Supply of Gas	99.9	106.5	104.2
自来水生产和供应业	Production and Supply of Tap Water	125.5	118.5	106.2

4-14 主要原材料、燃料、动力购进价格分类指数
Purchasing Price Indices of Raw Material, Fuels and Motive Power by Category

(上年=100) (preceding year=100)

项目	Item	1996	1997	1998	1999	2000	2001
总指数	**General Purchasing Price Indices**	**98.2**	**96.51**	**92.6**	**96.2**	**107.2**	**99.6**
燃料动力类	Fuels and Motive Power	109.8	106.1	95.8	100.8	110.7	102.0
黑色金属材料类	Ferrous Metals Material	99.7	96.1	94.7	93.6	102.8	100.0
有色金属材料和电线类	Nonferrous Metal Materials and Electric Wire	88.0	94.6	91.8	97.4	107.7	94.6
化工原料类	Chemical Raw Materials	90.8	93.6	87.2	97.9	112.2	96.5
木材及纸浆类	Logging and Paper Pulp	101.3	96.3	99.3	101.8	103.5	94.3
建筑材料类	Building Materials	102.7	98.2	96.4	98.1	100.9	97.6
非金属矿类	Nonmetal Minerals	103.5	94.9	92.1	95.9	109.3	97.7
农副产品类	Farm Products	100.9	97.6	98.6	92.2	102.4	108.5
纺织原料类	Textile Raw Materials	90.3	91.9	88.9	95.5	105.1	98.7

主要统计指标解释

商品零售价格指数 是反映城乡商品零售价格变动趋势的一种经济指数。零售物价的调整变动直接影响到城乡居民的生活支出和国家的财政收入,影响居民购买力和市场供需平衡,影响消费与积累的比例。因此,计算零售价格指数,可以从一个侧面对上述经济活动进行观察和分析。

居民消费价格指数 是反映一定时期内城乡居民所购买的生活消费品价格和服务项目价格变动趋势和程度的相对数。是综合了城市居民消费价格指数和农民消费价格指数计算取得。利用居民消费价格指数,可以观察和分析消费品的零售价格和服务价格变动对城乡居民实际生活支出的影响程度。

城市居民消费价格指数 是反映城市职工及其家庭所购买的生活消费品和服务项目价格变动趋势和程度的相对数。编制城市居民消费价格指数,可以观察和分析消费品的零售价格和服务项目价格变动对职工货币工资的影响,作为研究职工生活和确定工资政策的依据。

农村居民消费价格指数 是反映农村居民家庭所购买的生活消费品的价格和服务项目价格变动趋势和程度的相对数。用它可以观察农村消费品的零售价格和服务项目价格变动对农村居民生活消费支出的影响,直接反映农民生活水平的实际变化情况,为分析和研究农村居民生活问题提供依据。

农产品收购价格指数 是反映国有商业、集体商业、个体商业、外贸部门、国家机关、社会团体等各种经济类型的商业企业和有关部门收购农产品价格的变动趋势和程度的相对数。农产品收购价格指数可以观察和研究农产品收购价格总水平的变化情况,以及对农民货币收入的影响,作为制订和检查农产品价格政策的依据。计算指数所选的商品有11个大类、包括276种农副土特产品。采用加权倒数平均公式(即按报告期实际收购金额加权综合法)计算。

农村工业品零售价格指数 是反映农村市场工业品零售价格水平变动趋势和程度的相对数。通过农村工业品零售价格指数,可以观察工业品零售价格变动对农民货币支出的影响。

工业品出厂价格指数 是反映全部工业产品出厂价格总水平的变动趋势和程度的相对数。其中除包括工业企业售给商业、外贸、物资部门的产品外,还包括售给工业和其他部门的生产资料以及直接售给居民的生活消费品。通过工业生产价格指数能观察出厂价格变动对工业总产值的影响。

固定资产投资价格指数 是反映固定资产投资额价格变动趋势和程度的相对数。固定资产投资额是由建筑安装工程投资完成额、设备、工器具购置投资完成额和其他费用投资完成额三部分组成的。编制固定资产投资价格指数应首先分别编制上述三部分投资的价格指数,然后采用加权算术平均法求出固定资产投资价格总指数。

编制固定资产投资价格指数可以准确地反映固定资产投资中涉及的各类商品和取费项目价格变动趋势和变动幅度,消除按现价计算的固定资产投资指标中的价格变动因素,真实地反映固定资产投资的规模、速度、结构和效益,为国家科学地制定,检查固定资产投资计划并提高宏观调控水平,为完善国民经济核算体系提供科学的,可靠的依据。

Explanatory Notes on Main Statistical Indicators

Retail Price Index reflects the general change in retail prices of commodities. The change and adjustment in retail prices directly affect the living expenditure of urban and rural residents, government revenue, purchasing power of residents and the equilibrium of market supply and demand, and the ratio of consumption to accumulation. Therefore, the calculation of retail price index is useful to analyze the changes of the above economic activities.

Consumer Price Index reflects the relative change in prices of consumer goods and services purchased by urban and rural residents, and is a composite index derived from the urban consumer price index and the rural consumer price index. Consumer price index can be used to analyze the impact of consumer price change on actual expenditure for living cost of urban and rural residents.

Urban Consumer Price Index reflects the relative change in prices of consumer goods and services purchased by urban staff and workers and their families and can be used to observe and analyze the impact of price changes in consumer goods and services on money wages of staff and workers, and provide basis for policy making concerning the living cost and wages of staff and workers.

Rural Consumer Price Index reflects the relative change in prices of consumer goods and services purchased by rural households and can be used to observe the impact of change in prices of consumer goods and services on living expenditure and actual change in peasants´living cost. It provides basis for analysis and research on peasants´living cost and welfare.

Index of Purchasing Prices of Farm Products reflects the relative change in purchasing prices of farm products purchased by state-owned, collective-wned, and individual commercial enterprises, foreign trade sectors, government agencies, social organizations and other units of various types of ownership. It is used to observe the impact of change in purchasing prices of farm products on money income of peasants and is calculated with the method of weighted harmonic mean, taking the amount of purchases during a given period as the weight.

Retail Price Index of Rural Industrial Products reflects the relative change in prices of industrial products in rural market and can be used to observe the impact of the price change on farmers´money expenditure.

Ex-factory Price Index of Industrial Products reflects the change in general ex-factory prices of all industrial products, including sales of industrial products to commercial enterprises, foreign trade sectors, materials supplying and distributing sectors as well as sales of production means to industry and other sectors and sales of consumer goods to residents. It can be used to analyze the impact of ex-factory prices on gross industrial output value.

Price Index of Investment in Fixed Assets reflects the change in prices of investment in fixed assets. The investment in fixed assests consists of three components, namely the investment in construction and installation, the investment in purchases of equipment and instrument, and the investment in other items. Price index of investment in fixed assets is calculated as the weighted arithmetic mean of the price indices of the three components of investment in fixed assets.

Price index of investment in fixed assets reflects the changes of prices in various goods and services involved in investment in fixed assets and therefore can be used to observe the actual size, speed, structure, and efficiency of investment in fixed assets and provides reliable and scientific data for government planning, management, decision making, and further improving the current national accounting system.

人民生活
PEOPLE'S LIVELIHOOD

Chapter 5

5. 人民生活

People's livelihood

2001年全部职工工资总额	Total Wages of Staff and Workers	589.48 亿元 (100 million yuan)
#国有单位	State-owned Units	351.40 亿元 (100 million yuan)
2001年全部职工平均工资	Average Wages of Staff and Workers	15770 元 (yuan)
#国有单位	State-owned Units	18926 元 (yuan)
2001年城镇居民人均可支配收入	Per Capita Disposable Income of Urban Resident	10465 元 (yuan)
2001年农村居民人均纯收入	Per Capita Net Income of Rural Residents	4582 元 (yuan)
2001年城镇居民人均居住面积	Per Capita Living Space of Urban Residents	15.2 平方米 (sq.m)
2001年农村居民人均居住面积	Per Capita Living Space of Rural Residents	47.8 平方米 (sq.m)

城乡居民人均收入（元）

Per Capita Income of Urban and Rural Resident (yuan)

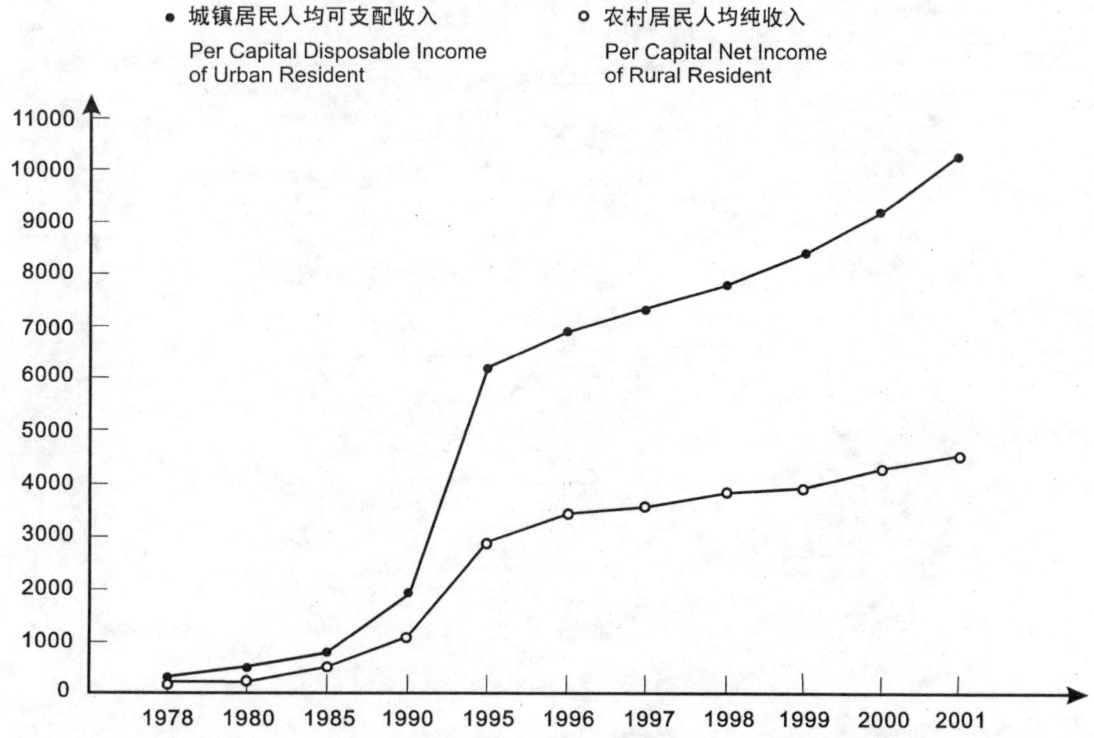

5-1 人民物质文化生活
People's Material and Cultural Life

项目		Item		1990	1995	1998	2000	2001
城乡居民收入	(元)	**Income of Urban and Rual Residents**	(yuan)					
农村居民人均纯收入		Annual per Capita Net Income of Rural Residents		1099	2966	3815	4254	4582
城镇居民人均可支配收入		Annual per Capita Disposable Income of Urban Residents		1932	6221	7837	9279	10465
职工年平均工资		Annual Average Wages of Staff and Workers		2220	6619	9259	12414	15770
居民消费水平	(元)	**Per Capita Consumption**	(yuan)	1122	2831	3784	4366	4772
农村居民		Rural Residents		975	2138	2824	3229	3434
城镇居民		Urban Residents		1857	5926	7630	8478	9459
平均每人居住面积	(平方米)	**Per Capita Floor Space of Residents Buildings**	(sq. m)					
农村居民		Rural Areas		29.26	34.14	38.53	46.42	47.82
城镇居民		Urban Areas		10.21	10.89	11.98	14.04	15.22
交通		**Traffic**						
农村每百户拥有自行车	(辆)	Number of Bicycles per 100 Households in Rural Areas	(unit)	163	196	198	180	180
城镇每百户拥有自行车	(辆)	Number of Bicycles per 100 Households in Urban Areas	(unit)	212	230	223	199	200
每万人拥有民用汽车	(辆)	Civil Motor Vehicles per 10000 Persons	(unit)	36	82	108	151	189

5－1 续表 continued

项目		Item		1990	1995	1998	2000	2001
储蓄		**Savings**						
城乡居民储蓄存款年末余额	(亿元)	Balance of Savings Deposit of Rural and Urban Residents (year-end)	(100 million yuan)	306.75	1377.22	2847.29	3594.65	4262.38
平均每人储蓄存款余额	(元)	Per Capita Balance of Savings Deposits	(yuan)	724	3152	6403	8016	9430
文化、教育及卫生		**Culture, Education and Public Health**						
农村每百户拥有彩色电视机	(台)	Number of Color Tv Sets per 100 Households in Rural Areas	(unit)	9	33	56	83	93
城镇每百户拥有彩色电视机	(台)	Number of Color Tv Sets per 100 Households in Urban Areas	(unit)	63	96	121	139	150
每百人每天有报纸杂志	(份)	Daily Newspapers and Magazines Per 100 persons	(copy)	4.65	7.64	9.71	10.4	11.9
学龄儿童入学率	(%)	Enrollment Ratio of School-age Children	(%)	99.30	99.70	99.92	99.93	99.97
每千人口拥有在校大学生数	(人)	Students Enrollment in University 1000 Persons	(person)	1.43	2.13	2.52	4.72	6.49
每千人口拥有医疗床位数	(张)	Number of Hospital Beds per 1000 Persons	(person)	2.29	2.44	2.49	2.53	2.55
每千人口拥有医生数	(人)	Number of Doctors Per 1000 Persons	(person)	1.39	1.53	1.64	1.65	1.70
就业		**Employment**						
城镇每一就业者负担人数	(人)	Number of Dependents per Urban Employee	(person)	1.60	1.58	1.62	1.80	1.84

5－2 城镇单位职工工资总额
Total Wages of Staff and Workers in Urban Units

单位:亿元 (100 million yuan)

年 份 Year	工资总额 Total Wages of Staff and Workers	国有单位职工 State-owned Units	城镇集体单位职工 Urban Collective owned Units	其他经济单位职工 Units of Other Types of Ownership
1985	47.85	28.69	18.91	0.25
1986	58.01	35.45	22.23	0.33
1987	66.62	40.68	25.44	0.50
1988	85.04	52.71	31.50	0.83
1989	94.46	59.08	34.17	1.21
1990	102.76	66.10	35.33	1.33
1991	115.98	74.42	39.39	2.17
1992	138.04	90.82	43.44	3.78
1993	192.98	123.08	58.80	11.10
1994	274.27	175.09	76.99	22.19
1995	324.25	201.67	90.46	32.12
1996	361.84	222.18	98.06	41.60
1997	402.01	251.85	100.13	50.03
1998	422.51	257.01	74.83	90.67
1999	456.04	273.77	66.23	116.04
2000	501.07	293.83	56.99	150.25
2001	589.48	351.40	47.61	190.47

5－3 城镇单位职工工资总额指数(1985年＝100)

Indices of Total Wages of Staff and Workers in Urban Units(1985＝100)

年份 Year	工资总额指数 Indices of Total Wages		国有单位职工 State-Owned Units		城镇集体单位职工 Urban Collective Owned Units	
	货币指数 Money Wage	实际指数 Real Wage	货币指数 Money Wage	实际指数 Real Wage	货币指数 Money Wage	实际指数 Real Wage
1986	121.2	114.1	123.6	116.3	117.6	110.6
1987	139.2	118.2	141.8	120.3	134.5	114.2
1988	177.7	122.2	183.7	126.4	166.5	114.5
1989	197.4	116.2	205.9	121.2	180.7	106.4
1990	214.7	128.2	230.4	132.8	186.8	107.7
1991	242.4	132.4	259.4	141.6	208.3	113.7
1992	288.5	144.2	316.6	159.3	229.7	114.8
1993	403.3	166.1	429.0	176.7	310.9	128.1
1994	573.1	189.3	610.3	201.6	406.8	134.4
1995	677.6	191.4	702.9	198.5	478.4	135.1
1996	756.1	194.3	774.4	199.0	518.5	133.2
1997	840.0	207.4	877.8	216.7	529.5	130.7
1998	883.0	217.0	895.8	220.1	395.7	97.2
1999	953.1	235.4	954.2	235.7	350.2	86.5
2000	1047.2	256.3	1024.2	250.7	310.4	73.8
2001	1231.9	302.1	1224.8	300.4	251.8	61.8

5-4 分行业城镇单位职工工资总额

Total Wages of Staff and Workers in Urban Units by Sector

单位:亿元 (100 million yuan)

行业	Sector	1990	1995	1998	2000	2001
总计	**Total**	**102.76**	**324.25**	**422.51**	**501.07**	**589.48**
农、林、牧、渔业	Farming, Forestry, Animal Husbandry and Fishery	2.67	4.57	5.24	5.42	6.57
采掘业	Mining and Quarrying	1.43	3.25	2.89	2.61	2.63
制造业	Manufacturing	46.43	123.21	126.38	129.86	126.95
电力、煤气及水的生产和供应业	Electricity, Gas and Water Production and Supply	1.78	7.98	13.24	18.09	21.60
建筑业	Construction	6.22	32.66	41.32	49.72	53.50
地质勘查业、水利管理业	Geological Prospecting and Water Conservancy	0.96	1.54	1.98	2.17	3.03
交通运输、仓储及邮电通讯业	Transport, Storage, Post and Telecommunications	7.30	20.55	27.46	34.78	41.14
批发和零售贸易、餐饮业	Wholesale and Retail Sale Trade and Catering Services	12.88	37.38	40.94	39.14	36.11
金融、保险业	Banking and Insurance	1.68	10.10	17.53	23.93	32.40
房地产业	Real Estate Trade	0.34	2.35	4.13	5.85	7.71
社会服务业	Social Services	2.51	11.13	18.19	22.01	29.10
卫生、体育和社会福利业	Health Care, Sports and Social Welfare	3.35	13.67	25.06	34.23	44.63
教育、文化艺术和广播电影电视业	Education, Culture and Art, Radio, Film and Television	8.18	28.88	50.87	69.16	95.66
科学研究和综合技术服务业	Scientific Research and Polytechnical Services	0.68	3.52	5.60	7.06	9.42
国家机关、政党机关和社会团体	Government Agencies, Party Agencies and Social Organizations	5.82	22.09	38.14	52.65	71.48
其他行业	Others	0.53	1.37	3.54	4.39	7.55

5-5 分行业国有经济单位职工工资总额
Total Wages of Staff and Workers in State-Owned Units by Sector

单位:亿元 (100 million yuan)

行业	Sector	1990	1995	1998	2000	2001
总计	**Total**	**66.10**	**201.66**	**257.01**	**293.83**	**351.40**
农、林、牧、渔业	Farming, Forestry, Animal Husbandry and Fishery	2.56	4.25	4.73	4.83	5.94
采掘业	Mining and Quarrying	1.40	3.07	2.64	2.30	1.11
制造业	Manufacturing	25.19	58.88	45.03	29.63	19.50
电力、煤气及水的生产和供应业	Electricity, Gas and Water Production and Supply	1.72	7.60	10.77	12.48	15.29
建筑业	Construction	2.42	9.09	9.27	9.28	8.29
地质勘查业、水利管理业	Geological Prospecting and Water Conservancy	0.91	1.49	1.87	2.06	2.89
交通运输、仓储及邮电通讯业	Transport, Storage, Post and Telecommunications	5.20	16.44	21.60	26.04	27.40
批发和零售贸易、餐饮业	Wholesale and Retail Sale Trade and Catering Services	6.46	19.88	19.76	16.61	12.50
金融、保险业	Banking and Insurance	1.08	6.56	10.51	14.64	18.88
房地产业	Real Estate Trade	0.27	1.75	2.82	3.58	4.42
社会服务业	Social Services	1.64	7.29	11.28	12.80	16.90
卫生、体育和社会福利业	Health Care, Sports and Social Welfare	2.52	10.96	20.98	29.54	39.25
教育、文化艺术和广播电影电视业	Education, Culture and Art, Radio, Film and Television	7.93	28.37	50.22	68.24	94.17
科学研究和综合技术服务业	Scientific Research and Polytechnical Services	0.67	3.33	5.17	6.45	8.46
国家机关、政党机关和社会团体	Government Agencies, Party Agencies and Social Organizations	5.71	21.88	38.02	52.54	71.30
其他行业	Others	0.42	0.82	2.34	2.81	5.10

5-6 分行业城镇集体经济单位职工工资总额

Total Wages of Staff and Workers in Urban Collective-Owned Units by Sector

单位:亿元 (100 million yuan)

行业	Sector	1990	1995	1998	2000	2001
总计	**Total**	**35.33**	**90.46**	**74.83**	**56.99**	**47.61**
农、林、牧、渔业	Farming, Forestry, Animal Husbandry and Fishery	0.07	0.16	0.34	0.42	0.39
采掘业	Mining and Quarrying	0.03	0.16	0.12	0.05	0.01
制造业	Manufacturing	20.17	39.17	25.69	14.93	8.99
电力、煤气及水的生产和供应业	Electricity, Gas and Water Production and Supply	0.06	0.21	0.31	0.40	0.39
建筑业	Construction	3.79	22.43	19.72	15.45	13.61
地质勘查业、水利管理业	Geological Prospecting and Water Conservancy	0.05	0.05	0.10	0.10	0.09
交通运输、仓储及邮电通讯业	Transport, Storage, Post and Telecommunications	2.08	3.73	2.90	1.96	1.24
批发和零售贸易、餐饮业	Wholesale and Retail Sale Trade and Catering Services	6.34	14.49	12.13	8.12	4.80
金融、保险业	Banking and Insurance	0.60	3.35	4.66	5.67	6.63
房地产业	Real Estate Trade	0.06	0.32	0.34	0.32	0.27
社会服务业	Social Services	0.76	2.38	2.80	2.83	3.42
卫生、体育和社会福利业	Health Care, Sports and Social Welfare	0.83	2.71	4.01	4.57	5.22
教育、文化艺术和广播电影电视业	Education, Culture and Art, Radio, Film and Television	0.25	0.48	0.51	0.67	0.78
科学研究和综合技术服务业	Scientific Research and Polytechnical Services	0.01	0.13	0.21	0.29	0.31
国家机关、政党机关和社会团体	Government Agencies, Party Agencies and Social Organizations	0.12	0.21	0.12	0.11	0.16
其他行业	Others	0.11	0.48	0.88	1.10	1.30

5-7 分行业城镇其他经济单位职工工资总额

Total Wages of Staff and Workers in Urban Other Ownership Units by Sector

单位:亿元 (100 million yuan)

行业	Sector	1990	1995	1998	2000	2001
总计	**Total**	**1.33**	**32.12**	**90.67**	**150.25**	**190.47**
农、林、牧、渔业	Farming, Forestry, Animal Husbandry and Fishery	0.05	0.15	0.17	0.17	0.24
采掘业	Mining and Quarrying		0.02	0.13	0.26	1.51
制造业	Manufacturing	1.07	25.16	55.65	85.30	98.46
电力、煤气及水的生产和供应业	Electricity, Gas and Water Production and Supply		0.17	2.16	5.21	5.92
建筑业	Construction	0.01	1.14	12.33	24.99	31.60
地质勘查业、水利管理业	Geological Prospecting and Water Conservancy			0.01	0.01	0.05
交通运输、仓储及邮电通讯业	Transport, Storage, Post and Telecommunications	0.01	0.38	2.96	6.78	12.50
批发和零售贸易、餐饮业	Wholesale and Retail Sale Trade and Catering Services	0.09	3.02	9.05	14.41	18.81
金融、保险业	Banking and Insurance		0.18	2.36	3.62	6.89
房地产业	Real Estate Trade		0.29	0.97	1.95	3.02
社会服务业	Social Services	0.10	1.46	4.11	6.38	8.78
卫生、体育和社会福利业	Health Care, Sports and Social Welfare			0.08	0.12	0.16
教育、文化艺术和广播电影电视业	Education, Culture and Art, Radio, Film and Television		0.03	0.14	0.25	0.71
科学研究和综合技术服务业	Scientific Research and Polytechnical Services		0.06	0.22	0.32	0.65
国家机关、政党机关和社会团体	Government Agencies, Party Agencies and Social Organizations					0.02
其他行业	Others		0.06	0.32	0.48	1.15

5-8 城镇单位职工平均工资
Average Wage of Staff and Workers in Urban Units

单位:元 (yuan)

年份 Year	平均工资 Average Wage	国有单位 State-Owned Units	城镇集体单位 Urban Collective Owned Units	其他单位 Units of Other Types of Ownership
1985	1159	1226	1071	1247
1986	1346	1442	1271	1455
1987	1493	1584	1365	1635
1988	1841	1961	1667	2014
1989	2031	2158	1838	2209
1990	2220	2383	1964	2412
1991	2422	2583	2152	2831
1992	2884	3088	2507	3368
1993	3932	4168	3439	4544
1994	5597	6034	4671	6334
1995	6619	6952	5702	7813
1996	7413	7734	6414	8672
1997	8386	8847	7026	9584
1998	9259	10012	7230	9432
1999	10632	11684	8229	10167
2000	12414	13775	9479	11539
2001	15770	18926	11281	13508

5-9 城镇单位职工平均工资指数(1985年=100)
Indices of Average Wage of Staff and Workers in Urban Units (1985=100)

年份 Year	平均工资 Indices of Average Wage		国有单位职工 State-Owned Units		城镇集体单位职工 Urban Collective Owned Units	
	货币指数 Average Money Wage	实际指数 Average Real Wage	货币指数 Average Money Wage	实际指数 Average Real Wage	货币指数 Average Money Wage	实际指数 Average Real Wage
1986	116.1	109.2	117.6	110.6	118.7	111.7
1987	128.8	109.2	129.2	109.6	127.5	108.1
1988	158.8	109.1	160.0	110.0	155.6	106.9
1989	175.2	103.1	176.0	103.6	171.6	101.0
1990	191.5	110.4	194.4	112.0	183.4	105.7
1991	209.0	114.1	210.7	115.0	200.9	109.7
1992	248.8	124.4	251.9	126.0	234.1	117.1
1993	339.3	139.7	340.0	140.0	321.1	132.2
1994	482.9	159.4	492.2	162.4	436.1	143.9
1995	571.1	161.1	567.0	160.0	532.4	150.2
1996	639.6	164.4	630.8	162.1	598.9	153.9
1997	723.6	178.6	721.6	178.1	656.0	161.9
1998	798.9	196.3	816.6	200.6	675.1	165.9
1999	917.3	226.6	953.0	235.4	768.3	189.8
2000	1071.1	262.1	1123.6	275.0	885.1	216.6
2001	1360.7	333.7	1543.7	378.6	1053.3	258.3

5-10 分行业城镇单位职工平均工资

Average Wage of Staff and Workers in Urban Units by Sector

单位:元 (yuan)

行业	Sector	1990	1995	1998	2000	2001
总计	**Total**	**2220**	**6619**	**9259**	**12414**	**15770**
农、林、牧、渔业	Farming, Forestry, Animal Husbandry and Fishery	2142	5692	7350	9740	12880
采掘业	Mining and Quarrying	2532	6152	7083	8889	10276
制造业	Manufacturing	2148	6059	7641	9853	11357
电力、煤气及水的生产和供应业	Electricity, Gas and Water Production and Supply	2822	9803	14434	19906	24019
建筑业	Construction	2528	7697	9824	11809	12894
地质勘查业、水利管理业	Geological Prospecting and Water Conservancy	2310	6982	9373	11889	16428
交通运输、仓储及邮电通讯业	Transport, Storage, Post and Telecommunications	2661	7480	10458	14590	19429
批发和零售贸易、餐饮业	Wholesale and Retail Sale Trade and Catering Services	2047	5628	7383	10047	12756
金融、保险业	Banking and Insurance	2213	8448	12762	16756	21408
房地产业	Real Estate Trade	2179	8791	11930	15717	18130
社会服务业	Social Services	2221	7164	9827	11984	14363
卫生、体育和社会福利业	Health Care, Sports and Social Welfare	2284	7944	12680	17102	21690
教育、文化艺术和广播电影电视业	Education, Culture and Art, Radio, Film and Television	2205	6733	10626	13964	19059
科学研究和综合技术服务业	Scientific Research and Polytechnical Services	2343	8251	12706	16859	21633
国家机关、政党机关和社会团体	Government Agencies, Party Agencies and Social Organizations	2263	7299	11374	15478	21627
其他行业	Others	2228	7955	9932	12829	16006

5-11 分行业国有经济单位职工平均工资

Average Wage of Staff and Workers in State-Owned Units by Sector

单位:元 (yuan)

行业	Sector	1990	1995	1998	2000	2001
总计	**Total**	**2383**	**6952**	**10012**	**13775**	**18926**
农、林、牧、渔业	Farming, Forestry, Animal Husbandry and Fishery	2142	5642	7376	9548	12782
采掘业	Mining and Quarrying	2570	6317	7205	8975	9559
制造业	Manufacturing	2373	6180	7440	9032	11367
电力、煤气及水的生产和供应业	Electricity, Gas and Water Production and Supply	2856	9904	14125	18352	23194
建筑业	Construction	2992	8725	11777	13613	16340
地质勘查业、水利管理业	Geological Prospecting and Water Conservancy	2327	7043	9394	11913	16481
交通运输、仓储及邮电通讯业	Transport, Storage, Post and Telecommunications	2897	8205	11251	15303	20705
批发和零售贸易、餐饮业	Wholesale and Retail Sale Trade and Catering Services	2259	6220	8020	11637	15998
金融、保险业	Banking and Insurance	2236	8264	12311	16868	20979
房地产业	Real Estate Trade	2265	8544	11932	15996	19796
社会服务业	Social Services	2332	7356	10152	12492	15684
卫生、体育和社会福利业	Health Care, Sports and Social Welfare	2369	8329	13362	18059	22901
教育、文化艺术和广播电影电视业	Education, Culture and Art, Radio, Film and Television	2221	6738	10645	13984	19118
科学研究和综合技术服务业	Scientific Research and Polytechnical Services	2348	8292	12609	16999	22377
国家机关、政党机关和社会团体	Government Agencies, Party Agencies and Social Organizations	2269	7302	11381	15482	21657
其他行业	Others	2213	7778	9852	12788	16262

5-12 分行业城镇集体经济单位职工平均工资

Average Wage of Staff and Workers in Urban Collective-Owned Units by Sector

单位:元 (yuan)

行业	Sector	1990	1995	1998	2000	2001
总计	**Total**	**1964**	**5702**	**7230**	**9479**	**11281**
农、林、牧、渔业	Farming, Forestry, Animal Husbandry and Fishery	1588	5517	9528	12137	15955
采掘业	Mining and Quarrying	1391	4194	5951	8102	7881
制造业	Manufacturing	1913	5232	6126	7871	8356
电力、煤气及水的生产和供应业	Electricity, Gas and Water Production and Supply	2132	8084	9013	13035	13331
建筑业	Construction	2301	7261	8977	10699	11415
地质勘查业、水利管理业	Geological Prospecting and Water Conservancy	2046	5971	8781	11436	14490
交通运输、仓储及邮电通讯业	Transport, Storage, Post and Telecommunications	2213	5376	6236	8514	10306
批发和零售贸易、餐饮业	Wholesale and Retail Sale Trade and Catering Services	1865	4727	5896	6952	7855
金融、保险业	Banking and Insurance	2172	8729	12648	15526	18584
房地产业	Real Estate Trade	1858	8815	10028	13585	13431
社会服务业	Social Services	1972	5743	7933	10181	11781
卫生、体育和社会福利业	Health Care, Sports and Social Welfare	2062	6696	10010	12762	15642
教育、文化艺术和广播电影电视业	Education, Culture and Art, Radio, Film and Television	1804	6329	9051	12398	14898
科学研究和综合技术服务业	Scientific Research and Polytechnical Services	2106	6172	11559	13648	15240
国家机关、政党机关和社会团体	Government Agencies, Party Agencies and Social Organizations	1991	6968	9641	13702	14328
其他行业	Others	2290	7639	9201	12958	17427

5-13 分行业城镇其他经济单位职工平均工资

Average Wage of Staff and Workers in Urban Other Ownership Units by Sector

单位:元 (yuan)

行业	Sector	1990	1995	1998	2000	2001
总计	**Total**	**2412**	**7813**	**9432**	**11539**	**13054**
农、林、牧、渔业	Farming, Forestry, Animal Husbandry and Fishery	4774	8100	9024	10576	11425
采掘业	Mining and Quarrying		5072	6077	8324	10909
制造业	Manufacturing	2345	7574	8844	10659	11740
电力、煤气及水的生产和供应业	Electricity, Gas and Water Production and Supply	2188	8456	17924	26289	28069
建筑业	Construction	2378	10122	10091	11988	12900
地质勘查业、水利管理业	Geological Prospecting and Water Conservancy			11979	12064	17914
交通运输、仓储及邮电通讯业	Transport, Storage, Post and Telecommunications	2482	7511	12289	15007	18554
批发和零售贸易、餐饮业	Wholesale and Retail Sale Trade and Catering Services	2384	7899	8834	11082	13074
金融、保险业	Banking and Insurance		10878	15568	18558	26832
房地产业	Real Estate Trade	4583	10823	12777	15615	16596
社会服务业	Social Services	2623	9844	10622	11949	13341
卫生、体育和社会福利业	Health Care, Sports and Social Welfare		6250	12064	15592	15920
教育、文化艺术和广播电影电视业	Education, Culture and Art, Radio, Film and Television		9857	10552	13474	17324
科学研究和综合技术服务业	Scientific Research and Polytechnical Services		16144	7702	17785	17602
国家机关、政党机关和社会团体	Government Agencies, Party Agencies and Social Organizations					10598
其他行业	Others		20695	13846	12779	13785

5－14 各市城镇单位职工工资总额和平均工资

Total Wages and Average Wage of Staff and Workers in Urban Units by City

地　区	Region	1990	1995	1998	2000	2001
工资总额(万元)	**Total Wages(10000 yuan)**	**1027555**	**3242463**	**4225143**	**5010723**	**5894824**
浙东北	**Eastern and Northern Region**	**714630**	**2297002**	**2912569**	**3376136**	**3899276**
杭州市	Hangzhou	277910	890488	1135034	1296365	1511260
宁波市	Ningbo	156732	573191	784441	950196	1079955
嘉兴市	Jiaxing	94589.	264438	311030	363545	415236
湖州市	Huzhou	62431	172611	185936	200524	222379
绍兴市	Shaoxing	88146	289166	376640	431195	510508
舟山市	Zhoushan	34822	107108	119488	134311	159938
浙西南	**Western and Southern Region**	**310076**	**940669**	**1306718**	**1629148**	**1989083**
温州市	Wenzhou	98610	308271	480755	612964	764545
金华市	Jinhua	70799	220058	271991	332108	394095
衢州市	Quzhou	41221	119869	137120	156894	187818
台州市	Taizhou	64706	206887	309077	395935	476969
丽水市	Lishui	34740	85584	107775	131247	165656
平均工资(元)	**Average Wage (yuan)**	**2220**	**6619**	**9259**	**12414**	**15770**
浙东北	**Eastern and Northern Region**	**2309**	**6940**	**9617**	**12955**	**16439**
杭州市	Hangzhou	2380	7156	10194	13715	17645
宁波市	Ningbo	2228	7361	10751	14823	18535
嘉兴市	Jiaxing	2350	6229	8204	11474	14640
湖州市	Huzhou	2275	6267	7654	9806	12307
绍兴市	Shaoxing	2161	6716	8892	11428	14357
舟山市	Zhoushan	2478	6856	8786	11094	14165
浙西南	**Western and Southern Region**	**2040**	**5949**	**8558**	**11439**	**14646**
温州市	Wenzhou	1989	6040	8942	11229	14374
金华市	Jinhua	2082	5925	8089	12008	15380
衢州市	Quzhou	2166	5710	7713	10446	13818
台州市	Taizhou	1995	6320	9368	12446	15611
丽水市	Lishui	2050	5282	7416	9837	12890

5-15 分行业国有单位从业人员劳动报酬(2001年)
Remuneration Payment to Employed Persons in State-Owned Units by Sector(2001)

单位:亿元 (100 million yuan)

行业	Sector	单位从业人员劳动报酬 Total Remuneration	在岗职工工资总额 Wages of Staff and Workers at Work	其他从业人员劳动报酬 Remuneration Payment to Other Employed Persons	#聘用的离退休人员 Re-employed Retirees	#聘用的港澳台和外籍人员 Employed Persons from Hong Kong, Macao & Taiwan and Foreigner
总计	**Total**	**352.97**	**346.13**	**6.84**	**1.20**	**0.02**
农、林、牧、渔业	Farming, Forestry, Animal Husbandry and Fishery	5.76	5.70	0.06	0.01	
采掘业	Mining and Quarrying	0.99	0.99			
制造业	Manufacturing	18.31	18.08	0.23	0.06	
电力、煤气及水的生产和供应业	Electricity, Gas and Water Production and Supply	15.20	15.16	0.04	0.02	
建筑业	Construction	8.08	8.00	0.08	0.02	
地质勘查业、水利管理业	Geological Prospecting and Water Conservancy	2.82	2.77	0.05	0.01	
交通运输、仓储及邮电通讯业	Transport, Storage, Post and Telecommunications	26.96	26.55	0.41	0.03	
批发和零售贸易、餐饮业	Wholesale and Retail Sale Trade and Catering Services	12.39	12.05	0.34	0.06	
金融、保险业	Banking and Insurance	20.82	18.52	2.30	0.02	
房地产业	Real Estate Trade	4.44	4.34	0.10	0.04	
社会服务业	Social Services	17.23	16.68	0.55	0.13	
卫生、体育和社会福利业	Health Care, Sports and Social Welfare	39.84	39.14	0.70	0.35	
教育、文化艺术和广播电影电视业	Education, Culture and Art, Radio, Film and Television	94.81	93.66	1.15	0.25	0.02
科学研究和综合技术服务业	Scientific Research and Polytechnical Services	8.59	8.40	0.19	0.10	
国家机关、政党机关和社会团体	Government Agencies, Party Agencies and Social Organizations	71.61	71.09	0.52	0.10	
其他行业	Others	5.11	5.00	0.11	0.03	

5－16 分行业城镇集体单位从业人员劳动报酬(2001 年)
Remuneration Payment to Employed Persons in Urban Collective-Owned Units by Sector(2001)

单位:亿元 (100 million yuan)

行业	Sector	单位从业人员劳动报酬 Total Remuneration	在岗职工工资总额 Wages of Staff and Workers at Work	其他从业人员劳动报酬 Remuneration Payment to Other Employed Persons	#聘用的离退休人员 Re-employed Retirees	#聘用的港澳台和外籍人员 Re-employed Persons from Hong Kong, Macao & Taiwan and Foreigner
总计	**Total**	**47.18**	**46.26**	**0.92**	**0.30**	
农、林、牧、渔业	Farming, Forestry, Animal Husbandry and Fishery	0.37	0.37			
采掘业	Mining and Quarrying	0.02	0.02			
制造业	Manufacturing	8.54	8.33	0.21	0.08	
电力、煤气及水的生产和供应业	Electricity, Gas and Water Production and Supply	0.42	0.38	0.04		
建筑业	Construction	13.72	13.52	0.20	0.05	
地质勘查业、水利管理业	Geological Prospecting and Water Conservancy	0.10	0.10			
交通运输、仓储及邮电通讯业	Transport, Storage, Post and Telecommunications	1.19	1.18	0.01		
批发和零售贸易、餐饮业	Wholesale and Retail Sale Trade and Catering Services	4.56	4.46	0.10	0.03	
金融、保险业	Banking and Insurance	6.58	6.54	0.04		
房地产业	Real Estate Trade	0.29	0.26	0.03	0.01	
社会服务业	Social Services	3.50	3.39	0.11	0.03	
卫生、体育和社会福利业	Health Care, Sports and Social Welfare	5.32	5.21	0.11	0.07	
教育、文化艺术和广播电影电视业	Education, Culture and Art, Radio, Film and Television	0.82	0.78	0.04	0.02	
科学研究和综合技术服务业	Scientific Research and Polytechnical Services	0.32	0.31	0.01	0.01	
国家机关、政党机关和社会团体	Government Agencies, Party Agencies and Social Organizations	0.16	0.15	0.01		
其他行业	Others	1.27	1.26	0.01		

5-17 分行业其他单位从业人员劳动报酬(2001年)
Remuneration Payment to Employed Persons in Urban Other Ownership Units by Sector(2001)

单位:亿元 (100 million yuan)

行业	Sector	单位从业人员劳动报酬 Total Remuneration	在岗职工工资总额 Wages of Staff and Workers at Work	其他从业人员劳动报酬 Remuneration Payment to Other Employed Persons	#聘用的离退休人员 Re-employed Retirees	#聘用的港澳台和外籍人员 Re-employed Persons from Hong Kong, Macao & Taiwan and Foreigner
总计	**Total**	**195.41**	**186.32**	**9.09**	**1.53**	**1.50**
农、林、牧、渔业	Farming, Forestry, Animal Husbandry and Fishery	0.24	0.23	0.01		
采掘业	Mining and Quarrying	1.40	1.40			
制造业	Manufacturing	99.07	95.89	3.18	0.68	1.26
电力、煤气及水的生产和供应业	Electricity, Gas and Water Production and Supply	5.96	5.90	0.06	0.03	0.01
建筑业	Construction	33.50	31.29	2.21	0.15	0.01
地质勘查业、水利管理业	Geological Prospecting and Water Conservancy	0.06	0.05	0.01		
交通运输、仓储及邮电通讯业	Transport, Storage, Post and Telecommunications	12.40	12.08	0.32	0.02	0.01
批发和零售贸易、餐饮业	Wholesale and Retail Sale Trade and Catering Services	19.10	18.32	0.78	0.15	0.02
金融、保险业	Banking and Insurance	7.81	6.85	0.96	0.04	
房地产业	Real Estate Trade	3.30	3.00	0.30	0.12	0.03
社会服务业	Social Services	9.64	8.67	0.97	0.20	0.15
卫生、体育和社会福利业	Health Care, Sports and Social Welfare	0.18	0.16	0.02		
教育、文化艺术和广播电影电视业	Education, Culture and Art, Radio, Film and Television	0.79	0.71	0.08	0.05	
科学研究和综合技术服务业	Scientific Research and Polytechnical Services	0.78	0.65	0.13	0.05	0.01
国家机关、政党机关和社会团体	Government Agencies, Party Agencies and Social Organizations	0.02	0.02			
其他行业	Others	1.16	1.09	0.07	0.04	

5-18 企业单位从业人员劳动报酬(2001年)
Remuneration Payment to Employed Persons in Enterprises(2001)

单位:亿元 (100 million yuan)

地 区 Region		单位从业人员劳动报酬 Remuneration Payment to Employed Persons	#在岗职工工资总额 Wages of Staff and Workers at Work	离岗职工生活费 Living Experses of Laid-off Staff and Workers	在岗职工平均工资(元) Average Wage of Staff and Workers at Work (yuan)
总计	**Total**	**349.78**	**336.03**	**9.44**	**14473**
杭州市	Hangzhou	97.76	93.27	2.57	16633
宁波市	Ningbo	72.09	68.71	1.84	17134
温州市	Wenzhou	43.61	42.03	0.86	12814
嘉兴市	Jiaxing	23.80	22.65	0.96	12766
湖州市	Huzhou	12.03	11.52	0.60	11032
绍兴市	Shaoxing	30.84	30.12	0.54	12259
金华市	Jinhua	18.08	17.81	0.38	13134
衢州市	Quzhou	9.72	9.53	0.43	12695
舟山市	Zhoushan	9.08	8.92	0.37	12842
台州市	Taizhou	25.78	24.00	0.59	14250
丽水市	Lishui	6.96	6.85	0.23	13287

5-19 国有控股企业单位从业人员劳动报酬(2001年)
Remuneration Payment to Employed Persons in Enterprises with Controling Share Hold by State(2001)

单位:亿元 (100 million yuan)

地区 Region		单位从业人员劳动报酬 Remuneration Payment to Employed Persons	#在岗职工工资总额 Wages of Staff and Workers at Work	离岗职工生活费 Living Experses of Laid-off Staff and Workers	在岗职工平均工资(元) Average Wage of Staff and Workers at Work (yuan)
总计	**Total**	**182.77**	**176.51**	**6.22**	**17512**
杭州市	Hangzhou	62.16	59.98	1.83	18962
宁波市	Ningbo	36.24	35.54	1.29	21468
温州市	Wenzhou	17.15	16.38	0.47	17841
嘉兴市	Jiaxing	10.98	10.39	0.49	16326
湖州市	Huzhou	7.62	7.22	0.41	12339
绍兴市	Shaoxing	11.58	11.11	0.27	15545
金华市	Jinhua	8.52	8.32	0.26	14877
衢州市	Quzhou	6.95	6.83	0.36	13817
舟山市	Zhoushan	6.17	6.08	0.28	13350
台州市	Taizhou	11.64	10.96	0.39	16959
丽水市	Lishui	3.75	3.69	0.16	14726

5-20 事业单位从业人员劳动报酬(2001年)

Remuneration Payment to Employed Persons in Institutions(2001)

单位:亿元 (100 million yuan)

地 区 Region		单位从业人员劳动报酬 Remuneration Payment to Employed Persons	#在岗职工工资总额 Wages of Staff and Workers at Work	离岗职工生活费 Living Experses of Laid-off Staff and Workers	在岗职工平均工资(元) Average Wage of Staff and Workers at Work (yuan)
总计	**Total**	**173.52**	**170.92**	**1.11**	**19437**
杭州市	Hangzhou	40.44	39.70	0.27	21620
宁波市	Ningbo	25.69	25.27	0.11	22595
温州市	Wenzhou	23.76	23.34	0.09	19495
嘉兴市	Jiaxing	12.73	12.54	0.09	18999
湖州市	Huzhou	6.99	6.86	0.03	15922
绍兴市	Shaoxing	14.89	14.72	0.09	20499
金华市	Jinhua	15.11	15.01	0.12	18329
衢州市	Quzhou	5.39	5.35	0.02	15282
舟山市	Zhoushan	4.68	4.65	0.03	18276
台州市	Taizhou	17.02	16.71	0.14	19135
丽水市	Lishui	6.24	6.21	0.04	12870

5-21 机关单位从业人员劳动报酬(2001年)
Remuneration Payment to Employed Persons in Government and Party Agencies (2001)

单位:亿元 (100 million yuan)

地 区 Region		单位从业人员劳动报酬 Remuneration Payment to Employed Persons	#在岗职工工资总额 Wages of Staff and Workers at Work	离岗职工生活费 Living Experses of Laid - off Staff and Workers	在岗职工平均工资(元) Average Wage of Staff and Workers at Work (yuan)
总计	**Total**	**72.27**	**71.76**	**0.28**	**21687**
杭州市	Hangzhou	15.27	15.19	0.13	23366
宁波市	Ningbo	12.08	12.02		28325
温州市	Wenzhou	10.19	10.11	0.03	20358
嘉兴市	Jiaxing	5.31	5.28		26215
湖州市	Huzhou	3.31	3.21	0.01	17841
绍兴市	Shaoxing	5.59	5.55	0.01	22621
金华市	Jinhua	6.08	6.06	0.02	20143
衢州市	Quzhou	3.47	3.44	0.02	17321
舟山市	Zhoushan	2.02	2.01		18532
台州市	Taizhou	5.69	5.63	0.02	19296
丽水市	Lishui	3.23	3.23		14895

5-22 离休、退休、退职人员保险福利费用构成情况(2001年)
Social Insurance and Welfare Funds for Retired and Resigned Persons(2001)

单位:亿元 (100 million yuan)

项目	Item	合计 Total	离休金 Pensions for Retired Veterans	退休金 Pensions for Retired Persons	退职生活费 Living Expenses for Resignation Allowances	医疗卫生费 Expenses for Medical Care	其他 Others
总计	**Total**	**159.35**	**6.94**	**122.49**	**2.23**	**20.19**	**7.50**
企业	**Enterprises**	**105.68**	**2.87**	**84.47**	**1.69**	**12.30**	**4.35**
内资企业	Domestic - Funded Enterprises	103.11	2.84	82.42	1.65	11.94	4.26
国有企业	State - owned Enterprises	51.62	1.99	39.97	0.76	6.43	2.47
集体企业	Collective - owned Enterprises	23.85	0.24	20.58	0.35	1.96	0.72
其他企业	Others	27.64	0.61	21.87	0.54	3.55	1.07
港澳台商投资企业	Enterprises with Investment from Hong Kong, Macao and Taiwan	1.70	0.02	1.43	0.02	0.21	0.02
外商投资企业	Enterprises with Foreign Investment	0.87	0.01	0.62	0.01	0.16	0.07
事业	**Institutions**	**38.16**	**1.81**	**28.62**	**0.37**	**5.20**	**2.16**
机关	**Agencies& Organization**	**15.51**	**2.26**	**9.40**	**0.17**	**2.69**	**0.99**

5－23 城镇居民生活水平
Living Standard of Urban Resident

年 份 Year	人均可支配收入（元）Per Capita Disposable Income (yuan)	人均可支配收入增长（上年＝100）Growth Rate of Per Capita Disposable Income (Preceding year＝100)	人均消费性支出（元）Per Capita Consumption Expenditure (yuan)	#食品支出 Food	恩格尔系数 Engel Coefficient	人均居住面积（平方米）Per Captia Floor Space of Residential Buildings (sq. m)
1978	332		301			
1980	488		428			
1981	523	105.4	476	264	55.6	6.39
1982	530	99.4	471	270	57.3	6.62
1983	551	101.2	484	288	59.5	7.19
1984	669	117.1	795	407	51.3	8.38
1985	904	117.4	795	407	51.3	8.38
1986	1104	114.9	969	492	50.8	8.92
1987	1228	100.3	1100	570	51.8	9.09
1988	1589	104.9	1453	741	51	9.30
1989	1797	96.8	1556	851	54.7	9.69
1990	1932	105.3	1604	885	55.1	10.21
1991	2143	105.0	1806	992	55.0	10.12
1992	2619	111.9	2154	1111	51.6	10.25
1993	3626	114.0	2856	1417	49.4	10.52
1994	5066	112.0	4079	1945	47.4	10.83
1995	6221	105.0	5263	2489	47.0	10.89
1996	6956	101.8	5764	2714	46.9	11.08
1997	7359	101.6	6170	2723	43.9	11.28
1998	7837	105.3	6218	2644	42.5	11.98
1999	8428	108.0	6522	2629	40.3	12.88
2000	9279	109.1	7020	2752	39.2	14.04
2001	10465	113.3	7952	2888	36.3	15.22

注：人均可支配收入增长扣除价格变动因素。

Growth Rate of Per Capita disposable income was excluded prices change.

5－24 城镇居民家庭基本情况
Basic Statistics on Urban Households

项　目		Item		1995	1998	1999	2000	2001
调查户数	(户)	Number of Households Surveyed	(household)	1510	1740	1740	1840	1900
平均每户家庭人口数	(人)	Average Household Size	(person)	3.02	2.98	2.96	2.91	2.89
有收入者人数	(人)	Persons with Income	(person)	2.23	2.19	2.19	2.09	2.06
#离退休人数	(人)	Retired	(person)	0.31	0.34	0.38	0.46	0.46
无收入者人数	(人)	Persons Without Income	(person)	0.79	0.80	0.77	0.82	0.82
平均每户就业人口数	(人)	Average Employed Person Per Household	(person)	1.90	1.84	1.79	1.62	1.57
平均每户就业面	(%)	Percentage of Employed Persons Per Household	(%)	63.09	61.62	60.58	55.55	54.33
平均每一就业者负担人数(包括就业者本人)	(人)	Number of Persons Supported by Each Laborer(Including the Employee Himself or Herself)	(person)	1.58	1.62	1.65	1.80	1.84
平均每人实际收入	(元)	Per Capita Actual Income	(yuan)	6225	7884	8476	9334	10540
#可支配收入	(元)	Per Capita Disposable Income	(yuan)	6221	7837	8428	9279	10465
平均每人实际支出	(元)	Per Capita Actual Expenditure	(yuan)	6210	7363	8237	8786	10074
#消费性支出	(元)	Per Capita Expenditure for Consumption	(yuan)	5263	6218	6522	7020	7952
年末人均居住面积	(平方米)	Per Capita Living Space	(sq. m)	10.89	11.98	12.88	14.04	15.22
年末人均辅助面积	(平方米)	Per Capita Auxiliary Space	(sq. m)	4.75	6.27	6.59	7.65	8.50
年末平均每户居住间数	(间)	Per Household Living Rooms	(room)	2.49	2.55	2.62	2.72	2.81

5-25 按城市、县城分城镇居民家庭基本情况
Basic Statistics on Urban Households by City and County Town

项目		Item		2000 城市 City	2000 县城 County Town	2001 城市 City	2001 县城 County Town
调查户数	(户)	Number of Households Surveyed	(household)	1280	560	1340	560
平均每户家庭人口数	(人)	Average Household Size	(person)	2.98	2.85	2.96	2.82
平均每户就业人口数	(人)	Average Employed person Per Household	(person)	1.74	1.51	1.67	1.48
平均每户就业面	(%)	Percentage of Employed Person Per Household	(%)	58.4	52.9	56.4	52.5
平均每一就业者负担人数	(人)	Number of Persons Supported by Each Employee(Including the Employee Himself or Herself)	(person)	1.77	1.91	1.63	1.62
平均每人实际收入	(元)	Per Capita Actual Income	(yuan)	10014	8711	11250	9891
#可支配收入	(元)	Per Capita Disposable Income	(yuan)	9961	8654	11171	9818
平均每人实际支出	(元)	Per Capita Actual Expenditure	(yuan)	9623	8019	10686	9513
#消费性支出	(元)	Per Capita Expenditure for Consumption	(yuan)	7611	6479	8729	7241
年末人均居住面积	(平方米)	Per Capita Living Space	(sq. m)	11.56	16.32	12.26	17.93
年末人均辅助面积	(平方米)	Per Capita Auxiliary Space	(sq. m)	5.16	9.93	5.46	11.29
年末平均每户居住间数	(间)	Per Household Living Rooms	(room)	2.47	2.94	2.53	3.05

5-26 城镇居民家庭基本情况(2001 年)
Basic Statistics on Urban Households(2001)

项　目		Item	总平均 Average	按可支配收入分组 Grouped by Disposable Income						
				最低收入户 Lowest Income Households	低收入户 Low Income Households	中等偏下户 Lower Middle Income Households	中等收入户 Middle Income Households	中等偏上户 Upper Middle Income Households	高收入户 High Income Households	最高收入户 Highest Income Households
调查户数	(户)	Number of Household Surveyed(household)	1900	190	190	380	380	380	190	190
比重	(%)	Proportion(%)	100	10	10	20	20	20	10	10
平均每户家庭人口数	(人)	Average Household Size (person)	2.89	3.11	3.06	2.98	2.90	2.79	2.77	2.57
有收入者人数	(人)	Persons with Income (person)	2.06	1.72	1.92	2.10	2.10	2.18	2.14	2.09
#离退休人口数	(人)	Retired(person)	0.46	0.22	0.44	0.45	0.50	0.56	0.53	0.44
无收入者人数	(人)	Persons without Income (person)	0.82	1.39	1.14	0.88	0.80	0.61	0.62	0.48
平均每户就业人口数	(人)	Average Employed Persons Per Household (person)	1.57	1.44	1.45	1.63	1.55	1.60	1.59	1.64
平均每户就业面	(%)	Percentage of Employed Persons Per Household (%)	54.36	46.41	47.36	54.48	53.56	57.37	57.58	63.89
平均每一就业者负担人数	(人)	Number of Persons Supported by Each Laborer(person)	1.84	2.15	2.11	1.84	1.87	1.74	1.74	1.57
平均每人实际收入	(元)	Per Capita Actual Income(yuan)	10540	4066	5802	7491	9758	12666	16116	22252

5-26 续表 continued

项目		Item	总平均 Average	按可支配收入分组 Grouped by Disposable Income						
				最低收入户 Lowest Income Households	低收入户 Low Income Households	中等偏下户 Lower Middle Income Households	中等收入户 Middle Income Households	中等偏上户 Upper Middle Income Households	高收入户 High Income Households	最高收入户 Highest Income Households
#可支配收入	(元)	Per Capita Disposable Income(yuan)	10465	4019	5753	7438	9693	12588	15993	22086
平均每人实际支出	(元)	Per Capita Actual Expenditure(yuan)	10074	4602	5668	7498	9442	12662	14360	19120
#消费性支出	(元)	Per Capita Annual Expenditure for Consumption(yuan)	7952	4088	5028	6504	7956	9286	10481	13852
食品	(元)	Food(yuan)	2888	1971	2263	2632	2887	3222	3379	4086
衣着	(元)	Clothing(yuan)	669	240	384	492	682	806	989	1268
家庭设备用品及服务	(元)	Household Facilities, Articles and Services (yuan)	927	210	277	574	965	1071	1356	2525
医疗保健	(元)	Medicine and Medical Services(yuan)	533	203	380	448	577	663	612	843
交通和通讯	(元)	Transportation and Communications(yuan)	689	237	347	532	631	934	995	1277
娱乐教育、文化	(元)	Recreation, Education and Culture(yuan)	1065	576	631	842	1103	1222	1568	1724
居住	(元)	Residence(yuan)	724	544	575	682	680	828	866	944
杂项商品和服务	(元)	Miscellaneous Commodities and Services(yuan)	457	107	172	301	431	540	716	1186

5－27　城镇居民家庭平均每人全年现金收支

Per Capita Annual Cash Income and Expenditure of Urban Households

单位:元　　　　(yuan)

项　目	Item	1995	1998	1999	2000	2001
现金收入	**Cash Income**	8143	9752	10814	11874	13608
实际收入	**Actual Income**	6225	7884	8476	9334	10540
国有经济单位职工工资	Wages of Staff & Workers in State－owned Units	3356	3993	3800	4011	4394
集体经济单位职工工资	Wages of Staff & Workers in Collective－owned Units	724	843	651	600	628
其他经济单位职工全部收入	Total Income of Staff & Workers in Other Ownership	88	305	968	1126	1341
国有集体职工从单位得到的其他收入	Other Income of Staff & Workers from State and Collective Owned Units	290	348	285	340	341
个体经营者的净收益	Net Income of Individual Employer	95	257	248	478	553
个体被雇者收入	Income of Individual Employee	30	98	145	259	319
离退休再就业人员收入	Income of Taking up Occupation Again of Retired Persons	148	121	123	112	141
其他就业者收入	Income of Other Employed Persons	21	12	23	57	58
其他劳动收入	Income of Other Labourer	169	261	303	279	332
财产性收入	Property Income	224	230	180	156	165
转移性收入	Transfer Income	1075	1415	1748	2253	2608
家庭副业生产收入	Income of Household Sideline Production	4		3	3	1

项　目	Item	1995	1998	1999	2000	2001
借贷收入	**Income of Borrow Money and Loan**	**1918**	**1869**	**2338**	**2540**	**3068**
#提取储蓄存款	Drawing Money from Banks	1233	1337	1615	1662	2069
借入款	Borrowed Money	210	181	280	300	192
为购买房屋从银行贷款	Asking for Banks Loan for Purchasing Houses	9	52	90	134	167
现金支出	**Cash Expenditure**	**8007**	**9476**	**10495**	**11241**	**13217**
实际支出	**Actual Expenditure**	**6210**	**7363**	**8237**	**8786**	**10074**
消费性支出	Expenditure for Consumption	5263	6218	6522	7020	7952
非消费性支出	Expenditure for Non-Consumption	946	1144	1715	1759	2121
#赡养支出	Expenditure for Alimony	114	147	183	185	203
赠送支出	Expenditure for Presentation	285	522	579	636	682
购房与建房支出	Expenditure for Purchasing and Building House	496	414	872	833	1125
借贷支出	**Expenditure for Lend Money and Savings**	**1797**	**2113**	**2258**	**2455**	**3143**
#存入储蓄款	Savings Deposits	1288	1539	1692	1735	2407
借出款	Lend Money	73	80	55	54	35
储蓄性保险支出	Expenditure For Insurance Premium	33	100	131	148	215
期末手存现金	**Cash Now Avaiable(year-end)**	**530**	**860**	**1021**	**1210**	**1378**

5－28 城镇居民家庭平均每人全年现金收支（2001 年）

Per Capita Annual Cash Income and Expenditures of Urban Households(2001)

单位:元 (yuan)

项目	Item	总平均 Average	按可支配收入分组 Grouped by Disposable Income 最低收入户 Lowest Income Households	低收入户 Low Income Households	中等偏下户 Lower Middle Income Households	中等收入户 Middle Income Households	中等偏上户 Upper Middle Income Households	高收入户 High Income Households	最高收入户 Highest Income Households
现金收入	**Cash Income**	**13608**	**5180**	**6832**	**9191**	**12497**	**16869**	**20868**	**29750**
实际收入	**Actual Income**	**10540**	**4066**	**5802**	**7491**	**9758**	**12666**	**16116**	**22252**
国有经济单位职工收入	Income of Staff & Workers in State-owned Units	4394	1078	1112	2451	3670	5609	8361	11561
集体经济单位职工收入	Income of Staff & Worker in Collective-owned Units	628	511	501	424	634	1024	537	623
其他经济单位职工收入	Income of Staff & Workers in Other Ownership	1341	656	1262	1532	1461	1384	1314	1481
个体经营者的净收益	Net Income of Individual Employer	553	268	539	390	542	539	814	1070
个体被雇者收入	Income of Individual Employee	319	273	330	402	291	363	292	164
离退休再就业人员收入	Income of Re－employed Retired Persons	141	28	9	89	113	171	209	478
其他就业者收入	Income of Other Employed Persons	58	168	112	65	35	31	12	4
其他劳动收入	Income of Other Labourer	332	217	237	346	324	228	516	602
财产性收入	Property Income	165	25	33	51	166	185	273	599
转移性收入	Transfer Income	2608	841	1667	1740	2520	3132	3787	5671
家庭副业生产收入	Income of Household Sideline Production	1	2		2				

项　目	Item	总平均 Average	按可支配收入分组 Grouped by Disposable Income 最低收入户 Lowest Income Households	低收入户 Low Income Households	中等偏下户 Lower Middle Income Households	中等收入户 Middle Income Households	中等偏上户 Upper Middle Income Households	高收入户 High Income Households	最高收入户 Highest Income Households
借贷收入	**Income of Borrow Money and Loan**	**3068**	**1114**	**1030**	**1700**	**2739**	**4204**	**4753**	**7498**
#提取储蓄存款	Drawing Money from Banks	2069	663	496	1142	1959	2769	2996	5523
借入款	Borrowed Money	192	45	148	71	149	453	207	222
为购买房屋从银行贷款	Asking for Banks Loan for Purchasing Houses	167			80	74	399	362	271
现金支出	**Cash Expenditure**	**13217**	**5125**	**6559**	**9004**	**12012**	**16327**	**20398**	**28958**
实际支出	**Actual Expenditure**	**10074**	**4602**	**5668**	**7498**	**9442**	**12662**	**14360**	**19120**
消费性支出	Expenditure for Consumption	7952	4088	5028	6504	7956	9286	10481	13852
非消费性支出	Expenditure for Non－Consumption	2121	514	640	994	1486	3376	3880	5268
#赡养支出	Expenditure for Alimony	203	65	79	151	170	240	321	505
赠送支出	Expenditure for Presentation	682	154	313	444	647	920	1041	1492
购房与建房支出	Expenditure for Purchasing and Building House	1125	254	204	345	562	2071	2356	2984
非储蓄性保险支出	Expenditure For Non－saving Insurance	17	16	8	9	21	12	22	44
借贷支出	**Expenditure for Lend Money and Savings**	**3143**	**523**	**891**	**1506**	**2569**	**3665**	**6038**	**9838**
#存入储蓄款	Bank Savings	2407	321	599	1101	1952	2763	5028	7553
借出款	Lent Money	35	4	2	6	48	50	34	116
储蓄性保险支出	Expenditure For Saving Insurance	215	103	120	178	208	253	278	422
期末手存现金	**Cash Now Available (year-end)**	**1378**	**624**	**1097**	**1033**	**1450**	**1652**	**1795**	**2220**

5-29 城镇居民家庭平均每人全年消费性支出

Per Capita Annual Consumption Expenditures of Urban Households

单位:元 (yuan)

项目	Item	1995	1998	1999	2000	2001
消费性支出	**Consumption Expenditure**	**5263**	**6218**	**6522**	**7020**	**7952**
食品	**Food**	**2476**	**2644**	**2629**	**2752**	**2888**
#粮食	Grain	266	213	205	184	183
肉禽及制品	Meat, Poultry and Related Products	502	483	450	448	433
蛋类	Eggs	62	54	53	48	46
水产品类	Aquatic Products	376	406	404	404	413
菜类	Vegetables	244	252	238	237	234
烟草类	Tobacco	146	173	175	196	219
酒和饮料	Liquor and Beverages	112	122	123	138	148
糕点	Cake	49	55	53	56	58
奶及奶制品	Milk and Dairy Products	37	49	58	82	97
衣着	**Clothing**	**606**	**571**	**557**	**570**	**669**
#服装	Garments	362	371	377	389	472
衣着材料	Clothing Materials	81	44	31	28	21
家庭设备用品及服务	**Household Facilities, Articles and Services**	**638**	**693**	**690**	**662**	**927**
#耐用消费品	Durable Consumer Goods	421	437	437	414	545
室内装饰品	Interior Decorations	17	17	21	17	29
床上用品	Bed Articles	34	33	28	30	37
医疗保健	**Medicine and Medical Services**	**196**	**345**	**436**	**541**	**533**
交通和通讯	**Transportation and Commumication**	**306**	**389**	**515**	**623**	**689**
交通	Transportation	124	175	250	274	262
通讯	Commumication	182	213	264	349	427
娱乐、教育、文化	**Recreation, Education and Cultural Services**	**423**	**771**	**796**	**917**	**1065**
耐用消费品	Recreation Durable Consumer Goods	125	241	222	264	251
教育	Educations	193	385	413	490	636
文化娱乐	Recreation	104	146	162	164	177
居住	**Residence**	**375**	**540**	**576**	**600**	**724**
住房	Housing	191	247	273	274	372
水电燃料	Water, Electricity and Fuels	184	292	303	326	353
杂项商品和服务	**Miscellaneous Commodities and Services**	**244**	**265**	**323**	**354**	**457**

5－30 城镇居民家庭平均每人全年消费性支出(2001 年)

Per Capita Annual Consumption Expenditures of Urban Households(2001)

单位:元 (yuan)

项目	Item	总平均 Average	按可支配收入分组 Grouped by Disposable Income						
			最低收入户 Lowest Income Households	低收入户 Low Income Households	中等偏下户 Lower Middle Income Households	中等收入户 Middle Income Households	中等偏上户 Upper Middle Income Households	高收入户 High Income Households	最高收入户 Highest Income Households
消费性支出	**Consumption Expenditure**	**7952**	**4088**	**5028**	**6504**	**7956**	**9286**	**10481**	**13852**
食品	**Food**	**2888**	**1971**	**2263**	**2632**	**2887**	**3222**	**3379**	**4086**
#粮食	Grain	183	176	175	185	185	183	185	195
肉禽及制品	Meat, Poultry and Related Products	433	373	387	437	453	451	461	436
蛋类	Eggs	46	43	42	44	47	49	46	49
水产品类	Aquatic Products	413	286	327	369	429	470	491	527
菜类	Vegetables	234	207	209	227	233	248	252	259
烟草类	Tobacco	219	133	175	216	200	247	254	324
酒和饮料	Liquor and Beverages	148	94	109	136	154	161	177	216
糕点	Cake	58	32	46	50	60	70	69	83
奶及奶制品	Milk and Dairy Products	97	43	73	81	104	110	116	160
衣着	**Clothing**	**669**	**240**	**384**	**492**	**682**	**806**	**989**	**1268**
#服装	Garments	472	152	256	330	476	567	735	944
衣着材料	Clothing Materials	21	9	14	17	21	29	26	33

单位:元　　　　5－30　续表　continued　　　　(yuan)

项　目	Item	总平均 Average	最低收入户 Lowest Income Households	低收入户 Low Income Households	中等偏下户 Lower Middle Income Households	中等收入户 Middle Income Households	中等偏上户 Upper Middle Income Households	高收入户 High Income Households	最高收入户 Highest Income Households
			按可支配收入分组 Grouped by Disposable Income						
家庭设备用品及服务	**Household Facilities, Articles and Services**	**927**	**210**	**277**	**574**	**965**	**1071**	**1356**	**2525**
#耐用消费品	Durable Consumer Goods	545	120	144	339	541	657	818	1486
室内装饰品	Interior Decorations	29	3	2	12	35	44	41	68
床上用品	Bed Articles	37	13	20	28	36	42	52	86
医疗保健	**Medicine and Medical Services**	**533**	**203**	**380**	**448**	**577**	**663**	**612**	**843**
交通和通讯	**Transportation and Communication**	**689**	**237**	**347**	**532**	**631**	**934**	**995**	**1277**
交通	Transportation	262	75	108	198	236	356	403	520
通讯	Communication	427	162	238	335	396	578	592	757
娱乐、教育、文化	**Recreation, Education and Cultural Services**	**1065**	**576**	**631**	**842**	**1103**	**1222**	**1568**	**1724**
耐用消费品	Recreation Durable Consumer Goods	251	48	80	167	217	382	421	507
教育	Educations	636	437	451	547	715	614	926	867
文化娱乐	Recreation	177	91	99	129	172	225	221	349
居住	**Residence**	**724**	**544**	**575**	**682**	**680**	**828**	**866**	**944**
住房	Housing	372	262	255	358	335	447	466	495
水电燃料	Water, Electricity and Fuels	353	282	320	324	344	381	400	449
杂项商品和服务	**Miscellaneous Commodities and Services**	**457**	**107**	**172**	**301**	**431**	**540**	**716**	**1186**

5－31 城镇居民家庭平均每人全年购买主要商品数量

Per Capita Annual Purchases of Major Commodities of Urban Households

名 称		Item		1995	1998	1999	2000	2001
粮食	（公斤）	Grain	(kg)	91.15	78.39	77.17	77.24	74.58
鲜菜	（公斤）	Fresh Vegetables	(kg)	93.87	87.49	89.37	87.89	89.25
食用植物油	（公斤）	Edible Vegetables Oil	(kg)	5.21	5.69	5.92	6.73	6.35
猪肉	（公斤）	Pork	(kg)	16.79	15.04	15.45	15.06	14.32
牛羊肉	（公斤）	Beef and Mutton	(kg)	1.02	1.17	0.99	0.99	0.97
家禽	（公斤）	Poultry	(kg)	7.48	7.87	8.02	9.79	9.25
鲜蛋	（公斤）	Eggs	(kg)	8.19	7.89	8.26	8.96	8.06
鱼虾	（公斤）	Fish and Shrimp	(kg)	17.32	16.16	16.23	15.63	15.77
食糖	（公斤）	Sugar	(kg)	2.25	2.05	1.99	2.11	2.14
卷烟	（盒）	Cigarettes	(box)	29.22	27.06	26.00	27.71	28.78
白酒	（公斤）	Liquor	(kg)	1.96	1.72	1.84	1.80	2.03
啤酒	（公斤）	Beer	(kg)	8.98	9.29	8.48	9.83	9.89
其他酒	（公斤）	Other Liquor	(kg)	9.30	6.16	6.06	6.44	6.06
茶叶	（公斤）	Tea	(kg)	0.14	0.15	0.15	0.17	0.17
糖果	（公斤）	Candy	(kg)	0.80	0.63	0.60	0.71	0.62
糕点	（公斤）	Cake	(kg)	3.63	3.34	3.46	3.72	3.69
干鲜瓜果及制品	（公斤）	Dried and Fresh Melons and Fruits and Related Products	(kg)	56.41	65.34	56.88	64.35	70.25
坚果及果仁	（公斤）	Nuts and Kernels	(kg)	4.05	3.91	3.85	3.95	4.03
鲜奶	（公斤）	Fresh Milk	(kg)	5.07	5.76	7.71	10.84	12.44
棉布	（米）	Cotton Cloth	(m)	0.46	0.25	0.19	0.21	0.20
化纤布	（米）	Chemical Fiber Cloth	(m)	1.58	1.17	0.81	0.60	0.41
服装	（件）	Garments	(piece)	6.35	6.98	7.23	7.18	7.95
鞋	（双）	Shoes	(Pair)	2.50	2.47	2.44	2.51	2.59
肥皂	（块）	Soap	(unit)	3.83	4.20	4.13	4.13	4.21
洗衣粉	（公斤）	Washing Powder	(kg)	0.44	0.56	0.59	0.65	0.65
水	（吨）	Water	(tons)	41.28	42.76	41.79	39.02	38.13
电	（千瓦时）	Electricity	(kw.h)	242.15	311.46	311.73	318.96	361.84
煤炭	（公斤）	Coal	(kg)	31.39	14.63	14.34	16.77	15.40
液化石油气	（公斤）	Liquefied Petroleum Gas	(kg)	27.56	26.53	28.1	26.83	27.38
管道煤气	（立方米）	Pipeline Gas	(cu.m)	9.15	11.03	10.96	9.59	9.64

5-32 城镇居民家庭平均每人全年购买主要商品数量(2001年)
Per Capita Annual Purchases of Major Commodities of Urban Households(2001)

名称		Item		总平均 Average	按可支配收入分组 Grouped by Disposable Income 最低收入户 Lowest Income Households	低收入户 Low Income Households	中等偏下户 Lower Middle Income Households	中等收入户 Middle Income Households	中等偏上户 Upper Middle Income Households	高收入户 High Income Households	最高收入户 Highest Income Households
粮食	(公斤)	Grain Flour Rice	(kg)	74.58	78.75	75.48	77.10	75.00	71.22	72.24	71.42
鲜菜	(公斤)	Fresh Vegetables	(kg)	89.25	85.34	84.05	88.58	87.59	91.57	93.72	95.60
食用植物油	(公斤)	Edible Vegetables Oil	(kg)	6.35	6.41	6.83	6.76	6.99	5.99	5.37	5.12
猪肉	(公斤)	Pork	(kg)	14.32	13.78	13.77	15.00	14.89	14.27	13.98	13.26
牛羊肉	(公斤)	Beef and Mutton	(kg)	0.97	0.97	0.91	0.94	1.11	0.95	0.97	0.85
家禽	(公斤)	Poultry	(kg)	9.25	7.7	8.26	9.58	9.45	9.61	10.30	9.18
蛋	(公斤)	Fresh Eggs	(kg)	8.06	7.74	7.55	7.72	8.17	8.53	8.19	8.42
鱼虾	(公斤)	Fishes and shrimp	(kg)	15.77	13.80	14.42	15.23	16.55	16.60	17.00	16.14
食糖	(公斤)	Sugar	(kg)	2.14	2.04	2.42	2.24	2.12	2.06	2.10	2.02
卷烟	(盒)	Cigarettes	(box)	28.78	24.22	29.59	33.66	27.31	28.18	26.66	28.84
白酒	(公斤)	Liquor	(kg)	2.03	2.00	1.94	2.72	1.97	1.76	1.56	1.84
啤酒	(公斤)	Beer	(kg)	9.89	8.24	8.00	9.97	11.24	9.89	11.84	8.84
其他酒	(公斤)	Other Liquor	(kg)	6.06	6.02	6.43	6.77	6.19	5.83	5.88	4.39
茶叶	(公斤)	Tea	(kg)	0.17	0.10	0.16	0.14	0.19	0.20	0.18	0.19
糖果	(公斤)	Candy	(kg)	0.62	0.29	0.35	0.53	0.55	0.66	0.88	1.33
糕点	(公斤)	Cake	(kg)	3.69	2.32	3.25	3.49	3.82	4.22	4.24	4.33

5-32 续表 continued

名称		Item		总平均 Average	按可支配收入分组 Grouped by Disposable Income 最低收入户 Lowest Income Households	低收入户 Low Income Households	中等偏下户 Lower Middle Income Households	中等收入户 Middle Income Households	中等偏上户 Upper Middle Income Households	高收入户 High Income Households	最高收入户 Highest Income Households
干鲜瓜果及制品	(公斤)	Dried and Fresh Melons and Fruits and Related Products	(kg)	70.25	47.60	61.24	66.08	72.23	75.81	82.50	88.35
坚果及果仁	(公斤)	Nuts and Kernels	(kg)	4.03	2.89	3.23	3.89	4.10	4.66	4.46	4.70
鲜奶	(公斤)	Fresh Milk	(kg)	12.44	5.71	9.76	10.19	13.33	14.58	14.06	20.61
棉布	(米)	Cotton Cloth	(m)	0.2	0.13	0.17	0.16	0.18	0.23	0.33	0.21
化纤布	(米)	Chemical Fiber Cloth	(m)	0.41	0.20	0.28	0.34	0.37	0.48	0.55	0.72
服装	(件)	Clothing	(piece)	7.95	3.95	6.42	6.95	8.47	9.14	10.22	10.75
鞋	(双)	Shoes	(pair)	2.59	1.63	2.11	2.46	2.67	2.81	3.11	3.37
肥皂	(块)	Soap	(unit)	4.21	4.74	5.15	4.51	4:16	3.79	3.42	3.68
洗衣粉	(公斤)	Washing Powder	(kg)	0.65	0.53	0.91	0.63	0.63	0.64	0.70	0.48
水	(吨)	Water	(ton)	38.13	28.71	33.80	33.10	37.33	39.47	39.24	64.06
电	(千瓦时)	Electricity	(kwh)	361.84	258.60	317.54	319.16	345.52	408.42	429.32	501.72
煤炭	(公斤)	Coal	(kg)	15.40	23.75	21.54	15.73	16.63	13.41	6.90	7.93
液化石油气	(公斤)	LPG	(kg)	27.38	24.19	24.66	27.95	26.53	28.34	30.42	29.77
管道煤气	(立方米)	Pipeline Gas	(cu. m)	9.64	8.57	9.33	6.72	12.59	10.65	8.91	10.08

5-33 城镇居民家庭平均每百户耐用消费品购买量
Per 100 Urban Households Annual Average Purchases of Durable Consumer Goods

名称		Item		1995	1998	1999	2000	2001
大衣柜	（个）	Wardrobe	(unit)	0.20	0.09	0.06	0.39	0.93
写字台	（张）	Writing Desk	(unit)	0.66	0.16	0.36	0.40	0.44
自行车	（辆）	Bicycle	(unit)	20.46	17.52	17.39	17.13	17.55
表	（只）	Watches	(unit)	14.57	10.61	8.91	10.68	9.73
钟	（只）	Clocks	(unit)	7.28	8.17	8.22	9.83	10.26
电风扇	（台）	Electric Fan	(unit)	10.46	10.19	7.48	11.09	12.25
洗衣机	（台）	Washing Machine	(unit)	3.25	3.32	4.05	4.38	3.94
电冰箱	（台）	Refrigerator	(unit)	2.52	4.16	4.32	3.75	3.34
淋浴热水器	（个）	Shower	(unit)	5.17	4.67	4.67	4.18	3.68
脱排油烟机	（台）	Range Hoods	(unit)	5.89	3.55	3.37	3.29	3.13
电炊具	（个）	Electric Cooking Appliances	(unit)	9.80	5.72	6.63	8.56	8.27
彩色电视机	（台）	Color TV Set	(unit)	3.77	9.79	11.35	9.02	10.88
录音机	（台）	Recorder	(unit)	4.90	5.02	2.43	2.08	3.09
收音机	（台）	Radio set	(unit)	1.92	1.90	2.27	2.49	2.50
组合音响	（台）	Hi-Fi Stereo Component System	(unit)	0.73	2.19	2.50	1.13	0.90
录放像机	（台）	Videorecorder	(unit)	2.58	0.25	0.29	0.05	0.35
照相机	（架）	Camera	(unit)	1.79	1.16	1.70	1.60	2.47

5-34 城镇居民家庭平均每百户耐用消费品购买量(2001年)
Per 100 Urban Households Annual Average Purchases of Durable Consumer Goods(2001)

名称 Item		总平均 Average	按可支配收入分组 Grouped by Disposable Income						
			最低收入户 Lowest Income Households	低收入户 Low Income Households	中等偏下户 Lower Middle Income Households	中等收入户 Middle Income Households	中等偏上户 Upper Middle Income Households	高收入户 High Income Households	最高收入户 Highest Income Households
组合家具 (套) Composite Furniture	(sets)	0.49	0.95			0.08	0.72	1.91	0.49
沙发 (个) Sofa	(unit)	6.20	3.25	0.39	2.24	9.46	9.45	4.93	11.09
地毯 (平方米) Carpet	(sq. m)	2.30			0.98		6.07	0.97	7.94
自行车 (辆) Bicycle	(unit)	17.55	8.51	13.62	15.51	20.84	20.26	22.19	17.94
缝纫机 (架) SewingMachine	(unit)								
手表 (只) Watch	(unit)	9.73	2.32	12.38	8.71	10.36	11.57	10.15	11.21
电风扇 (台) Electric Fan	(unit)	12.25	6.12	14.45	9.65	15.67	12.34	15.77	10.85
洗衣机 (台) WashingMachine	(unit)	3.94	1.22	4.46	3.69	3.91	4.58	5.11	4.23
电冰箱 (台) Refrigerator	(unit)	3.34	2.97	1.56	2.12	4.97	3.69	2.48	4.83
电炊具 (个) Electric Cooking Appliances	(unit)	8.27	4.25	11.87	9.38	6.47	9.48	6.75	9.14
彩色电视机 (台) Color TV Set	(unit)	10.88	3.76	6.26	8.61	13.68	15.70	11.75	11.04
影碟机 (台) VCD	(unit)	4.09	4.83	6.35	3.22	3.70	3.80	3.07	5.25
录放像机 (台) Videorecorder	(unit)	0.35			0.48	0.64	0.48		0.27
家用电脑 (台) Household Computer	(unit)	4.30	0.39	1.46	2.86	2.90	7.44	8.17	6.59
录音机 (台) Recorder	(unit)	3.09	0.22	1.44	3.96	2.09	3.26	7.06	3.58
组合音响 (台) Hi-Fi Stereo Component System	(unit)	0.90			0.95	0.96	1.03	2.56	0.55
照相机 (架) Camera	(unit)	2.47	0.22	0.95	0.95	3.37	3.57	3.99	3.79
淋浴热水器 (台) Shower	(unit)	3.68	1.12	1.90	2.29	3.72	3.91	6.77	7.21
脱排油烟机 (台) Range Hoods	(unit)	3.13	0.95	0.95	2.09	2.39	4.24	4.24	7.67
吸尘器 (台) Dust Catcher	(unit)	0.33			0.11	0.16	0.48	0.55	1.26

5-35 城镇居民家庭平均每百户耐用消费品拥有量
Per 100 Urban Households Annual Average Possession of Durable Consumer Goods

名称		Item		1995	1996	1997	1998	1999	2000	2001
毛皮大衣	(件)	Fur Coat	(piece)	38	42	47	55	56	50	54
呢大衣	(件)	Woolen Coat	(unit)	214	221	228	227	241	215	223
毛毯	(条)	Woolen Blanket	(unit)	150	149	162	169	172	163	168
大衣柜	(个)	Wardrobe	(unit)	96	94	89	87	84	84	84
沙发	(个)	Sofa	(unit)	170	167	161	176	180	162	173
写字台	(个)	Writing Desk	(unit)	105	104	100	100	99	97	97
组合家具	(套)	Composite Furniture	(set)	29	33	41	48	53	55	61
沙发床	(个)	Soft Bed	(unit)	20	20	24	24	27	35	38
自行车	(辆)	Bicycle	(unit)	230	229	221	223	223	199	200
摩托车	(辆)	Motorcycle	(unit)	4	5	9	11	15	16	20
缝纫机	(架)	Sewing Machine	(unit)	81	80	77	75	74	68	67
电风扇	(台)	Electric Fan	(unit)	287	284	275	271	272	264	270
洗衣机	(台)	Washing Machine	(unit)	85	86	87	90	92	90	91
电冰箱	(台)	Refrigerator	(unit)	95	96	97	99	99	96	98
电炊具	(个)	Electric Cooking Appliances	(unit)	95	98	98	102	106	106	111
中高档乐器	(件)	Medium and High Grade Musical Instrument	(unit)	10	10	7	7	7	7	9
彩色电视机	(台)	Color TV Set	(unit)	96	101	111	121	131	139	150
录音机	(台)	Recorder	(unit)	67	86	70	67	65	59	57
组合音响	(台)	Hi-Fi Stereo Component System	(unit)	9	11	14	18	20	23	25
录放像机	(台)	Video Recorder	(unit)	24	29	32	31	30	27	29
照相机	(架)	Camera	(unit)	38	39	45	47	49	46	51
空调器	(台)	Air Conditioner	(unit)	17	25	35	44	51	58	71
淋浴热水器	(台)	Shower	(unit)	47	52	60	64	68	69	73
脱排油烟机	(台)	Range Hoods	(unit)	49	51	60	65	68	74	78

5－36 城镇居民家庭平均每百户耐用消费品拥有量(2001 年)
Per 100 Urban Households Annual Average Possession of Durable Consumer Goods(2001)

名 称 Item		总平均 Average	按可支配收入分组 Groupedby Disposable Income						
			最低收入户 Lowest Income Households	低收入户 Low Income Households	中等偏下户 Lower Middle Income Households	中等收入户 Middle Income Households	中等偏上户 Upper Middle Income Households	高收入户 High Income Households	最高收入户 Highest Income Households
地毯 (平方米) Carpet	(sq. m)	115	65	28	56	126	149	235	156
组合家具 (套) Composite Furniture	(set)	61	39	56	54	63	70	74	66
沙发床 (个) Soft Bed	(unit)	38	22	29	35	38	47	42	49
沙发 (个) Sofa	(unit)	173	126	133	149	180	191	188	243
大衣柜 (个) Wardrobe	(unit)	84	85	73	85	85	88	75	90
写字台 (张) Writing Desk	(unit)	97	90	80	92	99	103	104	106
摩托车 (辆) Motorcycle	(unit)	20	11	16	16	16	26	32	27
自行车 (辆) Bicycle	(unit)	200	193	197	207	201	202	207	184
缝纫机 (台) SewingMachine	(unit)	67	74	67	69	71	61	68	66
洗衣机 (台) Washing Machine	(unit)	91	75	85	86	93	96	98	100
电风扇 (台) Electric Fan	(unit)	270	243	271	257	278	281	285	271
电冰箱 (台) Refrigerator	(unit)	98	83	96	96	99	100	103	105
彩色电视机 (台) Color TV Set	(unit)	150	117	132	138	150	167	164	176
影碟机 (台) VCD	(unit)	51	33	44	48	49	56	59	64
录放像机 (台) Videorecorder	(unit)	29	15	23	29	30	33	36	29
家用电脑 (台) Household Computer	(unit)	20	4	9	18	19	24	32	34
组合音响 (套) Hi-Fi StereoCompoment System	(set)	25	14	13	24	26	29	37	32
录音机 (台) Recorder	(unit)	57	53	53	54	59	56	65	60
摄像机 (台) Video Camera	(unit)	3	1	2	1	1	5	2	8
照相机 (架) Camera	(unit)	51	30	35	38	56	61	64	67
空调器 (台) AirConditioner	(unit)	71	30	49	51	72	90	101	105
电炊具 (台) Electric Cooking Appliances	(unit)	111	88	90	104	116	123	109	135
淋浴热水器 (台) Shower	(unit)	73	50	63	62	76	83	83	93
脱排油烟机 (台) Range Hoods	(unit)	78	53	73	70	80	87	87	92
吸尘器 (台) Dust Catcher	(unit)	15	10	7	10	16	19	22	23

5-37 城镇居民家庭居住情况
Living Conditions of Urban Households

单位:% (%)

项　目	Item	1995	1996	1997	1998	1999	2000	2001
调查总户数	**Number of Household Surveyed**	**100**	**100**	**100**	**100**	**100**	**100**	**100**
按居住面积分	**By Living Space**							
无房户	Without Houses							
4平方米以下	Below 4 sq. m	0.80	1.16	0.13		0.03	0.29	0.37
4-6平方米	from 4 to 6 sq. m	8.60	7.87	5.96	6.34	4.65	3.69	2.80
6-8平方米	from 6 to 8 sq. m	22.65	21.68	17.36	15.78	14.61	14.28	13.06
8-10平方米	from 8 to 10 sq. m	23.18	23.10	21.70	21.66	21.63	17.48	13.59
10-12平方米	from 10 to 12sq. m	13.97	14.06	17.99	18.53	18.65	15.17	14.89
12-14平方米	from 12 to14 sq. m	10.26	10.00	12.96	11.86	13.14	13.06	12.85
14平方米以上	above 14 sq. m	20.54	22.13	23.90	25.83	27.29	36.04	42.44
按自来水使用情况分	**By Tap Water Facilities**							
无自来水	Without Tap Water	0.10	0.10				0.10	
独用自来水	Tap Water Owned Per Household	96.00	96.90	97.55	97.88	98.81	98.80	98.61
公用自来水	Public Tap Water	3.90	3.00	2.45	2.12	1.19	1.10	1.39
按卫生设备拥用情况分	**By Health Facilities**							
无卫生设备	Without Health Facilities	23.20	21.20	15.47	12.12	10.78	7.34	7.10
有浴室厕所	Bathroom and Toilet Room Owned Per Household	69.70	72.50	75.47	79.98	82.24	85.96	85.74
有厕所无浴室	Toilet Room Owned But Without Bath Room	5.30	5.10	7.68	6.57	5.60	5.65	5.91
公用卫生设备	Public Health Facilities	1.80	1.20	1.38	1.33	1.38	1.05	1.25
按取暖设备拥用情况分	**By Heating Facilities**							
无取暖设备	Without Heating Equipment	90.50	88.10	80.31	72.62	66.41	62.64	56.45
空调设备	Air Coditioner Owned	9.20	11.7	19.50	27.22	33.59	37.14	43.46
暖气	Warm Gas	0.30	0.20	0.19	0.16		0.12	
其它	Others						0.10	0.10
按厨房使用情况分	**By Kitchen Facilities**							
无厨房	Without Kitchen	2.70	2.50	2.01	1.34	1.33	1.61	1.42
独用厨房	Kitchen Owned Per Household	93.30	94.00	94.97	96.30	96.91	97.28	97.44
公用厨房	Public Kitchen	4.00	3.50	3.02	2.36	1.76	1.12	1.13
按房屋产权分	**By Houses Property Right**							
公房	Public Houses	39.00	35.70	29.37	21.70	16.91	13.86	10.37
租赁私房	Rent Private Houses	1.20	0.80	1.32	0.92	0.99	1.49	1.29
自有房	Private Houses	59.80	63.50	69.06	77.30	81.93	83.98	87.07
其他	Others			0.25	0.08	0.17	0.67	1.26
按燃料使用情况分	**By Fuel Types**							
管道煤气	Pipeline Gas	6.40	9.00	9.81	10.81	11.39	10.22	10.36
液化石油气	LPG	85.20	84.30	87.04	87.47	86.86	88.57	88.52
煤	Coal	8.00	6.50	2.96	1.53	1.54	0.93	0.77
其他	Others	0.4	0.20	0.19	0.19	0.21	0.29	0.34

5－38　农村居民生活水平
Living Standard of Rural Resident

年　份 Year	人均纯收入（元）Per Capita Net Income (yuan)	人均纯收入增长（上年＝100）Growth Rate of Per Capita Net Income (Preceding year＝100)	人均消费性支出（元）Per Capita Consumption Expenditure (yuan)	#食品支出 Food	恩格尔系数 Engel Coefficient	人均居住面积（平方米）Per Captia Floor Space of Residential Buildings (sq. m)
1978	165		157	93	59.1	
1979	195	115.2	175	100	57.1	
1980	219	103.3	192	109	56.8	16.07
1981	286	129.0	267	147	55.2	14.02
1982	346	120.4	302	170	56.3	16.57
1983	359	102.3	326	183	56.2	19.32
1984	446	123.5	369	202	54.6	20.45
1985	549	112.5	474	247	52.1	22.08
1986	609	105.0	561	282	50.3	23.02
1987	725	113.6	659	320	48.6	24.73
1988	902	108.1	839	389	46.4	25.98
1989	1011	97.4	927	445	48.0	27.09
1990	1099	102.7	946	436	46.1	29.26
1991	1211	108.9	1027	518	50.5	30.77
1992	1359	108.8	1112	548	49.2	31.34
1993	1746	110.2	1263	633	50.2	32.62
1994	2225	104.1	1680	800	47.6	32.77
1995	2966	105.3	2378	1198	50.4	34.14
1996	3463	106.1	2702	1367	50.6	35.78
1997	3684	103.8	2839	1378	48.5	37.30
1998	3815	104.7	2891	1362	47.1	38.53
1999	3948	105.6	2806	1293	46.1	40.27
2000	4254	107.8	3231	1406	43.5	46.42
2001	4582	106.9	3479	1449	41.6	47.82

注：农民人均纯收入增长扣除价格变动因素。

Growth Rate of Per Capita net income was excluded prices change.

5-39 农村居民家庭基本情况
Basic Statistics on Rural Households

项　目		Item		1995	1998	1999	2000	2001
调查户数	**(户)**	**Number of Household Surveyed**	**(household)**	**2700**	**2700**	**2700**	**2700**	**2700**
常住人口	**(人)**	**Number of Permanent Residents**	**(person)**	**10705**	**10262**	**10110**	**9873**	**9817**
户均常住人口	(人)	Average Permanent Residents per Household	(person)	3.96	3.80	3.74	3.66	3.64
户均整半劳动力	**(人)**	**Average Able-bodied and Semi-ablebodied Laborers Per Household**	**(person)**	**2.93**	**2.85**	**2.79**	**2.64**	**2.60**
整半劳动力占人口比重	(%)	Percentage of Able-bodied and Semi-ablebodied Laborers	(%)	73.99	75.00	74.60	72.10	71.56
每百个劳动力中:		**Among Per 100 Laborers**						
职工人数	(人)	Staff and Workers	(person)	2.89	4.21	4.28		
乡村企业人数	(人)	Laborers in Rural Enterprises	(person)	15.04	14.31	14.75	15.00	14.31
外出劳动力人数	(人)	Laborer Outside	(person)	6.80	9.51	9.15	9.37	8.80
平均每百个劳动力中:		**Among Per 100 Laborers**						
不识字或识字很少	(人)	Illiterate or Semiliterate	(person)	11.53	8.91	8.46	6.64	6.49
小学程度	(人)	Primary School	(person)	38.57	38.03	37.62	37.07	34.59
初中程度	(人)	Junior Secondary School	(person)	41.61	42.58	43.13	44.30	44.00
高中程度	(人)	Senior Secondary School	(person)	7.47	8.59	8.73	9.79	11.76
中专程度	(人)	Specialized Secondary School	(person)	0.63	1.36	1.63	1.80	2.51
大专程度	(人)	College	(person)	0.19	0.53	0.40	0.41	0.65
按人均纯收入分组的户数占调查户数的比重	**(%)**	**Percentage of Households Grouped by per Capita Net Income**	**(%)**					
500元以下		<500 yuan		0.7	0.6	0.8	1.0	0.8
500-1000元		500-1000 yuan		4.3	3.4	3.4	2.9	1.6
1000-1500元		1000-1500 yuan		10.4	7.8	6.9	4.8	5.0
1500-2000元		1500-2000 yuan		14.1	9.6	9.1	7.6	6.8
2000-2500元		2000-2500 yuan		14.3	9.9	9.7	9.4	8.3
2500-3000元		2500-3000 yuan		12.7	11.4	10.4	9.1	8.9
3000-3500元		3000-3500 yuan		12.2	10.5	10.7	9.3	9.3
3500-4000元		3500-4000 yuan		7.9	9.7	9.6	9.4	8.0
4000-4500元		4000-4500 yuan		6.4	8.3	8.3	9.5	7.6
4500-5000元		4500-5000 yuan		4.5	6.0	5.8	6.8	7.5
5000元以上		>=5000 yuan		12.5	22.8	25.3	30.2	36.4
人均经营耕地面积	**(亩)**	**Cultivated Area Run by Per Capita**	**(mu)**	**0.91**	**0.90**	**0.92**	**0.84**	**0.82**
#自留地面积	(亩)	Private Plot	(mu)	0.07	0.06	0.07	0.05	0.05
人均经营山地面积	(亩)	Average Hilly Area Runned by Per Capita	(mu)	0.65	0.61	0.57	0.40	0.44

5-40 农村居民家庭基本情况(2001年)

Basic Statistics on Rural Households(2001)

项目	Item	总平均 Average	按人均纯收入等级分组 Grouped by Level of Net Income 低20%收入户 Lower Income Households (20%)	次低20%收入户 Low Income House-holds (20%)	中等20%收入户 Middle Income Households (20%)	次高20%收入户 High Income Households (20%)	高20%收入户 Higher Income Households (20%)
调查户数(户)	**Number of Household Surveyed(household)**	**2700**	**540**	**540**	**540**	**540**	**540**
常住人口(人)	**Permanent Residents(person)**	**9817**	**2063**	**2040**	**2009**	**1904**	**1801**
户均常住人口(人)	Average Permanent Residents Per Household (person)	3.64	3.82	3.78	3.72	3.53	3.34
户均整半劳动力(人)	**Average Ablebodied and Semi-ablebodied Laborers(person)**	**2.60**	**2.66**	**2.63**	**2.61**	**2.61**	**2.51**
整半劳动力占人口比重(%)	Percentage of Ablebodied and Semi-ablebodied(%)	71.56	69.61	69.51	70.13	73.90	75.24
每百个劳动力中:(人)	**Among Per 100 Laborers (person)**						
乡村企业人数	Laborers in Rural Enterprises	14.31	4.11	9.03	17.03	19.69	22.21
外出劳动力人数	Laborers Outside	8.80	7.73	9.52	7.81	10.02	8.93
平均每百个劳动力中:(人)	**Among Per 100 Laborers (person)**						
不识字或识字很少	Illiterate or Semiliterate	6.49	7.31	7.55	6.60	5.54	5.39
小学程度	Primary School	34.59	35.72	35.05	34.14	34.33	33.65
初中程度	Junior Secondary School	44.00	44.71	44.64	44.43	42.29	43.91
高中程度	Senior Secondary School	11.76	9.12	10.44	12.21	14.21	12.92
中专程度	Specialized Secondary School	2.51	2.23	1.97	2.13	3.06	3.17

5－40 续表 continued

项 目	Item	总平均 Average	按人均纯收入等级分组 Grouped by Level of Net Income 低20%收入户 Lower Income House－holds (20%)	次低20%收入户 Low Income House－holds (20%)	中等20%收入户 Middle Income House－holds (20%)	次高20%收入户 High Income House－holds (20%)	高20%收入户 Higher Income Households (20%)
大专程度(人)	College(person)	0.65	0.91	0.35	0.50	0.57	0.96
人均经营耕地面积(亩)	**Cativated Area Run Per Capita(mu)**	**0.82**	**0.67**	**0.79**	**0.78**	**0.82**	**1.08**
自留地面积	Private Plot	0.05	0.05	0.05	0.05	0.05	0.05
人均经营山地面积(亩)	Average Hilly Area Run by Per Capita(mu)	0.44	0.73	0.61	0.23	0.40	0.17
人均新建生活用房面积(平方米)	**Living Floor Space of House Newly Built Per Capita (sq. m)**	**0.98**	**0.51**	**0.40**	**1.32**	**0.51**	**2.04**
#砖木结构面积	Brick and Wood Structure	0.18	0.08	0.02	0.37	0.03	0.44
钢筋混凝土结构面积	Reinforced Concrete Structure	0.74	0.45	0.35	0.92	0.47	1.61
新建房屋每平方米价值(元)	**Value of Houses Newly Built Per Square Meter(yuan)**	**433**	**373**	**360**	**333**	**535**	**512**
人均年末使用生活用房面积(平方米)	**Per Capita Living Floor Space(sq. m)**	**47.82**	**37.24**	**43.84**	**47.86**	**53.06**	**58.87**
#砖木结构	Brick and Wood Structure	22.11	18.99	20.75	22.44	24.72	24.12
钢筋混凝土结构	**Reinforced Concrete Structure**	**23.44**	**14.2**	**19.9**	**23.89**	**27.46**	**33.27**
户均年末使用房屋价值(元)	Houses Value Per Households (yuan)	48778	31458	41146	48931	52277	70077

5-41 农村居民家庭房屋状况
Housing Conditions of Rural Households

项　目	Item	1995	1998	1999	2000	2001
年内新建房屋户数(户)	**Number of Households Newly-Built House (household)**	**137**	**101**	**92**	**94**	**52**
新建房户比重(%)	Percentage of Households Newly - Built House(%)	5.07	3.70	3.41	3.48	1.93
新建房屋每平方米价值(元)	**Value of Newly Built House Per Square Meter(yuan)**	**330**	**358**	**332**	**393**	**433**
人均新建生活用房面积(平方米)	**Living Floor Space of House Newly Built Per Capita(sq. m)**	**1.64**	**1.21**	**1.25**	**1.44**	**0.98**
#新建楼房面积(平方米)	Per Capita Floor Space of Multi - floor Buildings Newly Built (sq. m)	1.06	0.41	0.81	1.34	0.91
人均年末使用生活用房面积(平方米)	**Per Capita Living Floor Space (the end of year)(sq. m)**	**34.14**	**38.53**	**40.27**	**46.42**	**47.82**
#砖木结构(平方米)	Brick and Wood Structure(sq. m)	16.33	15.63	16.15	22.5	22.11
钢筋混凝土结构(平方米)	Reinforced Concrete Structure (sq. m)	14.14	20.01	20.62	21.53	23.44
年末每平方米生活用房价值(元)	**Value of Living House per Square Meter(yuan)**	**196**	**234**	**237**	**268**	**281**
户均年末使用房屋价值(元)	**Houses Value per Household (yuan)**	**26492**	**34337**	**35778**	**45461**	**48788**

5-42 农村居民人均总收入和纯收入

Per Capita Annual Total Income and Net Income of Rural Households

单位:元 (yuan)

项目	Item	1995	1998	1999	2000	2001
全年总收入	**Gross Income**	**3975**	**4865**	**4793**	**5325**	**5804**
全年纯收入	**Net Income**	**2966**	**3815**	**3948**	**4254**	**4582**
#生产性纯收入	Productive Income	2750	3479	3536	3808	4113
基本收入	Basic Income	2806	3575	3634	3919	4226
工资性收入	Wage Income	1110	1585	1738	2001	2226
在非企业组织中劳动得到	Remuneration from Other Organization Except Enterprises	149	270	291	399	456
企业劳动得到	Remuneration from Enterprises	859	1089	1176	1331	1451
乡村企业得到	from Township Enterprises	531	521	553	776	892
其他单位劳动得到	from Other Units	102	226	271	271	318
家庭经营收入	Income from Household Business	1696	1990	1896	1918	2000
农业收入	Planting	802	883	745	682	720
林业收入	Forestry	8	11	7	16	18
牧业收入	Animal Husbandry	231	221	196	219	213
渔业收入	Fishery	34	37	40	36	39
工业收入	Industry	167	206	240	274	303
建筑业收入	Construction	80	104	131	135	138
运输业收入	Transportation	95	116	127	137	139
批零售贸易餐饮业收入	Wholesale, Retail Sale and Catering Trade	114	197	225	211	221
服务业收入	Service Trade	56	96	98	111	113
文教卫生业收入	Culture, Education and Public Health			10	11	11
其他家庭经营收入	Others	109	119	77	85	83
转移性收入	Transfer Income	79	132	152	154	183
财产性收入	Property Income	81	108	162	181	174

5－43 农村居民人均总收入和纯收入(2001 年)
Per Capita Annual Total Income and Net Income of Rural Households(2001)

单位:元 (yuan)

项 目	Item	总平均 Average	按人均纯收入等级分组 Grouped by Level of Net Income 低20%收入户 Lower Income Households (20%)	次低20%收入户 Low Income Households (20%)	中等20%收入户 Middle Income Households (20%)	次高20%收入户 High Income Households (20%)	高20%收入户 Higher Income Households (20%)
全年总收入	**Gross Income**	**5804**	**2392**	**3767**	**5278**	**6792**	**11563**
工资性收入	**Wage Income**	**2226**	**670**	**1338**	**2121**	**3056**	**4254**
在非企业组织中劳动得到	From Other Orgazination Except Enterprises	456	103	261	327	606	1066
在本地企业中劳动得到	From Local Enterprises	1183	235	556	1203	1650	2462
#在本地乡镇企业得到	From Local Township Enterprises	892	169	424	888	1236	1890
常住人口外出从业得到	From Permanent Population Outside Work	269	90	173	241	462	408
其他	Others	318	242	347	351	337	317
家庭经营收入	**Income from Household Business**	**3026**	**1503**	**2086**	**2770**	**3188**	**5970**
农业收入	Agriculture	1034	721	879	973	995	1677
林业收入	Forestry	44	32	38	21	60	72
牧业收入	Animal Husbandy	476	328	365	495	593	629
渔业收入	Fishery	94	12	67	110	86	207
工业收入	Industry	503	111	200	443	391	1479
建筑业收入	Construction	160	35	110	175	230	270
交通、运输和邮电业收入	Transportation, Posts and Telecommunication	221	65	86	199	277	518
批发和零售贸易、餐饮收入	Wholesale, Retail Sale and Catering Trade	254	75	145	156	265	683
社会服务业收入	Social Serve Trade	138	59	96	132	162	257
文教卫生业收入	Culture, Education and Public Health	14	2	7	2	11	50
其他家庭经营收入	Others	89	65	95	64	118	108
财产性收入	**Property Income**	**174**	**25**	**79**	**99**	**125**	**584**
转移性收入	**Transfer Income**	**379**	**194**	**263**	**288**	**423**	**775**
全年纯收入	**Net Income**	**4582**	**1611**	**2919**	**4102**	**5575**	**9357**

5－44 农村居民人均总支出

Per Capita Annual Expenditure of Rural Households

单位:元 (yuan)

项　　目	Item	1995	1998	1999	2000	2001
全年总支出	**Total Expenditure**	**3536**	**4009**	**3657**	**4527**	**4890**
生活消费支出	Living Expenditure for Consumption	2378	2891	2807	3231	3479
食品	Food	1198	1362	1293	1406	1449
主食	Staple Food	307	359	309	264	258
副食	Non-Staple Food	566	607	585	651	664
其他食品	Other Food	269	312	303	369	383
在外饮食	Eating Outside	45	70	83	109	132
衣着	Clothing	157	164	152	167	182
居住	Residence	442	533	449	581	632
#住房	Housing	356	420	346	453	496
电费	Electricity	23	51	50	62	60
燃料	Fuel	38	45	47	47	50
家庭设备、用品及服务	Household Facilities, Articles and Services	148	158	167	146	156
医疗保健	Medicines and Medical Services	103	158	161	200	252
#医药卫生保健用品	Medical Articles	60	74	75	103	132
交通和通讯	Transportations and Communications	77	169	198	275	300
#交通工具	Means of Transportation	33	67	71	98	88
交通费	Traffic Fare	21	28	29	39	42
邮电费	Postage	7	25	43	85	104

单位:元　　　　5－44　续表　Continued　　　　(yuan)

项　　目	Item	1995	1998	1999	2000	2001
文教娱乐服务	Cultural, Edcational and Recreational Services	127	195	216	328	367
#学杂费	Tuition Fee	108	174	191	236	270
技术培训费	Training Fee	8	6	5	7	9
文娱费	Cultural and Recreational Fee	5	8	9	8	8
其他商品和服务	Other Commodities and Services	89	97	98	127	142
家庭经营费用支出	Expenditure for Household Business	855	845	638	737	820
农业生产支出	Planting	251	233	224	244	260
林业生产支出	Forestry	4	5	7	15	15
牧业生产支出	Animal Husbandry	327	240	223	252	242
渔业生产支出	Fishery	43	33	31	25	38
工业生产支出	Industry	120	105	81	99	157
建筑业支出	Construction	11	15	4	10	9
运输业支出	Transportation	46	35	40	52	58
批发和零售贸易餐饮业	Wholesale, Retail Sale and Catering Trade	29	164	13	15	23
服务业支出	Service Trade	12	7	6	15	14
其他经营支出	Others	12	8	9	10	
购置生产用固定资产支出	Expenditure for Purchasing Productive Fixed Assets	170	102	47	105	114
税费支出	Expenditure for Taxes and Expenses	54	62	58	61	60
#缴纳税金	Taxes	33	35	31	29	27
上交集体承包任务	Payments to Collective Contract	15	18	18		
集体提留和摊派	Expenses for Collective Apportion	6	9	9		
其他非借贷性支出	Others	78	112	106		
附:生产用固定资产折旧	**Depreciation of Productive Fixed Assets**	**86**	**115**	**119**	**129**	**145**

5-45 农村居民人均总支出(2001年)

Per Capita Annual Expenditure of Rural Households(2001)

单位:元 (yuan)

项目	Item	总平均 Average	按人均纯收入等级分组 Grouped by Level of Net Income 低20%收入户 Lower Income House-holds (20%)	次低20%收入户 Low Income House-holds (20%)	中等20%收入户 Middle Income House-holds (20%)	次高20%收入户 High Income House-holds (20%)	高20%收入户 Higher Income House-holds (20%)
全年总支出	**Gross Expenditure**	**4890**	**2722**	**3419**	**4628**	**5177**	**9031**
生活消费支出	Living Expenditure for Consumption	3479	1894	2464	3254	3857	6297
食品	Food	1449	922	1171	1354	1688	2218
#主食	Staple Food	258	245	257	247	268	276
副食	Non-staple Food	664	433	549	636	763	981
其他食品	Other Food	383	194	276	356	461	672
在外饮食	Eating Outside	132	38	77	104	186	278
衣着	Clothing	182	83	127	160	217	344
居住	Residence	632	283	334	633	534	1473
家庭设备、用品及服务	Household Facilities, Articles and Services	156	80	108	152	168	289
医疗保健	Medicines and Medical Services	252	172	159	214	247	497
交通和通迅	Transportation and Communications	300	103	185	272	377	605
文教娱乐用品及服务	Cultural, Educational and Recreational Articles and Services	367	173	277	345	475	600
其他商品和服务	Other Commodities and Services	142	78	103	125	151	271
家庭经营费用支出	Expenditure For Household Business	820	526	575	835	755	1490
农业生产支出	Agriculture	260	214	217	235	255	394
林业生产支出	Forestry	15	5	10	7	14	43
牧业生产支出	Animal Husbandry	242	180	177	246	292	332
渔业生产支出	Fishery	38	7	23	53	27	83
工业生产支出	Industry	157	32	43	228	75	434

项　　目	Item	总平均 Average	按人均纯收入等级分组 Grouped by Level of Net Income 低20%收入户 Lower Income Households (20%)	次低20%收入户 Low Income Households (20%)	中等20%收入户 Middle Income Households (20%)	次高20%收入户 High Income HOuseholds (20%)	高20%收入户 Higher Income Households (20%)
农村居民生产费用现金支出	Productive Expenditure Pay for Cash of Rural Inhabitant	905	568	576	965	756	1755
农村居民生活消费现金支出	Living Expenditure Pay for Cash of Rural Inhabitant	3165	1556	2144	2959	3549	5991
食品	Food	1145	599	862	1068	1389	1920
#主食	Staple Food	47	33	44	39	54	66
副食	Non - Staple Fooc	578	331	460	564	684	898
食品加工费	Food Processing	11	12	13	11	11	10
衣着	Clothing	182	83	127	160	217	343
#服装	Garments	113	47	76	99	137	221
衣着材料	Material of Dress	6	3	4	5	7	11
居住	Residence	622	268	323	624	525	1465
#住房	Housing	495	194	223	501	382	1264
#装饰、装修	Decorating	71	6	26	79	68	189
电费	Electricity	60	38	48	52	70	100
燃料	Fuel	50	33	46	48	56	70
家庭设备、用品及服务	Household Facilities, Articles and Services	156	80	108	152	168	289
医疗保健	Medicines and Medical Services	252	172	159	214	247	497
#医药卫生保健用品	Medical Articles	132	86	85	128	132	241
医疗保健服务费	Medical Services	106	76	69	71	98	232
交通和通讯	Transportation and Communications	300	103	185	272	377	605
#交通工具	Means of Transportation	88	8	47	93	124	182
通讯工具	means of commumitation	35	10	16	31	49	76
交通费	Traffic Fare	42	27	40	33	46	68
邮电费	Postage	104	46	67	89	120	213
文教娱乐用品及服务	Cultural, Educational and Recreational Articles and Services	367	173	277	345	475	600
#文化教育娱乐用品	Cultural, Edcational and Recreational Articles	67	18	43	53	90	143
文教娱乐服务	Cultural, Edcational and Recreational Services	299	155	234	291	385	458
#学杂费	Tuition Fee	270	142	214	265	350	400
技术培训费	Training Fee	9	2	5	7	12	22
文娱费	Cultural and Recreational Fee	8	6	7	8	9	10
其他商品和服务	Others	142	78	103	125	151	271

5－46 农村居民平均每人主要食品消费量
Per Capita Annual Foods Consumption of Major Commodities of Rural Households

名称		Item		1995	1998	1999	2000	2001
粮食	（公斤）	Grain	(kg)	262.36	257.47	241.82	227.26	232.62
#稻谷		Rice		222.91	242.32	227.68	210.85	217.32
小麦		Wheat		12.13	10.39	9.39	8.83	7.55
蔬菜及菜制品	（公斤）	Vegetable	(kg)	84.89	72.14	74.07	85.94	86.54
植物油	（公斤）	Vegetable Oil	(kg)	2.80	2.86	3.99	4.22	4.34
动物油	（公斤）	Animal Oil	(kg)	1.16	1.24	1.21	1.37	1.27
猪肉	（公斤）	Pork	(kg)	12.96	13.62	15.05	16.51	15.33
牛羊肉	（公斤）	Beef and Mutton	(kg)	0.62	0.87	0.86	0.87	0.92
奶及奶制品	（公斤）	Milk and Its Prooducts	(kg)	0.20	0.21	0.43	0.97	1.28
家禽	（公斤）	Poultry	(kg)	3.60	4.18	4.15	5.92	5.87
蛋及蛋制品	（公斤）	Eggs	(kg)	3.79	4.55	4.48	5.52	5.03
鱼类	（公斤）	Fishes	(kg)		8.47	8.92	8.86	9.08
虾、贝、蟹类	（公斤）	Shrimps	(kg)		1.97	2.21	2.56	3.10
食糖	（公斤）	Suggar	(kg)	2.47	2.70	2.77	2.46	2.36
糕点	（公斤）	Cake	(kg)	2.40	2.05	2.35	2.03	2.02
卷烟	（盒）	Cigarettes	(box)	37.03	33.06	31.35	34.92	34.53
酒	（公斤）	Wine	(kg)	21.40	22.41	21.17	22.64	22.76
#啤酒		Beer		8.49	10.19	9.80	11.6	12.09
水果	（公斤）	Fruit	(kg)	26.53	37.53	26.11	29.14	33.10

5-47 农村居民平均每人主要食品消费量(2001 年)
Per Capita Annual Consumption of Major Commodities of Rural Households(2001)

名称		Item		总平均 Average	按人均纯收入等级分组 Grouped by Level of Net Income 低 20% 收入户 Lower Income Households (20%)	次低 20% 收入户 Low Income Households (20%)	中等 20% 收入户 Middle Income Households (20%)	次高 20% 收入户 High Income Households (20%)	高 20% 收入户 Higher Income Households (20%)
粮食	(公斤)	Grain	(kg)	232.62	226.55	232.00	224.69	241.21	240.02
#稻谷	(公斤)	Rice	(kg)	217.32	206.89	213.68	212.04	228.30	227.69
小麦	(公斤)	Wheat	(kg)	7.55	11.78	8.63	6.07	4.97	5.89
豆类及豆制品	(公斤)	Beans and Its Products	(kg)	8.17	7.47	8.40	7.91	8.30	8.85
蔬菜及用菜制品	(公斤)	Vegetable	(kg)	86.54	95.77	82.17	75.76	85.88	93.63
植物油	(公斤)	Vegetable Oil	(kg)	4.34	3.92	4.33	4.06	4.44	5.04
动物油	(公斤)	Animal Oil	(kg)	1.27	1.29	1.13	1.25	1.30	1.40
猪肉	(公斤)	Pork	(kg)	15.33	13.69	15.97	14.98	15.52	16.66
牛肉	(公斤)	Beef	(kg)	0.58	0.27	0.55	0.62	0.65	0.86
羊肉	(公斤)	Mutton	(kg)	0.34	0.18	0.26	0.32	0.40	0.59
家禽	(公斤)	Poultry	(kg)	5.87	2.97	4.43	5.89	7.01	9.63
蛋类及蛋制品	(公斤)	Eggs	(kg)	5.03	3.71	4.82	5.09	5.49	6.23
奶及奶制品	(公斤)	Milk	(kg)	1.28	0.49	0.94	1.32	1.25	2.56
鱼类	(公斤)	Fish	(kg)	9.08	5.18	7.19	9.59	11.18	12.90
虾、贝、蟹类	(公斤)	Shrimp	(kg)	3.10	1.18	1.91	3.12	3.82	5.88
食糖	(公斤)	Suggar	(kg)	2.36	2.35	2.01	2.04	2.85	2.62
糕点	(公斤)	Cake	(kg)	2.02	0.31	0.33	0.42	0.55	1.09
酒和饮料	(公斤)	Wine and Beverage	(kg)	27.62	16.56	23.19	26.55	29.94	44.04
#白酒	(公斤)	White Spirit	(kg)	2.06	1.24	1.89	1.94	2.37	3.01
啤酒	(公斤)	Beer	(kg)	12.09	8.03	10.8	11.72	12.26	18.43
果酒	(公斤)	Fruit Wine	(kg)	0.02	0.02	0.02	0.02	0.02	0.03
水果及水果制品	(公斤)	Fruit	(kg)	33.10	20.71	29.59	33.10	38.37	45.72

5-48 农村居民家庭购买商品情况
Annual Purchases of Major Commodities of Rural Households

名称	Item	1995	1998	1999	2000	2001
平均每人购买衣着和床上用品	**Per Capita Purchases of Clothing and Bed Artichees**					
棉布服装(件)	Cotton Clothing(piece)	0.10	0.08	0.07	0.24	0.27
化纤布服装(件)	Chemical Fiber Clothing(piece)	0.95	0.88	0.91	1.02	1.10
每百户购买文化体育用品	**Per 100 Households Purchases of Cultural and Sports Goods**					
黑白电视机(台)	Black/White TV Set(unit)	1.30	0.52	0.19	0.15	0.15
彩色电视机(台)	Color TV Set(unit)	2.85	5.74	7.59	6.70	6.04
收录机(台)	Radio Tape Recorder(unit)	2.52	1.30	1.30	2.15	1.44
录放像机(台)	Videorecorder(unit)	0.33	0.37	0.85	0.37	0.11
照相机(架)	Camera(unit)	0.33	0.37	0.26	0.19	0.26
户均购买建筑材料	**Per Household Purchases of Building Materials**					
水泥(公斤)	Cement(kg)	359.40	407.99	375.55	424.40	394.70

名 称	Item	1995	1998	1999	2000	2001
木材(立方米)	Timber(cu. m)	0.50	0.29	0.22	0.54	0.13
钢材(公斤)	Steel Products(kg)	43.40	42.08	35.85	42.83	36.28
水泥预制(件)	Cement Prefabricated Parts (unit)	3.20	2.74	7.21	2.96	2.22
玻璃(平方米)	Glass(sq. m)	0.80	0.41	1.13	0.54	0.45
砖瓦(块)	Brick(unit)	1507	1338	1062	1119	844
每百户购买耐用消费品	**Per 100 Households Purchases of Durable Consumer Goods**					
自行车(辆)	Bicycle(unit)	11.96	7.81	8.15	9.96	8.63
缝纫机(架)	Sewing Machine(unit)	1.37	0.48	0.15	0.37	0.04
洗衣机(台)	Washing Machine(unit)	1.48	1.48	1.26	1.93	2.33
电风扇(台)	Electric Fan(unit)	11.81	9.11	6.85	9.15	9.30
电冰箱(台)	Refrigerator(unit)	2.93	1.70	1.81	1.63	1.93
摩托车(辆)	Motorcycle(unit)	1.00	2.52	2.37	4.67	4.15
户均购买生产资料	**Per Household Purchases of Means of Production**					
化肥(公斤)	Chemical Fertilizer(kg)	477.53	408.12	388.06	414.52	406.74
饼肥(公斤)	Cake Fertilizer(kg)	0.91	2.45	0.56	7.00	2.18
农药(公斤)	Chemical Pesticide(kg)	11.29	11.73	14.42	14.79	13.86
农用薄膜(公斤)	Farm Film(kg)	1.62	1.79	1.94	3.15	1.88
生产用燃料(公斤)	Fuels for Production(kg)				41.10	40.48

5－49 农村居民平均每人购买情况(2001 年)
Per Capita Annual Purchase of Major Commodities of Rural Households(2001)

名称	Item	总平均 Average	按人均纯收入等级分组 Grouped by Level of Net Income				
			低 20% 收入户 Lower Income Households (20%)	次低 20% 收入户 Low Income Households (20%)	中等 20% 收入户 Middle Income Households (20%)	次高 20% 收入户 High Income Households (20%)	高 20% 收入户 Higher Income Households (20%)
平均每人购买衣着和床上用品	**Per Capita Purchases of Clothing and Bed Articles**					0.10	0.06
棉布(米)	Cotton Cloth(m)	0.06	0.04	0.05	0.05		
棉布服装(件)	Cotton Clothing(piece)	0.27	0.14	0.21	0.25	0.47	0.31
化纤布(米)	Chemical Fiber Cloth (m)	0.17	0.11	0.13	0.16	0.25	0.20
化纤布服装(件)	Chemical Fiber Clothing (piece)	1.10	0.67	0.86	1.12	1.33	1.61
毛料服装(件)	Fur Dress(piece)	0.09	0.03	0.06	0.09	0.13	0.18
每百户购买文化体育用品	**Per 100 Households Purchases of Cultural and Sports Goods**						
黑白电视机(台)	Black/White TV Set(unit)	0.15		0.37			0.37
彩色电视机(台)	Color TV Set(unit)	6.04	1.85	5.19	5.93	8.15	9.07
收录机(台)	Radio Tape Recorder(unit)	1.44	0.93	1.11	2.59	0.93	1.67
录像机(台)	Videorecorder(unit)	0.11				0.19	0.37
影碟机(台)	Video Disc Player	3.67	1.11	2.96	3.15	4.44	6.67
照相机(架)	Camera(unit)	0.26		0.19		0.37	0.74
组合音响(台)	Composite Acoustics(unit)	0.63		0.19	0.56	0.56	1.85

5-49 续表 continued

名称	Item	总平均 Average	按人均纯收入等级分组 Grouped by Level of Net Income				
			低20%收入户 Lower Income Households (20%)	次低20%收入户 Low Income Households (20%)	中等20%收入户 Middle Income Households (20%)	次高20%收入户 High Income HOuseholds (20%)	高20%收入户 Higher Income Households (20%)
每百户购买耐用消费品	**Per 100 Households Purchases of Durable Consumer Goods**						
自行车(辆)	Bicycle(unit)	8.63	3.52	6.85	10.37	11.30	11.11
洗衣机(台)	Washing Machine(unit)	2.33	1.11	1.85	1.67	2.22	4.81
电风扇(台)	Electric Fan(unit)	9.30	5.93	7.96	12.96	8.15	11.48
电冰箱(台)	Refrigerator(unit)	1.93	0.93	0.37	3.15	1.67	3.52
热水器(台)	Water Heater(unit)	1.78	0.74	2.04	1.67	1.11	3.33
摩托车(辆)	Motorcycle(unit)	4.15	0.56	2.41	4.63	5.74	7.41
电话(部)	Telephone(unit)	13.11	7.41	10.74	14.81	16.11	16.48
移动电话(部)	Mobile Telephone(unit)	8.00	2.04	3.52	7.59	10.93	15.93
户均购买建筑材料	Per Household Purchases of Building Materials						
水泥(公斤)	Cement(kg)	394.70	220.67	268.11	470.20	237.56	776.96
木材(立方米)	Timber(cu. m)	0.13	0.06	0.05	0.07	0.08	0.39
钢材(公斤)	Steel Products(kg)	36.28	21.22	14.07	37.21	23.42	85.47
水泥预制件(件)	Cement Prefabricated Parts(unit)	2.22	1.26	0.84	2.02	2.60	4.41
玻璃(平方米)	Glass(sq. m)	0.45	0.21	0.37	0.44	0.48	0.76
砖瓦(块)	Brick(unit)	843.75	739.81	495.87	848.12	658.24	1476.73
沙石(立方米)	Asphalt Felt(cu. m)	3.83	3.27	3.11	4.24	2.60	5.91
户均购买生产资料	Per Household Purchases of Means of Production						
化肥(公斤)	Chemical Fertilizer(kg)	406.74	442.56	359.10	411.98	362.39	457.68
饼肥(公斤)	Cake Fertilizer(kg)	2.18	1.79	1.44	3.07	2.02	2.59
农药(公斤)	Chemical Pesticide(kg)	13.86	17.75	13.60	12.70	11.58	13.68
农用薄膜(公斤)	Farm Film(kg)	1.88	0.88	1.44	1.42	1.83	3.83
生产用燃料(公斤)	Fuel for Production(kg)	40.48	39.84	21.54	41.45	33.85	65.74

5－50 农村居民家庭平均每百户耐用消费品拥有量
Annual Average Possession of Durable Consumer Goods Per 100 Rural Households

名称	Item		1995	1998	1999	2000	2001
自行车	（辆）Bicycle	(unit)	196.52	198.26	196.85	180.19	180.00
电风扇	（台）Electric Fan	(unit)	219.59	256.07	262.89	270.52	281.63
洗衣机	（台）Washing Machine	(unit)	14.96	23.96	26.96	34.70	37.96
电冰箱	（台）Refrigerator	(unit)	21.70	31.89	36.63	42.04	46.63
摩托车	（辆）Motorcycle	(unit)	7.04	17.04	22.48	29.78	35.93
黑白电视机	（台）Black/White Tv Set	(unit)	66.48	59.85	61.24	50.78	49.37
彩色电视机	（台）Color TV Set	(unit)	32.85	55.81	66.26	83.15	93.41
电话机	（部）Telephone	(unit)	9.81	24.40	39.04	60.26	72.33
移动电话	（部）Moble Telephone	(unit)			8.04	20.22	35.44
录像机	（台）Video Recorder	(unit)	3.93	6.26	6.30	9.04	9.56
收录机	（台）Radio Tape Recorder	(unit)	31.04	33.37	33.22	28.15	27.33
照相机	（架）Camera	(unit)	3.11	5.19	6.19	6.44	7.48
抽油烟机	（台）Range Hoods	(unit)	2.70	8.96	12.52	18.81	23.19
吸尘器	（台）Dust Catcher	(unit)	0.96	1.59	2.44	2.07	3.04
空调机	（台）Air Conditioner	(unit)	0.30	1.67	3.04	5.85	9.44

5－51 农村居民家庭平均每百户耐用消费品拥有量(2001 年)

Annual Average Possession of Durable Consumer Goods Per 100 Rural Households(2001)

名称	Item	总平均 Average	按人均纯收入等级分组 Grouped by Level of Net Income				
			低 20% 收入户 Lower Income Households (20%)	次低 20% 收入户 Low Income Households (20%)	中等 20% 收入户 Middle Income Households (20%)	次高 20% 收入户 High Income Households (20%)	高 20% 收入户 Higher Income Households (20%)
自行车 （辆）	Bicycle (unit)	180.00	143.52	167.22	198.15	200.74	190.37
电风扇 （台）	Electric Fan (unit)	281.63	214.26	266.48	289.63	312.41	325.37
洗衣机 （台）	Washing Machine (unit)	37.96	18.15	27.59	37.78	48.33	57.96
电冰箱 （台）	Refrigerator (unit)	46.63	23.70	34.81	46.30	57.78	70.56
摩托车 （辆）	Motorcycle (unit)	35.93	15.93	28.52	37.78	42.41	55.00
组合音响 （台）	Hi－Fi Stereo Component System (unit)	14.04	7.59	9.81	13.89	15.74	23.15
黑白电视机 （台）	Black/White Tv Set (unit)	49.37	53.70	51.85	49.07	50.93	41.30
彩色电视机 （台）	Color TV Set (unit)	93.41	67.04	84.26	96.11	104.26	115.37
电话机 （部）	Telephone (Unit)	72.33	46.85	65.37	73.89	85.56	90.00
移动电话 （部）	Moble Telphone (unit)	35.44	16.48	25.19	33.52	40.00	62.04
录像机 （台）	Video Recorder (unit)	9.56	3.33	6.11	10.56	11.48	16.30
收录机 （台）	Radio Tape Recorder (unit)	27.33	15.93	22.78	30.19	32.41	35.37
照相机 （架）	Camera (unit)	7.48	3.89	5.19	7.04	7.78	13.52
抽油烟机 （台）	Range Hoods (unit)	23.19	6.30	15.74	22.78	27.59	43.52
吸尘器 （台）	Dust Catcher (unit)	3.04	1.11	2.04	3.70	2.41	5.93
空调机 （台）	Air Conditioner (unit)	9.44	2.22	3.89	8.33	10.56	22.22

5-52 农村居民家庭拥有生产性固定资产情况
Purchases of Productive Fixed Assets in Rural Households

指标		Item		1995	1998	1999	2000	2001
户均生产性固定资产原值	(元)	**Per Household Original Value of Productive Fixed Assets**	(yuan)	**5108**	**6553**	**6692**	**7071**	**7914**
役畜、产品畜		Draught Animal and Product Lirvestock		202	245	188	166	171
大中型铁木农具		Large and Medium-sized Farm Tools		205	189	172	236	237
农林牧渔业机械		Agricultural Machinery		934	1220	966	992	995
工业机械		Industrial Machinery		528	771	582	1503	1801
运输机械		Transportation Machinery		780	788	880	1134	1391
平均每百户拥有:		**Possession Per 100 Households**						
汽车	(辆)	Vehicles for Agricultural Use	(unit)	0.94	0.93	0.94	1.52	1.60
大中型拖拉机	(辆)	Large and Medium-sized Tractors	(unit)	0.26	0.19	0.30	0.44	0.59
小型和手扶拖拉机	(辆)	Small-sized and Walking Tractors	(unit)	4.83	4.93	5.35	6.15	6.35
机动脱粒机	(台)	Motorized Thresher	(unit)	26.97	32.3	33.36	33.05	29.60
胶轮手推车	(辆)	Rubber-tyred Handcart	(unit)	47.86	90.63	54.54		
抽水机	(台)	Water Pump	(unit)	4.52	3.63	4.49		
水泵	(台)	Turbine Pump	(unit)	12.66	18.22	18.24	22.49	23.75
机动船	(条)	Motor Boat	(unit)	1.69	1.37	1.44		
役畜	(头)	Draught Animal	(head)	6.55	6.15	4.51	5.27	4.07
产品畜	(头)	Product Livestock	(head)	24.37	38.11	21.17	29.77	29.22

5－53 农村居民家庭拥有生产性固定资产情况(2001 年)
Investment in Fixed Assets for Production Per 100 Rural Households(2001)

指标	Item	总平均 Average	按人均纯收入等级分组 Grouped by Level of Net Income				
			低 20% 收入户 Lower Income Households (20%)	次低 20% 收入户 Low Income Households (20%)	中等 20% 收入户 Middle Income Households (20%)	次高 20% 收入户 High Income Households (20%)	高 20% 收入户 Higher Income Households (20%)
户均生产性固定资产原值(元)	**Per Household Original Value of Productive Fixed Assets(yuan)**	**7914**	**5147**	**5591**	**7352**	**9180**	**12299**
役畜、产品畜	Draught Animal and Product Livestock	171.43	212.61	185.28	187.35	121.85	150.06
大中型铁木农具	Large and Medium-sized Farm Tools	236.83	253.78	210.33	262.21	212.68	245.13
农林牧渔业机械	Agricultural Machinery	995.14	356.41	802.93	932.92	1112.94	1770.50
工业机械	Industrial Machinery	1800.90	1408.72	921.50	1065.33	2025.33	3583.61
交通运输机械	Transportation Machinery	1191.00	836.85	269.44	1034.21	1305.07	3508.52
平均每百户拥有:	**Possession Per 100 Households**						
汽车(辆)	Vehicles for Agricultural Use(unit)	1.60	0.93	0.37	0.93	1.85	3.94
大中型拖拉机(台)	Large and Medium-sized Tractors (unit)	0.59	0.93	0.19	0.93	0.74	0.19
小型和手扶拖拉机(辆)	Small-sized and Walking Tractors (unit)	6.35	5.65	5.93	6.67	8.89	4.63
机动脱粒机(辆)	Motorized Thresher (unit)	29.60	19.00	30.50	33.43	34.11	30.94
水泵(台)	Turbine Pump(unit)	23.75	17.69	25.43	25.28	21.96	28.39
役畜(头)	Draught Animal(head)	4.07	4.74	7.85	3.11	2.52	2.13
产品畜(头)	Product Livestock(head)	29.22	34.26	18.89	38.33	35.37	19.26

主要统计指标解释

职工工资总额 指各单位在一定时期内直接支付给本单位全部职工的劳动报酬总额。

工资总额的计算原则应以直接支付给职工的全部劳动报酬为根据。各单位支付给职工的劳动报酬以及其他根据有关规定支付的工资,不论是计入成本的还是不计入成本的,不论是按国家规定列入计征奖金税项目的,还是未列入计征奖金税项目的,不论是以货币形式支付的还是以实物形式支付的,均包括在工资总额内。

计件超额工资 是计件工资的一部分,指计件工人超额完成定额任务后所得的工资。即计件工人实得的全部计件工资级别减去应提的计件标准工资后的数额。某些企业的工人由于从事生产的工作物等级高于本人工资等级,因而其计件标准工资高于本人标准工资,其计件超额也应是全部工资减去应得的计件标准工资后的数额。

奖金 指支付给职工的超额劳动报酬和增收节支的劳动报酬。

津贴和补贴 指为了补偿职工特殊或额外的劳动消耗和因其他特殊原因支付给职工的津贴,以及为了保证职工工资水平不受物价影响支付给职工的物价补贴。

职工平均工资 指企业、事业、机关单位的职工在一定时期内平均每人所得的货币工资额。它表明一定时期职工工资收入的高低程度,是反映职工工资水平的主要指标。计算公式为:

$$职工平均工资=\frac{报告期实际支付的全部职工工资总额}{报告期全部职工平均人数}$$

职工平均实际工资 指扣除物价变动因素后的职工平均工资。计算公式为:

$$职工平均实际工资=\frac{报告期职工平均工资}{报告期城镇居民消费价格指数}$$

城镇居民家庭实际收入 包括经常或固定得到的收入和一次性收入。不包括周转性收入,如提取银行存款、向亲友借入款、收回借出款以及其他各种暂收款。

城镇居民家庭可支配收入 指被调查城镇居民家庭在支付个人所得税之后,所余下的实际收入。

城镇居民家庭消费性支出 指被调查的城镇居民家庭用于日常生活的全部支出,包括购买商品支出和文化生活、服务等非商品性支出。不包括罚没、丢失款和缴纳的各种税款(如个人所得税、牌照税、房产税等),也不包括个体劳动者生产经营过程中发生的各项费用。

农村居民家庭纯收入 指农村常住居民家庭总收入中,扣除从事生产和非生产经营费用支出、缴纳税款和上交承包集体任务金额以后剩余的,可直接用于进行生产性、非生产性建设投资、生活消费和积蓄的那一部分收入。它是反映农民家庭实际收入水平的综合性的主要指标。农民家庭纯收入,既包括从事生产性和非生产性的经营收入,又包括取自在外人口寄回带回和国家财政救济、各种补贴等非经营性收入;既包括货币收入,又包括自产自用的实物收入。但不包括向银行、信用社和向亲友贷款等属于借贷性的收入。

Explanatory Notes on Main Statistical Indicators

Total Wages of Staff and Workers refer to the total remuneration payment to staff and workers in various units during a certain period of time.

The calculation of total wages is based on the total remuneration payment to the staff and workers. Therefore, all the wages and salaries and other payments to staff and workers are included in the total wages regardless of their sources, category, and forms (in kind or cash).

Extra Piece Wages refer to the payment to workers for their extra work beyond labour quota, i. e. total amount of piece wages minus standard piece wages. For some enterprises, the standard of piece wage for some workers exceeds their normal payment. In this case, the extra piece wage is still calculated as total amount of wages minus standard picec wages.

Bonus refers to remuneration payment to workers for extra work and for increasing earnings and practicing economy.

Subsidies and Allowances refer to subsidies paid to staff and workers for compensating special or extra labour and allowances paid to staff and workers to offset the impact of inflation on real wages.

Average Wage of Staff and Workers refers to the average wage in money terms per person during a certain period of time for staff and workers in enterprises, institutions, and government agencies, which reflects the general level of wage income during a certain period of time and is calculated as follows:

$$\text{Average Wage of Staff and Workers} = \frac{\text{Total Wages of Staff and Workers in Reference Period}}{\text{Average Number of Staff and Workers in Reference Period}}$$

Average Real Wage of Staff and Workers refers to average wage of staff and workers after removing the effects of price changes, which is calculated as follows:

$$\text{Average Real Wage of Staff and Workers} = \frac{\text{Average Wage of Staff and Workers in Reference Period}}{\text{Consumer Price Index of Urban Residents in Reference Period}}$$

Total Income of Urban Households refers to the total actual cash income of the sample households, including regular or fixed income and occasional income. The imcome of a circulating nature such as withdrawal from bank deposits, loans borrowed from relatives or friends, repayment of loans received and various temporary collection of money is excluded.

Disposable Income refers to the income of the sample households which can be used for daily expenses, i. e. total income minus income tax.

Expenditure for Consumption refers to total expenditure of the sample households for consumption in daily life, including expenditure for various commodities and expenses for non-commodity items such as culture and service, etc., but excluding fines and confiscation, loss, tax payments (such as income tax, license tax, real estates tax, etc.) and various expenses by individual laborers for business purposes.

Net Income of Rural Households refers to the total income of the permanent residents of the rural households during a year after the deduction of the expenses for productive and non-productive business operation, the payment for taxes and the payment for collective units for their contracted tasks. The net income can be spent for investments in productive and non-productive construction, for consumption in daily life and for savings deposit. It is a comprehensive indicator to show the actual level of the income of the peasants ′household. The net income of the rural households includes not only the income from the productive and non-productive business operation, but also the income from the non-business operation, such as the money remitted or brought back by the members of the household who are in other places, the government relief payment and various subsidies. It includes not only the money income, but also the income in kind. But the income from borrowing from banks, friends and relatives is excluded.

农　业
AGRICULTURE

Chapter 6

****

6. 农 业

Agriculture

****

2001年乡村劳动力	Number of Rural Labour Force	2170.08	万人	(1000 persons)
2001年农林牧渔业总产值	Gross Output Value of Agriculture	1107.98	亿元	(100 million yuan)
2001年农林牧渔业增加值	Added Value of Agriculture	695.15	亿元	(100 million yuan)
2001年年末实有耕地面积	Cultivated Area (Year-end)	1601.46	千公顷	(1000 hectares)
2001年农林牧渔业商品产值	Agriculture Commodity Output Value	742.25	亿元	(100 million yuan)

****

农 业 增 加 值（亿元）

The Value-added of Agriculture（100 million yuan）

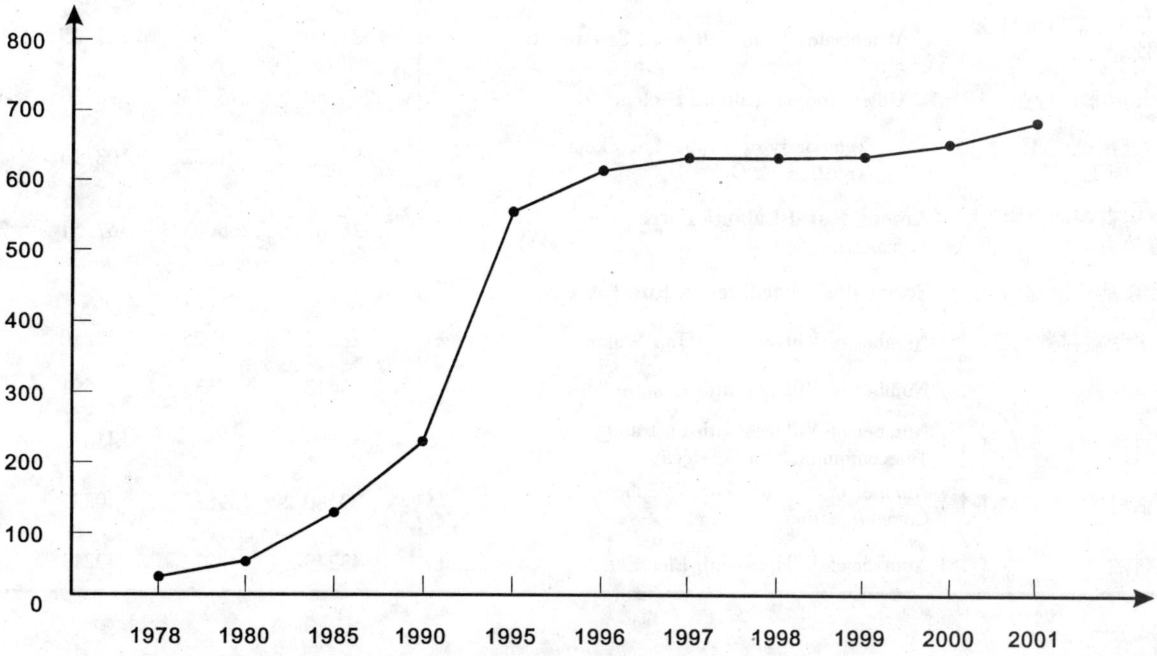

6-1 农村基本情况
Basic Statistics on Rural Areas

指标		Item		1995	1998	2000	2001
农村基层组织		**Rural Grass Roots Units**					
乡镇政府	(个)	Number of Township and Town Governments	(unit)	1841	1832	1723	1415
#镇政府		Number of Town Governments		961	1006	971	839
村民委员会	(个)	Number of Villages´Committees	(unit)	43364	43108	42226	40569
村民小组	(万个)	Number of Villages´Groups	(10000 units)	35.50	34.60	34.35	33.44
农村住户数、人口、劳动力		**Number of Rural Households, Population and Labour Force**					
农村住户数	(万户)	Rural Households	(10000 households)	1066.29	1073.32	1075.96	1122.72
#农业生产户数	(万人)	Agricultural Produeing	(10000 persons)				977.56
农村人口	(万人)	Rural Population	(10000 persons)	3588.15	3579.55	3545.48	3631.31
农村劳动力资源	(万人)	Rural Labour Resource	(10000 persons)	2181.35	2186.39	2197.92	2262.97
农村劳动力	(万人)	Rural Labour Force	(10000 persons)	2097.02	2096.50	2108.44	2170.08
按性别分		By Sex					
男		Male		1146.60	1136.24	1135.82	1167.03
女		Female		950.42	960.26	972.62	1003.05
按部门分		By Section					
农林牧渔业		Farming, Forestry, Animal Husbandry and Fishery		1145.87	1102.70	1014.93	985.11
工业		Industry		447.25	439.93	474.25	531.89
建筑业		Construction		99.44	102.11	110.68	116.49
交通运输、仓储业及邮电通讯业		Transportation, Storage, Post and Telecommunication Services		62.89	64.31	69.03	72.82
批发、零售贸易、餐饮业		Wholesale, Retail Sales and Catering Trades		87.69	112.31	141.25	158.5
其他非农行业		Other Non-agricultural Sectors		253.88	275.14	298.30	305.27
#外出临时工、合同工		Temporary or Contract Workers Transferring Out		81.57	91.32	108.13	113.79
在农村实有劳动力中: 外出劳动力	(万人)	**Among Rural Labour Force:** Transferring Out	(10000 perosns)	228.82	268.05	367.51	346.36
农村社会基础设施		**Social Basic Facilities in Rural Areas**					
自来水受益村数	(个)	Number of Villages with Tap Water	(unit)	28361	31325	32270	31943
通汽车村数	(个)	Number of Villages with Bus Services	(unit)	33413	37339	38501	38013
通邮村数	(个)	Number of Villages with Post and Telecommunication Services	(unit)			41633	40269
通电话村数	(个)	Number of Villages with Telephone Communication	(unit)	29180	39635	40887	40202
通电村数	(个)	Number of Villages with Electricity	(unit)	43249	43072	42211	41255

6－2 农村劳动力转移情况
Diversion of Rural Labour Force

单位:人 (person)

指标	Item	1995	1998	2000	2001
调查组农村整半劳动力	**Able-bodied and Semi-able Bodied Labour Force in Rural Areas Surveyed**	**15041**	**6629**	**6310**	**7025**
#二、三产业劳动力	Secondary, Tertiary Industry Labour Force	7566	2969	3224	3749
当年转移的劳动力	**Number of Transfering Laborers at Current Year**	**638**	**355**	**369**	**235**
素质情况	**Quality Condition**				
按性别分组	By Sex				
男劳动力	Male	361	203	196	130
整劳动力	Able-bodied	334	176	172	100
半劳动力	Semi-able Bodied	27	27	24	30
女劳动力	Female	277	152	173	105
整劳动力	Able-bodied	245	121	144	73
半劳动力	Semi-able bodied	32	31	29	32
按文化程度分组	By Educational Level				
文盲与半文盲	Illiterate and Semi-illiterate	19	3	10	8
小学程度	Primary School	174	57	74	66
初中程度	Junior Secondary	371	224	214	129
高中程度	Senior Secondary	72	54	57	30
中专程度	Specialized Secondary School	1	14	10	2
大专程度	College	1	3	4	
按是否受过专业培训分组	Condition of Specialized Training				
受过各种专业培训的劳动力	Labour Force Receiving Specialized Training	116	151	95	31
没有受过专业培训的劳动力	Labour Force Non－Receiving Specialized Training	522	204	274	204

单位:人　　6-2 续表 contiuned　　(person)

指标	Item	1995	1998	2000	2001
行业分布情况	**Conditions of Sector Distribution**				
转向工业	Convert to Industry	328	126	152	83
转向建筑业	Convert to Construction	49	27	42	14
转向交通运输、邮电业	Convert to Transportation, Postal and Telecommunication Services	40	16	14	7
转向商业、饮食服务业	Convert to Commerce and Catering Services	116	104	117	55
转向文教卫生	Convert to Culture, Education and Health Care	4	5	5	5
转向其他非农行业	Convert to Other Non-agricultural Trade	101	71	33	55
地域分布情况	**Area Distribution**				
本省内转移	Transference in Zhejiang	556	289	317	220
#转向城市	Convert to Cities	163	115	146	35
转向外省	Convert to Other Provinces	82	66	52	15
转向东部地区	Convert to Eastern Regions	32	43	37	13
转向中部地区	Convert to Central Regions	35	16	10	1
转向西部地区	Convert to Western Regions	15	7	5	1
附记:调查农村户数(户)	**Number of Rural Households Investigated (unit)**	**7387**	**6404**	**2400**	**2700**
调查农村人口(人)	**Number of Rural Population Investigated (person)**	**23923**	**9077**	**8825**	**9742**

6-3 各市乡村实有劳动力(2001年)
Rural Labour Force by City (2001)

单位:万人 (10000 persons)

地区	Region	合计 Total	#女 Female	农、林、牧、渔业 Farming, Forestry, Animal Husbandry and Fishery	#农业 Farming	工业 Industry
全省合计	**Total**	**2170.08**	**1003.05**	**985.11**	**808.10**	**531.89**
浙东北	**Eastern & Northern Region**	**1033.45**	**485.50**	**433.03**	**346.43**	**313.03**
杭州市	Hangzhou	250.11	117.97	111.97	92.74	63.61
宁波市	Ningbo	266.14	123.81	95.70	80.53	92.94
嘉兴市	Jiaxing	152.06	73.32	60.82	43.62	62.09
湖州市	Huzhou	112.41	52.46	60.26	43.29	28.67
绍兴市	Shaoxing	211.98	100.27	85.18	75.53	61.39
舟山市	Zhoushan	40.75	17.67	19.10	10.72	4.33
浙西南	**Western & Southern Region**	**1136.63**	**517.55**	**552.08**	**461.67**	**218.86**
温州市	Wenzhou	362.33	161.76	135.19	113.59	90.55
金华市	Jinhua	235.53	110.58	130.78	120.58	43.73
衢州市	Quzhou	116.10	52.80	70.46	55.77	9.43
台州市	Taizhou	302.2	139.45	133.68	109.19	69.40
丽水市	Lishui	120.47	52.96	81.97	62.54	5.75

单位:万人　　6-3 续表 continued　　(10000 persons)

地区	Region	建筑业 Construction	交通运输仓储业及邮电通讯业 Transport, Storage, Post and Telecommunications	批发、零售贸易业、餐饮业 Wholesale, Retail Sale and Catering Services	其他非农行业 Other Non-agricultural Trade	#外出合同工、临时工 Contract or Temporary Workers Transferring Out	在农村实有劳动力中:外出 Among Rural Labour Force: Transferring Out
全省合计	**Total**	**116.49**	**72.82**	**158.50**	**305.27**	**113.79**	**346.36**
浙东北	**Eastern & Northern Region**	**62.14**	**39.04**	**58.14**	**128.07**	**54.89**	**124.06**
杭州市	Hangzhou	13.51	9.64	11.40	39.98	22.56	33.93
宁波市	Ningbo	14.74	9.68	17.54	35.54	13.16	32.45
嘉兴市	Jiaxing	6.44	5.40	7.34	9.97	4.28	7.55
湖州市	Huzhou	5.19	4.79	5.73	7.77	3.64	9.04
绍兴市	Shaoxing	19.87	7.49	13.63	24.42	8.95	33.86
舟山市	Zhoushan	2.39	2.04	2.50	10.39	2.30	7.23
浙西南	**Western & Southern Region**	**54.35**	**33.78**	**100.36**	**177.20**	**58.90**	**222.30**
温州市	Wenzhou	14.97	12.35	47.61	61.66	13.27	80.49
金华市	Jinhua	14.55	5.95	15.16	25.36	11.16	33.86
衢州市	Quzhou	5.57	2.68	4.27	23.69	15.50	28.81
台州市	Taizhou	16.47	9.91	27.97	44.77	9.77	52.97
丽水市	Lishui	2.79	2.89	5.35	21.72	9.20	26.17

6-4 农、林、牧、渔业总产值

Gross Output Value of Farming, Forestry, Animal Husbandry and Fishery

单位:亿元 (100 million yuan)

年份 Year	农林牧渔业总产值 Total	农业产值 Farming	#种植业产值 Planting	林业产值 Forestry	牧业产值 Animal Husbandry	渔业产值 Fishery
1978	65.71	50.82	48.86	1.99	9.42	3.48
1979	91.84	69.47	67.29	2.75	15.55	4.07
1980	92.67	64.23	60.52	3.61	19.39	5.44
1981	95.56	69.21	64.48	3.79	16.45	6.11
1982	118.04	84.61	77.91	4.42	22.88	6.13
1983	118.68	83.65	74.87	4.77	23.41	6.85
1984	147.49	102.80	89.93	6.67	27.01	11.01
1985	174.05	111.20	92.85	8.87	37.84	16.14
1986	192.04	122.97	101.00	9.26	40.09	19.72
1987	227.18	141.09	113.91	11.61	48.57	25.91
1988	280.94	162.80	129.89	14.40	70.33	33.41
1989	304.50	181.26	145.97	13.60	75.68	33.96
1990	331.56	199.48	163.92	16.00	75.18	40.90
1991	363.22	217.21	180.00	17.42	76.78	51.81
1992	396.93	226.46	179.94	21.01	85.23	64.23
1993	490.13	274.85	218.01	29.80	92.11	93.37
1994	690.20	372.97	305.58	41.92	134.78	140.53
1995	868.76	481.90	407.24	50.02	142.03	194.81
1996	932.85	517.29	431.90	54.77	155.88	204.92
1997	1004.88	516.21	426.56	59.26	190.03	239.38
1998	1003.66	522.98	434.22	59.46	165.85	255.37
1999	1005.22	519.00	431.57	62.31	157.00	266.91
2000	1057.07	521.31	446.15	54.48	183.94	297.36
2001	1107.98	543.00	471.52	60.20	195.94	308.84

注:本表按当年价格计算。

The data in this table are calculated at current prices.

6-5 农、林、牧、渔业总产值指数(1978年=100)

Indices of Gross Output Value of Farming, Forestry, Animal Husbandry and Fishery(1978=100)

年份 Year	农林牧渔业总产值 Gross Output Value of Farming, Forestry, Animal Husbandry & Fishery	农业产值 Agriculture	#种植业产值 Planting	林业产值 Forestry	牧业产值 Animal Husbandry	渔业产值 Fishery
1978	100	100	100	100	100	100
1979	112.26	109.58	110.04	109.95	131.12	93.69
1980	109.85	105.62	103.41	115.71	133.27	94.59
1981	110.78	107.65	104.36	115.71	128.88	96.69
1982	128.98	127.88	123.64	113.26	148.37	102.71
1983	124.88	122.05	114.82	116.93	149.42	99.70
1984	145.51	145.51	132.39	149.29	156.79	116.48
1985	151.17	146.44	125.92	155.09	176.43	136.74
1986	159.30	152.77	126.90	149.90	185.83	162.85
1987	164.65	158.47	125.65	161.50	181.27	184.84
1988	168.39	162.26	122.63	157.53	189.10	182.79
1989	170.76	166.71	124.53	152.65	185.44	182.16
1990	175.37	170.34	128.84	166.08	187.23	198.14
1991	186.67	181.51	137.66	185.57	192.05	217.84
1992	193.70	179.20	129.00	198.03	209.41	215.91
1993	202.65	184.90	127.48	240.93	203.50	286.54
1994	221.50	191.86	127.47	283.27	204.03	383.96
1995	242.72	205.46	135.15	302.47	202.14	482.07
1996	258.08	221.62	142.54	319.98	203.38	516.58
1997	270.66	223.18	142.51	340.13	222.24	570.26
1998	280.94	223.98	143.15	328.23	230.46	640.51
1999	294.15	233.77	153.57	351.75	242.33	669.03
2000	307.67	230.70	150.09	391.15	265.45	741.95
2001	324.92	240.16	160.75	414.23	288.28	769.40

注:本表按可比价格计算。
The data in this table are calculated at comparable prices.

6-6 农、林、牧、渔业分项产值
Gross Output Value of Farming, Forestry, Animal Husbandry and Fishery by Branch

单位:亿元 (100 million yuan)

指标	Item	1995	1998	1999	2000	2001
农林牧渔业总产值	**Total**	**868.76**	**1003.66**	**1005.22**	**1057.07**	**1107.98**
农业产值	**Farming**	**481.90**	**522.98**	**519.00**	**521.31**	**543.00**
农作物种植业产值	Planting	407.24	434.22	431.57	446.15	471.52
#粮食	Grain	229.87	211.07	189.46	155.67	133.83
谷物	Cereal	212.79	189.39	164.66	135.99	117.96
豆类	Beans	6.85	8.63	9.69	10.89	6.86
薯类	Tubers	10.23	13.05	15.11	8.79	9.01
油料	Oil-bearing Crops	13.53	10.66	13.13	13.45	12.92
棉花	Cotton	9.60	9.01	3.83	3.18	3.19
麻类	Fiber Crops	0.64	0.26	0.11	0.11	0.10
糖料	Sugar Crops	4.32	5.70	6.92	8.43	8.34
蔬菜	Vegetables	83.44	109.92	121.61	129.49	149.26
茶、桑、果	Tea, Mulberry, Fruits	51.07	62.87	65.82	85.91	100.92
其他农业产值	Other Farming	74.66	88.76	87.42	75.16	71.48
#农民家庭兼营工业	Industry Run by Rural Households	60.59	71.82	69.27	57.95	54.41
林业产值	**Forestry**	**50.02**	**59.46**	**62.31**	**54.48**	**60.20**
人造林木生长	Man-made Forestry Growing	6.47	8.57	8.21	7.02	8.25
林产品	Forestry Products	27.34	33.34	36.95	27.27	31.79
竹木采伐	Lumbering	16.21	17.55	17.15	20.19	20.16
牧业产值	**Animal Husbandry**	**142.03**	**165.85**	**157.00**	**183.94**	**195.94**
牲畜繁殖、增长增重	Breeding of Domestic Animals	78.54	95.92	86.96	104.85	112.92
家禽饲养	Poultry Raising	18.36	20.85	22.48	23.99	23.90
活的畜禽产品	Live Livestock Products	21.97	21.36	21.73	20.24	23.98
其他动物饲养	Other Animals Raising	23.16	27.72	25.83	34.65	34.91
渔业产值	**Fishery**	**194.81**	**255.37**	**266.91**	**297.35**	**308.84**
海水产品	Seawater Aquatic Products	158.22	200.4	204.56	220.57	221.08
淡水产品	Freshwater Aquatic Products	36.59	54.97	62.35	76.78	87.76

注:本表按当年价格计算。

The data in this table are calculated at current prices.

6-7 农、林、牧、渔业分项产值指数(1995年=100)
Indices of Gross Output Value of Farming, Forestry, Animal Husbandry and Fishery by Branch(1995=100)

指标	Item	1998	1999	2000	2001
农林牧渔业总产值	**Total**	**115.75**	**121.19**	**126.76**	**132.93**
农业产值	**Farming**	**109.01**	**113.78**	**112.23**	**116.80**
农作物种植业产值	Planting	105.91	113.63	111.06	118.91
#粮食	Grain	100.58	97.96	86.25	73.78
谷物	Cereal	99.01	95.08	82.20	71.32
豆类	Beans	119.08	128.90	151.45	93.55
薯类	Tubers	117.49	131.42	113.39	114.57
油料	Oil-baring Crops	71.47	108.42	116.17	116.66
棉花	Cotton	103.86	64.73	46.86	50.67
麻类	Fiber Crops	60.71	25.00	21.43	19.30
糖料	Sugar Crops	94.74	107.37	149.47	160.57
蔬菜、瓜类	Vegetables and Melon Crops	123.01	134.48	166.12	190.41
茶、桑、果	Tea, Mulberry and Fruits	98.12	120.80	88.09	111.70
其他农业产值	Other Farming	117.03	114.16	115.26	109.05
#农民家庭兼营工业	Industry Run by Rural Households	118.53	114.33	116.11	109.01
林业产值	**Forestry**	**108.52**	**116.29**	**129.27**	**136.89**
人造林木生长	Man-made Forestry Growing	106.91	106.38	106.65	113.27
林产品	Forestry Products	111.90	122.28	143.48	163.49
竹木采伐	Lumbering	104.79	111.78	118.30	118.91
牧业产值	**Animal Husbandry**	**112.94**	**118.76**	**128.98**	**140.07**
牲畜繁殖、增长增重	Breeding of Domestic Animals	127.18	139.63	150.17	150.17
家禽饲养	Poultry Raising	109.85	131.57	138.57	148.87
活的畜禽产品	Live Livestock Products	99.29	108.59	116.92	129.42
其他动物饲养	Other Animals Raising	106.06	108.04	118.35	132.28
渔业产值	**Fishery**	**132.87**	**138.78**	**153.91**	**159.62**
海水产品	Seawater Aquatic Products	129.94	134.17	145.34	144.35
淡水产品	Freshwater Aquatic Products	146.67	160.48	194.25	231.51

注：本表按可比价格计算。
The data in this table are calculated at comparable prices.

6-8 农、林、牧、渔业增加值
The Added Value of Farming, Forestry, Animal Husbandry and Fishery

单位:亿元 (100 million yuan)

指标	Item	1995	1998	1999	2000	2001
总产值	**Gross Output Value**	**868.76**	**1003.66**	**1005.22**	**1057.07**	**1107.98**
中间消耗	**Intermediate Consumption**	**319.57**	**372.35**	**373.28**	**396.06**	**412.82**
中间物质消耗	Intermediate Material Consumption	293.50	335.62	333.48	351.99	365.19
对非物质生产部门的劳务支出	Labour Service Expenditure of Non-material Productive Sectors	26.07	36.73	39.80	44.07	47.63
增加值	**Added Value**	**549.19**	**631.31**	**631.94**	**661.02**	**695.15**
农业	Farming	336.07	368.98	368.65	371.13	390.64
林业	Forestry	41.31	47.07	47.38	40.94	46.64
牧业	Animal Husbandry	65.65	77.09	71.61	88.62	94.82
渔业	Fishery	106.16	138.17	144.30	160.32	163.05

6-9 各市、农、林、牧、渔业增加值(2001 年)
The Added Value of Farming, Forestry, Animal Husbandry and Fishery by City (2001)

单位:亿元 (100 million yuan)

地区	Region	农、林、牧、渔业增加值 Total	#农业增加值 Farming	#固定资产折旧 Depreciation of Fixed Assets	#劳动者报酬 Compensation of Labourers	中间消耗 Intermediate Consumption
全省合计	**Total**	**695.15**	**390.64**	**34.33**	**552.50**	**412.82**
浙东北	**Eastern & Northern Region**	**437.20**	**246.49**	**22.44**	**339.12**	**259.88**
杭州市	Hangzhou	111.46	69.69	4.93	79.30	53.54
宁波市	Ningbo	100.34	56.71	4.18	78.44	56.09
嘉兴市	Jiaxing	63.48	40.10	3.03	52.78	38.88
湖州市	Huzhou	50.52	26.55	2.19	38.58	28.23
绍兴市	Shaoxing	78.36	48.81	3.33	64.77	42.38
舟山市	Zhoushan	33.05	4.62	4.78	25.25	40.77
浙西南	**Western & Southern Region**	**278.31**	**163.92**	**12.90**	**229.57**	**190.06**
温州市	Wenzhou	57.63	30.03	3.38	49.12	42.66
金华市	Jinhua	52.63	37.80	2.62	41.94	30.79
衢州市	Quzhou	35.69	23.06	1.23	31.56	18.13
台州市	Taizhou	95.63	44.83	4.74	75.03	77.56
丽水市	Lishui	36.74	28.20	0.93	31.91	20.92

注:全省数为省级计算数,与分市相加不等。
The total is calculated by provincial Bureau, it is not equal to the sum of regional figures.

6－10 农、林、牧、渔业分项商品产值
Commodity Output Value of Farming, Forestry, Animal Husbandry and Fishery by Branch

单位:亿元 (100 million yuan)

指标	Item	1995	1998	1999	2000	2001
农林牧渔业商品总产值	**Total Commodity Output Value**	**491.96**	**610.02**	**623.76**	**694.90**	**742.25**
农业商品产值	**Farming**	**163.45**	**206.47**	**215.52**	**241.10**	**259.46**
种植业商品产值	Planting	161.98	205.18	209.66	235.54	253.95
#粮食	Grain	58.84	61.21	53.17	42.19	36.64
谷物	Cereal	55.02	54.92	46.23	36.85	31.32
豆类	Beans	1.77	2.50	2.71	2.95	2.84
薯类	Tubers	2.05	3.79	4.23	2.47	2.49
油料	Oil-bearing Crops	7.29	5.53	7.21	7.44	7.69
棉花	Cotton	7.73	8.04	3.18	2.68	2.37
麻类	Fiber Crops	0.59	0.06	0.11	0.09	0.07
糖料	Sugar Crops	2.73	3.87	5.01	6.17	6.19
蔬菜、瓜类	Vegetables and Melon Crops	40.05	69.25	77.63	82.87	81.68
食用菌	Edible Mushroom				9.58	14.67
茶、桑、果	Tea, Mulberry and Fruits	35.41	39.07	42.54	46.89	68.26
其他农业商品产值	Other Farming	1.47	1.29	5.86	5.56	5.51
林业商品产值	**Forestry**	**32.11**	**36.49**	**39.50**	**34.79**	**38.08**
村及村以下竹木采伐	Lumbering in Village Level and below	12.97	12.58	13.10	29.22	22.99
林产品	Forest Products	19.14	23.91	26.40	19.64	15.09
牧业商品产值	**Animal Husbandry**	**113.09**	**116.63**	**113.04**	**135.61**	**150.50**
猪	Hogs	62.97	67.37	61.34	75.43	83.25
牛	Cattle and Buffaloes	0.16	0.35	0.54	0.31	0.79
羊	Sheep and Goats	1.32	1.46	2.37	2.91	2.54
家禽饲养	Poultry Raising	12.85	10.43	12.36	13.32	17.43
活的畜禽产品	Live Livestock Products	15.38	11.00	12.60	11.76	17.07
其他动物饲养	Other Animal Raising	20.41	26.02	23.83	31.88	29.25
渔业商品产值	**Fishery**	**183.31**	**250.43**	**255.70**	**283.40**	**294.20**
海水产品	Seawater Aquatic Products	148.88	196.39	199.86	211.69	214.62
淡水产品	Freshwater Aquatic Products	34.43	54.04	55.84	71.71	79.59

注:本表按当年价格计算。

The data in this table are calculated at current prices.

6－11 耕地面积变动情况
Change of Cultivated Area

单位:千公顷　　(1000 hectares)

指标	Item	1995	1998	1999	2000	2001
年末实有耕地面积	**Cultivated Area at Year-end**	**1617.80**	**1613.44**	**1609.07**	**1607.56**	**1601.46**
水田	Paddy Fields	1344.94	1337.23	1330.05	1328.93	1322.75
旱地	Dry Fields	272.86	276.21	279.02	278.63	278.71
本年内增加数	**Increased Area in the Year**	**4.57**	**12.58**	**12.82**	**19.81**	**28.88**
#围垦海涂	Reclaim Land from Tideland	0.89	1.71	1.09	1.47	2.53
开荒	Bring Barren under Cultivation	0.79	3.74	5.34	5.09	6.07
本年内减少数	**Decreased Area in the Year**	**22.24**	**11.56**	**17.19**	**21.32**	**34.99**
#国家基建占地	State Capital Construction	7.47	8.64	6.11	8.79	13.59
乡村基建占地	Village Capital Construction	9.75	1.35	2.55	4.29	8.71
改林、桑、茶、果园占地	Construction for Forestry, Mulberry, Tea and Fruit Areas	2.48	0.57	5.67	5.86	2.91
挖鱼塘占地	Construction for Digging Fish Groad	1.02	0.22	0.20	0.25	0.75
其他占地	Others	1.52	0.78	2.66	2.13	2.73
按总人口人均占有耕地(公顷)	**Per Cultivated Construction by Total Population (hectare)**	**0.038**	**0.036**	**0.036**	**0.036**	**0.035**
按农业人口人均占有耕地(公顷)	**Per Cultivated Construction by Rural Population (hectare)**	**0.045**	**0.046**	**0.046**	**0.046**	**0.046**

6－12 各市耕地面积(2001年底)
Cultivated Area by City(End of 2001)

单位:千公顷　　(1000 hectares)

地区	Region	年末实有耕地面积 Cultivated Area at Year-end	水田面积 Paddy Fields	旱地面积 Dry Fields	本年内增加数 Increased Area in the Year	本年内减少数 Decreased Area in the Year	#国家基建占地 State Capital Construction	#乡村基建占地 Village Capital Construction
全省合计	**Total**	**1601.46**	**1322.75**	**278.71**	**28.88**	**34.99**	**13.59**	**8.71**
浙东北	**Eastern & Northern Region**	**931.52**	**759.44**	**172.08**	**19.48**	**19.65**	**8.97**	**5.55**
杭州市	Hangzhou	185.97	160.86	25.11	4.43	8.37	2.88	1.52
宁波市	Ningbo	213.98	150.80	63.18	3.05	4.73	2.17	1.89
嘉兴市	Jiaxing	209.33	177.13	32.20	3.43	2.12	1.55	0.55
湖州市	Huzhou	135.52	120.64	14.88	5.85	1.39	0.88	0.45
绍兴市	Shaoxing	168.67	138.82	29.85	2.52	2.47	1.39	1.08
舟山市	Zhoushan	18.06	11.19	6.87	0.20	0.55	0.10	0.06
浙西南	**Western & Southern Region**	**669.94**	**563.31**	**106.63**	**9.41**	**15.35**	**4.62**	**3.17**
温州市	Wenzhou	162.15	124.56	37.59	1.34	4.44	1.26	0.76
金华市	Jinhua	167.35	145.38	21.97	2.28	3.20	1.21	0.74
衢州市	Quzhou	98.90	87.41	11.49	2.02	1.40	0.78	0.05
台州市	Taizhou	150.18	122.75	27.43	2.78	3.54	0.95	1.48
丽水市	Lishui	91.35	83.20	8.15	0.99	2.77	0.42	0.13

6－13 各市、县耕地面积和人均耕地面积(2001年底)

Cultivated Area and Per Capital Cultivated Area by City and County (End of 2001)

地区	Region	耕地面积合计(公顷) Total Cultivated Area (hectare)	水田 Paddy Fields	旱地 Dry Fields	人均占有耕地面积(公顷) Per Capita Cultivated Area (hectare)
全省合计	**Total**	**1601458**	**1322745**	**278713**	**0.035**
杭州市	**Hangzhou**	**185966**	**160858**	**25108**	**0.030**
杭州市区	District	101449	87952	13497	0.027
建德市	Jiande	17216	15183	2033	0.034
富阳市	Fuyang	21497	18699	2798	0.035
临安市	Linan	19124	16909	2215	0.037
桐庐县	Tonglu	14553	12713	1840	0.037
淳安县	Chunan	12127	9402	2725	0.027
宁波市	**Ningbo**	**213978**	**150801**	**63177**	**0.039**
宁波市区	District	32275	25654	6621	0.026
余姚市	Yuyao	39101	30890	8211	0.047
慈溪市	Cixi	43867	10708	33159	0.044
奉化市	Fenghua	21319	19524	1795	0.044
象山县	Xiangshan	19791	16186	3605	0.037
宁海县	Ninghai	22889	15764	7125	0.039
鄞县	Yinxian	34736	32075	2661	0.047
温州市	**Wenzhou**	**162152**	**124562**	**37590**	**0.022**
温州市区	District	17793	14602	3191	0.014
瑞安市	Ruian	29554	21089	8465	0.027
乐清市	Yueqing	24357	20770	3587	0.021
洞头县	Dongtou	892	200	692	0.007
永嘉县	Yongjia	19775	15334	4441	0.022
平阳县	Pingyang	22518	17284	5234	0.027
苍南县	Cangnan	28191	21275	6916	0.023
文成县	Wencheng	9926	6456	3470	0.027
泰顺县	Taishun	9146	7552	1594	0.026
嘉兴市	**Jiaxing**	**209329**	**177133**	**32196**	**0.063**
嘉兴市区	District	52900	44957	7943	0.067
海宁市	Haining	33299	25425	7874	0.052
平湖市	Pinghu	31405	28985	2420	0.065
桐乡市	Tongxiang	36708	27558	9150	0.056
嘉善县	Haiyan	30674	29187	1487	0.080
海盐县	Jiashan	24343	21021	3322	0.067
湖州市	**Huzhou**	**135516**	**120638**	**14878**	**0.053**
湖州市区	District	50521	44881	5640	0.047
德清县	Deqing	21122	19007	2115	0.050
长兴县	Changxing	41718	37289	4429	0.067
安吉县	Anji	22155	19461	2694	0.049
绍兴市	**Shaoxing**	**168671**	**138818**	**29853**	**0.039**
绍兴市区	District	12154	11345	809	0.020
诸暨市	Zhuji	43447	38670	4777	0.041
上虞市	Shangyu	40453	27453	13000	0.052

6-13 续表 continued

地　　区	Region	耕地面积合　计（公顷）Total Cultivated Area (hectares)	水　田 Paddy Fields	旱　地 Dry Fields	人均占有耕地面积（公顷）Per Capita Cultivated Area (hectare)
嵊州市	Shengzhou	29308	24689	4619	0.040
绍兴县	Shaoxing	27968	25479	2489	0.039
新昌县	Xinchang	15341	11182	4159	0.035
金华市	**Jinhua**	**167352**	**145381**	**21971**	**0.037**
金华市区	District	38615	34623	3992	0.042
兰溪市	Lanxi	28859	26256	2603	0.04
东阳市	Dongyang	24383	19988	4395	0.031
义乌市	Yiwu	23019	19370	3649	0.034
永康市	Yongkang	17756	15709	2047	0.033
武义县	Wuyi	15892	14690	1202	0.048
浦江县	Pujiang	12047	10246	1801	0.032
磐安县	Panan	6781	4499	2282	0.033
衢州市	**Quzhou**	**98902**	**87414**	**11488**	**0.041**
衢州市区	District	6966	5829	1137	0.025
江山市	Jiangshan	23458	20988	2470	0.041
衢　县	Quxian	20376	18013	2363	0.039
常山县	Changzhou	11539	10219	1320	0.036
开化县	Kaihua	12901	10855	2046	0.038
龙游县	Longyou	23662	21510	2152	0.058
舟山市	**Zhoushan**	**18061**	**11190**	**6871**	**0.018**
舟山市区	District	15531	9659	5872	0.023
岱山县	Daishan	2455	1531	924	0.012
嵊泗县	Shengsi	75		75	0.001
台州市	**Taizhou**	**150184**	**122751**	**27433**	**0.027**
台州市区	District	36897	31630	5267	0.026
临海市	Linhai	29124	24261	4863	0.026
温岭市	Wenling	33147	27689	5458	0.029
仙居县	Xianju	14467	12510	1957	0.032
天台县	Tiantai	15123	12848	2275	0.027
三门县	Sanmen	14451	9650	4801	0.036
玉环县	Yuhuan	6975	4163	2812	0.018
丽水市	**Lishui**	**91347**	**83199**	**8148**	**0.037**
丽水市区	District	11345	10058	1287	0.032
龙泉市	Longquan	16784	15975	809	0.061
青田县	Qingtian	10972	9343	1629	0.023
云和县	Yunhe	4175	4084	91	0.038
庆元县	Qingyuan	10194	9415	779	0.052
缙云县	Jinyun	11203	9969	1234	0.026
遂昌县	Shunchang	10421	9436	985	0.046
松阳县	Shongyang	9455	9087	368	0.041
景宁自治县	Jingning	6798	5832	966	0.038

6-14 农业机械年末拥有量

Possession of Agricultural Machinery (End of Year)

指标	Item	1995	1998	1999	2000	2001
农业机械总动力 (万千瓦)	**Total Power of Agricultural Machinery (10000 kw)**	**1639.80**	**1798.84**	**1912.53**	**1990.09**	**2017.24**
耕作机械动力 (万千瓦)	**Mechanical Power of Cultivation (10000 kw)**	**267.72**	**250.37**	**250.76**	**241.27**	**229.51**
大中型拖拉机 (台)	Large and Medium Sized Tractors (unit)	6251	6299	6350	6758	6359.00
(万千瓦)	(10000 kw)	18.21	17.77	17.86	18.14	16.31
农用小型拖拉机 (万台)	Mini-tractors for Agriculture (10000 units)	28.68	26.61	26.47	25.20	24.10
(万千瓦)	(10000 kw)	243.88	226.42	226.29	215.76	206.09
收获机械动力 (万千瓦)	**Mechanical Power of Harvesting (10000 kw)**	**206.70**	**232.90**	**244.43**	**247.95**	**246.69**
联合收割机 (台)	Combine Harvesters (unit)	2531	11858	13995	14303	13911
(万千瓦)	(10000 kw)	3.87	19.78	24.44	25.29	24.22
机动收割机(割晒机) (台)	Motorized Harvesters (unit)	220	389	401	394	420
机动脱粒机 (万台)	Motorized Thresher (10000 units)	118.42	127.17	130.72	133.37	133.75
植保机械动力 (万千瓦)	**Mechanical Power of Plant Protection (10000 kw)**	**3.23**	**4.74**	**6.79**	**7.30**	**7.46**
机动喷雾(粉)器 (万架)	Motorized Sprayer (10000 units)	1.94	3.34	4.82	5.20	5.34
排灌机械动力 (万千瓦)	**Mechanical Power of Drainage and Irrigation (10000 kw)**	**176.12**	**186.42**	**193.29**	**200.66**	**203.05**
柴油机 (万台)	Diesel Engines (10000 units)	7.68	7.58	7.80	7.84	7.88
(万千瓦)	(10000 kw)	38.60	37.34	39.00	39.73	39.67
电动机 (万台)	Electric Engines (10000 units)	24.92	29.46	30.98	33.27	34.43
(万千瓦)	(10000 kw)	137.47	149.05	154.24	160.85	163.31
农副产品加工机械动力 (万千瓦)	**Mechanical Power of Farm Sideline Products Manufacturing (10000 kw)**	**151.79**	**154.06**	**159.12**	**156.53**	**157.12**
粮食加工机械 (万台)	Mechanical Power for Grain (10000 units)	13.96	13.98	14.25	14.05	14.09
棉花加工机械 (万台)	Mechanical Power for Cotton (10000 units)	0.51	0.54	0.57	0.58	0.61
油料加工机械 (万台)	Mechanical Power for Oil-bearing (10000 units)	0.44	0.49	0.51	0.59	0.60
运输机械动力 (万千瓦)	**Mechanical Power of Transportation (10000 kw)**	**431.89**	**489.42**	**548.15**	**561.62**	**577.73**
渔业机械动力 (万千瓦)	**Mechanical Power of Fishery (10000 kw)**	**329.83**	**399.82**	**412.98**	**452.47**	**461.90**
机动船 (万艘)	Motorized Boats (10000 units)	5.28	6.05	5.94	5.82	5.61
(万吨)	(10000 tons)	166.63	192.49	201.87	220.32	228.92
(万千瓦)	(10000 kw)	305.71	369.05	383.60	416.65	426.77
其他农业机械动力 (万千瓦)	**Other Mechanical Power (10000 kw)**	**72.59**	**81.11**	**97.01**	**122.28**	**133.78**

6－15 各市主要农业机械年末拥有量(2001年)
Possession of Major Agricultural Machinery by City (2001)

地 区	Region	农业机械总动力(万千瓦) Total Power of Agricultural Machinery (10000 kw)	耕作机械动力(万千瓦) Mechanical power of Cultivation (10000 kw)	大中型拖拉机(台) Large and Medium Tractors (unit)	农用小型拖拉机 Mini-tractors		收获机械动力(万千瓦) Mechanical Power of Harvesting (10000 kw)
					万台 (10000 units)	万千瓦 (10000 kw)	
全省合计	**Total**	**2017.24**	**229.51**	**6359**	**24.10**	**206.09**	**246.69**
浙东北	**Eastern & Northern Region**	**1260.96**	**139.75**	**4136**	**14.40**	**124.57**	**180.66**
杭州市	Hangzhou	268.31	28.58	1006	2.84	24.80	33.95
宁波市	Ningbo	254.84	27.88	1333	2.58	22.89	29.99
嘉兴市	Jiaxing	198.97	27.23	64	2.87	25.34	59.45
湖州市	Huzhou	170.57	29.36	507	3.10	27.41	32.29
绍兴市	Shaoxing	195.34	24.58	937	2.85	22.88	22.55
舟山市	Zhoushan	172.93	2.12	289	0.14	1.26	2.43
浙西南	**Western & Southern Region**	**749.88**	**89.76**	**2223**	**9.71**	**81.52**	**66.03**
温州市	Wenzhou	191.27	18.66	441	1.87	16.55	9.93
金华市	Jinhua	163.28	27.43	718	3.08	25.27	25.65
衢州市	Quzhou	59.31	7.06	399	0.85	5.54	4.41
台州市	Taizhou	269.85	21.51	604	2.19	19.22	24.61
丽水市	Lishui	66.18	15.10	61	1.72	14.93	1.43
省直属单位	Units directly under Province	6.41					

注:省直属单位指省属水产渔业公司。
Units directly Under Province refers to aquatic fishery company attached to the Province.

6-15 续表1 Continued

地 区	Region	机动脱粒（打稻）机 Motorized Thresher 万台（10000 units）	机动脱粒（打稻）机 Motorized Thresher 万千瓦（10000 kw）	植保机械动力（万千瓦） Mechanical Power of Plant Protection（10000 kw）	机动喷雾（粉）器 Moterized Sprayer 架（unit）	机动喷雾（粉）器 Moterized Sprayer 千瓦（1000 kw）	排灌机械动力（万千瓦） Mechanical Power of Drainage and Irrigation（10000 kw）
全省合计	**Total**	**133.75**	**218.81**	**7.46**	**53425**	**72249**	**203.05**
浙东北	**Eastern & Northern Region**	**103.97**	**161.88**	**5.81**	**43074**	**56695**	**139.07**
杭州市	Hangzhou	22.39	31.83	0.43	2196	4146	34.96
宁波市	Ningbo	13.15	23.30	3.48	27298	34567	23.16
嘉兴市	Jiaxing	34.44	54.89	0.48	2722	4321	25.68
湖州市	Huzhou	19.02	31.01	0.04	302	374	29.02
绍兴市	Shaoxing	14.03	19.25	1.35	10328	12977	23.94
舟山市	Zhoushan	0.94	1.61	0.03	228	310	2.29
浙西南	**Western & Southern Region**	**29.78**	**56.93**	**1.64**	**10351**	**15554**	**63.99**
温州市	Wenzhou	3.39	6.38	0.27	1456	2474	11.28
金华市	Jinhua	11.53	23.88	0.45	2560	4065	21.91
衢州市	Quzhou	2.12	4.12	0.33	2547	3219	12.28
台州市	Taizhou	12.09	21.19	0.49	3088	4859	13.24
丽水市	Lishui	0.66	1.36	0.11	700	937	5.27

6－15 续表2 Continued

地 区	Region	农副产品加工机械动力（万千瓦）Mechanical Power of Farm Sideline Products Manufacturing (10000 kw)	运输机械动力（万千瓦）Mechanical Power of Transpor－tation (10000 kw)	农用载重汽车 Tracks for Agricultural Use		渔业机械动力（万千瓦）Mechanical Power of Fishery (10000 kw)	其他机械动力（万千瓦）Other Mechanical Power (10000 kw)
				辆 (unit)	万千瓦 (10000 kw)		
全省合计	**Total**	**157.12**	**577.73**	**61997**	**131.35**	**461.90**	**133.78**
浙东北	**Eastern & Northern Region**	**81.56**	**366.23**	**38209**	**83.93**	**265.12**	**82.74**
杭州市	Hangzhou	21.33	127.45	11091	27.69	7.37	14.24
宁波市	Ningbo	14.51	65.09	11229	22.15	65.21	25.51
嘉兴市	Jiaxing	11.84	54.98	1655	3.09	12.19	7.12
湖州市	Huzhou	9.17	40.55	4559	7.24	23.14	7.00
绍兴市	Shaoxing	23.02	68.83	8820	21.88	4.14	26.92
舟山市	Zhoushan	1.69	9.33	855	1.87	153.07	1.96
浙西南	**Western & Southern Region**	**75.56**	**211.50**	**23788**	**47.42**	**190.37**	**51.04**
温州市	Wenzhou	20.16	47.11	9574	13.56	57.47	26.39
金华市	Jinhua	18.61	63.44	4174	13.71	0.54	5.25
衢州市	Quzhou	9.59	22.25	1482	4.68	0.39	3.00
台州市	Taizhou	12.73	58.40	4038	9.26	131.59	7.28
丽水市	Lishui	14.46	20.30	4520	6.22	0.38	9.12
省直属单位	Units directly under Province					6.41	

6－16 农业机械化、电气化及化肥施用量
Agricultural Mechanization, Electrification, Chemical Fertilizer Applied

指标	Item	1995	1998	1999	2000	2001
农业机械化	**Agricultural Mechanization**					
当年机耕地面积（千公顷）	Area Sown by Machine at Current Year (1000 hectares)	1098.73	1080.49	1118.92	1105.79	1068.77
占耕地面积比重（%）	Percentage to Cultivated Area (%)	67.90	67.00	69.50	68.8	66.7
当年机械收割面积（千公顷）	Mechanical Harvest Area at Current Year (1000 hectares)	85.08	373.41	530.01	575.17	572.05
农村能源	**Agricultural Energy**					
农村用电量（亿千瓦时）	Electricity Consumed (100 million kwh)	169.17	200.91	219.76	255.27	285.25
每公顷耕地用电量（千瓦时）	Electricity Consumed per Hectare Cultivated Area (kwh)	10457	12452	13658	15879	17812
乡村办水电站（处）	Hydropower Stations Run by Township and Village (unit)	2059	2229	2277	2319	2385
发电能力（万千瓦）	Generating Capacity (10000 kw)	38.54	81.60	88.67	104.0	116.98
农业化肥施用量	**Agricultural Consumption of Chemical Fertilizers**					
按折标准量计算（万吨）	Calculated by Standard (10 000 tons)	465.45	435.99	444.44	431.21	433.81
每公顷耕地化肥施用量（公斤）	Fertilizer Consumption of per Hectare Cultivated Area (kg)	2877	2702	2762	2682	2709
每公顷播种面积施用量（公斤）	Consumption of per Hectare Sown Area (kg)	1186	1112	1140	1213	1336
按折纯量计算（万吨）	Calculated by 100% Effective Component (10000 tons)	97.52	90.78	92.68	89.72	90.32
每公顷耕地化肥施用量（公斤）	Fertilizer Consumption of per Hectare Cultivated Area (kg)	603	563	576	558	564
每公顷播种面积施用量（公斤）	Consumption of per Hectare Sown Area (kg)	249	232	238	252	278
农用塑料薄膜使用量（万吨）	**Plastic Film Use for Agriculture (10000 tons)**	**2.47**	**2.78**	**2.90**	**3.16**	**3.54**
农用柴油使用量（万吨）	**Diesel Use for Agriculture (10000 tons)**	**103.24**	**140.70**	**147.19**	**156.33**	**175.78**
农药使用量（万吨）	**Pesticide Use (10000 tons)**	**5.89**	**6.59**	**6.70**	**6.53**	**6.63**

6-17 各市农业机械化、农村能源及农业物资消耗情况(2001 年)
Agricultural Mechanization, Energy and Material Consumption by City (2001)

地 区	Region	农业机械化情况(千公顷) Conditions of Agricultural Mechanization(1000 ha)		农村用电量(亿千瓦小时) Electricity Consumed in Rural Areas (100 million kwh)	农用塑料薄膜使用量(吨) Plastic Film Use for Agriculture (ton)	农用柴油使用量(吨) Diesel Use for Agriculture (ton)	农药使用量(吨) Pesticide Use (ton)
		机耕面积 Area Cultivated by Machine	机械收获面积 Area Harvested by Machine				
全省合计	**Total**	**1603.16**	**858.07**	**285.25**	**35361**	**1757772**	**66324**
浙东北	**Eastern & Northern Region**	**1027.64**	**586.72**	**206.86**	**19345**	**945208**	**38852**
杭州市	Hangzhou	219.07	116.50	43.90	5215	23783	9166
宁波市	Ningbo	216.55	212.62	51.26	4185	257537	7252
嘉兴市	Jiaxing	241.74	70.04	33.72	3574	12307	7299
湖州市	Huzhou	161.19	49.19	18.59	3458	18509	5943
绍兴市	Shaoxing	173.08	126.02	56.33	2686	9140	8716
舟山市	Zhoushan	16.01	12.35	3.05	227	623932	476
浙西南	**Western & Southern Region**	**575.52**	**271.35**	**78.38**	**16016**	**812564**	**27472**
温州市	Wenzhou	133.38	100.83	32.24	2390	275869	4318
金华市	Jinhua	166.90	60.07	15.12	3167	24055	7229
衢州市	Quzhou	72.65	14.85	4.54	1673	8187	6497
台州市	Taizhou	155.35	93.97	23.75	5726	499103	6007
丽水市	Lishui	47.24	1.63	2.75	3060	5350	3421

6-18 各市农用化肥施用量(2001年)
Chemical Fertilizer Applied by City (2001)

单位:万吨 (10000 tons)

地区	Region	氮肥 Nitrogenous Fertilizer		磷肥 Phosphate Fertilizer		钾肥 Potash Fertilizer		复合肥 Compound Fertilizer	
		标准量 Standard Data	折纯量 100% Effective Component	标准量 Standard Data	折纯量 100% Effective Component	标准量 Standard Data	折纯量 100% Effective Component	标准量 Standard Data	折纯量 100% Effective Component
全省合计	**Total**	**272.60**	**57.25**	**69.00**	**12.42**	**26.33**	**6.58**	**65.88**	**14.07**
浙东北	**Eastern & Northern Region**	**157.71**	**33.12**	**36.26**	**6.53**	**12.75**	**3.19**	**33.48**	**7.17**
杭州市	Hangzhou	33.41	7.01	8.02	1.44	3.43	0.86	13.06	2.71
宁波市	Ningbo	31.92	6.70	11.64	2.10	3.37	0.84	6.30	1.37
嘉兴市	Jiaxing	38.62	8.11	7.88	1.42	1.91	0.48	3.34	0.73
湖州市	Huzhou	13.84	2.91	3.37	0.61	1.27	0.32	4.52	0.98
绍兴市	Shaoxing	38.72	8.13	4.98	0.90	2.74	0.69	5.80	1.28
舟山市	Zhoushan	1.21	0.25	0.35	0.06	0.03	0.01	0.46	0.10
浙西南	**Western & Southern Region**	**114.89**	**24.13**	**32.75**	**5.89**	**13.58**	**3.39**	**32.40**	**6.90**
温州市	Wenzhou	25.21	5.29	6.77	1.22	2.36	0.59	5.09	1.10
金华市	Jinhua	28.23	5.93	9.22	1.66	3.66	0.92	7.47	1.58
衢州市	Quzhou	18.68	3.92	5.76	1.04	3.49	0.87	4.27	0.91
台州市	Taizhou	27.34	5.74	6.24	1.12	1.88	0.47	10.78	2.30
丽水市	Lishui	15.44	3.24	4.76	0.86	2.19	0.55	4.79	1.01

6－19 农田水利建设
Water Conservancy Facilities of Farmland

指标	Item		1995	1998	1999	2000	2001
水库年末累计（座）	Total Number of Reservoirs	(set)	3654	3763	3796	3828	3863
总库容量（亿立方米）	Capacity	(100 million cu. m)	344	349.83	351.56	352.69	356.45
#大、中型水库（1000 万立方米以上）（座）	Large and Medium－sized Reservoirs(above 10 million cu. m level)	(set)	124	133	137	140	144
塘坝（处）	Small Reservoirs	(place)	17878	342015	223777	222613	229988
蓄水量（亿立方米）	Capacity of Retain Water	(100 million cu. m)	4.92	9.21	8.79	8.63	8.74
水轮泵站（处）	Water Turbine－pump Station	(place)	464	2365	1971	2157	2644
水轮泵（台）	Water Turbine－pump	(unit)	549	2506	2067	2292	3252
堰坝（万处）	Weirs	(10000 places)	4.72	4.77	4.85	4.75	4.76
受益面积（千公顷）	Area Benefitted	(1000 ha)	203.90	159.58	163.99	162.05	167.50
机电井（眼）	Motor－electric－pumped Well	(unit)	2483	2463	2406	2448	2450
#已配套机电井（眼）	Equiped Motor－electric－pumped Well	(unit)	1839	2049	2021	2167	2196
水闸（座）	Sluice	(set)	2743	2988	3427	3139	5381
当年投入兴修水利人工（亿工日）	Man-days Put into Water Conservancy Projects at Current Year	(100 million man-days)	3.71	4.77	4.22	4.34	3.82
农田基本建设完成土石方（亿立方米）	Cubic Metre of Earth and Stone Completed through Farmland Capital Construction	(100 million cu. m)	3.20	4.31	4.15	4.04	4.20

注:1995 年和 1996 年的塘坝数为蓄水在 1－10 万立方米。

Reservoirs in 1995,1996 refer to 10000 to 100000 cu. m capacity of Retain Water.

6-20 农田水利、除涝和治理水土流失情况

Water Conservation, Waterlogging and Soil Erosion under Control

指标	Item	1995	1998	1999	2000	2001
有效灌溉面积 （千公顷）	Effective Irrigated Area (1000 ha)	1418.98	1401.31	1400.81	1403.24	1403.99
占耕地面积比重 （%）	Percentage to Cultivated Area (%)	87.70	86.9	87.1	87.3	87.7
机电排灌面积 （千公顷）	Mechanical and Electrical Irrigated Area (1000 ha)	1068.39	1054.96	1052.95	1059.31	1046.57
占耕地面积比重 （%）	Percentage to Cultivated Area (%)	66	65.4	65.4	65.9	65.4
每千公顷耕地有效排灌能力 （千瓦）	Effective Irrigated Capacity per 1000 Hectare Cultivated Area (kw)	919	1155	1201	1248	1266
农田旱涝保收面积 （千公顷）	Farmland Area of Stable Yields Despite Drought or Excessive Rain (1000 ha)	999.71	995.62	1006.53	1007.92	1020.35
占耕地面积比重 （%）	Percentage to Cultivated Area (%)	61.8	61.7	62.6	62.7	63.7
水田 （千公顷）	Paddy Fields (1000 ha)	915.63	911.84	910.7	915.16	907.08
抗旱能力在70天以上的水田 （千公顷）	Fight Drought above 70 Days (1000 ha)	958.99	960.16	956.78	951.42	946.96
易涝面积 （千公顷）	Area Liable to Flooding or Water Logging (1000 ha)	526.86	528.45	525.57	528.41	526.28
除涝面积 （千公顷）	Flooded or WaterLogged Area under Control (1 000 ha)	460.18	471.77	474.5	477.03	472.12
占易涝面积比重 （%）	Percentage to Total Area Liable to Flooding or Waterlogging (1000 ha)	87.3	89.3	90.3	90.28	89.7
水土流失总面积（千公顷）	Total Area of Soil Erosion (1000 ha)	2538.63	2578.95	2943.37	2820.35	2776.61
治理水土流失面积 （千公顷）	Area of Soil Erosion under Control (1000 ha)	1985.39	2006.83	2012.52	2117.45	2067.35
占水土流失比重 （%）	Percentage to Total Area of Soil Erosion (%)	78.2	77.8	68.37	75.08	74.46
堤塘长度 （公里）	Total Length of Dikes (km)	6981	7668	8732	9252	9948

6-21 各市水利设施和除涝及旱涝保收面积(2001年)
Water Conservancy Facilities, Waterlogging under Control by City (2001)

地区	Region	年末水库数(座) Number of Reservoirs (year-end) (set)	水库总库容(亿立方米) Capacity of Reservoirs (100 million cu. m)	除涝面积(千公顷) Waterlogging Area under Control (1000 ha)	旱涝保收面积(千公顷) Area of Stable Yields Despite Drought or Excessive Rain (1000 ha)
全省合计	**Total**	**3863**	**356.45**	**472.12**	**1020.35**
浙东北	**Eastern & Northern Region**	**1854**	**266.31**	**351.49**	**649.15**
杭州市	Hangzhou	574	232.11	53.18	132.41
宁波市	Ningbo	399	13.67	64.93	120.71
嘉兴市	Jiaxing			102.00	166.98
湖州市	Huzhou	149	6.29	86.06	111.99
绍兴市	Shaoxing	535	12.91	40.51	106.26
舟山市	Zhoushan	197	1.33	4.81	10.80
浙西南	**Western & Southern Region**	**2009**	**90.14**	**120.63**	**371.20**
温州市	Wenzhou	238	6.59	66.47	62.31
金华市	Jinhua	768	17.51	10.21	116.22
衢州市	Quzhou	448	30.09	1.86	63.40
台州市	Taizhou	322	16.41	35.41	81.83
丽水市	Lishui	233	19.54	6.68	47.44

6－22 各市农田水利建设情况(2001 年)

Water Conservancy by City (2001)

地区	Region	农田基本建设实用人工(万工日) Man-days Put into Farmland Capital Construction (10000 man-days)	农田基本建设完成土石方(万立方米) Cubic Metre of Earth and Stone Completed through Farmland Basic Construction (10000 cu. m)	有效灌溉面积(千公顷) Effective Irrigated Area (1000 ha)	机电排灌面积(千公顷) Mechanical and Electrical Irrigated Area (1000 ha)
全省合计	**Total**	**38205**	**42015**	**1403.99**	**1046.57**
浙东北	**Eastern and Northern Region**	**15213**	**22303**	**814.36**	**706.87**
杭州市	Hangzhou	4923	5049	169.90	121.76
宁波市	Ningbo	4128	4399	178.55	163.34
嘉兴市	Jiaxing	3585	6359	194.95	194.95
湖州市	Huzhou	1994	3064	119.95	109.86
绍兴市	Shaoxing	583	3432	151.01	116.96
舟山市	Zhoushan	871	623	13.58	10.01
浙西南	**Western and Southern Region**	**19138**	**19088**	**576.05**	**329.79**
温州市	Wenzhou	5114	4928	125.93	97.28
金华市	Jinhua	4347	5478	156.68	84.08
衢州市	Quzhou	2757	2585	87.32	34.31
台州市	Taizhou	4680	4231	125.03	100.42
丽水市	Lishui	2240	1866	81.09	13.70

6-23 主要农作物播种面积

Total Sown Area of Major Farm Crops

单位:千公顷　　　　(1000 hectares)

指标	Item	1995	1998	1999	2000	2001
农作物播种面积	**Sown Area of Farm Crops**	**3923.04**	**3919.60**	**3899.49**	**3554.33**	**3245.93**
粮食作物	**Grain Crops**	**2814.39**	**2799.51**	**2751.91**	**2233.33**	**1875.60**
#春粮	Spring Grain	423.55	505.66	510.79	316.70	229.08
秋粮	Autumn Grain	1519.91	1543.45	1547.33	1458.42	1346.02
谷物	Cereal	2510.38	2436.90	2368.43	1907.62	1565.38
稻谷	Rice	2137.76	2007.92	1940.43	1597.97	1340.00
早稻及早中稻	Early Rice & Early Mid-rice	870.93	750.40	693.79	458.22	300.50
晚稻及迟中稻	Late Rice & Late Mid-rice	1266.83	1257.52	1246.64	1139.75	1039.50
单季晚稻	Single Season Rice	301.09	405.28	442.73	570.33	643.18
小麦	Wheat	208.23	255.14	257.92	177.57	121.40
大(元)麦	Barley	117.48	123.44	116.59	70.80	44.34
玉米	Corn	39.29	43.82	46.80	52.20	51.76
其他谷物	Other Cereal	7.62	6.58	6.69	9.08	7.88
豆类	Beans	144.43	178.26	190.42	215.67	204.73
大豆	Soybeans	86.05	101.82	109.16	129.05	122.76
蚕(豌)豆	Broad Bean	49.85	60.39	65.90	68.32	63.34
杂豆	Other Beans	8.53	16.05	15.36	18.30	18.63
蕃薯	Yam	111.59	117.66	122.69	110.04	105.49
油料	**Oil-bearing Crops**	**309.32**	**281.88**	**289.44**	**315.58**	**306.62**
油菜籽	Rapeseeds	295.92	266.60	272.33	297.18	286.15
花生	Peanuts	10.18	11.70	13.16	14.33	16.32
芝麻	Sesame	3.22	3.58	3.95	4.07	4.15
棉花(皮棉)	**Cotton**	**64.53**	**62.84**	**37.85**	**26.58**	**27.66**
麻类	**Fiber Crops**	**4.37**	**2.55**	**1.20**	**0.83**	**0.76**
#黄红麻	Jute and Ambary Hemp	4.03	2.35	1.00	0.62	0.53
糖类	**Sugar Crops**	**11.78**	**10.71**	**12.03**	**16.34**	**17.38**
#糖蔗	Sugarcane	2.38	1.85	1.74	1.90	1.71
烟叶	**Tobacco**	**0.68**	**1.29**	**1.20**	**1.39**	**1.81**
药材类	**Medicinal Material**	**8.00**	**12.04**	**13.63**	**16.42**	**19.68**
蔬菜	**Vegetables**	**297.81**	**368.04**	**412.49**	**568.86**	**627.97**
果用瓜	**Melon as Fruits**	**50.61**	**55.16**	**67.67**	**80.78**	**94.67**
#西瓜	Watermelon	41.86	46.86	57.36	63.42	79.07
花卉苗木	**Flowers and Plants Nursery Stock**					**33.91**
其他农作物	**Other Farm Crops**	**361.55**	**325.58**	**312.08**	**301.05**	**239.89**
#绿肥	Green Manure	316.55	276.38	254.19	218.72	174.32

6－24　主要农作物产量
Output of Major Farm Crops

指标	Item	2000 公顷产量（公斤）Output per Hectare (kg)	2000 总产量（万吨）Total Output (10000 tons)	2001 公顷产量（公斤）Output per Hectare (kg)	2001 总产量（万吨）Total Output (10000 tons)
粮食作物	**Grain Crops**	**5359**	**1196.92**	**5628**	**1055.68**
#春粮	Spring Grain	2963	93.82	2837	64.98
秋粮	Autumn Grain	5843	852.20	6131	825.19
谷物	Cereal	5735	1093.94	6082	952.06
稻谷	Rice	6197	990.20	6534	875.60
早稻及早中	Early Rice & Early Mid-rice	5476	250.90	5507	165.50
晚稻及迟中稻	Late Rice & Late Mid－rice	6487	739.30	6831	710.10
单季晚稻	Single Season Rice	7029	400.90	7267	467.40
小麦	Wheat	3104	55.12	3053	37.07
大(元)麦	Barley	3604	25.52	3517	15.59
玉米	Corn	3889	20.30	4076	21.10
其他谷物	Other Cereal	3084	2.80	3422	2.70
豆类	Beans	2104	45.39	2219	45.42
大豆	Soybeans	2201	28.40	2322	28.50
蚕(豌)豆	Broad Beans	1930	13.19	1945	12.32
杂豆	Other Beans	2076	3.80	2468	4.60
蕃薯	Yams	5235	57.60	5517	58.20
油料	**Oil-bearing Crops**	**1834**	**57.88**	**1899**	**58.22**
油菜籽	Rapeseeds	1808	53.74	1869	53.49
花生	Peanuts	2522	3.61	2556	4.17
芝麻	Sesame	1288	0.53	1352	0.56
棉花(皮棉)	**Cotton**	**1100**	**2.92**	**1143**	**3.16**
麻类	**Fiber Crops**	**5341**	**0.44**	**4968**	**0.38**
#黄红麻	Jute and Ambary Hemp	6395	0.4	6295	0.33
糖类	**Sugar Crops**	**60289**	**98.52**	**60956**	**105.97**
#糖蔗	Sugarcane	59446	11.27	58434	10.02
烟叶	**Tobacco**	**2060**	**0.29**	**2048**	**0.37**
蔬菜	**Vegetables**	**27248**	**1359.44**	**627.97**	**1634.13**
果用瓜	**Melon as Fruits**	**26322**	**202.67**	**94.67**	**265.99**
#西瓜	Watermelon	26745	169.6	79.07	229.44

6－25 各市粮食播种面积和产量
Sown Area and Output of Grain by City

地区	Region	2000 播种面积（千公顷）Sown Area（1000 ha）	2000 公顷产（公斤）Output per Hectare（kg）	2000 总产量（万吨）Total Output（10000 tons）	2001 播种面积（千公顷）Sown Area（1000 ha）	2001 公顷产（公斤）Output per Hectare（kg）	2001 总产量（万吨）Total Output（10000 tons）
全省合计	**Total**	**2233.33**	**5359**	**1196.92**	**1875.60**	**5628**	**1055.68**
浙东北	**Eastern & Northern Region**	**1172.48**	**5799**	**679.87**	**975.23**	**6040**	**589.04**
杭州市	Hangzhou	288.25	5296	152.65	247.31	5450	134.78
宁波市	Ningbo	237.49	5415	128.59	200.16	5604	112.17
嘉兴市	Jiaxing	238.59	6415	153.06	205.65	6841	140.69
湖州市	Huzhou	146.68	6429	94.30	117.49	6867	80.68
绍兴市	Shaoxing	243.12	5890	143.21	189.25	5980	113.18
舟山市	Zhoushan	18.34	4399	8.07	15.38	4907	7.55
浙西南	**Western & Southern Region**	**1060.68**	**5162**	**547.58**	**900.77**	**5343**	**481.29**
温州市	Wenzhou	233.53	5204	121.53	207.74	5475	113.73
金华市	Jinhua	250.37	5285	132.32	199.59	5489	109.56
衢州市	Quzhou	168.73	5244	88.47	149.59	5372	80.36
台州市	Taizhou	270.64	5125	138.70	219.05	5301	116.12
丽水市	Lishui	137.59	4837	66.56	124.80	4930	61.52

注：1. 全省粮食产量为抽样调查数，与分市相加不相等。2. 2001 年各市稳定播种面积和产量不包括马铃薯。

1. Total is not equal to the sum of regional figures. 2. The data in 2001 didnt include the potato.

6－26 商品粮基地粮食播种面积和产量

Sown Area and Output of Grain in Commodity Grain Bases

地区	Region	2000			2001		
		播种面积（千公顷）Sown Area（1000 ha）	公顷产（公斤）Output per Hectare（kg）	总产量（万吨）Total Output（10000 tons）	播种面积（千公顷）Sown Area（1000 ha）	公顷产（公斤）Output per Hectare（kg）	总产量（万吨）Total Output（10000 tons）
全省合计	**Total**	**2233.33**	**5359**	**1196.92**	**1875.60**	**5628**	**1055.68**
国家级小计	**Country Level**	**716.01**	**5874**	**420.58**	**578.41**	**6144**	**355.36**
萧山区	Xiaoshan	79.48	5060	40.22	70.03	5237	36.65
富阳市	Fuyang	39.09	5467	21.37	31.12	5742	17.87
余杭区	Yuhang	43.73	6312	27.6	37.06	6638	24.60
余姚市	Yuyao	45.15	6067	27.39	37.89	6227	23.57
奉化市	Fenghua	22.75	5574	12.68	18.71	5861	10.96
宁海县	Ninghai	26.88	4681	12.58	22.94	4979	11.42
鄞　县	Yingxian	45.02	6269	28.22	38.55	6489	24.98
嘉兴市秀洲区	Xiuzhou, Jiaxing	32.61	6756	22.03	27.72	7241	20.07
嘉善县	Jiashan	37.63	6028	22.68	32.78	6545	21.45
海盐县	Haiyan	29.54	6526	19.28	26.23	6884	18.05
桐乡市	Tongxiao	33.44	6598	22.07	27.21	7074	19.25
德清县	Deqing	16.47	6153	10.13	11.67	7029	8.20
长兴县	Changxin	43.87	6488	28.46	38.22	6800	25.99
诸暨市	Zhuji	67.48	6059	40.88	54.73	6068	33.21
绍兴县	Shaoxin	38.79	6319	24.51	27.24	6679	18.19
金东区	Jinghua	41.81	5373	22.46	11.12	5725	6.37
衢　县	Quxian	35.50	5104	18.12	32.69	5257	17.19
龙游县	Longyou	36.77	5412	19.90	32.51	5328	17.32
省级小计	**Province Level**	**313.31**	**5590**	**175.15**	**262.85**	**5739**	**150.84**
桐庐县	Tonglu	21.96	5937	13.03	19.50	5848	11.40
瑞安市	Ruian	40.59	5429	22.03	33.63	5629	18.93
海宁市	Haining	38.32	6071	23.26	34.30	6332	21.72
安吉县	Anji	26.02	5710	14.86	22.46	6071	13.63
嵊州市	Chengzhou	44.54	5508	24.53	34.22	5517	18.88
武义县	Wuyi	26.12	5230	13.66	21.62	5394	11.66
江山市	Jangshan	42.93	5657	24.29	40.11	5742	23.03
温岭市	Wenlin	52.90	5719	30.52	39.42	5934	23.39
松阳县	Songyang	19.93	4639	9.24	17.58	4657	8.19

6-27 各市油菜籽播种面积和产量

Sown Area and Output of Repeseeds by City

地区	Region	2000			2001		
		播种面积（千公顷）Sown Area (1000 ha)	公顷产（公斤）Output per Hectare (kg)	总产量（万吨）Total Output (10000 tons)	播种面积（千公顷）Sown Area (1000 ha)	公顷产（公斤）Output per Hectare (kg)	总产量（万吨）Total Output (10000 tons)
全省合计	**Total**	**297.18**	**1808**	**53.74**	**286.15**	**1869**	**53.49**
浙东北	**Eastern & Northern Region**	**226.42**	**2027**	**45.9**	**218.6**	**1982**	**43.32**
杭州市	Hangzhou	44.63	1802	8.04	44.56	1756	7.83
宁波市	Ningbo	27.52	1855	5.11	21.90	1809	3.96
嘉兴市	Jiaxing	70.41	2331	16.41	74.10	2237	16.58
湖州市	Huzhou	57.72	2015	11.63	54.95	1967	10.81
绍兴市	Shaoxing	23.11	1802	4.17	20.51	1787	3.66
舟山市	Zhoushan	3.01	1811	0.54	2.58	1862	0.48
浙西南	**Western & Southern Region**	**70.76**	**1494**	**10.57**	**67.56**	**1505**	**10.17**
温州市	Wenzhou	4.81	1182	0.57	4.30	1249	0.54
金华市	Jinhua	27.00	1619	4.37	25.6	1647	4.21
衢州市	Quzhou	29.01	1446	4.19	27.82	1417	3.94
台州市	Taizhou	2.78	1597	0.44	2.91	1609	0.47
丽水市	Lishui	7.16	1401	1.00	6.93	1455	1.01

注：2000 年油菜籽产量全省数与分市相加不等。
Total is not equal to the sum of regional figures in 2000.

6－28 棉花、黄红麻、糖蔗主产区播种面积和产量
Sown Area and Output of Cotton, Jute and Ambaryhemp and Sugar Cane in Major Producing Regions

地区	Region	2000			2001		
		播种面积（千公顷）Sown Area（1000 ha）	公顷产（公斤）Output per Hectare（kg）	总产量（万吨）Total Outputs（10000 tons）	播种面积（千公顷）Sown Area（1000 ha）	公顷产（公斤）Output per Hectare（kg）	总产量（万吨）Total Output（10000 tons）
棉花	**Cotton**						
全省合计	**Total**	**26.58**	**1100**	**2.92**	**27.66**	**1143**	**3.16**
12个主要产区小计	**12 Producing Regions**	**20.75**	**1099**	**2.28**	**21.06**	**1146**	**2.41**
萧山区	Xiaoshan	1.55	1111	0.17	1.39	1154	0.16
余杭区	Yuhang	0.03	1037		0.02	1348	0.00
宁波市区	Ningbo District	0.2	825	0.02	0.17	1084	0.02
余姚市	Yuyao	2.42	1220	0.3	3.21	1165	0.37
慈溪市	Cixi	5.16	1049	0.54	4.94	1143	0.56
宁海县	Ninghai	1.57	1024	0.16	1.65	1185	0.20
平湖市	Pinghu	0.97	1014	0.10	0.80	1179	0.09
海盐县	Haiyan	0.92	1216	0.11	0.99	1157	0.11
上虞市	Shangyu	3.74	1130	0.42	4.70	1095	0.51
金东区	Jinghua	1.56	1218	0.19	0.54	1291	0.07
兰溪市	Lanxi	1.66	1091	0.18	1.93	1159	0.22
三门县	Sanmen	0.97	962	0.09	0.73	1123	0.08
黄红麻	**Jute and Ambaryhemp**						
全省合计	**Total**	**0.62**	**6395**	**0.40**	**0.53**	**6295**	**0.33**
4个主要产区小计	**4 Producing Regions**	**0.58**	**6379**	**0.37**	**0.50**	**6382**	**0.32**
萧山区	Xiaoshan	0.20	7112	0.14	0.14	7150	0.10
余杭区	Yuhang	0.13	5659	0.07	0.14	5689	0.08
海宁市	Haining	0.24	6136	0.15	0.22	6285	0.14
上虞市	Shangyu	0.01	10167	0.01	0.01	7750	0.01
糖蔗	**Sugarcane**						
全省合计	**Total**	**1.90**	**59446**	**11.27**	**1.71**	**58434**	**10.02**
6个主要产区小计	**7 Producing Regions**	**1.30**	**66846**	**8.69**	**1.13**	**60730**	**6.89**
瑞安市	Ruian	0.13	55341	0.70	0.08	44618	0.34
金东区	Jinhua	0.20	65284	1.29	0.13	54359	0.70
兰溪市	Lanxi	0.29	58376	1.68	0.23	64602	1.46
东阳市	Dongyang	0.12	58239	0.68	0.15	49600	0.72
义乌市	Yiwu	0.52	80560	4.2	0.51	68825	3.53
永康市	Yongkang	0.04	39080	0.14	0.05	30864	0.14

6－29 主要茶叶产区茶园面积和茶叶产量

Area of Tea Plantation and Output in Major Producing Regions

地区	Region	2000		2001	
		茶园面积（千公顷）Area of Tea Plantations (1000 ha)	茶叶总产量（万吨）Output of Tea (10000 tons)	茶园面积（千公顷）Area of Tea Plantations (1000 ha)	茶叶总产量（万吨）Output of Tea (10000 tons)
全省合计	**Total**	**128.86**	**11.64**	**130.97**	**12.06**
26个主产区小计	**26 Producing Regions**	**88.47**	**8.93**	**89.03**	**9.36**
杭州市区	Hangzhou District	0.95	0.10	1.00	0.11
建德市	Jiande	4.39	0.23	4.35	0.26
富阳市	Fuyang	3.90	0.16	3.83	0.15
临安市	Linan	1.79	0.26	1.77	0.23
余杭区	Yuhang	4.98	0.26	4.52	0.26
桐庐县	Tonglu	2.82	0.51	2.79	0.56
淳安县	Chunan	9.73	0.79	9.27	0.83
宁波市区	Ningbo District	1.43	0.23	1.49	0.26
余姚市	Yuyao	3.27	0.48	3.89	0.50
奉化市	Fenghua	1.40	0.26	1.32	0.26
鄞　县	Yinxian	2.21	0.41	2.21	0.44
安吉县	Anji	4.16	0.35	4.85	0.35
诸暨市	Zhuji	6.90	0.54	6.92	0.69
上虞市	Shangyu	1.97	0.27	1.96	0.25
嵊州市	Shenzhou	5.83	0.75	5.27	0.72
绍兴县	Shaoxing	7.87	1.01	7.97	0.95
新昌县	Xinchang	4.21	0.50	4.36	0.51
金东区	Jinhua	2.69	0.44	2.60	0.44
东阳市	Dongyang	2.04	0.17	2.04	0.22
武义县	Wuyi	3.40	0.46	3.47	0.51
浦江县	Pujiang	2.22	0.14	2.23	0.14
衢　县	Quxian	0.99	0.04	1.01	0.04
开化县	Kaihua	4.42	0.16	4.61	0.16
龙游县	Longyou	0.97	0.15	1.10	0.20
临海市	Linhai	0.98	0.10	0.97	0.09
遂昌县	Shuichang	2.97	0.17	3.24	0.22

6－30 主要蚕茧产区桑园面积和蚕茧产量
Area of Mulberry Field and Output of Silk-worm Cocoons in Major Producing Regions

地区	Region	2000		2001	
		桑园面积（千公顷）Area of Mulberry Field (1000 ha)	蚕茧总产量（万吨）Output of Silk－worm Cocoons (10000 tons)	桑园面积（千公顷）Area of Mulberry Field (1000 ha)	蚕茧总产量（万吨）Output of Silk－worm Cocoons (10000 tons)
全省合计	**Total**	**76.37**	**9.51**	**77.56**	**11.03**
25个主产区小计	**25 Producing Regions**	**70.15**	**9.06**	**71.13**	**10.52**
萧山区	Xiaoshan	0.24	0.00	0.19	0.01
建德市	Jiande	0.40	0.04	0.51	0.04
富阳市	Fuyang	0.58	0.08	0.68	0.10
临安市	Linan	1.76	0.24	2.12	0.29
余杭区	Yuhang	2.63	0.10	2.64	0.12
桐庐县	Tonglu	1.16	0.20	1.54	0.21
淳安县	Chunan	2.60	0.26	3.12	0.31
嘉兴市区	Jiaxing District	6.32	0.81	6.31	0.90
海宁市	Haining	7.15	1.55	6.43	1.80
平湖市	Pinghu	0.73	0.05	0.69	0.05
桐乡市	Tongxiang	11.52	2.05	11.37	2.46
嘉善县	Jiashan	0.79	0.06	0.79	0.07
海盐县	Haiyan	3.49	0.54	3.52	0.61
湖州市区	Huzhou District	13.15	1.29	12.82	1.50
德清县	Deqing	4.92	0.62	4.82	0.73
长兴县	Changxing	1.96	0.12	1.97	0.15
安吉县	Anji	1.60	0.13	1.78	0.14
诸暨市	Zhuji	1.52	0.10	1.47	0.11
上虞市	Shangyu	1.32	0.17	1.70	0.21
嵊州市	Shenzhou	2.18	0.23	2.26	0.25
新昌县	Xinchang	1.61	0.19	1.63	0.20
兰溪市	Lanxi	1.91	0.20	2.09	0.22
浦江县	Pujiang	0.53	0.02	0.45	0.02
衢　县	Quxian	0.10	0.01	0.11	0.01
临海市	Linhai	0.13	0.02	0.11	0.02

6－31 林业生产
Basic Indicators on Forestry

指标	Item	1995	1998	1999	2000	2001
造林面积 （千公顷）	Afforestation Area (1000 ha)	41.33	41.19	33.02	33.31	21.39
用材林	Timber Forest	13.96	14.97	9.84	7.17	3.13
#毛竹林	Bamboo Forest	1.41	6.31	4.87	4.53	2.13
经济林	Economic Forest	23.38	21.74	19.63	19.81	10.75
防护林	Shelter Forest	2.09	3.22	3.17	5.38	7.44
薪炭林	Fuel Forest	1.88	0.74	0.15	0.64	0.00
特种用途林	Forest for Special Use	0.02	0.52	0.25	0.31	0.07
零星(四旁)植树 （万株）	Planting Trees Piecemeal (10000 trees)	3531	3396	3778	3413	3270
幼林抚育实际面积 （千公顷）	Area of Tending Seedings (1000 ha)	186.86	146.69		129.20	109.95
育苗面积 （千公顷）	Area of Growing Seedings (1000 ha)	2.02	2.15	2.76	5.49	12.36
迹地更新面积 （千公顷）	Area of Forest Updating (1000 ha)	25.84	21.21	21.49	24.20	26.55
主要林产品产量 （吨）	Output of Major Forest Products (ton)					
油茶籽	Tea-oil Seeds	28373	26842	29586	32547	30249
乌柏籽	Tallow-seeds	1376	541	383	287	88
桐　白	Parasol	649	387	491	251	219
核　桃	Walnuts	6497	5521	3880	7152	8777
板　栗	Chestnut	9893	25662	29792	33450	38654

6－32 水果生产
Basic Indicators on Fruits

指标	Item	2000		2001	
		果园面积（千公顷） Area of Orchards (1000 Hectares)	产量（万吨） Total Output (10000 tons)	果园面积（千公顷） Area of Orchards (1000 Hectares)	产量（万吨） Total Output (10000 tons)
合计	**Total**	**249.03**	**380.67**	**261.16**	**516.64**
柑桔	Orange	125.23	97.19	123.88	163.81
梨	Pear	16.65	14.76	19.36	18.87
桃子	Peach	16.99	15.68	18.36	16.87
枣子	Jujube	2.27	0.58	2.38	0.66
柿子	Persimmon	6.36	3.02	6.70	3.26
枇杷	Loquat	8.12	4.85	8.50	5.35
杨梅	Red Bayberry	38.61	13.17	43.41	18.15
梅子	Plum	6.89	2.18	8.71	2.64
果用瓜	Melon Used as Fruits		210.3		265.99
其他	Others	27.91	18.94	29.86	287.02

6-33 主要年份农产品人均产量

Per Capital Output of Agricultural Products in Major years

单位:公斤 (kg)

年份 Year	粮食 Grain	棉花 Cotton	油菜籽 Rapeseed	黄红麻 Jute and Ambary Hemp	糖蔗 Sugarcane	茶叶 Tea	柑桔 Orange
1978	391	1.94	5.53	4.85	17.10	1.56	1.81
1979	424	1.84	6.71	4.11	17.54	1.73	2.96
1980	375	2.17	7.11	3.91	15.37	1.97	2.39
1981	367	1.76	9.89	4.56	14.50	2.31	3.12
1982	436	2.49	9.46	4.66	17.84	2.73	3.27
1983	400	2.36	7.27	4.45	12.27	2.57	4.33
1984	455	3.33	8.18	5.10	10.34	2.39	4.47
1985	402	2.02	10.57	6.20	13.60	2.31	7.08
1986	394	1.86	10.14	4.80	10.25	2.56	8.88
1987	386	1.59	9.16	3.92	5.99	2.81	13.32
1988	373	1.05	9.93	3.42	5.47	3.07	6.86
1989	369	1.00	8.69	3.15	5.66	2.80	17.22
1990	375	1.52	11.02	3.43	5.23	2.76	18.83
1991	386	1.77	10.28	3.30	6.30	2.68	24.97
1992	362	1.39	11.23	2.66	5.37	2.79	17.23
1993	333	1.34	8.41	1.94	4.78	2.84	26.32
1994	323	1.28	7.35	1.11	4.35	2.46	32.08
1995	327	1.43	10.80	0.61	3.96	2.34	38.91
1996	345	1.55	11.23	0.61	3.65	2.25	41.00
1997	338	1.08	10.39	0.54	2.96	2.30	47.60
1998	323	1.46	7.23	0.35	2.73	2.55	33.66
1999	312	0.90	11.24	0.13	2.56	2.63	47.46
2000	271	0.65	11.94	0.09	2.50	2.58	21.59
2001	234	0.70	11.83	0.12	2.22	2.67	36.24

6-34 畜牧业生产
Basic Indicators on Animal Husbandry

指标		Item		1995	1998	1999	2000	2001
生猪年末存栏头数(含未断奶小猪)	**(万头)**	**Pigs(year-end)**	**(10000 heads)**	**964.70**	**1040.56**	**1024.36**	**1146.88**	**1175.10**
#能繁殖的母猪	(万头)	Reproducable	(10000 heads)	73.16	83.01	75.67	90.00	97.78
年内肥猪出栏头数	(万头)	Slaughtered Fattened Hogs	(10000 heads)	1071.01	1271.77	1289.86	1552.40	1669.30
生猪出栏率	(%)	Rate of Slaughtered Fattened Hogs	(%)	108.20	125.90	124.0	138.4	145.60
全年饲养量	(万头)	Number of Hogs Raised	(10000 heads)	2060.85	2312.33	2314.22	2442.29	2816.18
平均每一农户养猪头数	(头)	Average Pigs Fed by per Household	(head)	2.51	2.15	2.16	2.27	2.51
牛年末存栏头数	**(万头)**	**Cattles(year-end)**	**(10000 heads)**	**50.32**	**43.52**	**40.64**	**38.95**	**39.25**
良种及改良种乳牛	(万头)	Milch Cows of Fine Breed and Improved Varieties	(10000 heads)	3.04	2.57	2.98	4.13	5.59
能耕田的牛	(万头)	Cultivatable Cattles	(10000 heads)	34.90	29.95	27.87	26.07	23.91
能繁殖的母牛	(万头)	Reproducable Cows	(10000 heads)	16.84	14.57	13.69	13.61	15.80
牛年内出栏头数	**(万只)**	**Slaughtered Cattles**	**(10000 heads)**	**7.18**	**7.15**	**7.01**	**6.99**	**8.11**
牛奶产量	(万吨)	Milk	(10000 tons)	9.18	7.99	9.09	11.17	17.59
羊年末存栏只数	**(万只)**	**Sheep and Goats(year-end)**	**(10000 heads)**	**218.63**	**207.58**	**218.95**	**233.51**	**245.02**
#绵(湖)羊		Sheep		114.27	106.39	114.81	120.15	112.62
羊年内出栏只数	**(万只)**	**Slaughtered Sheep**	**(10000 heads)**	**113.40**	**131.80**	**145.58**	**159.25**	**168.43**
猪、牛、羊肉产量	**(万吨)**	**Output of Pork, Beef and Mutton**	**(10000 tons)**	**102.83**	**84.48**	**85.87**	**101.57**	**111.28**
#猪肉产量		Pork		100.04	81.38	82.55	98.03	107.39
兔年末存栏只数	**(万只)**	**Rabbits(year-end)**	**(10000 heads)**	**365.22**	**380.95**	**360.45**	**445.25**	**628.42**
兔年内出栏只数	**(万只)**	**Slaughtered Rabbits**	**(10000 heads)**	**144.75**	**155.65**	**161.98**	**223.16**	**594.24**
家禽年末存栏只数	**(万只)**	**Poultry(year-end)**	**(10000 heads)**	**8846.38**	**8939.66**	**9654.83**	**10118.75**	**10416.91**
家禽年内出栏只数	**(万只)**	**Slaughtered Poultry**	**(10000 heads)**	**12691.7**	**13980.69**	**15518.57**	**15840.00**	**17017.00**
全年饲养量	(万只)	Poultry Raised	(10000 heads)	21538.08	22920.35	25173.4	25958.75	27433.91
禽蛋产量	(万吨)	Poultry Eggs	(10000 tons)	31.73	31.70	34.72	37.17	40.55
养蜂年末箱数	**(万箱)**	**Number of Beehives**	**(10000boxes)**	**74.38**	**89.03**	**94.18**	**101.17**	**101.03**
蜂蜜产量	(万吨)	Honey	(10000 tons)	4.57	5.38	6.97	7.09	7.27
蜂皇浆产量	(吨)	Royal Jelly	(ton)	785	1118	1254	1387	1502
蚕茧产量	**(万吨)**	**Output of Silkworm Cocoon**	**(10000 tons)**	**12.23**	**10.42**	**9.36**	**9.51**	**11.03**
全年饲养蚕种张数	(万张)	Number of Silkworm Cocoon	(10000 pieces)	383.13	273.84	255.87	247.60	270.55

6－35 渔业生产
Basic Indicators on Fishery

单位:万吨 (10000 tons)

指标	Item	1995	1998	1999	2000	2001
水产品总产量	**Total Aquatic Products**	**318.07**	**422.73**	**442.73**	**469.51**	**472.85**
海水产品产量	**Seawater Aquatic Products**	**278.70**	**372.80**	**389.41**	**410.46**	**406.96**
按生产性质分	By Production Character					
海洋捕捞	Catching in Ocean	247.02	326.31	331.24	339.58	329.30
海水养殖	Seawater Aquiculture	31.68	46.49	58.17	70.88	77.66
按类别分	By Category					
鱼类	Fish	165.57	226.95	222.76	225.15	222.96
虾蟹类	Shrimps, Prawns and Crabs	66.70	81.67	88.29	91.35	88.48
贝类	Shell-fish	44.33	61.51	74.84	90.56	91.62
藻类	Algae	1.38	2.00	2.59	2.73	2.83
其他海水产品	Others	0.72	0.67	0.93	0.67	1.07
淡水产品产量	**Freshwater Aquatic Products**	**39.37**	**49.93**	**53.32**	**59.05**	**65.89**
按生产性质分	By Production Character					
天然生产	Naturally Grown	4.94	7.31	7.71	7.63	7.72
淡水养殖	Freshwater Aquiculture	34.43	42.62	45.61	51.42	58.17
按类别分	By Category					
鱼类	Fish	36.03	42.46	44.33	46.94	51.28
虾蟹类	Shrimps, Prawns and Crabs	0.56	1.67	2.66	4.52	5.78
贝类	Shell-fish	2.31	4.10	4.32	4.50	4.48
其他类	Others	0.47	1.70	2.01	3.09	4.35
在海水产品中	**Among Seawater Aquatic Products**					
大黄鱼	Big Yellow Croaker	0.81	0.37	0.25	0.16	0.12
小黄鱼	Small Yellow Croaker	3.36	7.01	8.59	10.69	7.71
带鱼	Hairtail	57.99	57.05	58.61	64.91	59.48
墨鱼	Cuttle Fish	4.09	6.55	6.32	5.32	5.45
海水养殖面积(千公顷)	**Seawater Aquiculture Area (1000 ha)**	**50.79**	**70.18**	**87.51**	**106.36**	**112.75**
淡水养殖面积(千公顷)	**Freshwater Aquiculture Area (1000 ha)**	**194.40**	**201.67**	**205.33**	**207.73**	**210.76**

6-36 各市水产品产量(2001年)

Output of Aquatic Products by City (2001)

单位:万吨 (10000 tons)

地区	Region	水产品总产量 Total Output of Aquatic Products	海水产品产量 Seawater Aquatic Products	#鱼类 Fish	淡水产品产量 Freshwater Aquatic Products	#鱼类 Fish
全省合计	**Total**	**472.85**	**406.96**	**219.78**	**65.89**	**51.28**
浙东北	**Eastern & Northern Region**	**260.38**	**209.13**	**121.80**	**51.25**	**39.08**
杭州市	Hangzhou	11.51			11.51	8.98
宁波市	Ningbo	85.21	78.87	40.92	6.34	5.24
嘉兴市	Jiaxing	10.74	0.69	0.51	10.05	6.26
湖州市	Huzhou	14.40			14.40	11.41
绍兴市	Shaoxing	9.14	0.77	0.24	8.37	6.62
舟山市	Zhoushan	129.39	128.80	80.13	0.59	0.56
浙西南	**Western & Southern Region**	**212.47**	**197.84**	**97.98**	**14.64**	**12.20**
温州市	Wenzhou	61.92	59.32	37.77	2.60	1.80
金华市	Jinhua	4.30			4.30	3.82
衢州市	Quzhou	2.24			2.24	2.08
台州市	Taizhou	138.42	134.08	57.93	4.34	3.40
丽水市	Lishui	1.15			1.15	1.10
省直属	**Units Attached to the Province**	**4.43**	**4.43**	**2.28**		

6-37 农、林、牧、渔业商品产值和商品率

Agricultural Commodity Output Value and Commodity Rate

指标	Item	商品产值(亿元) Commodity Output Value (100 million yuan)		商品率(%) Commodity Rate(%)	
		2000	2001	2000	2001
合计	**Total**	**694.90**	**742.25**	**69.4**	**71.1**
农业产品	Farming Products	241.10	259.46	52.0	53.2
#种植业产品	Planting Products	235.54	253.95	52.8	54.0
林业产品	Forestry Products	34.79	38.08	73.3	73.3
畜牧业产品	Animal Husbandry Products	135.61	150.50	73.6	76.8
渔业产品	Fishery Products	283.40	294.20	95.3	95.3

注:本表按当年价格计算。
The data in this table are calculated at current prices.

6-38 平均每个农业劳动力提供的主要农产品产量
Output of Major Farm Products Provided by Per Rural Labourer

指标		Item		1995	1998	1999	2000	2001
粮食	(公斤)	Grain	(kg)	1248.7	1301.5	1297.5	1199.8	1072.6
棉花	(公斤)	Cotton	(kg)	5.5	5.9	3.8	2.9	3.2
油菜籽	(公斤)	Rapeseeds	(kg)	41.3	29.1	46.8	52.9	54.3
蔬菜	(公斤)	Vegetables	(kg)	821.7	1049.7	1183.6	1539.1	1658.8
黄红麻	(公斤)	Jute and Ambary Hemp	(kg)	2.3	1.4	0.5	0.4	0.3
茶叶	(公斤)	Tea	(kg)	8.9	10.3	11.0	11.5	12.2
柑桔	(公斤)	Oranges	(kg)	148.4	135.7	197.5	95.8	166.3
生猪	(头)	Hogs	(head)	0.93	1.2	1.2	1.5	1.7
猪牛羊肉	(公斤)	Pork, Beef and Mutton	(kg)	69.96	76.61	80.0	100.1	113.0
禽蛋	(公斤)	Poultry Eggs	(kg)	27.7	28.7	32.3	36.6	41.2
水产品	(公斤)	Aquatic Products	(kg)	277.6	383.4	412.4	462.6	413.1

6-39 农村自然灾害情况
Basic Statistics on Rural Natural Disasters

指标		Item		1995	1998	1999	2000	2001
受灾面积	**(千公顷)**	**Area Covered**	**(1000 ha)**	**1234**	**1057**	**959**	**883**	**340**
#旱灾		Drought		541	165	2	139	5
水灾		Flood		543	369	745	123	27
成灾面积	**(千公顷)**	**Area Affected**	**(1000 ha)**	**713**	**599**	**567**	**331**	**17**
#旱灾		Drought		342	105	1	59	3
水灾		Flood		299	215	480	59	13

6－40 农村经济收入和分配
Income and Distribution of Rural Economy

单位:亿元 (100 million yuan)

指标	Item	1995	1998	1999	2000	2001
一、农村经济总收入	**Total Income of Rural Economy**	**6196.17**	**9541.47**	**10970.72**	**12681.89**	**14367.61**
#出售产品收入	Income of Products for Sale	4843.61	7187.88	8414.64	9897.50	11222.77
按经营形式划分	**By Type**					
乡(镇)办企业收入	Income of Enterprises Run by Townships	1874.35	2899.36	3382.27	4005.01	4622.09
村组集体经营收入	Collective Operation Income from Villages and Groups	1329.14	1328.90	1323.56	1415.02	1233.85
农民家庭经营收入	Income from Rural Household Operation	2207.75	4285.14	4913.33	5432.90	5814.53
其他经营收入	Others	784.93	1028.07	1288.56	1828.96	2697.14
按行业划分	**By Sector**					
农林牧渔业收入	Farming, Forestry, Animal Husbandry & Fishery	711.25	911.88	933.28	999.40	1009.96
工业收入	Industry	4700.52	7287.45	8495.96	9962.21	11445.44
建筑业收入	Construction	228.34	315.24	341.95	377.15	415.53
运输业收入	Transportation	114.83	180.51	196.55	219.35	233.02
商饮业收入	Commerce and Catering Service	229.3	502.62	564.78	725.77	844.92
服务业收入	Service	95.46	153.75	166.18	178.08	194.20
其他收入	Others	116.47	190.02	209.02	219.93	224.54
二、总费用	**Total Expenses**	**4959.48**	**7789.16**	**9008.71**	**10529.93**	**12014.34**
生产费用	Production Expense	4545.26	6980.09	8067.78	9479.46	10777.12
管理费用	Managing Expense	177.81	254.43	300.17	359.89	424.17
其他费用	Others	236.41	554.64	640.76	690.58	813.04
三、净收入	**Net Income**	**1236.69**	**1752.31**	**1899.01**	**2151.96**	**2353.27**
四、投资收益	**Investment Profits**		**5.82**	**7.23**	**7.03**	**9.16**
五、农民外出劳务收入	**Income of Peasants Transferring out**		**126.40**	**142.66**	**171.66**	**188.60**
六、可分配净收入总额	**Total Net Income Distributed**	**1236.69**	**1884.53**	**2048.90**	**2330.41**	**2551.03**
#国家税收	National Taxes	180.68	265.82	296.02	357.35	417.04
乡村集体所得	Towship and Village Collective	32.41	49.05	47.20	47.86	50.41
农民经营所得	Operation by Peasants	904.31	1325.55	1405.35	1523.55	1594.90
七、农民从集体再分配收入	**Re-distributed Income from Collective**		**24.50**	**31.94**	**31.59**	**30.75**
八、农民所得总额	**Peasants Income**	**904.31**	**1350.05**	**1437.29**	**1555.14**	**1625.65**

6-41 农业事业机构和服务组织
Institutions Rendering Agricultural Service

指标	Item	1995	1998	1999	2000	2001
农业事业机构 （个）	**Institutions Engaged in Agricultural Undertaking (unit)**					
乡镇农技服务站	Agricultural Technical Service Stations	1908	1825	1836	1744	1695
家畜繁育改良站	Stations for Improving Domestic Animals Breed	20	18	17	18	17
乡镇畜牧兽医站	Veterinary Stations	1621	1720	1609	1529	1417
种子公司、地县种子站	Seeded Stations	89	127	136	110	115
农业服务组织	**Agricultural Service Organizations**					
县(市)农技推广中心 （个）	Centres for Spreading Agricultural Technique (unit)	84	157	81	130	86
乡镇农技站农业技术人员 （人）	Agricultural Technical Persons (person)	13873	11940	12112	10908	12334
配有农技员的村数 （万个）	Villages with Agricultural Technical Persons (10000 units)	3.47	3.55	3.64	3.76	3.35
村不脱产农民技术人员 （万人）	Agricultural Technical Persons in Village (10000 perosns)	5.01	5.30	6.13	6.38	7.24
科技户 （万户）	Scientific and Technological Household (10000 households)	10.70	14.58	14.22	15.13	14.7

6-42 乡镇企业单位数、总产值及职工人数

Number, Gross Output Value, and Employed Persom of Township and Village Enterprises

指标	Item	1995	1998	1999	2000	2001
单位数(万个)	**Number of Enterprises(10000 units)**	**90.22**	**102.62**	**103.86**	**108.15**	**107.98**
#集体(乡村办)	Rural Collective Enterprises at Level of Township(Village)	7.19	6.47	5.56	4.88	4.18
农业企业	Agriculture	0.05	0.04	0.03	0.03	0.03
工业企业	Industry	58.4	62.91	63.71	65.45	66.81
施工企业	Construction	0.55	0.49	0.46	0.50	0.52
交通运输业	Transportation	12.42	12.82	12.49	12.16	11.72
其他企业	Others	18.80	26.35	27.17	30.01	28.89
年末职工人数(万人)	**Employed Persons(10000 persons)**	**795.71**	**788.08**	**813.67**	**880.39**	**929.52**
#集体(乡村办)	Rural Collective Enterprises at Level of Township(Village)	382.37	335.43	314.26	298.43	284.60
农业企业	Agriculture	0.93	0.73	0.68	0.62	0.63
工业企业	Industry	690.53	677.46	703.82	760.26	809.01
施工企业	Construction	47.58	33.22	33.29	32.86	34.48
交通运输业	Transportation	19.62	20.22	19.56	19.21	18.41
其他企业	Others	37.05	56.45	56.32	67.44	66.99
总产值(亿元)	**Total Output Value(100 million yuan)**	**7478.16**	**10108.76**	**11547.12**	**13412.37**	**15464.52**
#集体(乡村办)	Rural Collective Enterprises at Level of Township(Village)	3669.58	4239.51	4446.40	4842.21	5040.70
农业企业	Agriculture	6.92	12.58	13.98	14.92	17.64
工业企业	Industry	7004.71	9480.94	10752.72	12438.62	14388.48
施工企业	Construction	233.21	236.63	271.68	319.24	381.82
交通运输业	Transportation	72.87	92.55	121.16	136.77	140.10
其他企业	Others	160.45	286.05	387.58	502.82	676.58
工业销售产值(亿元)	**Industrial Sales Value(100 million yuan)**	**6611.04**	**9112.42**	**10390.74**	**12058.04**	**13964.5**
#集体(乡村办)	Rural Collective Enterprises at Level of Township(Village)	3139.41	3720.26	3894.51	4271.86	4420.03
营业收入(亿元)	**Bussiness Income(100 million yuan)**	**5960.74**	**9351.05**	**10938.49**	**12990.52**	**12990.52**
#集体(乡村办)	Rural Collective Enterprises at Level of Township(Village)	2663.64	3836.08	4178.89	4681.98	4830.37
利润总额(亿元)	**Total Profits(100 million yuan)**	**278.54**	**455.70**	**549.70**	**681.06**	**681.06**
#集体(乡村办)	Rural Collective Enterprises at Level of Township(Village)	92.27	159.8	188.39	249.35	276.88
增加值(亿元)	**Value Added(100 million yuan)**		**2118.72**	**2442.36**	**2839.24**	**3267.92**
#集体(乡村办)	Rural Collective Enterprises at Level of Township(Village)	695.47	926.73	980.82	1068.68	1112.01

6-43 各市乡镇企业基本情况(2001年)
Basic Statistics on Township and Village Enterprises by City (2001)

地区	Region	企业单位数(万个) Number of Enterprises (10000 units)	#私有企业 Enterprises Run by Private	年末职工人数(万人) Number of Workers and Staff (10000 persons)	#私有企业 Enterprises Run by Private	总产值(亿元) Total Output Value (100 million yuan)	#私有企业 Enterprises Run by Private
全省合计	**Total**	**107.98**	**103.80**	**929.52**	**644.91**	**45464.52**	**10423.82**
浙东北	**Eastern & Northern Region**	**66.39**	**64.37**	**570.73**	**398.56**	**10564.36**	**7164.03**
杭州市	Hangzhou	11.48	11.07	123.88	92.89	2257.60	1629.06
宁波市	Ningbo	9.08	8.03	142.53	74.47	2857.32	1648.22
嘉兴市	Jiaxing	16.82	16.61	104.92	80.29	1593.55	1191.41
湖州市	Huzhou	11.74	11.61	61.28	47.53	1212.54	931.45
绍兴市	Shaoxing	16.71	16.53	127.68	95.54	2519.09	1666.94
舟山市	Zhoushan	0.56	0.52	10.44	7.84	124.26	96.95
浙西南	**Western & Southern Region**	**41.59**	**39.44**	**358.79**	**246.36**	**4900.16**	**3259.80**
温州市	Wenzhou	7.20	6.08	99.48	46.19	1287.29	507.52
金华市	Jinhua	7.42	7.36	85.04	75.94	1261.39	1131.39
衢州市	Quzhou	6.63	6.50	26.65	24.42	215.34	197.28
台州市	Taizhou	14.51	13.71	125.32	78.89	1969.47	1269.82
丽水市	Lishui	5.83	5.79	22.30	20.92	166.67	153.79

地区	Region	营业收入 Business Income	利润总额 Total Profits	实交税金 Taxes	年末固定资产原值 Original Value of Fixed Assets (Year-end)	增加值 Value Added	工资总额 Total Wages
全省合计	**Total**	**14902.08**	**794.68**	**434.08**	**3460.54**	**3267.92**	**862.32**
浙东北	**Eastern & Northern Region**	**10165.37**	**555.98**	**307.12**	**2455.85**	**2206.58**	**547.44**
杭州市	Hangzhou	2168.05	83.97	70.50	610.32	414.72	113.15
宁波市	Ningbo	2653.96	184.93	98.93	568.78	635.20	141.46
嘉兴市	Jiaxing	1580.23	60.33	41.62	322.35	339.09	96.23
湖州市	Huzhou	1179.16	41.49	24.12	207.00	251.75	57.68
绍兴市	Shaoxing	2477.53	181.85	68.14	707.22	537.24	128.65
舟山市	Zhoushan	106.44	3.41	3.81	40.18	28.58	10.27
浙西南	**Western & Southern Region**	**4736.71**	**238.71**	**136.95**	**1004.70**	**1061.34**	**314.88**
温州市	Wenzhou	1249.16	63.94	57.58	285.41	311.35	95.17
金华市	Jinhua	1172.19	54.88	24.19	303.98	254.07	67.02
衢州市	Quzhou	210.06	10.22	3.55	50.87	47.97	15.51
台州市	Taizhou	1949.30	100.03	46.85	320.56	408.22	121.47
丽水市	Lishui	156.00	9.64	4.78	43.88	39.73	15.71

主要统计指标解释

农林牧渔业总产值　是以货币表现的农、林、牧、渔业全部产品的总量，它反映一定时期内农业生产总规模和总成果。

农、林、牧、渔业的统计范围包括国有经济的各种专业农（农、林、牧、渔）场以及国家各级机关团体学校、部队；集体所有制的乡、镇、村各级办农场；工矿企业经营的农、林、牧、渔业，农村各种经济组织和农户经营的农林牧渔业和农民家庭兼营的商品性工业等。

粮食产量　指全社会的产量。包括国有经济经营的、集体统一经营的和农民家庭经营的粮食产量，还包括工矿企业办的农场和其他生产单位的产量。粮食除包括稻、小麦、玉米、高粱、谷子及其他杂粮外，还包括薯类和豆类。其产量计算方法，豆类按去豆荚后的干豆计算；薯类（包括甘薯和马铃薯，不包括芋头和木薯）1963 年以前按每 4 公斤鲜薯折 1 公斤粮食计算，从 1964 年开始及以后改为按 5 公斤鲜薯折 1 公斤粮食计算。城市郊区作为蔬菜的薯类（如：马铃薯等）按鲜品计算，并且不做为粮食统计。其他粮食一律按脱粒后的原粮计算。

油料产量　指全部油料作物的生产量。包括花生、油菜籽、芝麻、向日葵籽、胡麻籽（亚麻籽）和其他油料。不包括大豆，也不包括木本油料和野生油料。花生以带壳干花生计算。

水产品产量　指人工养殖的水产品和天然生长的水产品的捕捞量。包括海水的鱼类、虾蟹类、贝类和藻类以及内陆水域的鱼类、虾蟹类和贝类，不包括淡水生植物。

猪、牛、羊肉产量　指当年出栏并已屠宰后除去头蹄下水后带骨肉（即胴体重）的重量。

耕地面积　指年初可以用来种植农作物、经常进行耕锄的田地，除包括熟地、当年新开荒地、连续撂荒未满三年的耕地和当年的休闲地（轮歇地）外，还包括以种植农作物为主并附带种植桑树、茶树、果树和其他林木的土地，以及沿海、沿湖地区已围垦利用的“海涂”、“湖田”等面积。但不包括属于专业性的桑园、茶园、果园、果木苗圃、林地、芦苇地、天然或人工草地面积。

谷物　指籽实主要供作粮食的作物。这类作物包括稻谷、小麦、玉米、谷子、高粱和其他谷物，不包括豆类和薯类作物。

Explanatory Notes on Main Statistical Indicators

Gross Output Value of Farming, Forestry, Animal Husbandry and Fishery refers to the total volume of products of farming, forestry, animal husbandry and fishery in value terms, which reflects the total scale and total result of agricultural production during a given period of time.

The statistical coverage of farming, forestry, animal husbandry and fishery are as follows:

In terms of ownership, China's agriculture includes specialized state farms (farming, forestry, animal husbandry, fishery), farms managed by various government agencies, organazations, schools, research institutions, and army; farms managed by rural collective organizations at levels of township, town, and village; farming, forestry, animal husbandry, fishery run by mining and industrial enterprises; farming, forestry, animal husbandry and fishery and some commodity industries run by various rural collective organizations and individual farmers.

Grain Yield refers to the yield in the whole country including grains produced by state farms, collective units, industrial enterprises and mines. Grain includes rice, wheat, corn, sorghum, millet and other miscellaneous grains as well as tubers and beans. Output of beans refers to dry beans without pods. The output of tubers (sweet potatoes and potatoes, not including taros and cassava) was converted into that of grain at the ratio 4:1, i. e. four kilograms of fresh tubers was equivalent to one kilogram of grain up to 1963. Since 1964 the ratio for conversion has been 5:1. Tubers supplied as vegetables (such as potatoes) in cities and suburbs are calculated as fresh vegetables and their output is not included in the output of grain. Output of all other grains refers to husked grain.

Yield of Oil-bearing Crops refers to the total yield of oil-bearing crops of various kinds, including peanuts, (dry, in shell) rapeseeds, sesame, sunflower seeds, flax seeds, and other oil-bearing crops. Soybeans, oil-bearing woody plants, and wild oil-bearing crops are not included.

Output of Aquatic Products refers to catches of both artificially cultured and naturally grown aquatic products, including fish, shrimps, crabs and shellfish in sea and inland water as well as seaweed. Freshwater plants are not included.

Output of Pork, Beef, and Mutton refers to the meat of slaughtered hogs, cattle, sheep and goats with head, feet, and offal taken away.

Cultivated Area (Area under cultivation) refers to farmland which is plowed constantly for growing crops, including cultivated land, newly cultivated land in the current year, farmland left without cultivation for less than three years and fallow land in the current year, rotation land, rotation land of grass and crops, farmland with some fruit trees, mulberry trees and other trees and cultivated seashore land, lake land, and etc. The land of mulberry fields, tea plantations, orchards, nurseries of young plants, forest land, reed land, natural and man-made grassland and other land are not included in cultivated land.

Cereals refer to seeds of various kinds of crops which are used mainly for grain. Cereals include paddy, wheat, maize, millet, Chinese sorghum, etc., except beans and tubers.

工　业
INDUSTRY

Chapter 7

****

7. 工 业

Industry

****

2001年国有及规模以上非国有工业企业单位数	Number Industrial Enterprises at Year-end	18626个 (unit)
2001年国有及规模以上非国有工业企业总产值	Gross Industrial Output Value	7882.47 亿元 (100 million yuan)
#轻工业	Light Industry	4371.83 亿元 (100 million yuan)
重工业	Heavy Industry	3510.64 亿元 (100 million yuan)
#国有经济	State-owned Units	485.96 亿元 (100 million yuan)
集体经济	Collective-owned Units	757.37 亿元 (100 million yuan)
其他经济	Others	6639.14 亿元 (100 million yuan)

****

工 业 增 加 值（亿元）

The Value-added of Industry（100 million yuan）

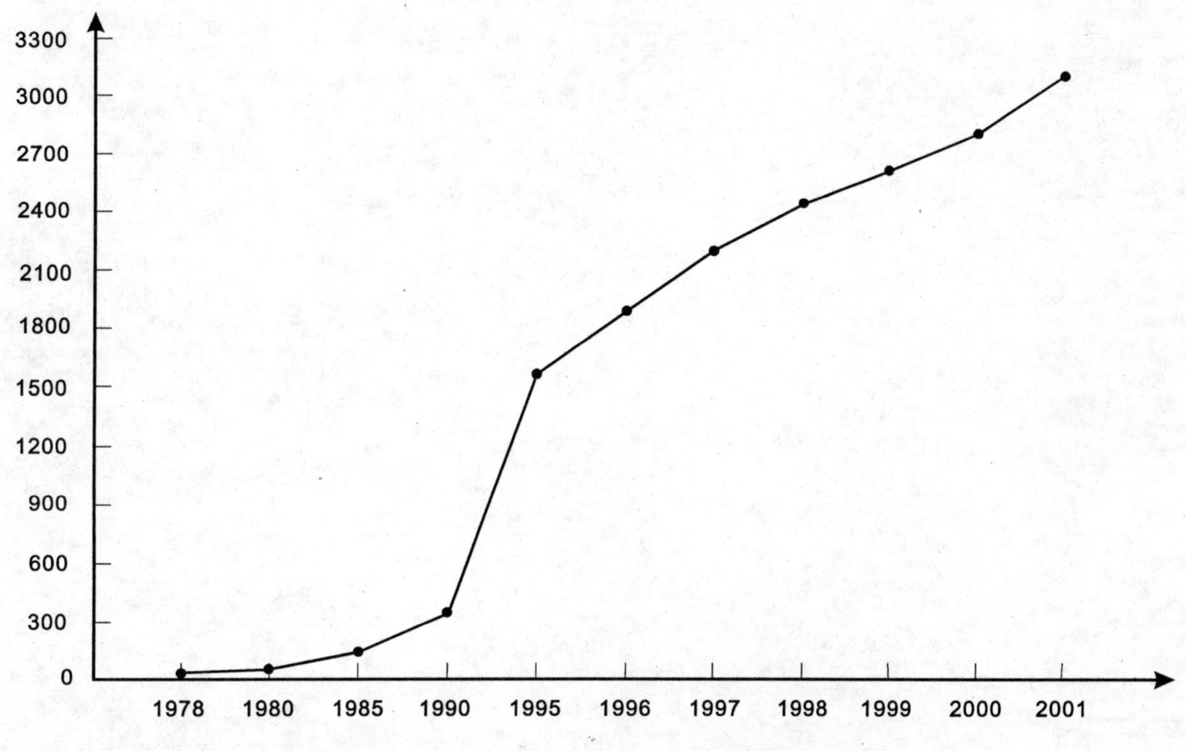

7－1　全部国有及规模以上非国有工业企业单位数
Number of All State－owned and Non－state－owned Above Designated Size Industrial Enterprises

指　标	Item	1998	1999	2000	2001
工业企业单位数(个)	**Number of Industrial Enterprises(unit)**	**13475**	**13301**	**14575**	**18626**
按轻重工业分	**by Light and Heavy Industry**				
轻工业	Light Industry	8090	7958	8610	11195
重工业	Heavy Industry	5385	5343	5965	7431
按注册登记类型分	**by Registered Type**				
国有企业	State-owned	1753	1400	1002	726
集体企业	Collective-owned	3791	3013	2183	1419
股份合作企业	Share Cooperative	2186	2253	2575	2714
联营企业	Joint－owned	205	164	122	86
外商及港澳台商投资企业	Foreign Funded Enterprises and Enterprises Funded by Entrepreneurs from Hong Kong,Macao & Taiwan	1869	1906	2117	2715
私营企业	Private	2252	2774	4140	7490
其他企业	Others	1419	1791	2436	3476
在总计中:国有及国有控股	**State－owned and State－holding Industrial Enterprises**	**2330**	**1872**	**1418**	**1122**
按规模分	**by Size**				
大型企业	Large－Sized Enterprises	331	333	318	297
中型企业	Medium－Sized Enterprises	1098	1037	932	852
小型企业	Small－Sized Enterprises	12046	11931	13325	17477

7-2 全部国有及规模以上非国有工业总产值

Gross Output Value of All State - owned and Non - state - owned Above Designated Size Industrial Enterprises

指　标	Item	1998	1999	2000	2001
工业总产值(亿元)	**Gross Industrial Output Value(100 million yuan)**	**4702.43**	**5191.56**	**6603.65**	**7882.47**
按轻重工业分	**by Light and Heavy Industry**				
轻工业	Light Industry	2676.38	2934.54	3573.91	4371.83
重工业	Heavy Industry	2026.06	2257.02	3029.74	3510.64
按注册登记类型分	**by Registered Type**				
国有企业	State-owned	772.69	699.98	538.46	485.96
集体企业	Collective-owned	1372.98	1234.33	1078.65	757.37
股份合作企业	Share Cooperative	471.93	485.50	623.91	578.47
联营企业	Joint Owned	49.79	46.58	47.69	42.82
外商及港澳台商投资企业	Foreign Funded Enterprises and Enterprises Funded by Entrepreneurs from Hong Kong, Macao & Taiwan	781.25	912.31	1232.40	1532.12
私营企业	Private	436.45	656.66	1071.68	1889.76
其他企业	Others	817.34	1156.21	2010.86	2595.97
在总计中:国有及国有控股	**State - owned and State - holding Industrial Enterprises**	**1245.78**	**1183.56**	**1292.72**	**1194.74**
按规模分	**by Size**				
大型企业	Large - Sized Industrial Enterprises	1198.71	1335.92	1649.88	1700.83
中型企业	Medium - Sized Industrial Enterprises	915.60	956.51	1086.27	1154.37
小型企业	Small - Sized Industrial Enterprises	2588.12	2899.13	3867.50	5027.27

注：工业总产值按现行价格计算。

Gross industrial output value are calculated at current prices.

7-3 按行业分的全部国有及规模以上非国有工业企业总产值及指数(2001年)

Gross Output Value of All State-owned and Non-state-owned Above Designated Size Industrial Enterprises and Its Indices by Sector(2001)

行业	Sector	工业总产值(亿元) Gross Industrial Output Value (100 million yuan)	工业总产值指数(以上年为100) Indices of Gross Industrial Output Value (preceding year=100)
总计	**Total**	**7882.47**	**121.4**
在总计中:轻工业	Light Industry	4371.83	122.5
重工业	Heavy Industry	3510.64	119.8
按工业行业分	By Sector		
煤炭采选业	Coal Mining and Dressing	5.81	108.5
黑色金属矿采选业	Ferrous Metals Mining and Dressing	1.23	72.2
有色金属矿采选业	Nonferrous Metals Mining and Dressing	6.49	125.6
非金属矿采选业	Nonmetal Minerals Mining and Dressing	16.00	119.8
其他矿采选业	Other Minerals Mining and Dressing	0.13	98.9
食品加工业	Food Processing	190.27	107.2
食品制造业	Food Manufacturing	77.06	108.8
饮料制造业	Beverage Manufacturing	149.01	111.7
烟草加工业	Tobacco Processing	69.62	106.7
纺织业	Textile Industry	1072.87	120.4
服装及其他纤维制品制造业	Garments and Other Fiber Products	505.30	125.1
皮革、毛皮、羽绒及其制品业	Leather, Furs, Down and Related Products	344.78	142.9
木材加工及竹、藤、棕、草制品业	Timber Processing, Bamboo, Cane Palm Fiber and Straw Products	75.81	120.7
家具制造业	Furniture Manufacturing	45.72	131.6
造纸及纸制品业	Papermaking and Paper Products	207.59	124.9
印刷业记录媒介的复制	Printing and Record Medium Reproduction	57.80	143.9
文教体育用品制造业	Cultural, Educational and Sports Goods	101.93	127.7

7－3 续表 continued

行　业	Sector	工业总产值（亿元）Gross Industrial Output Value (100 million yuan)	工业总产值指数（以上年为100）Indices of Gross Industrial Output Value (preceding year = 100)
石油加工及炼焦业	Petroleum Processing and Coking	230.60	98.8
化学原料及化学制品制造业	Raw Chemical Materials and Chemical Products	439.40	123.5
医药制造业	Medical and Pharmaceutical Products	180.02	119.5
化学纤维制造业	Chemical Fiber	193.48	128.2
橡胶制品业	Rubber Products	68.50	102.6
塑料制品业	Plastic Products	281.06	117.2
非金属矿物制品业	Nonmetal Mineral Products	250.71	112.0
黑色金属冶炼及压延加工业	Smelting and Pressing of Ferrous Metals	135.17	110.1
有色金属冶炼及压延加工业	Smelting and Pressing of Nonferrous Metals	174.50	131.6
金属制品业	Metal Products	317.16	122.4
普通机械制造业	Ordinary Machinery	492.24	124.1
专用设备制造业	Special Purpose Equipment	219.80	123.7
交通运输设备制造业	Transport Equipment	392.14	121.2
电气机械及器材制造业	Electric Equipment and Machinery	660.16	121.3
电子及通信设备制造业	Electronic and Telecommunications Equipment	329.00	122.9
仪器仪表及文化、办公用机械制造业	Instruments, Meters, Cultural and Office Machinery	88.69	101.0
电力、蒸汽、热水的生产和供应业	Electric Power, Steam and Hot Water Production and Supply	304.63	104.8
煤气生产和供应业	Gas Production and Supply	10.32	201.8
自来水的生产和供应业	Tap Water Production and Supply	18.84	113.6

7－4 主要工业产品产量
Output of Major Industrial Products

产品名称		Item		1998	1999	2000	2001
原煤	（万吨）	Coal	（10000 tons）	91.50	82.79	72.96	71.97
原盐	（万吨）	Salt	（10000 tons）	6.52	8.17	9.50	9.18
配混合饲料	（万吨）	Forage	（10000 tons）	187.48	164.90	167.26	165.86
食用植物油	（万吨）	Edible Vegetable Oil	（10000 tons）	26.76	43.86	62.54	51.96
罐头	（万吨）	Canned Food	（10000 tons）	19.90	24.02	31.18	29.90
啤酒	（万吨）	Beer	（10000 tons）	149.52	146.81	163.69	165.38
黄酒	（万吨）	Millet Wine	（10000 tons）	56.20	47.99	42.99	39.90
软饮料	（万吨）	Soft Drink	（10000 tons）	145.16	231.36	291.94	341.85
卷烟	（万箱）	Cigarettes	（10000 cases）	92.24	95.74	99.21	105.21
纱	（万吨）	Yarn	（10000 tons）	29.83	31.66	34.19	39.37
布	（亿米）	Cloth	（100 million m）	10.49	12.42	16.19	23.40
毛线（绒线）	（吨）	Knitting Wool	（ton）	13825	16270	20565	17860
呢绒	（万米）	Woolen Goods	（10000 m）	2069	2102	1558.27	1950.97
丝	（吨）	Silk	（ton）	26157	32638	32418	28090
丝织品	（亿米）	Silk-knit Goods	（100 million m）	19.86	21.82	24.84	29.64
机制纸	（万吨）	Machine-made Paper and Paperboard	（10000 tons）	58.47	66.79	70.46	88.32
汽油	（万吨）	Gasoline	（10000 tons）	137.14	144.94	178.98	174.52
煤油	（万吨）	Kerosene	（10000 tons）	63.70	82.93	107.28	85.35
柴油	（万吨）	Diesel Oil	（10000 tons）	239.80	282.53	387.40	437.89
燃料油	（万吨）	Fuel Oil	（10000 tons）	75.02	63.59	123.40	74.99
焦炭	（万吨）	Coke	（10000 tons）	52.00	59.92	60.13	59.35
硫酸	（万吨）	Sulphuric Acid	（10000 tons）	44.00	49.35	50.24	63.03
烧碱	（万吨）	Caustic Soda	（10000 tons）	31.82	33.70	36.92	42.86
纯碱	（万吨）	Soda Ash	（10000 tons）	11.09	9.60	8.70	8.99
电石（碳化钙）	（万吨）	Calcium Carbide	（10000 tons）	12.11	11.78	11.28	11.46
合成氨	（万吨）	Synthetic Ammonia	（10000 tons）	96.25	96.79	89.23	92.29
农用化肥	（万吨）	Chemical Fertilizer	（10000 tons）	71.83	67.30	59.22	62.53
# 氮肥		Nitrogen Fertilizer		62.11	59.62	51.88	52.57
磷肥		Phosphate Fertilizer		9.72	7.68	7.20	9.74

7-4 续表 1　continued

产品名称		Item		1998	1999	2000	2001
农药	（吨）	Chemical Pesticide	(ton)	74927	103749	88106	96934
纯苯	（吨）	Pure Benzene	(ton)	45110	41866	49210	42434
肥皂	（万吨）	Soap	(10000 tons)	11.31	13.36	17.43	19.16
合成洗涤剂	（吨）	Synthetic Detergents	(ton)	157791	187015	321099	374735
火柴	（万件）	Match	(10000 units)	60.70	39.50	39.80	36.54
化学原料药	（吨）	Chemical Raw Medicine	(ton)	36752	48143	54545	71678
中成药	（吨）	Traditional Chinese Medicine	(ton)	11699	10437	11499	13239
化学纤维	（万吨）	Chemical Fiber	(10000 tons)	69.57	116.28	154.08	222.60
#粘胶纤维		Glutinous Fiber		2.57	3.34	4.85	4.91
合成纤维	（万吨）	Synthelic Fiber	(10000 tons)	67.00	112.94	149.23	217.69
轮胎外胎	（万条）	Outer Cover of Tyre	(10000 units)	327.42	557.33	708.26	955.47
塑料制品	（万吨）	Plastic Products	(10000 tons)	112.36	125.26	153.86	194.58
水泥	（万吨）	Cement	(10000 tons)	3420.21	3795.41	4236.10	4787.28
平板玻璃	（万重量箱）	Plate Glass	(10000 wt. case)	678.64	650.73	763.98	1004.61
日用陶瓷	（万件）	Household Ceramics	(10000 units)	7549.22	7431.73	3165.47	846.49
生铁	（万吨）	Pig Iron	(10000 tons)	92.29	104.13	108.75	125.14
钢	（万吨）	Steel	(10000 tons)	166.60	192.58	144.96	182.48
成品钢材	（万吨）	Steel Products	(10000 tons)	254.22	267.08	292.14	307.60
十种有色金属	（万吨）	10 Nonferrous Metal	(10000 tons)	10.16	9.51	11.90	13.16
#铜	（吨）	Copper	(ton)	44624	42518	44424	63484
锌	（吨）	Zinc	(ton)	13460	17118	20846	18110
铝	（吨）	Aluminium	(ton)	48020	35421	53463	49528
日用精铝制品	（吨）	Fine Aluminium Products for Daily Use	(ton)	16857	21829	24265	28729
内燃机（商品量）	（万千瓦）	Internal Combustion Engines(commodity)	(10000 kw)	323.91	405.09	435.59	412.54

7－4 续表 2　continued

产品名称	Item	1998	1999	2000	2001
数控机床（台）	Numerically Controlled Machine Tools (unit)	386	1200	1855	2583
缝纫机（万架）	Sewing Machine (10000 units)	102.20	126.24	200.81	223.00
大中型拖拉机（台）	Large and Medium-sized Tractor (unit)	5703	5520	2889	3998
小型拖拉机（台）	Small-size Tractor (unit)	34171	50696	47151	58845
汽车（辆）	Motor Vehicle (unit)	5767	6239	9514	36150
#载货汽车	Truck	802	1966	1772	299
摩托车（万辆）	Motorcycles (10000 units)	67.18	115.12	147.64	116.42
自行车（万辆）	Bicycles (10000 units)	317.11	311.97	395.28	380.88
发电设备（万千瓦）	Generating Equipment (10000 kw)	100.87	70.21	76.52	63.95
交流电动机（万千瓦）	Alternating Current Motor (10000 kw)	306.04	329.49	336.30	417.72
变压器（万千伏安）	Transformer (10000 kev)	498.28	743.78	939.58	1159.64
家用洗衣机（万台）	Household Washing Machines (10000 units)	139.83	128.06	199.91	232.06
家用电冰箱（万台）	Household Refrigerators (10000 units)	39.85	36.74	19.79	21.05
电风扇（万台）	Electric Fan (10000 units)	381.47	340.26	264.40	280.56
房间空气调节器（万台）	House Air Conditioner (10000 units)	39.25	54.20	87.70	176.11
电话机（万部）	Telephone Set (10000 units)	53.63	51.95	46.87	15.73
灯泡（亿只）	Bulb (100 million units)	3.33	3.06	4.00	5.35
电视机（万台）	Television Set (10000 units)	458.42	378.32	240.52	215.92
#彩色电视机	Color TV Set	47.72	43.26	17.36	17.35
表（万只）	Watch (10000 units)	55.48	52.13	135.24	181.93
发电量（亿千瓦小时）	Electricity (100 million kwh)	492.11	528.53	624.83	713.49

注：本表统计范围为全部国有及年销售收入500万元及以上的非国有工业企业。
The data in this table refer to state-owned industrial enterprises and non-state-owned industrial enterprises with annual sales income over 5 million yuan.

7－5　全部国有及规模以上非国有工业企业主要指标

指　　标		Item	
企业单位数	(个)	Number of Enterprises	(unit)
#亏损企业单位数		Loss Enterprises	
工业总产值(当年价)	(亿元)	Gross Industrial Output Value(Current Price)	(100 million yuan)
工业增加值	(亿元)	Value Added of Industry	(100 million yuan)
全部职工年平均人数	(万人)	Average Number of Staff and Workers	(10000 persons)
流动资产合计	(亿元)	Circulating Funds	(100 million yuan)
固定资产合计	(亿元)	Fixed Assets	(100 million yuan)
流动资产年平均余额	(亿元)	Annual Average Balance of Circulating Funds	(100 million yuan)
固定资产原值	(亿元)	Original Value of Fixed Assets	(100 million yuan)
固定资产净值年平均余额	(亿元)	Annual Average Balance of Net Value of Fixed Assets	(100 million yuan)
资产总计	(亿元)	Total Assets	(100 million yuan)
流动负债合计	(亿元)	Circulating Liabilities	(100 million yuan)
长期负债合计	(亿元)	Long-term Liabilities	(100 million yuan)
所有者权益	(亿元)	Creditors Equity	(100 million yuan)
实收资本	(亿元)	Total capital Hold	(100 million yuan)
产品销售收入	(亿元)	Sales Revenue	(100 million yuan)
产品销售成本	(亿元)	Cost of Sales	(100 million yuan)
产品销售税金及附加	(亿元)	Sales Taxes and Extra Charges	(100 million yuan)
利润总额	(亿元)	Total Profits	(100 million yuan)
本年应交增值税	(亿元)	Value Added Taxes Payable	(100 million yuan)
利税总额	(亿元)	Total Profits and Taxes	(100 million yuan)

注:国有、集体分组按注册登记类型划分。

7 - 5 Principal Indicators of All State - owned and Non - state - owned Above Designated Sized Industrial Enterprises

合 计 Total			国有单位 State-owned Units			集体单位 Collective - owned Units		
1998	2000	2001	1998	2000	2001	1998	2000	2001
13475	14575	18626	1753	1002	726	3791	2183	1419
2640	1849	2118	808	354	276	675	287	183
4702.43	6603.65	7882.47	772.69	538.46	485.96	1372.98	1078.65	757.37
1098.37	1560.11	1874.41	239.77	213.67	217.41	279.34	215.63	147.52
314.22	323.22	366.62	66.27	35.14	24.19	88.74	48.72	29.74
2653.61	3377.81	3910.39	697.03	556.23	525.43	649.49	461.66	327.74
2492.32	2947.13	3300.99	792.44	744.90	742.63	566.70	389.01	256.50
2540.10	3207.75	3780.33	673.27	550.58	522.78	634.45	432.60	310.61
2997.82	3753.68	4294.78	979.97	924.52	944.38	675.35	493.52	337.44
2142.87	2624.63	2952.41	659.83	627.07	652.73	496.34	341.07	223.42
5645.41	7008.09	8015.87	1644.9	1458.21	1405.25	1340.09	952.79	662.90
2575.16	3073.84	3484.35	619.24	448.36	381.60	689.19	458.21	316.19
744.07	926.66	948.36	324.18	341.02	341.34	158.96	110.37	70.92
2321.14	3005.97	3582.44	701.48	668.83	682.31	491.93	384.21	275.78
1485.62	1756.31	2027.85	374.27	271.65	251.71	319.33	215.71	146.16
4469.41	6488.67	7788.59	881.75	752.67	765.89	1242.22	1027.47	725.45
3739.8	5495.26	6581.95	731.61	649.34	635.49	1050.62	885.67	630.01
58.17	84.83	97.10	22.56	31.54	38.81	11.78	8.66	5.29
170.94	353.44	459.51	23.24	31.78	39.96	46.85	52.36	41.09
178.35	248.80	297.96	44.01	41.56	48.05	43.98	34.37	24.14
407.46	687.07	854.56	89.81	104.87	126.82	102.62	95.39	70.52

The data of state-owned units and collective-owned units are grouped by registered type.

7-6 按行业分的工业企业主要指标(2001年)

Main Indicators of Industrial Enterprises by Sector(2001)

单位:亿元 (100 million yuan)

行业	Sector	企业单位数(个) Number of Enterprises (unit)	#亏损企业 Loss	工业总产值 Gross Industrial Output Value	工业增加值 Value Added of Industry
总计	**Total**	**18626**	**2118**	**7882.47**	**1874.41**
在总计中:轻工业	Light Industry	11195	1314	4371.83	978.34
重工业	Heavy Industry	7431	804	3510.64	896.07
按工业行业分	By Sector				
煤炭采选业	Coal Mining and Dressing	3	2	5.81	2.63
黑色金属矿采选业	Ferrous Metals Mining and Dressing	3	1	1.23	0.40
有色金属矿采选业	Nonferrous Metals Mining and Dressing	23	7	6.49	2.11
非金属矿采选业	Nonmetal Minerals Mining and Dressing	89	10	16.00	5.10
其他矿采选业	Other Minerals Mining and Dressing	2		0.13	0.04
食品加工业	Food Processing	519	109	190.27	26.93
食品制造业	Food Manufacturing	228	50	77.06	16.78
饮料制造业	Beverage Manufacturing	205	47	149.01	48.48
烟草加工业	Tobacco Processing	4		69.62	43.21
纺织业	Textile Industry	2327	280	1072.87	212.53
服装及其他纤维制品制造业	Garments and Other Fiber Products	1466	166	505.30	120.38
皮革、毛皮、羽绒及其制品业	Leather, Furs, Down and Related Products	791	51	344.78	69.69
木材加工及竹、藤、棕、草制品业	Timber Processing, Bamboo, Cane Palm Fiber and Straw Products	257	24	75.81	15.70
家具制造业	Furniture Manufacturing	129	9	45.72	8.14
造纸及纸制品业	Papermaking and Paper Products	563	75	207.59	46.76
印刷业记录媒介的复制	Printing and Record Medium Reproduction	305	46	57.80	15.92
文教体育用品制造业	Cultural, Educational and Sports Goods	335	42	101.93	21.40

注:本表统计范围为全部国有及年销售收入500万元及以上的非国有工业企业。表7-7同。

The data in this table refer to state-owned industrial enterprises and non-state-owned industrial enterprises with annual sales income over 5 million yuan. the same for table 7-7。

行业	Sector	企业单位数(个) Number of Enterprises (unit)	#亏损企业 Loss	工业总产值 Gross Industrial Output Value	工业增加值 Value Added of Industry
石油加工及炼焦业	Petroleum Processing and Coking	21	3	230.60	37.28
化学原料及化学制品制造业	Raw Chemical Materials and Chemical Products	843	104	439.40	103.68
医药制造业	Medical and Pharmaceutical Products	256	43	180.02	49.45
化学纤维制造业	Chemical Fiber	136	25	193.48	29.95
橡胶制品业	Rubber Products	170	16	68.50	19.70
塑料制品业	Plastic Products	1087	90	281.06	60.16
非金属矿物制品业	Nonmetal Mineral Products	649	85	250.71	70.15
黑色金属冶炼及压延加工业	Smelting and Pressing of Ferrous Metals	149	17	135.17	27.21
有色金属冶炼及压延加工业	Smelting and Pressing of Nonferrous Metals	262	42	174.50	25.70
金属制品业	Metal Products	1196	103	317.16	65.65
普通机械制造业	Ordinary Machinery	1669	129	492.24	125.49
专用设备制造业	Special Purpose Equipment	611	86	219.80	51.55
交通运输设备制造业	Transport Equipment	968	90	392.14	82.65
电气机械及器材制造业	Electric Equipment and Machinery	1405	113	660.16	156.77
电子及通信设备制造业	Electronic and Telecommunications Equipment	479	55	329.00	69.35
仪器仪表及文化、办公用机械制造业	Instruments, Meters, Cultural and Office Machinery	289	30	88.69	23.43
电力、蒸汽、热水生产和供应业	Electric Power, Steam and Hot Water Production and Supply	228	55	304.63	172.55
煤气生产和供应业	Gas Production and Supply	14	5	10.32	0.85
自来水的生产和供应业	Tap Water Production and Supply	112	40	18.84	9.55

单位:亿元　　　　7-6 续表 2　continued　　　　(100 million yuan)

行　业	Sector	资产总计 Total Assets	流动资产合计 Circulating Funds	流动资产年平均余额 Annual Average Balance of Circulating Funds	固定资产合计 Fixed Assets
总计	**Total**	**8015.87**	**3910.39**	**3780.33**	**3300.99**
在总计中:轻工业	Light Industry	3823.03	1954.30	1879.28	1509.11
重工业	Heavy Industry	4192.84	1956.09	1901.05	1791.88
按工业行业分	By Sector				
煤炭采选业	Coal Mining and Dressing	9.89	2.89	2.99	6.63
黑色金属矿采选业	Ferrous Metals Mining and Dressing	3.56	1.69	1.43	1.66
有色金属矿采选业	Nonferrous Metals Mining and Dressing	9.53	3.50	3.62	4.50
非金属矿采选业	Nonmetal Minerals Mining and Dressing	18.99	8.68	8.53	7.46
其他矿采选业	Other Minerals Mining and Dressing	0.26	0.15	0.16	0.09
食品加工业	Food Processing	141.27	79.09	77.92	52.19
食品制造业	Food Manufacturing	82.76	44.05	42.06	31.82
饮料制造业	Beverage Manufacturing	179.72	82.97	78.23	80.22
烟草加工业	Tobacco Processing	84.32	53.92	53.85	27.55
纺织业	Textile Industry	895.96	384.26	375.90	434.84
服装及其他纤维制品制造业	Garments and Other Fiber Products	369.53	213.59	201.66	114.59
皮革、毛皮、羽绒及其制品业	Leather, Furs, Down and Related Products	183.03	116.81	109.23	50.35
木材加工及竹、藤、棕、草制品业	Timber Processing, Bamboo, Cane Palm Fiber and Straw Products	54.66	28.20	26.93	21.14
家具制造业	Furniture Manufacturing	33.80	19.16	18.05	11.44
造纸及纸制品业	Papermaking and Paper Products	232.14	112.44	112.63	103.62
印刷业记录媒介的复制	Printing and Record Medium Reproduction	66.82	32.49	31.90	31.11
文教体育用品制造业	Cultural, Educational and Sports Goods	68.70	41.90	41.81	19.59

行　　业	Sector	资产总计 Total Assets	流动资产合　计 Circulating Funds	流动资产年平均余额 Annual Average Balance of Circulating Funds	固定资产合　计 Fixed Assets
石油加工及炼焦业	Petroleum Processing and Coking	122.34	33.12	51.51	78.20
化学原料及化学制品制造业	Raw Chemical Materials and Chemical Products	432.35	220.17	207.28	169.76
医药制造业	Medical and Pharmaceutical Products	230.10	128.71	122.70	73.78
化学纤维制造业	Chemical Fiber	166.43	54.41	52.33	97.98
橡胶制品业	Rubber Products	73.63	35.24	34.82	28.91
塑料制品业	Plastic Products	214.79	113.65	110.36	80.44
非金属矿物制品业	Nonmetal Mineral Products	327.52	139.44	135.57	153.21
黑色金属冶炼及压延加工业	Smelting and Pressing of Ferrous Metals	161.40	81.07	78.84	68.92
有色金属冶炼及压延加工业	Smelting and Pressing of Nonferrous Metals	104.55	60.01	55.80	36.66
金属制品业	Metal Products	234.62	139.28	133.70	71.18
普通机械制造业	Ordinary Machinery	500.54	289.99	273.78	156.52
专用设备制造业	Special Purpose Equipment	211.02	123.88	119.84	66.55
交通运输设备制造业	Transport Equipment	402.75	216.90	203.54	121.99
电气机械及器材制造业	Electric Equipment and Machinery	612.77	365.68	341.09	171.91
电子及通信设备制造业	Electronic and Telecommunications Equipment	375.39	255.97	247.87	72.46
仪器仪表及文化、办公用机械制造业	Instruments, Meters, Cultural and Office Machinery	89.66	55.25	55.42	21.65
电力、蒸汽、热水生产和供应业	Electric Power, Steam and Hot Water Production and Supply	1078.09	270.73	271.38	706.57
煤气生产和供应业	Gas Production and Supply	19.87	6.34	4.04	12.19
自来水的生产和供应业	Tap Water Production and Supply	111.69	26.01	27.94	80.34

行业	Sector	固定资产原价 Original Value of Assets	固定资产净值年平均余额 Annual Average Balance of Next Value of Fixed Assets	年末负债合计 Total Liabilities	流动负债 Circulating Liabilities
总计	**Total**	**4294.78**	**2952.41**	**4433.43**	**3484.35**
在总计中:轻工业	Light Industry	1932.89	1341.20	2153.94	1825.29
重工业	Heavy Industry	2361.89	1611.21	2279.49	1659.06
按工业行业分	By Sector				
煤炭采选业	Coal Mining and Dressing	9.70	6.48	6.69	3.41
黑色金属矿采选业	Ferrous Metals Mining and Dressing	2.41	1.55	1.32	1.12
有色金属矿采选业	Nonferrous Metals Mining and Dressing	6.79	4.16	3.74	3.07
非金属矿采选业	Nonmetal Minerals Mining and Dressing	9.70	7.09	9.43	7.74
其他矿采选业	Other Minerals Mining and Dressing	0.18	0.10	0.17	0.17
食品加工业	Food Processing	70.08	50.12	93.86	79.41
食品制造业	Food Manufacturing	44.64	28.93	53.53	48.18
饮料制造业	Beverage Manufacturing	109.25	73.61	88.54	79.27
烟草加工业	Tobacco Processing	28.28	26.36	20.66	19.46
纺织业	Textile Industry	583.69	392.07	532.43	430.13
服装及其他纤维制品制造业	Garments and Other Fiber Products	142.03	99.42	195.87	180.06
皮革、毛皮、羽绒及其制品业	Leather, Furs, Down and Related Products	60.31	43.46	110.72	103.30
木材加工及竹、藤、棕、草制品业	Timber Processing, Bamboo, Cane Palm Fiber and Straw Products	23.23	19.61	30.45	27.63
家具制造业	Furniture Manufacturing	14.58	10.07	18.70	17.76
造纸及纸制品业	Papermaking and Paper Products	133.97	96.10	138.18	108.48
印刷业记录媒介的复制	Printing and Record Medium Reproduction	38.33	26.57	35.84	31.43
文教体育用品制造业	Cultural, Educational and Sports Goods	24.45	17.67	35.45	33.66

行　业	Sector	固定资产原价 Original Value of Assets	固定资产净值年平均余额 Annual Average Balance of Net Value of Fixed Assets	年末负债合计 Total Liabilities	流动负债 Circulating Liabilities
石油加工及炼焦业	Petroleum Processing and Coking	109.27	67.83	37.22	24.92
化学原料及化学制品制造业	Raw Chemical Materials and Chemical Products	221.59	138.94	250.93	206.60
医药制造业	Medical and Pharmaceutical Products	85.20	60.41	134.25	109.44
化学纤维制造业	Chemical Fiber	132.51	84.19	97.30	65.52
橡胶制品业	Rubber Products	37.44	27.61	43.30	36.05
塑料制品业	Plastic Products	103.02	72.43	117.97	105.33
非金属矿物制品业	Nonmetal Mineral Products	205.99	138.35	192.27	150.33
黑色金属冶炼及压延加工业	Smelting and Pressing of Ferrous Metals	89.43	58.83	71.28	60.38
有色金属冶炼及压延加工业	Smelting and Pressing of Nonferrous Metals	46.65	32.84	63.08	54.02
金属制品业	Metal Products	92.91	63.92	136.65	126.65
普通机械制造业	Ordinary Machinery	211.05	142.29	276.49	241.28
专用设备制造业	Special Purpose Equipment	85.64	58.41	123.10	106.01
交通运输设备制造业	Transport Equipment	148.79	101.83	220.52	190.90
电气机械及器材制造业	Electric Equipment and Machinery	216.05	149.55	341.14	303.02
电子及通信设备制造业	Electronic and Telecommunications Equipment	95.07	64.81	204.15	181.98
仪器仪表及文化、办公用机械制造业	Instruments, Meters, Cultural and Office Machinery	28.21	19.79	48.93	43.95
电力、蒸汽、热水生产和供应业	Electric Power, Steam and Hot Water Production and Supply	937.90	658.18	575.69	218.47
煤气生产和供应业	Gas Production and Supply	13.86	10.26	8.98	3.33
自来水的生产和供应业	Tap Water Production and Supply	93.07	69.23	51.76	21.73

单位:亿元　　7-6 续表6　continued　　(100 million yuan)

行　业	Sector	长期负债 Long-term Liabilities	年末所有者权益合计 Creditors´ Equity	实收资本 Total Captical Hold	产品销售收入 Sales Revenue	产品销售费用 Sales Funds
总计	**Total**	**948.36**	**3582.44**	**2027.85**	**7788.59**	**243.64**
在总计中:轻工业	Light Industry	328.65	1669.08	994.86	4237.18	150.11
重工业	Heavy Industry	619.71	1913.36	1032.99	3551.41	93.53
按工业行业分	By Sector					
煤炭采选业	Coal Mining and Dressing	3.28	3.21	2.94	7.90	0.11
黑色金属矿采选业	Ferrous Metals Mining and Dressing	0.20	2.24	0.96	1.29	0.01
有色金属矿采选业	Nonferrous Metals Mining and Dressing	0.67	5.79	3.20	5.90	0.24
非金属矿采选业	Nonmetal Minerals Mining and Dressing	1.69	9.56	5.52	14.61	0.72
其他矿采选业	Other Minerals Mining and Dressing	0.01	0.09	0.08	0.16	0.02
食品加工业	Food Processing	14.45	47.41	38.68	182.59	4.52
食品制造业	Food Manufacturing	5.34	29.23	19.40	79.16	6.32
饮料制造业	Beverage Manufacturing	9.27	91.18	56.52	147.612	2.21
烟草加工业	Tobacco Processing	1.19	63.66	9.00	94.88	6.63
纺织业	Textile Industry	102.30	363.53	225.88	1043.20	11.60
服装及其他纤维制品制造业	Garments and Other Fiber Products	15.81	173.66	94.19	482.86	15.99
皮革、毛皮、羽绒及其制品业	Leather, Furs, Down and Related Products	7.42	72.32	50.30	330.30	6.99
木材加工及竹、藤、棕、草制品业	Timber Processing, Bamboo, Cane Palm Fiber and Straw Products	2.81	24.21	13.16	71.86	1.37
家具制造业	Furniture Manufacturing	0.94	15.09	10.37	43.38	1.75
造纸及纸制品业	Papermaking and Paper Products	29.70	93.96	60.67	197.12	4.01
印刷业记录媒介的复制	Printing and Record Medium Reproduction	4.41	30.98	18.03	55.75	1.40
文教体育用品制造业	Cultural, Educational and Sports Goods	1.79	33.25	18.51	96.33	3.24

行业	Sector	长期负债 Long-term Liabilities	年末所有者权益合计 Creditors´ Equity	实收资本 Total Captical Hold	产品销售收入 Sales Revenue	产品销售费用 Sales Funds
石油加工及炼焦业	Petroleum Processing and Coking	12.31	85.12	31.79	232.05	3.58
化学原料及化学制品制造业	Raw Chemical Materials and Chemical Products	44.32	181.42	100.50	454.72	21.16
医药制造业	Medical and Pharmaceutical Products	24.80	95.85	54.10	168.08	18.05
化学纤维制造业	Chemical Fiber	31.78	69.13	49.79	184.96	1.08
橡胶制品业	Rubber Products	7.24	30.34	23.42	61.59	2.59
塑料制品业	Plastic Products	12.64	96.82	61.68	264.64	6.84
非金属矿物制品业	Nonmetal Mineral Products	41.94	135.26	87.27	240.46	8.75
黑色金属冶炼及压延加工业	Smelting and Pressing of Ferrous Metals	10.90	90.12	48.13	133.05	0.98
有色金属冶炼及压延加工业	Smelting and Pressing of Nonferrous Metals	9.06	41.47	25.80	165.76	1.83
金属制品业	Metal Products	1	97.97	63.06	292.95	8.07
普通机械制造业	Ordinary Machinery	35.20	224.06	126.10	459.82	14.91
专用设备制造业	Special Purpose Equipment	17.09	87.93	55.31	202.21	6.57
交通运输设备制造业	Transport Equipment	29.62	182.23	114.43	363.28	10.23
电气机械及器材制造业	Electric Equipment and Machinery	38.12	271.63	166.95	608.46	30.37
电子及通信设备制造业	Electronic and Telecommunications Equipment	22.17	171.24	75.81	321.05	9.61
仪器仪表及文化、办公用机械制造业	Instruments, Meters, Cultural and Office Machinery	4.99	40.73	20.81	84.56	4.35
电力、蒸汽、热水生产和供应业	Electric Power, Steam and Hot Water Production and Supply	356.50	502.41	229.49	507.52	0.75
煤气生产和供应业	Gas Production and Supply	5.64	10.89	5.00	10.97	0.55
自来水的生产和供应业	Tap Water Production and Supply	30.03	59.93	30.60	18.13	0.93

行业	Sector	产品销售税金及附加 Sales Taxes and Extra Charges	利润总额 Total Profits	利税总额 Total Profits and Taxes	本年应交增值税 Value Added Taxes Payable
总计	**Total**	**97.10**	**459.51**	**854.56**	**297.96**
在总计中:轻工业	Light Industry	64.99	254.04	471.21	152.18
重工业	Heavy Industry	32.11	205.47	383.35	145.78
按工业行业分	By Sector				
煤炭采选业	Coal Mining and Dressing	0.07	0.01	0.65	0.57
黑色金属矿采选业	Ferrous Metals Mining and Dressing	0.01		0.10	0.08
有色金属矿采选业	Nonferrous Metals Mining and Dressing	0.13	-0.20	0.35	0.41
非金属矿采选业	Nonmetal Minerals Mining and Dressing	0.16	0.73	1.73	0.83
其他矿采选业	Other Minerals Mining and Dressing			0.01	0.01
食品加工业	Food Processing	0.77	2.68	6.65	3.21
食品制造业	Food Manufacturing	0.34	5.03	9.21	3.84
饮料制造业	Beverage Manufacturing	5.15	14.67	29.01	9.19
烟草加工业	Tobacco Processing	34.46	22.30	67.39	10.63
纺织业	Textile Industry	6.22	47.69	83.70	29.79
服装及其他纤维制品制造业	Garments and Other Fiber Products	2.28	33.31	50.82	15.23
皮革、毛皮、羽绒及其制品业	Leather, Furs, Down and Related Products	1.35	13.46	26.01	11.20
木材加工及竹、藤、棕、草制品业	Timber Processing, Bamboo, Cane Palm Fiber and Straw Products	0.43	4.03	7.32	2.86
家具制造业	Furniture Manufacturing	0.16	2.14	3.39	1.09
造纸及纸制品业	Papermaking and Paper Products	1.33	9.84	19.94	8.77
印刷业记录媒介的复制	Printing and Record Medium Reproduction	0.36	5.44	8.49	2.69
文教体育用品制造业	Cultural, Educational and Sports Goods	0.79	5.47	8.62	2.36

单位:亿元　　　　7-6 续表 9　continued　　　　(100 million yuan)

行　　业	Sector	产品销售税金及附加 Sales Taxes and Extra Charges	利润总额 Total Profits	利税总额 Total Profits and Taxes	本年应交增值税 Value Added Taxes Payable
石油加工及炼焦业	Petroleum Processing and Coking	10.29	7.41	23.19	5.48
化学原料及化学制品制造业	Raw Chemical Materials and Chemical Products	2.60	32.89	53.50	18.02
医药制造业	Medical and Pharmaceutical Products	0.89	16.12	26.94	9.93
化学纤维制造业	Chemical Fiber	0.83	6.94	12.08	4.31
橡胶制品业	Rubber Products	0.71	3.70	6.53	2.11
塑料制品业	Plastic Products	1.72	17.02	27.24	8.50
非金属矿物制品业	Nonmetal Mineral Products	1.98	17.26	31.90	12.67
黑色金属冶炼及压延加工业	Smelting and Pressing of Ferrous Metals	0.77	6.62	12.40	5.01
有色金属冶炼及压延加工业	Smelting and Pressing of Nonferrous Metals	0.79	5.98	10.62	3.85
金属制品业	Metal Products	1.90	13.20	23.97	8.87
普通机械制造业	Ordinary Machinery	2.98	33.57	56.01	19.46
专用设备制造业	Special Purpose Equipment	1.27	14.24	22.97	7.46
交通运输设备制造业	Transport Equipment	5.03	24.00	40.74	11.70
电气机械及器材制造业	Electric Equipment and Machinery	3.74	41.39	67.43	22.30
电子及通信设备制造业	Electronic and Telecommunications Equipment	1.33	19.94	30.60	9.33
仪器仪表及文化、办公用机械制造业	Instruments, Meters, Cultural and Office Machinery	0.55	6.51	10.50	3.44
电力、蒸汽、热水生产和供应业	Electric Power, Steam and Hot Water Production and Supply	4.46	18.79	58.98	35.72
煤气生产和供应业	Gas Production and Supply	0.01	0.31	0.46	0.13
自来水的生产和供应业	Tap Water Production and Supply	0.25	0.15	1.38	0.99

7-7 按行业分的工业企业主要经济效益指标(2001年)
Main Economic Beneficial Indicators of Industrial Enterprises by Sector(2001)

行业	Sector	每百元资金实现利税(元) Pre-tax Profits per 100 Yuan Funds (yuan)	每百元固定资产原值实现利税(元) Pre-tax Profits per 100 Yuan Original Value of Fixed Assets (yuan)	每百元销售收入实现利税(元) Pre-tax Profits per 100 Yuan Sales Revenue (yuan)
总计	**Total**	**12.69**	**19.90**	**10.97**
在总计中:轻工业	Light Industry	14.63	24.38	11.12
重工业	Heavy Industry	10.91	16.23	10.79
按工业行业分	By Sector			
煤炭采选业	Coal Mining and Dressing	6.84	6.67	8.19
黑色金属矿采选业	Ferrous Metals Mining and Dressing	3.22	3.97	7.41
有色金属矿采选业	Nonferrous Metals Mining and Dressing	4.46	5.11	5.88
非金属矿采选业	Nonmetal Minerals Mining and Dressing	11.07	17.84	11.84
其他矿采选业	Other Minerals Mining and Dressing	4.89	7.25	8.25
食品加工业	Food Processing	5.20	9.49	3.64
食品制造业	Food Manufacturing	12.97	20.63	11.64
饮料制造业	Beverage Manufacturing	19.11	26.56	19.66
烟草加工业	Tobacco Processing	84.01	238.29	71.03
纺织业	Textile Industry	10.90	14.34	8.02
服装及其他纤维制品制造业	Garments and Other Fiber Products	16.88	35.78	10.52
皮革、毛皮、羽绒及其制品业	Leather, Furs, Down and Related Products	17.03	43.13	7.87
木材加工及竹、藤、棕、草制品业	Timber Processing, Bamboo, Cane Palm Fiber and Straw Products	15.73	31.52	10.19
家具制造业	Furniture Manufacturing	12.07	23.27	7.82
造纸及纸制品业	Papermaking and Paper Products	9.55	14.89	10.12
印刷业记录媒介的复制	Printing and Record Medium Reproduction	14.53	22.16	15.24
文教体育用品制造业	Cultural, Educational and Sports Goods	14.49	35.26	8.95

注:劳动生产率按增加值计算。表7-9,7-11,7-13,7-15和7-17同。

Labor productivity is calculated at value added of industry. table 7-9,7-11,7-13, 7-15 and 7-17 are the same.

7－7 续表1 continued

行　业	Sector	每百元资金实现利税（元）Pre-tax Profits per 100 Yuan Funds (yuan)	每百元固定资产原值实现利税（元）Pre-tax Profits per 100 Yuan Original Value of Fixed Assets (yuan)	每百元销售收入实现利税（元）Pre-tax Profits per 100 Yuan Sales Revenue (yuan)
石油加工及炼焦业	Petroleum Processing and Coking	19.43	21.22	9.99
化学原料及化学制品制造业	Raw Chemical Materials and Chemical Products	15.45	24.14	11.77
医药制造业	Medical and Pharmaceutical Products	14.71	31.62	16.03
化学纤维制造业	Chemical Fiber	8.85	9.12	6.53
橡胶制品业	Rubber Products	10.46	17.44	10.60
塑料制品业	Plastic Products	14.90	26.45	10.29
非金属矿物制品业	Nonmetal Mineral Products	11.65	15.49	13.27
黑色金属冶炼及压延加工业	Smelting and Pressing of Ferrous Metals	9.01	13.86	9.32
有色金属冶炼及压延加工业	Smelting and Pressing of Nonferrous Metals	11.98	22.77	6.41
金属制品业	Metal Products	12.13	25.80	8.18
普通机械制造业	Ordinary Machinery	13.46	26.54	12.18
专用设备制造业	Special Purpose Equipment	12.89	26.82	11.36
交通运输设备制造业	Transport Equipment	13.34	27.38	11.21
电气机械及器材制造业	Electric Equipment and Machinery	13.74	31.21	11.08
电子及通信设备制造业	Electronic and Telecommunications Equipment	9.79	32.19	9.53
仪器仪表及文化、办公用机械制造业	Instruments, Meters, Cultural and Office Machinery	13.96	37.23	12.42
电力、蒸汽、热水生产和供应业	Electric Power, Steam and Hot Water Production and Supply	6.34	6.29	11.62
煤气生产和供应业	Gas Production and Supply	3.20	3.30	4.17
自来水的生产和供应业	Tap Water Production and Supply	1.42	1.49	7.63

7－7 续表 2 continued

行业	Sector	产品销售率(%) Rate of Products Sold(%)	流动资金周转次数(次) Times of Turnover Circulating Funds (time)	劳动生产率(元/人) Overall Labor Productivity (yuan/person)
总计	**Total**	**96.97**	**2.06**	**51127**
在总计中:轻工业	Light Industry	96.76	2.25	43364
重工业	Heavy Industry	97.23	1.87	63546
按工业行业分	By Sector			
煤炭采选业	Coal Mining and Dressing	101.23	2.65	24500
黑色金属矿采选业	Ferrous Metals Mining and Dressing	98.36	0.90	18073
有色金属矿采选业	Nonferrous Metals Mining and Dressing	95.45	1.63	29194
非金属矿采选业	Nonmetal Minerals Mining and Dressing	97.34	1.71	27515
其他矿采选业	Other Minerals Mining and Dressing	110.57	0.95	18564
食品加工业	Food Processing	95.67	2.34	50680
食品制造业	Food Manufacturing	98.67	1.88	36455
饮料制造业	Beverage Manufacturing	97.77	1.89	114225
烟草加工业	Tobacco Processing	95.40	1.76	1487410
纺织业	Textile Industry	97.03	2.78	37702
服装及其他纤维制品制造业	Garments and Other Fiber Products	97.01	2.39	32332
皮革、毛皮、羽绒及其制品业	Leather, Furs, Down and Related Products	97.32	3.02	36034
木材加工及竹、藤、棕、草制品业	Timber Processing, Bamboo, Cane Palm Fiber and Straw Products	97.76	2.67	37195
家具制造业	Furniture Manufacturing	98.11	2.40	41105
造纸及纸制品业	Papermaking and Paper Products	96.95	1.75	53560
印刷业记录媒介的复制	Printing and Record Medium Reproduction	97.79	1.75	53550
文教体育用品制造业	Cultural, Educational and Sports Goods	97.05	2.30	32032

7 -7 续表 3 continued

行　业	Sector	产品销售率(%) Rate of Products Sold(%)	流动资金周转次数(次) Times of Turnover Circulating Funds (time)	劳动生产率(元/人) Overall Labor Productivity (yuan/person)
石油加工及炼焦业	Petroleum Processing and Coking	99.01	4.51	298168
化学原料及化学制品制造业	Raw Chemical Materials and Chemical Products	97.46	2.19	65996
医药制造业	Medical and Pharmaceutical Products	95.73	1.37	76511
化学纤维制造业	Chemical Fiber	96.49	3.53	64806
橡胶制品业	Rubber Products	96.49	1.77	48410
塑料制品业	Plastic Products	95.91	2.40	41372
非金属矿物制品业	Nonmetal Mineral Products	97.02	1.77	48366
黑色金属冶炼及压延加工业	Smelting and Pressing of Ferrous Metals	98.87	1.69	68111
有色金属冶炼及压延加工业	Smelting and Pressing of Nonferrous Metals	97.18	2.97	74803
金属制品业	Metal Products	95.28	2.19	36135
普通机械制造业	Ordinary Machinery	95.83	1.68	42576
专用设备制造业	Special Purpose Equipment	95.58	1.69	47634
交通运输设备制造业	Transport Equipment	96.65	1.78	49466
电气机械及器材制造业	Electric Equipment and Machinery	96.56	1.78	58105
电子及通信设备制造业	Electronic and Telecommunications Equipment	96.39	1.30	59140
仪器仪表及文化、办公用机械制造业	Instruments, Meters, Cultural and Office Machinery	96.46	1.53	43545
电力、蒸汽、热水生产和供应业	Electric Power, Steam and Hot Water Production and Supply	101.51	1.87	229774
煤气生产和供应业	Gas Production and Supply	104.15	2.72	25719
自来水的生产和供应业	Tap Water Production and Supply	98.15	0.65	68684

7-8 按行业分的国有及国有控股工业企业主要指标(2001年)

Main Indicators of State-owned Industrial Enterprises by Sector (Including Enterprises with Controlling Share Hold by State)(2001)

单位:亿元 (100 million yuan)

行业	Sector	企业单位数(个) Number of Enterprises (unit)	#亏损企业 Loss	工业总产值 Gross Industrial Output Value	工业增加值 Value Added of Industry
总计	**Total**	**1122**	**370**	**1194.74**	**396.85**
在总计中:轻工业	Light Industry	538	183	416.97	138.49
重工业	Heavy Industry	584	187	777.77	258.36
按工业行业分	By Sector				
煤炭采选业	Coal Mining and Dressing	3	2	5.81	2.63
黑色金属矿采选业	Ferrous Metals Mining and Dressing	3	1	1.23	0.40
有色金属矿采选业	Nonferrous Metals Mining and Dressing	10	4	3.51	1.46
非金属矿采选业	Nonmetal Minerals Mining and Dressing	13	3	1.89	0.74
其他矿采选业	Other Minerals Mining and Dressing	1		0.06	0.03
食品加工业	Food Processing	61	32	26.99	4.10
食品制造业	Food Manufacturing	35	15	13.69	3.30
饮料制造业	Beverage Manufacturing	37	10	81.03	28.39
烟草加工业	Tobacco Processing	3		69.51	43.16
纺织业	Textile Industry	73	24	64.23	15.58
服装及其他纤维制品制造业	Garments and Other Fiber Products	18	5	4.67	1.21
皮革、毛皮、羽绒及其制品业	Leather, Furs, Down and Related Products	3	1	4.36	1.07
木材加工及竹、藤、棕、草制品业	Timber Processing, Bamboo, Cane Palm Fiber and Straw Products	9	2	2.65	0.64
家具制造业	Furniture Manufacturing	2		0.47	0.09
造纸及纸制品业	Papermaking and Paper Products	20	4	14.62	3.90
印刷业记录媒介的复制	Printing and Record Medium Reproduction	52	19	5.52	1.70
文教体育用品制造业	Cultural, Educational and Sports Goods	9	3	0.72	0.19

行业	Sector	企业单位数(个) Number of Enterprises (unit)	#亏损企业 Loss	工业总产值 Gross Industrial Output Value	工业增加值 Value Added of Industry
石油加工及炼焦业	Petroleum Processing and Coking	5	1	217.51	35.44
化学原料及化学制品制造业	Raw Chemical Materials and Chemical Products	71	13	65.32	19.66
医药制造业	Medical and Pharmaceutical Products	29	7	28.74	9.31
化学纤维制造业	Chemical Fiber	15	6	24.24	3.59
橡胶制品业	Rubber Products	2		2.59	0.79
塑料制品业	Plastic Products	20	6	4.20	0.73
非金属矿物制品业	Nonmetal Mineral Products	36	9	48.62	13.64
黑色金属冶炼及压延加工业	Smelting and Pressing of Ferrous Metals	8	2	65.25	15.87
有色金属冶炼及压延加工业	Smelting and Pressing of Nonferrous Metals	9	3	3.63	0.64
金属制品业	Metal Products	17	8	8.56	1.67
普通机械制造业	Ordinary Machinery	60	23	32.09	10.06
专用设备制造业	Special Purpose Equipment	58	23	22.97	5.84
交通运输设备制造业	Transport Equipment	52	23	47.34	11.87
电气机械及器材制造业	Electric Equipment and Machinery	45	14	22.48	5.13
电子及通信设备制造业	Electronic and Telecommunications Equipment	39	9	48.28	9.96
仪器仪表及文化、办公用机械制造业	Instruments, Meters, Cultural and Office Machinery	28	7	4.25	1.39
电力、蒸汽、热水生产和供应业	Electric Power, Steam and Hot Water Production and Supply	158	46	221.48	133.09
煤气生产和供应业	Gas Production and Supply	8	5	6.71	0.10
自来水的生产和供应业	Tap Water Production and Supply	105	39	17.96	9.23

行　业	Sector	资产总计 Total Assets	流动资产合　计 Circulating Funds	流动资产年平均余额 Annual Average Balance of Circulating Funds	固定资产合　计 Fixed Assets
总计	**Total**	**2390.19**	**925.88**	**930.84**	**1232.62**
在总计中:轻工业	Light Industry	701.00	322.87	318.69	311.21
重工业	Heavy Industry	1689.18	603.00	612.15	921.42
按工业行业分	By Sector				
煤炭采选业	Coal Mining and Dressing	9.89	2.89	2.99	6.63
黑色金属矿采选业	Ferrous Metals Mining and Dressing	3.56	1.69	1.43	1.66
有色金属矿采选业	Nonferrous Metals Mining and Dressing	7.79	2.60	2.70	3.93
非金属矿采选业	Nonmetal Minerals Mining and Dressing	5.89	2.36	2.33	2.67
其他矿采选业	Other Minerals Mining and Dressing	0.17	0.08	0.09	0.07
食品加工业	Food Processing	37.35	19.28	20.35	15.40
食品制造业	Food Manufacturing	20.86	10.50	9.97	8.85
饮料制造业	Beverage Manufacturing	95.04	44.92	40.54	43.29
烟草加工业	Tobacco Processing	84.24	53.89	53.81	27.51
纺织业	Textile Industry	89.77	39.42	39.39	37.34
服装及其他纤维制品制造业	Garments and Other Fiber Products	3.76	2.48	2.44	0.98
皮革、毛皮、羽绒及其制品业	Leather, Furs, Down and Related Products	1.90	1.17	1.27	0.46
木材加工及竹、藤、棕、草制品业	Timber Processing, Bamboo, Cane Palm Fiber and Straw Products	5.97	2.16	2.21	3.54
家具制造业	Furniture Manufacturing	0.53	0.38	0.31	0.14
造纸及纸制品业	Papermaking and Paper Products	26.36	11.93	12.37	11.94
印刷业记录媒介的复制	Printing and Record Medium Reproduction	8.39	3.33	3.59	4.49
文教体育用品制造业	Cultural, Educational and Sports Goods	1.06	0.63	0.66	0.28

行　业	Sector	资产总计 Total Assets	流动资产合　计 Circulating Funds	流动资产年平均余额 Annual Average Balance of Circulating Funds	固定资产合　计 Fixed Assets
石油加工及炼焦业	Petroleum Processing and Coking	112.07	29.93	47.95	72.59
化学原料及化学制品制造业	Raw Chemical Materials and Chemical Products	136.71	57.19	54.65	67.12
医药制造业	Medical and Pharmaceutical Products	61.27	33.92	33.47	20.18
化学纤维制造业	Chemical Fiber	42.59	11.31	11.68	27.82
橡胶制品业	Rubber Products	4.00	0.54	0.64	0.57
塑料制品业	Plastic Products	5.80	2.84	3.04	2.60
非金属矿物制品业	Nonmetal Mineral Products	67.00	25.93	25.59	32.26
黑色金属冶炼及压延加工业	Smelting and Pressing of Ferrous Metals	106.64	52.72	50.87	46.78
有色金属冶炼及压延加工业	Smelting and Pressing of Nonferrous Metals	8.70	4.15	4.24	3.57
金属制品业	Metal Products	11.39	6.07	5.99	3.90
普通机械制造业	Ordinary Machinery	65.46	37.39	37.11	18.86
专用设备制造业	Special Purpose Equipment	37.96	22.52	21.82	11.49
交通运输设备制造业	Transport Equipment	65.05	40.35	36.50	20.68
电气机械及器材制造业	Electric Equipment and Machinery	48.04	27.80	26.62	13.45
电子及通信设备制造业	Electronic and Telecommunications Equipment	153.85	99.17	98.73	26.02
仪器仪表及文化、办公用机械制造业	Instruments, Meters, Cultural and Office Machinery	5.33	3.05	2.98	1.79
电力、蒸汽、热水生产和供应业	Electric Power, Steam and Hot Water Production and Supply	925.95	239.15	240.93	602.38
煤气生产和供应业	Gas Production and Supply	18.72	6.06	3.69	11.61
自来水的生产和供应业	Tap Water Production and Supply	109.52	25.30	27.21	78.96

行　业	Sector	固定资产原　价 Original Value of Fixed Assets	固定资产净值年平均余额 Annual Average Balance of Net Value of Fixed Assets	年末负债合　计 Total Liabilities	流动负债 Circulating Liabilities
总计	**Total**	**1607.37**	**1094.27**	**1240.27**	**727.37**
在总计中:轻工业	Light Industry	392.73	269.86	351.41	262.04
重工业	Heavy Industry	1214.64	824.41	888.85	465.33
按工业行业分	By Sector				
煤炭采选业	Coal Mining and Dressing	9.70	6.48	6.69	3.41
黑色金属矿采选业	Ferrous Metals Mining and Dressing	2.41	1.55	1.32	1.12
有色金属矿采选业	Nonferrous Metals Mining and Dressing	6.03	3.59	2.78	2.27
非金属矿采选业	Nonmetal Minerals Mining and Dressing	2.68	2.55	1.99	1.72
其他矿采选业	Other Minerals Mining and Dressing	0.16	0.09	0.12	0.12
食品加工业	Food Processing	24.00	14.74	23.06	18.73
食品制造业	Food Manufacturing	11.38	7.54	13.97	12.26
饮料制造业	Beverage Manufacturing	58.32	38.56	39.50	36.80
烟草加工业	Tobacco Processing	28.21	26.32	20.64	19.44
纺织业	Textile Industry	54.72	34.61	52.41	38.94
服装及其他纤维制品制造业	Garments and Other Fiber Products	1.51	0.97	2.45	2.35
皮革、毛皮、羽绒及其制品业	Leather, Furs, Down and Related Products	0.64	0.43	1.02	1.01
木材加工及竹、藤、棕、草制品业	Timber Processing, Bamboo, Cane Palm Fiber and Straw Products	4.69	3.39	2.78	2.56
家具制造业	Furniture Manufacturing	0.17	0.14	0.34	0.34
造纸及纸制品业	Papermaking and Paper Products	15.71	8.55	14.60	9.90
印刷业记录媒介的复制	Printing and Record Medium Reproduction	6.54	3.92	4.60	3.96
文教体育用品制造业	Cultural, Educational and Sports Goods	0.37	0.27	0.48	0.47

行　业	Sector	固定资产原价 Original Value of Fixed Assets	固定资产净值年平均余额 Annual Average Balance of Net Value of Fixed Assets	年末负债合计 Total Liabilities	流动负债 Circulating Liabilities
石油加工及炼焦业	Petroleum Processing and Coking	101.27	62.10	30.59	20.18
化学原料及化学制品制造业	Raw Chemical Materials and Chemical Products	85.50	49.09	85.62	64.10
医药制造业	Medical and Pharmaceutical Products	19.73	13.55	34.32	28.58
化学纤维制造业	Chemical Fiber	39.12	26.20	27.60	13.18
橡胶制品业	Rubber Products	0.81	0.52	0.65	0.44
塑料制品业	Plastic Products	2.72	2.25	4.04	2.61
非金属矿物制品业	Nonmetal Mineral Products	42.45	28.53	40.27	31.72
黑色金属冶炼及压延加工业	Smelting and Pressing of Ferrous Metals	62.10	38.41	40.80	33.22
有色金属冶炼及压延加工业	Smelting and Pressing of Nonferrous Metals	4.34	3.36	5.61	3.93
金属制品业	Metal Products	4.77	3.46	8.21	6.48
普通机械制造业	Ordinary Machinery	30.54	17.17	38.12	32.40
专用设备制造业	Special Purpose Equipment	17.07	9.60	25.68	19.09
交通运输设备制造业	Transport Equipment	26.11	16.51	33.06	29.69
电气机械及器材制造业	Electric Equipment and Machinery	20.47	12.48	31.92	27.05
电子及通信设备制造业	Electronic and Telecommunications Equipment	33.81	22.82	77.45	65.24
仪器仪表及文化、办公用机械制造业	Instruments, Meters, Cultural and Office Machinery	2.38	1.63	3.47	2.78
电力、蒸汽、热水生产和供应业	Electric Power, Steam and Hot Water Production and Supply	781.26	554.59	504.03	166.70
煤气生产和供应业	Gas Production and Supply	13.05	9.69	8.26	2.67
自来水的生产和供应业	Tap Water Production and Supply	91.46	67.92	50.76	21.13

行业	Sector	长期负债 Long-term Liabilities	年末所有者权益合计 Creditors' Equity	实收资本 Total Captical Hold	产品销售收入 Sales Revenue	产品销售费用 Sales Expense
总计	**Total**	**512.18**	**1149.92**	**513.82**	**1481.06**	**46.66**
在总计中:轻工业	Light Industry	89.37	349.59	173.69	453.75	33.66
重工业	Heavy Industry	422.81	800.33	340.13	1027.31	13.00
按工业行业分	By Sector					
煤炭采选业	Coal Mining and Dressing	3.28	3.21	2.94	7.90	0.11
黑色金属矿采选业	Ferrous Metals Mining and Dressing	0.20	2.24	0.96	1.29	0.01
有色金属矿采选业	Nonferrous Metals Mining and Dressing	0.51	5.01	2.63	3.21	0.09
非金属矿采选业	Nonmetal Minerals Mining and Dressing	0.27	3.90	2.30	1.79	0.13
其他矿采选业	Other Minerals Mining and Dressing		0.06	0.05	0.06	0.01
食品加工业	Food Processing	4.33	14.29	11.43	32.81	0.81
食品制造业	Food Manufacturing	1.71	6.89	4.53	14.31	0.67
饮料制造业	Beverage Manufacturing	2.70	55.54	29.00	82.69	15.27
烟草加工业	Tobacco Processing	1.20	63.60	8.96	94.78	6.62
纺织业	Textile Industry	13.47	37.36	22.73	70.73	1.06
服装及其他纤维制品制造业	Garments and Other Fiber Products	0.10	1.31	1.25	4.29	0.06
皮革、毛皮、羽绒及其制品业	Leather, Furs, Down and Related Products	0.01	0.88	0.65	4.02	0.23
木材加工及竹、藤、棕、草制品业	Timber Processing, Bamboo, Cane Palm Fiber and Straw Products	0.23	3.18	1.35	3.23	0.10
家具制造业	Furniture Manufacturing		0.19	0.14	0.46	0.07
造纸及纸制品业	Papermaking and Paper Products	4.70	11.76	7.54	13.93	0.56
印刷业记录媒介的复制	Printing and Record Medium Reproduction	0.64	3.79	2.46	5.51	0.09
文教体育用品制造业	Cultural, Educational and Sports Goods	0.01	0.58	0.46	0.76	0.03

行业	Sector	长期负债 Long-term Liabilities	年末所有者权益合计 Creditors´ Equity	实收资本 Total Captical Hold	产品销售收入 Sales Revenue	产品销售费用 Sales Funds
石油加工及炼焦业	Petroleum Processing and Coking	10.41	81.48	26.71	219.24	2.87
化学原料及化学制品制造业	Raw Chemical Materials and Chemical Products	21.52	51.09	25.94	65.61	2.12
医药制造业	Medical and Pharmaceutical Products	5.74	26.95	13.30	28.89	4.42
化学纤维制造业	Chemical Fiber	14.42	14.98	16.91	23.78	0.26
橡胶制品业	Rubber Products	0.21	3.36	2.92	1.82	0.03
塑料制品业	Plastic Products	1.42	1.76	2.44	4.00	0.15
非金属矿物制品业	Nonmetal Mineral Products	8.55	26.73	17.79	50.32	1.51
黑色金属冶炼及压延加工业	Smelting and Pressing of Ferrous Metals	7.58	65.84	29.73	65.27	0.29
有色金属冶炼及压延加工业	Smelting and Pressing of Nonferrous Metals	1.68	3.09	2.09	3.54	0.04
金属制品业	Metal Products	1.73	3.19	1.77	8.40	0.20
普通机械制造业	Ordinary Machinery	5.72	27.34	17.58	31.38	0.96
专用设备制造业	Special Purpose Equipment	6.59	12.28	9.84	21.90	0.77
交通运输设备制造业	Transport Equipment	3.36	32.00	14.70	44.11	1.44
电气机械及器材制造业	Electric Equipment and Machinery	4.87	16.12	11.56	21.61	1.19
电子及通信设备制造业	Electronic and Telecommunications Equipment	12.21	76.40	24.42	61.23	2.45
仪器仪表及文化、办公用机械制造业	Instruments, Meters, Cultural and Office Machinery	0.69	1.86	1.12	4.21	0.16
电力、蒸汽、热水生产和供应业	Electric Power, Steam and Hot Water Production and Supply	336.62	421.91	160.32	457.65	0.33
煤气生产和供应业	Gas Production and Supply	5.59	10.46	4.69	7.37	0.52
自来水的生产和供应业	Tap Water Production and Supply	29.63	58.76	30.15	17.27	0.93

行　业	Sector	产品销售税金及附加 Sales Taxes and Extra Charges	利润总额 Total Profits	利税总额 Total Profits and Taxes	本年应交增值税 Value Added Taxes Payable
总计	**Total**	**55.68**	**75.70**	**210.58**	**79.20**
在总计中:轻工业	Light Industry	39.50	42.33	109.00	27.18
重工业	Heavy Industry	16.18	33.37	101.58	52.02
按工业行业分	By Sector				
煤炭采选业	Coal Mining and Dressing	0.07	0.01	0.65	0.57
黑色金属矿采选业	Ferrous Metals Mining and Dressing	0.01		0.10	0.08
有色金属矿采选业	Nonferrous Metals Mining and Dressing	0.02	－0.27	－0.08	0.17
非金属矿采选业	Nonmetal Minerals Mining and Dressing	0.02	－0.07	0.09	0.14
其他矿采选业	Other Minerals Mining and Dressing			0.01	0.01
食品加工业	Food Processing	0.06	0.25	0.68	0.36
食品制造业	Food Manufacturing	0.06	0.43	1.32	0.82
饮料制造业	Beverage Manufacturing	1.83	10.59	17.71	5.29
烟草加工业	Tobacco Processing	34.46	22.28	67.36	10.63
纺织业	Textile Industry	0.23	2.06	4.52	2.23
服装及其他纤维制品制造业	Garments and Other Fiber Products	0.02	0.09	0.28	0.17
皮革、毛皮、羽绒及其制品业	Leather, Furs, Downand Related Products	0.01	0.07	0.15	0.07
木材加工及竹、藤、棕、草制品业	Timber Processing, Bamboo, Cane Palm Fiber	0.03	0.14	0.33	0.16
家具制造业	Furniture Manufacturing		0.03	0.04	0.02
造纸及纸制品业	Papermaking and Paper Products	0.06	0.74	1.60	0.80
印刷业记录媒介的复制	Printing and Record Medium Reproduction	0.03	0.11	0.40	0.26
文教体育用品制造业	Cultural, Educational and Sports Goods		0.02	0.06	0.03

行业	Sector	产品销售税金及附加 Sales Taxes and Extra Charges	利润总额 Total Profits	利税总额 Total Profits and Taxes	本年应交增值税 Value Added Taxes Payable
石油加工及炼焦业	Petroleum Processing and Coking	10.16	6.70	22.06	5.20
化学原料及化学制品制造业	Raw Chemical Materials and Chemical Products	0.35	3.64	7.42	3.43
医药制造业	Medical and Pharmaceutical Products	0.11	3.12	5.30	2.07
化学纤维制造业	Chemical Fiber	0.08	-0.27	0.60	0.80
橡胶制品业	Rubber Products	0.01	0.15	0.28	0.13
塑料制品业	Plastic Products	0.01	-0.03	0.09	0.11
非金属矿物制品业	Nonmetal Mineral Products	0.22	1.46	3.53	1.85
黑色金属冶炼及压延加工业	Smelting and Pressing of Ferrous Metals	0.34	4.68	8.34	3.32
有色金属冶炼及压延加工业	Smelting and Pressing of Nonferrous Metals	0.01	0.25	0.34	0.08
金属制品业	Metal Products	0.03	-0.06	0.38	0.41
普通机械制造业	Ordinary Machinery	0.14	0.40	2.06	1.53
专用设备制造业	Special Purpose Equipment	0.11	0.54	1.49	0.84
交通运输设备制造业	Transport Equipment	2.23	2.14	6.33	1.96
电气机械及器材制造业	Electric Equipment and Machinery	0.10	-0.22	0.86	0.98
电子及通信设备制造业	Electronic and Telecommunications Equipment	0.45	3.71	5.95	1.79
仪器仪表及文化、办公用机械制造业	Instruments, Meters, Cultural and Office Machinery	0.02	0.23	0.41	0.16
电力、蒸汽、热水生产和供应业	Electric Power, Steam and Hot Water Production and Supply	4.15	12.53	48.35	31.66
煤气生产和供应业	Gas Production and Supply	0.01	0.25	0.35	0.09
自来水的生产和供应业	Tap Water Production and Supply	0.24	0.03	1.24	0.97

7-9 按行业分的国有及国有控股工业企业主要经济效益指标(2001年)

Main Economic Beneficial Indicators of State-owned Industrial Enterprises by Sector(Including Enterprises with Controlling Share Hold by the State)(2001)

行　业	Sector	每百元资金实现利税(元) Pre-tax Profits per 100 Yuan Funds (yuan)	每百元固定资产原值实现利税(元) Pre-tax Profits per 100 Yuan Original Value of Fixed Assets (yuan)	每百元销售收入实现利税(元) Pre-tax Profits per 100 Yuan Sales Revenue (yuan)
总计	**Total**	**10.40**	**13.10**	**14.22**
在总计中:轻工业	Light Industry	18.52	27.76	24.02
重工业	Heavy Industry	7.07	8.36	9.89
按工业行业分	By Sector			
煤炭采选业	Coal Mining and Dressing	6.84	6.67	8.19
黑色金属矿采选业	Ferrous Metals Mining and Dressing	3.22	3.97	7.41
有色金属矿采选业	Nonferrous Metals Mining and Dressing	-1.31	-1.36	-2.56
非金属矿采选业	Nonmetal Minerals Mining and Dressing	1.92	3.48	5.21
其他矿采选业	Other Minerals Mining and Dressing	3.73	4.17	10.82
食品加工业	Food Processing	1.92	2.81	2.06
食品制造业	Food Manufacturing	7.53	11.58	9.21
饮料制造业	Beverage Manufacturing	22.39	30.36	21.41
烟草加工业	Tobacco Processing	84.06	238.81	71.07
纺织业	Textile Industry	6.10	8.25	6.38
服装及其他纤维制品制造业	Garments and Other Fiber Products	8.08	18.27	6.43
皮革、毛皮、羽绒及其制品业	Leather, Furs, Down and Related Products	8.88	23.68	3.75
木材加工及竹、藤、棕、草制品业	Timber Processing, Bamboo, Cane Palm Fiber and Straw Products	5.80	6.93	10.07
家具制造业	Furniture Manufacturing	9.92	26.49	9.55
造纸及纸制品业	Papermaking and Paper Products	7.66	10.20	11.51
印刷业记录媒介的复制	Printing and Record Medium Reproduction	5.37	6.16	7.31
文教体育用品制造业	Cultural, Educational and Sports Goods	6.19	15.78	7.63

7-9 续表 1　continued

行　业	Sector	每百元资金实现利税（元）Pre-tax Profits per 100 Yuan Funds (yuan)	每百元固定资产原值实现利税（元）Pre-tax Profits per 100 Yuan Original Value of Fixed Assets (yuan)	每百元销售收入实现利税（元）Pre-tax Profits per 100 Yuan Sales Revenue (yuan)
石油加工及炼焦业	Petroleum Processing and Coking	20.05	21.79	10.06
化学原料及化学制品制造业	Raw Chemical Materials and Chemical Products	7.15	8.60	11.31
医药制造业	Medical and Pharmaceutical Products	11.28	26.88	18.36
化学纤维制造业	Chemical Fiber	1.59	1.54	2.53
橡胶制品业	Rubber Products	24.16	34.41	15.35
塑料制品业	Plastic Products	1.67	3.24	2.20
非金属矿物制品业	Nonmetal Mineral Products	6.52	8.32	7.02
黑色金属冶炼及压延加工业	Smelting and Pressing of Ferrous Metals	9.34	13.42	12.77
有色金属冶炼及压延加工业	Smelting and Pressing of Nonferrous Metals	4.47	7.83	9.61
金属制品业	Metal Products	4.01	7.95	4.52
普通机械制造业	Ordinary Machinery	3.80	6.76	6.58
专用设备制造业	Special Purpose Equipment	4.74	8.73	6.81
交通运输设备制造业	Transport Equipment	11.95	24.26	14.36
电气机械及器材制造业	Electric Equipment and Machinery	2.20	4.20	3.98
电子及通信设备制造业	Electronic and Telecommunications Equipment	4.90	17.61	9.72
仪器仪表及文化、办公用机械制造业	Instruments, Meters, Cultural and Office Machinery	8.87	17.15	9.71
电力、蒸汽、热水生产和供应业	Electric Power, Steam and Hot Water Production and Supply	6.08	6.19	10.56
煤气生产和供应业	Gas Production and Supply	2.61	2.68	4.74
自来水的生产和供应业	Tap Water Production and Supply	1.31	1.36	7.20

7－9 续表 2　continued

行　业	Sector	产品销售率(%) Rate of Products Sold(%)	流动资金周转次数(次) Times of Turnover Circulating Funds (time)	劳动生产率(元/人) Overall Labor Productivity (yuan/person)
总计	**Total**	**98.88**	**1.59**	**87695**
在总计中:轻工业	Light Industry	97.63	1.42	75747
重工业	Heavy Industry	99.55	1.68	95795
按工业行业分	By Sector			
煤炭采选业	Coal Mining and Dressing	101.23	2.65	24500
黑色金属矿采选业	Ferrous Metals Mining and Dressing	98.36	0.90	18073
有色金属矿采选业	Nonferrous Metals Mining and Dressing	98.25	1.19	28668
非金属矿采选业	Nonmetal Minerals Mining and Dressing	97.47	0.77	17510
其他矿采选业	Other Minerals Mining and Dressing	99.67	0.68	19187
食品加工业	Food Processing	94.52	1.61	25081
食品制造业	Food Manufacturing	105.06	1.44	24909
饮料制造业	Beverage Manufacturing	99.25	2.04	180091
烟草加工业	Tobacco Processing	95.40	1.76	1527325
纺织业	Textile Industry	95.07	1.80	27922
服装及其他纤维制品制造业	Garments and Other Fiber Products	98.83	1.76	20516
皮革、毛皮、羽绒及其制品业	Leather, Furs, Down and Related Products	99.98	3.18	58863
木材加工及竹、藤、棕、草制品业	Timber Processing, Bamboo, Cane Palm Fiber and Straw Products	100.22	1.46	19454
家具制造业	Furniture Manufacturing	97.21	1.50	54742
造纸及纸制品业	Papermaking and Paper Products	96.58	1.13	42348
印刷业记录媒介的复制	Printing and Record Medium Reproduction	100.24	1.54	40161
文教体育用品制造业	Cultural, Educational and Sports Goods	103.28	1.14	24322

7－9 续表 3　continued

行　业	Sector	产品销售率(％) Rate of Products Sold(％)	流动资金周转次数(次) Times of Turnover Circulating Funds (time)	劳动生产率(元/人) Overall Labor Productivity (yuan/person)
石油加工及炼焦业	Petroleum Processing and Coking	99.17	4.57	300457
化学原料及化学制品制造业	Raw Chemical Materials and Chemical Products	98.30	1.20	43526
医药制造业	Medical and Pharmaceutical Products	97.55	0.86	77456
化学纤维制造业	Chemical Fiber	98.49	2.04	49845
橡胶制品业	Rubber Products	90.22	2.86	44162
塑料制品业	Plastic Products	95.54	1.32	27749
非金属矿物制品业	Nonmetal Mineral Products	99.37	1.97	79124
黑色金属冶炼及压延加工业	Smelting and Pressing of Ferrous Metals	99.25	1.28	77053
有色金属冶炼及压延加工业	Smelting and Pressing of Nonferrous Metals	92.73	0.83	44517
金属制品业	Metal Products	99.62	1.40	31815
普通机械制造业	Ordinary Machinery	97.61	0.85	37836
专用设备制造业	Special Purpose Equipment	94.11	1.00	31588
交通运输设备制造业	Transport Equipment	100.01	1.21	67257
电气机械及器材制造业	Electric Equipment and Machinery	101.56	0.81	34082
电子及通信设备制造业	Electronic and Telecommunications Equipment	100.10	0.62	55735
仪器仪表及文化、办公用机械制造业	Instruments, Meters, Cultural and Office Machinery	98.75	1.41	28378
电力、蒸汽、热水生产和供应业	Electric Power, Steam and Hot Water Production and Supply	100.95	1.90	232768
煤气生产和供应业	Gas Production and Supply	106.88	2.00	3326
自来水的生产和供应业	Tap Water Production and Supply	98.23	0.63	68507

7－10 按行业分的规模以上集体工业企业主要指标(2001 年)

Main Indicators of Collective－owned Industrial Enterprises Above Designated Size by Sector(2001)

单位:亿元 (100 million yuan)

行 业	Sector	企业单位数(个) Number of Enterprises (unit)	#亏损企业 Loss	工业总产值 Gross Industrial Output Value	工业增加值 Value Added of Industry
总计	**Total**	**1419**	**183**	**757.37**	**147.52**
在总计中:轻工业	Light Industry	754	104	416.46	79.52
重工业	Heavy Industry	665	79	340.91	68.00
按工业行业分	By Sector				
煤炭采选业	Coal Mining and Dressing				
黑色金属矿采选业	Ferrous Metals Mining and Dressing				
有色金属矿采选业	Nonferrous Metals Mining and Dressing	2		1.55	0.34
非金属矿采选业	Nonmetal Minerals Mining and Dressing	27	3	7.32	2.17
其他矿采选业	Other Minerals Mining and Dressing				
食品加工业	Food Processing	15	1	3.48	0.49
食品制造业	Food Manufacturing	14	2	1.97	0.42
饮料制造业	Beverage Manufacturing	23	9	6.46	1.52
烟草加工业	Tobacco Processing				
纺织业	Textile Industry	205	25	152.28	27.22
服装及其他纤维制品制造业	Garments and Other Fiber Products	71	14	18.40	4.05
皮革、毛皮、羽绒及其制品业	Leather, Furs, Down and Related Products	37	3	17.92	3.04
木材加工及竹、藤、棕、草制品业	Timber Processing, Bamboo, Cane Palm Fiber and Straw Products	17	1	3.59	0.52
家具制造业	Furniture Manufacturing	5		4.00	0.78
造纸及纸制品业	Papermaking and Paper Products	54	8	16.01	3.42
印刷业记录媒介的复制	Printing and Record Medium Reproduction	14	4	1.14	0.24
文教体育用品制造业	Cultural, Educational and Sports Goods	17	5	8.04	1.41

注:本表按注册登记类型划分。表 7－11 同。
The data in this table are grouped by registered type. The Same for table 7－11.

行　业	Sector	企业单位数(个) Number of Enterprises (unit)	#亏损企业 Loss	工业总产值 Gross Industrial Output Value	工业增加值 Value Added of Industry
石油加工及炼焦业	Petroleum Processing and Coking	1		0.38	
化学原料及化学制品制造业	Raw Chemical Materials and Chemical Products	74	10	36.73	7.96
医药制造业	Medical and Pharmaceutical Products	21	3	23.16	6.94
化学纤维制造业	Chemical Fiber	13	1	41.99	6.17
橡胶制品业	Rubber Products	12	3	3.25	0.89
塑料制品业	Plastic Products	69	7	25.93	5.21
非金属矿物制品业	Nonmetal Mineral Products	84	9	30.01	8.40
黑色金属冶炼及压延加工业	Smelting and Pressing of Ferrous Metals	22	5	10.95	1.22
有色金属冶炼及压延加工业	Smelting and Pressing of Nonferrous Metals	26	6	31.05	4.20
金属制品业	Metal Products	112	16	42.39	8.01
普通机械制造业	Ordinary Machinery	125	9	40.46	10.93
专用设备制造业	Special Purpose Equipment	50	8	30.86	6.77
交通运输设备制造业	Transport Equipment	55	6	101.51	15.79
电气机械及器材制造业	Electric Equipment and Machinery	139	14	48.30	10.07
电子及通信设备制造业	Electronic and Telecommunications Equipment	30	4	13.36	2.35
仪器仪表及文化、办公用机械制造业	Instruments, Meters, Cultural and Office Machinery	31	3	8.10	1.61
电力、蒸汽、热水生产和供应业	Electric Power, Steam and Hot Water Production and Supply	15	1	5.30	2.01
煤气生产和供应业	Gas Production and Supply	1		0.09	0.01
自来水的生产和供应业	Tap Water Production and Supply	6	1	0.93	0.33

行业	Sector	资产总计 Total Assets	流动资产合计 Circulating Funds	流动资产年平均余额 Annual Average Balance of Circulating Funds	固定资产合计 Fixed Assets
总计	**Total**	**662.90**	**327.74**	**310.61**	**256.50**
在总计中:轻工业	Light Industry	341.14	164.60	160.42	148.75
重工业	Heavy Industry	321.76	163.14	150.19	107.75
按工业行业分	By Sector				
煤炭采选业	Coal Mining and Dressing				
黑色金属矿采选业	Ferrous Metals Mining and Dressing				
有色金属矿采选业	Nonferrous Metals Mining and Dressing	0.56	0.26	0.28	0.20
非金属矿采选业	Nonmetal Minerals Mining and Dressing	6.61	2.88	2.80	2.76
其他矿采选业	Other Minerals Mining and Dressing				
食品加工业	Food Processing	2.19	1.28	1.33	0.83
食品制造业	Food Manufacturing	2.06	1.22	1.13	0.60
饮料制造业	Beverage Manufacturing	9.70	4.00	4.49	4.35
烟草加工业	Tobacco Processing				
纺织业	Textile Industry	123.85	48.89	47.00	68.51
服装及其他纤维制品制造业	Garments and Other Fiber Products	17.87	10.07	10.06	6.16
皮革、毛皮、羽绒及其制品业	Leather, Furs, Down and Related Products	8.77	7.46	7.12	1.10
木材加工及竹、藤、棕、草制品业	Timber Processing, Bamboo, Cane Palm Fiber and Straw Products	3.35	1.80	1.75	1.36
家具制造业	Furniture Manufacturing	2.46	1.63	1.53	0.49
造纸及纸制品业	Papermaking and Paper Products	13.50	8.40	8.12	4.57
印刷业记录媒介的复制	Printing and Record Medium Reproduction	1.17	0.70	0.73	0.38
文教体育用品制造业	Cultural, Educational and Sports Goods	5.06	3.38	3.42	1.37

单位:亿元　　7-10 续表 3　continued　　(100 million yuan)

行　业	Sector	资产总计 Total Assets	流动资产合计 Circulating Funds	流动资产年平均余额 Annual Average Balance of Circulating Funds	固定资产合计 Fixed Assets
石油加工及炼焦业	Petroleum Processing and Coking	0.02	0.02	0.02	
化学原料及化学制品制造业	Raw Chemical Materials and Chemical Products	24.47	12.88	12.55	8.93
医药制造业	Medical and Pharmaceutical Products	21.90	12.31	11.06	8.46
化学纤维制造业	Chemical Fiber	31.96	8.17	7.81	21.02
橡胶制品业	Rubber Products	4.77	2.62	2.62	1.46
塑料制品业	Plastic Products	20.18	10.30	10.75	8.83
非金属矿物制品业	Nonmetal Mineral Products	36.27	14.69	14.30	18.57
黑色金属冶炼及压延加工业	Smelting and Pressing of Ferrous Metals	6.45	3.79	3.58	2.14
有色金属冶炼及压延加工业	Smelting and Pressing of Nonferrous Metals	18.09	9.52	9.05	7.33
金属制品业	Metal Products	26.25	16.41	16.02	7.51
普通机械制造业	Ordinary Machinery	44.45	25.81	20.91	15.44
专用设备制造业	Special Purpose Equipment	22.24	12.90	12.51	7.07
交通运输设备制造业	Transport Equipment	115.69	50.27	44.24	30.24
电气机械及器材制造业	Electric Equipment and Machinery	49.01	30.98	29.98	12.73
电子及通信设备制造业	Electronic and Telecommunications Equipment	10.07	7.12	7.04	2.07
仪器仪表及文化、办公用机械制造业	Instruments, Meters, Cultural and Office Machinery	8.84	5.89	6.10	1.98
电力、蒸汽、热水生产和供应业	Electric Power, Steam and Hot Water Production and Supply	9.36	3.26	3.88	4.44
煤气生产和供应业	Gas Production and Supply	0.05			0.05
自来水的生产和供应业	Tap Water Production and Supply	2.67	0.68	0.65	1.92

行　业	Sector	固定资产原价 Original Value of Fixed Assets	固定资产净值年平均余额 Annual Average Balance of Net Value of Fixed Assets	年末负债合计 Total Liabilities	流动负债 Circulating Liabilities
总计	**Total**	**337.44**	**223.42**	**387.12**	**316.19**
在总计中:轻工业	Light Industry	196.76	130.23	204.38	165.71
重工业	Heavy Industry	140.68	93.19	182.74	150.48
按工业行业分	By Sector				
煤炭采选业	Coal Mining and Dressing				
黑色金属矿采选业	Ferrous Metals Mining and Dressing				
有色金属矿采选业	Nonferrous Metals Mining and Dressing	0.17	0.23	0.19	0.13
非金属矿采选业	Nonmetal Minerals Mining and Dressing	3.71	2.46	3.50	2.54
其他矿采选业	Other Minerals Mining and Dressing				
食品加工业	Food Processing	1.15	0.84	1.72	1.65
食品制造业	Food Manufacturing	0.90	0.65	1.06	0.97
饮料制造业	Beverage Manufacturing	5.56	4.30	6.91	6.10
烟草加工业	Tobacco Processing				
纺织业	Textile Industry	91.98	59.95	77.37	59.88
服装及其他纤维制品制造业	Garments and Other Fiber Products	7.86	5.52	10.99	10.23
皮革、毛皮、羽绒及其制品业	Leather, Furs, Down and Related Products	1.55	1.05	6.60	6.48
木材加工及竹、藤、棕、草制品业	Timber Processing, Bamboo, Cane Palm Fiber and Straw Products	1.51	1.00	2.36	1.90
家具制造业	Furniture Manufacturing	0.60	0.45	1.13	1.13
造纸及纸制品业	Papermaking and Paper Products	7.38	4.42	7.89	6.39
印刷业记录媒介的复制	Printing and Record Medium Reproduction	0.75	0.42	0.95	0.81
文教体育用品制造业	Cultural, Educational and Sports Goods	2.00	1.30	2.89	2.84

行　　业	Sector	固定资产原　价 Original Value of Fixed Assets	固定资产净值年平均余额 Annual Average Balance of Net Value of Fixed Assets	年末负债合　计 Total Liabilities	流动负债 Circulating Liabilities
石油加工及炼焦业	Petroleum Processing and Coking	0.01	0.01	0.02	0.02
化学原料及化学制品制造业	Raw Chemical Materials and Chemical Products	11.06	7.22	13.66	11.83
医药制造业	Medical and Pharmaceutical Products	9.86	7.12	12.98	10.88
化学纤维制造业	Chemical Fiber	27.59	17.42	16.40	9.56
橡胶制品业	Rubber Products	2.15	1.44	2.62	2.59
塑料制品业	Plastic Products	11.82	8.26	10.41	8.95
非金属矿物制品业	Nonmetal Mineral Products	25.89	17.54	23.13	17.34
黑色金属冶炼及压延加工业	Smelting and Pressing of Ferrous Metals	2.91	2.12	4.48	4.02
有色金属冶炼及压延加工业	Smelting and Pressing of Nonferrous Metals	10.28	6.84	12.24	10.13
金属制品业	Metal Products	11.24	7.22	16.16	14.91
普通机械制造业	Ordinary Machinery	19.58	13.81	26.53	20.58
专用设备制造业	Special Purpose Equipment	9.17	6.03	13.49	11.45
交通运输设备制造业	Transport Equipment	33.91	21.76	58.94	47.42
电气机械及器材制造业	Electric Equipment and Machinery	17.37	10.84	28.98	24.42
电子及通信设备制造业	Electronic and Telecommunications Equipment	2.99	2.21	6.56	5.91
仪器仪表及文化、办公用机械制造业	Instruments, Meters, Cultural and Office Machinery	2.54	1.66	5.78	5.23
电力、蒸汽、热水生产和供应业	Electric Power, Steam and Hot Water Production and Supply	7.24	4.21	4.61	3.91
煤气生产和供应业	Gas Production and Supply	0.05	0.05	0.04	0.04
自来水的生产和供应业	Tap Water Production and Supply	2.13	1.84	0.73	0.53

行　业	Sector	长期负债 Long-term Liabilities	年末所有者权益合计 Creditors´ Equity	实收资本 Total Captical Hold	产品销售收入 Sales Revenue	产品销售费用 Sales Funds
总计	**Total**	**70.92**	**275.78**	**146.16**	**725.45**	**16.10**
在总计中:轻工业	Light Industry	38.66	136.76	71.25	397.40	6.93
重工业	Heavy Industry	32.26	139.02	74.91	328.05	9.17
按工业行业分	By Sector					
煤炭采选业	Coal Mining and Dressing					
黑色金属矿采选业	Ferrous Metals Mining and Dressing					
有色金属矿采选业	Nonferrous Metals Mining and Dressing	0.06	0.38	0.33	1.33	0.06
非金属矿采选业	Nonmetal Minerals Mining and Dressing	0.96	3.12	1.51	6.55	0.23
其他矿采选业	Other Minerals Mining and Dressing					
食品加工业	Food Processing	0.07	0.47	0.42	3.37	0.14
食品制造业	Food Manufacturing	0.09	1.00	0.78	1.96	0.07
饮料制造业	Beverage Manufacturing	0.81	2.79	1.26	5.84	0.34
烟草加工业	Tobacco Processing					
纺织业	Textile Industry	17.50	46.47	24.30	151.40	1.60
服装及其他纤维制品制造业	Garments and Other Fiber Products	0.76	6.88	3.54	16.70	0.20
皮革、毛皮、羽绒及其制品业	Leather, Furs, Down and Related Products	0.12	2.17	1.02	17.72	0.21
木材加工及竹、藤、棕、草制品业	Timber Processing, Bamboo, Cane Palm Fiber and Straw Products	0.46	0.99	0.56	3.40	0.09
家具制造业	Furniture Manufacturing		1.33	0.45	3.97	0.05
造纸及纸制品业	Papermaking and Paper Products	1.50	5.61	2.16	14.43	0.44
印刷业记录媒介的复制	Printing and Record Medium Reproduction	0.14	0.22	0.19	1.08	0.02
文教体育用品制造业	Cultural, Educational and Sports Goods	0.05	2.17	1.17	7.92	0.09

行　业	Sector	长期负债 Long-term Liabilities	年末所有者权益合计 Creditors´ Equity	实收资本 Total Captical Hold	产品销售收入 Sales Revenue	产品销售费用 Sales Funds
石油加工及炼焦业	Petroleum Processing and Coking			0.01	0.37	
化学原料及化学制品制造业	Raw Chemical Materials and Chemical Products	1.83	10.81	5.78	35.49	1.25
医药制造业	Medical and Pharmaceutical Products	2.10	8.93	3.74	20.76	1.20
化学纤维制造业	Chemical Fiber	6.84	15.56	9.56	40.02	0.07
橡胶制品业	Rubber Products	0.03	2.15	1.28	2.91	0.07
塑料制品业	Plastic Products	1.46	9.77	4.42	25.80	0.84
非金属矿物制品业	Nonmetal Mineral Products	5.79	13.14	8.05	28.11	0.76
黑色金属冶炼及压延加工业	Smelting and Pressing of Ferrous Metals	0.46	1.96	1.24	11.13	0.09
有色金属冶炼及压延加工业	Smelting and Pressing of Nonferrous Metals	2.12	5.85	3.00	29.12	0.33
金属制品业	Metal Products	1.25	10.10	6.68	39.47	0.68
普通机械制造业	Ordinary Machinery	5.95	17.92	7.46	37.68	1.78
专用设备制造业	Special Purpose Equipment	2.04	8.75	4.78	28.89	0.40
交通运输设备制造业	Transport Equipment	11.52	56.75	32.42	98.67	2.06
电气机械及器材制造业	Electric Equipment and Machinery	4.57	20.03	10.21	43.02	1.75
电子及通信设备制造业	Electronic and Telecommunications Equipment	0.66	3.51	1.31	12.16	0.49
仪器仪表及文化、办公用机械制造业	Instruments, Meters, Cultural and Office Machinery	0.55	3.05	1.61	7.25	0.23
电力、蒸汽、热水生产和供应业	Electric Power, Steam and Hot Water Production and Supply	0.70	4.75	2.63	8.17	0.29
煤气生产和供应业	Gas Production and Supply		0.01	0.02	0.09	
自来水的生产和供应业	Tap Water Production and Supply	0.21	1.94	1.24	0.91	

行　业	Sector	产品销售税金及附加 Sales Taxes and Extra Charges	利润总额 Total Profits	利税总额 Total Profits and Taxes	本年应交增值税 Value Added Taxes Payable
总计	**Total**	**5.29**	**41.09**	**70.52**	**24.14**
在总计中:轻工业	Light Industry	2.88	17.77	33.01	12.36
重工业	Heavy Industry	2.4	23.31	37.50	11.77
按工业行业分	By Sector				
煤炭采选业	Coal Mining and Dressing				
黑色金属矿采选业	Ferrous Metals Mining and Dressing				
有色金属矿采选业	Nonferrous Metals Mining and Dressing	0.10	0.06	0.33	0.17
非金属矿采选业	Nonmetal Minerals Mining and Dressing	0.08	0.44	0.85	0.33
其他矿采选业	Other Minerals Mining and Dressing				
食品加工业	Food Processing	0.04	0.03	0.11	0.04
食品制造业	Food Manufacturing	0.01	0.07	0.14	0.06
饮料制造业	Beverage Manufacturing	0.30	0.14	0.66	0.23
烟草加工业	Tobacco Processing				
纺织业	Textile Industry	1.04	6.26	11.92	4.62
服装及其他纤维制品制造业	Garments and Other Fiber Products	0.12	0.38	0.97	0.47
皮革、毛皮、羽绒及其制品业	Leather, Furs, Down and Related Products	0.08	0.67	1.26	0.51
木材加工及竹、藤、棕、草制品业	Timber Processing, Bamboo, Cane Palm Fiber and Straw Products	0.03	0.05	0.22	0.14
家具制造业	Furniture Manufacturing	0.02	0.34	0.46	0.10
造纸及纸制品业	Papermaking and Paper Products	0.13	0.66	1.43	0.65
印刷业记录媒介的复制	Printing and Record Medium Reproduction	0.01	-0.02	0.04	0.06
文教体育用品制造业	Cultural, Educational and Sports Goods	0.04	0.18	0.39	0.17

单位:亿元　　7-10 续表 9　continued　　(100 million yuan)

行　业	Sector	产品销售税金及附加 Sales Taxes and Extra Charges	利润总额 Total Profits	利税总额 Total Profits and Taxes	本年应交增值税 Value Added Taxes Payable
石油加工及炼焦业	Petroleum Processing and Coking			0.01	0.01
化学原料及化学制品制造业	Raw Chemical Materials and Chemical Products	0.27	2.58	4.19	1.35
医药制造业	Medical and Pharmaceutical Products	0.12	1.70	2.76	0.94
化学纤维制造业	Chemical Fiber	0.17	1.76	2.50	0.57
橡胶制品业	Rubber Products	0.01	0.09	0.19	0.09
塑料制品业	Plastic Products	0.18	1.62	2.47	0.67
非金属矿物制品业	Nonmetal Mineral Products	0.27	1.76	3.80	1.76
黑色金属冶炼及压延加工业	Smelting and Pressing of Ferrous Metals	0.04	0.11	0.37	0.22
有色金属冶炼及压延加工业	Smelting and Pressing of Nonferrous Metals	0.19	0.97	1.93	0.77
金属制品业	Metal Products	0.26	1.16	2.44	1.02
普通机械制造业	Ordinary Machinery	0.39	4.27	6.60	1.93
专用设备制造业	Special Purpose Equipment	0.18	2.05	3.54	1.31
交通运输设备制造业	Transport Equipment	0.49	7.41	9.96	2.05
电气机械及器材制造业	Electric Equipment and Machinery	0.39	3.42	5.76	1.95
电子及通信设备制造业	Electronic and Telecommunications Equipment	0.07	0.43	0.91	0.41
仪器仪表及文化、办公用机械制造业	Instruments, Meters, Cultural and Office Machinery	0.07	0.36	0.65	0.22
电力、蒸汽、热水生产和供应业	Electric Power, Steam and Hot Water Production and Supply	0.08	1.04	1.57	0.45
煤气生产和供应业	Gas Production and Supply				
自来水的生产和供应业	Tap Water Production and Supply	0.01	0.09	0.12	0.02

7-11 按行业分的规模以上集体工业企业主要经济效益指标(2001年)

Main Economic Beneficial Indicators of Collective-owned Industrial Enterprises Above Designated Size by Sector(2001)

行业	Sector	每百元资金实现利税(元) Pre-tax Profits per 100 Yuan Funds (yuan)	每百元固定资产原值实现利税(元) Pre-tax Profits per 100 Yuan Original Value of Fixed Assets (yuan)	每百元销售收入实现利税(元) Pre-tax Profits per 100 Yuan Sales Revenue (yuan)
总计	**Total**	**13.20**	**20.90**	**9.72**
在总计中:轻工业	Light Industry	11.36	16.78	8.31
重工业	Heavy Industry	15.41	26.66	11.43
按工业行业分	By Sector			
煤炭采选业	Coal Mining and Dressing			
黑色金属矿采选业	Ferrous Metals Mining and Dressing			
有色金属矿采选业	Nonferrous Metals Mining and Dressing	64.46	191.85	24.67
非金属矿采选业	Nonmetal Minerals Mining and Dressing	16.09	22.82	12.92
其他矿采选业	Other Minerals Mining and Dressing			
食品加工业	Food Processing	4.94	9.30	3.18
食品制造业	Food Manufacturing	7.93	15.76	7.21
饮料制造业	Beverage Manufacturing	7.53	11.91	11.33
烟草加工业	Tobacco Processing			
纺织业	Textile Industry	11.14	12.96	7.87
服装及其他纤维制品制造业	Garments and Other Fiber Products	6.22	12.33	5.80
皮革、毛皮、羽绒及其制品业	Leather, Furs, Down and Related Products	15.44	81.30	7.11
木材加工及竹、藤、棕、草制品业	Timber Processing, Bamboo, Cane Palm Fiber and Straw Products	7.89	14.29	6.36
家具制造业	Furniture Manufacturing	23.13	76.71	11.53
造纸及纸制品业	Papermaking and Paper Products	11.42	19.42	9.93
印刷业记录媒介的复制	Printing and Record Medium Reproduction	3.88	5.97	4.12
文教体育用品制造业	Cultural, Educational and Sports Goods	8.28	19.58	4.93

7－11 续表1　continued

行　业	Sector	每百元资金实现利税（元）Pre-tax Profits per 100 Yuan Funds (yuan)	每百元固定资产原值实现利税（元）Pre-tax Profits per 100 Yuan Original Value of Fixed Assets (yuan)	每百元销售收入实现利税（元）Pre-tax Profits per 100 Yuan Sales Revenue (yuan)
石油加工及炼焦业	Petroleum Processing and Coking	32.01	138.08	2.39
化学原料及化学制品制造业	Raw Chemical Materials and Chemical Products	21.22	37.93	11.82
医药制造业	Medical and Pharmaceutical Products	15.16	27.96	13.28
化学纤维制造业	Chemical Fiber	9.90	9.05	6.24
橡胶制品业	Rubber Products	4.59	8.66	6.40
塑料制品业	Plastic Products	12.99	20.90	9.57
非金属矿物制品业	Nonmetal Mineral Products	11.94	14.68	13.52
黑色金属冶炼及压延加工业	Smelting and Pressing of Ferrous Metals	6.53	12.77	3.34
有色金属冶炼及压延加工业	Smelting and Pressing of Nonferrous Metals	12.13	18.74	6.62
金属制品业	Metal Products	10.52	21.75	6.19
普通机械制造业	Ordinary Machinery	19.00	33.69	17.51
专用设备制造业	Special Purpose Equipment	19.09	38.61	12.26
交通运输设备制造业	Transport Equipment	15.09	29.37	10.09
电气机械及器材制造业	Electric Equipment and Machinery	14.11	33.15	13.38
电子及通信设备制造业	Electronic and Telecommunications Equipment	9.89	30.57	7.52
仪器仪表及文化、办公用机械制造业	Instruments, Meters, Cultural and Office Machinery	8.33	25.41	8.92
电力、蒸汽、热水生产和供应业	Electric Power, Steam and Hot Water Production and Supply	19.35	21.64	19.17
煤气生产和供应业	Gas Production and Supply	2.27	2.49	1.21
自来水的生产和供应业	Tap Water Production and Supply	4.94	5.80	13.51

行　业	Sector	产品销售率(%) Rate of Products Sold(%)	流动资金周转次数(次) Times of Turnover Circulating Funds (time)	劳动生产率(元/人) Overall Labor Productivity (yuan/person)
总计	**Total**	**97.79**	**2.34**	**49596**
在总计中:轻工业	Light Industry	96.99	2.48	47051
重工业	Heavy Industry	98.76	2.18	52946
按工业行业分	By Sector			
煤炭采选业	Coal Mining and Dressing			
黑色金属矿采选业	Ferrous Metals Mining and Dressing			
有色金属矿采选业	Nonferrous Metals Mining and Dressing	85.72	4.82	26094
非金属矿采选业	Nonmetal Minerals Mining and Dressing	96.77	2.34	29261
其他矿采选业	Other Minerals Mining and Dressing			
食品加工业	Food Processing	95.64	2.54	38281
食品制造业	Food Manufacturing	98.06	1.73	34224
饮料制造业	Beverage Manufacturing	91.96	1.30	51418
烟草加工业	Tobacco Processing			
纺织业	Textile Industry	97.17	3.22	41689
服装及其他纤维制品制造业	Garments and Other Fiber Products	97.14	1.66	27682
皮革、毛皮、羽绒及其制品业	Leather, Furs, Down and Related Products	98.49	2.49	52736
木材加工及竹、藤、棕、草制品业	Timber Processing, Bamboo, Cane Palm Fiber and Straw Products	97.82	1.95	29954
家具制造业	Furniture Manufacturing	101.36	2.60	91015
造纸及纸制品业	Papermaking and Paper Products	95.00	1.78	43599
印刷业记录媒介的复制	Printing and Record Medium Reproduction	99.04	1.49	19031
文教体育用品制造业	Cultural, Educational and Sports Goods	99.14	2.32	35909

7-11 续表 3 continued

行 业	Sector	产品销售率(%) Rate of Products Sold(%)	流动资金周转次数(次) Times of Turnover Circulating Funds (time)	劳动生产率(元/人) Overall Labor Productivity (yuan/person)
石油加工及炼焦业	Petroleum Processing and Coking	99.98	16.83	22733
化学原料及化学制品制造业	Raw Chemical Materials and Chemical Products	96.41	2.83	74460
医药制造业	Medical and Pharmaceutical Products	95.08	1.88	92186
化学纤维制造业	Chemical Fiber	97.34	5.13	118586
橡胶制品业	Rubber Products	100.24	1.11	23781
塑料制品业	Plastic Products	97.62	2.40	57658
非金属矿物制品业	Nonmetal Mineral Products	96.89	1.97	39738
黑色金属冶炼及压延加工业	Smelting and Pressing of Ferrous Metals	99.02	3.11	39571
有色金属冶炼及压延加工业	Smelting and Pressing of Nonferrous Metals	98.01	3.22	94557
金属制品业	Metal Products	96.61	2.46	43850
普通机械制造业	Ordinary Machinery	95.99	1.80	46027
专用设备制造业	Special Purpose Equipment	97.63	2.31	73982
交通运输设备制造业	Transport Equipment	99.42	2.23	76256
电气机械及器材制造业	Electric Equipment and Machinery	97.29	1.44	51016
电子及通信设备制造业	Electronic and Telecommunications Equipment	97.61	1.73	24613
仪器仪表及文化、办公用机械制造业	Instruments, Meters, Cultural and Office Machinery	96.73	1.19	26883
电力、蒸汽、热水生产和供应业	Electric Power, Steam and Hot Water Production and Supply	157.75	2.10	85718
煤气生产和供应业	Gas Production and Supply	10.00	22.90	64076
自来水的生产和供应业	Tap Water Production and Supply	97.30	1.40	75780

7-12 按行业分的农村工业企业主要指标(2001年)
Main Indicators of Industrial Enterprises in Rural Areas by Sector (2001)

单位:亿元 (100 million yuan)

行业	Sector	企业单位数(个) Number of Enterprises (unit)	#亏损企业 Loss	工业总产值 Gross Industrial Output Value	工业增加值 Value Added of Industry
总计	**Total**	**12376**	**1012**	**4494.34**	**952.17**
在总计中:轻工业	Light Industry	7681	685	2730.67	558.36
重工业	Heavy Industry	4695	327	1763.66	393.81
按工业行业分	By Sector				
煤炭采选业	Coal Mining and Dressing				
黑色金属矿采选业	Ferrous Metals Mining and Dressing				
有色金属矿采选业	Nonferrous Metals Mining and Dressing	9	3	1.29	0.22
非金属矿采选业	Nonmetal Minerals Mining and Dressing	52	4	11.39	3.51
其他矿采选业	Other Minerals Mining and Dressing				
食品加工业	Food Processing	287	27	68.86	10.56
食品制造业	Food Manufacturing	104	13	23.11	4.23
饮料制造业	Beverage Manufacturing	95	15	22.12	5.15
烟草加工业	Tobacco Processing				
纺织业	Textile Industry	1838	174	803.10	152.97
服装及其他纤维制品制造业	Garments and Other Fiber Products	1067	99	351.68	81.59
皮革、毛皮、羽绒及其制品业	Leather, Furs, Down and Related Products	508	36	215.50	42.89
木材加工及竹、藤、棕、草制品业	Timber Processing, Bamboo, Cane Palm Fiber and Straw Products	204	17	58.27	12.01
家具制造业	Furniture Manufacturing	90	6	25.22	4.53
造纸及纸制品业	Papermaking and Paper Products	438	50	135.42	27.35
印刷业记录媒介的复制	Printing and Record Medium Reproduction	149	14	28.07	7.86
文教体育用品制造业	Cultural, Educational and Sports Goods	220	22	71.62	15.40

注:本表统计范围为年销售收入500万元及以上的农村工业企业。表7-13同。
The data in this table refer to industrial enterprises in rural areas with an annual sales income over 5 million yuan. The Same for table 7-13.

行业	Sector	企业单位数(个) Number of Enterprises (unit)	#亏损企业 Loss	工业总产值 Gross Industrial Output Value	工业增加值 Value Added of Industry
石油加工及炼焦业	Petroleum Processing and Coking	9		4.85	0.92
化学原料及化学制品制造业	Raw Chemical Materials and Chemical Products	494	49	213.73	44.73
医药制造业	Medical and Pharmaceutical Products	122	17	68.23	16.19
化学纤维制造业	Chemical Fiber	86	11	143.46	21.80
橡胶制品业	Rubber Products	125	12	25.61	6.47
塑料制品业	Plastic Products	691	41	174.25	36.27
非金属矿物制品业	Nonmetal Mineral Products	480	49	146.47	40.13
黑色金属冶炼及压延加工业	Smelting and Pressing of Ferrous Metals	108	9	50.88	7.82
有色金属冶炼及压延加工业	Smelting and Pressing of Nonferrous Metals	210	26	144.11	21.41
金属制品业	Metal Products	823	56	221.01	45.42
普通机械制造业	Ordinary Machinery	1134	61	315.40	78.71
专用设备制造业	Special Purpose Equipment	367	30	147.51	32.81
交通运输设备制造业	Transport Equipment	712	37	275.59	53.85
电气机械及器材制造业	Electric Equipment and Machinery	913	46	447.58	105.99
电子及通信设备制造业	Electronic and Telecommunications Equipment	254	21	106.33	25.86
仪器仪表及文化、办公用机械制造业	Instruments, Meters, Cultural and Office Machinery	148	13	43.00	10.61
电力、蒸汽、热水生产和供应业	Electric Power, Steam and Hot Water Production and Supply	20	2	16.08	5.84
煤气生产和供应业	Gas Production and Supply	3		2.96	0.60
自来水的生产和供应业	Tap Water Production and Supply	5		0.56	0.18

行业	Sector	资产总计 Total Assets	流动资产合计 Circulating Funds	流动资产年平均余额 Annual Average Balance of Circulating Funds	固定资产合计 Fixed Assets
总计	**Total**	**3448.47**	**1836.02**	**1735.39**	**1261.83**
在总计中:轻工业	Light Industry	1943.37	1004.06	957.36	765.91
重工业	Heavy Industry	1505.10	831.96	778.03	495.92
按工业行业分	By Sector				
煤炭采选业	Coal Mining and Dressing				
黑色金属矿采选业	Ferrous Metals Mining and Dressing				
有色金属矿采选业	Nonferrous Metals Mining and Dressing	0.99	0.62	0.62	0.21
非金属矿采选业	Nonmetal Minerals Mining and Dressing	1.00	4.65	4.58	4.00
其他矿采选业	Other Minerals Mining and Dressing				
食品加工业	Food Processing	34.41	20.49	19.82	11.74
食品制造业	Food Manufacturing	20.25	10.80	10.26	6.73
饮料制造业	Beverage Manufacturing	26.46	13.42	13.11	10.31
烟草加工业	Tobacco Processing				
纺织业	Textile Industry	600.30	256.22	246.29	299.80
服装及其他纤维制品制造业	Garments and Other Fiber Products	240.50	132.21	127.89	80.27
皮革、毛皮、羽绒及其制品业	Leather, Furs, Down and Related Products	109.06	71.97	65.77	28.06
木材加工及竹、藤、棕、草制品业	Timber Processing, Bamboo, Cane Palm Fiber and Straw Products	35.39	19.54	18.54	13.50
家具制造业	Furniture Manufacturing	16.46	7.83	7.82	6.91
造纸及纸制品业	Papermaking and Paper Products	109.27	56.82	54.53	44.90
印刷业记录媒介的复制	Printing and Record Medium Reproduction	32.28	16.44	15.57	14.77
文教体育用品制造业	Cultural, Educational and Sports Goods	43.20	25.64	26.68	12.80

行　业	Sector	资产总计 Total Assets	流动资产合　计 Circulating Funds	流动资产年平均余额 Annual Average Balance of Circulating Funds	固定资产合　计 Fixed Assets
石油加工及炼焦业	Petroleum Processing and Coking	2.05	1.48	1.39	0.39
化学原料及化学制品制造业	Raw Chemical Materials and Chemical Products	145.75	80.14	76.59	51.77
医药制造业	Medical and Pharmaceutical Products	64.49	35.83	32.51	22.86
化学纤维制造业	Chemical Fiber	98.42	34.60	32.00	58.14
橡胶制品业	Rubber Products	21.26	11.75	11.40	7.24
塑料制品业	Plastic Products	119.24	63.80	61.35	44.52
非金属矿物制品业	Nonmetal Mineral Products	168.31	73.45	70.66	79.57
黑色金属冶炼及压延加工业	Smelting and Pressing of Ferrous Metals	33.08	18.35	17.82	11.82
有色金属冶炼及压延加工业	Smelting and Pressing of Nonferrous Metals	79.49	46.13	42.95	27.19
金属制品业	Metal Products	154.67	91.42	87.04	45.79
普通机械制造业	Ordinary Machinery	281.66	165.34	151.97	86.54
专用设备制造业	Special Purpose Equipment	118.46	69.55	67.61	38.72
交通运输设备制造业	Transport Equipment	261.35	134.40	125.52	77.03
电气机械及器材制造业	Electric Equipment and Machinery	374.96	228.35	209.44	99.82
电子及通信设备制造业	Electronic and Telecommunications Equipment	92.93	60.77	55.70	22.37
仪器仪表及文化、办公用机械制造业	Instruments, Meters, Cultural and Office Machinery	38.38	23.11	22.92	9.69
电力、蒸汽、热水生产和供应业	Electric Power, Steam and Hot Water Production and Supply	33.79	9.69	8.41	20.76
煤气生产和供应业	Gas Production and Supply	0.54	0.12	0.17	0.29
自来水的生产和供应业	Tap Water Production and Supply	1.04	0.42	0.44	0.55

行业	Sector	固定资产原价 Original Value of Fixed Assets	固定资产净值年平均余额 Annual Average Balance of Net Value of Fixed Assets	年末负债合计 Total Liabilities	流动负债 Circulating Liabilities
总计	**Total**	**1582.22**	**1102.21**	**1953.12**	**1698.21**
在总计中:轻工业	Light Industry	960.94	670.08	1123.45	985.77
重工业	Heavy Industry	621.28	432.13	829.67	712.44
按工业行业分	By Sector				
煤炭采选业	Coal Mining and Dressing				
黑色金属矿采选业	Ferrous Metals Mining and Dressing				
有色金属矿采选业	Nonferrous Metals Mining and Dressing	0.30	0.19	0.70	0.65
非金属矿采选业	Nonmetal Minerals Mining and Dressing	5.66	3.66	5.30	4.27
其他矿采选业	Other Minerals Mining and Dressing				
食品加工业	Food Processing	14.51	10.86	21.22	19.29
食品制造业	Food Manufacturing	8.23	5.93	12.01	10.96
饮料制造业	Beverage Manufacturing	13.48	9.62	17.24	14.58
烟草加工业	Tobacco Processing				
纺织业	Textile Industry	390.23	269.44	354.25	294.32
服装及其他纤维制品制造业	Garments and Other Fiber Products	96.43	67.58	128.82	118.02
皮革、毛皮、羽绒及其制品业	Leather, Furs, Down and Related Products	34.24	24.24	69.48	66.29
木材加工及竹、藤、棕、草制品业	Timber Processing, Bamboo, Cane Palm Fiber and Straw Products	12.96	12.47	20.62	19.24
家具制造业	Furniture Manufacturing	8.92	6.40	8.99	8.17
造纸及纸制品业	Papermaking and Paper Products	57.92	41.15	67.79	58.65
印刷业记录媒介的复制	Printing and Record Medium Reproduction	16.29	11.67	16.80	15.17
文教体育用品制造业	Cultural, Educational and Sports Goods	15.58	11.19	21.70	20.42

行　业	Sector	固定资产原　价 Original Value of Fixed Assets	固定资产净值年平均余额 Annual Average Balance of Net Value of Fixed Assets	年末负债合　计 Total Liabilities	流动负债 Circulating Liabilities
石油加工及炼焦业	Petroleum Processing and Coking	0.75	0.43	1.17	1.16
化学原料及化学制品制造业	Raw Chemical Materials and Chemical Products	64.12	44.91	82.59	70.97
医药制造业	Medical and Pharmaceutical Products	27.24	19.39	39.71	31.64
化学纤维制造业	Chemical Fiber	75.60	46.81	54.45	41.25
橡胶制品业	Rubber Products	10.07	6.80	12.30	10.19
塑料制品业	Plastic Products	55.77	39.61	65.60	59.65
非金属矿物制品业	Nonmetal Mineral Products	107.36	71.19	96.51	73.96
黑色金属冶炼及压延加工业	Smelting and Pressing of Ferrous Metals	13.76	10.25	19.89	18.06
有色金属冶炼及压延加工业	Smelting and Pressing of Nonferrous Metals	33.53	24.45	47.57	41.93
金属制品业	Metal Products	57.76	40.38	87.62	81.71
普通机械制造业	Ordinary Machinery	108.52	76.76	151.59	132.61
专用设备制造业	Special Purpose Equipment	47.48	33.50	68.76	61.70
交通运输设备制造业	Transport Equipment	90.77	62.97	142.22	120.73
电气机械及器材制造业	Electric Equipment and Machinery	119.90	82.75	204.72	181.92
电子及通信设备制造业	Electronic and Telecommunications Equipment	29.03	19.53	46.71	42.16
仪器仪表及文化、办公用机械制造业	Instruments, Meters, Cultural and Office Machinery	11.82	8.58	20.47	19.03
电力、蒸汽、热水生产和供应业	Electric Power, Steam and Hot Water Production and Supply	26.65	18.99	21.12	15.49
煤气生产和供应业	Gas Production and Supply	0.42	0.29	0.26	0.25
自来水的生产和供应业	Tap Water Production and Supply	0.77	0.45	0.54	0.34

行业	Sector	长期负债 Long-term Liabilities	年末所有者权益合计 Creditors´ Equity	实收资本 Total Captical Hold	产品销售收入 Sales Revenue	产品销售费用 Sales Funds
总计	**Total**	**254.91**	**1495.35**	**851.22**	**4208.56**	**113.08**
在总计中:轻工业	Light Industry	137.68	819.92	472.27	2573.68	60.87
重工业	Heavy Industry	117.23	675.43	378.95	1634.88	52.21
按工业行业分	By Sector					
煤炭采选业	Coal Mining and Dressing					
黑色金属矿采选业	Ferrous Metals Mining and Dressing					
有色金属矿采选业	Nonferrous Metals Mining and Dressing	0.05	0.29	0.16	1.26	0.09
非金属矿采选业	Nonmetal Minerals Mining and Dressing	1.02	4.71	2.63	10.42	0.33
其他矿采选业	Other Minerals Mining and Dressing					
食品加工业	Food Processing	1.94	13.19	9.14	60.94	1.53
食品制造业	Food Manufacturing	1.04	8.24	6.03	21.43	1.12
饮料制造业	Beverage Manufacturing	2.65	9.22	6.14	20.28	1.17
烟草加工业	Tobacco Processing					
纺织业	Textile Industry	59.93	246.05	145.75	773.45	7.89
服装及其他纤维制品制造业	Garments and Other Fiber Products	10.80	111.69	56.64	330.71	11.66
皮革、毛皮、羽绒及其制品业	Leather, Furs, Down and Related Products	3.19	39.58	26.07	206.28	3.56
木材加工及竹、藤、棕、草制品业	Timber Processing, Bamboo, Cane Palm Fiber and Straw Products	1.39	14.77	7.50	54.52	1.04
家具制造业	Furniture Manufacturing	0.82	7.47	5.00	23.25	0.88
造纸及纸制品业	Papermaking and Paper Products	9.14	41.48	24.37	127.48	1.81
印刷业记录媒介的复制	Printing and Record Medium Reproduction	1.63	15.49	7.89	26.07	0.79
文教体育用品制造业	Cultural, Educational and Sports Goods	1.28	21.50	9.51	67.23	2.45

行业	Sector	长期负债 Long-term Liabilities	年末所有者权益合计 Creditors´ Equity	实收资本 Total Captical Hold	产品销售收入 Sales Revenue	产品销售费用 Sales Funds
石油加工及炼焦业	Petroleum Processing and Coking		0.88	0.29	4.86	0.06
化学原料及化学制品制造业	Raw Chemical Materials and Chemical Products	11.62	63.16	33.66	202.54	6.33
医药制造业	Medical and Pharmaceutical Products	8.07	24.78	13.93	62.25	2.51
化学纤维制造业	Chemical Fiber	13.20	43.98	23.82	136.44	0.42
橡胶制品业	Rubber Products	2.11	8.96	5.62	23.26	0.75
塑料制品业	Plastic Products	5.95	53.64	29.99	163.85	4.45
非金属矿物制品业	Nonmetal Mineral Products	22.55	71.81	44.11	135.99	4.84
黑色金属冶炼及压延加工业	Smelting and Pressing of Ferrous Metals	1.84	13.18	8.39	46.18	0.45
有色金属冶炼及压延加工业	Smelting and Pressing of Nonferrous Metals	5.64	31.92	18.81	136.47	1.65
金属制品业	Metal Products	5.91	67.05	39.82	205.62	5.74
普通机械制造业	Ordinary Machinery	18.98	130.07	64.81	292.80	9.52
专用设备制造业	Special Purpose Equipment	7.05	49.70	26.03	134.96	4.27
交通运输设备制造业	Transport Equipment	21.49	119.13	77.03	254.63	6.91
电气机械及器材制造业	Electric Equipment and Machinery	22.81	170.23	94.29	408.64	21.71
电子及通信设备制造业	Electronic and Telecommunications Equipment	4.55	46.22	22.08	94.18	3.62
仪器仪表及文化、办公用机械制造业	Instruments, Meters, Cultural and Office Machinery	1.44	17.91	10.55	39.65	1.24
电力、蒸汽、热水生产和供应业	Electric Power, Steam and Hot Water Production and Supply	5.63	12.67	9.89	15.23	0.01
煤气生产和供应业	Gas Production and Supply	0.01	0.28	0.24	2.93	0.03
自来水的生产和供应业	Tap Water Production and Supply	0.21	0.49	0.30	0.54	

行业	Sector	产品销售税金及附加 Sales Taxes and Extra Charges	利润总额 Total Profits	利税总额 Total Profits and Taxes	本年应交增值税 Value Added Taxes Payable
总计	**Total**	**30.56**	**254.33**	**425.44**	**140.55**
在总计中:轻工业	Light Industry	18.49	140.28	237.98	79.21
重工业	Heavy Industry	12.07	114.05	187.46	61.33
按工业行业分	By Sector				
煤炭采选业	Coal Mining and Dressing				
黑色金属矿采选业	Ferrous Metals Mining and Dressing				
有色金属矿采选业	Nonferrous Metals Mining and Dressing	0.01	0.01	0.10	0.08
非金属矿采选业	Nonmetal Minerals Mining and Dressing	0.11	0.72	1.38	0.56
其他矿采选业	Other Minerals Mining and Dressing				
食品加工业	Food Processing	0.45	1.97	3.69	1.28
食品制造业	Food Manufacturing	0.15	0.81	1.65	0.68
饮料制造业	Beverage Manufacturing	0.78	0.49	2.08	0.81
烟草加工业	Tobacco Processing				
纺织业	Textile Industry	5.31	36.91	63.67	21.44
服装及其他纤维制品制造业	Garments and Other Fiber Products	1.88	22.53	34.47	10.06
皮革、毛皮、羽绒及其制品业	Leather, Furs, Down and Related Products	0.97	8.84	16.94	7.14
木材加工及竹、藤、棕、草制品业	Timber Processing, Bamboo, Cane Palm Fiber and Straw Products	0.36	2.67	5.17	2.14
家具制造业	Furniture Manufacturing	0.13	1.05	1.98	0.80
造纸及纸制品业	Papermaking and Paper Products	1.08	5.36	11.20	4.77
印刷业记录媒介的复制	Printing and Record Medium Reproduction	0.20	3.08	4.51	1.24
文教体育用品制造业	Cultural, Educational and Sports Goods	0.72	4.12	6.66	1.82

行　业	Sector	产品销售税金及附加 Sales Taxes and Extra Charges	利润总额 Total Profits	利税总额 Total Profits and Taxes	本年应交增值税 Value Added Taxes Payable
石油加工及炼焦业	Petroleum Processing and Coking	0.13	0.29	0.52	0.09
化学原料及化学制品制造业	Raw Chemical Materials and Chemical Products	1.32	13.84	22.03	6.88
医药制造业	Medical and Pharmaceutical Products	0.34	4.69	7.43	2.40
化学纤维制造业	Chemical Fiber	0.68	6.72	10.21	2.81
橡胶制品业	Rubber Products	0.16	1.72	2.89	1.00
塑料制品业	Plastic Products	1.23	10.20	16.27	4.84
非金属矿物制品业	Nonmetal Mineral Products	1.41	10.90	20.18	7.87
黑色金属冶炼及压延加工业	Smelting and Pressing of Ferrous Metals	0.35	1.26	2.64	1.03
有色金属冶炼及压延加工业	Smelting and Pressing of Nonferrous Metals	0.69	5.09	8.97	3.18
金属制品业	Metal Products	1.55	10.41	18.06	6.11
普通机械制造业	Ordinary Machinery	2.29	24.59	39.66	12.77
专用设备制造业	Special Purpose Equipment	0.98	10.09	16.03	4.95
交通运输设备制造业	Transport Equipment	2.31	16.43	26.15	7.41
电气机械及器材制造业	Electric Equipment and Machinery	2.99	31.20	49.27	15.08
电子及通信设备制造业	Electronic and Telecommunications Equipment	0.65	7.41	11.92	3.86
仪器仪表及文化、办公用机械制造业	Instruments, Meters, Cultural and Office Machinery	0.33	3.18	5.12	1.61
电力、蒸汽、热水生产和供应业	Electric Power, Steam and Hot Water Production and Supply	0.13	1.73	2.95	1.09
煤气生产和供应业	Gas Production and Supply	0.01	0.05	0.09	0.03
自来水的生产和供应业	Tap Water Production and Supply		0.07	0.09	0.02

7－13 按行业分的农村工业企业主要经济效益指标(2001 年)
Main Economic Beneficial Indicators of Industrial Enterprises in Rural Areas by Sector(2001)

行　业	Sector	每百元资金实现利税(元) Pre-tax Profits per 100 Yuan Funds (yuan)	每百元固定资产原值实现利税(元) Pre-tax Profits per 100 Yuan Original Value of Fixed Assets (yuan)	每百元销售收入实现利税(元) Pre-tax Profits per 100 Yuan Sales Revenue (yuan)
总计	**Total**	**14.99**	**26.89**	**10.11**
在总计中:轻工业	Light Industry	14.62	24.77	9.25
重工业	Heavy Industry	15.49	30.17	11.47
按工业行业分	By Sector			
煤炭采选业	Coal Mining and Dressing			
黑色金属矿采选业	Ferrous Metals Mining and Dressing			
有色金属矿采选业	Nonferrous Metals Mining and Dressing	11.89	31.81	7.63
非金属矿采选业	Nonmetal Minerals Mining and Dressing	16.73	24.36	13.23
其他矿采选业	Other Minerals Mining and Dressing			
食品加工业	Food Processing	12.03	25.45	6.06
食品制造业	Food Manufacturing	10.18	20.04	7.69
饮料制造业	Beverage Manufacturing	9.16	15.46	10.27
烟草加工业	Tobacco Processing			
纺织业	Textile Industry	12.34	16.31	8.23
服装及其他纤维制品制造业	Garments and Other Fiber Products	17.63	35.74	10.42
皮革、毛皮、羽绒及其制品业	Leather, Furs, Down and Related Products	18.82	49.47	8.21
木材加工及竹、藤、棕、草制品业	Timber Processing, Bamboo, Cane Palm Fiber and Straw Products	16.67	39.89	9.48
家具制造业	Furniture Manufacturing	13.90	22.15	8.50
造纸及纸制品业	Papermaking and Paper Products	11.71	19.34	8.79
印刷业记录媒介的复制	Printing and Record Medium Reproduction	16.58	27.71	17.32
文教体育用品制造业	Cultural, Educational and Sports Goods	17.58	42.73	9.90

7－13 续表 1 continued

行　业	Sector	每百元资金实现利税（元）Pre-tax Profits per 100 Yuan Funds (yuan)	每百元固定资产原值实现利税（元）Pre-tax Profits per 100 Yuan Original Value of Fixed Assets (yuan)	每百元销售收入实现利税（元）Pre-tax Profits per 100 Yuan Sales Revenue (yuan)
石油加工及炼焦业	Petroleum Processing and Coking	28.32	68.40	10.61
化学原料及化学制品制造业	Raw Chemical Materials and Chemical Products	18.13	34.36	10.88
医药制造业	Medical and Pharmaceutical Products	14.32	27.29	11.94
化学纤维制造业	Chemical Fiber	12.95	13.50	7.48
橡胶制品业	Rubber Products	15.87	28.69	12.42
塑料制品业	Plastic Products	16.12	29.18	9.93
非金属矿物制品业	Nonmetal Mineral Products	14.23	18.80	14.84
黑色金属冶炼及压延加工业	Smelting and Pressing of Ferrous Metals	9.41	19.19	5.72
有色金属冶炼及压延加工业	Smelting and Pressing of Nonferrous Metals	13.30	26.75	6.57
金属制品业	Metal Products	14.17	31.27	8.78
普通机械制造业	Ordinary Machinery	17.34	36.55	13.54
专用设备制造业	Special Purpose Equipment	15.85	33.76	11.88
交通运输设备制造业	Transport Equipment	13.87	28.81	10.27
电气机械及器材制造业	Electric Equipment and Machinery	16.86	41.09	12.06
电子及通信设备制造业	Electronic and Telecommunications Equipment	15.85	41.06	12.66
仪器仪表及文化、办公用机械制造业	Instruments, Meters, Cultural and Office Machinery	16.26	43.34	12.92
电力、蒸汽、热水生产和供应业	Electric Power, Steam and Hot Water Production and Supply	10.77	11.06	19.36
煤气生产和供应业	Gas Production and Supply	19.66	21.98	3.12
自来水的生产和供应业	Tap Water Production and Supply	9.90	11.36	16.27

7－13 续表 2　continued

行　业	Sector	产品销售率(％) Rate of Products Sold(％)	流动资金周转次数(次) Times of Turnover Circulating Funds (time)	劳动生产率(元/人) Overall Labor Productivity (yuan/person)
总计	**Total**	**96.48**	**2.43**	**43287**
在总计中:轻工业	Light Industry	96.56	2.69	38621
重工业	Heavy Industry	96.35	2.10	52235
按工业行业分	By Sector			
煤炭采选业	Coal Mining and Dressing			
黑色金属矿采选业	Ferrous Metals Mining and Dressing			
有色金属矿采选业	Nonferrous Metals Mining and Dressing	98.83	2.04	33262
非金属矿采选业	Nonmetal Minerals Mining and Dressing	97.18	2.27	30646
其他矿采选业	Other Minerals Mining and Dressing			
食品加工业	Food Processing	94.09	3.07	57103
食品制造业	Food Manufacturing	97.40	2.09	34417
饮料制造业	Beverage Manufacturing	95.62	1.55	45681
烟草加工业	Tobacco Processing			
纺织业	Textile Industry	97.16	3.14	38850
服装及其他纤维制品制造业	Garments and Other Fiber Products	96.76	2.59	31045
皮革、毛皮、羽绒及其制品业	Leather, Furs, Down and Related Products	97.55	3.14	34535
木材加工及竹、藤、棕、草制品业	Timber Processing, Bamboo, Cane Palm Fiber and Straw Products	97.72	2.94	37905
家具制造业	Furniture Manufacturing	97.40	2.97	40091
造纸及纸制品业	Papermaking and Paper Products	96.51	2.34	45016
印刷业记录媒介的复制	Printing and Record Medium Reproduction	96.26	1.67	58267
文教体育用品制造业	Cultural, Educational and Sports Goods	96.69	2.52	33235

7－13 续表 3　continued

行　业	Sector	产品销售率(%) Rate of Products Sold(%)	流动资金周转次数(次) Times of Turnover Circulating Funds (time)	劳动生产率(元/人) Overall Labor Productivity (yuan/person)
石油加工及炼焦业	Petroleum Processing and Coking	100.08	3.49	215556
化学原料及化学制品制造业	Raw Chemical Materials and Chemical Products	96.42	2.64	71440
医药制造业	Medical and Pharmaceutical Products	96.02	1.91	69381
化学纤维制造业	Chemical Fiber	96.33	4.26	79825
橡胶制品业	Rubber Products	94.93	2.04	30769
塑料制品业	Plastic Products	95.89	2.67	41631
非金属矿物制品业	Nonmetal Mineral Products	96.42	1.92	43051
黑色金属冶炼及压延加工业	Smelting and Pressing of Ferrous Metals	97.28	2.59	59049
有色金属冶炼及压延加工业	Smelting and Pressing of Nonferrous Metals	97.19	3.18	80337
金属制品业	Metal Products	95.47	2.36	37189
普通机械制造业	Ordinary Machinery	95.54	1.93	42766
专用设备制造业	Special Purpose Equipment	96.04	2.00	53278
交通运输设备制造业	Transport Equipment	96.07	2.03	47572
电气机械及器材制造业	Electric Equipment and Machinery	96.34	1.95	60343
电子及通信设备制造业	Electronic and Telecommunications Equipment	96.19	1.69	47467
仪器仪表及文化、办公用机械制造业	Instruments, Meters, Cultural and Office Machinery	94.94	1.73	38780
电力、蒸汽、热水生产和供应业	Electric Power, Steam and Hot Water Production and Supply	98.32	1.81	125158
煤气生产和供应业	Gas Production and Supply	98.99	17.10	468835
自来水的生产和供应业	Tap Water Production and Supply	94.62	1.23	72854

7-14 按行业分的外商投资和港澳台商投资工业企业主要指标(2001年)

Main Indicators of Foreign Funded Enterprises and Enterprises Funded by Entrepreneurs from Hong Kong, Macao and Taiwan by Sector(2001)

单位:亿元 (100 million yuan)

行业	Sector	企业单位数(个) Number of Enterprises (unit)	#亏损企业 Loss	工业总产值 Gross Industrial Output Value	工业增加值 Value Added of Industry
总计	**Total**	**2715**	**401**	**1532.12**	**364.72**
在总计中:轻工业	Light Industry	1862	268	939.78	210.90
重工业	Heavy Industry	853	133	592.34	153.82
按工业行业分	By Sector				
煤炭采选业	Coal Mining and Dressing				
黑色金属矿采选业	Ferrous Metals Mining and Dressing				
有色金属矿采选业	Nonferrous Metals Mining and Dressing				
非金属矿采选业	Nonmetal Minerals Mining and Dressing	4	1	0.39	0.08
其他矿采选业	Other Minerals Mining and Dressing				
食品加工业	Food Processing	68	18	55.41	8.24
食品制造业	Food Manufacturing	58	14	35.91	7.27
饮料制造业	Beverage Manufacturing	23	7	22.62	7.67
烟草加工业	Tobacco Processing				
纺织业	Textile Industry	319	34	178.45	37.79
服装及其他纤维制品制造业	Garments and Other Fiber Products	419	66	176.33	42.56
皮革、毛皮、羽绒及其制品业	Leather, Furs, Down and Related Products	179	19	109.05	20.32
木材加工及竹、藤、棕、草制品业	Timber Processing, Bamboo, Cane Palm Fiber and Straw Products	50	3	12.32	2.49
家具制造业	Furniture Manufacturing	26	2	17.88	2.72
造纸及纸制品业	Papermaking and Paper Products	30	3	46.21	13.51
印刷业记录媒介的复制	Printing and Record Medium Reproduction	27	2	11.91	2.84
文教体育用品制造业	Cultural, Educational and Sports Goods	87	14	29.39	6.05

注:本表统计范围为年产品销售收入500万元及以上的外商投资和港澳台商投资工业企业。表7-15同

The data in this table refer to Foreign Funded Industrial Enterprises and Enterprises Funded by Entrepreneurs from HongKong, Macao and Taiwan with an annual sales income over 5 million yuan. The Same for bable 7-15.

单位:亿元　　7-14 续表 1　continued　　(100 million yuan)

行　业	Sector	企业单位数(个) Number of Enterprises (unit)	#亏损企业 Loss	工业总产值 Gross Industrial Output Value	工业增加值 Value Added of Industry
石油加工及炼焦业	Petroleum Processing and Coking	7	2	8.42	1.01
化学原料及化学制品制造业	Raw Chemical Materials and Chemical Products	111	16	78.33	18.73
医药制造业	Medical and Pharmaceutical Products	26	4	19.98	6.62
化学纤维制造业	Chemical Fiber	23	5	25.57	4.50
橡胶制品业	Rubber Products	16	1	30.94	10.32
塑料制品业	Plastic Products	147	25	51.84	12.48
非金属矿物制品业	Nonmetal Mineral Products	47	10	22.99	7.49
黑色金属冶炼及压延加工业	Smelting and Pressing of Ferrous Metals	7	3	19.38	4.10
有色金属冶炼及压延加工业	Smelting and Pressing of Nonferrous Metals	15	6	10.49	1.02
金属制品业	Metal Products	171	20	57.07	12.67
普通机械制造业	Ordinary Machinery	193	21	79.45	20.11
专用设备制造业	Special Purpose Equipment	72	11	25.93	6.97
交通运输设备制造业	Transport Equipment	69	9	29.62	8.23
电气机械及器材制造业	Electric Equipment and Machinery	189	32	109.25	27.09
电子及通信设备制造业	Electronic and Telecommunications Equipment	111	16	158.14	29.50
仪器仪表及文化、办公用机械制造业	Instruments, Meters, Cultural and Office Machinery	32	6	9.32	2.35
电力、蒸汽、热水生产和供应业	Electric Power, Steam and Hot Water Production and Supply	31	7	61.67	32.21
煤气生产和供应业	Gas Production and Supply	2		0.25	0.10
自来水的生产和供应业	Tap Water Production and Supply				

行业	Sector	资产总计 Total Assets	流动资产合计 Circulating Funds	流动资产年平均余额 Annual Average Balance of Circulating Funds	固定资产合计 Fixed Assets
总计	**Total**	**1424.40**	**747.77**	**723.92**	**572.87**
在总计中:轻工业	Light Industry	820.43	442.54	430.64	316.00
重工业	Heavy Industry	603.97	305.23	293.28	256.87
按工业行业分	By Sector				
煤炭采选业	Coal Mining and Dressing				
黑色金属矿采选业	Ferrous Metals Mining and Dressing				
有色金属矿采选业	Nonferrous Metals Mining and Dressing				
非金属矿采选业	Nonmetal Minerals Mining and Dressing	0.63	0.30	0.28	0.09
其他矿采选业	Other Minerals Mining and Dressing				
食品加工业	Food Processing	52.25	30.95	29.90	18.62
食品制造业	Food Manufacturing	38.60	21.43	20.39	14.85
饮料制造业	Beverage Manufacturing	29.24	10.61	10.58	15.83
烟草加工业	Tobacco Processing				
纺织业	Textile Industry	164.58	72.13	72.03	77.65
服装及其他纤维制品制造业	Garments and Other Fiber Products	108.62	70.88	66.37	31.43
皮革、毛皮、羽绒及其制品业	Leather, Furs, Down and Related Products	54.00	36.46	35.52	13.34
木材加工及竹、藤、棕、草制品业	Timber Processing, Bamboo, Cane Palm Fiber and Straw Products	11.98	6.35	6.14	4.59
家具制造业	Furniture Manufacturing	13.60	8.75	8.09	3.73
造纸及纸制品业	Papermaking and Paper Products	84.01	36.08	38.16	44.65
印刷业记录媒介的复制	Printing and Record Medium Reproduction	14.29	7.15	7.09	6.34
文教体育用品制造业	Cultural, Educational and Sports Goods	21.71	14.37	13.42	5.55

单位:亿元　　7－14 续表 3　continued　　(100 million yuan)

行　业	Sector	资产总计 Total Assets	流动资产合　计 Circulating Funds	流动资产年平均余额 Annual Average Balance of Circulating Funds	固定资产合　计 Fixed Assets
石油加工及炼焦业	Petroleum Processing and Coking	8.50	1.78	2.27	5.42
化学原料及化学制品制造业	Raw Chemical Materials and Chemical Products	70.58	36.03	36.01	26.98
医药制造业	Medical and Pharmaceutical Products	20.61	12.76	12.07	5.23
化学纤维制造业	Chemical Fiber	34.04	9.12	9.56	20.40
橡胶制品业	Rubber Products	34.38	15.40	15.32	15.97
塑料制品业	Plastic Products	49.15	27.41	25.96	18.52
非金属矿物制品业	Nonmetal Mineral Products	42.10	18.46	17.25	21.59
黑色金属冶炼及压延加工业	Smelting and Pressing of Ferrous Metals	31.91	11.29	9.21	19.25
有色金属冶炼及压延加工业	Smelting and Pressing of Nonferrous Metals	6.98	3.77	3.64	2.48
金属制品业	Metal Products	44.62	27.50	25.88	14.42
普通机械制造业	Ordinary Machinery	82.80	48.84	46.96	28.55
专用设备制造业	Special Purpose Equipment	26.31	16.54	16.60	7.70
交通运输设备制造业	Transport Equipment	37.84	21.45	20.63	11.31
电气机械及器材制造业	Electric Equipment and Machinery	101.83	61.89	59.59	32.52
电子及通信设备制造业	Electronic and Telecommunications Equipment	106.80	82.14	78.39	20.01
仪器仪表及文化、办公用机械制造业	Instruments, Meters, Cultural and Office Machinery	8.30	5.53	5.19	2.00
电力、蒸汽、热水生产和供应业	Electric Power, Steam and Hot Water Production and Supply	100.34	16.14	15.74	78.03
煤气生产和供应业	Gas Production and Supply	0.68	0.14	0.14	0.41
自来水的生产和供应业	Tap Water Production and Supply				

行业	Sector	固定资产原价 Original Value of Fixed Assets	固定资产净值年平均余额 Annual Average Balance of Net Value of Fixed Assets	年末负债合计 Total Liabilities	流动负债 Circulating Liabilities
总计	**Total**	**794.17**	**549.21**	**784.70**	**679.20**
在总计中:轻工业	Light Industry	436.18	300.74	469.07	406.15
重工业	Heavy Industry	357.99	248.47	315.63	273.05
按工业行业分	By Sector				
煤炭采选业	Coal Mining and Dressing				
黑色金属矿采选业	Ferrous Metals Mining and Dressing				
有色金属矿采选业	Nonferrous Metals Mining and Dressing				
非金属矿采选业	Nonmetal Minerals Mining and Dressing	0.14	0.09	0.45	0.33
其他矿采选业	Other Minerals Mining and Dressing				
食品加工业	Food Processing	24.02	18.75	37.46	30.76
食品制造业	Food Manufacturing	22.91	14.28	25.39	23.22
饮料制造业	Beverage Manufacturing	23.09	15.88	12.75	10.96
烟草加工业	Tobacco Processing				
纺织业	Textile Industry	109.99	75.76	93.49	74.94
服装及其他纤维制品制造业	Garments and Other Fiber Products	43.38	29.31	65.63	61.82
皮革、毛皮、羽绒及其制品业	Leather, Furs, Down and Related Products	17.53	11.88	35.06	33.66
木材加工及竹、藤、棕、草制品业	Timber Processing, Bamboo, Cane Palm Fiber and Straw Products	4.76	4.47	7.29	6.79
家具制造业	Furniture Manufacturing	4.74	2.95	8.50	8.34
造纸及纸制品业	Papermaking and Paper Products	57.53	44.37	45.32	30.87
印刷业记录媒介的复制	Printing and Record Medium Reproduction	9.06	5.99	7.19	5.99
文教体育用品制造业	Cultural, Educational and Sports Goods	7.51	5.46	11.87	11.34

单位:亿元　　　7-14 续表 5　continued　　　(100 million yuan)

行　业	Sector	固定资产原　价 Original Value of Fixed Assets	固定资产净值年平均余额 Annual Average Balance of Net Value of Fixed Assets	年末负债合　计 Total Liabilities	流动负债 Circulating Liabilities
石油加工及炼焦业	Petroleum Processing and Coking	7.55	5.46	5.64	3.68
化学原料及化学制品制造业	Raw Chemical Materials and Chemical Products	38.35	25.60	30.51	25.48
医药制造业	Medical and Pharmaceutical Products	7.49	5.71	11.07	9.84
化学纤维制造业	Chemical Fiber	27.95	15.58	19.16	14.45
橡胶制品业	Rubber Products	19.99	15.30	21.06	17.04
塑料制品业	Plastic Products	26.10	17.22	24.85	23.37
非金属矿物制品业	Nonmetal Mineral Products	29.19	19.84	22.56	19.27
黑色金属冶炼及压延加工业	Smelting and Pressing of Ferrous Metals	21.54	17.98	9.86	4.86
有色金属冶炼及压延加工业	Smelting and Pressing of Nonferrous Metals	3.21	2.32	4.64	4.30
金属制品业	Metal Products	20.18	13.40	22.97	22.06
普通机械制造业	Ordinary Machinery	38.82	26.64	43.83	39.55
专用设备制造业	Special Purpose Equipment	9.48	7.32	12.05	11.18
交通运输设备制造业	Transport Equipment	15.80	10.93	17.67	17.23
电气机械及器材制造业	Electric Equipment and Machinery	45.36	30.35	59.19	54.88
电子及通信设备制造业	Electronic and Telecommunications Equipment	26.43	18.70	66.93	62.47
仪器仪表及文化、办公用机械制造业	Instruments, Meters, Cultural and Office Machinery	2.61	1.89	4.32	4.09
电力、蒸汽、热水生产和供应业	Electri c Power, Steam and Hot Water Production and Supply	121.69	80.35	44.09	32.89
煤气生产和供应业	Gas Production and Supply	0.54	0.39	0.34	0.34
自来水的生产和供应业	Tap Water Production and Supply				

行　业	Sector	长期负债 Long-term Liabilities	年末所有者权益合计 Creditors′ Equity	实收资本 Total Captical Hold	产品销售收入 Sales Revenue	产品销售费用 Sales Funds
总计	**Total**	**105.50**	**639.69**	**503.43**	**1447.13**	**52.23**
在总计中:轻工业	Light Industry	62.91	351.35	272.02	910.24	36.38
重工业	Heavy Industry	42.59	288.34	231.41	536.89	15.85
按工业行业分	By Sector					
煤炭采选业	Coal Mining and Dressing					
黑色金属矿采选业	Ferrous Metals Mining and Dressing					
有色金属矿采选业	Nonferrous Metals Mining and Dressing					
非金属矿采选业	Nonmetal Minerals Mining and Dressing	0.12	0.18	0.17	0.40	0.05
其他矿采选业	Other Minerals Mining and Dressing					
食品加工业	Food Processing	6.71	14.79	15.62	54.02	1.40
食品制造业	Food Manufacturing	2.17	13.20	9.48	39.07	4.09
饮料制造业	Beverage Manufacturing	1.79	16.48	14.89	21.33	2.79
烟草加工业	Tobacco Processing					
纺织业	Textile Industry	18.55	71.10	58.53	174.20	2.79
服装及其他纤维制品制造业	Garments and Other Fiber Products	3.82	42.99	26.17	169.09	4.26
皮革、毛皮、羽绒及其制品业	Leather, Furs, Down and Related Products	1.40	18.95	13.54	104.39	2.44
木材加工及竹、藤、棕、草制品业	Timber Processing, Bamboo, Cane Palm Fiber and Straw Products	0.50	4.69	3.57	11.14	0.25
家具制造业	Furniture Manufacturing	0.16	5.10	3.98	17.25	0.68
造纸及纸制品业	Papermaking and Paper Products	14.44	38.69	28.80	45.24	1.34
印刷业记录媒介的复制	Printing and Record Medium Reproduction	1.20	7.10	5.65	12.26	0.35
文教体育用品制造业	Cultural, Educational and Sports Goods	0.53	9.83	7.16	27.80	0.87

行业	Sector	长期负债 Long-term Liabilities	年末所有者权益合计 Creditors´ Equity	实收资本 Total Captical Hold	产品销售收入 Sales Revenue	产品销售费用 Sales Funds
石油加工及炼焦业	Petroleum Processing and Coking	1.96	2.86	4.88	8.11	0.65
化学原料及化学制品制造业	Raw Chemical Materials and Chemical Products	5.03	40.07	29.50	77.09	5.15
医药制造业	Medical and Pharmaceutical Products	1.23	9.54	6.53	19.08	4.26
化学纤维制造业	Chemical Fiber	4.71	14.88	14.33	24.62	0.27
橡胶制品业	Rubber Products	4.02	13.32	11.72	29.05	1.52
塑料制品业	Plastic Products	1.48	24.30	16.93	49.25	1.75
非金属矿物制品业	Nonmetal Mineral Products	3.29	19.54	15.61	20.94	1.60
黑色金属冶炼及压延加工业	Smelting and Pressing of Ferrous Metals	5.00	22.05	21.57	18.64	0.14
有色金属冶炼及压延加工业	Smelting and Pressing of Nonferrous Metals	0.34	2.34	2.33	9.66	0.06
金属制品业	Metal Products	0.91	21.65	16.27	52.70	1.88
普通机械制造业	Ordinary Machinery	4.28	38.97	26.94	75.74	2.65
专用设备制造业	Special Purpose Equipment	0.87	14.25	10.69	24.39	0.82
交通运输设备制造业	Transport Equipment	0.44	20.18	17.62	28.82	0.63
电气机械及器材制造业	Electric Equipment and Machinery	4.31	42.64	35.98	104.35	4.83
电子及通信设备制造业	Electronic and Telecommunications Equipment	4.46	39.87	23.23	151.52	2.64
仪器仪表及文化、办公用机械制造业	Instruments, Meters, Cultural and Office Machinery	0.23	3.98	3.08	8.45	0.43
电力、蒸汽、热水生产和供应业	Electric Power, Steam and Hot Water Production and Supply	11.19	56.25	51.52	31.42	0.22
煤气生产和供应业	Gas Production and Supply		0.34	0.33	0.27	0.01
自来水的生产和供应业	Tap Water Production and Supply					

单位:亿元　　7－14 续表 8　continued　　(100 million yuan)

行　业	Sector	产品销售税金及附加 Sales Taxes and Extra Charges	利润总额 Total Profits	利税总额 Total Profits and Taxes	本年应交增值税 Value Added Taxes Payable
总计	**Total**	**4.01**	**91.02**	**141.59**	**46.56**
在总计中:轻工业	Light Industry	2.80	53.22	85.22	29.19
重工业	Heavy Industry	1.21	37.80	56.37	17.37
按工业行业分	By Sector				
煤炭采选业	Coal Mining and Dressing				
黑色金属矿采选业	Ferrous Metals Mining and Dressing				
有色金属矿采选业	Nonferrous Metals Mining and Dressing				
非金属矿采选业	Nonmetal Minerals Mining and Dressing		0.01	0.03	0.01
其他矿采选业	Other Minerals Mining and Dressing				
食品加工业	Food Processing	0.09	-0.05	1.09	1.06
食品制造业	Food Manufacturing	0.03	3.23	5.10	1.84
饮料制造业	Beverage Manufacturing	1.01	1.83	4.43	1.60
烟草加工业	Tobacco Processing				
纺织业	Textile Industry	0.32	8.73	13.29	4.23
服装及其他纤维制品制造业	Garments and Other Fiber Products	0.30	12.29	17.21	4.62
皮革、毛皮、羽绒及其制品业	Leather, Furs, Down and Related Products	0.16	3.87	6.95	2.91
木材加工及竹、藤、棕、草制品业	Timber Processing, Bamboo, Cane Palm Fiber and Straw Products	0.08	0.62	1.00	0.30
家具制造业	Furniture Manufacturing	0.01	0.58	0.75	0.16
造纸及纸制品业	Papermaking and Paper Products	0.03	3.38	6.14	2.73
印刷业记录媒介的复制	Printing and Record Medium Reproduction	0.02	1.32	1.95	0.61
文教体育用品制造业	Cultural, Educational and Sports Goods	0.06	1.34	1.81	0.41

行　业	Sector	产品销售税金及附加 Sales Taxes and Extra Charges	利润总额 Total Profits	利税总额 Total Profits and Taxes	本年应交增值税 Value Added Taxes Payable
石油加工及炼焦业	Petroleum Processing and Coking		0.44	0.64	0.20
化学原料及化学制品制造业	Raw Chemical Materials and Chemical Products	0.42	7.46	11.43	3.54
医药制造业	Medical and Pharmaceutical Products	0.02	2.12	3.78	1.63
化学纤维制造业	Chemical Fiber	0.06	0.36	1.32	0.89
橡胶制品业	Rubber Products	0.51	1.52	2.71	0.68
塑料制品业	Plastic Products	0.08	4.93	6.48	1.47
非金属矿物制品业	Nonmetal Mineral Products	0.07	1.66	2.94	1.20
黑色金属冶炼及压延加工业	Smelting and Pressing of Ferrous Metals	0.01	1.08	1.83	0.74
有色金属冶炼及压延加工业	Smelting and Pressing of Nonferrous Metals	0.01	-0.04	0.09	0.12
金属制品业	Metal Products	0.07	3.25	4.70	1.38
普通机械制造业	Ordinary Machinery	0.14	5.45	7.76	2.17
专用设备制造业	Special Purpose Equipment	0.03	2.74	3.57	0.80
交通运输设备制造业	Transport Equipment	0.09	3.81	5.03	1.13
电气机械及器材制造业	Electric Equipment and Machinery	0.19	5.53	8.75	3.04
电子及通信设备制造业	Electronic and Telecommunications Equipment	0.07	7.76	10.73	2.91
仪器仪表及文化、办公用机械制造业	Instruments, Meters, Cultural and Office Machinery	0.01	0.63	0.94	0.31
电力、蒸汽、热水生产和供应业	Electric Power, Steam and Hot Water Production and Supply	0.05	3.95	7.03	3.02
煤气生产和供应业	Gas Production and Supply		0.01	0.02	0.01
自来水的生产和供应业	Tap Water Production and Supply				

7-15 按行业分的外商投资和港澳台商投资工业企业主要经济效益指标(2001年)

Main Economic Beneficial Indicators of Foreign Funded Enterprises and Enterprises Funded by Entrepreneurs from HongKong, Macao and Taiwan by Sector(2001)

行业	Sector	每百元资金实现利税(元) Pre-tax Profits per 100 Yuan Funds (yuan)	每百元固定资产原值实现利税(元) Pre-tax Profits per 100 Yuan Original Value of Fixed Assets (yuan)	每百元销售收入实现利税(元) Pre-tax Profits per 100 Yuan Sales Revenue (yuan)
总计	**Total**	**11.12**	**17.83**	**9.78**
在总计中:轻工业	Light Industry	11.65	19.54	9.36
重工业	Heavy Industry	10.41	15.75	10.50
按工业行业分	By Sector			
煤炭采选业	Coal Mining and Dressing			
黑色金属矿采选业	Ferrous Metals Mining and Dressing			
有色金属矿采选业	Nonferrous Metals Mining and Dressing			
非金属矿采选业	Nonmetal Minerals Mining and Dressing	7.95	20.17	7.37
其他矿采选业	Other Minerals Mining and Dressing			
食品加工业	Food Processing	2.25	4.55	2.02
食品制造业	Food Manufacturing	14.70	22.25	13.05
饮料制造业	Beverage Manufacturing	16.74	19.19	20.77
烟草加工业	Tobacco Processing			
纺织业	Textile Industry	8.99	12.08	7.63
服装及其他纤维制品制造业	Garments and Other Fiber Products	17.99	39.68	10.18
皮革、毛皮、羽绒及其制品业	Leather, Furs, Down and Related Products	14.65	39.63	6.65
木材加工及竹、藤、棕、草制品业	Timber Processing, Bamboo, Cane Palm Fiber and Straw Products	9.41	20.98	8.96
家具制造业	Furniture Manufacturing	6.79	15.82	4.35
造纸及纸制品业	Papermaking and Paper Products	7.44	10.67	13.57
印刷业记录媒介的复制	Printing and Record Medium Reproduction	14.90	21.49	15.89
文教体育用品制造业	Cultural, Educational and Sports Goods	9.58	24.09	6.51

7－15 续表 1　continued

行　业	Sector	每百元资金实现利税（元）Pre-tax Profits per 100 Yuan Funds (yuan)	每百元固定资产原值实现利税（元）Pre-tax Profits per 100 Yuan Original Value of Fixed Assets (yuan)	每百元销售收入实现利税（元）Pre-tax Profits per 100 Yuan Sales Revenue (yuan)
石油加工及炼焦业	Petroleum Processing and Coking	8.33	8.52	7.94
化学原料及化学制品制造业	Raw Chemical Materials and Chemical Products	18.55	29.79	14.82
医药制造业	Medical and Pharmaceutical Products	21.28	50.48	19.82
化学纤维制造业	Chemical Fiber	5.23	4.71	5.34
橡胶制品业	Rubber Products	8.85	13.56	9.33
塑料制品业	Plastic Products	15.01	24.83	13.16
非金属矿物制品业	Nonmetal Mineral Products	7.91	10.05	14.02
黑色金属冶炼及压延加工业	Smelting and Pressing of Ferrous Metals	6.71	8.48	9.79
有色金属冶炼及压延加工业	Smelting and Pressing of Nonferrous Metals	1.54	2.87	0.95
金属制品业	Metal Products	11.96	23.28	8.92
普通机械制造业	Ordinary Machinery	10.54	19.98	10.24
专用设备制造业	Special Purpose Equipment	14.93	37.65	14.64
交通运输设备制造业	Transport Equipment	15.94	31.86	17.46
电气机械及器材制造业	Electric Equipment and Machinery	9.73	19.30	8.39
电子及通信设备制造业	Electronic and Telecommunications Equipment	11.05	40.59	7.08
仪器仪表及文化、办公用机械制造业	Instruments, Meters, Cultural and Office Machinery	13.25	35.92	11.11
电力、蒸汽、热水生产和供应业	Electric Power, Steam and Hot Water Production and Supply	7.32	5.78	22.37
煤气生产和供应业	Gas Production and Supply	3.22	3.21	6.38
自来水的生产和供应业	Tap Water Production and Supply			

7－15 续表 2　continued

行　业	Sector	产品销售率(%) Rate of Products Sold(%)	流动资金周转次数(次) Times of Turnover Circulating Funds (time)	劳动生产率(元/人) Overall Labor Productivity (yuan/person)
总计	**Total**	**97.01**	**2.00**	**56014**
在总计中:轻工业	Light Industry	97.20	2.11	44878
重工业	Heavy Industry	96.70	1.83	84895
按工业行业分	By Sector			
煤炭采选业	Coal Mining and Dressing			
黑色金属矿采选业	Ferrous Metals Mining and Dressing			
有色金属矿采选业	Nonferrous Metals Mining and Dressing			
非金属矿采选业	Nonmetal Minerals Mining and Dressing	103.58	1.42	30758
其他矿采选业	Other Minerals Mining and Dressing			
食品加工业	Food Processing	95.30	1.81	67191
食品制造业	Food Manufacturing	97.35	1.92	47674
饮料制造业	Beverage Manufacturing	97.63	2.02	113910
烟草加工业	Tobacco Processing			
纺织业	Textile Industry	97.22	2.42	43014
服装及其他纤维制品制造业	Garments and Other Fiber Products	97.27	2.55	33620
皮革、毛皮、羽绒及其制品业	Leather, Furs, Down and Related Products	97.49	2.94	34866
木材加工及竹、藤、棕、草制品业	Timber Processing, Bamboo, Cane Palm Fiber and Straw Products	95.28	1.81	29533
家具制造业	Furniture Manufacturing	97.53	2.13	40522
造纸及纸制品业	Papermaking and Paper Products	99.26	1.19	134534
印刷业记录媒介的复制	Printing and Record Medium Reproduction	101.41	1.73	91080
文教体育用品制造业	Cultural, Educational and Sports Goods	97.72	2.07	28779

7－15 续表 3　continued

行　业	Sector	产品销售率(%) Rate of Products Sold(%)	流动资金周转次数(次) Times of Turnover Circulating Funds (time)	劳动生产率(元/人) Overall Labor Productivity (yuan/person)
石油加工及炼焦业	Petroleum Processing and Coking	94.14	3.58	301086
化学原料及化学制品制造业	Raw Chemical Materials and Chemical Products	99.27	2.14	131103
医药制造业	Medical and Pharmaceutical Products	95.00	1.58	135617
化学纤维制造业	Chemical Fiber	89.84	2.58	48223
橡胶制品业	Rubber Products	99.72	1.90	113405
塑料制品业	Plastic Products	95.98	1.90	45920
非金属矿物制品业	Nonmetal Mineral Products	93.63	1.21	69448
黑色金属冶炼及压延加工业	Smelting and Pressing of Ferrous Metals	97.39	2.02	208787
有色金属冶炼及压延加工业	Smelting and Pressing of Nonferrous Metals	96.65	2.65	71584
金属制品业	Metal Products	94.53	2.04	41389
普通机械制造业	Ordinary Machinery	95.60	1.61	50135
专用设备制造业	Special Purpose Equipment	97.54	1.47	59661
交通运输设备制造业	Transport Equipment	99.10	1.40	73979
电气机械及器材制造业	Electric Equipment and Machinery	98.84	1.75	58330
电子及通信设备制造业	Electronic and Telecommunications Equipment	95.16	1.93	86264
仪器仪表及文化、办公用机械制造业	Instruments, Meters, Cultural and Office Machinery	97.05	1.63	37432
电力、蒸汽、热水的生产和供应业	Electric Power, Steam and Hot Water Production and Supply	98.63	2.00	401053
煤气生产和供应业	Gas Production and Supply	98.87	1.94	117344
自来水的生产和供应业	Tap Water Production and Supply			

7－16 大中型工业企业主要指标(2001年)
Main Indicators of Large and Medium-sized Industrial Enterprises(2001)

单位:亿元 (100 million yuan)

行 业	Sector	企业单位数(个) Number of Enterprises (unit)	#亏损企业 Loss	工业总产值 Gross Industrial Output Value	工业增加值 Value Added of Industry
总计	**Total**	**1149**	**203**	**2855.20**	**774.14**
在总计中:轻工业	Light Industry	634	113	1430.09	364.20
重工业	Heavy Industry	515	90	1425.11	409.94
按工业行业分	By Sector				
煤炭采选业	Coal Mining and Dressing	1		5.72	2.60
黑色金属矿采选业	Ferrous Metals Mining and Dressing	1		1.02	0.35
有色金属矿采选业	Nonferrous Metals Mining and Dressing	5	3	3.18	1.33
非金属矿采选业	Nonmetal Minerals Mining and Dressing	4	2	1.29	0.48
其他矿采选业	Other Minerals Mining and Dressing				
食品加工业	Food Processing	20	6	37.81	5.28
食品制造业	Food Manufacturing	19	5	16.64	4.05
饮料制造业	Beverage Manufacturing	36	9	107.97	38.63
烟草加工业	Tobacco Processing	2		69.50	43.16
纺织业	Textile Industry	238	43	363.74	76.26
服装及其他纤维制品制造业	Garments and Other Fiber Products	45	4	126.96	33.03
皮革、毛皮、羽绒及其制品业	Leather, Furs, Down and Related Products	16	4	52.58	11.42
木材加工及竹、藤、棕、草制品业	Timber Processing, Bamboo, Cane Palm Fiber and Straw Products	5	1	9.20	1.48
家具制造业	Furniture Manufacturing	2		5.03	0.96
造纸及纸制品业	Papermaking and Paper Products	41	7	75.22	19.35
印刷业记录媒介的复制	Printing and Record Medium Reproduction	15	4	8.13	3.04
文教体育用品制造业	Cultural, Educational and Sports Goods	6		22.93	4.55

行业	Sector	企业单位数(个) Number of Enterprises (unit)	#亏损企业 Loss	工业总产值 Gross Industrial Output Value	工业增加值 Value Added of Industry
石油加工及炼焦业	Petroleum Processing and Coking	2		217.21	35.34
化学原料及化学制品制造业	Raw Chemical Materials and Chemical Products	84	11	204.25	52.08
医药制造业	Medical and Pharmaceutical Products	37	4	102.52	30.28
化学纤维制造业	Chemical Fiber	24	6	123.32	19.13
橡胶制品业	Rubber Products	14	2	32.18	9.97
塑料制品业	Plastic Products	32	10	35.27	7.21
非金属矿物制品业	Nonmetal Mineral Products	71	8	110.86	33.44
黑色金属冶炼及压延加工业	Smelting and Pressing of Ferrous Metals	9	2	53.83	13.73
有色金属冶炼及压延加工业	Smelting and Pressing of Nonferrous Metals	21	2	61.92	8.60
金属制品业	Metal Products	33	10	49.71	8.95
普通机械制造业	Ordinary Machinery	99	16	164.34	44.75
专用设备制造业	Special Purpose Equipment	44	10	84.64	18.82
交通运输设备制造业	Transport Equipment	34	3	162.46	30.93
电气机械及器材制造业	Electric Equipment and Machinery	78	16	202.77	50.83
电子及通信设备制造业	Electronic and Telecommunications Equipment	32	5	66.28	14.42
仪器仪表及文化、办公用机械制造业	Instruments, Meters, Cultural and Office Machinery	16	3	29.94	8.07
电力、蒸汽、热水生产和供应业	Electric Power, Steam and Hot Water Production and Supply	37	1	209.82	132.31
煤气生产和供应业	Gas Production and Supply	3	2	5.17	-0.01
自来水的生产和供应业	Tap Water Production and Supply	10	3	8.65	5.10

行　业	Sector	资产总计 Total Assets	流动资产合　计 Circulating Funds	流动资产年平均余额 Annual Average Balance of Circulating Funds	固定资产合　计 Fixed Assets
总计	**Total**	**3871.92**	**1674.52**	**1636.73**	**1760.27**
在总计中:轻工业	Light Industry	1644.39	778.04	749.57	695.36
重工业	Heavy Industry	2227.53	896.48	887.16	1064.91
按工业行业分	By Sector				
煤炭采选业	Coal Mining and Dressing	9.74	2.85	2.94	6.54
黑色金属矿采选业	Ferrous Metals Mining and Dressing	3.19	1.53	1.30	1.59
有色金属矿采选业	Nonferrous Metals Mining and Dressing	6.61	2.18	2.24	3.45
非金属矿采选业	Nonmetal Minerals Mining and Dressing	3.09	1.16	1.14	1.60
其他矿采选业	Other Minerals Mining and Dressing				
食品加工业	Food Processing	41.66	20.67	21.45	16.93
食品制造业	Food Manufacturing	20.42	8.70	8.90	10.28
饮料制造业	Beverage Manufacturing	131.54	60.97	56.40	59.03
烟草加工业	Tobacco Processing	84.22	53.88	53.81	27.50
纺织业	Textile Industry	367.52	145.53	144.23	181.00
服装及其他纤维制品制造业	Garments and Other Fiber Products	129.11	66.34	61.05	43.00
皮革、毛皮、羽绒及其制品业	Leather, Furs, Down and Related Products	45.52	29.32	25.10	12.38
木材加工及竹、藤、棕、草制品业	Timber Processing, Bamboo, Cane Palm Fiber and Straw Products	10.15	4.49	4.56	4.93
家具制造业	Furniture Manufacturing	3.09	1.15	1.01	1.94
造纸及纸制品业	Papermaking and Paper Products	123.31	54.26	56.64	59.46
印刷业记录媒介的复制	Printing and Record Medium Reproduction	16.37	6.29	6.55	9.25
文教体育用品制造业	Cultural, Educational and Sports Goods	15.73	9.35	10.87	3.82

行 业	Sector	资产总计 Total Assets	流动资产合计 Circulating Funds	流动资产年平均余额 Annual Average Balance of Circulating Funds	固定资产合计 Fixed Assets
石油加工及炼焦业	Petroleum Processing and Coking	111.69	29.79	47.78	72.36
化学原料及化学制品制造业	Raw Chemical Materials and Chemical Products	237.99	114.76	104.92	101.19
医药制造业	Medical and Pharmaceutical Products	144.76	81.65	78.24	47.91
化学纤维制造业	Chemical Fiber	118.57	35.67	33.92	73.61
橡胶制品业	Rubber Products	30.85	16.84	16.98	8.50
塑料制品业	Plastic Products	31.06	15.10	16.26	13.95
非金属矿物制品业	Nonmetal Mineral Products	171.54	69.86	68.57	81.26
黑色金属冶炼及压延加工业	Smelting and Pressing of Ferrous Metals	89.63	47.33	47.33	35.31
有色金属冶炼及压延加工业	Smelting and Pressing of Nonferrous Metals	39.54	19.76	17.83	18.01
金属制品业	Metal Products	46.48	21.81	22.86	15.77
普通机械制造业	Ordinary Machinery	214.76	120.54	111.40	63.93
专用设备制造业	Special Purpose Equipment	90.49	52.84	51.02	29.35
交通运输设备制造业	Transport Equipment	195.31	98.86	89.06	55.38
电气机械及器材制造业	Electric Equipment and Machinery	226.50	129.59	118.79	63.66
电子及通信设备制造业	Electronic and Telecommunications Equipment	170.39	104.95	105.12	32.14
仪器仪表及文化、办公用机械制造业	Instruments, Meters, Cultural and Office Machinery	35.33	20.63	22.18	8.72
电力、蒸汽、热水生产和供应业	Electric Power, Steam and Hot Water Production and Supply	807.93	195.23	197.05	533.77
煤气生产和供应业	Gas Production and Supply	16.23	5.60	3.22	9.84
自来水的生产和供应业	Tap Water Production and Supply	60.24	11.50	13.18	46.88

行　业	Sector	固定资产原价 Original Value of Fixed Assets	固定资产净值年平均余额 Annual Average Balance of Net Value of Fixed Assets	年末负债合计 Total Liabilities	流动负债 Circulating Liabilities
总计	**Total**	**2345.26**	**1547.48**	**2049.10**	**1415.24**
在总计中:轻工业	Light Industry	904.30	599.08	877.55	688.59
重工业	Heavy Industry	1440.96	948.40	1171.55	726.65
按工业行业分	By Sector				
煤炭采选业	Coal Mining and Dressing	9.55	6.39	6.52	3.27
黑色金属矿采选业	Ferrous Metals Mining and Dressing	2.26	1.45	1.09	0.96
有色金属矿采选业	Nonferrous Metals Mining and Dressing	5.20	3.09	2.43	2.08
非金属矿采选业	Nonmetal Minerals Mining and Dressing	2.14	1.39	2.04	1.38
其他矿采选业	Other Minerals Mining and Dressing				
食品加工业	Food Processing	23.72	15.79	27.47	21.85
食品制造业	Food Manufacturing	14.47	8.56	13.53	11.61
饮料制造业	Beverage Manufacturing	81.54	52.98	59.14	54.32
烟草加工业	Tobacco Processing	28.20	26.31	20.63	19.43
纺织业	Textile Industry	258.83	163.17	218.72	163.15
服装及其他纤维制品制造业	Garments and Other Fiber Products	50.58	33.55	59.16	53.22
皮革、毛皮、羽绒及其制品业	Leather, Furs, Down and Related Products	14.17	9.83	30.03	26.37
木材加工及竹、藤、棕、草制品业	Timber Processing, Bamboo, Cane Palm Fiber and Straw Products	6.26	4.65	5.21	4.73
家具制造业	Furniture Manufacturing	3.08	1.77	1.01	0.90
造纸及纸制品业	Papermaking and Paper Products	77.28	55.32	70.73	49.66
印刷业记录媒介的复制	Printing and Record Medium Reproduction	10.99	6.51	8.57	7.03
文教体育用品制造业	Cultural, Educational and Sports Goods	4.81	3.16	5.42	5.16

单位:亿元　　7－16 续表 5　continued　　(100 million yuan)

行　业	Sector	固定资产原价 Original Value of Fixed Assets	固定资产净值年平均余额 Annual Average Balance of Net Value of Fixed Assets	年末负债合计 Total Liabilities	流动负债 Circulating Liabilities
石油加工及炼焦业	Petroleum Processing and Coking	100.92	61.90	30.35	20.01
化学原料及化学制品制造业	Raw Chemical Materials and Chemical Products	129.49	76.76	142.10	111.80
医药制造业	Medical and Pharmaceutical Products	54.15	36.98	83.49	66.61
化学纤维制造业	Chemical Fiber	100.34	61.73	67.32	39.60
橡胶制品业	Rubber Products	13.05	8.05	17.41	15.88
塑料制品业	Plastic Products	20.88	12.54	17.61	14.45
非金属矿物制品业	Nonmetal Mineral Products	110.55	73.27	94.99	72.31
黑色金属冶炼及压延加工业	Smelting and Pressing of Ferrous Metals	50.71	28.30	36.59	33.32
有色金属冶炼及压延加工业	Smelting and Pressing of Nonferrous Metals	24.34	15.89	24.48	18.66
金属制品业	Metal Products	20.85	13.90	24.68	21.31
普通机械制造业	Ordinary Machinery	90.68	57.38	114.51	94.22
专用设备制造业	Special Purpose Equipment	39.32	24.89	54.64	45.55
交通运输设备制造业	Transport Equipment	68.12	42.22	99.93	85.36
电气机械及器材制造业	Electric Equipment and Machinery	85.23	53.74	128.30	109.79
电子及通信设备制造业	Electronic and Telecommunications Equipment	42.96	28.30	84.39	70.94
仪器仪表及文化、办公用机械制造业	Instruments, Meters, Cultural and Office Machinery	11.87	8.13	18.36	15.75
电力、蒸汽、热水生产和供应业	Electric Power, Steam and Hot Water Production and Supply	715.50	496.20	432.44	133.48
煤气生产和供应业	Gas Production and Supply	10.76	8.03	7.51	2.09
自来水的生产和供应业	Tap Water Production and Supply	54.56	40.25	27.80	8.97

行　业	Sector	长期负债 Long-term Liabilities	年末所有者权益合计 Creditors´ Equity	实收资本 Total Captical Hold	产品销售收入 Sales Revenue	产品销售费用 Sales Funds
总计	**Total**	**633.15**	**1822.82**	**868.06**	**3007.84**	**110.66**
在总计中:轻工业	Light Industry	188.96	766.84	385.02	1453.95	73.38
重工业	Heavy Industry	444.19	1055.98	483.04	1553.89	37.28
按工业行业分	By Sector					
煤炭采选业	Coal Mining and Dressing	3.24	3.22	2.90	7.83	0.11
黑色金属矿采选业	Ferrous Metals Mining and Dressing	0.13	2.10	0.88	1.14	0.01
有色金属矿采选业	Nonferrous Metals Mining and Dressing	0.35	4.18	2.29	2.88	0.07
非金属矿采选业	Nonmetal Minerals Mining and Dressing	0.66	1.05	0.64	1.09	0.07
其他矿采选业	Other Minerals Mining and Dressing					
食品加工业	Food Processing	5.62	14.19	10.11	37.77	0.86
食品制造业	Food Manufacturing	1.92	6.90	4.22	17.77	1.14
饮料制造业	Beverage Manufacturing	4.82	72.40	39.23	109.23	18.97
烟草加工业	Tobacco Processing	1.20	63.59	8.95	94.78	6.62
纺织业	Textile Industry	55.57	148.81	81.56	364.59	4.30
服装及其他纤维制品制造业	Garments and Other Fiber Products	5.94	69.95	28.65	120.73	6.03
皮革、毛皮、羽绒及其制品业	Leather, Furs, Down and Related Products	3.66	15.49	10.09	51.54	0.90
木材加工及竹、藤、棕、草制品业	Timber Processing, Bamboo, Cane Palm Fiber and Straw Products	0.48	4.94	2.03	9.80	0.12
家具制造业	Furniture Manufacturing	0.11	2.08	0.96	4.98	0.29
造纸及纸制品业	Papermaking and Paper Products	21.07	52.58	33.52	73.97	1.63
印刷业记录媒介的复制	Printing and Record Medium Reproduction	1.54	7.80	4.09	7.88	0.24
文教体育用品制造业	Cultural, Educational and Sports Goods	0.26	10.31	3.09	22.02	0.86

行 业	Sector	长期负债 Long-term Liabilities	年末所有者权益合计 Creditors´ Equity	实收资本 Total Captical Hold	产品销售收入 Sales Revenue	产品销售费用 Sales Funds
石油加工及炼焦业	Petroleum Processing and Coking	10.34	81.33	26.59	218.95	2.87
化学原料及化学制品制造业	Raw Chemical Materials and Chemical Products	30.30	95.89	44.49	228.92	10.75
医药制造业	Medical and Pharmaceutical Products	16.88	61.27	29.40	97.17	12.03
化学纤维制造业	Chemical Fiber	27.72	51.25	39.14	119.60	0.46
橡胶制品业	Rubber Products	1.53	13.44	9.89	29.48	1.36
塑料制品业	Plastic Products	3.16	13.45	7.85	35.25	0.99
非金属矿物制品业	Nonmetal Mineral Products	22.69	76.54	47.44	111.79	4.02
黑色金属冶炼及压延加工业	Smelting and Pressing of Ferrous Metals	3.27	53.05	17.07	53.57	0.31
有色金属冶炼及压延加工业	Smelting and Pressing of Nonferrous Metals	5.82	15.06	8.55	58.81	0.70
金属制品业	Metal Products	3.37	21.79	14.35	47.05	1.90
普通机械制造业	Ordinary Machinery	20.29	100.25	48.68	157.02	6.09
专用设备制造业	Special Purpose Equipment	9.09	35.85	19.40	79.98	2.17
交通运输设备制造业	Transport Equipment	14.57	95.38	52.44	155.14	4.24
电气机械及器材制造业	Electric Equipment and Machinery	18.51	98.20	56.63	190.35	12.64
电子及通信设备制造业	Electronic and Telecommunications Equipment	13.45	86.01	30.40	75.00	3.05
仪器仪表及文化、办公用机械制造业	Instruments, Meters, Cultural and Office Machinery	2.60	16.97	6.11	31.08	2.24
电力、蒸汽、热水生产和供应业	Electric Power, Steam and Hot Water Production and Supply	298.24	375.49	152.62	354.90	0.26
煤气生产和供应业	Gas Production and Supply	5.42	8.72	3.92	5.64	0.41
自来水的生产和供应业	Tap Water Production and Supply	18.83	32.44	13.88	8.40	0.64

行业	Sector	产品销售税金及附加 Sales Taxes and Extra Charges	利润总额 Total Profits	利税总额 Total Profits and Taxes	本年应交增值税 Value Added Taxes Payable
总计	**Total**	**66.42**	**206.08**	**410.51**	**138.02**
在总计中:轻工业	Light Industry	46.68	120.13	233.20	66.39
重工业	Heavy Industry	19.74	85.95	177.31	71.63
按工业行业分	By Sector				
煤炭采选业	Coal Mining and Dressing	0.07	0.03	0.66	0.56
黑色金属矿采选业	Ferrous Metals Mining and Dressing	0.01	0.01	0.09	0.07
有色金属矿采选业	Nonferrous Metals Mining and Dressing	0.01	-0.25	-0.09	0.15
非金属矿采选业	Nonmetal Minerals Mining and Dressing	0.01	-0.10	-0.01	0.08
其他矿采选业	Other Minerals Mining and Dressing				
食品加工业	Food Processing	0.11	0.90	1.57	0.56
食品制造业	Food Manufacturing	0.08	0.70	1.90	1.12
饮料制造业	Beverage Manufacturing	3.80	13.54	24.80	7.46
烟草加工业	Tobacco Processing	34.46	22.28	67.36	10.62
纺织业	Textile Industry	1.85	17.70	31.22	11.68
服装及其他纤维制品制造业	Garments and Other Fiber Products	0.65	13.17	18.87	5.05
皮革、毛皮、羽绒及其制品业	Leather, Furs, Down and Related Products	0.18	3.18	5.97	2.61
木材加工及竹、藤、棕、草制品业	Timber Processing, Bamboo, Cane Palm Fiber and Straw Products	0.04	0.34	0.99	0.61
家具制造业	Furniture Manufacturing	0.01	0.35	0.54	0.19
造纸及纸制品业	Papermaking and Paper Products	0.36	4.30	8.88	4.22
印刷业记录媒介的复制	Printing and Record Medium Reproduction	0.04	1.26	1.81	0.51
文教体育用品制造业	Cultural, Educational and Sports Goods	0.45	1.88	3.00	0.67

行业	Sector	产品销售税金及附加 Sales Taxes and Extra Charges	利润总额 Total Profits	利税总额 Total Profits and Taxes	本年应交增值税 Value Added Taxes Payable
石油加工及炼焦业	Petroleum Processing and Coking	10.16	6.68	22.03	5.19
化学原料及化学制品制造业	Raw Chemical Materials and Chemical Products	1.17	18.28	28.35	8.89
医药制造业	Medical and Pharmaceutical Products	0.49	10.62	17.45	6.33
化学纤维制造业	Chemical Fiber	0.45	4.42	7.59	2.71
橡胶制品业	Rubber Products	0.50	1.52	2.87	0.86
塑料制品业	Plastic Products	0.23	2.04	3.25	0.97
非金属矿物制品业	Nonmetal Mineral Products	0.66	9.34	15.64	5.64
黑色金属冶炼及压延加工业	Smelting and Pressing of Ferrous Metals	0.35	3.94	7.15	2.86
有色金属冶炼及压延加工业	Smelting and Pressing of Nonferrous Metals	0.22	2.41	4.12	1.49
金属制品业	Metal Products	0.24	1.52	3.43	1.68
普通机械制造业	Ordinary Machinery	0.97	14.73	23.64	7.94
专用设备制造业	Special Purpose Equipment	0.43	5.89	9.28	2.96
交通运输设备制造业	Transport Equipment	2.70	10.95	18.03	4.37
电气机械及器材制造业	Electric Equipment and Machinery	1.15	13.75	22.66	7.75
电子及通信设备制造业	Electronic and Telecommunications Equipment	0.61	4.89	8.11	2.61
仪器仪表及文化、办公用机械制造业	Instruments, Meters, Cultural and Office Machinery	0.15	2.48	3.60	0.97
电力、蒸汽、热水生产和供应业	Electric Power, Steam and Hot Water Production and Supply	3.60	11.32	41.94	27.02
煤气生产和供应业	Gas Production and Supply	0.01	0.29	0.37	0.07
自来水的生产和供应业	Tap Water Production and Supply	0.05	-0.28	0.24	0.47

7-17 按行业分的大中型工业企业主要经济效益指标(2001年)
Main Economic Beneficial Indicators of Large and Medium - sized Industrial Enterprises by Sector(2001)

行 业	Sector	每百元资金实现利税(元) Pre-tax Profits per 100 Yuan Funds (yuan)	每百元固定资产原值实现利税(元) Pre-tax Profits per 100 Yuan Original Value of Fixed Assets (yuan)	每百元销售收入实现利税(元) Pre-tax Profits per 100 Yuan Sales Revenue (yuan)
总计	**Total**	**12.89**	**17.50**	**13.65**
在总计中:轻工业	Light Industry	17.29	25.79	16.04
重工业	Heavy Industry	9.66	12.30	11.41
按工业行业分	By Sector			
煤炭采选业	Coal Mining and Dressing	7.09	6.92	8.44
黑色金属矿采选业	Ferrous Metals Mining and Dressing	3.29	4.00	7.97
有色金属矿采选业	Nonferrous Metals Mining and Dressing	-1.69	-1.74	-3.14
非金属矿采选业	Nonmetal Minerals Mining and Dressing	-0.32	-0.38	-0.75
其他矿采选业	Other Minerals Mining and Dressing			
食品加工业	Food Processing	4.22	6.63	4.16
食品制造业	Food Manufacturing	10.89	13.13	10.70
饮料制造业	Beverage Manufacturing	22.67	30.42	22.71
烟草加工业	Tobacco Processing	84.07	238.87	71.07
纺织业	Textile Industry	10.16	12.06	8.56
服装及其他纤维制品制造业	Garments and Other Fiber Products	19.95	37.32	15.63
皮革、毛皮、羽绒及其制品业	Leather, Furs, Down and Related Products	17.09	42.13	11.58
木材加工及竹、藤、棕、草制品业	Timber Processing, Bamboo, Cane Palm Fiber and Straw Products	10.72	15.78	10.07
家具制造业	Furniture Manufacturing	19.56	17.61	10.89
造纸及纸制品业	Papermaking and Paper Products	7.93	11.48	12.00
印刷业记录媒介的复制	Printing and Record Medium Reproduction	13.86	16.47	22.98
文教体育用品制造业	Cultural, Educational and Sports Goods	21.36	62.34	13.61

7－17 续表 1 continued

行　业	Sector	每百元资金实现利税（元）Pre-tax Profits per 100 Yuan Funds (yuan)	每百元固定资产原值实现利税（元）Pre-tax Profits per 100 Yuan Original Value of Fixed Assets (yuan)	每百元销售收入实现利税（元）Pre-tax Profits per 100 Yuan Sales Revenue (yuan)
石油加工及炼焦业	Petroleum Processing and Coking	20.08	21.83	10.06
化学原料及化学制品制造业	Raw Chemical Materials and Chemical Products	15.60	21.89	12.38
医药制造业	Medical and Pharmaceutical Products	15.14	32.23	17.96
化学纤维制造业	Chemical Fiber	7.93	7.56	6.34
橡胶制品业	Rubber Products	11.48	22.03	9.75
塑料制品业	Plastic Products	11.27	15.54	9.21
非金属矿物制品业	Nonmetal Mineral Products	11.02	14.15	13.99
黑色金属冶炼及压延加工业	Smelting and Pressing of Ferrous Metals	9.45	14.10	13.34
有色金属冶炼及压延加工业	Smelting and Pressing of Nonferrous Metals	12.23	16.94	7.01
金属制品业	Metal Products	9.34	16.47	7.30
普通机械制造业	Ordinary Machinery	14.01	26.07	15.06
专用设备制造业	Special Purpose Equipment	12.23	23.61	11.61
交通运输设备制造业	Transport Equipment	13.73	26.47	11.62
电气机械及器材制造业	Electric Equipment and Machinery	13.13	26.59	11.91
电子及通信设备制造业	Electronic and Telecommunications Equipment	6.08	18.87	10.81
仪器仪表及文化、办公用机械制造业	Instruments, Meters, Cultural and Office Machinery	11.87	30.31	11.58
电力、蒸汽、热水生产和供应业	Electric Power, Steam and Hot Water Production and Supply	6.05	5.86	11.82
煤气生产和供应业	Gas Production and Supply	3.27	3.42	6.52
自来水的生产和供应业	Tap Water Production and Supply	0.45	0.44	2.85

7－17 续表 2　continued

行　业	Sector	产品销售率(%) Rate of Products Sold(%)	流动资金周转次数(次) Times of Turnover Circulating Funds (time)	劳动生产率(元/人) Overall Labor Productivity (yuan/person)
总计	**Total**	**98.08**	**1.84**	**77639**
在总计中:轻工业	Light Industry	97.43	1.94	66670
重工业	Heavy Industry	98.73	1.75	90930
按工业行业分	By Sector			
煤炭采选业	Coal Mining and Dressing	101.38	2.66	25131
黑色金属矿采选业	Ferrous Metals Mining and Dressing	97.28	0.88	18392
有色金属矿采选业	Nonferrous Metals Mining and Dressing	98.60	1.28	30264
非金属矿采选业	Nonmetal Minerals Mining and Dressing	98.56	0.95	14531
其他矿采选业	Other Minerals Mining and Dressing			
食品加工业	Food Processing	95.80	1.76	31197
食品制造业	Food Manufacturing	107.22	2.00	31901
饮料制造业	Beverage Manufacturing	100.16	1.94	150305
烟草加工业	Tobacco Processing	95.40	1.761	529281
纺织业	Textile Industry	97.07	2.53	39568
服装及其他纤维制品制造业	Garments and Other Fiber Products	97.02	1.98	45586
皮革、毛皮、羽绒及其制品业	Leather, Furs, Down and Related Products	99.30	2.05	70868
木材加工及竹、藤、棕、草制品业	Timber Processing, Bamboo, Cane Palm Fiber and Straw Products	98.84	2.15	30737
家具制造业	Furniture Manufacturing	97.97	4.95	78662
造纸及纸制品业	Papermaking and Paper Products	99.09	1.31	70445
印刷业记录媒介的复制	Printing and Record Medium Reproduction	98.84	1.20	71197
文教体育用品制造业	Cultural, Educational and Sports Goods	98.29	2.03	68844

7－17 续表 3　continued

行　　业	Sector	产品销售率(％) Rate of Products Sold(％)	流动资金周转次数(次) Times of Turnover Circulating Funds (time)	劳动生产率(元/人) Overall Labor Productivity (yuan/person)
石油加工及炼焦业	Petroleum Processing and Coking	99.17	4.58	302404
化学原料及化学制品制造业	Raw Chemical Materials and Chemical Products	97.40	2.18	64588
医药制造业	Medical and Pharmaceutical Products	96.57	1.24	86756
化学纤维制造业	Chemical Fiber	96.50	3.53	75482
橡胶制品业	Rubber Products	97.98	1.74	73443
塑料制品业	Plastic Products	97.86	2.17	67595
非金属矿物制品业	Nonmetal Mineral Products	99.10	1.63	65743
黑色金属冶炼及压延加工业	Smelting and Pressing of Ferrous Metals	99.87	1.136	3769
有色金属冶炼及压延加工业	Smelting and Pressing of Nonferrous Metals	98.00	3.30	77755
金属制品业	Metal Products	97.14	2.06	43374
普通机械制造业	Ordinary Machinery	96.74	1.41	55559
专用设备制造业	Special Purpose Equipment	97.04	1.57	59220
交通运输设备制造业	Transport Equipment	98.90	1.74	80962
电气机械及器材制造业	Electric Equipment and Machinery	97.83	1.60	81845
电子及通信设备制造业	Electronic and Telecommunications Equipment	98.16	0.71	45597
仪器仪表及文化、办公用机械制造业	Instruments, Meters, Cultural and Office Machinery	100.25	1.40	55649
电力、蒸汽、热水的生产和供应业	Electric Power, Steam and Hot Water Production and Supply	100.07	1.80	351126
煤气生产和供应业	Gas Production and Supply	108.83	1.75	-431
自来水的生产和供应业	Tap Water Production and Supply	99.72	0.64	95347

主要统计指标解释

工业增加值 是指工业行业在报告期内以货币表现的工业生产活动的最终成果。

固定资产原价 固定资产原值指企业在建造、购置、安装、改建、扩建、技术改造某项固定资产时所支出的全部货币总额。它一般包括买价、包装费、运杂费和安装费等。

固定资产净值 是指固定资产原价减去历年已提折旧额后的净额。

流动资产 流动资产是指可以在一年或者超过一年的一个营业周期内变现或者耗用的资产，包括现金及各种存款、短期投资、应收及预付货款、存货等。

利税总额 指企业利润总额、产品销售税金及附加和应交增值税之和。

产品销售收入 指企业销售产品的销售收入和提供劳务等主要经营业务取得的业务总额。

产品销售成本 指企业销售产品和提供劳务等主要经营业务的实际成本。

产品销售税金及附加 指企业销售产品和提供工业性劳务等主要经营业务应负担的城市维护建设税、消费税、资源税和教育费附加。

产品销售利润 指企业销售产品和提供工业性劳务等主要经营业务收入扣除其成本、费用、税金后的利润。

利润总额 指企业实现的利润。

应交增值税 指企业在报告期内应交纳的增值税额。

资本金 指企业在工商行政管理部门登记的注册资金合计。企业资本金按投资主体可分为国家资本金、法人资本金、个人资本金和外商资本金等。资本金合计包括企业各种投资主体注册的全部资本金。

总资产 指企业拥有或控制的全部资产。包括流动资产、长期投资、固定资产、无形及递延资产、其他长期资产、递延税项等，即为企业资产负债表的资产总计项。

(1) 流动资产 指企业可以在一年内或者超过一年的一个生产周期内变现或耗用的资产合计。包括现金及各种存款、短期投资、应收及预付款项、存货等。

(2) 固定资产 指企业固定资产净值、固定资产清理、在建工程、待处理固定资产损失所占用的资金合计。

(3) 无形资产 指企业l、期使用而没有实物形态的资产。包括专利权、非专利技术、商标权、著作权、土地使用权、商誉等。

总负债 指企业承担并需要偿还的全部债务。包括流动负债和长期负债、递延税项等，即为企业资产负债表的负债合计项。

(1) 流动负债 指企业在一年内或者超过一年的一个营业周期内需要偿还的债务合计，其中包括短期借款、应付及预收款项、应付工资、应交税金和应交利润等。

(2) 长期负债 指企业在一年以上或者超过一年的一个生产周期以上需要偿还的债务合计，其中包括长期借款、应付债务、长期应付款项等。

所有者权益 指企业投资人对企业净资产的所有权。企业净资产等于企业全部资产减去全部负债后的余额，其中包括投资者对企业的最初投入，以及资本公积金、盈余公积金和未分配利润，对股份制企业即为股东权益。

流动资产周转次数 指在一定时期内流动资产完成的周转次数，反映流动资产的周转速度。
计算公式为流动资金周转次数 = 产品销售收入／全部流动资产平均余额。

全员劳动生产率 指根据产品的价值量指标计算的平均每一从业人员在单位时间内的产品生产量。计算公式为全员劳动生产率 = 工业增加值 ÷ 全部从业人员数

Explanatory Notes on Main Statistical Indicator

Value Added of Industry refers to the final results of industrial production of the industrial trade in money terms during the reference period.

Original Value of Fixed Assets refers to the original value of all fixed assets owned by industrial enterprises, calculated at the cost paid at the time of purchase, installation, reconstruction, expansion, and technical innovation and transformation of the said assets, which includes expenses on purchase, package, transportation, and installation, etc.

Net Value of Fixed Assets is obtained by deducting depreciation over years from the original value of fixed assets.

Working Capital (Circulating Assets) refers to assets which can be cashed in or spent or consumed in an operating cycle of one year or over one year, which includes cash, various deposits, short term investment, and receivable payments, and advance payments, stock, etc.

Total Value of Profit and Tax(Pre-tax Profits) refers to the sum of the total profits, products sales tax and surcharges and the value added tax payable of industrial enterprises. It is also called pre-tax profits.

Sales Revenue of Industrial Products refers to the revenue from the sales of products by industrial enterprises and the revenue from services provided and etc.

Sales Cost of Industrial Products refers to the actual cost of products of industrial enterprises and industrial services provided, etc.

Tax and Extra Charges on Sales of Products refer to the tax on city maintenance and construction, consumption tax, resources tax and extra charges for education, which should be borne by the enterprises in selling products and providing industrial services.

Sales Profit of Products refers to the profit gained by the enterprises by deducting cost, charges and taxes from the business income of the enterprises obtained in selling products and providing industrial services.

Total Profits refer to the profits gained by the enterprises.

Value Added Tax Payable refers to the amount of the value added tax which should be paid by the enterprises in the reporting period.

Capital refers to the corporation's capital registered in the departments of administration for industry and commerce. According to the different nature of investors, corporations' capital can be divided into state capital, legal person's capital, personal capital, foreign capital, etc. Total capital includes total registered capital of all investors in the corporation.

Total Assets refer to all assets which are owned or controlled by enterprises, including circulating assets, long-term investment, fixed assets, intangible assets and deferred assets, other long-term assets, and deferred taxes, etc. The summation of above items is equal to total assets shown in the balance sheets of the enterprises.

(1) Circulating assets (working capital) refer to assets which can be cashed in or spent or consumed in an operating cycle of one year or over one year, including cash, all kinds of deposits, short term investment, receivables, advance payment, stock, etc.

(2) Fixed assets refer to the net value of fixed assets, clearance of fixed assets, project under construction, fixed assets losses in suspense. These are corporations' fund holdings.

(3) Intangible assets refer to the assets without material form used by enterprises over a long time, such as patents, non-patent technologies, trade marks, copyright, land use right, business reputation, etc.

Total liabilities refer to the debts that enterprises are responsible for repayment, including liquid liabilities, long-term liabilities and deferred taxes, etc. Total liabilities correspond to the summation item of liabilities shown in the balance sheets of the enterprises.

(1) Liquid liabilities (also called quick liabilities or immediate liabilities) refer to enterprises total debt payable within an operating cycle of one year or over one year, including short term loans, payables and advance payments, wages payables, taxes payable and profit payable, etc.

(2) Long-term liabilities refers to total debt payable within an operating cycle of one year or over one year, including long-term loans, payable liabilities, long-term payables, etc.

Creditors' Equity refers to investors' ownership of net assets of the enterprise. It is equal to the total assets of the enterprise minus its total liabilities, including the primary input from investors, capital accumulation fund, surplus accumulation fund and undistributed profit. It is the stock holders' equity in stock companies.

Turnover of working Capital refers to the number of times of turnover of working capotal in a given period of time, which reflects the speed of the turnover of working capital and is calculated as follows:

Turnover of Working Capital(%) = (Sales Revenue of Products) ÷ (Average Balance of Total Working Capital) × 100%

Overall Labour Productivity of Industrial Enterprises refers to the average output per employed person in industrial enterprises in value terms. At present, the value added and the average number of staff and workers of an industrial enterprises in a given period are used to calculate the overall labour productivity. The formula used is:

Overall Labour Productivity = (Value Added of industry) ÷ (Average Number of Staff and Workers)

建筑业和地质勘查

CONSTRUCTION and GEOLOGICAL PROSPECTING

Chapter 8

8－1 建筑业企业概况
Major Indicators of Construction Enterprises

年 份 Year	总 计 Total	国有施工企业 State-owned Construction Enterprises	集体施工企业 Collective-owned Construction Enterprises	其他经济类型施工企业 Others
企业单位数(个) Number of Enterprises(unit)				
1990	2550	109	2441	
1991	2503	120	2383	
1992	2450	112	2314	24
1993	2901	160	2721	20
1994	3538	215	3273	.50
1995	3549	218	3216	115
1996	3691	354	2671	666
1997	3937	399	2569	969
1998	3540	341	1572	1627
1999	3657	330	1333	1994
2000	3592	283	971	3238
2001	3370	200	575	2595
从业人员(万人) Number of Employed Persons (10000 Persons)				
1990	67.37	10.79	56.58	
1991	70.46	11.05	59.40	
1992	75.25	10.67	63.90	0.68
1993	97.28	10.07	86.71	0.50
1994	127.89	14.71	112.08	1.11
1995	144.21	17.24	121.80	5.17
1996	145.32	21.76	105.32	18.24
1997	141.22	19.85	97.16	24.21
1998	142.51	19.89	77.45	45.17
1999	150.63	19.09	65.17	66.37
2000	165.90	15.77	52.99	97.14
2001	185.17	11.32	33.24	140.61
总产值(亿元) Gross Output Value (100 million yuan)				
1990	78.98	20.10	58.88	
1991	92.83	21.11	71.72	
1992	134.00	26.01	106.25	1.80
1993	260.54	35.97	222.95	1.62
1994	470.79	73.47	392.74	4.58
1995	710.23	113.69	560.75	35.79
1996	845.68	149.81	591.41	104.46
1997	883.33	157.11	572.15	154.07
1998	942.53	172.12	463.79	306.62
1999	1128.28	181.74	446.97	499.57
2000	1383.77	147.12	395.18	841.47
2001	1768.45	128.98	273.87	1365.60

8-2 国有经济建筑企业主要经济指标

Major Economic Indicators of State-owned Construction Enterprises

指　　标		Item		1999	2000	2001
建筑业总产值	（亿元）	Gross Output Value of Construction	(100 million yuan)	181.7	147.1	128.9
增加值	（亿元）	Added Value	(100 million yuan)	33.8	30.2	27.3
实现利润总额	（亿元）	Total Profits	(100 million yuan)	2.9	2.2	2.3
上缴税金	（亿元）	Taxes Turned over to State	(100 million yuan)	5.1	4.3	4.4
房屋建筑施工面积	（万平方米）	Floor Space of Buildings under Construction	(10000 sq. m)	1300.2	883.7	595.0
房屋建筑竣工面积	（万平方米）	Floor Space of Buildings Completed	(10000 sq. m)	645.3	375.9	264.3
房屋竣工率	（%）	Percentage of Buildings Completed	(%)	49.6	42.5	44.2
全部职工平均人数	（万人）	Average Number of Staff and Workers	(10000 persons)	19.09	15.77	11.32
年末拥有固定资产原值	（亿元）	Original Value of Fixed Assets Owned (year-end)	(100 million yuan)	53.3	47.8	39.3
年末拥有固定资产净值	（亿元）	Net Value of Fixed Assets Owned (year-end)	(100 million yuan)	37.5	33.0	25.4

8-2 续表 continued

指标		Item		1999	2000	2001
年末拥有机械设备总台数	（万台）	Number of Machinery and Equipment Owned (year-end)	(10000 units)	5.59	4.96	5.70
年末拥有机械设备总功率	（万千瓦）	Total Power of Machinery and Equipment Owned (year-end)	(10000 kw)	108.4	87.8	74.4
全员劳动生产率		Overall Labor Productivity				
按总产值计算	（元/人）	Calculated by Gross Output Value	(yuan/person)	95203	93292	113936
按增加值计算	（元/人）	Calculated by Added - Value	(yuan/person)	17725	19147	24074
技术装备率	（元/人）	Value of Machines per Labourer	(yuan/person)	10402	9721	13622
动力装备率	（千瓦/人）	Power of Machines Per Labourer	(kw/person)	6.0	5.6	6.6
产值利润率	（%）	Ratio of Profit to Gross Output Value	(%)	1.6	1.5	1.8
优良品率		Rate of High Quality Projects				
按单位工程个数计算	（%）	Calculated by Number of Projects	(%)	41.4	45.1	37.5
按房屋竣工面积计算	（%）	Calculated by Floor Space of Buildings Completed	(%)	50.0	50.9	47.9

8-3 集体经济建筑企业主要经济指标
Major Economic Indicators of Collective-owned Construction Enterprises

指标		Item		1999	2000	2001
建筑业总产值	(亿元)	Gross Output Value of Construction	(100 million yuan)	447.0	395.2	273.9
增加值	(亿元)	Added Value	(100 million yuan)	99.2	89.6	60.3
实现利润总额	(亿元)	Total Profits	(100 million yuan)	8.2	8.9	5.4
上缴税金	(亿元)	Taxes Turned over to State	(100 million yuan)	14.0	12.5	8.5
房屋建筑施工面积	(万平方米)	Floor Space of Buildings under Construction	(10000 sq. m)	5969.9	5365.9	3753.8
房屋建筑竣工面积	(万平方米)	Floor Space of Buildings Completed	(10000 sq. m)	2780.6	2359.8	1769.0
房屋竣工率	(%)	Percentage of Buildings Completed	(%)	46.6	44.0	47.1
全部职工平均人数	(万人)	Average Number of Staff and Workers	(10000 person)	65.17	52.99	33.24
年末拥有固定资产原值	(亿元)	Original Value of Fixed Assets Owned (year-end)	(100 million yuan)	97.2	78.9	52.9
年末拥有固定资产净值	(亿元)	Net Value of Fixed Assets Owned (year-end)	(100 million yuan)	73.9	59.2	40.6

8－3 续表 continued

指标		Item		1999	2000	2001
年末拥有机械设备总台数	（万台）	Number of Machinery and Equipment Owned（year-end）	（10000 units）	22.48	18.22	12.38
年末拥有机械设备总功率	（万千瓦）	Total Power of Machinery and Equipment Owned（year-end）	（10000 kw）	218.9	177.4	120.7
年末拥有机械设备净值	（亿元）	Net Value of Machinery and Equipment Owned（year-end）	（100 million yuan）	43.0	33.4	23.6
全员劳动生产率		Overall Labor Productivity				
按总产值计算	（元/人）	Calculated by Gross Output Value	（yuan/person）	68587	74573	82391
按增加值计算	（元/人）	Calculated by Added-Value	（yuan/person）	15227	16904	18130
技术装备率	（元/人）	Value of Machines per Labourer	（yuan/person）	6023	6303	7088
动力装备率	（千瓦/人）	Power of Machines per Labourer	（kw/person）	3.1	3.3	3.6
产值利润率	（%）	Ratio of Profit to Gross Output Value	（%）	1.8	2.3	2.0
优良品率		Rate of High Quality Projects				
按单位工程个数计算	（%）	Calculated by Number of Projects	（%）	28.8	29.8	29.8
按房屋竣工面积计算	（%）	Calculated by Floor Space of Buildings Completed	（%）	45.9	46.6	49.3

8－4 各地区按登记注册类型分的建筑业企业单位数(2001年)

Number of Construction Enterprises by Registration Status and Region(2001)

单位:个 (unit)

地区 Region		建筑业总产值 Gross Output Value of Construction	内资企业 Domestic Capital Enterprises	国有企业 State-owned Enterprises	集体企业 Collective-owned Enterprises	股份合作企业 Share Holdings Enterprises	私营企业 Private Enterprises	港澳台商投资企业 Enterprises Funded by Entrepreneurs from Hong Kong Macao and Taiwan	外商投资企业 Foreign Funded Enterprises
全省	**Total**	**3370**	**3327**	**200**	**575**	**230**	**1180**	**29**	**14**
杭州市	Hangzhou	695	681	54	82	18	228	9	5
宁波市	Ningbo	508	500	23	69	30	235	6	2
温州市	Wenzhou	417	416	17	99	98	71		1
嘉兴市	Jiaxing	237	230	10	30	14	120	6	1
湖州市	Huzhou	156	151	19	29	5	34	4	1
绍兴市	Shaoxing	320	315	13	67	5	136	1	4
金华市	Jinhua	338	338	22	64	6	117		
衢州市	Quzhou	127	127	12	22	2	53		
舟山市	Zhoushan	130	128	8	22	8	52	2	
台州市	Taizhou	284	283	9	48	36	81	1	
丽水市	Lishui	158	158	13	43	8	53		

8－5 各地区按登记注册类型分的建筑业企业从业人员(2001 年)

Number of Staff and Workers in Construction Enterprises by Registration Status and Region(2001)

单位:万人 (10 000 persons)

地区 Region	建筑业总产值 Gross Output Value of Construction	内资企业 Domestic Capital Enterprises	国有企业 State-owned Enterprises	集体企业 Collective－owned Enterprises	股份合作企业 Share Holdings Enterprises	私营企业 Private Enterprises	港澳台商投资企业 Enterprises Funded by Entrepreneurs from Hong Kong Macao and Taiwan	外商投资企业 Foreign Funded Enterprises
总 计 Total	**185.17**	**183.64**	**11.32**	**33.24**	**7.50**	**43.69**	**0.77**	**0.75**
杭州市 Hangzhou	33.59	33.15	2.74	2.01	0.52	6.47	0.31	0.12
宁波市 Ningbo	25.24	25.14	2.80	2.23	0.90	6.99	0.10	
温州市 Wenzhou	18.06	18.05	1.54	6.62	2.70	1.08		0.01
嘉兴市 Jiaxing	7.91	7.77	0.26	1.42	0.35	2.92	0.13	0.01
湖州市 Huzhou	6.84	6.76	0.65	1.39	0.16	0.89	0.08	
绍兴市 Shaoxing	42.86	42.20	0.86	8.84	0.86	11.71	0.06	0.59
金华市 Jinhua	21.19	21.19	0.98	5.15	0.05	3.55		
衢州市 Quzhou	5.02	5.02	0.27	0.54	0.06	1.72		
舟山市 Zhoushan	3.15	3.12	0.21	0.35	0.17	1.22	0.03	
台州市 Taizhou	17.17	17.11	0.38	3.56	1.49	6.02	0.06	
丽水市 Lishui	4.13	4.13	0.64	1.12	0.23	1.11		

8－6 各地区建筑业总产值构成(2001年)
Total Construction Output Value by Region(2001)

单位:万元 (10000 yuan)

地 区	Region	建筑业总产值 Gross output Value of Construction	建筑工程产值 Output Value of Construction	安装工程产值 Output Value of Installation	房屋、建筑物修理产值 Output Value of Building Repair and Maintenance	非标准设备制造产值 Output Value of Non-standard Equipment Manufactured
全省	Total	**17684490**	**15546022**	**1857665**	**181209**	**99595**
杭州市	Hangzhou	3582057	3000883	493212	21091	66871
宁波市	Ningbo	2504216	2184884	283620	20875	14838
温州市	Wenzhou	1524580	1332862	173559	15274	2885
嘉兴市	Jiaxing	591754	519531	56831	13514	1879
湖州市	Huzhou	567231	491488	68744	6139	860
绍兴市	Shaoxing	4571900	4025096	471660	67890	7254
金华市	Jinhua	1860383	1696621	150821	10262	2679
衢州市	Quzhou	409262	364792	37987	5663	820
舟山市	Zhoushan	211889	190932	18508	2388	62
台州市	Taizhou	1535367	1459055	66693	9351	269
丽水市	Lishui	325853	279879	36032	8763	1179

8-7 各地区按登记注册类型分的建筑业总产值(2001年)

Total Construction Output Value by Registration Status and Region(2001)

单位:万元 (10000 yuan)

地区 Region		建筑业总产值 Gross Output Value of Construction	内资企业 Domestic Capital Enterprises	国有企业 State-owned Enterprises	集体企业 Collective-owned Enterprises	股份合作企业 Share Holdings Enterprises	私营企业 Private Enterprises	港澳台商投资企业 Enterprises Funded by Entrepreneurs from Hong Kong Macao and Taiwan	外商投资企业 Foreign Funded Enterprises
全省	**Total**	**17684490**	**17490272**	**1289754**	**2738683**	**697799**	**3461892**	**99654**	**94564**
杭州市	Hangzhou	3582057	3503916	363128	168342	44994	542872	59792	18349
宁波市	Ningbo	2504216	2494737	359309	182318	78033	596799	9355	125
温州市	Wenzhou	1524580	1523498	148546	514993	228189	78368		1082
嘉兴市	Jiaxing	591754	583513	20538	108478	18889	208344	7620	621
湖州市	Huzhou	567231	559021	59993	82556	11775	58549	8045	165
绍兴市	Shaoxing	4571900	4492696	109103	815919	147108	983403	4980	74224
金华市	Jinhua	1860383	1860383	84757	429075	5368	208750		
衢州市	Quzhou	409262	409262	18348	36373	5555	131612		
舟山市	Zhoushan	211889	210160	15216	22438	14541	68853	1729	
台州市	Taizhou	1535367	1527233	49007	299713	125317	494319	8133	
丽水市	Lishui	325853	325853	61808	78479	18029	90023		

8-8 各地区按所含专业分的建筑业总产值(2001年)
Total Construction Output Value by Sector and Region(2001)

单位:万元 (10000 yuan)

地区 Region		建筑业总产值 Gross Output Value of Construction	土木工程建筑业 Civil Engineering	房屋建筑业 Building	铁路、隧道公路、桥梁建筑业 Railways, Tunnels, Highways and Bridges	堤坝、电站码头建筑业 Dykes and dams, Electric station and wharf	线路管道设备安装业 Output Value of Line and Equipment Installation	#线路管道安装业 Line Installation	建筑物装修装饰业 Output Value of Building Decoration
全省	**Total**	**17684490**	**15716508**	**11936449**	**2385579**	**430731**	**1381390**	**762505**	**586593**
杭州市	Hangzhou	3582057	2953987	2056699	502708	195581	464803	258053	163266
宁波市	Ningbo	2504216	2173739	1577368	365142	73477	241817	134796	88660
温州市	Wenzhou	1524580	1338695	780048	306515	25890	136240	82992	49644
嘉兴市	Jiaxing	591754	516363	384140	87524	14661	50065	32018	25327
湖州市	Huzhou	567231	498457	340327	135067	12132	49811	23834	18963
绍兴市	Shaoxing	4571900	4257979	3694659	378436	25537	170323	53122	143597
金华市	Jinhua	1860383	1749666	1477884	194925	28963	66164	32486	44552
衢州市	Quzhou	409262	377024	249353	101570	8746	29049	25628	3189
舟山市	Zhoushan	211889	183779	147268	21319	10103	19319	8743	8791
台州市	Taizhou	1535367	1410976	1090835	211028	21526	93414	91692	30977
丽水市	Lishui	325853	255841	137868	81345	14116	60386	19141	9627

8－9 各地区建筑业企业房屋建筑面积(2001 年)
Floor Space of Building Construction by Region(2001)

单位:万平方米 (10000 sq. m)

地区 Region		房屋建筑面积 Floor Space of Building Construction		国有企业 State-owned Construction Enterprises		集体企业 Collective－owned Construction Enterprises	
		施工面积 Floor Space under Construction	竣工面积 Floor Space Completed	施工面积 Floor Space under Construction	竣工面积 Floor Space Completed	施工面积 Floor Space under Construction	竣工面积 Floor Space Completed
全 省	**Total**	**21842.25**	**10035.62**	**595.04**	**264.31**	**3753.82**	**1768.98**
杭州市	Hangzhou	3646.84	1590.4	121.12	57.72	182.3	76.2
宁波市	Ningbo	3201.77	1554.68	188.77	102.7	225.11	121.48
温州市	Wenzhou	1809.29	724.44	196.73	46.43	812.3	360.58
嘉兴市	Jiaxing	954.25	563.1	12.12	9.59	196.22	119.06
湖州市	Huzhou	632.16	361.22	4.94	3.36	125.86	66.22
绍兴市	Shaoxing	5419.59	2513.08	11.4	7.26	829.85	415.31
金华市	Jinhua	2935.2	1245.79	40.94	25	794.17	358.58
衢州市	Quzhou	478.1	231.45	6.34	3.94	41.15	18.78
舟山市	Zhoushan	233.63	102.4	5.59	2.71	14.06	8.18
台州市	Taizhou	2208.57	1001.96			389.84	168.52
丽水市	Lishui	322.85	147.09	7.09	5.59	142.96	56.07

8－10 各地区建筑业企业劳动生产率(2001 年)

Labor Productivity of Construction by Region(2001)

单位:元/人 (yuan/person)

地区 Region	按建筑业总产值计算的劳动生产率 Overall Labor Productivity Calculated by Gross Output Value of Construction	国有企业 State-owned Enterprises	集体企业 Collective－owned Enterprises	按增加值计算的劳动生产率 Overall Labor Productivity Calculated by Added Value	国有企业 State-owned Enterprises	集体企业 Collective owned Enterprises
全省 Total	**95504**	**113936**	**82391**	**20359**	**24074**	**18130**
杭州市 Hangzhou	106641	132528	83752	20446	32833	17867
宁波市 Ningbo	99216	128325	81757	22767	21982	18397
温州市 Wenzhou	84417	96458	77794	18904	20100	16864
嘉兴市 Jiaxing	74811	78992	76393	18293	14982	18840
湖州市 Huzhou	82929	92297	59393	16799	18408	11776
绍兴市 Shaoxing	106671	126864	92299	21322	27153	19937
金华市 Jinhua	87795	86487	83316	20039	18771	18723
衢州市 Quzhou	81526	67956	67357	15191	11349	13730
舟山市 Zhoushan	67266	72457	64109	16344	18943	15704
台州市 Taizhou	89421	128966	84189	21822	29595	20354
丽水市 Lishui	78899	96575	70071	16087	22122	11511

8－11 各地区建筑业企业工程质量(2001年)
Project Quality of Construction by Region(2001)

地 区 Region		验收鉴定的单位工程竣工个数（个）Number of Completed Projects (unit)	#优良品 High Quality	单位工程优良品率（%）Percentage of High Quality Projects (%)	验收鉴定的房屋建筑竣工面积（万平方米）Floor Space of Buildings Completed (10000 sq. m)	#优良品 High Quality	房屋竣工面积优良品率（%）Percentage of Floor Space of High Quality Buildings (%)
全　省	Total	41470	13443	32.4	9707.89	4997.20	51.5
杭州市	Hangzhou	7039	2177	30.9	1359.7	656.19	48.3
宁波市	Ningbo	6446	1376	21.3	1505.54	604.82	40.2
温州市	Wenzhou	4413	1223	27.7	733.72	324.17	44.2
嘉兴市	Jiaxing	2784	1175	42.2	504.19	273.82	54.3
湖州市	Huzhou	3672	909	24.8	354.43	212.82	60.0
绍兴市	Shaoxing	5297	2625	49.6	2605.77	1526.89	58.6
金华市	Jinhua	4078	1685	41.3	1210.54	654.43	54.1
衢州市	Quzhou	1526	515	33.7	216.45	128.3	59.3
舟山市	Zhoushan	719	184	25.6	89.62	46.17	51.5
台州市	Taizhou	2852	1000	35.1	983.55	509.22	51.8
丽水市	Lishui	2644	574	21.7	144.38	60.36	41.8

8－12 各地区建筑业企业技术装备情况(2001年)

Equipment Owned by Construction Enterprises by Region(2001)

地 区 Region		自有机械设备总台数(台) Number of Machinery and Equipment Owned (unit)	自有机械设备总功率(万千瓦) Total Power of Machinery and Equipment Owned (10000 kw)	#施 工机械功率 Power of Construction Machinery	自有机械设备净值(万元) Net Value of Machinery and Equipment Owned (10000 yuan)	技术装备率(元/人) Value of Machines per Labourer (yuan/person)	动力装备率(千瓦/人) Power of Machines per Labourer (kw/person)
全 省	**Total**	**575879**	**682.1**	**573.2**	**1390597**	**7510**	**3.68**
杭州市	Hangzhou	115940	123.3	92.0	271027	8069	3.67
宁波市	Ningbo	69728	84.4	73.9	178295	7064	3.34
温州市	Wenzhou	69590	91.3	72.9	181840	10069	5.06
嘉兴市	Jiaxing	36706	30.9	26.5	53689	6788	3.91
湖州市	Huzhou	21617	24.3	20.6	44263	6471	3.55
绍兴市	Shaoxing	110030	127.7	114.2	284973	6649	2.98
金华市	Jinhua	58076	75.4	63.2	145123	6849	3.56
衢州市	Quzhou	16390	21.6	18.4	33344	6642	4.30
舟山市	Zhoushan	11340	11.8	11.2	21443	6807	3.75
台州市	Taizhou	54190	73.9	66.8	147186	8572	4.30
丽水市	Lishui	12272	17.6	13.5	29414	7122	4.26

8－13 各地区建筑业企业资产与负债(2001年)

Assets and Liabilities of Construction Enterprises by Region(2001)

单位:万元 (10000 yuan)

地区 Region		资产合计 Total Assets	#流动资产 Circulating Funds	#固定资产 Fixed Assets	流动负债 Liquid Liabilities	长期负债 Long-term Liabilities	所有者权益 Creditors' Equity
全 省	**Total**	**12098869**	**8827039**	**2368518**	**7406917**	**378025**	**4313927**
杭州市	Hangzhou	3154653	2227881	540288	2059093	104099	991461
宁波市	Ningbo	1715445	1302369	304686	1000747	121573	593126
温州市	Wenzhou	1516953	1156838	276533	1026815	13662	476476
嘉兴市	Jiaxing	532144	400977	101192	351727	5635	174782
湖州市	Huzhou	520948	389050	100145	351567	10355	159026
绍兴市	Shaoxing	1729581	1192862	415572	881065	49955	798562
金华市	Jinhua	1107077	793115	252085	615275	37668	454133
衢州市	Quzhou	349618	269859	65311	222723	11792	115103
舟山市	Zhoushan	242091	183451	46310	159650	4837	77604
台州市	Taizhou	1006050	752650	212410	614120	11942	379989
丽水市	Lishui	224310	157988	53987	124137	6506	93667

8-14 各地区建筑业企业总收入(2001年)

Total Income of Construction Enterprises by Region(2001)

(单位:万元) (10000 yuan)

地区	Region	企业总收入 Total Income	工程结算收入 Revenue of Project Settlement Accounts	#工程结算成本 Costs of Project Settlement Accounts	#工程结算利润 Profits of Project Settlement Accounts	其他业务收入 Other Revenue from Business	#其他业务利润 Other Profit from Business
全省	**Total**	**15376044**	**15077514**	**13488237**	**1057589**	**298530**	**52813**
杭州市	Hangzhou	3238290	3176498	2817670	249810	61792	13570
宁波市	Ningbo	2328444	2267880	2016123	172733	60564	11030
温州市	Wenzhou	1349592	1328453	1190350	90652	21139	2758
嘉兴市	Jiaxing	535566	519430	469254	32736	16136	3295
湖州市	Huzhou	556340	527431	477281	34867	28909	4424
绍兴市	Shaoxing	3720732	3653841	3309587	207605	66891	10038
金华市	Jinhua	1611971	1606919	1430519	118924	5052	2836
衢州市	Quzhou	372451	347612	310592	25639	24840	1616
舟山市	Zhoushan	185702	182578	162275	14109	3124	421
台州市	Taizhou	1219235	1210848	1081022	87088	8388	2077
丽水市	Lishui	257721	256025	223563	23427	1696	747

8-15 各地区建筑业企业利税总额(2001年)
Profits and Taxes of Construction Enterprises by Region(2001)

地区 Region		利税总额(万元) Total Pre-tax Profits (10000 yaun)	利润总额 Total Profits	工程结算税金及附加 Taxes and Extra Charges on Project Settlement Accounts	税金 Taxes	产值利税率(%) Ratio of Pre-tax Profits to Output Value	资产利税率(%) Ratio of Pre-tax Profits to Assets
全省	**Total**	**1009064**	**458497**	**531687**	**18880**	**5.7**	**8.3**
杭州市	Hangzhou	202621	90046	109017	3558	5.7	6.4
宁波市	Ningbo	160016	77812	79024	3180	6.4	9.3
温州市	Wenzhou	84065	33449	47451	3164	5.5	5.5
嘉兴市	Jiaxing	28405	10345	17439	620	4.8	5.3
湖州市	Huzhou	30337	14400	15284	653	5.3	5.8
绍兴市	Shaoxing	262394	122665	136648	3081	5.7	15.2
金华市	Jinhua	107384	47835	57476	2073	5.8	9.7
衢州市	Quzhou	20249	8396	11381	472	4.9	5.8
舟山市	Zhoushan	10190	3850	6194	147	4.8	4.2
台州市	Taizhou	86463	42224	42738	1501	5.6	8.6
丽水市	Lishui	16941	7474	9035	432	5.2	7.6

8－16 建筑业企业财务状况(2001 年)

Financial Indicators of Construction Enterprises by Region(2001)

单位:万元 (10000 yuan)

指标	Item	资产合计 Total Assets	流动资产小计 Liquid Assets	长期投资 Long-Term Investment	固定资产小计 Fixed Assets	无形及递延资产小计 Intangible and Deferred Assets	流动负债小计 Total Liquid Liabilities
总计	**Total**	**12098869**	**8827039**	**599375**	**2368518**	**169445**	**7406917**
#一、二级企业	The First and Second Grade Construction Enterprises	8068502	5868853	492130	1504964	116362	5082012
#国有及国有控股	State-owned Enterprises and Joint-ownership Enterprises where State Held the Controlling Share	2240951	1593274	120761	482072	21496	1431954
按登记注册类型分组	**by Registration**						
内资企业	Domestic Capital Enterprises	11952349	8721710	598144	2338402	164474	7322135
国有企业	State-owned	1167234	852515	34119	254252	12461	733714
集体企业	Collective owned	2011062	1510768	45680	405541	26469	1306082
股份合作企业	Share Holding	528724	379599	22761	113521	6694	291600
私营企业	Private	2140418	1568213	48357	474570	28304	1164366
港、澳、台商投资企业	Funded by Entrepreneurs from Hong Kong, Macao and Taiwan	69506	55972	531	10989	1628	45624
外商投资企业	Foreign Funded	77014	49358	701	19127	3344	39157
按国民经济行业分组	**by Sector**						
土木工程建筑业	Civil Engineering	10118666	7305537	510619	2055432	142235	6171335
线路管道设备安装业	Line and Equipment Installation	1485112	1151544	71487	222764	17484	972169
装修装饰业	Building Decoration	495091	369958	17269	90322	9727	263412

指标	Item	长期负债 Long-Term Liabilities	负债合计 Total Liabilities	所有者权益合计 Creditors´ Equity	工程结算收入 Revenue of Project Settled Accounts	工程结算成本 Costs of Project Settled Accounts	工程结算税金及附加 Taxes and Extra Charges on Project Settled Accounts
总计	**Total**	**378025**	**7784942**	**4313927**	**15077514**	**13488237**	**531687**
#一、二级企业	The First and Second Grade Construction Enterprises	316715	5398726	2669776	10912083	9867470	379393
#国有及国有控股	State-owned Enterprises and Joint-ownership Enterprises where State Held the Controlling Share	143456	1575409	665541	2524338	2258254	80918
按登记注册类型分组	**by Registration**						
内资企业	Domestic Capital Enterprises	373089	7695224	4257126	14916109	13348171	526815
国有企业	State-owned	101250	834963	332271	1288140	1128060	41824
集体企业	Collective owned	50519	1356601	654461	2210446	1986001	81354
股份合作企业	Share Holding	14338	305938	222786	625210	555578	22252
私营企业	Private	32465	1196831	943587	2881103	2566908	107719
港、澳、台商投资企业	Funded by Entrepreneurs from Hong Kong, Macao and Taiwan	262	45886	23620	75795	65858	2903
外商投资企业	Foreign Funded	4675	43833	33182	85610	74208	1970
按国民经济行业分组	**by Sector**						
土木工程建筑业	Civil Engineering	342286	6513621	3605045	13241244	11967820	471349
线路管道设备安装业	Line and Equipment Installation	24492	996661	488451	1338353	1096558	41701
装修装饰业	Building Decoration	11247	274659	220432	497918	423859	18638

指标	Item	管理费用 Management Expenses	财务费用 Financial Expenses	营业利润 Business Profits	利润总额 Total Profits	应交所得税 Income Tax Payable	本年应付工资总额 Total Wages Payable
总计	**Total**	**585045**	**66622**	**458735**	**458497**	**132655**	**2370054**
#一、二级企业	The First and Second Grade Construction Enterprises	364014	47849	286556	284694	78717	1675864
#国有及国有控股	State-owned Enterprises and Joint-ownership Enterprises where State Held the Controlling Share	137307	9371	50891	40836	12447	266258
按登记注册类型分组	**by Registration**						
内资企业	Domestic Capital Enterprises	578349	64587	450618	450513	131223	2350576
国有企业	State-owned	89007	4610	33881	23150	7065	153563
集体企业	Collective-owned	85859	10893	52330	54307	16757	397975
股份合作企业	Share Holding	25071	2376	25009	26862	8285	85810
私营企业	Private	100955	14229	94968	93947	23907	534164
港、澳、台商投资企业	Funded by Entrepreneurs from Hong Kong, Macao and Taiwan	3617	629	2855	2593	761	10017
外商投资企业	Foreign Funded	3080	1405	5262	5391	671	9461
按国民经济行业分组	**by Sector**						
土木工程建筑业	Civil Engineering	436419	62071	339068	349540	97532	2141759
线路管道设备安装业	Line and Equipment Installation	114327	862	100856	90320	30408	153098
装修装饰业	Building Decoration	34299	3689	18812	18637	4714	75197

主要统计指标解释

建筑业增加值　指建筑业企业在报告期内以货币表现的建筑业生产经营活动的最终成果。目前建筑业增加值采用分配法计算，即从收入的角度出发，根据生产要素在生产过程中应得的收入份额计算。具体计算公式为：

建筑业增加值＝本年提取的固定资产折旧＋应付工资＋应付福利费＋管理费用中的劳动待业保险金、税金＋工程结算税金及附加＋营业利润－转作奖金的利润。

房屋建筑施工面积　指在报告期内施工的全部房屋建筑面积。包括本期内新开工的、上期施工跨入本期继续施工、上期停建本期复工的房屋建筑面积；不包括上期开工后又停工，本期未施工的房屋建筑面积。

房屋建筑竣工面积　指在报告期内，按照设计所规定的工程内容全部完成，达到了设计规定的交工条件，经有关部门检查验收鉴定合格的房屋建筑面积。

自有机械设备年末总台数　指归本企业（或单位）所有，属于本企业固定资产的生产性机械设备年末总台数。包括施工机械、生产设备、运输设备以及其他设备。

自有机械设备年末总功率　指本企业（或单位）自有施工机械、生产设备、运输设备以及其他设备等列为在册固定资产的生产性机械设备年末总功率，按设定能力或查定能力计算。包括机械本身的动力和为该机械服务的单独动力设备，如电动机等。计算单位用千瓦，动力换算可按1马力＝0.735千瓦折合成千瓦数。电焊机、变压器、锅炉不计算动力。

工程结算收入　指企业（或单位）按工程的分部分项自行完成的建筑产品价值并已与甲方在报告期内办理结算手续的工程价款收入，以及向甲方收取的除工程价款以外的按规定列作营业收入的各种款项，如临时设施费、劳动保险费、施工机械调迁费等以及向甲方收取的各种索赔款。

工程结算利润　指已结算工程实现的利润。如为亏损以"－"号表示。其计算公式为：

工程结算利润＝工程结算收入－工程结算成本－工程结算税金及附加

企业总收入　指与企业生产经营直接有关的各项收入，包括工程结算收入和其他业务收入，即：

企业总收入＝工程结算收入＋其他业务收入

Explanatory Notes on Main Statistical Indicators

Gross Output Value of Construction (Output Value of Projects Under Construction) refers to the gross output value of construction and installation projects that are undertaken by construction enterprises or affiliated constructing units, calculated in line with the planned schedule. It includes:

(1) Output value of construction projects, that is the value of projects covered by the project budgets;

(2) Output value of installation projects, that is the value of the installation of equipment;

(3) Output value of repair of buildings and structures, that is the value created through the repairs of buildings or structures, but does not include the value of buildings or structures being repaired and the value of the repair of production equipment;

(4) Output value of manufactured non-standard equipment, that is the value of non-standard production equipment (including raw materials and manufacturing cost) made for the construction project, irrespective of whether the equipment is manufactured on the construction site or by subsidiary workshops.

Value Added of Construction refers to the final result of the activities of production and management of construction in monetary terms in the reference period. At present, the value added of construction is calculated with the method of distribution. In other words, it is the sum of incomes of various production factors in the production process. The formula is as follows:

Value added of construction = depreciation of fixed assets in the year + wages payable + welfare expenses payable + insurance premium and tax for waiting for employment in the administrative expenses + taxes and surcharges on project settlement + profit gained from project settlement-profit used as bonus.

Floor Space of Buildings Under Construction refers to floor space of buildings under construction during the reference period, including newly started buildings, buildings started earlier and continued during the reference period, and buildings suspended earlier but restarted during the reference period. Excluded are buildings started and then suspended earlier that have not been restarted during the reference time.

Floor Space of Buildings Completed refers to the floor space of buildings that are completed in the reference period in accordance with the requirements of the design, up to the standard for putting them into use, and have been checked and accepted by concerned departments as qualified ones.

Total Number of Machinery and Equipment Owned by the Construction Enterprises (or Units) by the End of Year refers to the number of machines and equipment owned by the enterprises (or units, and listed as the fixed assets of the enterprises (or units) by the end of the year, including machinery and equipment for construction, production and transportation.

Total Power of Machinery and Equipment Owned by the Construction Enterprises (or Units) by the End of Year refer to the total power of machinery and equipment owned by the enterprises (or units), and listed as the fixed assets of the enterprises (or units) by the end of the year, including machinery and equipment for construction, production and transportation. The power of the machinery is calculated on basis of the designed or verified capacity, covering the power of the machinery/equipment and the separate power equipment serving the machinery/equipment (such as electric motors), but excluding welders, transformers and boilers. The unit use for the calculation of power is kilowatt, with horsepower converted to kilowatt by 1 horsepower = 0.735 kilowatt.

Income from Settlement of Projects refers to the income received by the construction enterprise/unit from the completed portion of the project through settlement procedures with the contractee during the reference period, and other charges to the contractee as operational costs, such as facility fee, labour insurance premium, moving cost of construction unit, as well as various types of claims to the contractee.

Profit from Settlement of Projects refers to profit realized through settled projects. It is calculated with the following formula:

Profit from Settlement of Projects = Income from Settlement of Projects − Settled Cost − Settled Taxes and Other Cost

Total Revenue of Enterprises refers to the sum of income from production and operation of enterprises, including income from settlement of projects and other operational income, namely:

Total Revenue of Enterprises = Income from Settlement of Projects + Other Operational Income

交通运输和邮电通信业

TRANSPORTATION, POSTS and TELECOMMUNICATIONS

Chapter 9

****

9. 交通运输和邮电通信业

Transport, Posts and Telecommunications

****

2001年客运量	Passenger Traffic	132881	万人	(10000 persons)
2001年货运量	Freight Traffic	77832	万吨	(10000 tons)
2001年邮电业务总量	Business Volume of Posts and Telecommunications	279.9	亿元	(100 million yuan)
2001年函件数	Number of Letters	34839	万件	(10000 cases)
2001年订销报刊数	Newspapers and Magazines Subscribed	116156	万份	(10000 copies)
2001年年末电话用户数	Telephone Subscribers	1122	万户	(10000 users)
2001年年末电话普及率	Telephone Sets Owned Per 100 persons	62.3	部/百人	(set/100 persons)
2001年年末移动电话用户	Mobile Telephone Subscribers	1090	万户	(10000 users)

****

客 运 量 和 货 运 量

Passenger Traffic and Foreight Traffic

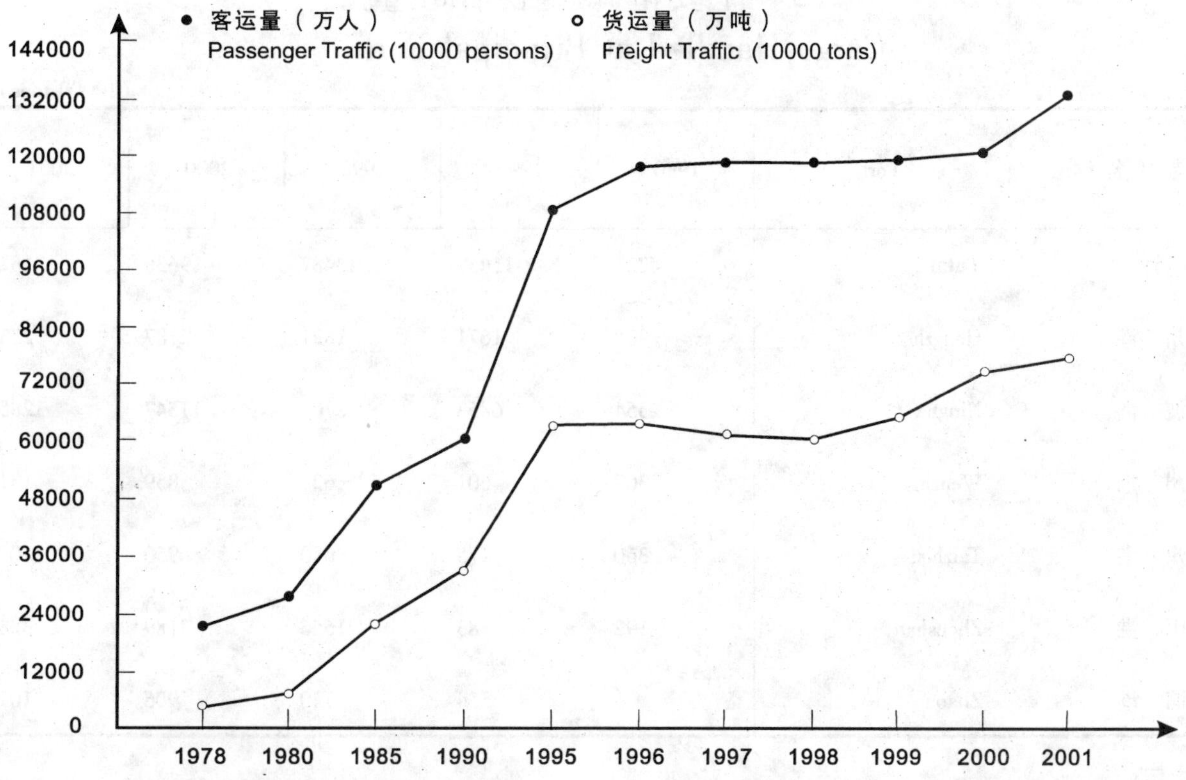

9-1　运输线路长度
Length of Transportation Routes

单位:公里　　　　　　　　　　　　　　　　　　　　　　　　　　(km)

指　标	Item	1990	1995	1998	2000	2001
铁路线路长度	**Length of Railways**					
营业里程	In Operation	832	921	1196	1193	1207
#复线里程	Double-tracking Length	221	407	473	595	593
公路通车里程	**Length of Highways**	**30195**	**34329**	**38900**	**41970**	**44005**
#一级公路	First Class Highways		110	669	999	1849
二级公路	Second Class Highways			3686	4212	5682
高速公路	Expressway		94	344	627	774
内河通航里程	**Length of Navigable Inland Waterways**	**10617**	**10592**	**10408**	**10408**	**10408**
民用航空航线(条)	**Number of Civil Aviation Routes (line)**	**41**	**114**	**164**	**174**	**182**
#国内航线	Domestic Routes	40	110	158	161	169

9-2　主要港口货物吞吐量
Cargo Handled at Principal Ports

单位:万吨　　　　　　　　　　　　　　　　　　　　　　　　　　(10000 tons)

港口名称	Port	1990	1995	1998	2000	2001
合　计	**Total**	**4321**	**11037**	**13487**	**19638**	**21827**
杭州港	Hangzhou	908	1671	1821	2187	2337
宁波港	Ningbo	2554	6853	8709	11547	12852
温州港	Wenzhou	307	601	621	859	1314
台州港	Taizhou	360	475	680	950	1024
舟山港	Zhoushan	192	883	1656	3189	3281
乍浦港	Zhapu		554	740	906	1019

9－3 交通运输工具年末实有数
Number of Means of Transportation at Year－end

指　标		Item		合计 Total 2000	合计 Total 2001	#私人 Individuals 2000	#私人 Individuals 2001
公路		**Highway**					
民用汽车	**（辆）**	**Civil Motor Vehicles**	**(unit)**	**680565**	**855642**	**211762**	**266182**
普通载客汽车	（辆）	Ordinary Trucks	(unit)	323173	426109	99054	130604
#大型	（辆）	Large－Size	(unit)	18725	23995	230	295
普通载货汽车	（辆）	Buses and Cars	(unit)	337804	406536	111972	134755
#大型	（辆）	Large－Size	(unit)	119182	141103	33708	39908
专用载货汽车	（辆）	Trucks for Special Use	(unit)	6796	7506	558	616
其他专用汽车	（辆）	Other Motor Vehicles for Special Use	(unit)	8803	9640	145	159
特种汽车	（辆）	Special Motor Vehicles	(unit)	3989	5851	33	48
轮胎式拖拉机	（辆）	Wheeled Tractors	(unit)	422700	431600	410019	418652
摩托车	（辆）	Motorcycles	(unit)	1840464	2394950	1513423	1969380
其他机动车	（辆）	Other Motor Vehicles	(unit)	53950	38139	34264	24222
载货挂车	（辆）	Trailer	(unit)	8007	9220	1229	1415
航运	**（辆）**	**Shipping**	**(unit)**				
机动船	（艘）	Motor Vessels	(unit)	35631	34851	33487	32606
净载重量	（吨位）	Dead Weight Tonnage	(ton)	3960271	4632714	2056603	2308704
载客量	（客位）	Passenger Capacity	(seat)	67414	64195	10582	9354
货船	（艘）	Cargo Ships	(unit)	34305	33604	32937	32081
净载重量	（吨位）	Dead Weight Tonnage	(ton)	3893123	4545779	2055777	2307860
客货船	（艘）	Passenger-cargo Vessels	(unit)	29	22		
净载重量	（吨位）	Dead Weight Tonnage	(ton)	23599	9942		
载客量	（客位）	Passenger Capacity	(seat)	8739	5516		
客船	（艘）	Passenger Ships	(unit)	914	885	497	461
载客量	（客位）	Passenger Capacity	(seat)	68675	58679	10582	9354
拖船	（艘）	Tugboats	(unit)	383	340	53	64
驳船	（艘）	Barges	(unit)	3177	3042	496	555
净载重量	（吨位）	Dead Weight Tonnage	(ton)	279347	273695	37411	42308
载客量	（客位）	Passenger Capacity	(seat)	1027	729		

9-4 历 年 客 运 量
Passenger Traffic Over the Years

单位:万人 (10000 persons)

年份 Year	合计 Total	铁路 Railway	公路 Highway	#交通部门 Transportation Department	水运 Waterway	#交通部门 Transportation Department	民用航空 Civil Aviation
1970	11238	1347	6122	6122	3769	3769	
1971	11566	1284	6702	6702	3580	3580	
1972	13425	1401	7749	7749	4275	4275	
1973	14818	1514	8453	8453	4850	4850	1
1974	15013	1731	8567	8567	4714	4714	1
1975	14859	1804	7782	7782	5271	5271	2
1976	14961	1934	7741	7741	5284	5284	2
1977	16474	1865	9043	9043	5564	5564	2
1978	20535	1889	12815	12815	5828	5828	3
1979	23781	2068	15543	15543	6166	6166	4
1980	28454	2421	19326	19326	6702	6702	5
1981	32458	2677	22864	22864	6909	6909	8
1982	35988	2735	26150	26150	7094	7094	9
1983	37856	2919	28468	28468	6461	6461	8
1984	40827	3252	30882	30882	6683	6683	10
1985	52776	3225	39375	33405	10163	6177	13
1986	57973	3126	45759	33631	9066	4981	22
1987	61403	3258	49589	31671	8526	4189	30
1988	64571	3595	52560	26931	8382	3825	34
1989	59477	3453	48726	23923	7275	3195	23
1990	60347	3018	51083	25384	6214	2747	32
1991	64906	3040	56495	27596	5286	2637	85
1992	71017	3051	62767	26694	5087	2464	112
1993	91553	3249	83606	21145	4560	2069	138
1994	100068	3559	92090	21618	4269	2082	150
1995	109139	3566	101370	23671	3968	1611	235
1996	114098	3071	107317	28186	3446	1462	264
1997	115141	2990	108654	31422	3231	1434	266
1998	118329	3169	111847	34844	3034	1324	279
1999	118819	3750	111771	39245	3034	1279	264
2000	124133	3909	116996	45658	2938	1219	290
2001	132881	4193	126008	53866	2371	1245	309

9－5 历年旅客周转量

Turnover Volume of Passenger Traffic Over the Years

单位：亿人公里 (100 million person－km)

年份 Year	合计 Total	铁路 Railway	公路 Highway	#交通部门 Transportation Department	水运 Waterway	#交通部门 Transportation Department
1970	20.13		14.47	14.47	5.66	5.66
1971	20.55		15.08	15.08	5.47	5.47
1972	23.32		17.00	17.00	6.32	6.32
1973	25.86		18.74	18.74	7.12	7.12
1974	26.64		19.49	19.49	7.15	7.15
1975	25.79		17.67	17.67	8.12	8.12
1976	26.76		17.88	17.88	8.88	8.88
1977	29.52		20.39	20.39	9.13	9.13
1978	66.68	29.75	27.60	27.60	9.33	9.33
1979	78.22	24.77	33.26	33.26	10.19	10.19
1980	96.74	43.55	41.70	41.70	11.49	11.49
1981	111.40	49.05	50.25	50.25	12.10	12.10
1982	120.63	50.73	57.28	57.25	12.65	12.65
1983	134.73	57.46	64.54	64.54	12.73	12.73
1984	157.81	66.74	76.86	76.86	14.21	14.21
1985	201.33	75.26	107.23	93.49	18.86	14.60
1986	220.38	78.43	124.91	100.19	17.04	13.08
1987	246.98	83.94	145.85	101.97	17.19	12.85
1988	239.43	93.12	158.81	95.55	17.50	13.02
1989	257.28	87.63	153.87	88.85	15.78	11.53
1990	257.29	75.94	166.87	98.68	14.48	10.50
1991	285.85	80.91	190.95	114.63	13.99	10.90
1992	322.40	87.83	220.68	12.79	13.89	10.66
1993	398.87	98.05	288.10	112.99	12.72	9.57
1994	435.17	108.35	314.95	109.59	11.85	9.10
1995	483.06	109.80	360.09	119.77	13.17	8.84
1996	500.98	98.11	391.65	133.00	11.22	7.74
1997	529.79	101.20	417.77	158.52	10.82	6.98
1998	552.35	106.57	436.34	160.67	9.44	6.08
1999	582.71	140.01	433.50	170.30	9.20	5.63
2000	606.73	148.33	449.51	187.89	8.89	5.28
2001	651.79	164.48	479.53	215.76	7.78	4.99

9-6 全社会旅客运输量
Passenger Traffic

项　　目	Item	1990	1995	1998	2000	2001
客运量合计(万人)	**Total Passenger Traffic(10000 persons)**	**60347**	**109139**	**118329**	**124133**	**132881**
交通系统小计	**Transportation System**	**31181**	**29083**	**39616**	**51076**	**59613**
铁路	Railway	3018	3566	3169	3909	4193
公路	Highway	25384	23671	34844	45658	53866
水运	Waterway	2747	1611	1324	1219	1245
民航	Civil Aviation	32	235	279	290	309
非交通系统小计	**Non-Transportation System**	**29166**	**80056**	**78713**	**73057**	**73268**
工矿企事业	Industrial & Mineral Enterprises and Institutions	4739	30506	38623	30671	35957
公路	Highway	4088	29634	37832	29783	35290
水运	Waterway	651	872	791	888	667
个体运输	Individual Transportation	24427	49550	40090	42386	37311
公路	Highway	21611	48065	39171	41555	36852
水运	Waterway	2816	1485	919	831	459
旅客周转量合计(亿人公里)	**Total Turnover Volume of Passenger Traffic(100 million person. km)**	**257.29**	**483.06**	**552.35**	**606.73**	**651.79**
交通系统小计	**Transportation System**	**185.12**	**238.4**	**273.32**	**341.5**	**386.23**
铁路	Railway	75.94	109.8	106.57	148.33	164.48
公路	Highway	98.68	119.76	160.67	187.89	215.76
水运	Waterway	10.5	8.84	6.08	5.28	4.99
非交通系统小计	**Non-Transportation System**	**72.17**	**244.66**	**279.03**	**265.23**	**266.56**
工矿企事业	Industrial & Mineral Enterprises and Institutions	16.21	116.4	165.91	136.26	153.25
公路	Highway	15.38	114.91	163.89	134.02	151.37
水运	Waterway	.83	1.49	2.02	2.24	1.88
个体运输	Individual Transportation	55.96	128.26	113.12	128.97	113.31
公路	Highway	52.81	125.42	111.78	127.6	112.4
水运	Waterway	3.15	2.84	1.34	1.37	0.91

9-7 历年货运量
Freight Traffic Over the Years

单位:万吨 (10000 tons)

年份 Year	合计 Total	铁路 Railway	公路 Highway	#交通部门 Transportation Department	水运 Waterway	#交通部门 Transportation Department
1970	5258	982	1871	1871	2415	2415
1971	5258	972	1871	1871	2415	2415
1972	5862	1082	2059	2059	2721	2721
1973	5611	1176	1788	1788	2647	2647
1974	5039	1127	1508	1508	2040	2040
1975	5459	1019	1399	1399	3014	3014
1976	5903	1121	1683	1683	3099	3099
1977	6988	1244	2152	2152	3592	3592
1978	8460	1415	2690	2690	4355	4355
1979	9202	1461	2998	2998	4743	4743
1980	9577	1523	3012	3012	5042	5042
1981	9608	1495	3042	3042	5071	5071
1982	10746	1609	3616	1616	5521	5521
1983	10895	1681	3728	3728	5468	5468
1984	11781	1736	3988	3988	6057	6057
1985	22385	1781	9397	2367	11207	4525
1986	30775	1893	17680	2386	12202	4848
1987	32346	1924	19426	2404	10996	4896
1988	37503	1877	24128	2198	11497	5105
1989	36358	1911	24354	1926	10093	4602
1990	33474	1691	22879	1790	8904	3959
1991	35198	1773	24162	1993	9263	4218
1992	41115	1915	28957	2101	10243	4676
1993	49777	1989	36439	2132	11439	4678
1994	54765	1841	40593	4105	12331	4499
1995	62287	1914	45052	2250	15321	4519
1996	63875	1928	47400	2411	14547	4510
1997	60956	1721	45224	2257	14011	4457
1998	60369	1726	45338	2472	13305	3932
1999	64004	1710	45754	2865	16540	3932
2000	74884	1955	55008	2661	17921	4027
2001	77832	2181	55706	2133	19945	4111

9-8 历年货运周转量

Turnover Volume of Freight Traffic Over the Years

单位:亿吨公里 (100 million ton-km)

年份 Year	合计 Total	铁路 Railway	公路 Highway	#交通部门 Transportation Department	水运 Waterway	#交通部门 Transportation Department
1970	28.57		3.53	3.53	25.04	25.04
1971	29.73		4.22	4.22	25.51	25.51
1972	32.44		4.78	4.78	27.66	27.66
1973	32.30		4.70	4.70	28.23	28.23
1974	28.38		4.00	4.00	24.38	24.38
1975	30.39		3.39	3.39	27.00	27.00
1976	30.95		3.54	3.54	27.41	27.41
1977	39.68		4.98	4.98	34.70	34.70
1978	164.19	112.77	3.69	6.69	44.73	44.73
1979	181.29	121.50	7.62	7.62	52.17	52.17
1980	190.76	126.23	8.25	8.25	56.28	56.28
1981	192.29	121.27	9.25	9.25	61.77	61.77
1982	201.82	120.49	11.49	11.49	69.85	69.85
1983	212.49	123.02	13.58	13.58	75.89	75.89
1984	232.67	127.59	16.67	16.67	88.41	88.41
1985	293.54	132.54	33.45	15.04	127.55	88.63
1986	341.20	135.18	68.14	15.91	137.88	99.71
1987	369.21	138.07	82.52	16.42	148.62	112.14
1988	403.96	136.50	96.25	15.76	171.21	128.55
1989	408.99	146.51	92.75	13.85	169.73	132.10
1990	400.65	144.43	100.75	13.26	155.47	120.01
1991	456.00	144.95	136.25	14.45	183.80	146.17
1992	546.81	167.52	158.83	15.29	220.46	178.22
1993	617.69	179.58	160.48	14.50	277.63	216.22
1994	685.41	181.55	171.63	15.95	332.23	251.58
1995	874.29	186.75	245.16	14.72	442.38	289.91
1996	900.80	178.92	266.22	15.50	455.66	317.88
1997	914.54	172.22	262.32	14.39	480.00	320.96
1998	897.88	173.28	257.11	15.00	467.49	303.96
1999	1004.10	171.80	256.90	17.14	575.40	332.21
2000	1199.74	187.16	280.02	19.63	732.56	428.54
2001	1371.60	206.48	282.53	13.13	882.59	478.61

9－9 全社会货物运输量
Freight Traffic

项　　目	Item	1990	1995	1998	2000	2001
货运量合计(万吨)	**Total Freight Traffic(10000 tons)**	**33474**	**62287**	**60369**	**74884**	**77832**
交通系统小计	**Transportation System**	**7440**	**8683**	**8130**	**8643**	**8425**
铁　路	Railway	1691	1914	1726	1955	2181
公　路	Highway	1790	2250	2472	2661	2133
水　运	Waterway	3959	4519	3932	4027	4111
非交通系统小计	**Non－Transportation System**	**26034**	**53604**	**52239**	**66241**	**69407**
工矿企事业	Industrial & Mineral Enterprises and Institutions	11043	13869	17101	29423	27530
公　路	Highway	10316	12713	16083	27656	25215
水　运	Waterway	727	1156	1018	1767	2315
个体运输	Individual Transportation	14991	39735	35138	36818	41877
公　路	Highway	10773	30089	26783	24691	28358
水　运	Waterway	4218	9646	8355	12127	13519
货物周转量合计(亿吨公里)	**Total Turnover Volumn of Freight Traffic (100 million tons－km)**	**400**	**874**	**898**	**1200**	**1372**
交通系统小计	**Transportation System**	**277**	**491**	**492**	**636**	**699**
铁　路	Railway	144	186	173	187	207
公　路	Highway	13	14	15	20	13
水　运	Waterway	120	289	304	429	479
非交通系统小计	**Non-Transportation System**	**122**	**382**	**406**	**564**	**673**
工矿企事业	Industrial & Mineral Enterprises and Institutions	70	166	181	274	339
公　路	Highway	95	130	125	149	147
水　运	Waterway	10	36	56	125	192
个体运输	Individual Transportation	52	216	225	290	334
公　路	Highway	28	100	117	111	123
水　运	Waterway	24	115	108	179	211

9－10 按经济类型分的独立核算运输企业财务状况(2001 年)

Principal Financial Indicators of Independent Accounting Transport Enterprises by Ownership(2001)

单位:万元 (10000 yuan)

指　标	Item	总　计 Total	#国有 State-owned	#集体 Collective－owned	#股份合作 Stock－cooperation	#股份制 Stock－system	#私营及其他 Private－owned Enterprises and Others
单位数(个)	Number of(unit)	783	96	143	88	382	54
流动资产合计	Total Circulating Funds	426760	174224	24345	14038	195542	1809
#存货	Goods in Stock	17043	4410	892	389	10698	37
长期投资	Long-term Investment	126618	84453	3657	1528	36346	97
固定资产合计	Total Fixed Assets	752591	290981	47856	22617	354579	4505
固定资产原价合计	Original Value of Fixed Assets	1070926	425519	66156	31869	483675	6339
累计折旧	Accumulative Total of Depreciation	375830	159999	21295	9662	155510	2288
#本年折旧	Depreciation in the Year	58407	9227	5014	2323	37978	529
无形及递延资产合计	Intangible and Increased Assets	71785	13616	3482	10826	42323	115
#无形资产	Intangible Assets	63082	11631	2702	11892	36146	119
资产总计	Total Assets	1377754	563274	79339	49009	628790	6525
流动负债合计	Total Liquid Liabilities	608313	251824	28557	14089	289398	3296
长期负债合计	Total Long-term Liabilities	272523	98966	19949	12212	134777	187
负债合计	Total Liabilities	880836	350789	48505	26301	424174	3483
所有者权益合计	Total Creditors´Equity	496918	212485	30834	22709	204616	3042
主营业务收入	Operating Main Business in Revenue	663101	206574	48997	28721	352926	7215
主营业务成本	Costs in Operating Main Business	495974	147864	40421	20166	265976	5238
营业费用	Operating Expenses	12469	2774	785	2191	5673	689
业务税金及附加	Tax and Extra Charges on Business	21278	6465	1925	1067	10971	342
主营业务利润	Profits in Operating Main Business	133380	49471	5867	5297	70306	947
管理费用	Management Expense	122950	50580	5934	3162	58699	685
#税金	Taxes	2082	602	131	73	1162	39
劳动、待业保险	Labor and Unemployed Insurance	17452	9251	949	325	6298	33
财务费用	Financiad Expense	16001	6325	958	942	7495	132
#利息支出	Interest Expenditure	13683	6317	860	1096	5068	114
营业利润	Business Profits	20008	1333	－410	1640	19638	211
利润总额	Total Profits	32440	8826	234	1957	23384	176
应交所得税	Income Taxes Payable	11387	2828	516	596	7262	24
应付利润	Profits Payable	9155	－106	465	227	8514	5
本年应付工资总额	Wages Payable	111500	37898	7897	4883	57029	929
本年应付福利费总额	Welfare Funds Payable	15448	4804	955	464	8636	74

9-11 邮电业务基本情况
Post and Telecommunications Services

年 份 Year	邮电业务总量（万元）Business Volume of Post and Telecommunications	函 件（万件）Number of Letters (10000 cases)	订销报刊累计份数（万份）Total Number of Newspaper and Magazine Subscribed (10000 copies)	电报份数（万份）Number of Telegrams (10000 sheets)	长途电话通话量（万分钟）Communication time by long-distance Telephone Call (10000 minutes)	市话年末户数（户）Number of Urban Telephone Subscribers at Year-end (Subscriber)	农话年末户数（户）Number of Rural Telephone Subscribers at Year-end (Subscriber)
1970	4107	8957	30999	188	382	27041	22761
1971	4488	9388	40827	228	446	28698	23882
1972	4957	9753	1598	301	561	30382	24956
1973	5385	10433	35925	336	658	32348	26706
1974	5457	10338	38925	354	671	34045	27910
1975	5603	10799	39790	415	642	34890	28751
1976	5850	10899	42805	414	628	36303	29745
1977	6116	11064	45369	456	680	38313	31056
1978	6851	11663	52264	472	832	42043	32919
1979	7832	14236	52264	561	973	46141	34120
1980	8991	16466	58538	707	1120	51230	36838
1981	9970	18039	64945	793	1236	57610	38749
1982	10834	19123	67993	776	1363	65931	41513
1983	12477	23155	7373	916	1597	75314	44677
1984	14879	28517	89384	933	2016	89805	50487
1985	18837	33742	101657	1281	2561	104430	58012
1986	20564	34729	103759	1232	2926	121240	62935
1987	24878	39847	116953	1559	39901	145987	72806
1988	31300	42035	116694	2012	5235	188547	88729
1989	37020	36577	64557	1875	6010	234081	106895
1990	45396	34879	67183	1689	8145	280232	125783
1991	114607	32219	68849	1689	11760	355000	156500
1992	165815	33649	80349	1661	18800	486400	222100
1993	275148	39190	77457	1275	32762	782464	346685
1994	429179	38617	81515	821	47362	1188163	585589
1995	630167	38678	85226	565	168588	1666979	936297
1996	865336	37785	90955	386	212709	1997814	1219930
1997	1129657	34186	98207	251	263562	2392544	1631650
1998	1577157	33133	102761	205	312660	2809491	2213890
1999	2190000	29439	107683	203	497232	3409993	3249300
2000	3240800	30643	106807	198	619793	4197800	4645000
2001	2799000	34839	116156	182	755690	5477000	5739000

注：1. 长途电话通话量指标，1995 年前用万张表示，1995 年及以后用万分钟表示。

Communication time by long-destance telephone call were expressed with 10000 sheets from 1970 to 1994, 10000 minutes from 1995 to 2001.

2. 邮电业务总量 1970-2000 年按 1990 年不变价计算，2001 年开始按 2000 年不变价计算。

Business volume of post and telecommunications from 1970 to 2000 were calculated at constant price of 1990, at constant price of 2000 in 2001.

9－12 邮电企业主要指标

Principal Indicators of Post and Telecommunications Enterprises

指　　标		Item		1990	1995	1998	2000	2001
邮电线路长度		**Length of Postal Routes**						
邮路总长度	（公里）	Length of Postal Routes	（1000 km）	63755	87178	91353	100595	131355
农村投递路线总长度	（公里）	Rural Delivery Routes	（1000 km）	100389	108735	113971	114076	115838
长途电话电路总数	（路）	Total Long-distance Telephone Circuits	（line）	9638	46979	115036	114384	151688
邮运通信工具		**Telecommunications Facilities**						
火车邮厢	（辆）	Postal Railway Carriage	（unit）	14	16	13	8	8
邮运汽车	（辆）	Postal Cars	（unit）	607	1067	1451	1230	1342
电话机	（万部）	Number of Telephone Sets	（10000 units）	69	372	751	1372	1726
#农村电话	（万部）	Rural Areas	（10000 units）	24	144	346	734	928
#公用电话	（万部）	Public Telephone	（10000 unit）			8	21	23
长途自动交换机	（路端）	Long distance Switchboard	（terminal circuit）	12838	216915	243553	303633	329463
市话交换机	（万门）	Urban Switchboard	（10000 lines）	44	268	449	619	836
农话交换机	（万门）	Rural Switchboard	（10000 lines）	40	201	386	712	837
移动电话交换机	（万户）	Mobile Switchboard	（10000 lines）		62	447	1224	1798
移动电话	（万户）	Mobile Telephone	（10000 users）		25	163	675	1090
无线寻呼机	（万户）	Radio Pager	（10000 users）		132	287	323	245
数据通迅基础业务用户	（户）	User of Data Communication Services	（user）		831	18105	34221	38355
分组交换用户	（户）	Exchange User	（user）			4068	3400	2528
DDN 用户	（户）	User of DDN	（user）			12931	24984	29574
帧中继用户	（户）	User of ChinaFrn	（user）			1106	5827	6247
互联网用户	（万户）	Users of International Computer Network	（10000 user）					206
#注册用户	（户）	Registered	（user）		225	37729	454376	835295
长途光缆长度（皮长公里）		Length of Long Distance Optical fibre Cable	（km）	421	4671	5374	6978	9863

9－13 邮电通信水平
Level of Post and Telecommunications Services

指　标		Item		1995	1998	2000	2001
邮电通信水平		**Level of Postal and Telecommunications Services**					
每百人平均函件量	(件/百人)	Average Number of Letters Mailed per 100 Persons	(pieces/100 persons)	882.7	743	680.8	770.8
每百人平均订阅报刊量	(份/百人)	Average Number of Newspaper Subscribed per 100 Persons	(copies/100 persons)	18.9	23	24.2	26.1
每百人平均包件	(件/百人)	Average Number of Parcels per 100 Persons	(pieces/100 persons)	16.3	11.8	10.8	11.7
每百人平均汇票量	(张/百人)	Average Number of Money Order per 100 Persons	(pieces/100 persons)	22.6	23.7	26.1	27.1
每百人平均电报量	(份/百人)	Average Number of Telegram Per 100 Persons	(pieces/100 persons)	12.9	4.6	5.6	4
每百人长话量	(分钟/百人)	Number of Long-distance Telephone per 100 Persons	(minutes/100 persons)	3858	7031	13770	16719
电话普及率	(部/百人)	Number of Telephone Sets Owned Per 100 Persons	(set/100 persons)	9.1	20.5	45.5	62.3
#市话普及率		Urban Areas		30.7	51.1	64.1	76.3
农话普及率		Rural Areas		4.1	9.9	21.5	26.7
移动电话普及率		Mobile Telephone			3.7	11.8	24.1
人均邮政、电信费用支出(按合计总量算)	(元/人)	Per Capital Expenditure of Telecommunications	(yuan/person)	144	353	526	571
已通电话的乡镇	(个)	Number of Townships with Telephone Communication	(unit)		1844	1752	1558
已通电话的行政村	(个)	Number of Villages with Telephone Communication	(unit)		40622	41358	40251
设有局所的乡(镇)比重	(%)	Percentage of Townships with Postal Offices	(%)	93.5	92.8	81.7	97.2
开办特快专递业务的市县	(个)	Cities and Counties with Express Mail Services	(unit)	64	71	71	71
按固定班期投递邮件的乡镇	(个)	Townships with Regularly Delivering Letters	(unit)	1842	1837	1754	1648

主要统计指标解释

铁路营业里程 又称营业长度，指办理客货运输业务的铁路正线总长度。凡是全线或部分建成双线及以上的线路，以第一线的实际长度计算；复线、站线、段管线、岔线和特殊用途线以及不计算运费的联络线都不计算营业里程。铁路营业里程是反映铁路运输业基础设施发展水平的重要指标，也是计算客货周转量、运输密度和机车车辆运用效率等指标的基础资料。

公路里程 指在一定时期内实际达到《公路工程技术标准 JTJ01-88》规定的等级公路，并经公路主管部门正式验收交付使用的公路里程数。其计算单位为：km。它包括大中城市的郊区公路以及通过小城镇街道部分的公路里程，也包括桥梁、渡口的长度，但不包括大中城市的街道、厂矿、林区生产用道和农业生产用道的里程。两条或多条公路共同经由同一路段，只计算一次，不得重复计算里程长度。公路里程是反映公路建设发展规模的重要指标，也是计算运输网密度等指标的基础资料。

内河航道里程 也称"内河通航里程"，是反映内河水运网规模、水平和发展情况的主要指标；是指在一定时期内，能通航运输船舶及排筏的天然河流、湖泊水库、运河及通航渠道的长度。包括全年季节性通航累计三个月以上的航道，但不包括仅供零散流放竹、木排的河道。

民用航空航线里程 指民航运输定期班机飞行的航线长度的总和。航线长度按机场之间的距离计算，通常有两种计算方法：将每条航线长度相加称为重复计算航线里程；如将两线或两条以上航线经过同一区段里程，只计算一次航线长度称为不重复计算航线里程。一般常用的是后者，它能确切反映民航运输网的规模，表明民航事业为国民经济服务和方便人民生活程度的主要指标。

货（客）运量 指在一定时期内，各种运输工具实际运送的货物（旅客）数量。是反映运输业为国民经济和人民生活服务的数量指标，也是制定和检查运输生产计划，研究运输发展规模和速度的重要指标。货运按吨计算，客运按人计算。货物不论运输距离长短，货物类别，均按实际重量统计；旅客不论行程远近或票价多少，均按一人一次作为客运量统计。半价票、小孩票也按一人统计。

货物（旅客）周转量 指在一定时期内，由各种运输工具运送的货物（旅客）数量与其相应运输距离的乘积之总和，是反映运输业生产总成果的重要指标，也是编制和检查运输生产计划，计算运输效率、劳动生产率以及核算运输单位成本的主要基础资料。通常以吨公里和人公里为计算单位。计算货物周转量通常按发出站与到达站之间的最短距离，也就是计费距离计算。

沿海主要港口货物吞吐量 指由水运进出沿海主要港区范围，并经过装卸的货物数量，包括邮件及办理托运手续的行李、包裹以及补给运输船舶的燃、物料和淡水。其计量单位为吨。货物吞吐量的货种分类及其主要流向流量，反映了港口在国内外物资交流和对外贸易运输中的地位和作用。吞吐量可以分为进口、出口，又可以分为国内贸易和对外贸易。

邮电业务总量 指以货币表现的邮电部门用于传递信息和提供其他邮电服务的总数量。它综合反映了一定时期邮电工作的总成果，是研究邮电业务量构成和发展趋势的重要指标。根据邮电管理体制不同，分为中央国营业务总量和地方国营业务总量。它用各种邮电分类业务量，如函件件数、电报份数、长话张数、市内电话和农村电话的年均户数、订销报刊累计份数等，分别乘以相应的平均单价（不变价），加总后再加上出租电路和设备的收入、代用户维护电话交换机和线路等设备的收入、其他业务收入求得。

Explanatory Notes on Main Statistical Indicators

Length of Railways in Operation refers to the total length of the trunk line under passenger and freight transportation. The calculation is based on the actual length of the first line even if this line has a full or partial double track or more tracks, excluding double tracks, stationsidings, tracks under the charge of stations, , branch lines, specialpurpose lines and the non-payable connecting lines. The length of railways in operation is an important indicator to show the development of the intra-structure for the railway transport, and also the essential data to calculate volume of passenger freight transport, traffic density and utilization efficiency of the locomotives and carriages.

Length of Highways refers to the length of highways which are built in conformity with the grades specified by the highway engineering standard formulated by the Ministry of Communications, and have been formally checked and accepted by the departments of highways and put into use. The length of highways includes that of the suburb highways at large and medium-sized cities, highways passing through streets at small cities and towns, and also the length of bridges and ferries. It does not include the length of streets in big and medium-sized cities and highways built for the production purpose at factories, mines, forest areas and agricultural areas. If two or more highways go the same section of the way, the length of the section is only calculated for once and no duplication is allowed. The length of highways is an important indicator to show the development of the highway construction and to provide essential information to calculate the transport network density.

Length of Navigable Inland Waterways refers to the length of the natural rivers, lakes, reservoirs, canals, and ditches open to navigation during a given period, which enables the transport by ships and rafts. It includes the channels open to navigation for over 3 months accumulatively in a year, yet this does not include the river courses which are only used to float odd logs and bamboo rafts.

Length of Civil Aviation Routes refers to the length of all routes for regular civil aviation flights. There are usually two ways to calculate the distance between airports connected by the route length: One is to put the length of all air routes together, called duplicated calculation of the length of the routes; the other is not to allow the duplication in calculation when two or more routes passing the same section. The latter is usually used, as it can precisely show the size of the civil aviation network and indicate the extent of civil aviation serving the national economy and the people.

Freight (Passenger) Traffic refers to the volume of freight (passenger) transported with various means. Freight transport is calculated in tons and passenger traffic is calculated in the number of persons. Despite the type of freight and travelling distance, the freight transport is calculated by the principle that one person can be counted only once in one travel. The passenger who travel with a half-price ticket or a child ticket is also calculated as one person. The freight (passenger) traffic provides a quantitative measure to show how the transport industry serves the national economy and people, and is also an important indicator for planning the transport industry and for studying the development scale and speed of the transport industry.

Freight Ton-kilometers (Passenger-kilometers) refer to the sum of the products of the volume of transported cargo (passengers) multiplying by the transport distance, usually using ton-kilometre and passenger-kilometre as units for measurement. Normally, the shortest distance between the departure station and the destination station (i. e., the payable distance) is the basis to calculate the freight ton-kilometres. This is an important indicator to show the total results of the transport industry, to prepare and examine the transport plan and to measure the efficiency, the labour productivity and the unit cost of transport.

Volume of Freight Handled in Major Coastal Ports refers to the volume of cargo passing in and out the harbor area of the major coastal ports and having been loaded and unloaded. The volume includes that of the postal matters, registered luggages and fuels, materials and fresh water as supplies of the ships. The volume of freight handled may be classfied as import, export, or as domestic trade and foreign trade. The volume of freight handled by type of cargo and by main flow direction reflects the position and function of the ports in the inflow of Chinese and foreign commodities and in the transportation for foreign trade.

Business Volume of Post and Telecommunications refers to the total amount of the imformation delivered and other post and telecommunications services provided by the post and telecommunications departments for the customers. It is derived by first multiplying the business volume of different types, such as number of letters, telegrams, long distance calls, city and rural telephone subscribers and accumulated number of newspapers and journals subscribed and sold, etc. by their respective average unit price (fixed price) and then adding these products together: plus the income from maintenance of telephone exchanges and lines, and the income from other business operations. The business volume of post and telecommunications indicates the total achievements made by the post and telecommunications department during a given period of time in a comprehensive way, and is an important indicator to study the composition and development of the post and telecommunications business.

批发、零售贸易和餐饮业

WHOLESALE and RETAIL SALE TRADE and CATERING TRADE

Chapter 10

10. 批发、零售贸易和餐饮业

Wholesale and Retail Sale Trade and Catering Trade

2001年社会消费品零售总额	Total Retail Sales of Consumer Goods	2555.46 亿元 (100 million yuan)
国有经济	State-owned Units	205.31 亿元 (100 million yuan)
集体经济	Collective-owned Units	165.23 亿元 (100 million yuan)
联营经济	Joint-owned Units	7.80 亿元 (100 million yuan)
私营与个体	Private	1627.09 亿元 (100 million yuan)
其他经济	Others	550.03 亿元 (100 million yuan)

社 会 消 费 品 零 售 总 额 （亿元）

Total Retail Sales of Consumer Goods （100 million yuan）

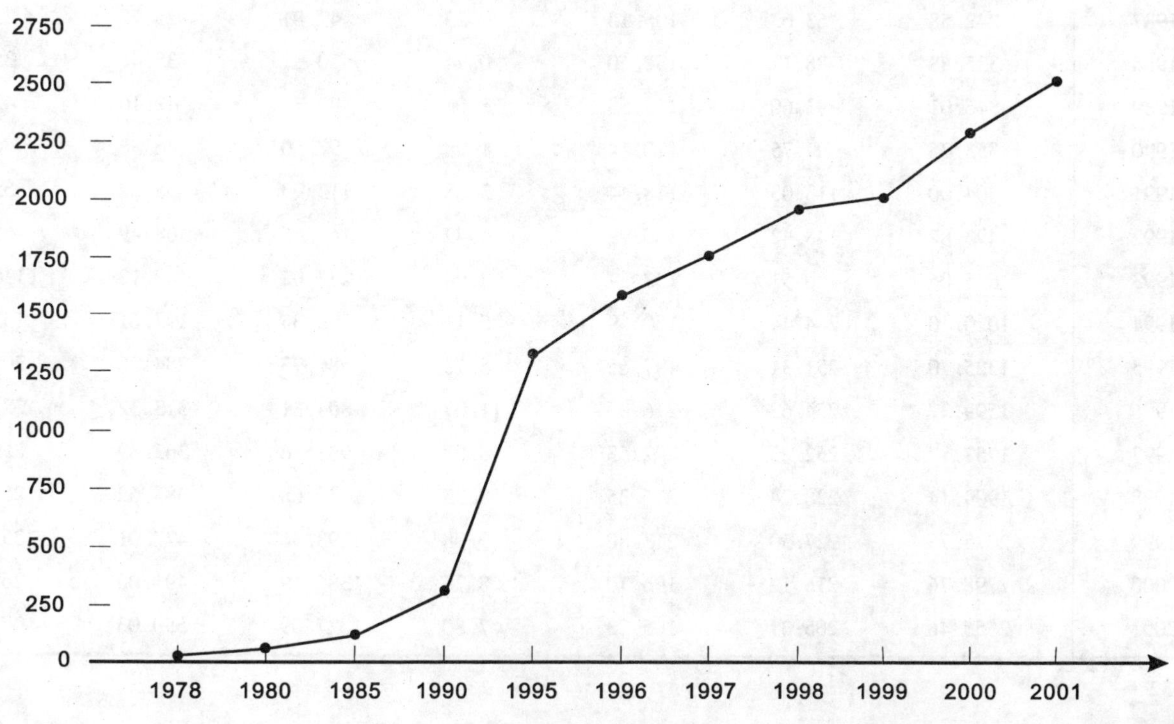

10－1 按经济类型分的社会消费品零售总额
Total Retail Sales of Consumer Goods by Ownership

单位:亿元 (100 million yuan)

年份 Year	社会消费品零售总额 Total Retail Sales of Consumer Goods	国有经济 State-owned	集体经济 Collective－owned	联营 Joint－owned	私营和个体 Privateand Individual	其他经济 Others	#农民对非农业居民零售额 Total Retail Sales of Agricultural Residents Saling to Non-agricultural Residents
1970	28.84	13.45	14.15		0.24	1.00	1.00
1971	30.67	14.57	14.82		0.18	1.10	1.10
1972	33.55	16.28	15.88		0.19	1.20	1.20
1973	36.48	17.52	17.40		0.18	1.38	1.38
1974	37.33	17.54	18.12		0.19	1.48	1.48
1975	38.73	18.88	17.53		0.19	2.13	2.13
1976	39.66	17.25	19.81		0.20	2.40	2.40
1977	42.16	17.49	21.72		0.44	2.51	2.51
1978	46.86	19.33	25.08		0.19	2.26	2.26
1979	58.97	23.67	32.31		0.23	2.76	2.76
1980	74.87	29.25	41.94	0.01	0.43	3.24	3.24
1981	85.99	31.67	48.33		0.88	5.11	5.11
1982	93.77	33.01	52.14	0.01	2.29	6.32	6.32
1983	104.24	35.03	54.27	0.02	7.63	7.29	7.29
1984	125.82	40.80	60.19	0.07	15.52	9.24	9.24
1985	172.27	45.49	81.16	0.09	28.73	16.80	16.80
1986	203.49	55.41	91.41	0.26	36.94	19.47	19.47
1987	242.58	63.63	105.13	0.23	47.81	25.78	25.78
1988	325.88	88.17	130.60	0.74	70.91	35.46	35.46
1989	346.01	93.60	119.53	1.06	89.72	42.10	42.10
1990	353.75	97.75	110.14	1.98	97.50	46.38	46.38
1991	404.00	113.03	118.44	3.38	113.93	55.22	55.22
1992	493.87	148.42	130.99	4.42	141.55	68.49	68.49
1993	695.06	180.51	133.37	2.04	237.02	142.12	110.68
1994	1020.10	244.44	180.59	5.11	392.35	197.61	152.83
1995	1325.70	251.31	197.65	5.78	586.73	284.23	209.45
1996	1599.37	254.62	216.05	11.07	804.31	313.32	224.16
1997	1757.17	252.23	202.53	8.06	931.46	362.89	250.69
1998	1909.14	228.24	216.25	8.35	1070.68	385.62	258.60
1999	2075.75	227.50	213.80	9.08	1198.36	427.01	251.79
2000	2298.76	216.12	196.70	8.75	1386.19	491.00	260.63
2001	2555.46	205.31	165.23	7.80	1627.09	550.03	272.13

10－2 按地区分的社会消费品零售总额
Total Retail Sales of Consumer Goods by Region

单位:亿元 (100 million yuan)

年份 Year	社会消费品零售总额 Total Retail Sales of Consumer Goods	市 City	县 County	县以下 Under County Level
1975	38.73	7.63	11.75	19.35
1976	39.66	7.96	11.72	19.98
1977	42.16	8.64	13.01	20.51
1978	46.86	9.75	14.46	22.65
1979	58.97	11.56	17.68	29.73
1980	74.87	14.99	21.68	38.20
1981	85.99	23.76	17.59	44.64
1982	93.77	25.01	19.57	49.19
1983	104.24	28.06	23.10	53.08
1984	125.82	35.66	27.96	62.20
1985	172.27	55.99	40.74	75.54
1986	203.49	67.15	44.71	91.63
1987	242.58	87.80	45.29	109.49
1988	325.88	132.28	51.23	142.37
1989	346.01	141.80	51.91	152.30
1990	353.75	153.27	48.55	151.93
1991	404.00	184.56	55.79	163.65
1992	493.87	230.23	73.72	189.92
1993	695.06	334.51	101.47	259.08
1994	1020.10	553.99	103.66	362.45
1995	1325.70	712.47	128.49	484.74
1996	1599.37	855.92	163.55	579.90
1997	1757.17	949.63	174.10	633.44
1998	1909.14	1035.97	183.57	689.59
1999	2075.75	1132.00	201.23	742.52
2000	2298.76	1255.15	225.38	818.23
2001	2555.46	1434.82	247.57	873.07

10－3 按行业分的社会消费品零售总额
Total Retail Sales of Consumer Goods by Sector

单位:亿元 (100 million yuan)

年 份 Year	社会消费品零售总额 Total Retail Sales of Consumer Goods	批发零售贸易业 Wholesale and Retail Sale Trade	餐饮业 Catering Trade	制造业 Manufacturing	其他 Others
1975	38.73	31.83	1.55	2.17	3.18
1976	39.66	32.18	1.57	2.37	3.54
1977	42.16	33.91	1.61	3.03	3.61
1978	46.86	37.93	1.84	3.38	3.71
1979	58.97	47.53	2.28	4.77	4.39
1980	74.87	58.72	2.86	7.67	5.63
1981	85.99	64.64	3.21	10.23	7.91
1982	93.77	69.18	3.45	11.28	9.86
1983	104.24	77.02	3.87	12.62	10.73
1984	125.82	90.53	4.98	16.60	13.71
1985	172.27	115.86	6.56	24.78	25.07
1986	203.49	136.47	7.90	29.32	29.80
1987	242.58	160.35	9.73	34.27	38.23
1988	325.88	221.57	12.55	41.16	50.60
1989	346.01	235.20	14.06	39.41	57.34
1990	353.75	238.14	15.90	36.93	62.78
1991	404.00	271.03	19.07	40.40	73.50
1992	493.87	327.64	25.04	46.51	94.68
1993	695.06	477.75	36.09	62.25	118.97
1994	1020.10	680.67	49.73	78.57	211.13
1995	1325.70	909.76	77.35	105.08	233.51
1996	1599.37	1106.91	103.54	119.10	269.81
1997	1757.17	1213.64	116.92	119.92	306.69
1998	1909.14	1319.27	134.43	129.75	325.68
1999	2075.75	1445.86	169.52	140.06	320.31
2000	2298.76	1600.47	213.95	150.87	333.47
2001	2555.46	1792.46	250.16	165.5	347.34

10-4 限额以上批发零售贸易业商品购进销售总额
Total Purchases and Sales in Wholesale and Retail Sale Trades Above Designated Size

单位:亿元 (100 million yuan)

项目	Item	购进总额 Total Purchases		销售总额 Total Sales	
		2000	2001	2000	2001
总计	Total	2834.89	3154.38	3109.95	3383.36
#国有及国有控股	State - owend and State Holding Majority Shares Enterprises	1942.95	1747.47	2153.95	1879.27
内资企业	Domestic Funded Enterprises	2008.46	3117.56	3080.84	3341.54
国有经济	State - Owned	1349.78	825.27	1517.08	915.34
集体经济	Collective - Owned	219.35	99.14	242.50	106.41
股份合作企业	Joint - stock Enterprises	92.71	89.38	96.29	94.52
联营经济	Joint - Owned	32.12	14.63	35.48	14.90
有限责任公司	Limited Liability Company	752.99	1249.71	812.76	1351.04
股份有限公司	Share - Holding Corporations Ltd.	240.12	596.52	247.88	610.87
私营企业	Private	119.58	242.57	126.77	247.83
其他企业	Others	1.81	0.59	2.08	0.63
港澳台投资企业	Funded by Entrepreneurs from HongKong, Macao and Taiwan	8.93	12.90	12.58	17.77
外商投资企业	Foreign Funded	17.50	23.92	16.53	24.04

10-5 限额以下批发零售贸易业商品销售总额
Total Sales in Wholesale and Retail Sale Trades Below-designated Size

单位:亿元 (100 million yuan)

总计	Item	销售总额 Total Sales		#批发 Wholesale	
		2000	2001	2000	2001
总计	**Total**	**3198.98**	**3517.26**	**2017.02**	**2173.55**
限额以下企业	Trade Enterprises Below - dseignated Size	1075.47	1208.27	750.12	829.21
个体商业	Individual Trade Enterprises	2123.51	2308.99	1266.90	1344.34

10－6　限额以上批发零售贸易业商品销售额(2001 年)
Total Sales in Wholesale and Retail Sale Trades by Category of Commodities Above Designated Size(2001)

单位:亿元　　(100 million yuan)

商品分类	Commodity	总计 Total	批发额 Wholesale	零售额 RetailSale
合计	**Total**	**3088.41**	**2639.67**	**448.74**
食品、饮料、烟酒类	Food, Beverage, Tobacco and Liquor	587.50	499.96	87.55
肉禽蛋类	Mest, Poultry and Eggs	30.51	16.08	14.43
其他食品类	Others foods	170.90	126.57	44.33
饮料类	Becerages	24.06	15.44	8.62
烟酒类	Tobacco and Liquor	362.04	341.87	20.17
服装鞋帽、针、纺织品类	Garments, Shoes, Hats, Knit, and Textile Goods	417.02	364.26	52.76
服装类	Garments	242.45	208.31	34.14
鞋帽类	Shoes and Hats	43.96	35.16	8.80
针、纺织品类	Knit and Textile Goods	130.61	120.79	9.82
化妆品类	Cosmetics	14.17	5.00	9.17
金银珠宝类	Jewelry	9.87	1.11	8.76
日用品类	Articles For Daily Use	76.96	56.72	20.24
洗涤用品类	Washing	8.42	3.42	5.00
儿童玩具类	Toy For Children	8.12	6.99	1.13
五金、电料类	Hardware&Electric Materials	43.16	40.81	2.35
体育、娱乐用品类	Sports and Recreation	11.78	8.60	3.18
书报杂志类	Newspapers and Magazines	45.24	31.09	14.15
电子出版物及音像制品类	Electronic Publication and Audiovisual Products	1.58	0.74	0.83
家用电器及音像器材类	Household Appliances and Audiovisual Equipment	107.50	55.97	51.53
中西药品类	Traditional Chinese&Western Medicines	188.87	103.49	85.38
西药	Western Medicines	127.42	70.63	56.79
中草药及中成药	Chinese herbal Medicine and Other Traditional Chinese Medicine	55.99	29.61	26.38
文化办公用品类	Culture and Official Articles	31.77	23.87	7.91
家具类	Furniture	4.04	3.40	0.64
通讯器材类	Communication Appliances	18.45	14.19	4.26
煤炭及制品类	Coal and Related Products	79.27	78.61	0.66
木材及制品类	Timber and Related Products	6.70	6.63	0.07
石油及制品类	Oiland Related products	508.03	474.60	33.43
化工材料及制品类	Chemical Materials and Related Products	182.68	180.50	2.18
化肥类	Fertilizer	43.77	43.77	
金属材料类	Metal Materials	220.46	219.77	0.70
建筑及装潢材料类	Building Decoration Materials	13.18	12.01	1.16
机电成品及设备类	Mechanical and Electrical Productsand Appliances	279.88	226.49	53.39
农机类	Agricutural Mechamical Products	4.57	4.51	0.07
汽车类	Motor Vehicles	121.56	77.61	43.95
种子饲料类	Seed and Forage	2.81	2.81	
棉麻类	Cotton&Ambery	23.19	23.17	0.02
其他类	Others	214.29	205.87	8.42

10-7 限额以上批发零售贸易业商品销售情况

Sales of Wholesale and Retail Sale Trades Above Designated Size by Commodity

名　称	Item			2000	2001
粮食	Grains	(吨)	(ton)	3674868	2836551
		(千元)	(1000 yuan)	4838345	4075266
食用植物油	Edible Oil	(吨)	(ton)	385635	171341
		(千元)	(1000 yuan)	2247274	874930
食糖(吨)	Sugar	(吨)	(ton)	207067	190139
		(千元)	(1000 yuan)	658254	735044
棉花	Cotton	(吨)	(ton)	98729	89653
		(千元)	(1000 yuan)	1140692	1051471
电视机	Television Sets	(台)	(unit)	1838420	1063805
		(千元)	(1000 yuan)	2712269	1993716
组合音响(台)	Hi-Fi Stereo Players	(台)	(unit)	57169	51264
		(千元)	(1000 yuan)	71982	68848
摄像机	Video Camera	(台)	(unit)	12089	8430
		(千元)	(1000 yuan)	82773	51776
录像机(台)	Video-recorders	(台)	(unit)	2257	898
		(千元)	(1000 yuan)	3801	1354
影碟机(台)	Video Disc Player	(台)	(unit)	208847	184070
		(千元)	(1000 yuan)	205772	161499
家用电冰箱	Refrigerator	(台)	(unit)	483079	453066
		(千元)	(1000 yuan)	982961	862027
家用洗衣机	Washing Machine	(台)	(unit)	684183	497986
		(千元)	(1000 yuan)	885051	623388
房间空调器	Air Conditioner	(台)	(unit)	643832	741295
		(千元)	(1000 yuan)	2611300	2741819
微波炉	Oven	(台)	(unit)	309675	334181
		(千元)	(1000 yuan)	217198	198249

10 - 7 续表 continued

名　称	Item			2000	2001
微型计算机	Micro - Computers	（台）	(unit)	32584	33228
		（千元）	(1000 yuan)	223879	285520
普通电话机	Normal Telephone	（部）	(unit)	660084	548774
		（千元）	(1000 yuan)	102180	71064
移动电话机	Mobile Telephone	（部）	(unit)	269827	540483
		（千元）	(1000 yuan)	539772	846711
寻呼机	BP	（部）	(unit)	6667	4765
		（千元）	(1000 yuan)	1932	1023
煤炭	Coal	（吨）	(ton)	27048012	29228885
		（千元）	(1000 yuan)	7274353	7915098
木材	Timber	（立方米）	(cu. m)	78641	81338
		（千元）	(1000 yuan)	126786	195699
汽油	Gasoline	（吨）	(ton)	3577592	4155769
		（千元）	(1000 yuan)	11424902	12803713
柴油	Diesel Oil	（吨）	(ton)	9829057	11127287
		（千元）	(1000 yuan)	29545061	30514007
化学肥料	Chemical Fertilizer	（吨）	(ton)	4005896	4158904
农用薄膜	Plastic Film	（吨）	(ton)	46875	35894
		（千元）	(1000 yuan)	406163	308231
化学农药	Chemical Pesticide	（吨）	(ton)	165104	118397
		（千元）	(1000 yuan)	1491674	992517
钢材	Steel	（吨）	(ton)	5867296	6267160
		（千元）	(1000 yuan)	16210232	17081551
铜	Copper	（吨）	(ton)	49677	55616
		（千元）	(1000 yuan)	741643	816999
铝	Aluminum	（吨）	(ton)	94227	72767
		（千元）	(1000 yuan)	1475651	924253
水泥	Cement	（吨）	(ton)	382613	557712
		（千元）	(1000 yuan)	89246	146197
汽车	Motor Vehicle	（辆）	(unit)	100173	99125
#轿车	Car	（辆）	(unit)	33876	42403
		（千元）	(1000 yuan)	5581371	7635304
摩托车	Motorcycle	（辆）	(unit)	407891	234233
		（千元）	(1000 yuan)	2438926	1618366
拖拉机	Tractor	（台）	(unit)	4625	5304
		（千元）	(1000 yuan)	101393	140591

10－8 限额以上批发零售贸易业商品销售情况(分批发和零售)

Sales of Wholesale and Retail Sale Trades Above Designated Size(by Wholesale and Retail Sale)

名称	Item			批发 Wholesale		零售 Retail Sale	
				2000	2001	2000	2001
粮食	Grains	(吨)	(ton)	3498950	2726045	175918	110506
		(千元)	(1000 yuan)	4583469	3898423	254876	176843
食用植物油	Edible Oil	(吨)	(ton)	362531	138205	23104	33136
		(千元)	(1000 yuan)	2075934	655552	171340	219378
食糖	Sugar	(吨)	(ton)	200111	183677	6956	6462
		(千元)	(1000 yuan)	629201	709824	29053	25220
棉花	Cotton	(吨)	(ton)	97330	89653	1399	
		(千元)	(1000 yuan)	1122051	1051471	18641	
电视机	Television Sets	(台)	(unit)	1257262	500877	581158	562928
		(千元)	(1000 yuan)	1350535	657287	1361734	1336429
组合音响	Hi－Fi Stereo Players	(台)	(unit)	24578	17282	32591	33982
		(千元)	(1000 yuan)	15098	11903	56884	56945
摄像机	Video Camera	(台)	(unit)	1180	19	10909	8411
		(千元)	(1000 yuan)	7965	118	74808	51658
录像机	Video－recorders	(台)	(unit)	139	7	2118	891
		(千元)	(1000 yuan)	181	8	3620	1346
影碟机	Video Disc Player	(台)	(unit)	44206	13475	164641	170595
		(千元)	(1000 yuan)	47880	12371	157892	149128
家用电冰箱	Refrigerator	(台)	(unit)	275171	223639	207908	229427
		(千元)	(1000 yuan)	524496	377115	458465	484912
家用洗衣机	Washing Machine	(台)	(unit)	469573	297881	214610	200105
		(千元)	(1000 yuan)	543884	300528	341167	322860
房间空调器	Air Conditioner	(台)	(unit)	374577	423960	269255	317335
		(千元)	(1000 yuan)	1469122	1504007	1142178	1237812
微波炉	Oven	(台)	(unit)	174133	151105	135542	183076
		(千元)	(1000 yuan)	110375	79895	106823	118354
微型计算机	Micro－Computers	(台)	(unit)	16615	13928	15969	19300
		(千元)	(1000 yuan)	104687	116397	119192	169123
普通电话机	Normal Telephone	(部)	(unit)	299310	272285	360774	276489
		(千元)	(1000 yuan)	25560	18806	76602	52258

10－8 续表 continued

名称	Item			批发 Wholesale 2000	批发 Wholesale 2001	零售 Retail Sale 2000	零售 Retail Sale 2001
移动电话机	Mobile Telephone	（部）	（unit）	220447	428379	49380	112104
		（千元）	（1000 yuan）	432419	641869	107353	204842
寻呼机	BP	（部）	（unit）			6667	4765
		（千元）	（1000 yuan）			1932	1023
煤炭	Coal	（吨）	（ton）	26790889	29048965	257123	179920
		（千元）	（1000 yuan）	7210879	7861688	63474	53410
木材	Timber	（立方米）	（cu. m）	68901	79342	9740	1996
		（千元）	（1000 yuan）	111498	191716	15288	3983
汽油	Gasoline	（吨）	（ton）	3230240	3723948	347352	431821
		（千元）	（1000 yuan）	10256539	11357968	1168363	1445745
柴油	Diesel Oil	（吨）	（ton）	9356154	10658501	472903	468786
		（千元）	（1000 yuan）	28166903	29133790	1378158	1380217
化学肥料	Chemical Fertilizer	（吨）	（ton）	4005896	4158904		
农用薄膜	Plastic Film	（吨）	（ton）	46875	35894		
		（千元）	（1000 yuan）	406163	308231		
化学农药	Chemical Pesticide	（吨）	（ton）	165104	118397		
		（千元）	（1000 yuan）	1491674	992517		
钢材	Steel	（吨）	（ton）	5834913	6246460	32388	20700
		（千元）	（1000 yuan）	16128883	17030942	81349	50609
铜	Copper	（吨）	（ton）	49677	55616		
		（千元）	（1000 yuan）	741643	816999		
铝	Aluminum	（吨）	（ton）	94227	72767		
		（千元）	（1000 yuan）	1475651	924253		
水泥	Cement	（吨）	（ton）	378206	557712	4407	
		（千元）	（1000 yuan）	87952	146197	1294	
汽车	Motor Vehicle	（辆）	（unit）	74359	67811	25814	31314
#轿车	Car	（辆）	（unit）	17122	22693	16754	19710
		（千元）	（1000 yuan）	2672604	3856132	2908767	3779172
摩托车	Motorcycle	（辆）	（unit）	294663	167883	113228	66350
		（千元）	（1000 yuan）	1457221	1012037	981705	606329
拖拉机	Tractor	（台）	（unit）	4625	5304		
		（千元）	（1000 yuan）	101393	140591		

10－9　限额以上批发零售贸易企业财务状况
Financial Conditions of Wholesale and Retail Sale Trade Above Designated Size

单位:亿元　　　　(100 million yuan)

指　　标	Item	1995	1998	1999	2000	2001
法人企业数(个)	Corporation Units(unit)	2990	2277	2264	2033	2204
从业人(人)员	Employed Persons(person)	292252	278305	247323	215452	195125
流动资产合计	Total Circulating Assets	669.55	718.53	726.04	797.93	863.92
固定资产合计	Total Fixed Assets	185.45	252.74	247.11	246.81	256.45
资产总计	Total Assets	938.22	1077.20	1089.65	1182.55	1290.57
流动负债合计	Total Liquid Liabilities	636.94	694.89	690.15	737.01	789.58
负债合计	Total Liabilities	694.96	761.27	758.52	837.35	878.74
商品销售收入净额	Net Value of Sales Revenue	2041.97	2048.66	2331.49	2794.13	3021.10
商品销售成本	Cost of Sales	1899.53	1907.72	2167.05	2600.46	2817.44
经营费用	Business Expenses	58.92	62.83	73.94	79.14	87.47
商品销售税金及附加费	Tax and Extra Charges on Goods Sales	3.47	2.89	3.08	3.86	4.07
主营业务利润	Profits of Major Management	81.31	76.44	88.42	111.64	113.12
管理费用	Management Expenses	51.91	58.90	62.83	62.47	66.23
财务费用	Financial Expenses	31.11	20.13	17.18	15.86	16.25
利润总额	Total Profits	20.31	21.32	35.52	62.63	62.63
本年应付工资总额	Total Wages Payablein the Year	23.36	28.79	29.14	32.37	37.52
本年应付福利费总额	Total Welfare Expenses Payablein the Year	3.79	4.10	4.28	4.57	4.81

10－10 限额以上餐饮企业财务状况

Financial Conditions of Catering Trade Above Designated Size

单位:亿元 (100 million yuan)

指　　标	Item	1995	1998	1999	2000	2001
法人企业数(个)	Comoration Unit(unit)	96	170	194	226	277
从业人员(人)	Employed Persons(person)	12063		40526	44117	60201
流动资产合计	Total Circulating Assets	3.45	7.99	10.13	12.71	14.28
固定资产合计	Total Fixed Assets	6.62	23.20	28.24	31.94	33.39
资产总计	Total Assets	11.35	36.84	43.25	51.63	57.43
流动负债合计	Total Liquid Liabilities	4.26	19.24	23.00	26.31	27.04
负债合计	Total Liabilities	5.97	23.69	29.97	34.39	34.14
营业收入	Businese Income	9.11	19.62	23.27	28.78	36.38
营业成本	buinese Cost	4.95	9.59	11.10	14.04	17.70
营业费用	Business Expenses	2.15	5.85	7.12	8.29	11.01
商品销售税金及附加	Sale Tax and Extra Charges	0.43	1.03	1.34	1.53	2.03
主营业务利润	Profits of Major Management	1.56	3.16	3.72	4.92	5.63
管理费用	Management Expenses	1.05	3.08	3.49	4.01	4.63
财务费用	Financial Expenses	0.21	1.17	1.23	0.99	1.16
利润总额	Total Profits	0.62	-0.54	-0.46	0.16	0.35
本年应付工资总额	Total Wages Payable	0.77	2.21	2.67	3.29	3.92
本年应付福利费总额	Total Welfare Expenses Payable	0.11	0.27	0.36	0.39	0.58

10－11 个体经济发展情况(2001年)
Developments on Individual Economy(2001)

项　目	Item	1995	1998	1999	2000	2001
户数(户)	**Number of Households(household)**	**1543449**	**1583991**	**1644428**	**1588643**	**1580315**
农林牧渔业	Farming, Forestry, Animal Husbandry and Fishery	1481	4431	6835	14935	14695
工业和手工业	Industry and Handicraft Industry	311372	304834	321690	302479	292252
建筑业	Construction	1223	1042	1035	902	1153
运输业	Transportation	189192	179772	180021	161886	147340
商业	Trade	746932	782000	797410	763673	786245
饮食业	Catering Services	102314	104155	117049	129570	115048
服务业	Services	133554	155827	167165	165679	173210
修理业	Repairing Trades	50681	48005	49491	45149	45350
其他行业	Others	6700	3925	3732	4370	5022
从业人员(人)	**Number of Employed Persons(person)**	**2541275**	**2678408**	**2814287**	**2723835**	**2773251**
农林牧渔业	Farming, Forestry, Animal Husbandry and Fishery	3329	11118	14647	25088	24134
工业和手工业	Industry and Handicraft Industry	817097	825527	878613	825679	810179
建筑业	Construction	3630	3181	3178	2925	3300
运输业	Transportation	235912	234709	238050	210572	196658
商业	Trade	1051540	1124502	1138029	1103070	1178455
饮食业	Catering Services	178315	191384	229415	247263	227750
服务业	Services	177844	218550	242530	243847	265322
修理业	Repairing Trades	63449	62465	63553	58313	58971
其他行业	Others	10159	6972	6272	7078	8482
总产值或营业额(亿元)	**Total Output Value(Volume of Business)(100 million yuan)**					
农林牧渔业	Farming, Forestry, Animal Husbandry and Fishery	4.29	7.03	14.29	21.71	27.10
工业和手工业	Industry and Handicraft Industry	905.62	1612.34	1916.69	2137.34	2307.33
建筑业	Construction	7.45	8.22	12.40	16.07	21.20
运输业	Transportation	162.43	202.82	274.8	270.28	274.4
商业	Trade	1070.96	1790.01	1858.88	2147.90	2417.71
饮食业	Catering Services	78.06	98.29	226.55	335.90	421.92
服务业	Services	71.91	122.51	163.65	188.04	239.04
修理业	Repairing Trades	17.41	26.92	25.61	32.69	29.11
其他行业	Others	6.65	6.20	5.93	6.41	11.06

10－12 私营经济发展情况
Developments on Private－owned Economy

项　目	Item	1995	1998	1999	2000	2001
户数(户)	**Number of Households(household)**	**71556**	**100182**	**146369**	**178771**	**208826**
农林牧渔业	Farming, Forestry, Animal Husbandry and Fishery	348	595	819	1602	2100
工业和手工业	Industry and Handicraft Industry	47711	62765	92836	111494	125592
建筑业	Construction	772	1210	1586	2832	3541
运输业	Transportation	582	867	1030	1999	2390
商业	Trade	19297	29186	36201	43241	52372
饮食业	Catering Services	423	838	7536	4775	4516
服务业	Services	1996	4104	5541	10675	15672
修理业	Repairing Trades	129	146	213	514	504
其他行业	Others	298	471	607	1639	2139
从业人员(人)	**Number of Employed Persons(person)**	**1053253**	**1529264**	**1919148**	**3004728**	**3471061**
农林牧渔业	Farming, Forestry, Animal Husbandry and Fishery	4380	8245	11134	22940	28522
工业和手工业	Industry and Handicraft Industry	782444	1107278	1394600	2175397	2421559
建筑业	Construction	18504	31234	40563	73830	88663
运输业	Transportation	8023	11962	14404	29358	38376
商业	Trade	205335	303585	329489	487168	581628
饮食业	Catering Services	5016	10323	53835	54348	76437
服务业	Services	23231	48518	64459	129541	201103
修理业	Repairing Trades	1545	1762	2298	5730	5224
其他行业	Others	4775	6357	8366	26416	29549
总产值或营业额(亿元)	**Total Output Value(Volume of Business)(100 million yuan)**					
农林牧渔业	Farming, Forestry, Animal Husbandry and Fishery	6.01	9.42	14.36	115.74	39.53
工业和手工业	Industry and Handicraft Industry	789.83	1499.23	1983.79	3271.27	3861.22
建筑业	Construction	19.47	36.50	51.86	174.66	196.68
运输业	Transportation	4.71	15.22	17.80	73.30	51.70
商业	Trade	296.18	714.34	737.97	1166.27	1325.10
饮食业	Catering Services	2.94	9.70	103.10	137.80	185.67
服务业	Services	12.89	33.18	41.59	98.26	137.25
修理业	Repairing Trades	0.74	0.97	1.50	10.29	3.91
其他行业	Others	2.01	5.66	4.65	19.90	27.82

10－13　按行业分的服务业行政、事业单位财务状况
Financial Indicators of Administration and Institutions Units in services by Sector

单位：万元　　　　　　　　　　　　　　　　　　　　　　　　　　　　(10000 yuan)

项　目	Item	单位数(个) Units		资产合计 Total Assets	
		2000	2001	2000	2001
总计	**Total**	**31494**	**31375**	**15156043**	**18389726**
按国民经济行业分	By Sector				
农、林、牧、渔服务业	Farming, Forestry, Animal Husbandry and Fishery	1207	1289	186354	213218
地质勘查业	Geological Prospecting	48	64	37543	54336
水利管理业	Water Conservancy	384	427	645456	583000
公共设施服务业	Public Facilities	705	1022	462087	721057
居民服务业	Resident Services	140	178	70027	60917
旅馆业	Hotels	33	22	14491	35859
租赁服务业	Leasing Services	5	10	130	1061
旅游业	Tourism		11		1611
娱乐服务业	Recreational Services	15	15	2984	30215
信息、咨询服务业	Information and Consultancy Services	395	470	62686	187633
计算机应用服务业	Computer Application Services	13	22	16758	6149
其他社会服务业	Other Scial Services	200	285	111049	280326
卫生	Health Care	3565	3509	2633567	3151872
体育	Sports	70	94	66787	94795
社会福利保障业	Social Welfare	502	525	136047	161188
教育	Education	11640	10555	3651995	4778268
文化艺术业	Culture and Arts	994	922	239952	280232
广播电影电视业	Radio, Film and Television	613	611	401104	573137
科学研究业	Scientific Research	210	180	263537	181556
综合技术服务业	Polytechnical Services	701	802	259933	376944
国家机关	Government Agencies	7631	7151	4781945	4862833
政党机关	Party Agencies	770	928	93577	136674
社会团体	Social Organizations	719	1257	108577	126342
其他行业	Others	934	1026	909458	1490508

注：本表统计范围为具有法人资格、独立核算、单独编制会计报表的服务业行政、事业单位，旅游业2000年未纳入统计调查范围。
The data in this table include administration and Institution Units in Services with Corporation, independent accounting, The data in 2000 did not include tourism.

项　目	Item	负债合计 Liabitities 2000	负债合计 Liabitities 2001	净资产合计 Creditors´Equity 2000	净资产合计 Creditors´Equity 2001
总计	**Total**	**4362304**	**5424873**	**10793740**	**12964853**
按国民经济行业分	By Sector				
农、林、牧、渔服务业	Farming, Forestry, Animal Husbandry and Fishery	74410	91958	111945	121260
地质勘查业	Geological Prospecting	22409	27516	15134	26820
水利管理业	Water Conservancy	85356	87362	560100	495638
公共设施服务业	Public Facilities	214763	386848	247324	334209
居民服务业	Resident Services	22320	10855	47707	50062
旅馆业	Hotels	6863	19126	7628	16733
租赁服务业	Leasing Services	7	245	123	816
旅游业	Tourism		584		1027
娱乐服务业	Recreational Services	390	22401	2594	7814
信息、咨询服务业	Information and Consultancy Services	29355	117472	33331	70161
计算机应用服务业	Computer Application Services	6976	1837	9783	4311
其他社会服务业	Other Social Services	44720	175368	66329	104958
卫生	Health Care	411556	543644	2222011	2608228
体育	Sports	17045	8445	49742	86350
社会福利保障业	Social Welfare	36615	49090	99433	112098
教育	Education	574603	852305	3077392	3925963
文化艺术业	Culture and Arts	65863	75157	174089	205075
广播电影电视业	Radio, Film and Television	111461	193938	289643	379200
科学研究业	Scientific Research	95959	70293	167578	111262
综合技术服务业	Polytechnical Services	97980	151417	161953	225527
国家机关	Government Agencies	1768887	1523094	3013057	3339738
政党机关	Party Agencies	20941	32070	72637	104603
社会团体	Social Organizations	26189	26807	82388	99536
其他行业	Others	627638	957043	281820	533465

项目	Item	收入合计 Total Revenue 2000	收入合计 Total Revenue 2001	支出合计 Total Expenditure 2000	支出合计 Total Expenditure 2001
总计	**Total**	**7342974**	**9364773**	**6752993**	**8761557**
按国民经济行业分	By sector				
农、林、牧、渔服务业	Farming, Forestry, Animal Husbandry and Fishery	77748	112894	71625	108286
地质勘查业	Geological Prospecting	24598	52269	23905	47226
水利管理业	Water Conservancy	52355	68278	51531	65709
公共设施服务业	Public Facilities	333943	371058	245737	327286
居民服务业	Resident Services	25664	27530	21102	24438
旅馆业	Hotels	5291	10333	4937	10074
租赁服务业	Leasing Services	196	437	126	411
旅游业	Tourism		914		885
娱乐服务业	Recreational Services	1291	4966	1332	3864
信息、咨询服务业	Information and Consultancy Services	38442	48393	33651	42401
计算机应用服务业	Computer Application Services	5553	6039	5527	6061
其他社会服务业	Other Social Services	30961	57905	28858	66315
卫生	Health Care	1865565	2165914	1558623	1900015
体育	Sports	20520	26063	20267	25579
社会福利保障业	Social Welfare	49823	57398	49773	58805
教育	Education	1863998	2508387	1767036	2382103
文化艺术业	Culture and Arts	117005	142285	109340	134669
广播电影电视业	Radio, Film and Television	185684	285061	178896	281035
科学研究业	Scientific Research	153509	86558	146375	81339
综合技术服务业	Polytechnical Services	136898	170311	124582	152561
国家机关	Government Agencies	2136116	2522123	2099756	2510988
政党机关	Party Agencies	76037	133221	76063	133179
社会团体	Social Prganizations	44753	57286	42899	55297
其他行业	Others	97024	449151	91051	343033

10－14 服务业企业单位财务状况
Financial Indicators of Enterprise Units in Services

单位:万元 (10000 yuan)

项目	Item	单位数 Units		资产合计 Total Assets	
		2000	2001	2000	2001
总计	**Total**	**4825**	**6818**	**6738361**	**9241819**
按国民经济行业分	By Sector				
农、林、牧、渔服务业	Farming, Forestry, Animal Husbandry and Fishery	148	109	66624	54067
地质勘查业	Geological Prospecting	25	27	26736	20745
水利管理业	Water Conservancy	33	57	68909	286899
公共设施服务业	Public Facilities	351	629	437589	1104742
居民服务业	Resident Services	560	697	93486	70108
旅馆业	Hotels	1137	1181	2369523	2374172
租赁服务业	Leasing Services	63	98	79558	91810
旅游业	Tourism		323		300103
娱乐服务业	Recreational Services	205	269	146595	158929
信息、咨询服务业	Information and Consultancy Services	718	1198	245439	348217
计算机应用服务业	Computer Application Services	133	238	56274	97197
其他社会服务业	Other Social Services	353	637	451919	443268
卫生	Health Care	24	18	50409	31117
体育	Sports	2	5	3702	3542
社会福利保障业	Social Welfare	18	31	3327	11508
教育	Education	43	51	28245	31012
文化艺术业	Culture and Arts	96	104	446713	373273
广播电影电视业	Radio, Film and Television	121	127	123181	103254
科学研究业	Scientific Research	26	23	24203	42651
综合技术服务业	Polytechnical Services	433	579	230917	327515
社会团体	Social Organizations	29	7	2908	789
其他行业	Others	307	410	1782104	2966904

注:本表统计范围为具有法人资格、独立核算、单独编制会计报表的服务业企业单位,旅游业2000年未纳入统计调查范围。
The data in this table include Enterprises in Services with Corporation, independent accounting, The data in 2000 did not include tourism.

项 目	Item	负债合计 Liabitities 2000	2001	所有者权益合计 Creditors´Equity 2000	2001
总计	**Total**	**3964963**	**5216891**	**2773398**	**4024933**
按国民经济行业分	By Sector				
农、林、牧、渔服务业	Farming, Forestry, Animal Husbandry and Fishery	36523	32006	30101	22061
地质勘查业	Geological Prospecting	15961	9120	10775	11625
水利管理业	Water Conservancy	30978	110141	37931	176758
公共设施服务业	Public Facilities	255340	611591	182250	493151
居民服务业	Resident Services	55678	38476	37808	31632
旅馆业	Hotels	1446108	1486302	923415	887873
租赁服务业	Leasing Services	52137	56743	27421	35067
旅游业	Tourism		120074		180029
娱乐服务业	Recreational Services	91092	113517	55502	45412
信息、咨询服务业	Information and Consultancy Services	137702	211190	107737	137027
计算机应用服务业	Computer Application Services	27766	63528	28508	33672
其他社会服务业	Other Social Services	282652	235641	169267	207627
卫生	Health Care	15639	7394	34770	23723
体育	Sports	621	1012	3081	2530
社会福利保障业	Social Welfare	1445	7391	1882	4117
教育	Education	12997	15963	15248	15049
文化艺术业	Culture and Arts	205778	143348	240935	229925
广播电影电视业	Radio, Film and Television	59635	53048	63546	50206
科学研究业	Scientific Research	14796	24386	9407	18265
综合技术服务业	Polytechnical Services	140770	170543	90147	156972
社会团体	Social Organizations	1666	290	1242	500
其他行业	Others	1079679	1705190	702425	1261713

项目	Item	主营业务收入 Main Operating Business Revenue		主营业务成本 Main Operating Business Costs	
		2000	2001	2000	2001
总计	**Total**	**2092262**	**2590614**	**1143124**	**1521785**
按国民经济行业分	By Sector				
农、林、牧、渔服务业	Farming, Forestry, Animal Husbandry and Fishery	28117	16577	22563	11042
地质勘查业	Geological Prospecting	18557	12695	15965	9815
水利管理业	Water Conservancy	5931	13254	5205	9169
公共设施服务业	Public Facilities	155411	257922	111740	178841
居民服务业	Resident Services	54353	56757	33931	34291
旅馆业	Hotels	754105	794061	289403	338950
租赁服务业	Leasing Services	8704	17647	3572	10659
旅游业	Tourism		208396		168687
娱乐服务业	Recreational Services	23913	26817	9044	8472
信息、咨询服务业	Information and Consultancy Services	157824	157625	88347	83287
计算机应用服务业	Computer Application Services	70311	56112	53505	43260
其他社会服务业	Other Social Services	240166	222665	162881	128782
卫生	Health Care	15940	14525	7954	7076
体育	Sports	81	249	93	7
社会福利保障业	Social Welfare	3011	1531	2256	596
教育	Education	15491	8900	15371	7396
文化艺术业	Culture and Arts	219949	221683	125852	134839
广播电影电视业	Radio, Film and television	32975	17733	8636	8822
科学研究业	Scientific Research	10114	14249	8150	10943
综合技术服务业	Polytechnical Services	127302	189393	70975	101818
社会团体	Social Organizations	2118	810	617	95
其他行业	Others	147893	281014	107064	224937

项　目	Item	营业费用 Operating Expenses 2000	营业费用 Operating Expenses 2001	业务税金及附加 Taxes and Extra Charges 2000	业务税金及附加 Taxes and Extra Charges 2001
总计	**Total**	**409632**	**440466**	**73240**	**81441**
按国民经济行业分	By Sector				
农、林、牧、渔服务业	Farming, Forestry, Animal Husbandry and Fishery	1786	2150	260	101
地质勘查业	Geological Prospecting	135	225	597	320
水利管理业	Water Conservancy	165	1157	143	251
公共设施服务业	Public Facilities	7412	15514	5751	9390
居民服务业	Resident Services	10377	10994	1542	1320
旅馆业	Hotels	258735	237743	35588	34134
租赁服务业	Leasing Services	3079	2054	330	669
旅游业	Tourism		22893		1656
娱乐服务业	Recreational Services	7418	9900	1599	1829
信息、咨询服务业	Information and Consultancy Services	19202	22092	5790	7053
计算机应用服务业	Computer Application Services	5678	3404	701	579
其他社会服务业	Other Social Services	36268	38485	3435	5900
卫生	Health Care	2144	1181	217	17
体育	Sports	22	258	1	28
社会福利保障业	Social Welfare	279	291	19	66
教育	Education	1592	1718	186	115
文化艺术业	Culture and Arts	24208	23482	7156	6134
广播电影电视业	Radio, Film and television	8756	7000	1496	773
科学研究业	Scientific Research	364	415	124	130
综合技术服务业	Polytechnical Services	8982	19186	5566	8371
社会团体	Social Organizations	826	387	46	45
其他行业	Others	12205	19941	2695	2561

项　目	Item	主营业务利润 Operating Business Profits		管理费用 Management Expenses	
		2000	2001	2000	2001
总计	**Total**	**466266**	**546883**	**417190**	**540266**
按国民经济行业分	By Sector				
农、林、牧、渔服务业	Farming, Forestry, Animal Husbandry and Fishery	3508	3285	3673	3007
地质勘查业	Geological Prospecting	1860	2336	1726	2165
水利管理业	Water Conservancy	418	2677	2466	4722
公共设施服务业	Public Facilities	30508	54178	29721	48739
居民服务业	Resident Services	8503	10152	7783	63276
旅馆业	Hotels	170378	183205	174768	186470
租赁服务业	Leasing Services	1723	4265	2644	4805
旅游业	Tourism		15160		11960
娱乐服务业	Recreational Services	5853	6607	7303	7770
信息、咨询服务业	Information and Consultancy Services	44485	45193	33708	26971
计算机应用服务业	Computer Application Services	10428	8869	5106	8553
其他社会服务业	Other Social Services	37581	49499	25131	34669
卫生	Health Care	5625	6251	4898	3995
体育	Sports	-34	-43	18	273
社会福利保障业	Social Welfare	456	578	129	975
教育	Education	-1658	-329	2042	2471
文化艺术业	Culture and Arts	62733	57229	30345	30297
广播电影电视业	Radio, Film and television	14087	1138	19025	7143
科学研究业	Scientific Research	1476	2762	1111	2990
综合技术服务业	Polytechnical Services	41779	60016	34804	42730
社会团体	Social Organizations	629	283	224	100
其他行业	Others	25928	33575	30564	46185

项目	Item	财务费用 Financial Expenses		利润总额 Total Profits	
		2000	2001	2000	2001
总计	**Total**	**68586**	**89876**	**60282**	**81763**
按国民经济行业分	By Sector				
农、林、牧、渔服务业	Farming, Forestry, Animal Husbandry and Fishery	368	139	1626	1198
地质勘查业	Geological Prospecting	140	31	226	373
水利管理业	Water Conservancy	2651	504	－3153	－2139
公共设施服务业	Public Facilities	2935	8153	4405	12614
居民服务业	Resident Services	397	469	1954	475
旅馆业	Hotels	42085	46975	－25736	－29557
租赁服务业	Leasing Services	790	297	460	258
旅游业	Tourism		1211		3860
娱乐服务业	Recreational Services	1773	2381	－2419	－2711
信息、咨询服务业	Information and Consultancy Services	2295	4643	17436	21802
计算机应用服务业	Computer Application Services	194	537	6623	1818
其他社会服务业	Other Social Services	2874	2788	14877	19824
卫生	Health Care	206	26	662	222
体育	Sports	13	39	－26	－248
社会福利保障业	Social Welfare	－17	134	348	77
教育	Education	48	12	－5590	1438
文化艺术业	Culture and Arts	3189	－900	31350	31302
广播电影电视业	Radio, Film and television	1581	994	－2139	－2971
科学研究业	Scientific Research	135	－29	757	858
综合技术服务业	Polytechnical Services	－274	156	9446	19521
社会团体	Social Organizations	－13	－7	395	191
其他行业	Others	7218	21323	8782	3556

项目	Item	本年应付工资总额 Wages Payable		本年应付福利费总额 Welfare Funds Payable	
		2000	2001	2000	2001
总计	**Total**	**270029**	**339532**	**37045**	**49683**
按国民经济行业分	By Sector				
农、林、牧、渔服务业	Farming, Forestry, Animal Husbandry and Fishery	2552	3046	364	388
地质勘查业	Geological Prospecting	2887	2038	392	282
水利管理业	Water Conservancy	1549	3304	219	462
公共设施服务业	Public Facilities	32421	54400	4519	7765
居民服务业	Resident Services	8567	8909	1188	1207
旅馆业	Hotels	100945	108259	14073	14448
租赁服务业	Leasing Services	1710	1702	165	287
旅游业	Tourism		12004		1061
娱乐服务业	Recreational Services	4203	5927	552	681
信息、咨询服务业	Information and Consultancy Services	17199	23968	2353	3072
计算机应用服务业	Computer Application Services	3696	4960	499	678
其他社会服务业	Other Social Services	12969	17413	1714	2546
卫生	Health Care	5053	3842	688	3512
体育	Sports	38	94	5	18
社会福利保障业	Social Welfare	128	522	18	48
教育	Education	3109	3207	405	365
文化艺术业	Culture and Arts	21421	21594	2932	3354
广播电影电视业	Radio, Film and television	4860	4903	680	800
科学研究业	Scientific Research	925	2177	127	207
综合技术服务业	Polytechnical Services	25963	32842	3648	4832
社会团体	Social Organizations	453	317	65	73
其他行业	Others	19382	24104	2441	3598

主要统计指标解释

社会消费品零售额　指各种经济类型的批发零售贸易业、餐饮业、制造业和其他行业对城乡居民和社会集团的消费品零售额。这个指标反映通过各种商品流通渠道向居民和社会集团供应的生活消费品来满足他们生活需要，是研究人民生活，社会消费品购买力、货币流通等问题的重要指标。社会消费品零售额包括：(1)售给城乡居民作为生活用的商品和修建房屋用的建筑材料；(2)售给社会集团的各种办公用品和公用消费品(3)售给机关、团体、学校、部队、企业、事业单位的职工食堂和旅店(招待所)附设专门供本店旅客食用，不对外营业的食堂的各种食品、燃料；企业、单位和国营农场直接售给本单位职工和职工食堂的自已生产的产品；(4)售给部队干部、战士生活用的粮食、副食品、衣着品、日用品、燃料；(5)售给来华的外国人、华侨、港澳(台)同胞的消费品；(6)居民自费购买的中、西药品、中药材及医疗用品；(7)报社、出版社直接售给居民和社会集团的报纸、图书、杂志、集邮公司出售的新、旧纪念邮票、特种邮票、首日封、集邮册、集邮工具等；(8)旧货寄售商店自购、自销部分的商品；(9)煤气公司、液化石油气站售给居民和社会集团的煤气灶具和罐装液化石油气；(10)农民售给非农业居民和社会集团的商品。不包括售给国民经济各部门企业、事业单位(包括国有经济的农场)生产经营用的各种原材料、燃料、设备、工具等和售给批发零售贸易业、餐饮业作为转卖用的商品、旧货寄售商店受托寄售卖出的商品、服务业的营业收入、邮局出售邮票的收入、自来水、电力、煤气生产(供应)单位的产品供应收入，也不包括农民之间的商品销售。

批发零售贸易业商品购、销、存总额　指以各种经济类型的批发、零售贸易业(不包括个体)为总体的商品购、销、存。

商品购进总额　指从本企业(单位)以外的单位和个人购进(包括从国外直接进口)作为转卖或加工后转卖的商品。这个指标反映批发零售贸易业从国内、国外市场上购进商品的总量。商品购进总额包括：(1)从工农业生产者购进的商品；(2)从出版社、报社的出版发行部门购进的图书、杂志和报纸；(3)从各种经济类型的批发零售贸易企业(单位)购进的商品；(4)从其他单位购进的商品，如从机关、团体、企业单位购进的剩余物资，从餐饮业、服务业购进的商品，从海关、市场管理部门购进的缉私和没收的商品，从居民收购的废旧商品等；(5)从国(境)外直接进口的商品。不包括企业(单位)为自身经营用，和未通过买卖行为而收入的商品以及销售退回、商品升溢等。

商品销售总额　指对本企业(单位)以外的单位和个人出售(包括对国(境)外直接出口)的商品。这个指标反映批发零售贸易业在国内市场上销售商品以及出口商品的总量。商品销售总额包括：(1)售给城乡居民和社会集团消费用的商品；(2)售给工业、农业、建筑业、运输邮电业、批发零售贸易业、餐饮业、服务业等作为生产、经营使用的商品；(3)售给批发零售贸易业作为转卖或加工后转卖的商品；(4)对国(境)外直接出口的商品。不包括：出售本企业(单位)自用的废旧包装用品，未通过买卖行为付出的商品，经本单位介绍，由买卖双方直接结算，本单位只收取手续费的业务，购货退出的商品以及商品损耗和损失等。

Explanatory Notes on Main Statistical Indicators

Total Retail Sales of Consumer Goods refer to the sum of retail sales of consumer goods by the establishments in wholesale trade, retail sale trade, catering trade, manufacturing industry and other industries of different types of ownership, to urban and rural residents and social groups. This indicator is used to show the supply of consumers goods through various channels to households and institutions to meet their demands, and is therefore very important for the study of the issues on people's livelihood, on the purchasing power of consumer goods and on the circulation of money. The retail sales of consumer goods include: (1) commodities sold to urban and rural residents for residential use and building materials sold to them for the construction or repair of houses; (2) food and fuels sold to canteens of institutions, enterprises, schools, military units and to canteens of hotels and hostels that only serve their guests, and commodities produced by enterprises, institutions or state farms and sold directly to their employees or their canteens; (3) grain and non-staple food, clothing, daily articles and fuels sold to military personnel; (4) consumer goods sold to foreigners, overseas Chinese, and Chinese compatriots from Taiwan, Hong Kong and Macao during their stay in the mainland of China; (5) Chinese and western medicines, herbs and medical facilities purchased by residents; (6) newspapers, books and magazines directly sold to residents and social groups by publishers, new and old commemorative stamps, special stamps, first-day covers, stamp albums and other stamp-collection articles sold by stamp companies; (7) consumer goods purchased and then sold by second-hand shops; (8) stoves and other heating facilities and liquified gas sold by gas companies to households and institutions; and (9) commodities sold by farmers to non-agricultural residents and social groups. Excluded under this heading are: raw materials, fuels, equipment, tools sold to enterprises, institutions and state farms for production purpose; commodities sold to trade establishments for re-selling; commissioned sales at second-hand shops; operational income of urban public utilities; stamps sold at post offices; income of water, power, gas production and supply establishments from the supply of their products; and sales of commodities among farmers.

Purchases, Sales and Stock of Commodities by Wholesale and Retail Sale Trade refer to the purchase, sales and stock of commodities by wholesale and retail establishments of different ownership (excluding individual sellers).

Total Purchases of Commodities refer to the purchases of commodities by the establishments from other establishments or individuals (including direct import from abroad) for the purpose of re-selling, either with or without further processing of the commodities purchased. This indicator is used to show the total value of purchases of commodities by wholesale and retail establishments from domestic and overseas markets. The total purchases include: (1) agricultural and industrial products purchased from producers; (2) books, magazines and newspapers purchased from distribution departments of the publishers; (3) commodities purchased from wholesale and retail establishments; (4) commodities purchased from other units, such as surplus materials purchased from government agencies, enterprises or institutions, commodities purchased from catering and service establishments, confiscated goods purchased from customs authorities or market management agencies, second-hand goods and wastes purchased from residents; and (5) commodities directly imported from abroad. Excluded are commodities purchased by establishments (units) for use in their own business operation, commodities obtained without buying or selling procedures, rejected commodities, etc.

Total Sales of Commodities refer to selling of commodities by the establishments to other establishments and individuals (including direct export). This indicator is used to show the total value of sales of commodities at domestic markets and export. The total sales include: (1) commodities sold to urban and rural residents and social groups for their consumption; (2) commodities sold to establishments in industry, agriculture, construction, transportation, post and telecommunications, wholesale and retail trades, catering trade and public utility for their production and operation; (3) commodities sold to wholesale and retail establishments for re-selling, with or without further processing; and (4) commodities for direct export to other countries. Excluded are selling of waste packaging materials used by the establishments (units) themselves, commodities transferred without buying or selling procedures, commission income from brokerage in transactions whose settlement is directly handled by buyers and sellers, rejected commodities in the purchase, loss in commodities, etc.

对外经济贸易和旅游

FOREIGN ECONOMY and TRADE, TOURISM

Chapter 11

11. 对外经济贸易和旅游

Foreign Economy and Trade, Tourism

2001年进出口总值	Total Value of Imports and Exports	328	亿美元	(USD 100 million)
#出口	Exports	230	亿美元	(USD 100 million)
2001年利用外资协议金额	Utilization of Foreign Capital Through Signed Contracts	71.75	亿美元	(USD 100 million)
#外商直接投资	Foreign Direct Investment	50.16	亿美元	(USD 100 million)
2001年实际利用外资金额	Amount of Foreign Capital Through Signed Contracts	45.19	亿美元	(USD 100 million)
#外商直接投资	Foreign Direct Investment	22.12	亿美元	(USD 100 million)
2001年接待境外旅游人数	International Tourists	146.78	万人	(10000 persons)
2001年国际旅游业创汇收入	Total Foreign Exchange From InternationalTourism	7.03	亿美元	(USD 100 million)

出 口 总 额（亿美元）

Total Value of Exports（USD 100 million）

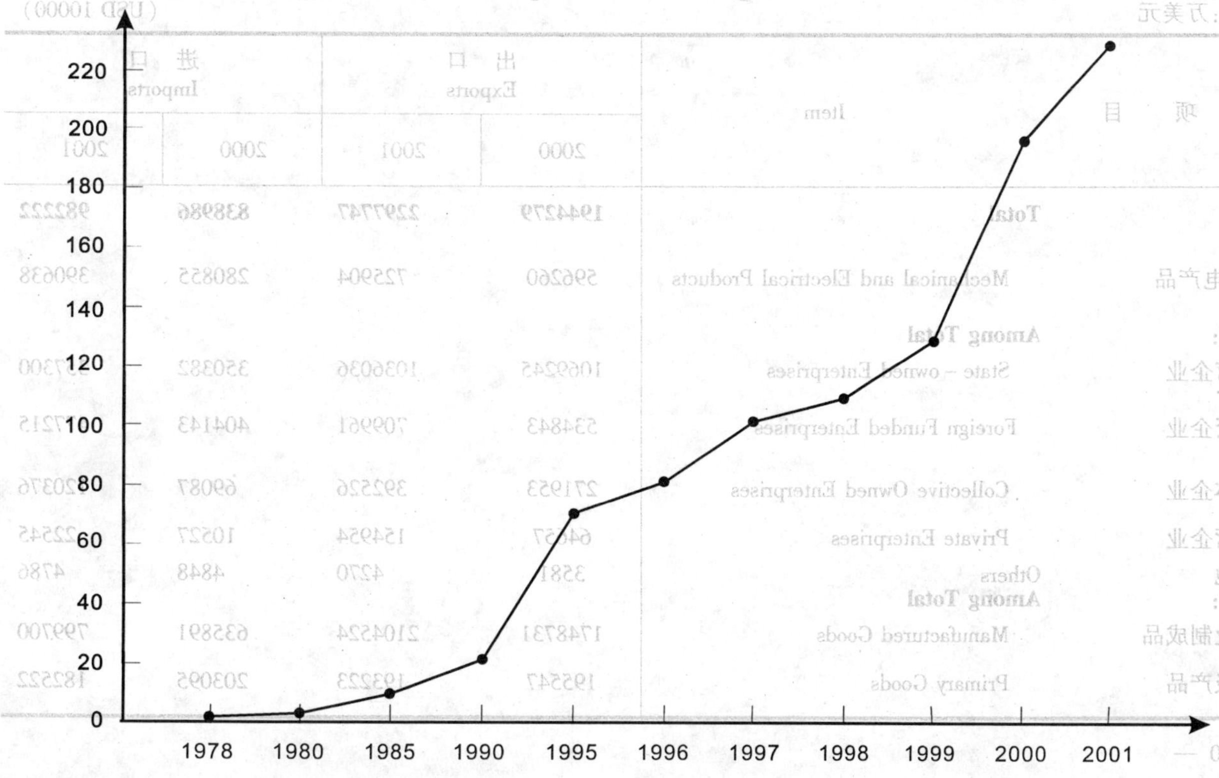

11－1 海关进出口总值
Total Value of Imports and Exports

单位:万美元 (USD 10000)

年份 Year	进出口总值 Total	出口 Export	进口 Import
1986	129291	109128	20163
1987	149984	123406	26578
1988	198628	149004	49624
1989	251387	187222	64165
1990	277342	218881	58461
1991	385052	290628	94424
1992	499907	357127	142780
1993	673269	432313	240956
1994	899144	608657	290487
1995	1151230	769782	381448
1996	1254126	804147	449979
1997	1427732	1011113	416619
1998	1485382	1086623	398759
1999	1830540	1287125	543415
2000	2783265	1944279	838986
2001	3279969	2297747	982222

11－2 进出口总值分类表
Total Value of Imports and Exports by Category

单位:万美元 (USD 10000)

项目	Item	出口 Exports		进口 Imports	
		2000	2001	2000	2001
总值	**Total**	**1944279**	**2297747**	**838986**	**982222**
#机电产品	Mechanical and Electrical Products	596260	725904	280855	390638
总值中:	**Among Total**				
国有企业	State－owned Enterprises	1069245	1036036	350382	357300
三资企业	Foreign Funded Enterprises	534843	709961	404143	477215
集体企业	Collective Owned Enterprises	271953	392526	69087	120376
私营企业	Private Enterprises	64657	154954	10527	22545
其他	Others	3581	4270	4848	4786
总值中:	**Among Total**				
工业制成品	Manufactured Goods	1748731	2104524	635891	799700
初级产品	Primary Goods	195547	193223	203095	182522

11－3 按主要国别分的进出口总值
Total Value of Imports and Exports by Country and Region

单位:万美元 (USD 10000)

国别(地区)	Country(Region)	出口 Exports		进口 Imports	
		2000	2001	2000	2001
总值	**Total**	**1944279**	**2297747**	**838986**	**982222**
#亚太经济合作组织	APEC	1093549	1261068	618715	731380
亚洲	**Asia**	**791791**	**897438**	**482025**	**591567**
#中国香港	Hong kong,China	119881	118500	21651	21502
日本	Japan	331924	376995	174013	230076
中国台湾	Taiwan,China	27943	29290	101617	114959
韩国	Korea Rep	65223	77999	92220	122905
东南亚联盟	The Association of Southeast Asian Nations	97456	108827	65847	61946
非洲	**Africa**	**92558**	**120599**	**11429**	**10476**
欧洲	**Europe**	**527930**	**628741**	**163490**	**184292**
#欧洲联盟	European Free Trade Association	401902	462476	138410	157689
#英国	United Kingdom	54007	65581	20743	13866
德国	Germany	87220	98165	50049	56050
意大利	Italy	61105	68183	21521	29743
法国	France	43527	49675	18590	26160
比利时	Belgium	24309	26942	10461	11815
#俄罗斯	Russia	36466	42486	10274	11330
拉丁美洲	**Latin America**	**100721**	**131280**	**26328**	**21854**
北美洲	**North America**	**386407**	**469341**	**118992**	**139004**
#美国	United States	362582	440159	97999	117781
加拿大	Canada	23818	29173	20932	21053
大洋洲	**Oceania**	**44871**	**50347**	**36719**	**35029**
#澳大利亚	Australia	39021	43329	27440	25766

11－4 进出口货物分贸易方式总值表
Total Value of Imports and Exports by Type

单位:万美元 (USD 10000)

贸易方式	Type	出口 Exports 2000	出口 Exports 2001	进口 Imports 2000	进口 Imports 2001
总值	**Total**	**1944279**	**2297747**	**838986**	**982222**
一般贸易	Original Trade	1540108	1825752	528135	635302
补偿贸易	Compensation Trade				17
来料加工装配贸易	Processing and Assembling Raw Material Supplied by Foreign Firms	81570	89094	56614	59388
进料加工贸易	Processing Imported Raw Materials	315887	375984	164359	187655
外商投资企业作为投资进口的设备	Imported Commodities as Investment of Foreign Enterprises			59286	77031
出料加工贸易	Processing Exported Raw Materials	820	708	338	1051
保税仓库进出境货物	Import & Export Commodities in Protective Tariff Zone	5114	5272	13145	11271
保税区仓储转口货物	Transit Goods in Protective Tariff Zone	514	608	15398	8553
国家间、国际组织无偿援助和赠送物资	Assistant Goods FromInternational Organization	2	25	398	236
华侨、港澳台同胞、外籍华人捐赠物资	Assistant Goods From Overseas Chinese, Compatriotsfrom Hong Kong, Macao and Taiwan			7	49
来料加工装配进口的设备	Assembling Imported Equipment			631	1019
对外承包工程出口货物	Exported Commodities for Contracted Peojects	15	145		
其他	Others	249	159	675	650

11－5 主要进口及出口商品额
The Value of Import and Export Goods

单位:万美元　　(USD 10000)

商品名称	Item	2000	2001
进口商品名称	**Import Goods**		
初级形状塑料	Primary Plastics	61790	71158
纺织机械	Textile Machinery	37126	50909
电视、收音机及无线电讯设备	TV set, Radio Sets and Radio Communication	19176	48179
钢材	Rolled Steel	36623	40563
废铜	Uaste Copper	22571	39576
集成电路及微电子组件	Integrated Circuits and Microelectiric Module	14143	28462
手持或车载无线电话机	Moble Telephone on hand or Car	24955	22248
对苯二甲酸	Telephthatic Acid	8117	18613
原木	Logs	23753	17728
棉机织物	Cotten Textiles	15459	17109
纸浆	Paper Pulp	23160	16603
金属加工机床	Machine Tools	9680	14792
计量检测分析自控仪器及器具	Automatic Instruments or Implements for Measurement Examination Analysis	10075	13528
液化石油气及其他烃类气	Liquefied Petroleum Gas and Other Hydrocarbon Gas	6260	13313
合成纤维长丝机织物	Aynthetic Fiber Silk Knit Goods	9897	11981
通断及保护电路装置	Electrical Apparatus for Switching or Protecting Electrical Circuits	11773	11554
出口商品名称	**Export Goods**		
服装及衣着附件	Garments	509747	586074
纺织纱线、织物及制品	Textiles	221902	286426
鞋类	Shoes	58819	79749
水海产品	Seawater Aquatic Products	48289	48545
塑料制品	Plastic Articls	38551	46192
灯具、照明装置及类似品	Lighting Installation	34009	41940
旅行用品及箱包	Travelling Articles	36155	38127
手持或车载无线电话机	Moble Telephong on Hand or Car	12783	32093
家具	Furniture	24460	31199
床垫、寝具及类似品	Bedding	24523	28047
医药品	Medical and Pharmaceutical Products	21433	26600
通断及保护电路装置	Electrical Apparatus for Switching or Protecting Electrical Circuits	21383	26190
手用或机用工具	Hand Tools and Tools for Machines	17561	20080
轴承	Bearings	19028	18867
汽车零件	Parts of Moter Vehicls	16214	18235
玩具	Toys	14270	17192

11－6 利用外资情况
Utilization of Foreign Capital

项　目 Item	利用外资协议(合同) Signed Contracts(Agreements) for Utilization of Foreign Capital：项目(个) Projects (unit)			利用外资协议(合同) Signed Contracts(Agreements) for Utilization of Foreign Capital：金额(万美元) Value (USD 10000)			实际利用外资金额(万美元) Amount of Foreign Capital Actually Used (USD 10000)		
	2001年止累计 Accumulation until 2001	2000	2001	2001年止累计 Accumulation until 2001	2000	2001	2001年止累计 Accumulation until 2001	2000	2001
总计 Total	**21080**	**1742**	**2311**	**4107708**	**306977**	**717502**	**2303302**	**248919**	**451934**
对外借款 Foreign Loans	**431**	**100**	**1**	**1051614**	**56029**	**209462**	**832064**	**87022**	**223301**
外国政府贷款 Foreign Government Loans	66	1		83480	10348		40698	6722	3751
国际金融组织贷款 Loans from International Financial Organizations	59	2	1	179091	12609	32000	119544	3402	2526
外国银行商业贷款 Commercial Loans from Foreign Banks	282	97		401209	14604	54295	269833	14604	32849
出口信贷 Credit of Export	24			221781			145621	49070	32610
其　它 Others				166053	18468	123167	256368	13224	151565
外商直接投资 Foreign Direct Investment	**20649**	**1642**	**2310**	**2947674**	**250948**	**501588**	**1371152**	**161266**	**221162**
合资企业 Joint Enterprises	15075	973	1278	1485411	82318	164257	763411	67459	94788
合作企业 Cooperative Enterprises	840	55	48	240503	25455	9097	116356	19409	9180
独资企业 Foreign Enterprises	4733	614	984	1219639	143175	328200	490251	74398	117090
股份制企业 Share-system Enterprises	1			2121		34	1134		104
外商其它投资 Other Foreign Investment				**108420**		**6452**	**100086**	**631**	**7471**
补偿贸易 Compensation Trade				12189			8897		
加工装配 Processing and Assembling				8045			3003	631	1019
对外发行股票 Stocks to Foreign Countries				87841		6452	87841		6452
其　它 Others				345			345		

11－7 按国别(地区)分的外商直接投资
Foreign Direct Investment by Country and Region

国别(地区)	Country (Region)	2001年末实有企业 Number of Enterprises at the End of 2001		项目(个) Number of Projects (unit)		协议外资金额(万美元) Agreements of Foreign Capital (USD 10000)		实际利用外资(万美元) Foreign Capital Actually Used (USD 10000)	
		个数 Number	外方注册资本(万美元) Foreign Registered Capital (USD 10000)	2000	2001	2000	2001	2000	2001
总计	**Total**	**11194**	**1246729**	**1642**	**2310**	**250948**	**501588**	**161266**	**221162**
#中国香港	Hong Kong, China	4222	855604	452	615	66585	146025	50643	66939
中国台湾	Taiwan, China	1834	124314	299	451	32241	72542	14501	27696
日本	Japan	996	104185	147	238	17605	37543	12624	24827
新加坡	Singapore	250	63294	36	33	10303	12267	9942	5985
韩国	Korea Rep	271	31979	61	96	7264	23118	7532	8858
英国	United Kingdom	137	40093	23	38	8365	12809	4119	11620
法国	France	163	19573	35	24	8549	8663	2124	5596
意大利	Italy	185	11994	36	30	3003	6340	1271	1709
美国	United States	1409	128940	265	318	30578	49238	18136	25858
加拿大	Canada	128	7427	27	45	2950	11921	682	1835
澳大利亚	Australia	184	7393	33	47	2071	2219	1582	987

注:年末实有企业指在工商行政管理部门登记注册的企业.
The number of enterprises at year-end refer to the enterprises registered at Industry and Commerce Administrative Department.

11－8 对外劳务合作和承包工程情况
Labour Cooperation and Contracted Projects with Foreign Countries and Regions

项目		Item		1995	1998	1999	2000	2001
新签合同	(个)	Newly Signed Contracts	(unit)	664	625	705	692	1266
新签合同额	(万美元)	Amount of Newly Signed Contracts	(USD 10000)	21587	25205	28132	47842	54929
营业额	(万美元)	Business Income	(USD 10000)	12902	30027	33824	43338	67295
年底在外人数	(人)	Population in Foreign Countries and Regions	(person)	91100	18833	21904	27827	28311

11-9 旅游事业发展情况
Development of Tourism

项　目	Item	1999	2000	2001
国内旅游	**Domestic Tourism**			
人数(万人次)	Number of Tourism(10000 Person - times)	5100	5870	6895
收入(亿元)	Earnings(100 million yuan)	375	430	529
入境旅游	**International Tourism**			
人数合计(人次)	Total (person - times)	947788	1125898	1467819
#外国人	Foreigners	506650	647526	817036
港澳同胞	Compatriots from Hong Kong and Macao, China	183579	214513	251118
台湾同胞	Compatriots from Taiwan, China	224875	263859	399665
创汇收入(万美元)	**Foreign Exchange Earnings(USD 10000)**	**41010**	**51397**	**70288**

11-10 旅游部门接待能力
Reception of Tourism Departments

项　目	Item	1995	1998	1999	2000	2001
旅游部门职工人数 (人)	**Number of Staff and Workers in Tourism Departments (person)**	**44017**	**87713**	**86208**	**71857**	**102841**
旅游涉外饭店情况	**Conditions of Tourism Hotels**					
饭店个数 (座)	Number of Hotels (unit)	167	355	388	494	638
房间数 (间)	Number of Rooms (room)	21631	45230	50253	59037	66287
床位数 (张)	Number of Beds (bed)	42750	88233	95613	114445	123856

11－11 外国旅游人数

Number of Foreign Tourists

单位:人 (person)

国 别	Country	1995	1998	1999	2000	2001
总 计	**Total**	366491	414273	506650	647526	817036
#日 本	Japan	104955	125124	130693	162908	202635
菲律宾	Philippines	15274	10565	10928	11813	15673
新加坡	Singapore	39211	30393	33644	32421	37673
泰 国	Thailand	18878	12056	19458	20445	26850
印 尼	Indonesia	14395	4020	10126	14702	18042
美 国	United States	30422	40426	47827	65672	72945
加拿大	Canada	5821	9667	12320	14990	20621
英 国	United Kingdom	6535	11403	9967	14200	16318
法 国	France	9848	11951	13923	18094	22080
德 国	Germany	13501	17447	19213	23742	27390
意大利	Italy	7564	10598	9395	15338	21245
俄罗斯	Russia	1079	2765	3596	7872	11281
澳大利亚	Australia	4042	13145	12499	13070	16734
新西兰	New Zealand	773	1996	1465	3477	5222

主要统计指标解释

利用外资　指我国各级政府、部门、企业和其他经济组织通过对外借款、吸收外商直接投资以及用其他方式筹措的境外现汇、设备、技术等。

对外借款　包括我国通过外国政府贷款,国际金融组织贷款,外国银行商业贷款,出口信贷以及对外发行债券、股票等方式,从境外筹措的资金。

外商直接投资　是指外国企业和经济组织或个人(包括华侨、港澳台胞以及我国在境外注册的企业)按我国有关政策、法规,用现汇、实物、技术等在我国境内开办外商独资企业、与我国境内的企业或经济组织共同举办中外合资经营企业、合作经营企业或作合作开发资源的投资(包括外商投资收益的再投资)以及经政府有关部门批准的项目投资总额内,企业从境外借入的资金。

对外承包工程　包括各对外承包公司以招标议标承包方式承揽的下列业务 (1) 承包国外工程建设项目; (2)承包我国对外经援项目; (3) 承包我国驻外机构的工程建设项目; (4) 承包我国境内利用外资进行建设的工程项目; (5) 与外国承包公司合营或联合承包工程项目时我国公司分包部分; (6) 以服务成果向业主收费的技术服务项目(包括承担地形地貌测绘;地质资源勘探与普查;建设区域规划;提供设计文件、图纸、生产工艺技术资料和工程技术经济咨询;工程项目的可行性考察、研究和评估;进行技术指导和培训人员等);(7) 对外承包兼营的房屋开发业务。对外承包工程的营业额是以货币表现的本期内完成的对外承包工程的工作量,包括以前年度签订的合同和本年度新签订的合同在报告期完成的工作量。

对外劳务合作　指以收取工资的形式向业主或承包商提供技术和劳动服务的活动。我国对外承包公司在境外开办的合营企业,中国公司同时又提供劳务的,其劳务部分也纳入劳务合作统计。劳务合作营业额按报告期内向雇主提交的结算数(包括工资、加班费和奖金等)统计。

旅游人数　指来我国参观、访问、旅行、探亲、访友、休养、考察、参加会议和从事经济、科技、文化、教育、体育、宗教等活动的外国人、华侨、港澳和台湾同胞的人数。不包括外国在我国的常住机构,如使领馆、通讯社、企业办事处的工作人员;来我国常驻的外国专家、留学生以及在岸逗留不过夜人员。

国际旅游(外汇)收入　指入境旅游的外国人、华侨、港澳台同胞在中国大陆旅游过程中发生的一切旅游支出,对国家来说就是国际旅游(外汇)收入。

Explanatory Notes on Main Statistical Indicators

Utilization of Foreign Capital refers to remittance, equipment and technology financed from abroad, by loans, foreign direct investment and other forms undertaken by the Chinese governments at all levels, by various departments, enterprises and other economic units.

Foreign Loans refers to funds borrowed from abroad, including loans of foreign governments, loans of international financial institutions, commercial loans of foreign banks, export credit, and funds raised by Chinese bonds and shares issued abroad.

Direct Investment by Foreign Entrepreneurs refers to the investments inside China by foreign enterprises and economic organizations or individuals (including overseas Chinese, compatriots from Hong Kong and Macao, and Chinese enterprises registered abroad), following the relevant policies and laws of China, for the establishment of ventures exclusively with foreign own investment, Sino-foreign joint ventures and cooperative enterprises or for co-operative exploration of resources with enterprises or economic organizations in China. It includes the re-investment of the foreign entrepreneurs with the profits gained from the investment and the funds that enterprises borrow from abroad in the total investment of projects which are approved by the relevant department of the government.

Contracted Projects with Foreign Countries refer to projects undertaken by Chinese contractors (project contracting companies) through bidding process. They include: (1) overseas civil engineering construction projects financed by foreign investors; (2) overseas projects financed by the Chinese government through its foreign-aid programs; (3) construction projects of Chinese diplomatic missions, trade offices and other institutions stationed abroad; (4) construction projects in China financed by foreign investment; (5) sub-contracted projects to be taken by Chinese contractors through a joint umbrella project with foreign contractor (s); (6) technical assistance projects in the form of service results and chargeable to the owners (such as topographic surveying, geological prospecting, development zone programming, provision of designing documents, blueprint, materials on production process, technical consultation, project feasibility studies and evaluation, personnel training, etc.); and (7) housing development projects. The business income from international contracted projects is the work volume of contracted projects completed during the reference period, expressed in monetary terms, including completed work on projects signed in previous years.

Service Co-operation with Foreign Countries refers to the activities of providing technology and labour services to employers or contractors in the forms of receiving salaries and wages. Labour services providing by contractual joint ventures of Chinese international contracting corporations should be included in the statistics of service co-operation with foreign countries. The business income of labour service co-operation is the income in the form of wages and salaries, overtime pay, bonuses and other remuneration received from the employers during the reference period.

Number of Tourists refers to the number of foreigners, overseas Chinese, and compatriots from Hong Kong, Macao and Taiwan coming to China for sightseeing, visits, tours, family reunions, vacations, study tours and other activities of an economic, scientific and technological, cultural, physical culture and religious nature. This does not include the number of employees of foreign organizations stationed in China such as embassies, consulates, news agencies, the offices of corporations and enterprises and foreign experts and students residing in China and the persons staying briefly in China but not for passing the night.

Foreign Exchange Earnings from International Tourism refer to the total expenditures of the foreigners, overseas Chinese, compatriots from Hong Kong, Macao and Taiwan in the process of their tourism in the mainland of China. Their expenditures mentioned above are foreign exchange earnings to China.

财政、金融和保险

PUBLIC FINANCE, BANKING and INSURANCE

Chapter 12

****

12. 财政和金融

Public Finance and Banking

****

2001年财政总收入	Tatal Financial Revenue	855.82	亿元	(100 million yuan)
#地方财政收入	The Local Financial Revenue	500.69	亿元	(100 million yuan)
2001年地方财政支出	The Local Financial Expenditure	597.30	亿元	(100 million yuan)
2001年金融机构各项存款年末余额	Deposits of Financial System	8823.12	亿元	(100 million yuan)
2001年金融机构各项贷款年末余额	Loans of Financial System	6482.22	亿元	(100 million yuan)
2001年城乡居民储蓄存款年末余额	Residents' Savings Deposits in Urban and Rural Area	262.38	亿元	(100 million yuan)

****

财 政 总 收 入（亿元）

Tatal Financial Revenue（100 million yuan）

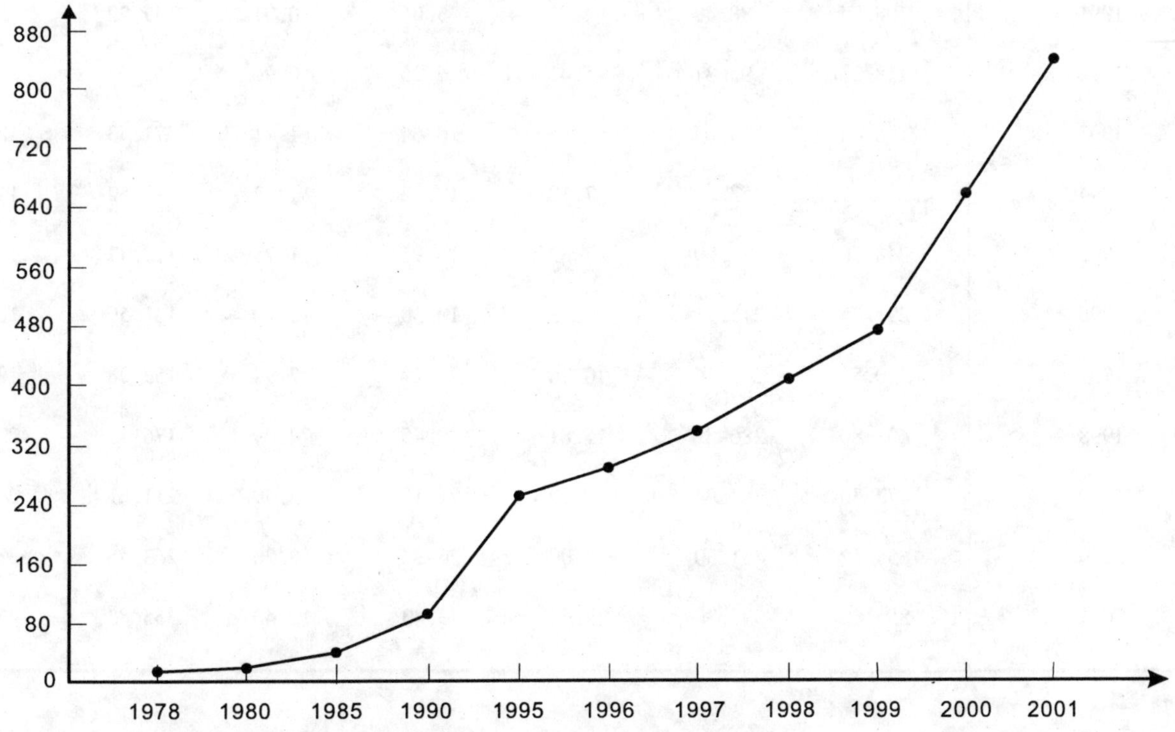

12－1　一般预算总收入和总支出

Total Financial Budgetary Revenue and Expenditure

单位:亿元　　(100 million yuan)

年份 Year	总收入 Total Revenue	总支出 Total Expenditure	#基本建设支出 Expenditure for Capital Construction	#企业挖潜改造资金 Innovation Funds in Enterprises	#科技三项费用 Science and Technology Promotion Funds	#行政事业费 Expenditure for Operating Expenses of Government	#城市维护费 Expenditure for City Maintenance
1978	27.45	17.43	6.07	1.40	0.23	6.33	0.22
1979	25.87	17.74	5.26	1.30	0.28	7.44	0.37
1980	31.13	17.34	3.81	1.71	0.30	8.85	0.50
1981	34.34	17.12	2.80	1.97	0.21	9.62	0.63
1982	36.64	18.88	3.04	1.76	0.27	11.04	0.71
1983	41.79	21.94	3.56	1.96	0.36	12.78	1.25
1984	46.67	28.80	4.38	2.54	0.60	17.03	1.79
1985	58.25	37.40	4.77	3.06	0.46	20.28	2.88
1986	68.61	50.96	5.56	3.03	0.51	24.12	4.21
1987	76.36	51.24	4.28	3.64	0.43	25.39	3.40
1988	85.55	63.14	4.05	4.43	0.50	32.22	4.76
1989	98.21	74.77	3.87	4.04	0.59	38.03	5.19
1990	101.59	80.23	3.84	4.07	0.77	41.94	5.48
1991	108.94	88.43	4.22	5.06	0.91	47.22	5.58
1992	118.36	95.31	5.41	6.26	0.96	55.67	6.32
1993	166.64	125.04	6.85	10.64	1.11	71.43	8.49
1994	209.39	153.03	7.18	10.72	1.32	98.52	11.06
1995	248.50	180.29	7.83	14.95	1.78	112.42	13.10
1996	291.75	213.71	9.53	18.50	2.20	131.59	16.01
1997	340.52	240.16	10.76	21.29	2.94	152.28	19.60
1998	401.80	286.81	15.81	19.45	4.09	176.15	22.97
1999	477.40	344.04	21.29	24.10	5.59	211.61	27.18
2000	658.42	431.30	28.00	26.34	9.20	263.46	33.54
2001	855.82	597.30	44.64	43.43	12.40	355.85	43.82

12-2 地方一般预算收入
The Local Budgetary Financial Revenue

单位:亿元 (100 million yuan)

项目	Item	1997	1998	1999	2000	2001
地方一般预算收入	**The Local Budgetary Financial Revenue**	**157.33**	**198.10**	**245.47**	**342.77**	**500.69**
#增值税	Value Added Taxes	51.77	58.43	66.79	90.04	102.41
营业税	Business Taxes	56.02	66.07	74.89	97.21	124.89
企业所得税	Enterprises Income Tax	35.23	36.10	51.46	87.91	175.64
个人所得税	Individual Income tax	13.18	16.91	22.06	29.22	51.69
城市维护建设税	City Maintenance Taxes	13.67	16.16	19.06	23.57	28.49
房产税	Tax on Real Estates	4.73	6.22	7.46	9.32	11.30
印花税	Stamp tax	1.08	1.46	1.53	2.29	3.03
农牧业税和耕地占用税	Agricultural and Animal Husbandry Taxes, the Tax on the Use of Cultivated Land	10.09	12.50	14.44	22.72	31.58
国有企业计划亏损补贴	Subsidies to Loss-making State-owned Enterprises	-34.80	-37.86	-35.54	-54.80	-76.62
行政性收费收入	Income from Adiministrative Fees	0.04	0.09	1.80	5.32	7.58
罚没收入	Penalty and Confiscatory Income	4.74	5.99	8.61	12.29	18.59
专项收入	Income of Special Projects		10.23	12.44	15.35	17.70

12-3 地方一般预算支出
The Local Financial Budgetary Expenditure

单位:亿元 (100 million yuan)

项目	Item	1997	1998	1999	2000	2001
地方一般预算支出	**Financial Expenditure of the Local Government**	**240.16**	**286.81**	**344.04**	**431.30**	**597.30**
#基本建设支出	Expenditure for Capital Construction	10.76	15.81	21.29	28.00	44.64
企业挖潜改造资金	Enterprises´Innovation Funds	21.29	19.45	24.10	26.34	43.43
科技三项费用	Science and Technology Promotion Funds	2.94	4.09	5.59	9.20	12.4
支援农村生产支出	Expenditure for Supporting Agricultural Production	20.22	23.18	26.22	31.93	40.22
行政事业费	Expenditure for Operating Expenses of Governments	152.28	176.15	211.61	263.46	355.85
#工业交通商业部门事业费	Expenditure for Operating Expenses of Departments of Industry, Commerce & Transportation	5.07	5.18	5.86	6.78	10.98
农林水利气象等部门事业费	Expenditure for Operating Expenses of Departments of Agriculture, Forestry, Water Conservancy and Meteorology	8.79	11.28	12.86	15.99	20.57
文教科学卫生事业费	Expenditure for Operating Expenses of Departments of Culture, Education, Science and Public Health	76.23	88.53	102.80	123.07	163.63
抚恤和社会福利救济费	Expenditure for Pensions and Relief Fundsof Social Welfare	6.26	6.11	7.03	8.01	9.71
行政管理费	Expenditure for Government Administration	30.13	34.82	39.93	47.49	64.92
城市维护费	Expenditure for City Maintenance	19.60	22.97	27.18	33.54	43.82
价格补贴支出	Expenditure for Price Subsidies	6.88	7.70	6.43	6.02	7.28
专项支出	Expenditure of Special Projects		9.73	12.22	14.59	16.62

12-4 金融机构信贷资金平衡表(资金来源)
Credit Funds Balance Sheet of State Banks - Sources of Funds

(年末余额)单位:亿元 (year-end)(100 million yuan)

项　　目	Item	1995	1998	1999	2000	2001
资金来源合计	**All Sources**	**2319.31**	**4178.47**	**5022.66**	**5799.11**	**7068.02**
各项存款	**Deposits**	**2623.60**	**5264.21**	**6273.15**	**7299.57**	**8823.12**
企业存款	Deposits of Enterprise	972.55	1948.93	2411.82	2889.08	3475.65
财政存款	Deposits of Finance	33.75	63.96	80.53	111.92	136.33
机关团体存款	Deposits of Government Agencie Organizations	33.66	56.08	85.62	116.56	133.45
储蓄存款	Savings Deposits	1377.22	2847.29	3261.34	3594.65	4262.38
农业存款	Agricultural Deposits	7.75	162.08	210.96	269.57	332.5
信托存款	Trusted Deposits	172.66	27.30	25.30	14.80	6.04
委托存款	Commissiom Deposits		104.29	104.18	134.46	125.27
其他存款	Other Deposits	26.01	54.28	93.40	168.53	351.5
金融债券	**Bonds**	**1.48**	**-0.08**	**1.64**	**1.30**	**0.02**
证券业务款项	**Funds of Securities Operation**		**57.95**	**92.54**	**155.17**	
所有者权益	**Creditor's Equity**	**124.93**	**67.02**	**93.57**	**105.23**	**133.9**
#实收资本	**Capital Obtained**	**122.31**	**85.39**	**87.91**	**89.91**	**98.66**
当年结益	**Balance**	**-32.78**	**-30.44**	**-5.73**	**15.77**	**29.92**
其他	**Others**	**-430.70**	**-1210.63**	**-1438.24**	**-1762.16**	**-2050.40**

注:金融机构包括人民银行、政策性银行、国有独资商业银行、邮政储蓄机构、其他商业银行、城市合作银行、农村信用社、城市信用社、信托投资公司、租赁公司 、财务公司等。
Financial Institutions include banks, savings deposit agencies of postal office, housing saving banks, unban credit cooperative banks, rural credit cooperatives, urban credit banks, financial trust investment agencies and financial companies ect.

12-5 金融机构信贷资金平衡表(资金运用)

Credit Funds Balance Sheet of State Banks - Use of Funds

(年末余额)单位:亿元　　(year-end)(100 million yuan)

项　　目	Item	1995	1998	1999	2000	2001
资金运用合计	**All Uses**	**2319.31**	**4178.47**	**5022.66**	**5799.11**	**7068.02**
各项贷款	**Loans**	**2103.65**	**3897.12**	**4650.50**	**5423.52**	**6482.22**
短期贷款	Short-term Loans	1570.89	3068.51	3468.71	3958.25	4184.4
工业贷款	Industrial Loans	421.93	738.32	770.17	713.95	832.81
商业贷款	Commercial Loans	488.73	741.97	763.05	739.64	782.67
建筑业贷款	Construction Loans	21.88	71.18	83.52	108.68	183.73
农业贷款	Agricultural Loans	53.28	135.10	157.25	181.60	235.71
乡镇企业贷款	Loans to Township Enterprises	352.11	650.21	712.51	745.13	814.31
三资企业贷款	Loans to Sino-foreign Joint Venture and cooperative Enterprises and Foreign-funded Enterprises	60.23	169.12	205.84	211.65	220.64
私营企业及个体贷款	Loans to Private Enterprises and Individuals	35.52	78.75	114.34	137.73	185.24
其他短期贷款	Other Short-term Loans	137.21	483.86	662.13	1119.87	929.29
中期流动资金贷款	Medium-term Circulating Funds Loans		41.80	93.09	135.56	142.94
中长期贷款	Medium-term&Long-term Loans	275.93	556.71	848.82	1076.66	1874.23
基本建设贷款	Capital Construction	82.87	236.52	485.73	701.08	966.92
技术改造贷款	Technical Innovation	130.04	191.64	184.28	173.19	177.71
其它中长期贷款	Other Medium-term&Long-term Loans	63.02	128.55	178.81	202.39	729.6
信托贷款	Trusted Loans	155.86	26.80	20.34	8.30	10.35
融资租赁	Circulating Funds Tenancy		12.55	12.50	12.33	17.12
委托贷款	Commission Loans		89.13	89.34	117.53	100.72
票据融资	Circulating Funds of Bills					143.71
各项垫款	Paying in advance					8.75
逾期类贷款	Overdue Loans		101.62	117.70	114.89	
其他贷款	Others	100.97				
有价证券及投资	**Securities&Investment**	**173.96**	**186.83**	**217.75**	**243.27**	**361.04**
证券业务占款	Purchase of Securities Operation		10.64	12.09	11.57	
委托投资	Consigned Investments		14.84	11.80	8.51	9.52
金银占款	Purchase of Gold&Silver	2.65	2.25	5.57	4.83	2.07
外汇占款	Purchase of Foreign Exchanges		9.55	11.29	7.30	2.62
库存现金	Storage Cash	38.37	57.06	113.48	100.11	93.13
财政借款	Government Debt					
国家投资债券贷款	Loan to Nation Investment Banks	0.68	0.18			

12－6 金融机构现金收入

Cash Income of Financial Institutions

单位：亿元　　(100 million yuan)

项　　目	Item	1998	1999	2000	2001
收入合计	**Total Income**	**15669.30**	**19286.17**	**24468.18**	**29809.91**
商业销售收入	Commodity Sales	2370.20	2600.13	3102.96	3529.14
服务业收入	Service Trade	735.21	845.23	958.35	1106.09
税款收入	Taxes	87.38	114.22	120.15	137.62
城乡个体经营收入	Urban and Rural Individual Business	1525.29	1596.02	1964.25	2225.25
储蓄存款收入	Savings Deposits	9038.55	11887.78	15225.19	19053.51
其他金融机构收入	Other Financial Institutions	169.53	153.70	216.83	190.16
居民归还贷款收入	Repayment of Loans by Residents	354.77	434.43	555.64	702.58
汇兑收入	Remittances	266.07	384.16	498.12	525.3
有价证券收入	Securities	87.89	81.06	123.59	112.33
其他收入	Other Income	1034.41	1225.44	1703.10	2227.93
#兑换外币收入	Income from Exchange of Foreign Currencies	3.14	6.95	6.84	4.01

12－7 金融机构现金支出

Cash Expenditures of Financial Institutions

单位：亿元　　(100 million yuan)

项　　目	Item	1998	1999	2000	2001
支出合计	**Total Expenditure**	**15572.21**	**19295.30**	**24547.06**	**29958.60**
工资性支出	Wages	987.40	959.31	1040.45	1184.35
农副产品采购支出	Purchases of Agricultural and Sideline Products	200.13	504.07	675.18	816.31
工矿及其他产品采购支出	Purchases of Dustrial and Mineral Products	766.87	660.27	838.52	969.39
行政企事业管理费支出	Government and Enterprises Overhead	760.20	861.75	1056.77	1219.79
城乡个体经营支出	Individual Business	1923.28	2123.89	2583.34	2902.2
储蓄存款支出	Savings Deposits	8967.31	12134.64	15793.08	19583.56
其他金融机构支出	Other Financial Institutions	140.06	113.34	129.44	152.87
居民提取贷款支出	Loans by Residents	298.18	332.49	381.02	495.24
汇兑支出	Remittances	261.68	259.92	286.58	276.54
有价证券支出	Securities	75.33	74.56	89.63	104.72
其他支出	Other Expenditure	1191.75	1271.06	1673.05	2253.63
#兑换外币支出	Exchange of Foreign Currencies	7.84	2.53	4.62	11.25
投放(＋)回笼(－)	**Monetary Issues(＋)Cash Withdrawn(－)**	**－97.09**	**9.13**	**78.88**	**148.69**

12－8 农村信用社存款和贷款
Deposits and Loans of Rural Credit Cooperatives

(年末余额)单位:亿元　　(year－end)(100 million yuan)

项　目	Item	1995	1998	1999	2000	2001
各项存款	**Deposits**	**585.87**	**960.15**	**1091.16**	**1267.21**	**1510.71**
企业存款	Deposits of Enterprises		29.31	41.44	60.19	86.5
储蓄存款	Savings Deposits	474.44	771.22	841.26	933.46	1084.35
活期储蓄存款	Current Deposits	70.15	114.91	143.27	192.72	253.79
定期储蓄存款	Fixed Deposits	404.29	656.31	697.99	740.74	830.56
农业存款	Agricultural Deposits	111.43	150.80	195.79	252.26	310.22
其他存款	Other Deposits		8.82	12.67	21.30	20.86
各项贷款	**Loans**	**451.41**	**697.94**	**788.78**	**940.62**	**1084.05**
#短期贷款	Short－term Loans	432.65	670.97	760.44	908.72	1023.36
#农业贷款	Agricultural Loans	31.12	88.23	106.38	141.63	194.67
乡镇企业贷款	Loans to Township Enterprises	286.41	467.58	511.35	565.48	623.6
贴现	Discount		3.43	3.41	13.07	
其他短期贷款	Other Short－term Loans	115.12	111.73	139.30	188.54	205.09
中长期贷款	Medium－term&Long－term Loans	18.76	26.97	28.34	31.90	37.7
#其他中长期贷款	Other Medium－term& Long－term Loans	18.76	26.97	28.34	31.90	37.7

12－9 城乡居民储蓄存款年末余额
Residents´Savings Deposits in Unban and Rural Aeras

单位:亿元　　(100 million yuan)

项　目	Item	1995	1998	1999	2000	2001
合计	**Total**	**1377.22**	**2847.29**	**3261.34**	**3594.65**	**4262.38**
城镇居民储蓄存款	Savings Deposits of Urban Residents	902.78	2076.07	2420.08	2661.19	3178.03
定期储蓄存款	Fixed Deposits	721.82	1644.73	1810.10	1844.58	2107.11
活期储蓄存款	Current Deposits	180.96	431.34	609.98	816.61	1070.92
农村居民储蓄存款	Savings Deposits of Rural Residents	474.44	771.22	841.26	933.46	1084.35

12－10 保险公司分支机构情况(2001 年底)
Basic Statistics on Institution of Insurance Corporations(End of 2001)

城 市	City	人寿保险 Life Insurance				财产保险 Life Insurance			
		分公司 City Branches	中心支公司 Branches of Centers	支公司 Branches	办事处 Business Offices	分公司 City Branches	中心支公司 Branches of Centers	支公司 Branches	办事处 Business Offices
合计	**Total**	**20**	**14**	**88**	**151**	**20**	**15**	**104**	**177**
杭州市	Hangzhou	6		16	23	6	1	15	24
宁波市	Ningbo	5		14	8	5		18	14
温州市	Wenzhou	1	2	9	18	1	2	12	18
嘉兴市	Jiaxing	1	2	8	2	1	2	8	23
绍兴市	Shaoxing	1	2	8	22	1	2	8	22
湖州市	Huzhou	1	2	6	13	1	2	6	14
金华市	Jinhua	1	2	7	18	1	2	8	17
台州市	Taizhou	1	2	9	24	1	2	9	21
衢州市	Quzhou	1		6	13	1		6	16
丽水市	Lishui	1	1	1	8	1	1	8	8
舟山市	Zhoushan	1	1	4	2	1	1	6	

12－11 人寿保险业务主要经济技术指标
Economic Technical Indicators of Life Insurance Companies

项目	Item	1995	1998	1999	2000	2001
承保人数(万人)	**Number of Accepted Insurance Person(10000 person)**	**23**	**1567**	**2096**	**2887.1**	**1985.42**
个人营销业务	Personal Business		107	92	241.15	898.25
团体业务	Group Business	23	1460	2004	2586.96	1087.17
养老金保险	Pension Insurance	1	18	33	97.3	
普通寿险	Normal Life Insurance	2	134	68	174.75	139.64
意外伤害险	Unforeseen Human Injury Insurance	19	1205	1808	2140.32	822.83
健康保险	Health Insurance	1	103	95	174.59	124.7
保险金额(亿元)	**Amount Insured (100 million yuan)**	**974.08**	**8154.33**	**8451.68**	**7953.59**	**6789.33**
个人营销业务	Personal Business	2.63	5274.48	5531.11	662.53	1331.82
团体业务	Group Business	971.45	2879.85	2920.57	7291.06	5457.51
养老金保险	Pension Insurance	0.01	0.28	0.47	33.59	
普通寿险	Normal Life Insurance	299.45	667.4	702.38	91.49	116.48
意外伤害险	Unforeseen Human Injury Insurance	671.98	1898.56	2002.98	6600.19	4968.81
健康保险	Health Insurance	0.01	313.61	214.7	565.79	372.22
保费收入(万元)	**Premium(10000 yuan)**	**10694**	**379479**	**538322**	**647562**	**1032068**
储金余额(万元)	**Deposits(10000 yuan)**	**4822**	**12886**	**7858**	**5258**	**4356**
赔款金额(万元)	**Settled Claim(10000 yuan)**	**283**	**21810**	**29921**	**31476**	**43752**
给付金额(万元)	**Payment(10000 yuan)**	**1251**	**93756**	**87641**	**94908**	**103755**
赔款给付率(%)	**Rate of Claim and Payment (%)**	**14.34**	**30.45**	**21.84**	**19.52**	**14.3**
退保金(万元)	**Insurance Withdrawn (10000 yuan)**	**19**	**25131**	**23559**	**29781**	**55495**

12－12　财产保险业务主要经济技术指标
Economic And Technical Indicators of Property Insurance Companies

项目	Item	1995	1998	1999	2000	2001
承保数量	**Number of Accepted Insurance**					
#企业财产险(万笔)	Enterprise Property Insurance (10000 cases)	5.0	7.7	7.4	6.4	6.8
家庭财产险(万户)	Family Property Insurance (10000 Households)	178.6	124.9	86.8	100.7	101.2
机动车辆险(万辆)	Motor Vehicle Insurance (10000 units)	54.4	132.7	142.8	163.1	205.0
货物运输险(万笔)	Freight Transport Insurance (10000 cases)	564.2	547.3	433.0	221.3	143.2
责任保险(万笔)	Responsibility Insurance (10000 cases)	39.2	13.7	15.2	12.0	7.48
其他险(万笔)	Others (10000 cases)	15.8	20.9	15.3	5.5	22.9
保险金额(亿元)	**Insurance Sum (100 million yuan)**	**4705.9**	**8646.0**	**10318.3**	**11938.4**	**14674.96**
企业财产险	Enterprise Property Insurance	2021.5	3802.9	4233.3	4428.1	5263.56
家庭财产险	Family Property Insurance	152.3	569.5	334.6	430.8	954.8
机动车辆险	Motor Vehicle Insurance	301.5	1971.5	2304.2	3070.3	3567.5
货物运输险	Freight Transport Insurance	481.6	1620.6	1727.5	2024.5	2413.6
船舶航空险	Ship and Aviation Insurance	82.4	93.4	844.4	956.4	814.1
责任保险	Responsibility Insurance	264.8	169.0	330.4	526.1	933.7
农业保险	Agricultural Insurance	6.0	11.7	24.0	9.0	2.7
其他险	Others	35.0	345.4	385.1	493.1	725.0
保费收入(亿元)	**Premium Income(100 million yuan)**	**25.8**	**36.3**	**38.9**	**43.6**	**52.06**
储金余额(亿元)	**Deposits(100 million yuan)**	**3.4**	**6.1**	**6.3**	**5.4**	**4.54**
赔款金额(亿元)	**Settled Claim (100 million yuan)**	**12.9**	**19.1**	**20.6**	**20.6**	**23.29**
赔案件数(万件)	**Number of Settled claim(10000 cases)**	**31.5**	**24.9**	**26.4**	**29.4**	**30.41**
赔付率(%)	**Rate of Claim and Payment (%)**	**50.1**	**52.8**	**53.0**	**47.3**	**56.0**

主要统计指标解释

财政收入 包括:(1) 各项税收 包括增值税、营业税、消费税、土地增值税、城市维护建设税、资源税、城市土地使用税、印花税、固定资产投资方向调节税、个人所得税、企业所得税、关税、农牧业税和耕地占用税等。

(2) 专项收入 包括征收排污费、征收城市水资源费收入、教育费附加收入等。

(3) 其他收入 包括基本建设贷款归还收入、国家能源交通重点建设基金收入、国家预算调节基金等。

(4) 国有企业计划亏损补贴 这项为负收入,冲减财政收入。

财政支出 国家财政将筹集起来的资金进行分配使用,以满足经济建设和各项事业的需要,主要包括:

(1) 基本建设支出

(2) 企业挖潜改造资金

(3) 地质勘探费用

(4) 科技三项费用

(5) 支援农村生产支出

(6) 农林水利气象等部门的事业费用

(7) 工业交通商业等部门的事业费

(8) 文教科学卫生事业费

(9) 抚恤和社会福利救济费

(10) 国防支出

(11) 行政管理费

(12) 价格补贴支出

存款 企业、机关、团体或居民根据可以收回的原则,把货币资金存入银行或其他信用机构保管并取得一定利息的一种信用活动形式。根据存款对象的不同可划分为企业存款、财政存款、机关团体存款、基本建设存款、城镇储蓄存款、农村存款等科目。它是银行信贷资金的主要来源。

贷款 银行或其他信用机构根据必须归还的原则,按一定利率,为企业、个人等提供资金的一种信用活动形式。我国银行贷款分为流动资金贷款、固定资产贷款、城乡个体工商户贷款以及农业贷款等科目。

Explanatory Notes on Main Statistical Indicators

Government Revenue It includes the following main items:

(1) Various tax revenues, including value added tax, business tax, consumption tax, land value added tax, tax on city maintenance and construction, resources tax, tax on use of urban land, stamp tax, tax on adjustment of the orientation of investment in fixed assets, personal income tax, enterprise income tax, tariff, tax on agriculture and animal husbandry and tax on occupancy of cultivated land, etc.

(2) Special revenues, including revenue collected from imposing fee on sewage treatment, revenue collected from imposing fee on urban water resources, and extra-charges for education, etc.

(3) Other revenues, including revenue from the repayment of capital construction loan, the funds for the state key construction projects in energy industry and transportation, and the funds for state budget adjustment, etc.

(4) Planned subsidies for the losses of the state-owned enterprises. This isan item of negative revenue, used to eat up part of the government revenue.

Government Expenditure refers to the distribution and use of the funds the government finance has raised, so as to meet the needs of economic construction and various causes. It includes the following main items:

(1) Expenditure for capital construction

(2) Innovation funds of the enterprises

(3) Geological prospecting expenses

(4) Expenditures for science and technology promotion

(5) Expenditure for supporting rural production

(6) Operating expenses of the departments of farming, forestry, water conservancy and meteorology etc.

(7) Operating expenses of the departments of industry, transport and commerce

(8) Operating expenses of the departments of culture, education, science and public health

(9) Pension for the disabled or for the families of the bereaved and relief funds for social welfare

(10) Expenditures for national defence

(11) Administrative expenses

(12) Expenditure for price subsidies

Deposit is a form of credit by which enterprises, institutions, organizations or residents can put money into banks and other credit institutions for safekeeping and interest earning under the principle of free withdrawal. According to different depositors, deposits are divided into enterprise deposits, treasury deposits, deposits of government agencies and organizations, capital construction deposits, urban savings deposits, rural deposits and other deposits. Deposits are major sources of the credit funds of banks.

Loan is a form of credit by which banks and other credit institutions provide funds at certain interest rate to enterprises and individuals in the light of the principle of unconditional repayment. Loans from Chinese banks include circulating capital loans, fixed assets loans, loans to urban and rural individuals engaged in industrial and commercial business and agricultural loans.

城市建设和环境保护

CITY CONSTRUCTION and ENVIRONMENT PROTECTION

Chapter 13

13-1 城市公用事业
Urban Public Utilities

项目	Item	1990	1995	2000	2001
自来水全年供水总量 (万吨)	**Annual Supply of Tap Water (10000 tons)**	**136210**	**195123**	**196199**	**204437**
#生活用水量	Water Consumption	36721	66845	80205	64124
人均日生活用水量 (升)	Daily Water Consumption for Residential Use Per Capita (Litres)	157.0	146.0	213	219
用水普及率 (%)	Percentage of Population with Access to Tap Water (%)	36.25	51.51	82.3	93.5
公共车辆总数 (辆)	**Number of Public Transportation Vehicles (Unit)**	**1437**	**6095**	**10015**	**10171**
平均每万人拥有量	Number of Public Transportation Vehicles Owned Per 10000 Population	0.87	2.09	6.78	7.46
铺设道路面积 (万平方米)	**Area of Paved Roads (10000 sq. m)**	**4698**	**7419**	**10791.27**	**11930.3**
平均每人拥有面积 (平方米)	Area of Paved Roads Per Capita (sq. m)	2.66	3.05	8.61	9.77
下水道长度 (公里)	**Length of Sewer Pipelines (km)**	**2466**	**5557**	**7795**	**9903**
排水管道密度 (公里/平方公里)	Length of Sewer Pipelines Per sq. km (km/sq. km)	4.86	5.37	8.09	8.89
液化石油气供气总量 (吨)	**LPG (ton)**	**74614**	**485279**	**630895**	**777035**
液化石油气家庭用量 (吨)	Consumption of LPG for Residential Use (ton)	61640	362553	389541	517646
燃气普及率 (%)	Percentage of Population with Access to LPG (%)				91.1
城市绿化覆盖面积 (公顷)	**Afforestation in Cities (hectare)**	**4656**	**30283**	**32972**	**39253**
园林绿地面积 (公顷)	Green Areas in Gardens (hectare)	4656	23422	26394	30268
#公共绿地面积	Public Green Areas	1415	3552	4723	6250
人均占有公共绿地 (平方米)	Public Green Areas Per Capita (sq. m)	0.8	1.46	3.76	5.12
公园个数 (个)	Number of Parks (unit)	165	332	360	400
公园面积 (公顷)	Area of Parks (hectare)	912	2707	2343	2763
环境卫生	**Environmental Sanitation**				
生活垃圾清运量 (万吨)	Volume of Living Garbage Disposal (10000 tons)	251	490	436	516
粪便清运清运量 (万吨)	Volume of Disposal of Excrement and Urine (10 000 tons)	184	241	113	110

注:生活用水量:2001 年为家庭用水量。
Water consumption in 2001 was that of families.

13－2 环境保护机构和人员情况(2001年)
Institutions and Personnel on Environmental Protection (2001)

项　目	Item	合计 Total	环保局 Environment Protection Bureau	监测站 Monitoring Station	监理所 Control Station	科研所 Research Institutions	其他 Others
机构数　(个)	**Number of Institutions**	**317**	**97**	**87**	**79**	**11**	**43**
年末实有人数(人)	Number of Personnel	4199	1015	1801	811	236	336
#科技人员	Scientific and Technical Personnel						
#高级职称	Senior Titles	292	12	169	35	63	13
中级职称	Medium Titles	1072	127	653	171	91	30

13－3 环境保护投资情况
Investment in Environmental Protection

单位:万元　　(10000 yuan)

项　目	Item	1998	1999	2000	2001
本年完成环境污染治理投资总额	**Total Investment**	**73100**	**1096068**	**1542953**	**1604148**
老工业区污染源治理	Pollution Treatment of Old Industrial Estate	69040	195709	223064	115842
新扩建"三同时"项目	New Extended Projects of "three Simultaneity"	4060	112749	87123	140432
城市环境基础建设	Basic Construction of City Environment		787610	1232766	1347874
环境管理能力建设	**Capacity Construction of Environment Management**		**10748**	**15816**	**14005**
工业环境治理运行费用	**Expenses of Treatment for Industrial Environment**		**112040**	**136441**	**360156**

13－4 废水排放及处理利用情况

Discharging and Using of Industrial Waste Water

单位:万吨 (10000 tons)

项目	Item	1998	1999	2000	2001
废水排放总量	**Waste Water Discharged**	**180938**	**192150**	**213316**	**242570**
生活及其他	For Living and Others	67920	75018	76883	84457
工业	Industry	113018	117132	136433	158113
工业废水排放达标量	**Volume of Industrial Waste Water up to the Dischange Standards**	**76288**	**94128**	**115680**	**152527**
工业重复用水率 %	**Rate of Water Utilized Repeatedly in Industry(%)**				**33.79**

13－5 工业废气排放及处理利用情况

Discharging and Using of Industrial Waste Gas

项目	Item	1998	1999	2000	2001
工业废气排放总量(亿标立方米)	**Total Volume of Industrial Waste Gas Discharged(100 million cu. m)**	**5016**	**5417**	**6509**	**8530**
燃料燃烧废气排放总量(万吨)	Waste Gas in the Process of Fuel Burning (10000 tons)	3043	3570	4262	5862
#经过消烟除尘	With Soot&Dust Removed	2663	3244	3736	
生产工艺废气排放量 (万吨)	Volume of Waste Gas from the Process of Production (10000 tons)	1973	1847	2246	2669
#经过净化处理	Gas Purified	1538	1511	1891	
二氧化硫排放量 (万吨)	Volume of Industrial SO_2 Discharged (10000 tons)	62	61	61	56
烟尘排放量 (万吨)	Volume of Industrial Soot Discharged (10000 tons)	35	33	25	23
粉尘排放量 (万吨)	Volume of Industrial dust Discharged (10000 tons)	71	69	49	46

13－6　工业固体废物排放及处理利用情况
Discharging and Treatment of Industrial Solid Wastes

单位:万吨　　(10000 Tons)

项　目	Item	1990	1995	1998	2000	2001
工业固体废物生产量	**Volume of Industrial Solid Wastes Produced**	**847**	**1018**	**1390**	**1386**	**1603**
工业固体废物排放量	Volume of Industrial Solid Wastes Discharged	58	12	33	6	5
工业固体废物综合利用量	Volume of Industrial Solid Wastes Utilized	354	711	950	1099	1390
工业固体废物堆存量	Volume of Industrial Solid Wastes Accumulated	231	256	233	142	130

13－7　自然保护工作情况(2001年)
Basic Conditions of Natural Protection Work(2001)

项　目	Item	合计 Total	国家级 Country	省级 Province	县级 County
自然保护区情况	**Conditions of Natural Protective Zone**				
自然保护区数　(个)	Number of Zone (unit)	29	6	9	14
自然保护区面积　(公顷)	Area of Zone (ha.)	132164	86423	17675	28066
生态示范区情况	**Conditions of Demonstration Zone of Ecology**				
生态示范区个数　(个)	Number of Demonstration Zone of Ecology (unit)	33	15	18	
生态示范区面积　(公顷)	Area of Demonstration Zone of Ecology (ha.)	6489069	4628428	1860641	

主要统计指标解释

工业废水排放量 指经过企业厂区所有排放口排到企业外部的工业废水量。包括生产废水、外排的直接冷却水、超标排放的矿井地下水和与工业废水混排的厂区生活污水，不包括外排的间接冷却水（清污不分流的间接冷却水应计算在内）。

工业废水排放达标量 指各项指标都达到国家或地方排放标准的外排工业废水量，包括未经处理外排达标的和经过处理后外排达标的和两部分。国家排放标准见 GB8978-88。

工业废水处理量 指报告期内各种水治理设施实际处理的工业废水量，包括处理后外排的和处理后回用的工业废水量。虽经处理但未达到国家或地方排放标准的废水量也应计算在内。计算时，如遇有车间和厂排放口均有治理设施，并对同一废水分级处理时，不应重复计算工业废水处理量。

工业废气排放量 指企业厂区内燃料燃烧和生产工艺过程中产生的各种排入空气的含有污染物的气体的总量，以标准状态(273K,101325Pa)计。

工业固体废物产生量 指企业在生产过程中产生的固体状、半固体状和高浓度液体状废弃物的总量，包括危险废物、冶炼废渣、粉煤灰、炉渣、煤矸石、尾矿、放射性废物和其他废物等；不包括矿山开采的剥离废石和掘进废石（煤矸石和呈酸性或碱性的废石除外）。酸性或碱性废石是指采掘的废石其流经水、雨淋水的 pH 值小于 4 或 pH 值大于 10.5 者。

工业固体废物综合利用量 指通过回收、加工、循环、交换等方式，从固体废物中提取或者使其转化为可以利用的资源、能源和其他原材料的固体废物量（包括当年利用往年的工业固体废物累计贮存量）。如用作农业肥料、生产建筑材料、筑路等。综合利用量由原产生固体废物的单位统计。

"三废"综合利用产品产值 指利用"三废"（废液、废气、废渣）作为主要原料生产的产品产值（现行价），已经销售或准备销售的，应计算产品产值；但留作生产上自用的，不应计算产品产值。

Explanatory Notes on Main Statistical Indicators

Volume of Industrial Waste Water Discharged refers to the volume of industrial waste water discharged, through all outlets, to the outside of industrial enterprises, including waste water produced, direct-cooling water, underground water from mines that does not meet the standard of discharge, and the domestic sewage mixed up with industrial waste water when discharged, but excluding discharged indirect-cooling water.

Volume of Waste Water up to the Standard for Discharge refers to the volume of discharged industrial waste water that, with or without treatment, has come up to the national or local standards for discharge.

Volume of Treated Industrial Waste Water refers to the volume of industrial waste water after being treated and purified through various water treatment facilities in the reference period, including the volume discharged or recovered after being treated. The volume of waste water that fails to meet the national or local standards after treatment is also included. If there are treatment facilities both at the outlets of workshops and at the outlets of the factory, and the same volume of waste water has been treated twice, duplication should be avoided in the calculation of the volume of treated industrial waste water.

Volume of Waste Gas Emission refers to waste gas emitted from burning of fuels and from production process in the area of the factory, and is measured by 10000 standard cubic metres each year under normal condition.

Volume of Industrial Solid Wastes Produced refers to the total volume of solid, semi-solid or highconcentration liquid residue produced by industrial enterprises in their production process, including dangerous wastes, residues from melting, slag, powdered coal ash, gangue, chemical residues, tailings, radioactive residues and other residues, but excluding stripped or dug stones in mining (except gangue and acid or alkali stones which are stones washed or soaked by water with a pH value smaller than 4 or larger than 10.5.)

Volume of Industrial Solid Wastes Utilized in a Comprehensive Way refers to the volume of solid wastes from which useful materials can be extracted or which can be changed to be utilizable resources, energy or other materials, including the volume of industrial solid wastes stored up in the previous years and utilized in the current year, such as the solid wastes utilized as fertilizers, building materials, for making roads or for other purpose. Statistical data on utilization of industrial solid wastes are collected by solid wastes producing units.

Output Value of Products Made from Utilization of Waste Gas, Waste Water and Industrial Solid Wastes refer to the value of products (calculated at current prices) made by industrial enterprises using recovered waste water, waste gas or solid wastes as main raw materials. Only the value of the products which have been sold or are ready to be sold should by included. The value of the products which will be used in the production of the enterprises should not be included.

教育、科技、专利测绘和标准计量

EDUCATION, SCIENCE, PATENT, SVRVEYING & MAPPING and STANDARD CALCULATING

Chapter 14

14. 教育、科技、专利、测绘和标准计量

Education, Science, Patent, Surveying and Mapping and Standard Calculating

2001年高等学校毕业学生数	Graduates in Institutions of Higher Education	3.91	万人	(10000 persons)
2001年中等专业学校毕业学生数	Graduates in Secondary Specialized School	4.77	万人	(10000 persons)
2001年每万人在校大学生数	University and College Students Enrollment Per 10000 Population	64.85	人	(person)
2001年小学学龄儿童入学率	Percentage of School-age Children Enrolled	99.97	%	
2001年专利申请批准量	Patent Applications Approved	8337	项	(item)

每万人在校大学生（人）

University and College Students Enrollment Per 10000 Population (person)

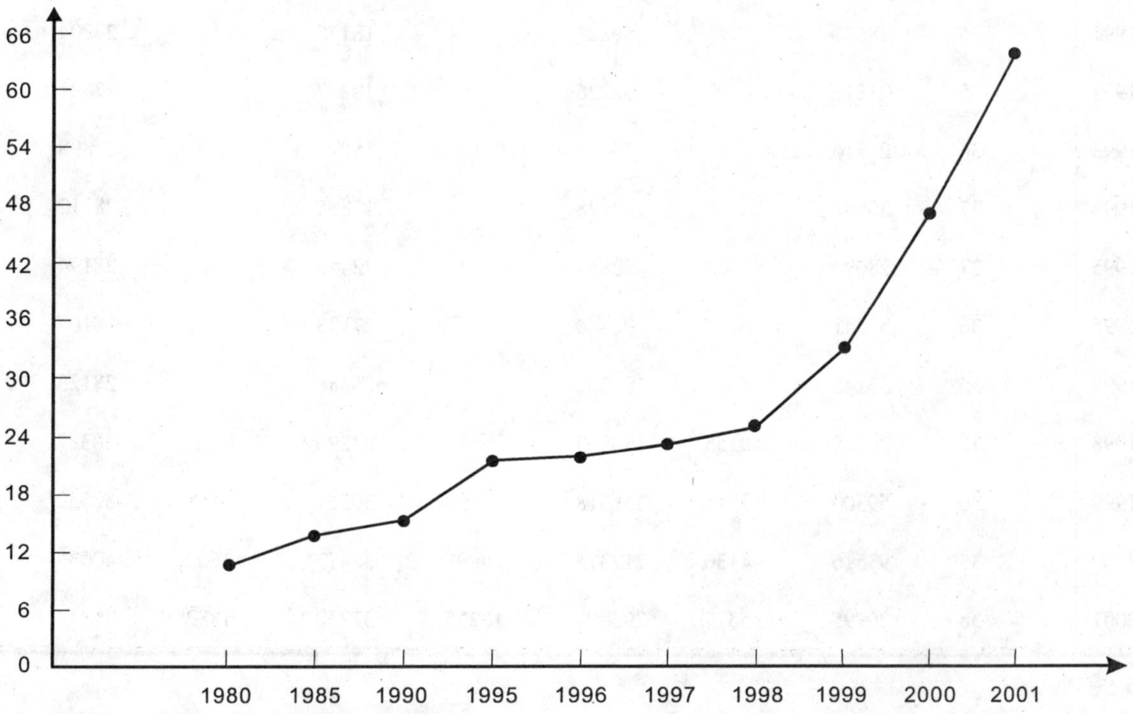

14－1　高等学校基本情况
Basic Statistics on Institutions of Higher Education

年份 Year	学校数 （所） Number of Schools （unit）	招生数 （人） New Students Enrollment （person）		在校学生数 （人） Students Enrollment （person）		毕业生数 （人） Graduates （person）		教职员工数 （人） Number of School Staff and Workers （person）	
		本专科 Regular College Course and Specialized Subject	研究生 Postgradu－ates	本专科 Regular College Course and Specialized Subject	研究生 Postgradu－ates	本专科 Regular College Course and Specialized Subject	研究生 Postgradu－ates		#专任教师 Teachers
1978	20	14241		24223		3743		11961	5389
1979	20	9498		32227		1013		13889	6275
1980	22	9387		37815		3710		15619	6886
1981	22	9208		41020		5852		16365	6933
1982	22	10162		36088		14968		18181	7701
1983	24	12750		39008		10411		19274	8219
1984	27	15030		44883		9002		20431	8690
1985	35	19026		52688		11044		22497	9908
1986	37	17877		57352		13027		24723	10804
1987	37	18190		60072		15017		25620	11223
1988	37	19364		60419		18712		26472	11578
1989	37	18270		61045		17323		26772	11574
1990	37	18264		60327		18417		26787	11578
1991	36	18651		59822		18175		27004	11208
1992	35	21217		62226		18267		27821	11105
1993	36	27716		73586		15971		27898	11148
1994	37	30482		87428		17895		28212	11345
1995	37	28094		92857		22443		28194	11491
1996	36	30541		96480		27133		28107	11530
1997	35	33145		102302		26386		28123	11595
1998	32	36668	2155	113543	5991	24296		28327	11816
1999	36	59300	3216	151318	7460	30561	1578	30532	13140
2000	35	93516	4130	212375	9895	32477	1600	40037	18981
2001	38	120195	5577	293078	13237	37230	1882	44347	22168

14－2 高等学校分类情况(2001 年)
Institutions of Higher Education by Type(2001)

分类	Item	学校数(所) Number of Institutions of Higher Education (unit)	本、专科学生(人) Regular College Course and Specialized Subject (person) 毕业生数 Graduates	招生数 New Students Enrollment	在校学生数 Students Enrollment	教职员工数(人) Number of Staff and Workers (person)	#专任教师 Teachers
合计	**Total**	**38**	**37230**	**120195**	**293078**	**44347**	**22168**
#女性	Female		16316	56763	132391	18611	8530
综合院校	Comprehensive Universities	4	15170	21488	67867	13723	6075
理工院校	Science and Engineering Universities	7	7024	23685	56845	6926	3207
农业院校	Agriculture Universities	1	630	1624	4785	782	378
林业院校	Forestry Universities	1	367	2434	5602	667	354
医药院校	Medicine Universities	2	747	3020	8073	1516	741
师范院校	Teacher Training Universities	6	7475	19178	45565	7045	3782
语文院校	Linguistics and Literacy Universities	1	282	1157	2318	272	152
财政院校	Economics and Finance Universities	2	2153	6255	18727	2153	932
政法院校	Politics and Law Universities	2	872	967	3183	694	269
艺术院校	Art Universities	1	131	1104	2103	498	251
职业技术学院	Short-term Professional Universities	8	767	30881	59082	8394	5059
民办高校	Institutions of Higher Education Run by the Local People	3	1612	8338	18815	1677	968

14－3 中等专业学校基本情况
Basic Statistics on Secondary Specialized Schools

年份 Year	学校数（所）Number of Schools (unit)	招生数（万人）New Students Enrollment (10000 persons)	在校学生数（万人）Students Enrollment (10000 persons)	毕业生数（万人）Graduates (10000 persons)	教职员工数（万人）Number of Staff and Workers (10000 persons)	#专任教师 Teachers
1978	73	1.29	2.79	0.14	0.54	0.24
1979	75	1.24	3.42	0.61	0.55	0.30
1980	81	1.13	3.10	1.44	0.67	0.33
1981	83	1.16	2.67	1.59	0.75	0.35
1982	92	1.19	2.77	1.08	0.85	0.39
1983	96	1.30	3.07	0.98	0.87	0.41
1984	104	1.64	3.66	1.16	0.96	0.44
1985	119	1.99	4.36	1.29	1.12	0.49
1986	130	2.14	5.22	1.27	1.25	0.58
1987	134	2.26	5.79	1.66	1.34	0.65
1988	136	2.31	6.31	1.81	1.40	0.70
1989	140	2.31	6.61	2.02	1.49	0.72
1990	141	2.23	6.67	2.12	1.50	0.73
1991	141	2.41	6.77	2.29	1.52	0.72
1992	142	2.72	7.20	2.27	1.54	0.72
1993	144	3.59	8.48	2.28	1.55	0.72
1994	155	4.92	10.87	2.32	1.58	0.74
1995	158	6.00	13.91	2.90	1.61	0.78
1996	161	7.30	17.72	3.44	1.63	0.80
1997	151	5.68	15.74	3.99	1.64	0.81
1998	150	5.65	16.70	4.58	1.60	0.79
1999	149	5.16	16.52	5.08	1.49	0.78
2000	86	3.54	14.8	5.08	0.97	0,53
2001	82	3.10	12.93	4.77	0.57	0.31

14－4 中等专业学校分类情况(2001 年)
Secondary Specialized Schools by Type(2001)

类别	Item	学校数（所）Number of Specialized Secondary Schools	毕业生数（人）Graduates (person)	招生数（人）New Students Enrollment (person)	在校学生数（人）Student Enrollment (person)	教职员工数（人）Number of Staff and Workers (person)	#专任教师 Teachers
全省总计	**Total**	**82**	**47687**	**31002**	**129261**	**5688**	**3113**
中等技术学校	Secondary Technical Schools	81	44676	27695	118862	5478	3024
工业学校	Industry	23	9853	6322	27153	1817	937
农业学校	Agriculture	5	3586	1398	6587	347	128
林业学校	Forestry						
医药学校	Health	8	2366	2224	9961	508	285
财经学校	Economics and Finance	17	5819	5377	19511	702	380
政法学校	Politics and Law	4	761	100	359	170	85
体育学校	Physical Culture	6	388	529	1423	513	246
艺术学校	Art	6	1089	1900	5779	323	224
其它学校	Others	12	20814	9845	48089	1098	739
中等师范学校	Secondary Teacher Training Schools	1	3011	3307	10399	210	89
#幼儿师范	Infant Teacher Training		206	486	1056	210	89

14－5 各级成人教育基本情况
Adult Education by Level

类别	Item	学校数（所）Schools（unit）		毕业生数（万人）Graduates（10000 Persons）		在校学生数（万人）Students Enrollment（10000 Persons）	
		2000	2001	2000	2001	2000	2001
成人高等学历教育	**Adult Higher Education**	**22**	**20**	**3.34**	**3.49**	**17.1**	**22.36**
广播电视大学	Radio and TV Universities	2	2	0.56	0.53	1.71	1.71
职工高等学校	Schools of Higher Education for Staff and Workers	14	14	0.12	0.16	0.76	1.35
管理干部学院	Colleges for Management Cadres	2	1	0.02	0.04	0.08	0.1
教育学院	Pedagogical Colleges	5	4	0.44	0.25	2.47	2.39
函授大学夜大学	Correspondence Department and Evening Universities			1.11	0.48	7.02	2.52
普通高校举办脱产班	Releasing from Production			0.49	0.63	1.99	2.49
成人中等学历教育	**Secondary Education for Adults**	**150**	**137**	**3.58**	**2.65**	**9.0[illegible]**	**6.35**
广播电视中专	Specialized Secondary Schools	16	15	0.87	0.76	2.25	1.68
职工中专	Specialized Secondary Schools for Staff and Workers	71	63	1.45	1.46	3.64	3.11
干部中专	Specialized Secondary Schools for Cadres	1	1	0.02		0.05	0.03
农民中专	Specialized Secondary Schools for Peasants	3	4	0.04	0.04	0.05	0.03
函授中专	Specialized Correspondence Secondary Schools	6	4	0.41	0.27	0.91	1.14
教师进修学校	Teacher Training Schools for Adults	53	51	0.07	0.12	0.34	0.39
普通中学举办成人中等学校	Secondary Schools for Adults Run By Regular Secondary Schools			0.72	0.76	1.78	1.71
成人中学	**Secondary Schools for Adults**	**246**	**372**	**1.66**	**2.40**	**3.32**	**5.81**
成人技术培训学校	**Technical Training Schools for Adults**	**16392**	**21173**	**294.25**	**454.89**	**222.91**	**347.01**
成人初等学校	**Primary Schools for Adults**	**1983**	**2559**	**6.04**	**7.84**	**4.66**	**28.07**

14－6 技工学校基本情况
Basic Statistics on Technical Schools

年份 Year	学校数（所） Number of Schools (unit)	在校学生数（人） Students Enrollment (person)	毕业生数（人） Graduates (person)	招生数（人） New Students Enrollment (person)	教职员工数（人） Staff and Workers (person)
1980	140	17093	5895	5139	2709
1981	139	12180	8718	4115	4462
1982	141	9386	5798	3813	3987
1983	142	8536	3935	4260	4266
1984	101	11152	2696	6110	4673
1985	94	14065	4138	6790	5146
1986	94	17122	3529	6717	5936
1987	92	19006	4663	6907	5960
1988	91	18243	6121	6125	5881
1989	94	17323	6377	6060	4464
1990	96	16365	5815	6176	5826
1991	94	18230	5083	7489	6131
1992	98	21663	5414	9480	6373
1993	99	31998	7523	14204	6541
1994	102	38658	10523	17603	6993
1995	104	15149	12140	20852	7273
1996	107	49246	15415	20438	7335
1997	107	56633	13709	24026	6758
1998	106	62052	17268	23916	6560
1999	99	63128	18081	22681	6197
2000	95	60968	21029	22630	7204
2001	97	59068	20410	23983	5914

14－7 特殊教育情况
Basic Statistics on Special Education

年份 Year	学校数 (所) Number of Schools (unit)	在校学生数 (人) Students Enrollment (person)	毕业生数 (人) Graduates (person)	招生数 (人) New Students Enrollment (person)	教职员工数 (人) Staff and Workers (person)	#专任教师 Teacher
1980	7	1293	73	203	174	116
1981	7	1347	109	204	177	117
1982	7	1407	118	224	186	136
1983	8	1478	129	271	225	162
1984	11	1668	81	340	258	186
1985	13	1784	150	380	311	231
1986	15	1979	125	412	334	242
1987	18	2303	128	553	410	294
1988	24	2621	201	641	507	370
1989	32	2985	135	594	600	435
1990	43	3443	222	832	729	555
1991	46	3963	142	784	847	639
1992	47	6907	346	918	963	735
1993	53	13202	548	4288	1081	824
1994	55	18038	1172	2774	1291	1003
1995	56	23690	1791	2831	1433	1130
1996	60	22691	1778	2261	1462	1169
1997	61	23919	2190	2306	1419	1154
1998	63	22812	3086	2486	1453	1172
1999	62	21840	3315	2437	1382	1120
2000	62	19749	3701	2445	1396	1139
2001	64	19358	2783	2593	1385	1068

14－8 普通中学基本情况
Basic Statistics on Regular Secondary Schools

年份 Year	学校数（所）Number of Schools (unit)	招生数（万人）New Students Enrollment (10000 persons)	在校学生数（万人）Students Enrollment (10000 persons)	毕业生数（万人）Graduates (10000 persons)	教职员工数（万人）Workers and Staff (10000 persons)	#专任教师 Teachers
1978	4097	83.92	214.65	83.59	12.29	9.94
1979	3680	72.29	181.12	80.45	11.04	9.04
1980	3391	64.67	170.04	49.05	11.45	8.53
1981	3243	61.03	155.75	50.75	10.88	8.07
1982	3115	59.93	151.08	44.01	10.34	7.89
1983	3161	61.28	154.91	39.43	10.44	7.90
1984	3199	61.95	166.13	39.50	10.56	7.87
1985	3235	63.29	177.46	41.84	10.94	8.24
1986	3296	65.09	184.04	47.49	11.14	8.41
1987	3346	62.41	182.95	50.19	11.26	8.56
1988	3389	54.34	169.74	52.04	11.53	8.83
1989	3384	58.19	163.34	52.09	11.76	8.95
1990	3353	64.78	169.62	49.92	11.59	8.98
1991	3381	66.01	180.75	46.02	11.87	9.24
1992	3283	66.14	188.38	49.55	12.17	9.53
1993	3259	63.08	185.02	55.67	12.36	9.73
1994	3315	72.82	194.02	56.88	12.72	10.12
1995	3255	80.67	210.54	58.84	13.37	10.77
1996	3240	75.03	223.64	57.41	14.15	11.55
1997	3186	71.92	222.74	68.10	14.74	12.19
1998	3128	76.23	217.67	75.49	15.11	12.52
1999	2995	85.72	228.15	69.91	15.78	13.14
2000	2940	92.51	249.55	66.83	16.52	13.93
2001	2900	89.34	263.00	71.57	17.70	14.73

14-9 小学基本情况
Basic Statistics on Primary Schools

年份 Year	学校数（万所）Number of Schools（10000 unit）	招生数（万人）New Students Enrollment（10000 persons）	在校学生数（万人）Students Enrollment（10000 persons）	毕业生数（万人）Graduates（10000 persons）	教职员工数（万人）Workers and Staff（10000 persons）	#专任教师 Teachers
1978	4.45	104.85	501.43	81.56	18.07	17.35
1979	4.26	86.44	486.77	72.47	18.38	17.54
1980	4.17	83.58	482.42	71.07	18.45	17.26
1981	4.10	74.19	459.83	78.66	17.66	16.50
1982	3.94	70.63	430.59	81.06	17.09	15.94
1983	3.82	70.20	407.20	83.03	16.44	15.25
1984	3.75	70.10	395.46	76.47	16.08	14.82
1985	3.65	67.78	384.91	75.34	16.09	14.62
1986	3.56	69.38	378.09	72.15	15.84	14.42
1987	3.45	57.33	365.15	67.32	15.55	14.16
1988	3.36	63.19	366.04	58.54	15.78	14.39
1989	3.27	72.30	375.73	60.16	16.11	14.65
1990	3.18	64.60	372.43	65.81	14.88	13.46
1991	2.97	57.85	362.64	65.64	14.97	13.50
1992	2.73	57.90	355.21	63.74	15.10	13.63
1993	2.53	64.74	359.23	59.33	15.23	13.77
1994	2.37	72.71	366.15	66.20	15.46	13.98
1995	2.26	66.19	362.98	70.01	15.84	14.34
1996	2.14	63.84	363.80	63.90	16.30	14.85
1997	1.97	61.39	368.57	57.72	16.84	15.40
1998	1.69	56.19	365.23	59.59	17.17	15.69
1999	1.38	65.46	363.31	67.83	17.53	16.00
2000	1.18	61.58	353.76	71.58	17.57	16.04
2001	1.00	58.45	346.28	66.66	17.64	15.99

14－10 小学学龄儿童入学率和巩固率
Percentage of School-Age Children Enrolled and Percentage of Primary School Students Consolidated

年份 Year	学龄儿童数 （万人） School- age Children （10000 persons）	已入学学龄儿童数 （万人） School-age Children Enrolled in Schools （10000 persons）	入学率 （%） Enrollment Rate	巩固率 （%） Consolidation Rate
1978	457.50	446.51	97.60	94.20
1979	455.10	443.28	97.40	94.30
1980	437.95	424.77	97.00	96.50
1981	418.90	407.28	97.20	96.20
1982	389.78	378.28	97.00	97.50
1983	367.53	358.01	97.40	98.70
1984	356.60	348.85	97.80	99.30
1985	343.07	336.54	98.10	99.20
1986	339.00	333.24	98.30	98.90
1987	314.42	310.03	98.60	99.40
1988	302.91	299.46	98.90	99.10
1989	311.49	308.58	99.10	99.40
1990	312.18	309.86	99.30	99.50
1991	345.41	342.99	99.30	99.50
1992	337.16	335.20	99.40	99.60
1993	336.74	335.06	99.50	99.60
1994	348.46	347.42	99.70	99.90
1995	346.50	345.62	99.70	100.00
1996	347.43	346.84	99.80	99.90
1997	356.06	355.63	99.88	99.99
1998	356.16	355.87	99.92	99.96
1999	346.20	346.03	99.95	99.99
2000	329.22	328.99	99.93	99.98
2001	331.70	331.60	99.97	99.99

14－11 幼儿园基本情况
Basic Statistics on Kindergartens

年份 Year	园数（所）Number of Kindergartens (unit)	班数（个）Number of Classes (unit)	在园幼儿数（万人）Number of Children Enrollment (10000 persons)	教职员工数（人）Staff and Workers (person)	#教师 Teachers
1979	3100	8908	28.34	13400	10095
1980	7067	14951	43.39	20601	17473
1981	5235	14605	41.97	20737	17473
1982	6409	14916	44.52	22209	18212
1983	6120	15440	47.19	23198	18839
1984	11511	20043	60.65	28735	24074
1985	12468	21902	65.41	30801	26180
1986	12375	24286	71.90	34210	29012
1987	13366	25980	81.25	37548	31680
1988	12590	26048	80.32	38205	32261
1989	12153	26277	74.85	38955	32703
1990	11824	26684	75.16	39859	33556
1991	11242	28308	85.72	41706	34425
1992	9860	29035	94.30	41052	34024
1993	9179	29396	97.63	43522	35887
1994	11705	31178	99.33	48006	39453
1995	11794	31530	99.43	49377	40220
1996	11915	32654	98.95	50389	40678
1997	12920	34637	100.21	54459	43503
1998	14068	37270	105.90	58867	46500
1999	14864	38637	108.38	61549	47902
2000	15073	41271	112.45	67773	51168
2001	12501	43167	115.13	72593	48195

14－12 各级学校女学生和女教师数
Female Students and Teachers by Level of Schools

类别	Item	1990	1995	2000	2001
女学生数(万人)	**Number of Female Students(10000 person)**	**260.55**	**289.80**	**315.45**	**323.58**
高等学校	Institutions of Higher Education	1.99	3.60	8.81	13.24
中等专业学校	Specialized Secondary Schools	2.91	7.44	9.42	8.22
普通中学	Regular Secondary Schools	74.77	97.40	116.01	122.96
职业中学	Vocational Secondary Schools	4.32	9.32	14.12	15.89
小学	Primary Schools	176.56	172.13	167.09	163.27
女学生占学生总数%	**Percentage of Female Students to Total Students**	**46.70**	**47.10**	**47.25**	**47.22**
高等学校	Institutions of Higher Education	33.00	38.80	44.03	45.17
中等专业学校	Specialized Secondary Schools	43.60	51.30	63.65	63.57
普通中学	Regular Secondary Schools	44.10	46.30	46.49	46.75
职业中学	Vocational Secondary Schools	44.60	51.30	47.73	47.05
小学	Primary Schools	47.40	47.40	47.23	47.15
女教师数(万人)	**Number of Female Teachers(10000 person)**	**10.32**	**12.66**	**17.33**	**18.07**
高等学校	Institutions of Higher Education	0.29	0.33	0.70	0.85
中等专业学校	Specialized Secondary Schools	0.27	0.32	0.24	0.15
普通中学	Regular Secondary Schools	2.68	3.85	6.19	6.67
职业中学	Vocational Secondary Schools	0.17	0.35	0.68	0.79
小学	Primary Schools	6.91	7.81	9.52	9.61
女教师占教师总数%	**Percentage of Female Teachers to Total Teachers**	**41.30**	**45.10**	**50.05**	**51.63**
高等学校	Institutions of Higher Education	25.00	29.20	36.84	38.29
中等专业学校	Specialized Secondary Schools	37.00	41.00	45.28	48.39
普通中学	Regular Secondary Schools	29.80	35.70	44.44	45.28
职业中学	Vocational Secondary Schools	25.90	34.30	44.16	45.14
小学	Primary Schools	51.30	54.50	59.35	60.10

14－13 每万人口中在校学生数和构成

Student Enrollment Per 10 Thousand Population and Its Composition

年份 Year	各级学校在校学生占全省人口(%) Students Enrollment as Percentage of Total Population	平均每万人口中 Number of Students Per 10000 Population			大、中、小学生占学生总数% Students of Different Level as Percentage of Total Students		
		大学生(人) University and College Students (person)	中学生(人) Secondary School Students (person)	小学生(人) Primary School Students (person)	大学生(人) University and College Students (person)	中学生(人) Secondary School Students (person)	小学生(人) Primary School Students (person)
1979	17.79	8.50	486.60	1283.56	0.5	27.4	72.2
1980	17.27	9.88	456.50	1260.71	0.6	26.4	73.0
1981	16.11	10.60	412.65	1187.73	0.7	25.6	73.7
1982	15.01	9.20	394.84	1097.23	0.6	26.3	73.1
1983	14.43	9.84	405.18	1027.48	0.7	28.1	71.2
1984	14.38	11.24	436.36	990.36	0.8	30.3	68.9
1985	14.37	13.08	469.11	955.22	0.9	32.6	66.5
1986	14.29	14.09	486.19	928.95	1.0	34.0	65.0
1987	13.80	14.58	479.78	886.03	1.1	34.8	64.2
1988	13.36	14.49	443.83	877.83	1.1	33.2	65.7
1989	13.32	14.50	424.92	892.71	1.1	31.9	67.0
1990	13.33	14.25	439.14	879.43	1.1	32.9	66.0
1991	13.29	14.04	463.63	850.99	1.1	34.9	64.0
1992	13.25	14.52	481.58	828.79	1.1	36.3	62.6
1993	13.28	17.06	477.71	832.84	1.3	36.0	62.7
1994	13.72	20.14	508.46	843.42	1.5	37.0	61.5
1995	14.07	21.25	554.97	830.70	1.5	39.5	59.0
1996	14.37	21.93	588.29	826.80	1.5	41.0	57.5
1997	14.48	23.13	591.39	833.44	1.6	40.8	57.6
1998	14.34	25.52	587.47	821.32	1.8	41.0	57.2
1999	14.58	33.87	611.26	813.24	2.3	41.9	55.8
2000	14.86	47.19	554.41	785.92	3.2	43.9	52.9
2001	15.16	64.85	685.20	766.13	4.3	45.2	50.5

14－14　学校教师负担学生数
Students-Teachers Ratio by Level of Schools

年份 Year	高等学校 Institutions of Higher Education		中等学校 Secondary Schools		小学 Primary Schools	
	教师数（万人）Number of Teachers（10000 persons）	平均 每个教师负担学生（人）Student-Teacher Ratio（person）	教师数（万人）Number of Teachers（10000 persons）	平均每个教师负担学生（人）Student - Teacher Ratio（person）	教师数（万人）Number of Teachers（10000 persons）	平均每个教师负担学生（人）Student-Teacher Ratio（person）
1978	0.54	4.5	10.18	21.4	17.35	28.9
1979	0.63	5.1	9.34	19.8	17.54	27.8
1980	0.69	5.5	8.95	19.5	17.26	28.0
1981	0.69	5.9	8.51	18.8	16.50	27.9
1982	0.77	4.7	8.35	18.6	15.94	27.0
1983	0.82	4.7	8.45	19.0	15.25	26.7
1984	0.87	5.2	8.54	20.4	14.82	26.7
1985	0.99	5.3	9.12	20.7	14.62	26.3
1986	1.08	5.3	9.45	20.9	14.42	26.2
1987	1.12	5.4	9.71	20.4	14.16	25.8
1988	1.16	5.2	10.12	18.3	14.39	25.4
1989	1.16	5.3	10.28	17.4	14.65	25.6
1990	1.16	5.2	10.36	18.0	13.46	27.7
1991	1.12	5.3	10.62	18.6	13.50	26.9
1992	1.11	5.6	10.97	18.8	13.63	26.1
1993	1.11	6.6	11.27	18.3	13.77	26.1
1994	1.13	7.7	11.75	18.8	13.98	26.2
1995	1.15	8.1	12.57	19.3	14.34	25.3
1996	1.15	8.4	13.43	19.3	14.85	24.5
1997	1.16	8.8	13.46	19.4	15.40	23.93
1998	1.18	9.6	14.66	17.8	15.69	23.28
1999	1.31	11.55	15.40	17.73	16.00	22.71
2000	1.90	11.17	14.83	18.24	16.04	22.05
2001	2.22	13.20	16.79	18.45	15.99	21.65

14－15 地方企事业单位各类专业技术人员(2001 年)
Specialized Technical Personnel in Local Enterprises and Institutions(2001)

分类	Item	总数 Total	农、林、牧、渔水利业 Farming, Forestry, Animal Husbandry and Fishery	采掘业 Mining and Quarrying	制造业 Manufacturing	电力煤气及水的生产和供应业 Electricity, Gas and Water Production and Supply
总　　计(人)	**Total(person)**	**766471**	**34785**	**2910**	**53421**	**5816**
工程技术人员	Engineering	112939	9675	910	28384	3346
农业科技人员	Agriculture	19195	17926		83	2
科学研究人员	Scientific Research	4205	32		155	
卫生技术人员	Health Care	121796	126	520	1796	44
教学人员	Teaching	377050	118	244	1080	41
船舶技术人员	Shipping					
经济人员	Economics	46160	3256	374	9567	821
会计人员	Accounting	42183	2618	348	6655	954
统计人员	Statistics	5972	408	79	1799	171
翻译人员	Translating	564	5		110	5
图书档案文博人员	Archives	11889	142	28	559	87
新闻出版人员	Publishing	7205	10	1	18	6
律师公证人员	Lawyer	292	24		22	
播音人员	Broadcasting	1257	1	2	7	
工艺美术人员	Craft	617	2		172	2
体育人员	Physical Culture	852				
艺术人员	Art	3625	1		1	
政工人员	Political Workers	10670	441	404	3013	337

14－15 续表 1 continued

分类	Item	建筑业 Construction	交通运输、邮电通讯业 Transportation, Postal and Telecommunications Services	地质勘察业、水利管理业 Geological Prospecting and Water Co nservancy	批发和零售贸易餐饮业 Wholesale and Retail Sale Trade and Catering Services	金融、保险业 Banking and Insurance
总计(人)	**Total(person)**	**11752**	**21870**	**12376**	**22615**	**4348**
工程技术人员	Engineering	8042	9472	9346	2982	537
农业科技人员	Agriculture	4	13	113	84	
科学研究人员	Scientific Research			1	6	
卫生技术人员	Health Care	208	383	82	3365	8
教学人员	Teaching	27	246	46	67	11
船舶技术人员	Shipping					
经济人员	Economics	1324	5404	827	8882	2237
会计人员	Accounting	1389	3552	1241	5589	1460
统计人员	Statistics	126	681	188	550	24
翻译人员	Translating	19	12	11	58	2
图书档案文博人员	Archives	56	305	108	156	17
新闻出版人员	Publishing		3	2	5	2
律师公证人员	Lawyer	8	4	2	13	4
播音人员	Broadcasting					
工艺美术人员	Craft	5	3		68	3
体育人员	Physical Culture				1	
艺术人员	Art		1		3	
政工人员	Political Workers	544	1791	409	786	43

14－15 续表 2 continued

分类	Item	房地产业 Real Estate Trade	社会服务业 Social Services	卫生、体育和社会福利事业 Health Care, Sports and Social Welfare	教育、文化艺术和广播电视事业 Educution, Culture and Arts, Radio, Film and Television	科学研究与综合技术服务业 Scientific Research and Poly-technical Services	其他 Others
总计(人)	**Total(person)**	**2561**	**33060**	**123028**	**413071**	**19584**	**5267**
工程技术人员	Engineering	1359	15507	1492	6655	13128	2104
农业科技人员	Agriculture	2	318	13	56	505	76
科学研究人员	Scientific Research		8	69	2426	1500	6
卫生技术人员	Health Care	2	427	112780	1718	234	103
教学人员	Teaching	5	585	576	373864	87	53
船舶技术人员	Shipping						
经济人员	Economics	567	7359	866	2004	1443	1229
会计人员	Accounting	502	5825	4825	4550	1604	1071
统计人员	Statistics	37	757	514	193	201	244
翻译人员	Translating	2	242	8	33	42	15
图书档案文博人员	Archives	25	672	498	8629	473	134
新闻出版人员	Publishing	3	179	99	6773	80	23
律师公证人员	Lawyer	4	145	3	43	3	16
播音人员	Broadcasting		4	1	1242		
工艺美术人员	Craft	6	57	22	223	46	7
体育人员	Physical Culture			661	189		
艺术人员	Art		46	10	3560	2	
政工人员	Political Workers	47	929	591	913	236	186

14-16 县级以上政府部门属研究与开发机构情况

Basic Statistics on Research and Development Organizations Attached to Government at County Level and Above

年份 Year	机构数（个） Institutions (unit)	职工（人） Staff and Workers (person)	科学家工程师 Scientists and Engineers	经费收入（万元） Income (10000 yuan)	政府拨款 Government Appropriations	经费支出（万元） Expenditures (10000 yuan)	人员费用 Charge for Person
1986	153	18639	6667	14015	8877	12580	3067
1987	152	17963	7383	17721	10431	15234	3001
1988	156	18194	8129	18920	14073	27715	4065
1989	161	18175	8385	24889	11974	25070	4026
1990	163	18184	8564	33801	15801	29169	5123
1991	164	15424	7388	29623	9330	26494	5001
1992	165	15323	7464	40512	14410	37017	6156
1993	162	14845	7414	47139	14289	45206	9001
1994	161	14103	7175	53069	18251	48025	13993
1995	161	12668	6896	62021	11784	59248	15589
1996	161	13179	8920	72172	25110	63407	18189
1997	162	12696	6315	91503	31795	83434	20806
1998	164	13889	6572	126704	47919	107580	23018
1999	160	13764	6463	126740	50194	113565	28392
2000	146	11265	6166	120587	54365	108129	27263
2001	127	8253	4520	89248	51719	82109	26341

14－17 县级以上政府部门属自然科学研究与开发机构课题情况
Basic Statistics on Topics in Research and Development Organizations Attached to Government at County Level and Above

项目	Item	投入人员（人）Persons (person)		#科学家工程师 Scientists and Engineers		投入经费（万元）Funds (10000 yuan)	
		2000	2001	2000	2001	2000	2001
总计	Total	3828	2623	3094	2060	28547	20134
按活动类型分	By Type						
基础研究	Fundational Research	56	19	49	19	378	210
应用研究	Applied Research	586	341	525	296	4171	2497
试验发展	Experimental Development	1224	766	1012	593	9101	5796
R&D 成果应用	Applying in R&D Results	1253	809	942	613	6856	6048
科技服务	Service in Science and Technology	578	620	455	489	3612	4946
生产性活动	Productive Activities	131	68	111	50	4429	637

14－18 县级以上政府部门属自然科学研究与机构科学论文与科技著作
Basic Statistics on Papers in Research and Development Organizations Attached to Government at County Level and Above

单位:篇 (paper)

项目	Item	科学论文 Papers of Science		#国外发表 Publishing Abroad		科技著作 Works of Science and Technology	
		2000	2001	2000	2001	2000	2001
合计	Total	1848	1615	128	123	75	46
国务院部门属	Attaching to the State Council	549	435	99	75	19	16
省属	Attaching to Province	874	781	27	44	53	29
市属	Attaching to City	425	399	2	4	3	1

14-19 县级以上政府部门属自然科学研究与开发机构情况(2001年)

Basic Statistics on Research and Development Organizations Attached to Government at County Level and Above(2001)

项目	Item	机构数(个) Institutions (unit)	职工(人) Staff and Workers (person)	科学家工程师 Scientists and Engineers	经费收入(万元) Income (10000 yuan)	政府拨款 Government Appropriations	经费支出(万元) Expenditures (10000 yuan)	科技费用 Charge
总计	Total	111	7706	4141	83716	47323	76901	70756
按隶属关系分	By Relationship of Subordination							
国务院部门属	Attaching to the State Council	13	1565	1095	18066	10445	18329	17313
省属	Attaching to Province	26	2813	1655	41077	24227	33287	32300
市属	Attaching to City	72	3328	1391	24573	12651	25285	21143
按机构地域分	By Region							
杭州市	Hangzhou	52	5439	3046	64099	36568	58958	55798
宁波市	Ningbo	13	602	320	6594	2751	5733	4702
温州市	Wenzhou	12	714	357	6191	3641	5528	4078
嘉兴市	Jiaxing	4	148	61	1382	473	1220	1220
湖州市	Huzhou	5	167	73	1253	1023	1804	1679
绍兴市	Shaoxing	3	98	61	894	474	782	674
金华市	Jinhua	6	165	63	798	664	717	717
衢州市	Quzhou	5	53	28	233	215	188	188
舟山市	Zhoushan	6	164	58	1201	701	999	741
台州市	Taizhou	3	77	35	675	447	621	618
丽水市	Lishui	2	79	39	397	366	352	342

14－20 县级以上政府部门属研究与开发机构课题情况

Basic Statistics on Research and Development Organizations Attached to Government at County Level and Above

年份 Year	课题数（项）Number of Topics (topic)	投入人员（人）Persons (person)	#科学家工程师 Scientists and Engineers	投入经费（万元）Funds (10000 yuan)	人均经费（元/人）Funds per Capital (yuan/person)	课题平均经费（元/项）Funds per Topic (yuan/topic)
1986	2568	6506		3590	5518	13980
1987	3272	6892		4467	6481	13652
1988	3066	7053	5232	5180	7344	16895
1989	3134	7405	5765	5644	7622	18009
1990	3120	6276	4669	5551	8845	17792
1991	3457	5506	4256	4720	8572	13653
1992	3452	5533	4274	6772	12239	19618
1993	2941	4948	3955	7418	14992	25223
1994	2540	4401	3623	9262	21045	36465
1995	2453	4301	3414	10058	23385	41003
1996	2315	4331	3451	12792	29536	55257
1997	2440	4390	3475	17798	40542	72943
1998	2534	5568	4106	25194	45248	99424
1999	2558	5070	3870	26927	53110	105266
2000	1989	4040	3293	29664	73426	149140
2001	1790	2818	2240	21663	76874	121022

14－21 高等学校自然科学领域研究与发展课题情况

Basic Statistics on Topics of Natural Scientific Research and Development in Institutions of Higher Education

年份 Year	课题数（项）Number of Topics (topic)	投入人员（人年）Persons (person－year)	#科学家工程师 Scientists and Engineers	投入经费（万元）Funds (10000 yuan)	人均经费（元）Funds per Capital (yuan)	课题平均经费（元）Funds per Topic (yuan)
1986	1684			2295	7344	13569
1987	1849			2681	7660	14500
1988	2163			2616	6696	12094
1989	2285			3848	9685	16840
1990	2925			4667	12249	15956
1991	3400			5053	11850	14862
1992	4083			7905	17689	19361
1993	4263			12961	26996	30403
1994	4398			17082	36283	38840
1995	4264			16211	33329	38018
1996	4415			17900	35098	40544
1997	4713			23901	46293	50713
1998	5173			24912	48260	48158
1999	5412			25385	46544	46905
2000	5268			29482	48932	55964
2001	6375	3821	3421	40110		62918

14－22 高等学校科学研究与发展情况

Basic Statistics on Research and Development in Institutions of Higher Education

年份 Year	研究与发展机构数（个）Institutions (unit)	学校科技活动人员（人）Persons Engaged in Scientific and Technological Activities (person)	#科学家工程师 Scientists and Engineers	经费拨入总额（万元）Funds (10000 yuan)	#政府拨款 Government Appropriations	经费支出总额（万元）Expenditures (10000 yuan)	#仪器设备费 for Instrument and Equipment
1986	31	16086	11910	2760	2061	2191	943
1987	32	15363	12803	2954	1836	2557	823
1988	45	19874	16864	3167	1789	2757	639
1989	44	20166	17087	4514	2039	3926	884
1990	45	20267	17278	5320	2773	4068	881
1991	43	20251	17397	6442	3234	5505	1101
1992	58	20597	17468	11083	5250	9996	2128
1993	234	20940	17769	26974	9129	26563	4917
1994	262	20933	17179	25766	8965	24830	3449
1995	259	21098	18584	28731	7522	24805	3067
1996	259	22111	19026	32341	7404	29516	3417
1997	295	22247	20129	38327	10791	34538	4497
1998	433	23092	20848	45677	11598	45008	4592
1999	365	23869	21441	58749	13654	51850	3035
2000	430	28555	26870	81153	23554	74714	8225
2001	534	34716	32503	108576	37059	90486	11448

14－23 高等学校自然科学领域研究与发展课题情况（2001 年）
Basic Statistics on Topics of Natural Scientific of Research and Development in Institutions of Higher Education(2001)

项目	Item	课题数（项）Number of Topics (topic)	投入人员（人）Persons (person)	#科学家工程师 Scientists and Engineers	投入经费（万元）Funds (10000 yuan)	课题平均经费（元）Funds per Topic (yuan)
总　计	**Total**	**6375**	**3821**	**3421**	**40110**	**62918**
按活动类型分	**By type of Activities**					
基础研究	Fundational Research	1763	1187	1110	6265	35536
应用研究	Applied Research	3028	1872	1586	14083	46509
试验发展	Experimental Development	1584	762	725	19762	124760

14－24 高等学校自然科学领域研究与发展机构科技著作(2001 年)
Scientific and TechnicalWorks of Research and Development Organizations in Institutions of Higher Education(2001)

项目	Item	出版科技专著（部）Science and Technology Workers Published (work)	发表学术论文（篇）Academic Papers Published (paper)	国外学术刊物 Published in Foreign Academic Publications	全国性学术刊物 Pulished in State Academic Publications	地方性学术刊物 Published in Local Academic Publication
合计	**Total**	**158**	**14309**	**1696**	**8727**	**3886**
自然科学	Natural Sciences	22	3247	534	1911	802
工程与技术	Engieering and Technology	82	5627	947	3768	912
农业科学	Agricultural Sciences	25	1155	77	883	195
医学科学	Medical Sciences	29	4280	138	2165	1977

14－25 大中型工业企业科技活动情况
Basic Statistics on Scientific and Technological Activities in Large and Medium－sized Industrial Enterprises

年份 Year	企业办技术开发机构（个） Institutions of Technical Development (unit)	企业科技活动人员数（人） Personnel of Scientific and Technical Activities (person)	#科学家工程师 Scientists and Engineers	经费筹集总额（万元） Funds (10000 yuan)	#上级拨款 Appropria-tionsfrom Higher Authorities	经费支出总额（万元） Expenditures (10000 yuan)	#开发新产品 Expenditure for New Product Development
1987	134	12180	3492	17354	1212	13475	7146
1988	158	12917	4493	26854	980	21969	6752
1989	187	12491	4804	22471	1187	15959	7125
1990	313	14384	5586	32894	1246	24741	9808
1991	420	19768	7261	70379	1061	45012	161035
1992	467	23567	8847	108283	2040	85373	35594
1994	506	26605	10343	82272	908	85747	40244
1995	632	35879	11827	188267	2700	168373	59934
1996	583	27812	16542	160765	3036	141596	87027
1997	618	31359	19103	187588	6216	161050	86451
1998	599	27689	14705	217032	6825	179347	98161
1999	476	33922	17700	235902	9030	200347	110671
2000	442	35690	21018	336794	13420	342251	168023
2001	436	41881	25746	438501	10013	420620	208580

14－26 大中型工业企业科技活动情况(2001 年)
Basic Statistics on Scientific and Technological Activities in Large and Medium－sized Industrial Enterprises(2001)

项目	Item	企业科技活动人员数(人) Personnel of Scientific and Technical Activities (person)	#科学家工程师 Scientists and Engineers	经费筹集总额(万元) Funds (10000 yuan)	#上级拨款 Appropria-tionsfrom Higher Authorities	经费支出总额(万元) Expenditures (10000 yuan)	#开发新产品 Expenditure for New Product Development
总计	**Total**	**41881**	**25746**	**438501**	**10013**	**420620**	**208580**
按企业规模分	**By Size of Enterjprises**						
大型企业	Large－sized	23214	14743	268316	7080	249197	126802
中型企业	By Ownership	18667	11003	170185	2933	171423	81778
按经济类型分	**By Ownership**						
国有	State－owned Units	4835	3137	34847	395	31298	8873
集体	State－owned Units	5635	4317	82397	1428	61399	29247
国有独资公司	State－owned Units	2890	1917	25401	359	29102	18436
股份有限公司	Other Owership	9123	5303	98783	10	107246	46835
其他	Other Owership	19398	11072	197073	7821	191575	105189
按隶属关系分	**By Relationshop of Subordination**						
中央型企业	Enterprises Run by Central Government	3146	2308	38180	2346	37915	18815
省属企业	Enterprises Run by Provincial Government	1888	1343	12362	295	13483	5897
地属企业	Enterprises Run by Prefectural City Government	9162	5478	69717	1519	78562	34504
县及县以下	Enterprises Run by at and Below County Level	27685	16617	318242	5853	290660	149364

14－27 “星火”计划项目情况(2001年)
Basic Statistics on "Sparkle Plan" Programmes(2001)

项目	Item	验收项目数(项) Programmes (Item)	新增经济效益(万元) Newly Added Economic Efficiency (10000 yuan)		
			新增产值 Newly Added Output Value	新增利税 Newly Added Profits and Taxes	新创节汇 Newly Earned Foreign Exchange
合计	**Total**	**403**	**718974**	**128820**	**21320**
国家级	Country Level	39	171743	34349	5003
省级	Province Level	61	207840	34678	11640
市县级	Prefecture and County and City Level	303	339390	59793	4677

14－28 “星火”计划项目情况
Basic Statistics on "Sparkle Plan" Programmes

单位:项 (Item)

年份 Year	国家级 Country Level		省级 Province Level		市县级 City and County Level	
	立项 Programmmes	验收 Checked and Accepted	立项 Programmes	验收 Checked and Accepted	立项 Programmes	验收 Checked and Accepted
1986	29	7	70	188	203	44
1987	33	3	71	11	191	21
1988	38		66	2	185	2
1989	10		71	3	208	6
1990	28	8	79	44	298	102
1991	37	9	81	66	343	159
1992	37	26	89	65	413	161
1993	44	40	149	78	246	124
1994	43	14	152	34	302	100
1995	45	19	165	54	379	175
1996	58	17	119	38	509	165
1997	74	26	144	37	587	193
1998	82	35	144	35	636	200
1999	79	42	143	75	656	285
2000	80	54	171	83	540	261
2001	88	39	156	61	665	303

14－29 技术市场成交情况
Business of Technological Markets

项目	Item	成交项目(项) Transaction Projects (Item)		成交金额(万元) Transaction Value (10000 yuan)	
		2000	2001	2000	2001
总　计	**Total**	**31218**	**33728**	**276275**	**316652**
按卖方分	**By Selling Party**				
工业企业	Industrial Enterprises	8444	7060	88050	113126
科研机构	Institutions of Scientific Research	4411	1814	35383	23267
技术贸易机构	Institutions of Technological Trade	13633	19787	113090	119631
大中专院校	Universities, Colleges and Specialized Secondary Schools	1495	2041	7849	29343
个人及合伙	Individuals and Partnership	62	123	300	924
其他	Others	3173	2903	31603	30361
按买方分	**By Buying Party**				
工业企业	Industrial Enterprises	22108	26038	182381	228335
科研机构	Institutions of Scientific Research	1780	1241	15324	13241
各级管理部门	Administrative Departments	2694	2439	37717	29678
技术贸易机构	Institutions of Technological Trade	436	316	6104	4203
个人及合伙	Individuals and Partnership	232	122	1029	488
其他	Others	3968	3572	33720	40707

14－30 科协系统科技活动情况(2001年)

Basic Statistics on Scientific and Technological Activities(2001)

项目		Item		科协合计 Total Assoc iations for Science and Technology	省科协 Associations at Province Level	市科协 Associations at City level	县级科协 Associations At County Level
机构数	**(个)**	**Institutions**	**(unit)**	**98**	**1**	**11**	**86**
人员数	**(人)**	**Personnel**	**(person)**	**651**	**43**	**124**	**484**
学术活动		**Academic Activities**					
国内学术会议		**Domestic Academic Meetings**					
次数	(次)	Number	(times)	596	5	242	349
参加人数	(人)	Participants	(person-time)	45809	3550	19881	22378
交流论文数	(篇)	Papers Presented	(paper)	14469	1244	7557	5668
科技培训		**Training**					
办36学时以上培训班	(个)	Training Courses at 36 class hours		2382	62	71	2249
培训人次	(人次)	Persons Trained	(person－time)	127391	4292	4491	118608
继续教育	(人次)	Continuing Education	(person－time)	24436	3892	1867	18677
科普活动		**Activities for Popular Science**					
讲座次数	(次)	Lectures	(times)	3189	8	411	2770
听讲人数	(人次)	Participants	(person-time)	577587	1500	82538	493549
展览次数	(次)	Exhibitions	(times)	1483	15	90	1378
参观人数	(人次)	Participants	(person-time)	2436987	350000	675216	1411771
青少年科技竞赛次数	(次)	Teenagers Participating in Science-technology Competitions	(times)	544		27	517
咨询活动		**Consultative Activities**					
完成合同	(项)	Consultative Contracts Completed	(kind)	3578	922	1572	1084
合同实现金额	(千元)	Revenue for Fulfillment of Contracts	(1000 yuan)	170747	102300	29890	38557
技术交易额	(千元)	Transaction Value of Technology	(1000 yuan)	151906	102300	20530	29076
出版		**Publications**					
主办科技期刊	(种)	Academic Journals	(kind)	44	2	6	36
年发行总数	(册)	Number of Copies Distributed	(copy)	125538	60000	17800	47738
主办科技报纸	(种)	Academic Newspapers	(kind)	19		1	18
年发行总数	(千份)	Number of Coples Distributed	(1000 Copies)	269		10	259

14－30 续表 continued

项目		Item		学会合计 Total Learned Societies	省级学会 Learned Societie at Provincial Level	市级学会 Learned Societies at City Level
机构数	**(个)**	**Institutions**	**(unit)**	**612**	**133**	**479**
人员数	**(人)**	**Personnel**	**(person)**	**274591**	**134412**	**140179**
学术活动		**Academic Activities**				
国内学术会议		**Domestic Academic Meetings**				
次数	(次)	Number	(times)	1202	488	714
参加人数(人次)	(人次)	Participants	(person-time)	96483	47425	49058
交流论文数	(篇)	Papers Presented	(paper)	33124	19728	13396
科技培训		**Training**				
办36学时以上培训班	(个)	Training Courses at 36 class hours		1711	242	1469
培训人次	(人次)	Persons Trained	(person－time)	70531	16237	54294
继续教育	(人次)	Continuing Education	(person－time)	26632	6135	20497
科普活动		**Activities for Popular Science**				
讲座次数	(次)	Lectures	(times)	2599	373	2226
听讲人数	(人次)	Participants	(person-time)	359691	72361	287330
展览次数	(次)	Exhibitions	(times)	379	37	342
参观人数	(人次)	Participants	(person-time)	1084127	97880	986247
青少年科技竞赛次数	(次)	Teenagers Participating in Science-technology Competitions	(unit)	138	44	94
咨询活动		**Consultative Activities**				
完成合同	(项)	Consultative Contracts Completed	(kind)	1641	238	1403
合同实现金额	(千元)	Revenue for Fulfillment of Contracts	(1000 yuan)	38514	20555	17959
技术交易额	(千元)	Transaction Value of Technology	(1000 yuan)	6520	4220	2300
出版		**Publications**				
主办科技期刊	(种)	Academic Journals	(kind)	83	38	45
年发行总数	(册)	Number of Copies Distributed	(copy)	739404	569530	169874
主办科技报纸	(种)	Academic Newspapers	(kind)	12	4	8
年发行总数	(千份)	Number of Coples Distributed	(1000 Copies)	64329	63610	719

14-31 专利申请量和授权量
Patent Applications Accepted and Approved

单位:项 (Item)

项目	Item	1995	1998	1999	2000	2001
申请量合计	**Number of Patent Applications Accepted**	**4042**	**7074**	**8177**	**10395**	**12830**
发明	Inventions	357	571	587	860	1146
实用新型	Utility Models	2323	3309	3465	4447	5189
外观设计	Designs	1362	3194	4125	5088	6495
授权量合计	**Number of Patent Applications Approved**	**2131**	**4470**	**7071**	**7841**	**8337**
发明	Inventions	54	47	108	216	238
实用新型	Utility Models	1455	1967	3524	3537	3503
外观设计	Designs	622	2456	3439	4088	4596

14-32 测绘部门主要指标完成情况
Major Indicators of Surveying and Mapping Departments

项目	Item	1995	1998	1999	2000	2001
测绘工作产值 （万元）	Gross Output Value (10000 yuan)	8636	12845	19742	27996	31615
年末测绘人数 （人）	Personnel (person)	5334	4907	4860	4929	4767
劳动生产率 （元/人）	Overall Labor Productivity (yuan/person)	16191	26177	40621	56798	66320
地形图测图 （幅）	Mapping (map)	15853	22247	35819	45805	39350
各等级三角测量 （点）	Trigonometrical Survey (point)	1558	1677	5538	6955	10229
各等级水准测量 （公里）	Level Survey (km)	4176	6776	6744	7452	10507
编制各种专题图 （幅）	Maps of Special Subject (map)	3202	1820	1233	1167	649
地图印刷 （令）	Map Printing (piece)	17667	22657	24643	12370	17462
提供各种比例尺地形图 （张）	Topographic Maps of All Kinds (piece)	7789	15047	16539	20195	15531
提供航摄照片 （片）	Aerial Photograph (piece)	1786	2351	19784	13066	8192
提供大地控制点成果 （点）	Geodetic Results (point)	1151	1160	2085	2246	993

14－33 标准计量、质量监督机构和人员数
Institutions and Personnel Engaged in Standard Measuring and Quality Supervising

项　目	Item	1995	1998	1999	2000	2001
标准计量行政部门和计量技术机构　（个）	**Number of Institutions Engaged in Standard Measuring　(unit)**	**138**	**143**	**184**	**156**	**157**
省级机构数	Institutions at Province Level	9	11	11	11	10
市级机构数	Institutions at City Level	31	41	50	44	45
县(市、区)级机构数	Institutions at County Level	98	91	123	101	102
产品质量监督检验机构数　（个）	**Number of Institutions Engaged in Quality Supervising　(unit)**	**139**	**175**	**175**	**175**	**151**
省级质检所(站)	Institutions at Province Level	64	67	67	67	58
市(地)级质检所(站)	Institution at City Level	34	47	47	47	45
县级质检所(站)	Institutions at County Level	41	61	61	61	48
年末职工总数　（人）	**Staff anf Workers (year-end)　(person)**	**2715**	**3596**	**3669**	**3644**	**4113**
专业技术人员	Specialized Technological Personnel	1442	1483	1796	1808	2056
业务管理人员	Professional Management Personnel	438	777	694	749	729
行政人员	Administrative Personnel	389	595	691	722	915
工人	Workers	446	741	488	365	413

14－33 续表 continued

项目	Item	1995	1998	1999	2000	2001
已建省级社会公用计量标准 （类）	**Socail Public Measurement Standard Established at Province Level (kind)**	**10**	**10**	**10**	**10**	**10**
已建市级社会公用计量标准 （类）	**Socail Public Measurement Standard Established at City Level (kind)**	**10**	**10**	**10**	**10**	**10**
已开展强制检定工作计量器具 （项）	**Measurement Implement Tested Compulsively (kind)**	**37**	**44**	**41**	**46**	**52**
强制检定计量器具实际检出数 （万台件）	**Actual Quantity Checked by Measurement Implement Tested Compulsively (10000 units)**	**32**	**39**	**41**	**43**	**48**
计量仪器检定 （万台件）	**Quantity Checked by Mesurement Implement (10000 uints)**	**64**	**78**	**93**	**114**	**109**
产品质量监督检验受检企业数 （个）	**Number of Enterprises Passed Quality Check (unit)**	**17770**	**21059**	**25128**		**23877**
本年度财政拨款 （万元）	**Financial Allocations (10000 yuan)**	**2978**	**6999**	**8516**	**7240**	**15993**
#省级机构拨款	Province Level	450	444	992	1372	2914
市级机构拨款	City Level	623	1458	2720	2275	5397
县级机构拨款	County Level	1284	2419	4804	3593	7682
固定资产总值 （万元）	**Total Value of Fixed Assets (10000 yuan)**	**11613**	**19992**	**22601**	**32381**	**55249**
省级固定资产	Provincel Level	2933	4186	4687	5897	6305
市级固定资产	Ciy Level	4518	7379	8067	13105	15381
县级固定资产	County Level	4162	8426	9847	13379	33563
现有工作用房 （平方米）	**Floor Space of Working Houses (sq. m)**	**174200**	**150800**	**149200**	**161400**	**188400**
标准馆藏总量 （万件）	**Volume of Standard Measurement Implement Collected (10000 pieces)**	**14**	**13**	**12**	**13**	**7.5**
国内标准	Domestic Standard	6	6	5	6	5
国外标准	Foreign Standard	8	7	7	7	2.5

主要统计指标解释

普通高等学校 指按照国家规定的设置标准和审批程序批准举办，通过国家统一招生考试，招收高中毕业生为主要培养对象，实施高等教育的全日制大学、独立设置的学院和高等专科学校、短期职业大学。

成人高等学校 指按照国家有关规定审批，招收通过全国成人高教统一招生考试的具有高中毕业或同等学历的在职从业人员利用脱产、半脱产、业余或函授等多种形式对其实施高等学历教育，培养高等教育专科或本科毕业水平的专门人才，修业年限、课程设置和总学时数均按高等学历教育要求付诸实施的学校。包括广播电视大学、职工高等学校、农民高等学校、管理干部学院、教育学院、独立设置的函授学院等。

小学学龄儿童入学率 指调查范围内已入小学学习的学龄儿童占校内外学龄儿童总数（包括弱智儿童在内，但不包括盲聋哑儿童）的比重。计算公式：

$$小学学龄儿童入学率=\frac{已入学的小学学龄儿童数}{校内外小学学龄儿童总数}*100\%$$

独立研究与开发机构 指有明确的任务和研究方向，有一定学术水平的业务骨干和一定数量的研究人员，具有研究、开发、开展学术工作的基本条件，主要进行科学研究与技术开发活动，并且在行政上有独立的组织形式，财务上独立核算盈亏，有权与其他单位签订合同，在银行有单独户头的单位。包括国务院各部门、中国科学院、中国社会科学院和各省、自治区、直辖市以及地（市）以上（含地，市）各部门所属的国有独立的科学研究与技术开发机构。

科学家和工程师 指具有大学本科及以上学历的和不具备上述学历但有高、中级职称的人员。

Explanatory Notes on Main Statistical Indicators

Regular Institutions of Higher Learning refer to educational establishments set up according to the government evaluation and approval proced ures, enrolling graduates from senior secondary schools and providing higher edu cation courses and training for senior professionals. They include full-time uni versities, colleges, high professional schools and short-term professional univ ersities.

Institutions of Higher Learning for Adults refer to education al establishments, set up in line with relevant rules approved by the governmen t, enrolling staff and workers with senior secondary school or equivalent educat ion, and providing higher education courses in many forms of full-time, part -tim e, spare-time, or correspondence for adults. Professionals thus trained recei ve a qualification equivalent to graduates studying regular courses at regular univ ersities, colleges and professional colleges. Institutions of higher learning fo r adults include Radio and TV universities, schools of high education for staff and workers and peasants, colleges for management cadres, pedagogical colleges, independent correspondence colleges.

Enrollment Rate of Primary School-age Children refers to t he proportion of school-age children enrolled at schools to the total number of sch ool-age children both in and outside schools (including retarded children, bu t excluding blind, deaf and mute children). The formula is:

$$\text{Enrollment Rate of Primary School-age Children} = \frac{\text{To tal Primary Schoo l - age Children at Schools}}{\text{Total Primary School - age Children Both at and Ou tside Schools}} * 100\%$$

Independent Research and Development Institutions refer to th e state-owned insitutions which have direct mission and research purpose, a c ert ain n umber of core member with higher research level and a certain number of res earch personnel, favorable conditions for R & D and engaging in scientific rese arch and technological development. The institutions also have their own indepen dent organization and finance, authority to sign contracts with other units, wit h their own accounts in banks. Independent research and development institution s include the institutions attached to central government agencies, Chinese Acade my of Sciences. Chinese Academy of Social Sciences and the institutions attache d to local governments.

Scientists and Engineers refer to persons who have completed university or higher education or obtained titles of senior and middle-level professional positions.

文化、体育和卫生

CULTURE，SPORTS and PUBLIC HEALTH

Chapter 15

15－1 文化、艺术、文物事业单位数

Number of Institutions for Culture, Art and Cultural Relic

单位：个 (unit)

年　份 Year	电影放映单位 Film Projection Units	艺术表演团体 Art Performance Troups	文化馆、站 Cultural Centers Stations	#文化馆 Cultural Centers	公共图书馆 Public Libraries	博物馆 Museums
1952	65	110	254	90	3	2
1957	274	129	232	94	31	3
1965	598	122	230	83	35	8
1970	801	83	210	68	35	
1978	4375	128	1125	76	63	19
1979	4320	161	1332	79	69	17
1980	4218	170	1659	79	69	19
1981	4126	147	1753	79	70	20
1982	4095	135	2124	82	73	20
1983	4625	131	2954	86	73	20
1984	5242	133	3607	91	74	21
1985	5592	126	3598	93	76	21
1986	5375	122	3617	95	78	35
1987	5089	112	3619	93	80	40
1988	4896	98	3501	87	80	45
1989	4673	90	3547	87	80	47
1990	4580	90	3554	85	80	51
1991	4436	91	3695	85	80	55
1992	4050	89	2065	84	80	55
1993	3600	89	2033	84	81	58
1994	3327	87	2010	84	82	58
1995	3029	83	1974	83	81	59
1996	2817	85	2114	83	81	61
1997	2766	86	2014	83	81	63
1998	2723	82	2016	83	82	68
1999	2381	82	1956	84	83	69
2000	2129	79	1932	84	83	65
2001	1868	80	1640	86	83	69

15－2 文化事业机构和人员数(2001 年)
Number of Cultural Institutions and Persons(2001)

单位:个、人 (unit, person)

类别	Category	总计 Total		#文化部门 Cultural Department			
				国有单位 State-owned Units		集体单位 Collective－owned Units	
		机构数 Institutions	人数 Persons	机构数 Institutions	人数 Persons	机构数 Institutions	人数 Persons
总计	**Total**	**2236**	**18070**	**2198**	**17523**	**15**	**166**
艺术事业	Art Institutions	184	5309	163	4896	13	157
公共图书馆	Public Libraries	83	1949	82	1890		
群众文化事业	Mass Culture	1738	5565	1727	5536		
艺术教育事业	Art and Education	8	757	8	757		
文艺科研	Culture, Art and Science Research	10	218	10	218		
其他文化事业	Other Cultural Institutions	32	1946	32	1946		
文物业	Cultural Relic	181	2326	176	2280	2	9

15－3 电影放映情况
Conditions of Film Projection

项目	Item	1995	1998	1999	2000	2001
放映单位 (个)	**Projection Units (unit)**	**3029**	**2723**	**2381**	**2129**	**1868**
放映场次 (万场)	Number of Projection (10000 shows)	66	36	26	21	17
观众人数 (万人次)	Number of Audiences (10000 person－times)	17080	5604	3610	2171	1331
放映收入 (万元)	Projection Income (10000 yuan)	14165	14609	7985	7850	6797
发行收入 (万元)	Income from Publishing (10000 yuan)	5741	7245	3919	4055	3523

15-4 群众艺术馆、文化馆(站)业务活动和经费情况(2001年)

Basic Statistics on Activities and Expenditures of Mass Art Centers and Cultural Centers(2001)

项　目		Item		总 计 Total	群众艺术馆 Mass Art Centers	文化馆 Cultural Centers	国办文化站 Cultural Stations Run by State-Owned
单位数	**(个)**	**Number of Units**	**(unit)**	**1738**	**12**	**86**	**1640**
举办展览	(个)	Number of Exhibitions	(unit)	6404	121	547	5736
组织文艺活动	(次)	Entertainment Activities	(times)	17747	579	2811	14357
举办训练班班次	(次)	Number of Training Classes	(times)	9315	545	2516	6254
结业人次	(千人次)	Number of Persons Completing Courses	(1000 person-times)	28	1	7	20
录相放映场次	(万场)	Number of Videotape Projection	(10000 shows)	16		1	15
观众人次	(万人次)	Number of Audiences	(10000 person-times)	1744	950	52	742
群众艺术馆、文化馆负责指导单位		**Units Responsible for Guiding Mass Art Centers and Cultural Centers**					
农村集镇文化中心	(个)	Cultural Centers in Towns	(unit)	559	16	543	
文化俱乐部(室)	(个)	Cultural Clubs	(unit)	1638	32	1606	
文化户	(户)	Households Specializing in Cultural Activities	(household)	2114		2114	
群众业余演出团队	(个)	Part-time Art Groups	(unit)	570	35	535	
总支出	**(万元)**	**Total Expenditures**	**(10000 yuan)**	**20565**	**4304**	**6757**	**9504**
#事业支出		Operating Expenditures		19093	4167	6550	8376

15－5 博物馆、文物保护管理单位基本情况(2001年)
Basic Statistics on Museums and Cultural Relic Protection & Management Agencies(2001)

项目		Item		博物馆 Museums	文物保护管理单位 Protection & Management Agencies
单位数	**(个)**	**Number of Units**	**(unit)**	**69**	**88**
藏品	**(件)**	**Number of Collections**	**(case)**	**408710**	**89870**
#一级品		Grade One		1127	330
业务活动		**Vocational Activities**			
陈列	(个)	Number of Displays	(unit)	111	44
展览	(个)	Number of Exhibitions	(unit)	377	56
参观人数	(万人次)	Number of Visitors	(10000 person times)	552	490
本年收入	**(万元)**	**Total Income**	**(10000 yuan)**	**9609**	**5397**
经费支出	**(万元)**	**Total Expenditure**	**(10000 yuan)**	**8443**	**4098**
#业务费		Professional Expenditures		2870	1088
#考古发掘费		Archaeology and Excavation Expenses		43	301
维修费		Maintenance Expenses		832	570
固定资产原值	**(万元)**	**Original Value of Fixed Assets**	**(10000 yuan)**	**22137**	**3018**

15－6 公共图书馆基本情况
Basic Statistics on Public Libraries

项目		Item		1998	1999	2000	2001
单位数	**(个)**	**Number of Units**	**(unit)**	**82**	**83**	**83**	**83**
工作人员	(人)	Staff and Workers	(person)	1767	1883	1936	1949
藏书	**(万册)**	**Total Collections**	**(10000 volumes)**	**1583**	**1649**	**1715**	**1773**
发放借书证数	(万个)	Number of Library Cards Distributed	(10000 units)	25	28	38	36
书刊外借人次	(万人次)	Number of Persons Borrowing Books	(10000 person－times)	374	460	674	597
书刊外借册次	(万册次)	Number of Books Borrowed by the Reads	(10000 volume－times)	640	765	1054	1141
经费总支出	**(万元)**	**Total Expenditure**	**(10000 yuan)**	**6576**	**7017**	**8500**	**9930**
本年新购图书	(万册)	Number of Books Purchased During the Year	(10000 volumes)	39	49	54	58
固定资产原值	**(万元)**	**Original Value of Fixed Assets**	**(10000 yuan)**	**20848**	**20345**	**30131**	**32924**
建筑面积	**(万平方米)**	**Floor Space of Buildings**	**(10000 sq. m)**	**20**	**23**	**27**	**28**
阅览室座席数	(千个)	Seating Capacity of Reading Rooms	(1000 seats)	1	2	2	17

15－7 报纸和杂志出版数量(2001 年)
Number of Newspapers and Magazines Published(2001)

项　目	Item	种数(种) Number of Publications (kind)	总印量 (万册、万份) Total Printed Copies (10000 Copies)	总印张 (千印张) Total Printed Sheets (1000 sheets)
报　纸	**Newspaper**	**81**	**196937**	**4250029**
综合报	Synthetical Newspapers	57	163342	3761242
专业报	Special Newspapers	24	33595	488787
杂　志	**Magazines**	**206**	**8674**	**228553**
综　合	Synthesis	9	110	4385
哲学、社会科学	Philosophy and Social Science	52	2032	59718
自然科学技术	Natural Science and Technology	100	646	28706
文化教育	Culture and Education	28	4956	109314
文学艺术	Literature and Arts	15	882	25577
画　刊	Pictorial	2	48	852

15－8 图书出版数量(2001 年)
Number of Books Published(2001)

项　目	Item	本版图书种数(种) Number of Publications (kind)	租型图书种数(种) Number of Publications for Lease (kind)	总印数 (万册、万份) Total Printed Copies(10000 copies)	总印张 (千印张) Total Printed Sheets(1000 Sheets)
图书总计	**Total**	**4470**	**124**	**26108**	**1299591**
使用《中国标准书号》部分合计	Publications with" China Standard Book Number"	4356	124	25991	1290703
#哲学	Philosophy	35		18	2578
社会科学总论	General Social Science	27		13	1666
文化、科学、教育、体育	Culture, Science, Education and Sports	2380	94	23653	1111379
文学	Literature	374		399	37714
艺术	Arts	687	19	777	44849
自然科学总论	General Natural Science	11		141	3953
不使用《中国标准书号》部分合计	Publications without " China Standard Book Number"	114		117	8888
图　片	Pictures	114		117	2107

15-9 文化部门艺术事业机构和人员数(2001年)

Number of Art Institutions and Persons in Cultural Department(2001)

项目	Item	总计 Total 机构数(个) Institutions (unit)	总计 Total 人数(人) persons (person)	国有单位 State-owned Units 机构数(个) Institutions (unit)	国有单位 State-owned Units 人数(人) Persons (person)	集体单位 Collective-owned Units 机构数(个) Institutions (unit)	集体单位 Collective-owned Units 人数(人) Persons (person)
总计	**Total**	**184**	**5309**	**163**	**4896**	**13**	**157**
艺术表演团体	**Art Performance Troupes**	**80**	**3649**	**65**	**3329**	**11**	**154**
话剧、儿童剧、滑稽剧团	Drama, Children Play and Comedy Troupes	5	143	4	81	1	62
歌舞团、轻音乐团	Song and Dance Troupe, Light Music Troupes	5	470	5	470		
戏曲剧团	Local Opera Troupes	63	2786	54	2573	5	47
其他	Others	7	250	2	205	5	45
艺术表演场所	**Art Performance Sites**	**92**	**1554**	**86**	**1461**	**2**	**3**
剧场、影剧院	Theaters and Music Halls	85	1502	80	1409	1	3
其他	Others	7	52	6	52	1	

15-10 文化部门艺术表演团体情况(2001年)

Basic Statistics on Art Performance Troupes in Cultural Department(2001)

项目	Item	剧团数(个) Number of Troupes (unit)	演出场数(千场) Number of Performances (1000 shows)	观众人数(万人次) Number of Audiences (10000 person-times)	收入(万元) Income (10000 yuan)	支出(万元) Expenditure (10000 yuan)
总计	**Total**	**80**	**13**	**1673**	**15930**	**15894**
按所有制分	**by Ownership**					
国有剧团	State-owned Units	65	10	1541	15036	14992
集体剧团	Collective-owned Units	15	3	132	894	902
按剧种分	**by Type**					
话剧、儿童剧、滑稽剧团	Drama, Children Play and Comedy Troupes	5	3	83	1565	1560
歌舞团、轻音乐团	Song and Dance Troupes, Light Music Troupes	5	1	88	2861	2863
戏曲剧团	Local Opera Troupes	63	7	1301	9784	9841
其他	Others	7	2	201	1720	1630

15－11　电视节目制作情况
Production of Television Programs

项　目		Item		1995	1998	1999	2000	2001
基本情况		**Basic Statistics**						
电视台	（座）	Television Station	（set）	66	63	12	12	12
一千瓦以上电视发射台及转播台	（座）	Number of TV Transmission Stations and Relaying Stations at 1 kw and Higher Level	（set）	38	41	45	46	44
平均每周播出时间	（小时）	Broadcasting Hours Per Week	（hour）	3933	5435	6454	6057	9614
电视人口覆盖率	（％）	Viewer Rating	（％）			94.89	95.8	96.71
中央电视台		CCTV		89	88	93	93.9	92.88
浙江电视台		ZJTV		89	90	91.4	95	93.91
自办节目情况		**Conditions of Self-Producing Programs**						
自办节目时间合计	**（小时）**	**Total Time of Self-Producing Programs**	**（hour）**	**3218**	**4525**	**4897**	**4979**	**8077**
新闻节目		News Programs		349	433	440	494	697
专题节目		Special Subject Programs		207	283	297	311	682
文艺节目		Programs of Entertainment		2387	3013	3214	3105	5230
教育节目		Educational Programs		49	140	134	163	167
广告		Advertisement					426	657
服务性节目		Service Programs		326	656	812	479	644

注：1999－2001年电视台座数不包括县级电视台座数。
The data of Television stations from 1999 to 2001 did not included ones at county level

15－12　广播节目制作情况
Production of Broadcasting Programs

项　目		Item		1995	1998	1999	2000	2001
基本情况		**Basic Statistics**						
广播电台	（座）	Broadcasting Stations	（set）	47	12	12	12	12
广播发射台和转播台	（座）	Number of Broacasting Transmission Stations and Relaying Stations	（set）	37	37	37	37	37
县及县以上广播站	（个）	Number of Broadcast Stations at County and Higher Level	（unit）	76	64	66	66	62
乡（镇）县属区广播站	（个）	Number of Broadcast Stations under County（Township）	（unit）	1892	1840	1662	1661	1492
广播人口覆盖率		Listener Rating				92	94	95
浙江第一套节目	（％）	Zhejiang Channel 1	（％）	71	84	90	91	91
广播专用线路	（万公里）	Special Routes for Broadcasting	（10000 km）	12	8	11	15	20
广播喇叭数	（万只）	Number of Broadcast Loudspeaker	（10000 units）	698	677	626	563	480
平均每日播出时间	（小时）	Broadcasting Hours Per Day	（hour）	901	960	1019	1064	1452
自办节目时间合计	**（小时）**	**Total Time of Self-Producing Programs**	**（hour）**	**738**	**762**	**817**	**851**	**1034**
新闻节目		News Programs		86	97	92	99	123
专题节目		Special Subject Programs		145	152	182	166	241
文艺节目		Programs of Entertainment		337	313	298	320	372
教育节目		Educational Programs		44	43	46	34	53
广告		Advertisement					70	102
服务性节目		Service Programs		126	157	199	161	143

15－13　体委系统职工人数(2001 年)

Number of Staff and Workers in Sports Commissions(2001)

单位:人　　　　(person)

类　别	Category	总计 Total	优秀运动队 Excellent Sports Teams	体育运动学校 Physical Education and Sports Schools	业余体校 Sparetime Sports Schools	体委机关 Sports Commission Organizations	公共体育场所 Public Sports Places
总计	**Total**	**4447**	**1132**	**447**	**857**	**862**	**698**
运动员	Athletes	615	615				
专职教练员	Full-Time Coaches	774	128	144	492		
专职教师	Full-Time Teachers	348	15	162	111		
科技人员	Scientific and Technical Personnel	29		5			
宣传出版人员	Propaganda Publishing Personnel	11					
医务人员	Medical Personnel	63	29	9	4		19
管理人员	Administrative Personnel	1455	104	63	88	663	387
其他人员	Others	1152	241	64	162	199	292

注:业余体校包括重点业余体校和普通业余体校。
Aparetime sports schools included key and ordinary sparetime schools.

15－14　等级运动员、裁判员人数

Number of Athletes and Referees in Grades

单位:人　　　　(person)

项　目	Item	1995	1998	1999	2000	2001
等级运动员	**Number of Athletes in Grades**	**3771**	**2770**	**4242**	**4489**	**3745**
国际级健将	International Master of Sports	6	5	15	4	2
运动健将	Master of Sports	34	39	25	37	11
一级	First Grade Sportsmen	35	82	125	52	77
二级	Second Grade Sportsmen	304	252	407	321	538
三级	Third Grade Sportsmen	1391	1079	1526	1541	1294
少年级	Juvenile Grade Sportsmem	2001	1313	2144	2534	1823
等级裁判员	**Number of Referees in Grades**	**1269**	**1263**	**2101**	**3092**	**2040**
国际裁判	International Referees	1				
国家级	National Referees	14	11	12	23	13
一级	First Grade Referees	108	220	202	245	44
二级	Second Grade Referees	245	419	496	922	730
三级	Third Grade Referees	901	613	1391	1902	1253

15－15 运动员分项获奖情况(2001 年)
Awards Won by Athletes by Item (2001)

单位:项 (Item)

项 目	Item	世界冠军 World Championships	亚洲冠军 Asia Championships	全国冠军 National Championships
合计(个)	**Total**	**7**	**9**	**55**
举重	Weightlifting	1		3
游泳	Swimming	3	6	28
田径	Trock and Field		1	3
棋类	Chess	1		
羽毛球	Badminton	1		
射击	Shooting	1		
拳击	Boxing			1
其他	Others		2	33

15－16 新建体育场地
Number of Newly－built Sports Ground and Gymnasiums

单位:个 (unit)

项 目	Item	1995	1998	1999	2000	2001
体育场	Sports Grounds	6		1	1	1
体育馆	Gymnsiums	10	2	2	2	1
游泳池	Swimming Pools	21		1	1	1
#室内游泳池	Indoor	4			1	1

15－17 群众体育活动

Activities of Mass Sports

单位:万人 (10000 persons)

项 目	Item	1995	1998	1999	2000	2001
参加《国家级体育锻炼标准》活动的学生人数	Number of Students who Take Part in the State Physical Training Standards	502	480	488	483	498
《国家级体育锻炼标准》达标人数	Number of Persons Who Have Come up to the State Physical Training Standards	486	467	475	473	487
优秀级	Excellect	115	138	153	160	170
良好级	Good	180	178	185	185	188
及格级	Pass	191	151	136	129	130
体委系统举办运动会次数(次)	Number of Sports Meets Held by Sports Commissions(times)	1456	1517	1514	2119	1500
参加运动会的运动员人数	Number of Athletes Attending Sports Meets	44	59	76	60	52

15－18 少年儿童业余体校基本情况

Basic Statistics on Sparetime Sports Schools for Children

单位:人 (person)

项 目	Item	1995	1998	1999	2000	2001
学校数(所)	Number of Schools(unit)	81	86	88	85	79
在校学生数	Number of Students Enrollment	9513	10651	21124	20523	16954
体委系统输送到优秀运动队人数	Number of Persons of Excellent Sports Teams Provided by Sports Commissions	113	56	84	76	48
体委系统输送到运动学校人数	Number of Persons of Sports Schools Provided by Sports Commissions	348	330	351	200	209
专职教练员	Full-Time Coaches	527	502	508	515	502
考入高等院校人数	Number of Persons Admitted to Institutions of Higher Education	161	213	223	176	126

15 - 19 卫生机构各类人员数

Persons Engaged in Health Care Institutions by Type

单位:人 (person)

项　目	Item	1995	1998	1999	2000	2001
合　计	**Total**	**181160**	**194224**	**196039**	**200307**	**201968**
卫生技术人员	Medical Technical Personnel	144050	155865	155319	157875	163336
#医生	Doctors	66802	70298	73320	74430	76905
其他技术人员	Other Technical Personnel	1670	4033	2415	3821	4562
管理人员	Management Personnel	23318	18310	23640	23842	19121
工勤人员	Logistics Workers	12122	16016	14665	14769	14949
在卫生技术人员中:	**Medical Technical Personnel**					
中医师	Doctors of Traditional Chinese Medicine	7666	7474	7470	7698	7672
西医师	Doctors of Western Medicine	39724	42623	45749	46981	49190
中西医结合高级医师	Senior Doctors Who Integrate Traditional Chinese Therapeutics with Western Therapeutics in Practice	183	421	193		347
护师	Senior Nurses	16605	22800	23238	24464	27472
中药师	Pharmacists of Chinese Medicine	2376	2936	3032	3117	3241
西药师	Pharmacists of Western Medicine	4127	5018	5186	5223	5585
检验师	Laboratory Technicians	2979	4287	3621	3828	4712
其他技师	Other Technicians	2335	3029	2860	2893	2918
中医士	Paramedics of Chinese Medicine	1708	1880	1844	1751	1978
西医士	Paramedics of Western Medicine	15684	16783	17242	17085	16964
护士	Junior Nurses	16096	15707	14935	15651	15613
助产士	Midwives	3070	3082	1962	1943	2189
中药剂士	Junior Pharmacists of Chinese Medicine	2784	2525	2303	2237	2232
西药剂士	Junior Pharmacists of Western Medicine	3175	3318	3211	3234	3212
检验士	Junior Laboratory Technicians	2240	2481	2227	2249	2183
其他技士	Other Junior Technicians	1615	2214	1824	1734	1939
其他中医	Other Doctors of Chinese Medicine	1837	1117	822	915	754
护理员	Assistant Nurses	2129	2043	1248	1096	1447
中药剂员	Assistant Pharmacists of Chinese Medicine	1039	969	597	537	596
西药剂员	Assistant Pharmacists of Western Medicine	1182	971	558	502	628
检验员	Assistant Laboratory Technicians	409	504	366	206	291
其他初级卫生技术人员	Other Junior Medical Technical Personnel	15087	13683	14831	14530	12173
平均每千人口拥有卫生技术人员(人)	**Number of Medical Technical Personnel Per 1000 Population**	**2.71**	**3.30**	**3.48**	**3.51**	**3.61**
#医生	Doctors	1.39	1.53	1.64	1.65	1.70

15－20 卫生机构和床位数
Number of Health Institutions and Beds

类　　别	Category	1995	1998	1999	2000	2001
卫生机构数合计(个)	**Total Number of Health Institutions (unit)**	**8723**	**7524**	**7534**	**7465**	**7736**
医院	Hospitals	3437	3341	3234	3170	3008
#县及县以上医院	Hospitals at and above County Level	354	387	393	396	407
疗养院、所	Sanatoriums	21	19	19	18	16
门诊部、所	Clinics	4814	3675	3781	3669	4100
专科防治所、站	Specialized Prevention Stations	23	23	24	20	18
卫生防疫机构	Sanitation and Antiepidemic Institutions	104	100	97	283	255
#卫生防疫站	Sanitation Station				97	96
妇幼保健机构	Maternity and Child Care Institutions	80	70	69	68	57
药品检验机构	Medicines and Chemical Reagent Test Institutions	76	76	74	75	76
医学科学研究机构	Research Institutions of Medical Science	20	20	19	21	18
高等医学教育机构	Medical Institutions of Higher Education	4	4	4	5	8
中等医药卫生学校	Secondary Schools of Medicines and Health	87	84	77	78	69
其他卫生事业机构	Others	57	112	134	58	111
床位数合计(张)	**Total Number of Beds(bed)**	**106421**	**110590**	**111121**	**113667**	**115336**
医院	Hospitals	97159	103579	104562	107221	109634
#县及县以上医院	Hospitals at and above County Level	68541	76033	76677	78695	81953
疗养院、所	Sanatoriums	4556	4348	3907	3570	3370
门诊部、所	Clinics	2197	60	109	62	192
专科防治所、站	Specialized Prevention Stations	694	573	614	432	452
卫生防疫机构	Sanitation and Antiepidemic Institutions	30	20			
妇幼保健机构	Maternity and Child Care Institutions	326	443	623	890	370
其他卫生事业机构	Other Health Care Institutions	1351	1567	1306	1492	1318
个体开业	Individuals	108				

15－21　医院诊疗次数和入院人数(2001年)

Number of Hospital Patients(2001)

类　别	Type	机构数（个）Number of Institutions (unit)	诊疗人次数（万人次）Total Number of Patients Treated (10000 person-times)	#门、急诊 Out-Patients and Emergency Patients	入院人数（万人）Hospital Admissions (10000 persons)	每百诊次入院人数（人）Hospital Admissions Per 100 Patient-times (person)
县及县以上医院合计	**Hospitals at and Above County Level**	**403**	**7210.54**	**6988.94**	**176.21**	**2.52**
卫生部门	Health Department	334	6574.67	6453	170.38	2.64
综合医院	General Hospitals	176	3973.15	3908.15	117.33	3.00
中医医院	Hospitals of Chinese Medicine	81	1266.96	1235.86	20.92	1.69
医学院校附属医院	Hospitals Attached to Medical Colleges	9	704.86	701.52	15.15	2.16
传染病院	Hospitals for Infectious Diseases	3	20.28	19.81	0.79	4.00
精神病院	Mental Hospitals	20	83.69	80.48	2.15	2.68
妇幼保健院	Hospitals for Meternity and Child Care	32	399.89	383.57	11.19	2.92
肿瘤医院	Tumor Hospitals	2	14.89	14.89	1.16	7.81
眼科病院	Ophthalmology Hospitals	1	4.05	4.05	0.14	3.53
整形医院	Plastic Hospitals	1	2.1	2.1	0.28	13.36
中西医结合医院	Hospitals which Integrate Traditional Chinese Therapeutics with Western Therapeutics	3	54.47	53.25	0.71	1.34
工业及其他部门	Industrial and Other Departments	60	574.28	476.39	5.1	1.07
集体单位	Collective Owned Units	3	34.08	32.8	0.17	0.53
卫生院	**Rural Hospitals**	**2414**	**5167.15**	**4983.29**	**40.61**	**0.81**
其他医院	**Other Hospitals**	**37**	**257.23**	**248.61**	**2.84**	**1.14**

15－22 县及县以上医院病床使用情况(2001年)
Utilization of Hospital Beds at and Above County Level(2001)

类 别	Type	病床周转次数(次) Turnover of Beds (times)	病床工作日(日) Days Per Bed in Use (days)	病床使用率(%) Utilization Rate of Beds	出院者平均住院日(日) Average Hospitalization Period (days)
合计	**Total**	**22.68**	**282.07**	**77.28**	**12.15**
卫生部门	Health Departments	23.6	289.21	79.23	12
工业及其他部门	Industrial and Other Departments	9.99	189.78	52	17.78
集体单位	Collective Owned Units	17.04	182.62	50.01	4.56

15－23 农村医疗卫生事业
Medical and Health Institutions in Rural Area

项 目	Item	1990	1995	1998	1999	2000	2001
村总数 (个)	**Total Villages (unit)**	**43286**	**42537**	**42668**	**42364**	**41180**	**39590**
村设置的医疗点数 (个)	**Number of Medical Points Set up by Villages (unit)**	**2994**	**27774**	**22725**	**22364**	**21636**	**20754**
村或群众集体办	Set up by Villages or the Masses	4979	10285	12302	11828	10800	9905
乡村医生或卫生员联合办	Set up by Doctors or Medic in Rural Areas	2053	1630	1255	1906	1305	1792
乡卫生院设点	Set up by Township Hospitals	1334	1976	1596	1579	1857	1887
个体办	Set up by Individuals	20389	12999	7230	6685	7130	6472
其他	Others	1189	884	342	366	544	698
乡村医生和卫生人员 (人)	**Doctors or Health Workers in Rural Areas (person)**	**37226**	**34939**	**31544**	**30557**	**28254**	**28667**
农村接生员人数 (人)	**Number of Rural Midwives (person)**	**11587**	**7843**	**2759**	**1496**	**1260**	**890**

15－24 城市和农村前十位疾病死亡原因和构成(2001年)
Main 10 Diseases of Death in Urban and Rural Areas(2001)

位次 No.	城市死因	Cause of Death in Urban Areas	占死亡总数(%) As % of Total Deaths
1	恶性肿瘤	Malignant Tumour	31.64
3	脑血管病	Cerebrovasular Disease	18.06
2	呼吸系病	Respiratory Disease	15.45
4	心脏病	Heart Trouble	12.78
5	损伤和中毒	Trauma and Toxicosis	3.95
6	糖尿病	Diabetes	3.01
7	精神病	Mental Disease	2.47
8	慢性肝病和肝硬变	Hepatitis and Cirrhosis	1.74
9	肾炎和肾变病	Nephritis	1.54
10	胃和十二指肠溃疡	Stomach Trouble	0.67
	总计	Total	91.30
位次 No.	农村死因	Cause of Death in Rural	
1	恶性肿瘤	Malignant Tumour	23.48
2	呼吸系病	Respiratory Disease	21.11
3	脑血管病	Cerebrovasular Disease	16.55
4	损伤和中毒	Trauma and Toxicosis	11.29
5	心脏病	Heart Trouble	8.18
6	高血压	Nephritis	3.00
7	精神病	Mental Disease	2.32
8	慢性肝病和肝硬变	Hepatitis and Cirrhosis	2.12
9	传染病	Infections Disease	1.22
10	肾炎和肾变病	Nephritis	1.09
	总计	Total	90.38

主要统计指标解释

文化事业机构 指从事专业文化工作和为专业文化工作服务的独立建制的单独核算的单位。不包括这些单位另外举办独立核算的其他机构和各部门的业余文化组织。

艺术表演团体 指从事戏曲、音乐、舞蹈、杂技等专业艺术表演,有独立帐户,实行单独核算的团体。不包括半工半艺、半农半艺和民间职业剧团。

电影放映单位 指具有放映机器设备、固定或不固定的放映场所与专职或兼职的放映技术人员,经有关部门登记批准,经常为一定的观众对象放映电影的机构。包括经批准对外开放进行营业,并与电影发行放映管理机构分帐的专用放映单位和军委系统租片单位。

等级运动员人数 指经考核正式批准授予等级运动员称号的人数。运动员等级分为国际级运动健将、运动健将、一级运动员、二级运动员、三级运动员、少年级运动员。

等级裁判员人数 指经考核正式批准授予等级裁判员称号的人数。裁判员等级分为国际裁判、国家级裁判、一级裁判、二级裁判、三级裁判。

医院 指名称为医院,设有固定床位能收容病人住院并能为病人提供医疗、护理服务的医疗机构。包括县及县以上医院、农村乡卫生院、其他医院三部分。按所属性质分为卫生部门、工业及其他部门,集体经济单位三类。其中县及县以上医院按业务性质分为综合医院和专科医院。

卫生技术人员 指卫生事业机构支付工资的全部固定职工和合同制职工中现任职务为卫生技术工作的专业人员。包括中医师、西医师、中西医结合高级医师、护师、中药师、西药师、检验师、其他技师、中医士、西医士、护士、助产士、中药剂士、西药剂士、检验士、其他技士、其他中医、护理员、中药剂员、西药剂员、检验员,其他初级卫生技术人员。

医生 指经卫生部门审查合格,从事医疗工作的专业人员。分为中医医生和西医医生。包括卫生技术人员中的中医师、西医师、中西结合高级医师、中医士、西医士和其他中医。

Explanatory Notes on Main Statistical Indicators

Cultural Institutions refer to units which have their own organizational system and independent accounting system and specialize in or serve cultural development. They exclude other establishments run by these cultural institutions and amateur cultural groups established by various departments.

Art Troupe refers to the troupe which is engaged in drama, opera, music, dance, acrobatics or other art performance, opens independent accounts with banks and has self-supporting accounting system; excluding the troupes which are engaged partly in industrial or agricultural activities, partly in art performance and the professional troupes organized by the people.

Film Projection Units refer to units with film projection equipment, full or part-time projectionists, permanent or non-permanent places, approved by related administrative departments to show films regularly for certain groups of audience, including those film projection units which have been approved to give commercial shows and run business with independent accounting system as well as those film-renting units of the military system.

Number of Athletes in Grades refers to the number of atathletes who have been given titles through examination. The titles of athletes include international masters of sports, masters of sports, first-grade, second-grade and third-grade sportsmen and young athletes.

Number of Referees in Grades refers to the number of referees who have been given titles after examination. They are classified as international referees, national referees and referees of the first, second and third grades.

Hospitals refer to medical institutions named as "hospital" with permanent hospital beds, which are able to take in patients and provide them with medical and nursing services. Hospitals are classified into three categories: hospitals at or above the county level, hospitals of rural townships, and other hospitals. According to their ownership, hospitals can be classified into three categories: hospitals under the public health departments, hospitals under industrial and other departments and collective-owned hospitals. Hospitals at or above county level are divided into comprehensive and specialized hospitals.

Medical Technical Personnel refers to all permanent medical staff and workers employed by medical institutions, including doctors of Chinese and Western medicine, senior doctors who integrate traditional Chinese thrapeutics with Western thrapeutics in practice, senior nurses, pharmacists of Chinese and Western medicine, laboratory specialists, other specialists, paramedics of Chinese and Western medicine, nurses, midwives, druggists in Chinese and Western medicine, laboratory technicians, other technicians, other practitioners of Chinese medicine, nursing attendants, pharmacological workers of Chinese and Western medicine, laboratory workers, and other primary medical personnel.

Doctors refer to qualified professional medical workers approved to practice by public health departments. They are classified into doctors of Chinese medicine, doctors of Western medicine, senior doctors who integrate traditional Chinese thrapeutics with Western thrapeutics in practice, paramedics of Chinese medicine and Western medicine, and other specialists of Chinese medicine.

档案、司法、社会福利和工会组织

ARCHIVES, JUDICATURE, SOCIAL WELFARE and LABOUR UNION

Chapter 16

16-1 档案事业机构和人员数(2001 年)
Number of Persons and Institutions of Archives(2001)

项　　目	Item	机构数（个） Number of Institutions (unit)	专职人员数（人） Full-Time Persons (person)	#女性 Female	#大专以上文化程度 College and Higher Level
总　　计	**Total**	**529**	**1850**	**1069**	**1317**
档案行政管理部门	Administrative Department of Archives	90	578	261	427
档　案　馆	Archives	112	781	411	568
档案室(处、科)	Archive Offices(Sections)	327	491	397	322

16-2 档案馆档案资料馆藏和利用情况
Conditions of Files Stored and Used in the Archives

项　　目		Item		1990	1995	1998	2000	2001
馆藏档案		**Archives Stored**						
全　　宗	(个)	Whole Volume	(unit)	10918	11990	14181	15131	15285
案　　卷	(万卷)	Files	(10000 volumes)	285	355	401	486	546
录音录像影片	(盘)	Records, Films on Videotape	(copy)	4209	5873	6538	11293	13183
照　　片	(万张)	Pictures	(10000 pieces)	30	25	29	47	48
馆藏资料册数	**(万册)**	**Number of Material Stored**	**(10000 volumes)**	**66**	**104**	**84**	**96**	**91**
档案馆面积	**(平方米)**	**Areas of Archives**	**(sq. m)**	**96420**	**106699**	**107942**	**130889**	**142743**
#库房面积		Areas of Storerooms		61181	66614	62906	69335	78948
档案资料利用		**Use of Material**						
利用人次	(万人次)	Number of Persons Using Material	(10000 person-times)	26	6	4	3	7
利用档案	(万卷、件次)	Number of Archives Used	(10000 volume-times)	80	23	17	7	27
利用资料	(万册、份次)	Number of Material Used	(10000 volume-times)	7	2	3	3	2
复　　制	(万页)	Copies	(10000 pages)	30	16	15	44	32
开放档案		**Opening Archives**						
全　　宗	(个)	Whole Volume	(unit)		5171	7450	8806	8542
案　　卷	(万卷)	Files	(10000 volumes)		143	112	156	147

16－3 律师、公证及调解工作基本情况

Basic Statistics on Lawyers, Notarization and Mediation

项　目	Item	1990	1995	1998	2000	2001
律师工作	**Lawyers**					
律师事务所（个）	Number of Law Offices (unit)	116	275	368	413	442
律师工作人员（人）	Number of Lawyers (person)	2172	1386	4605	5607	6340
聘请担任常年法律顾问单位（处）	Number of Units with Permanent Legal Advisors (unit)	7092	21290	16705	16569	18432
民事诉讼代理（件）	Agent of Civil Cases (case)	18918	17552	31031	42930	51797
刑事辩护（件）	Defending of Criminal Cases (case)	15849	14682	20000	23385	31020
非诉讼法律事务（件）	Agent of Non-Litigious Legal Affairs (case)	2779	16355	18803	22329	23874
解答法律咨询（人次）	Legal Advisory Services (person-times)	157121	64580	191760	219233	177880
代写法律事务文书（件）	Agent of Legal Document Written on Behalf of Clients (case)	30031	29228	34941	114172	50962
公证工作	**Notarization**					
公证处（个）	Number of Notary Offices (unit)	95	96	98	97	96
公证人员（人）	Notarial Personnel (person)	555	567	561	601	626
#公证员	Notaries	301	409	389	415	406
助理公证员	Assistant Notaries	124	75	38	45	30
办理国内公证文书（件）	Number of Domestic Notarized Documents (case)	276014	217021	290708	399687	378676
#经济合同公证（件）	Notarized Business Contracts (case)	48100	94083	93827	188126	170556
人民调解工作	**People's Mediation**					
专职司法助理员（人）	Number of Full-Time Judicial Assistants (person)	1888	2135	1949	2168	2362
人民调解委员会（个）	Number of People's Mediation Committees (unit)	57164	54780	54231	53920	51701
调解人员（人）	Number of Mediators (person)	182136	219015	227868	385990	346434
调解民事纠纷（件）	Number of Civil Disputes Mediated (case)	420900	235746	192518	169646	166056

16－4 涉外公证文书分类
Foreign-Related Notarial Documents by Type

单位:件 (case)

分类	Item	1990	1995	1999	2000	2001
合　计	**Total**	**50605**	**83598**	**125964**	**151888**	**168532**
收养子女	Children Adoption	139	632	530	466	237
遗　嘱	Testaments	64	11	2	4	3
出　生	Births	19090	22601	28727	34160	34795
死　亡	Deaths	119	425	323	429	381
生存、居住	Survival and Residence	206	2483	324	427	453
学　历	Schooling	2335	3192	5566	6958	8233
经　历	Personal Histories	1298	2507	1971	3017	2579
婚姻状况	Marriages	6461	8668	15331	17419	18082
亲属关系	Kinship	11066	9458	13606	17705	17771
继承权	Rights of Inheritance	33	53	13	35	8
受、未受刑事处分	Criminal Records & Uncriminal Records	4352	16823	29973	27556	31778
声明书	Declarations	588	1060	1964	3033	3795
委托书	Trust Deeds	188	615	771	906	1028
文本相符	Confirmation of Copies and Photo-Offset Copies to Originals	2213	5932	7162	11178	12357
其　他	Others	2453	9138	19701	28595	37032

16－5 调解民间纠纷分类
Civil Disputes Mediated by Type

单位:件 (case)

分类	Item	1990	1995	1998	2000	2001
合　计	**Total**	**420900**	**223507**	**192518**	**169646**	**166056**
婚　姻	Marriages	53667	39201	30015	24711	23102
继　承	Rights of Inheritance	13397	7773	6344	4950	5004
赡、抚、扶养	Family Fostering	28063	15182	13434	10777	9996
房屋、宅基地	Housing and Housing Sites	68851	31199	24638	19780	18982
邻　里	Neighbor Disputes	58512	36499	34606	31155	31233
债　务	Debts	23984	13725	13320	10985	10754
生产经营	Business	31407	16675	13363	13254	12278
损害赔偿	Compensation for Damages	50457	28323	13320	18821	18796
其　他	Others	92562	34930	30255	35213	35911

16-6 国内公证文书分类

Domestic Notarial Documents by Type

单位:件 (case)

分 类	Item	1996	1998	1999	2000	2001
总 计	**Total**	**218417**	**298790**	**347612**	**399687**	**378676**
经济公证	**Notarized Documents on Economic Affairs**	**80868**	**93827**	**133105**	**188126**	**170556**
购 销	Purchases and Sales of Products	185	588	1241	1983	1149
联 营	Joint Business	648	78	294	219	179
拍 卖	Auctions	3679	2553	9301	7102	988
贷 款	Loans	28078	28895	47750	66210	82033
担 保	Guarantees	3083	2149	1966	4535	5148
招标、投标	Bidding	3185	4291	4866	40575	25454
科技协作	Coordination of Science and Technology	2	269	9	12	9
供用电	Supply and Use of Electric Power	3	4268	529	3031	2356
劳务合同	Labor Contracts	8283	4268	4789	5345	2515
建筑工程承包	Construction Project Contracts	1364	1519	1913	1657	2581
工商服务业承包	Industrial and Commercial Service Contracts	654	746	692	608	407
农林牧副渔业承包	Farming, Forestry, Animal Husbandry, Sideline Production and Fishery Contracts	1687	4136	14208	1240	1312
财产租赁	Property Leases	2234	3322	2372	941	1557
企业租赁	Enterprise Leases	626	306	266	148	170
资产经营责任制	System of Asset Business Responsibility	440	176	283	42	96
其他经济合同	Other Business Contracts	7543	8404	14883	28914	14327
法人(代表人)资格	Legal Person (agent) Identification	122	228	305	190	389
法人委托书	Legal Person Trust Deeds	675	749	772	798	1265
公司章程	Corporation Constitutions	46	889	182	136	162
执行许可证明	Operating Permits	208	307	140	167	807

单位:件　　16-6 续表 continued　　(case)

分类	Item	1996	1998	1999	2000	2001
其　他	Others	17523	25686	26344	24273	27652
民事公证	**Notarized Documents on Civil Relations**	**137549**	**204963**	**214507**	**211561**	**208120**
收　养	Child Adoption	471	549	571	255	81
解除收养	Adoption Renouncements	29	62	13	665	6
继承权	Rights of Inheritance	2482	3709	5904	8838	9289
遗　嘱	Testaments	1455	1971	1996	2835	2727
产　权	Property Rights	1223	846	1913	6372	5415
亲属关系	Kinship	400	1120	2995	3076	3176
死　亡	Death Certificates	46	98	123	45	213
房屋买卖	Purchases and Sales of Houses	9329	10385	10414	13476	11387
房屋租赁	House Leases	1817	1286	868	621	436
留学协议	Foreign Study Contracts	301	296	281	506	457
遗赠扶养协议	Donations and Family Fostering	238	177	245	207	255
委托书	Trust Deeds	3260	4765	5658	6739	9377
赠与书	Presentation Documents	1999	3100	4007	4286	3483
声明书	Declarations	1498	2135	3518	3029	3815
现场监督	Field Supervision	12091	14430	16174	14629	12173
文本相符	Confirmation of Copies and Photo-Offset Copies to Originals	295	295	704	538	756
宅基地使用权	Rights to Housing Site	344	127	381	240	264
证据保全	Evidence Preservation	359	578	985	1532	1285
计划生育协议	Birth Control Contracts	20246	81002	77695	63150	56392
其他民事协议	Other Civil Agreements	19806	31601	18660	26861	30125
其　他	Others	59860	46431	61402	53661	57008

16－7 社会福利事业单位基本情况
Basic Statiatics on Social Welfare Institutions

项　　目		Item		1995	1998	1999	2000	2001
机构数	**（个）**	**Number of Institutions**	**（unit）**					
优抚休（疗）养院数		Number of Convalescent Homes		20	20	72	107	85
国家举办的社会福利事业单位		Social Welfare Institutions Run by Government		52	67	70	79	83
社会福利院		Social Welfare Homes		44	58	61	70	74
儿童福利院		Welfare Homes for Children		6	6	6	6	6
精神病人福利院		Welfare Homes for Mental Patients		2	2	2	2	2
其他收养单位		Others			1	1	1	1
社会办敬老院数		Number of Homes for the Elderly Run by Communities		1539	2005	1959	1976	1863
非收养性事业单位		Number of Non-Adoption Institutions		145	173	278	291	284
#殡葬事业		Funeral and Interment Institutions		63	77	174	187	174
社会福利企事业单位		Number of Social Welfare Enterprises and Institutions		6714	6756	6543	6502	6373
#直属福利企业		Welfare Enterprises		316	335	325		
收养人数	**（人）**	**Number of Persons Adopted**	**（person）**	**22268**	**26845**	**35551**	**40727**	**43589**
优抚休（疗）养院		Convalescent Hospital		360	303	369	378	532
国家举办的社会福利事业单位		Social Welfare Institutions Run by Government						
收养人数		Adopted		4518	5300	5556	6519	7352
社会福利院		Social Welfare Homes		3377	4163	4337	5314	6003
儿童福利院		Welfare Homes for Children		708	793	859	848	958
精神病人福利院		Welfare Homes for Mental Patients		397	317	339	335	350
其他收养单位		Others		36	27	21	22	41
社会办敬老院人数		Persons of Homes for the Elderly Run by Communities		17390	21242	29626	33830	35705
社会福利企事业单位全部职工人数	**（万人）**	**Total Number of Staff and Workers Engaged in Social Welfare Institutions**	**（10000 persons）**	**24.0**	**23.0**	**22.4**	**23.1**	**25.9**
#残疾人数		Number of Disabled Persons		10.0	9.7	9.1	9.4	9.6

16－8 享受国家抚恤、补助及救济人员情况
Persons Enjoying Subsidy and Commiseration of Country

单位:人、户 (person, household)

项 目	Item	1995	1998	1999	2000	2001
享受定期抚恤人数	Number of Persons Receiving Periodical Commiseration	7433	6903	6728	6465	6279
革命伤残人员抚恤人数	Number of Persons Receiving Disability Commiseration	22489	22460	22428	22247	21777
享受定期补助优抚对象数	Number of Persons Receiving Periodical Subsidies	88636	88745	86747	84339	80755
#在乡复员军人	Rural Demobilized Soldier	65996	60363	58572	55815	52149
在乡退伍军人	Rural Veteran	20143	25337	26762	27345	27556
社会困难户得到国家临时救济人次数	Number of Persons in Poor Households Receiving Temporary Government Relief Funds	1008060	735321	290165	467547	384799
社会困难户得到国家定期定量救济人数	Number of Persons in Poor Households Receiving Periodical and Fixed Government Relief Funds	28067	18060	13994	26266	32835
精减退职老弱残职工得到救济人数	Number of Laid-Off, Retired, Elderly and Disabled Staff and Workers Receiving Relief Funds	18160	17714	17047	16386	16363
享受原工资40%救济人数	Persons Receiving 40% of Their Original Wages	4056	3668	3492	3256	3204
享受定期定量救济人数	Persons Receiving Periodical and fixed Government	14104	14046	13555	13130	13159

16－9 自然灾害救济情况
Relief for Natural Disasters

项目		Item		1995	1998	1999	2000	2001
遭受自然灾害成灾人口	(万人)	Number of Persons Affected by Natural Disasters	(10000 persons)	1141	1227	903	836	457
得到国家救济成灾人口	(万人)	Number of Affected Persons Receiving Government Relief	(10000 persons)	166	239	314	208	156
占成灾人口比重	(%)	As % to Persons Affected	(%)	15.0	19.5	34.7	24.9	34.1
自然灾害救济支出	(万元)	Number of Relief Expenditure for Natural Disasters	(10000 yuan)	5023	8880	10723	7108	5990

16－10 内地居民婚姻登记情况
Marriages of Interior Residents

项目		Item		1995	1998	1999	2000	2001
准予登记结婚数	**(对)**	**Registered Marriages**	**(couple)**	**357218**	**386478**	**369902**	**384032**	**333846**
初婚数	(人)	First Marriages	(person)	689316	738564	702333	727576	628281
恢复结婚人数	(人)	Resume Marriages	(person)	1536	1646	1203	1226	1878
再婚数	(人)	Remarriages	(person)	25120	34392	37471	40488	39411
男	(人)	Male	(person)	11816	15448	17261	19302	17953
女	(人)	Female	(person)	13304	18944	20210	21186	21458
准予登记离婚数	**(对)**	**Divorces Approved**	**(couple)**	**13449**	**18551**	**18753**	**20447**	**22965**

16－11　工会工作情况
Basic Statistics on Unions

项目		Item	1995	1998	1999	2000	2001
工会情况		**Basic Statistics on Unions**					
基层工会组织数	**（个）**	**Number of Grassroots Unions (unit)**	**25624**	**26498**	**33257**	**65176**	**84341**
全省已建立工会组织的基层单位职工和会员人数		**Membership and Number of Staff and Workers in Grassroots Unions**					
在岗职工人数	（万人）	Number of Staff and Workers (10000 persons)	410.3	357.14	377.15	566.66	655.9
#女职工		Female	167.6	151.56	145.22	223.37	227.27
会员人数	（万人）	Membership (10000 persons)	356.9	317.34	318.53	449.36	650.57
#女会员		Female	146.6	132.27	122.57	178.67	195.78
工会专职干部	（万人）	Full-Time Cadres (10000 persons)	0.7	0.85	0.61	0.58	
开展合理化建议的基层工会数	**（个）**	**Number of Grassroots Unions Developing Rationalization Proposals (unit)**	**3790**		**7691**	**17272**	
提出合理化建议	（万件）	Advanced Rationalization Proposals (10000 cases)	43.7		148.29	26.72	
已实施合理化建议创造的经济效益	（万元）	Economic Benefit Created by Carrying out Rationalization Proposals (10000 yuan)			77619.60	63335.46	
开展劳动竞赛单位	**（个）**	**Developing Labour Emulation (unit)**	**2922**		**3875**	**12911**	
基层工会建立了劳动法律监督组织	**（个）**	**Organization of Labor Law Supervision Established by Grossroots Unions (unit)**				**13658**	
妇联工作情况		**Condition of the Women Federation**					
妇联的基层组织数	（个）	Number of Grassroots Women Federation (unit)	55365	56691	56554	56308	42746
参加技术培训人数	（万人）	Number of Women Participating in Technical Training (10000 persons)	124.35	125.92	116.11	93.36	52.57
巾帼文明示范岗		**The Demonstration Posts of Women Civilization**					
评选巾帼文明示范岗数	（个）	Number of Posts		1421	2810	2351	1398
巾帼建功标兵数	（人）	Number of Persons		18569	2163	832	335
来信来访处理情况		**Treatment of the letters from the people and the persons coming to visit**					
来信件数	（件）	The letters (case)	6052	2740	2897	2412	3158
来访人数	（人）	Persons (person)	14751	8559	9523	9724	14982
重大案件	（件）	Major Cases (case)	247	145	116	172	140
五好文明家庭	（户）	Civilized families (Household)	58002	276807	237618	73348	150164

主要统计指标解释

社会福利事业单位　指集中收养社会孤老,残,幼的机构。包括由民政部门管理的社会福利院、儿童福利院、精神病人福利院和城镇集体办的福利院,以及农村集体举办的敬老院。

社会福利事业单位收养人数　包括民政部门管理和城镇及农村集体举办的社会福利事业单位中收养的老人,少年儿童,缺乏生活自理能力的残疾人员和精神病人。

社会福利企业单位　指以安置城镇有一定劳动能力的盲,聋,哑和肢体残疾人员就业为目的,享受国家减免税待遇的国有或集体经济性质的企业。包括福利工厂、福利商业服务业、假肢厂和安置农场等单位。

律师　指受聘参加法律顾问处工作,提任法律顾问、刑(民)事代理人、刑事辩护人、办理非诉讼事件、解答法律询问、代定法律事务文书等主要从事律师业务的专职法律工作者和兼职律师。

公证人员　指在国家公证机关依法办理公证事务的司法人员。包括公证员、助理公证员和在公证员和在公证处工作的其他人员。

办理公证文书　指公证处在一定时期内办结的公证文书件数。公证文书系按司法部规定或批准的格式制作。包括国内公证和涉外公证两部分。其中国内公证分为经济合同公证和民事法律关系公证两大类。

调解人员　在人民调解委员会担负调解民间一般民事纠纷和轻微违法行为所引起和纠纷的工作人员。包括调解委员会的委员和调解小组的调解员。

调解民间纠纷　指调解委员会依照法律规定,根据自愿原则,用说服教育的方法调解民间发生的有关民事权利和义务的争执,促成当事双方达到协议和谅解,解决纠纷。包括婚姻家庭纠纷,财产权益纠纷等。不包括法院受理调解的民事案件数。

受理劳动争议案件数　是指劳动争议仲裁委员会根据国家有关规定,对劳动争议当事人的申请予以审查,符合受理条件而正式立案,准备处理的劳动争议案件数。

离休、退休、通职人员　指正式办理了离休、退休、退职手续,并享受相应的离休、退休、退职待遇的人员。

保险福利费用　指企业、事业、机关单位在工资以外实际支付给职工和离休、退休、退职人员个人以及用于集体的劳动保险和福利费用。

Explanatory Notes on Main Statistical Indicators

Social Welfare Institutions refer to institutions taking care of old people without children, handicapped people and orphans. They include social welfare institutions run by civil affairs departments, children's welfare institutions soical welfare institutions for mental patients, and collective-owned old people's homes in tual areas.

Number of People Taken in by Social Welfare Institutions refers to the number of old people, children, totally dependent handicapped people and mental patiens taken in by scoial welfare institutions run by civil affairsdepartments and those run by collective units in urban and rural aress.

Social Welfare Enterprises are collective-owned enterprises which employ the blind, deaf-mute, and other handicapped people who are able to work in cities and towns and enjoy exemption from state taxes, including welfare plants, welfare commercial services, artificial limb plants and farms, etc.

Lawyers are legal workers who are employed full-time by legal counseling firms to act as legal advisres, agents in criminal or civil lawsuits, or defenders in criminal lawsuits, or to handle non-litigious legal affairs, to advise on matters of law or to write legal papers for others. Both full-time and part-time lawyers are included.

Notary Personnel refers to judicial workers of the state notary offices handing notarization work according to law. They include notaries, assistant notaries, and other people working for notary offices.

Notarized Documents refer to the documents settled by notary offices in a year. The notarial documents are drawn up in accordance with the regulations of the Ministry of Justice, including domestic documents and foreign-related documents. Domestic documents are divided into two major categoriees, documents on economic contracts and documents on civil legal relations.

Mediators refer to workers on people's mediation committees responsible for mediating in civil dispites and cases of slight infraction of the law. They include members of the mediation committees and mediators of mediation groups.

Medliation of Civil Disputes refers to mediation committees' work in mediating in civi ldisputes concerning civil rights and duties through persuasion and education in accordance with the provisions of law on a voluntary basis, so as to solve disputes by helping the parties involved come to an agreement and understanding. These disputes include divorce cases and disputes over property ownership, but exclude the civil cases to be handled by the court.

Number of Labour Dispute Cases Accepted refers to the number of cases of labour dispute submitted that, after being reviewed by the labour dispute arbitration committees in line with the relevant state regulations, are accepted and registered for trearment.

Retired or Resigned Personnel refers to the persons who have formally gone through the formalities for their retorement or quitting work and enjoy the corresponding treatments.

Insurance and welfare funds refers to labour insurance and welfare fund paid by enterprises, organizations and institutions to their staff and workers as well as retired and resigned in addition to their wages and salaries.

各市、县国民经济主要指标

MAJOR INDICATORS OF NATIONAL ECONOMY BY CITY AND COUNTY

Chapter 17

17－1 各市土地面积和行政区划(2001 年)
Land Area and Administrative Divisions by City (2001)

城市	City	土地面积（平方公里）Land Area (sq. km)	市辖区（个）Districts Under City Administration (unit)	县(县级市)（个）Counties (Cities) (unit)	建制镇（个）Towns (unit)	乡（个）Townships (unit)	村（个）Villages (unit)
浙东北	**Eastern and Northern Region**	**45389**	**18**	**26**	**435**	**127**	**17367**
杭州市	Hangzhou	16596	8	5	122	58	4782
宁波市	Ningbo	9365	5	6	101	18	3990
嘉兴市	Jiaxing	3915	2	5	60	2	1099
湖州市	Huzhou	5817		3	48	19	1464
绍兴市	Shaoxing	8256	1	5	80	18	5266
舟山市	Zhoushan	1440	2	2	24	12	766
浙西南	**Western and Southern Region**	**58247**	**10**	**34**	**403**	**449**	**24016**
温州市	Wenzhou	11784	3	8	130	154	6121
金华市	Jinhua	10918	2	7	87	55	5973
衢州市	Quzhou	8836	1	5	55	84	2611
台州市	Taizhou	9411	3	6	68	28	5619
丽水市	Lishui	17298	1	8	63	128	3692

17－2 各市国民经济主要指标(2001年)
Main Indicators of National Economy by City (2001)

城市	City	总人口(万人) Total Population (10000 persons)	国内生产总值(亿元) Gross Domestic Product (100 million yuan)	第一产业 Primary Industry	第二产业 Secondary Industry
浙东北	**Eastern and Northern Region**	**2292.28**	**4819.2**	**439.3**	**2574.65**
杭州市	Hangzhou	629.14	1568.01	111.46	793.58
宁波市	Ningbo	543.35	1312.69	100.34	718.91
嘉兴市	Jiaxing	331.93	604.26	63.48	333.61
湖州市	Huzhou	256.49	385	50.52	207.37
绍兴市	Shaoxing	433.27	822.54	80.46	477.99
舟山市	Zhoushan	98.1	126.69	33.05	43.18
浙西南	**Western and Southern Region**	**2227.57**	**2612.25**	**274.29**	**1444.98**
温州市	Wenzhou	738.81	932.08	57.63	527.83
金华市	Jinhua	447.94	597.34	52.63	332.22
衢州市	Quzhou	243.57	176.28	35.69	80.1
台州市	Taizhou	548.52	747.51	91.42	433.53
丽水市	Lishui	248.73	158.97	36.74	66.05

17－2 续表1 continued

城 市 City		#工业 Industry	第三产业 Tertiary Industry	人均国内生产总值（元） Per Capita GDP (yuan)	社会消费品零售总额 Total Retail Sales of Consumer Goods
浙东北	**Eastern and Northern Region**	**2264.31**	**1805.24**		**1560.27**
杭州市	Hangzhou	676.9	662.98	25074	458.82
宁波市	Ningbo	651.87	493.43	24213	414.18
嘉兴市	Jiaxing	291.75	207.17	18223	223.74
湖州市	Huzhou	181.42	127.11	15031	159.15
绍兴市	Shaoxing	428.04	264.09	18997	238.96
舟山市	Zhoushan	34.32	50.47	12894	65.4
浙西南	**Western and Southern Region**	**1271.56**	**892.99**		**997**
温州市	Wenzhou	464.26	346.62	12637	438.45
金华市	Jinhua	292.17	212.49	13358	188.85
衢州市	Quzhou	64.74	60.48	7252	83.86
台州市	Taizhou	393.43	222.56	13651	201.5
丽水市	Lishui	53.28	56.18	6393	84.34

17－2 续表2 continued

城 市 City		固定资产投资（亿元） Investment in Fixed Assets (100 million yuan)	出口总额（亿美元） Exports (USD 100 million)	财政总收入（亿元） Total Financial Revenue (100 million yuan)	地方财政收入（亿元） Local Financial Revenue (100 million yuan)
浙东北	**Eastern and Northern Region**	**1251.91**	**185.49**	**536.54**	**293.02**
杭州市	Hangzhou	461.79	72.84	188.46	104.28
宁波市	Ningbo	320.52	62.45	190.31	99.11
嘉兴市	Jiaxing	192.17	22.17	53.53	29.73
湖州市	Huzhou	94.31	5.76	29.48	16.34
绍兴市	Shaoxing	145.18	18.75	62.37	35.59
舟山市	Zhoushan	37.94	4.09	12.4	7.98
浙西南	**Western and Southern Region**	**620.13**	**43.3**	**244.47**	**150.66**
温洲市	Wenzhou	241.04	20.08	96.11	63.41
金华市	Jinhua	136.57	8.99	51.22	27.85
衢州市	Quzhou	63.18	0.93	14.15	8.88
台州市	Taizhou	117.7	11.79	65.04	38.81
丽水市	Lishui	61.64	1.51	17.95	11.73

17－2 续表3 continued

城 市 City		地方财政支出（亿元）Local Financial Expenditure（100million yuan）	城乡居民储蓄存款年末余额（亿元）Savings Deposits of Urban and Rural Residents（100 million yuan）	城镇居民人均可支配收入（元）Per Capita Disposable Income of Urban Residents（yuan）	农村居民人均纯收入（元）Per Capita Net Income of Rural Residents（yuan）
浙东北	**Eastern and Northern Region**	**324.71**	**2749.16**		
杭州市	Hangzhou	104.93	941.84	10896	4896
宁波市	Ningbo	116.28	699.46	11547	5362
嘉兴市	Jiaxing	31.07	372.43	10920	5350
湖州市	Huzhou	19.23	182.01	9872	4695
绍兴市	Shaoxing	37.37	456.66	10534	5343
舟山市	Zhoushan	15.84	96.76	10161	4422
浙西南	**Western and Southern Region**	**172.52**	**1513.22**		
温州市	Wenzhou	54.56	582.91	13200	4683
金华市	Jinhua	33.51	358.5	10385	3945
衢州市	Quzhou	17.75	109.79	8709	3250
台州市	Taizhou	42.86	352.7	10680	4631
丽水市	Lishui	23.83	109.32	8960	2740

17－3 各市年末单位从业人员数(2001 年)

Employed Persons by City (2001)

单位:万人 (10000 persons)

城市 City		年末单位从业人员数 Total Employed Persons	农、林、牧、渔业 Agriculture	采掘业 Mining and Quarrying	制造业 Manufac-turing	电力、煤气及水的生产和供应业 Electricity, Gas and Water Production and Supply	建筑业 Construction
浙东北	**Eastern and Northern Region**	**230.47**	**2.32**	**1.47**	**71.75**	**5.22**	**22.49**
杭州市	Hangzhou	83.49	0.88	0.24	27.81	1.55	3.72
宁波市	Ningbo	57.46	0.51	0.01	18.35	1.29	7.51
嘉兴市	Jiaxing	27	0.46	0.06	9.76	0.91	1.2
湖州市	Huzhou	16.95	0.16	0.86	4.42	0.51	1.1
绍兴市	Shaoxing	34.9	0.19	0.28	8.97	0.6	8.25
舟山市	Zhoushan	10.67	0.12	0.02	2.44	0.36	0.71
浙西南	**Western and Southern Region**	**134.98**	**2.16**	**0.47**	**31.29**	**3.73**	**20.16**
温州市	Wenzhou	53.27	0.34	0.2	14.59	1.17	10.29
金华市	Jinhua	25.12	0.22	0.01	4.35	0.64	3.33
衢州市	Quzhou	12.94	0.32	0.05	4.38	0.35	0.72
台州市	Taizhou	31.25	0.85	0.06	6.03	1.00	5.39
丽水市	Lishui	12.4	0.43	0.15	1.94	0.57	0.43

城市 City		地质勘探业、水利管理业 Geological Prospecting and Water Conservancy	交通运输仓储及邮电通信业 Transport, Storage, Post & Telecommunication	批发和零售贸易餐饮业 Wholesale and Retail Sale Trade & Catering Services	金融保险业 Banking and Insurance	房地产业 Real Estate Trade	社会服务业 Social Services
浙东北	**Eastern and Northern Region**	**1.06**	**12.65**	**17.29**	**11.38**	**2.96**	**15.95**
杭州市	Hangzhou	0.39	4.71	6.27	4.08	1.28	8.06
宁波市	Ningbo	0.3	3.49	3.93	2.56	0.75	3.8
嘉兴市	Jiaxing	0.06	1.07	2.45	1.48	0.31	1.43
湖州市	Huzhou	0.15	1.07	1.18	0.92	0.13	0.62
绍兴市	Shaoxing	0.14	1.32	2.5	1.87	0.23	1.29
舟山市	Zhoushan	0.02	0.99	0.96	0.47	0.26	0.75
浙西南	**Western and Southern Region**	**0.67**	**6.75**	**7.59**	**6.29**	**1.57**	**5.12**
温州市	Wenzhou	0.14	2.47	2.94	1.97	0.92	1.74
金华市	Jinhua	0.26	1.5	1.48	1.25	0.13	1.12
衢州市	Quzhou	0.04	0.66	0.52	0.56	0.06	0.39
台州市	Taizhou	0.16	1.39	2.03	1.9	0.34	1.45
丽水市	Lishui	0.07	0.73	0.62	0.61	0.12	0.42

城市 City		卫生、体育和社会福利业 Health Care, Sports & Social Welfare	教育文化艺术和广播电视业 Education, Culture and Art, Radio, Film and Television	科学研究和综合技术服务业 Scientific Research and Polytechnical Service	国家机关政党机关和社会团体 Grovernment Agencies, Party Agencies and Sicial Organizations	其他行业 Others
浙东北	**Eastern and Northern Region**	**12.63**	**29.34**	**3.49**	**18.14**	**2.55**
杭州市	Hangzhou	4.74	10.54	2.27	6.12	0.83
宁波市	Ningbo	2.76	6.67	0.53	4.36	0.64
嘉兴市	Jiaxing	1.62	3.72	0.29	2.07	0.34
湖州市	Huzhou	1	2.6	0.09	1.93	0.2
绍兴市	Shaoxing	1.86	4.42	0.18	2.57	0.23
舟山市	Zhoushan	0.65	1.39	0.13	1.09	0.31
浙西南	**Western and Southern Region**	**8.72**	**22.36**	**1.03**	**15.59**	**1.47**
温州市	Wenzhou	2.83	7.76	0.38	5.19	0.34
金华市	Jinhua	1.84	4.55	0.28	3.31	0.84
衢州市	Quzhou	0.83	2.07	0.07	1.81	0.11
台州市	Taizhou	2.19	5.1	0.2	3.03	0.13
丽水市	Lishui	1.03	2.88	0.1	2.25	0.05

17-4 各市农、林、牧、渔业总产值(2001年)
Gross Output Value of Farming, Forestry, Animal Husbandry and Fishery by City (2001)

单位:亿元 (100 million yuan)

城市	City	农、林、牧、渔业总产值 Total Output Value	农业产值 Farming	#种植业产值 Planting	林业产值 Forestry	牧业产值 Animal Husbandry	渔业产值 Fishery
浙东北	**Eastern and Northern Region**	**697.09**	**339.97**	**303.09**	**41.99**	**132.4**	**182.73**
杭州市	Hangzhou	165	96.5	81.69	14.93	36.23	17.34
宁波市	Ningbo	156.43	74.31	66.88	5.14	22.21	54.77
嘉兴市	Jiaxing	102.36	53.73	50.35	0.3	36.12	12.22
湖州市	Huzhou	78.76	36.3	34.91	10.01	15.57	16.87
绍兴市	Shaoxing	120.74	71.67	63.69	11.4	20.24	17.42
舟山市	Zhoushan	73.81	7.46	5.57	0.21	2.03	64.11
浙西南	**Western and Southern Region**	**468.37**	**237.67**	**194.77**	**19.76**	**74.31**	**136.62**
温州市	Wenzhou	100.29	44.39	36.18	2.56	14.18	39.15
金华市	Jinhua	83.42	54.71	47.6	3.01	20.1	5.6
衢州市	Quzhou	53.82	31.31	24.93	4.52	16.36	1.63
台州市	Taizhou	173.19	66.66	50.87	2.42	15.02	89.09
丽水市	Lishui	57.65	40.6	35.19	7.25	8.65	1.15

17－5 各市播种面积(2001 年)
Sown Area by City (2001)

城市 City		农作物播种面积(千公顷) Sown Area of Farm Crop (1000 hectare)	#粮食 Grain	#谷物 Cereal	#油料 Oilbearing Crops	#棉花 Cotton	#蔬菜瓜类 Vegetable and Melon	果用瓜 Melon Used as Fruits
浙东北	**Eastern and Northern Region**	**1837.56**	**975.23**	**814.22**	**232.1**	**19.77**	**376.26**	**63.75**
杭州市	Hangzhou	426.58	247.31	192.85	47.73	1.73	88.86	8.2
宁波市	Ningbo	406.64	200.16	158.9	27.28	10.20	99.25	21.05
嘉兴市	Jiaxing	392.20	205.65	187.26	74.16	2.18	75.93	17.13
湖州市	Huzhou	224.02	117.49	97.96	55.51	0.01	34.59	8.56
绍兴市	Shaoxing	355.59	189.25	167.88	24.02	5.22	66.79	6.79
舟山市	Zhoushan	32.53	15.38	9.38	3.40	0.42	10.85	2.03
浙西南	**Western and Southern Region**	**1408.77**	**900.77**	**751.56**	**74.52**	**7.89**	**251.71**	**30.92**
温州市	Wenzhou	307.27	207.74	172.33	5.40	0.30	69.36	8.7
金华市	Jinhua	325.88	199.59	175.99	27.63	4.08	43.92	7.42
衢州市	Quzhou	233.36	149.59	124.45	29.65	1.85	30.55	1.33
台州市	Taizhou	339.72	219.05	185.33	3.68	1.58	61.08	10.89
丽水市	Lishui	202.55	124.80	93.46	8.17	0.09	46.80	2.59

17－6 各市主要农产品产量(2001年)

Output of Major Farm Products by City (2001)

单位:吨 (ton)

城市 City		粮食 Grain	#谷物 Cereal	油菜籽 Rapeseeds	棉花 Cotton	水果 Fruits	#柑桔 Citrus	茶叶 Tea	蚕茧 Silkworm Cocoons
浙东北	**Eastern and Northern Region**	**5890423**	**5384066**	**433177**	**22340**	**2717696**	**365392**	**83041**	**102931**
杭州市	Hangzhou	1347800	1182148	78270	1960	394710	83665	24732	10772
宁波市	Ningbo	1121679	1004031	39623	11778	1072322	237257	18873	237
嘉兴市	Jiaxing	1406884	1345219	165777	2479	518591	9819	150	58846
湖州市	Huzhou	806791	731671	108062	11	291137	482	7159	25211
绍兴市	Shaoxing	1131807	1064421	36647	5715	365081	17417	31994	7850
舟山市	Zhoushan	75462	56576	4798	397	75855	16752	133	15
浙西南	**Western and Southern Region**	**4812900**	**4315667**	**101701**	**9278**	**2448672**	**1272688**	**37555**	**7366**
温州市	Wenzhou	1137317	997937	5368	332	328906	60401	2866	
金华市	Jinhua	1095588	1023102	42144	4813	458185	172771	17140	3706
衢州市	Quzhou	803563	729408	39425	2209	478215	433749	6312	1117
台州市	Taizhou	1161195	1033880	4678	1830	910550	441419	3024	675
丽水市	Lishui	615237	531340	10086	94	272816	164348	8213	1868

17－6 续表 continued

城 市 City		生猪年末存栏头数（万头）Year-end Hogs（10000 heads）	牛年末存栏头数（头）Year-end Cattle（head）	羊年末存栏只数（万只）Year-end Sheep and Goats（10000 heads）	肉产量（吨）Output of Meat（ton）	#猪肉 Pork	禽蛋产量（吨）Poultry Eggs（ton）	牛羊奶产量（吨）Cow and Sheep Milk（ton）	水产品产量（吨）Output of Aquatic Products（ton）
浙东北	**Eastern and Northern Region**	**752.78**	**98222**	**179.54**	**920172**	**682438**	**276635**	**62061**	**2603797**
杭州市	Hangzhou	179.14	43099	21.48	276367	201725	64832	45365	115087
宁波市	Ningbo	80.16	25223	13.39	135561	95184	108866	11145	852085
嘉兴市	Jiaxing	316.77	740	84.10	252717	203462	35917	2222	107406
湖州市	Huzhou	76.27	6665	40.03	96193	72436	25987	1009	143955
绍兴市	Shaoxing	90.28	21099	18.76	146421	99708	34265	900	91413
舟山市	Zhoushan	10.16	1396	1.78	12913	9923	6768	1420	1293851
浙西南	**Western and Southern Region**	**547.7**	**274779**	**48.68**	**585812**	**488351**	**128877**	**86069**	**2080414**
温州市	Wenzhou	79.68	48279	14.66	108693	83684	29942	14022	619194
金华市	Jinhua	130.74	68493	14.63	145992	120012	36815	60512	43035
衢州市	Quzhou	140.51	40143	3.70	131893	115474	22464	1646	22395
台州市	Taizhou	112.91	44254	6.13	123955	108222	33139	9454	1384249
丽水市	Lishui	83.86	73610	9.56	75279	60959	6517	435	11541

17－7 各市农业现代化情况(2001年)
Agricultural Modernization by City (2001)

城市	City	农业机械总动力(千瓦) Total Power of Agricultural Machinery (kw)	农村用电量(万千瓦小时) Electricity Consumed in Rural Area (10000 million kwh)	农用化肥施用量(折标)(吨) Consumption of Chemical Fertilizers (standard) (ton)	农用化肥施用量(折纯)(吨) Consumption of Chemical Fertilizers (pure) (ton)	机耕面积(千公顷) Area Ploughed by Tractors (1000 hectares)	有效灌溉面积(千公顷) Irrigated Area (1000 hectares)	旱涝保收面积(千公顷) Stable Yields Ensured Despite Disasters (1000 hectares)
浙东北	**Eastern and Northern Region**	**12609552**	**2068627**	**2401992**	**500041**	**685.09**	**827.94**	**649.15**
杭州市	Hangzhou	2683103	439038	579134	120204	146.05	169.9	132.41
宁波市	Ningbo	2548362	512596	532317	110119	144.37	178.55	120.71
嘉兴市	Jiaxing	1989674	337206	517556	107410	161.16	194.95	166.98
湖州市	Huzhou	1705743	185920	230078	48160	107.46	119.95	111.99
绍兴市	Shaoxing	1953384	563330	522428	109892	115.39	151.01	106.26
舟山市	Zhoushan	1729286	30537	20479	4256	10.67	13.58	10.80
浙西南	**Western and Southern Region**	**7498834**	**783828**	**1936136**	**403179**	**383.68**	**576.05**	**371.2**
温州市	Wenzhou	1912734	322351	394304	82053	88.92	125.93	62.31
金华市	Jinhua	1632783	151172	485795	100814	111.27	156.68	116.22
衢州市	Quzhou	593070	45370	321894	67399	48.43	87.32	63.40
台州市	Taizhou	2698458	237471	462366	96388	103.57	125.03	81.83
丽水市	Lishui	661789	27464	271777	56525	31.49	81.09	47.44

17－8 各市规模以上工业企业单位数(2001年)
Number of Industrial Enterprises Above Designated Size by City (2001)

城 市 City		工业企业单位数(个) Number of Enterprises (unit)	内资企业 Domestic－Funded Enterprises	港澳台商投资企业 Enterprises with Investment from Hong Kong, Macao and Taiwan	外商投资企业 Enterprises with Foreign Investment
浙东北	**Eastern and Northern Region**	**11599**	**9495**	**1189**	**915**
杭州市	Hangzhou	3580	2920	387	273
宁波市	Ningbo	3530	2705	491	334
嘉兴市	Jiaxing	1303	1038	112	153
湖州市	Huzhou	983	900	44	39
绍兴市	Shaoxing	1975	1718	146	111
舟山市	Zhoushan	228	214	9	5
浙西南	**Western and Southern Region**	**7027**	**6416**	**290**	**321**
温州市	Wenzhou	3005	2727	121	157
金华市	Jinhua	891	809	44	38
衢州市	Quzhou	376	350	14	12
台州市	Taizhou	2413	2211	103	99
丽水市	Lishui	342	319	8	15

17－9 各市规模以上工业总产值(2001 年)
Gross Output Value of Industry by City Above Designated Size(2001)

单位:亿元 (100 million yuan)

城市 City		工业总产值 Gross Output Value of Industry	内资企业 Domestic－Funded Enterprises	港澳台商投资企业 Enterprises with Investment from Hong Kong, Macao and Taiwan	外商投资企业 Enterprises with Foreign Investment
浙东北	**Eastern and Northern Region**	**5891.77**	**4600.03**	**628.76**	**662.98**
杭州市	Hangzhou	1919.51	1400.31	228.16	291.04
宁波市	Ningbo	1629.66	1204.30	227.95	197.41
嘉兴市	Jiaxing	642.51	487.49	57.62	97.39
湖州市	Huzhou	409.50	374.08	22.90	12.53
绍兴市	Shaoxing	1201.93	1057.48	86.06	58.38
舟山市	Zhoushan	88.66	76.37	6.06	6.23
浙西南	**Western and Southern Region**	**1983.93**	**1743.55**	**93.09**	**147.29**
温州市	Wenzhou	833.52	737.31	41.64	54.58
金华市	Jinhua	331.19	301.95	13.49	15.75
衢州市	Quzhou	111.68	106.84	1.46	3.38
台州市	Taizhou	611.24	506.54	33.26	71.45
丽水市	Lishui	96.29	90.91	3.25	2.13

17－10 各市工业企业经济指标(2001 年)
Main Indicators of Industrial Enterprises by City (2001)

单位:亿元 (100 million yuan)

城市 City		从业人员平均人数(万人) Average Number of Employed Persons (10000 persons)	流动资产年平均余额 Annual Average Balance of Circulating Assets	固定资产净值年平均余额 Annual Average Balance of Net Value of Fixed Assets	产品销售收入 Sales Revenue
浙东北	**Eastern and Northern Region**	**247.48**	**2774.11**	**2254.06**	**5588.31**
杭州市	Hangzhou	74.75	1072.67	686.34	1828.28
宁波市	Ningbo	66.90	791.62	649.50	1538.70
嘉兴市	Jiaxing	34.60	281.23	243.42	620.81
湖州市	Huzhou	19.34	163.01	192.57	359.09
绍兴市	Shaoxing	46.71	412.01	439.36	1154.60
舟山市	Zhoushan	5.18	53.58	42.86	86.84
浙西南	**Western and Southern Region**	**119.10**	**915.79**	**692.85**	**1908.80**
温州市	Wenzhou	48.17	344.74	226.08	787.67
金华市	Jinhua	21.58	175.70	156.92	325.35
衢州市	Quzhou	8.64	78.56	75.38	106.81
台州市	Taizhou	34.90	272.56	188.95	564.17
丽水市	Lishui	5.81	44.23	45.52	124.79

城市	City	利税总额 Total Profits and Taxes	产品销售税金及附加 Sales Tax and Extra Charges	本年应交增值税 Tax Payable of Value Added	利润总额 Total Profits
浙东北	**Eastern and Northern Region**	**651.70**	**77.99**	**216.86**	**356.85**
杭州市	Hangzhou	208.54	28.74	72.24	107.56
宁波市	Ningbo	213.72	34.48	63.29	115.95
嘉兴市	Jiaxing	66.93	3.42	24.49	39.02
湖州市	Huzhou	34.84	2.29	16.15	16.40
绍兴市	Shaoxing	121.54	8.49	37.67	75.38
舟山市	Zhoushan	6.13	0.57	3.02	2.54
浙西南	**Western and Southern Region**	**188.18**	**15.92**	**77.24**	**95.02**
温州市	Wenzhou	73.72	5.66	30.27	37.79
金华市	Jinhua	30.50	2.38	12.83	15.29
衢州市	Quzhou	11.98	0.97	6.12	4.89
台州市	Taizhou	58.57	6.04	22.4	30.13
丽水市	Lishui	13.40	0.87	5.61	6.92

17－11 各市客运量和货运量(2001 年)
Passenger Traffic and Freight Traffic by City (2001)

城市	City	客运量(万人) PassengerTraffic (10000 persons) 铁路 Railways	公路 Highways	水运 Waterways	航空 Civil Aviation	货运量(万吨) FreightTraffic (10000 tons) 铁路 Railways	公路 Highways	水运 Waterways
浙东北	**Eastern and Northern Region**	**2489**	**74786**	**1755**	**231.18**	**1674**	**32597**	**16016**
杭州市	Hangzhou	1342	18707	148	145.16	452	11986	3398
宁波市	Ningbo	349	22700	115	60.95	725	8300	2156
嘉兴市	Jiaxing	378	7631	11		67	1908	3980
湖州市	Huzhou	96	7016			242	3489	3778
绍兴市	Shaoxing	324	12632	2		188	5646	909
舟山市	Zhoushan		6100	1479	25.07		1268	1795
浙西南	**Western and Southern Region**	**1599**	**55787**	**623**	**104.51**	**655**	**20814**	**3423**
温州市	Wenzhou	370	22529	491	77.65	75	5079	1136
金华市	Jinhua	877	13891	18	10.54	200	6071	146
衢州市	Quzhou	240	3055	16	1.52	288	3469	2
台州市	Taizhou		13110	62	14.81		3887	1865
丽水市	Lishui	112	3202	36		92	2308	274

17-12 各市公路里程、邮电通信和用电量情况(2001年)
Length of Highways, Posts and Telecommunications and Electricity Consumption by City (2001)

城市	City	境内公路里程(公里) Length of Highways (km)	年末邮电局所数(处) Number of Post and Telecommunications Offices (unit)	电信业务总量(万元) Business Value of Telecommunications (10000 yuan)	本地电话用户(万户) Local Telephone Subscribers (10000 subscribers)	#农村 Rural
浙东北	**Eastern and Northern Region**	**20934**	**1680**	**1449885**	**667.58**	**325.02**
杭州市	Hangzhou	6396	348	450052	204	61.19
宁波市	Ningbo	5291	370	366283	163.21	90.13
嘉兴市	Jiaxing	1881	163	201044	91.36	55.7
湖州市	Huzhou	2470	146	161809	60.28	38.49
绍兴市	Shaoxing	3955	520	209495	119.00	67.10
舟山市	Zhoushan	941	133	61202	29.73	12.41
浙西南	**Western and Southern Region**	**23071**	**2036**	**1118433**	**453.95**	**248.38**
温州市	Wenzhou	5177	931	561455	164.36	94.31
金华市	Jinhua	6445	268	102095	100.00	48.55
衢州市	Quzhou	2869	114	73882	36.21	17.18
台州市	Taizhou	3994	360	311710	117.09	72.17
丽水市	Lishui	4586	363	69291	36.29	16.17

城　市 City		国际互联网用户数（户） Users of International Computer Network (subscriber)	年末移动电话用户数（万户） Number of Mobile Telephones Subscribers (10000 subscriber)	全年用电量（亿千瓦小时） Total Electricity Consumption (100 million kwh)	#工业用电 Industrial Consumption	#城乡居民生活用电 Residential Consumption
浙东北	**Eastern and Northern Region**	**707830**	**600.44**	**515.36**	**385.17**	**60.62**
杭州市	Hangzhou	182780	192.9	168.98	120.22	22.02
宁波市	Ningbo	96208	195.65	126.65	94.38	15.92
嘉兴市	Jiaxing	136001	63.56	74.05	57.1	7.79
湖州市	Huzhou	76700	51.28	45.67	33.74	5.34
绍兴市	Shaoxing	170000	69.3	90.15	73.53	7.80
舟山市	Zhoushan	46141	27.75	9.86	6.21	1.74
浙西南	**Western and Southern Region**	**673044**	**475.28**	**262.38**	**188.32**	**46.91**
温州市	Wenzhou	239560	193.27	101.46	69.04	21.68
金华市	Jinhua	172322	97.38	58.29	42.14	9.17
衢州市	Quzhou	27900	29.36	35.36	31.19	2.39
台州市	Taizhou	182318	127.33	52.54	35.82	10.70
丽水市	Lishui	50944	27.93	14.73	10.12	2.97

17-13 各市固定资产投资(2001年)
Total Investment in Fixed Assets by City (2001)

单位:亿元 (100 million yuan)

城市 City		固定资产投资 Investment in Fixed Assets	#住宅投资 Residential Buildings	基本建设投资 Capital Construction	更新改造投资 Innovation
浙东北	**Eastern and Northern Region**	**1251.91**	**273.31**	**636.57**	**209.54**
杭州市	Hangzhou	461.79	104.17	193.89	99.63
宁波市	Ningbo	320.52	70.87	181.45	42.38
嘉兴市	Jiaxing	192.17	28.92	127.21	19.26
湖州市	Huzhou	94.31	17.50	47.98	18.58
绍兴市	Shaoxing	145.18	41.97	69.09	24.25
舟山市	Zhoushan	37.94	9.88	16.95	5.45
浙西南	**Western and Southern Region**	**620.13**	**145.29**	**333.68**	**83.77**
温州市	Wenzhou	241.04	67.83	115.89	28.79
金华市	Jinhua	136.57	30.80	75.27	16.01
衢州市	Quzhou	63.18	12.81	28.94	17.11
台州市	Taizhou	117.7	24.24	73.06	12.59
丽水市	Lishui	61.64	9.61	40.52	9.28

注:本表统计范围为除集体和以外的经济单位投资。
The data in this table refer to the types of ownership other than collective - owned units, individuals and private - owned units.

城　市	City	房地产开发投资 Real Estate Development	#住宅 Residential Buildings	新增固定资产 Newly Incresaed Fixed Assets	#基本建设 Capital Construstion
浙东北	**Eastern and Northern Region**	**355.06**	**249.04**	**907.88**	**539.63**
杭州市	Hangzhou	140.91	91.75	329.73	145.83
宁波市	Ningbo	87.08	66.87	273.79	166.64
嘉兴市	Jiaxing	39.83	26.78	149.12	136.61
湖州市	Huzhou	23.4	16.79	49.56	22.34
绍兴市	Shaoxing	48.61	37.07	72.1	48.23
舟山市	Zhoushan	15.21	9.77	33.58	19.97
浙西南	**Western and Southern Region**	**189.85**	**130.07**	**378.41**	**208.38**
温洲市	Wenzhou	87.87	63.36	152.91	80.46
金华市	Jinhua	41.64	25.96	71.25	35.71
衢州市	Quzhou	16.55	11.55	36.12	12.6
台州市	Taizhou	32.02	20.24	86.5	59.18
丽水市	Lishui	11.76	8.96	31.63	20.43

17－13　续表 2　continued

城　市 City		施工住宅面积（万平方米） Flovr Space Under Construction (10000 sq. m)	竣工住宅面积（万平方米） Flovr Space Completed (10000 sq. m)	商品房屋销售面积（万平方米） Flovr Space of Commercial Houses Sold(10000 sq. m)	商品房屋销售额（亿元） Total Value of Commercial Houses Sold(100 million yuan)
浙东北	**Eastern and Northern Region**	**3416.47**	**1287.92**	**1213.87**	**259.14**
杭州市	Hangzhou	1249.11	399.66	363.27	103.35
宁波市	Ningbo	886.02	341.39	367.58	75.00
嘉兴市	Jiaxing	384.11	157.15	118.5	18.40
湖州市	Huzhou	257.52	112.22	94.14	14.13
绍兴市	Shaoxing	525.97	234.28	222.73	38.13
舟山市	Zhoushan	113.74	43.22	47.65	10.13
浙西南	**Western and Southern Region**	**1813.8**	**500.81**	**587.58**	**110.2**
温洲市	Wenzhou	997.75	216.82	201.42	53.15
金华市	Jinhua	88.01	47.67	138.99	18.56
衢州市	Quzhou	196.10	68.88	59.04	7.61
台州市	Taizhou	391.75	114.36	137.98	23.73
丽水市	Lishui	140.19	53.08	50.15	7.16

17-14 各市国内贸易情况(2001年)
Domestic Trade by City (2001)

城市 City		社会消费品零售总额(亿元) Total Retail Sales of Consumer Goods (100 million yuan)	限额以上批发、零售贸易业商品销售总额(亿元) Total Sales of Wholesale and Retailsale Trade Above Designated Size (100 million yuan)	限额以上批发零售贸易企业数(个) Number of Wholesale and Retail Sale Trade Above Designated Size(Unit)	限额以上餐饮企业数(个) Number of Catering Trade Above Designated Size(unit)
浙东北	**Eastern and Northern Region**	**1560.27**	**2648.87**	**1419**	**352**
杭州市	Hangzhou	458.82	1533.15	601	47
宁波市	Ningbo	414.18	577.76	338	38
嘉兴市	Jiaxing	223.74	193.64	176	174
湖州市	Huzhou	159.15	109.20	118	30
绍兴市	Shaoxing	238.96	171.09	150	57
舟山市	Zhoushan	65.40	64.03	36	6
浙西南	**Western and Southern Region**	**997.00**	**732.48**	**739**	**90**
温州市	Wenzhou	438.45	342.88	272	37
金华市	Jinhua	188.85	152.93	196	34
衢州市	Quzhou	83.86	39.51	62	2
台州市	Taizhou	201.50	167.65	162	13
丽水市	Lishui	84.34	29.51	47	4

17－15 各市对外经济活动情况(2001 年)
Foreign Trade and Economic Cooperation by City (2001)

城市 City		外国和港澳台地区在华直接投资 Forengn Funded Enterprises and Enterprises Funded by Entrepreneurs from Hong Kong, Macao & Taiwan				
		新签项目(合同)数(个) Newly Signed Contracts (unit)	合同外资金额(万美元) Value for Utilization of Foreign Capital (USD 10000)	实际使用外资金额(万美元) Amount of Foreign Capital Actually Used (USD 10000)	已投产企业个数(个) Enterprises Put into Operation (unit)	从业人员(个) Employed Persons (person)
浙东北	**Eastern and Northern Region**	**2082**	**467669**	**202727**	**5775**	**761505**
杭州市	Hangzhou	483	103023	50324	1773	213668
宁波市	Ningbo	806	195519	87446	1907	241629
嘉兴市	Jiaxing	292	90140	27067	776	120000
湖州市	Huzhou	256	47156	20972	385	37030
绍兴市	Shaoxing	210	28826	15777	851	135568
舟山市	Zhoushan	35	3005	1141	83	13610
浙西南	**Western and Southern Region**	**318**	**34488**	**16335**	**1530**	**183056**
温州市	Wenzhou	75	7246	5510	622	81469
金华市	Jinhua	93	10008	3244	410	34983
衢州市	Quzhou	28	2338	1206	80	6546
台州市	Taizhou	107	13329	5568	342	55058
丽水市	Lishui	15	1567	807	76	5000

17－16 各市国际旅游事业情况(2001 年)

International Tourism by City (2001)

城市 City		国际旅游总人数(人) Total Number of International Tourists (Person)	#外国人 Foreigners	#港澳台同胞 Compatriots from Hongkong Macao and Taiwan	国际旅游收入(万美元) International Total Income From Tourism (USD 10000)
浙东北	**Eastern and Northern Region**	**1228082**	**666394**	**561688**	**55532**
杭州市	Hangzhou	819438	447689	371749	37300
宁波市	Ningbo	160900	86700	74200	7125
嘉兴市	Jiaxing	96156	47013	49143	4424
湖州市	Huzhou	20052	9524	10528	949
绍兴市	Shaoxing	59582	38063	21519	2360
舟山市	Zhoushan	71954	37405	34549	3374
浙西南	**Western and Southern Region**	**240888**	**152846**	**87708**	**14293**
温州市	Wenzhou	94000	51155	42511	4075
金华市	Jinhua	90208	68543	21665	5250
衢州市	Quzhou	6361	2379	3982	309
台州市	Taizhou	32995	17351	15644	1417
丽水市	Lishui	17324	13418	3906	3242

17－17 各市财政收支情况(2001年)

Total Financial Revenue and Expenditure by City (2001)

单位:万元 (10000 yuan)

城市	City	中央财政预算内收入 Total Central Government Budgetary Financial Revenue	地方财政预算内收入 Total Local Government Budgetary Financial Revenue	地方财政预算内支出 Total Local Government Financial Expenditures	#科学事业费 Expenses for Science	#教育事业费 Expenses for Enducation
浙东北	**Eastern and Northern Region**	**2435195**	**2930243**	**3247088**	**26608**	**525955**
杭州市	Hangzhou	841819	1042789	1049330	4202	161782
宁波市	Ningbo	911972	991092	1162797	3834	154172
嘉兴市	Jiaxing	237976	297284	310691	7794	61469
湖州市	Huzhou	131443	163375	192262	623	41402
绍兴市	Shaoxing	267832	355860	373650	9294	78336
舟山市	Zhoushan	44153	79843	158358	861	28794
浙西南	**Western and Southern Region**	**938027**	**1506625**	**1725176**	**39687**	**407052**
温洲市	Wenzhou	327026	634062	545609	12802	136103
金华市	Jinhua	233698	278464	335142	13940	85729
衢州市	Quzhou	52754	88773	177539	533	34459
台州市	Taizhou	262369	388056	428608	11218	101691
丽水市	Lishui	62180	117270	238278	1194	49070

17－18 各市金融保险情况(2001 年)
Finance and Insurance by City (2001)

单位:亿元 (100 million yuan)

城市 City		金融机构年末存款余额 Balance of Deposits	城乡居民储蓄年末余额 Residents' Savings Deposits	金融机构年末贷款余额 Loans	承保额 Amount Insured	保费 Premium	已决赔款 Settled Claim
浙东北	**Eastern and Northern Region**	**5924.85**	**2749.16**	**4404.6**	**17213.64**	**102.73**	**19.91**
杭州市	Hangzhou	2621.51	941.84	2087.7	6260.01	39.79	5.70
宁波市	Ningbo	1444.53	699.46	1051.56	5072.30	26.95	6.35
嘉兴市	Jiaxing	627.63	372.43	429.21	1780.45	12.25	2.25
湖州市	Huzhou	299.38	182.01	209.52	733.15	7.11	1.46
绍兴市	Shaoxing	759.57	456.66	514.25	1622.93	12.81	3.46
舟山市	Zhoushan	172.24	96.76	112.36	1744.80	3.82	0.69
浙西南	**Western and Southern Region**	**2808.5**	**1513.22**	**1806.19**	**6909.78**	**50.30**	**11.03**
温州市	Wenzhou	1129.02	582.91	708.11	2346.30	15.36	2.98
金华市	Jinhua	670.56	358.50	449.03	1476.98	14.17	2.82
衢州市	Quzhou	192.29	109.79	130.06	577.16	3.47	0.84
台州市	Taizhou	629.04	352.70	403.00	2071.77	12.85	3.48
丽水市	Lishui	187.58	109.32	115.99	437.58	4.44	0.91

17－19 各市社会保险福利情况(2001年)

Basic Statistics on Wages and Insurance & Welfare of Staff and Workers by City (2001)

单位:万人 (10000 persons)

城市 City		基本养老保险参保职工人数 Staff and Workers Participating in The Basic Retirement Security Program	基本医疗保险参保人数 Persons Participating in the Basic Health Care Program	#职工数 Staff and Workers	失业保险人数 Persons Participating in the Unemployment Insurance Program
浙东北	**Eastern and Northern Region**	**318.97**	**220.09**	**157.44**	**257.06**
杭州市	Hangzhou	109.31	76.99	52.27	95.52
宁波市	Ningbo	81.50	52.28	41.81	59.85
嘉兴市	Jiaxing	38.15	29.66	22.04	33.65
湖州市	Huzhou	34.45	24.73	15.71	19.66
绍兴市	Shaoxing	43.93	21.83	14.10	37.73
舟山市	Zhoushan	11.63	14.6	11.51	10.66
浙西南	**Western and Southern Region**	**152.30**	**96.11**	**67.99**	**104.76**
温州市	Wenzhou	59.00	25.95	17.80	33.14
金华市	Jinhua	34.17	29.85	21.22	17.22
衢州市	Quzhou	16.33	13.25	9.47	15.53
台州市	Taizhou	33.76	13.28	9.01	28.41
丽水市	Lishui	9.05	13.78	10.49	10.46

单位:万人　　　　17－19　续表　continued　　　　(10000 persons)

城　市 City		社会福利院数(个) Social Welfare Homes(unit)	社会福利院床位数(张) Beds of Social Welfare Homes(bed)	社区服务设施数(个) Number of Community Service Facilities Established in Urban Areas (unit)	居民最低生活保障人数(人) Residents Receiving Minimum Life Guarantee Relief (person)
浙东北	**Eastern and Northern Region**	**890**	**29548**	**4953**	**20065**
杭州市	Hangzhou	257	7226	1978	5029
宁波市	Ningbo	204	11322	1529	5487
嘉兴市	Jiaxing	105	3598	471	3698
湖州市	Huzhou	83	2534	445	1964
绍兴市	Shaoxing	166	3776	416	2848
舟山市	Zhoushan	75	1092	114	1039
浙西南	**Western and Southern Region**	**1121**	**30943**	**15906**	**14182**
温洲市	Wenzhou	401	18178	14841	6471
金华市	Jinhua	176	4119	351	2273
衢州市	Quzhou	145	1910	150	2046
台州市	Taizhou	211	5050	562	1313
丽水市	Lishui	188	1686	2	2079

17-20 各市各类学校在校学生数(2001年)
Student Enrollment by Type of School by City (2001)

城市 City		高等学校（人）Institutions of Higher Education (person)	中等专业学校（人）Specialized Secondary Schools (person)	普通中学（万人）Regular Secondary Schools (10000 person)	小学（万人）Primary Schools (10000 person)
浙东北	**Eastern and Northern Region**	**237575**	**84991**	**129.56**	**177.13**
杭州市	Hangzhou	162219	32763	36.48	46.80
宁波市	Ningbo	43417	22656	29.60	42.24
嘉兴市	Jiaxing	11551	7843	18.29	27.23
湖州市	Huzhou	6723	7112	14.24	20.71
绍兴市	Shaoxing	8880	12773	25.15	34.08
舟山市	Zhoushan	4785	1844	5.80	6.07
浙西南	**Western and Southern Region**	**62327**	**65836**	**133.44**	**169.12**
温州市	Wenzhou	21837	7826	45.88	65.18
金华市	Jinhua	21509	11968	26.82	34.40
衢州市	Quzhou	6458	25147	12.96	17.26
台州市	Taizhou	6892	8476	33.92	35.45
丽水市	Lishui	5631	12419	13.86	16.83

17－21 各市科学和技术主要指标(2001 年)
Science and Technology by City (2001)

城 市 by City		各类专业技术人员数(万人) Number of Scientific and Technological Personnel (10000 person)	#中级技术职称以上人员数 Persons with Intermediate Technical Title Level and Above	从事科技活动人员数(人) Persons Engaged in Scientific and Technological Activities (person)
浙东北	**Eastern and Northern Region**	**65.73**	**23.6**	**88821**
杭州市	Hangzhou	22.14	9.53	33955
宁波市	Ningbo	25.50	7.61	18862
嘉兴市	Jiaxing	5.63	1.81	12473
湖州市	Huzhou	3.89	1.32	4447
绍兴市	Shaoxing	6.65	2.53	17373
舟山市	Zhoushan	1.92	0.80	1711
浙西南	**Western and Southern Region**	**36.32**	**11.40**	**40967**
温州市	Wenzhou	9.57	2.74	12791
金华市	Jinhua	6.76	2.63	7713
衢州市	Quzhou	5.80	1.63	4213
台州市	Taizhou	9.93	3.03	13547
丽水市	Lishui	4.26	1.37	2703

17－22 各市文化和卫生事业主要指标(2001 年)
Main Indicators of Culture and Public Health by City (2001)

城　市 City		剧场、影剧院数(个) Number of Theaters and Music Halls (unit)	公共图书馆图书藏量(千册件) Total Collections of Books in Public Libraries (1000 copies)	医院卫生院数(个) Number of Health Institutions (unit)	医院卫生院床位数(张) Number of Beds in Health Institutions (bed)	医生数(人) Doctors (person)
浙东北	**Eastern and Northern Region**	**360**	**11482**	**1289**	**67093**	**43472**
杭州市	Hangzhou	125	6476	391	23520	16994
宁波市	Ningbo	50	1370	286	13833	9673
嘉兴市	Jiaxing	69	1446	138	8799	4252
湖州市	Huzhou	39	630	128	7560	4183
绍兴市	Shaoxing	52	1110	251	9968	6248
舟山市	Zhoushan	25	450	95	3413	2122
浙西南	**Western and Southern Region**	**362**	**5534**	**1742**	**43289**	**24566**
温州市	Wenzhou	73	1920	538	12624	6346
金华市	Jinhua	41	1348	296	10220	6092
衢州市	Quzhou	159	425	186	4370	3193
台州市	Taizhou	68	934	370	10396	5835
丽水市	Lishui	21	907	352	5679	3100

17-23 各市、县国民经济主要指标(2001年)
Main Indicators of National Economy by City and County(2001)

市县名称 City and County		土地面积(平方公里) Land Area (sq. km)	总人口(万人) Total Population (10000 persons)	国内生产总值(亿元) Gross Domestic Product (100 million yuan)	第一产业 Primary Industry	第二产业 Secondary Industry	#工业 Industry
杭州市区	Hangzhou District	3068	379.49	1195.17	58.25	583.09	490.53
富阳市	Fuyang	1808	62.02	113.82	12.88	69.96	65.25
临安市	Linan	3124	51.64	86.35	12.08	47.88	40.61
建德市	Jiande	2364	51.38	75.01	11.23	42.07	36.21
桐庐县	Tonglu	1780	39.66	60.40	7.81	36.15	33.04
淳安县	Chunan	4452	44.95	37.26	9.20	14.43	11.27
宁波市区	Ningbo District	1033	126.13	581.32	13.07	288.98	254.80
余姚市	Yuyao	1346	82.80	163.84	19.31	93.67	87.73
慈溪市	Cixi	1154	100.84	184.02	15.23	108.24	100.03
奉化市	Fenghua	1253	48.82	62.87	9.14	32.83	30.88
象山县	Xiangshan	1172	53.05	82.02	19.48	41.04	35.92
宁海县	Ninghai	1880	58.43	68.57	11.69	38.29	33.59
鄞县	Yinxian	1527	73.28	170.06	12.42	115.87	108.91
温州市区	Wenzhou District	1187	131.36	388.39	6.78	224.15	196.28
瑞安市	Ruian	1271	111.49	149.61	10.08	84.65	75.10
乐清市	Yueqing	1174	115.50	162.53	11.47	96.32	87.32
洞头县	Dongtou	100	12.55	10.22	2.99	2.49	1.77
永嘉县	Yongjia	2674	89.58	73.73	4.67	45.78	39.09
平阳县	Pingyang	1051	84.06	77.79	6.23	44.15	38.42
苍南县	Cangnan	1272	122.30	88.06	9.80	48.13	42.26
文成县	Wencheng	1293	37.16	13.59	2.91	4.04	2.16
泰顺县	Taishun	1762	34.81	13.45	2.70	4.50	2.38
嘉兴市区	Jiaxing District	968	79.11	141.93	13.09	74.10	58.06
平湖市	Pinghu	537	48.30	89.58	9.15	54.49	50.60
海宁市	Haining	668	64.05	135.34	11.57	80.44	74.36
桐乡市	Tongxiang	727	65.82	128.39	11.42	74.19	69.19
嘉善县	Jiashan	507	38.12	77.52	9.82	44.36	41.42
海盐县	Haiyan	508	36.54	67.06	8.42	40.27	34.07
湖州市区	Huzhou District	1567	107.52	182.67	20.32	100.32	87.73
德清县	Deqing	936	42.36	65.98	8.23	37.08	31.79
长兴县	Changxing	1428	61.84	82.05	12.30	42.75	37.25
安吉县	Anji	1886	44.77	55.01	8.91	28.27	22.39
绍兴市区	Shaoxing District	337	59.92	127.73	7.30	54.85	43.34

市县名称 City and County		土地面积（平方公里）Land Area（sq. km）	总人口（万人）Total Population（10000 persons）	国内生产总值（亿元）Gross Domestic Product（100 million yuan）	第一产业 Primary Industry	第二产业 Secondary Industry	#工业 Industry
诸暨市	Zhuji	2311	106.04	175.53	20.41	100.98	93.09
上虞市	Shangyu	1403	77.49	147.60	17.66	86.86	79.91
嵊州市	Shengzhou	1790	73.86	80.19	12.91	42.35	37.06
绍兴县	Shaoxing	1203	72.42	204.36	13.08	131.19	120.50
新昌县	Xinchang	1213	43.52	68.50	7.66	42.33	37.50
金华市区	Jinhua District	2044	91.34	105.80	13.44	48.64	40.35
兰溪市	Lanxi	1310	65.86	72.35	7.13	41.59	37.05
东阳市	Dongyang	1739	78.81	110.04	7.85	72.73	64.59
义乌市	Yiwu	1103	67.21	136.01	7.16	69.06	60.39
永康市	Yongkang	1049	53.38	82.06	4.24	56.42	52.67
武义县	Wuyi	1577	32.77	31.36	5.09	16.13	13.39
浦江县	Pujiang	900	37.96	34.05	3.30	21.33	19.62
磐安县	Panan	1196	20.61	12.44	3.29	6.00	5.04
衢州市区	Quzhou District	240	27.76	43.93	2.26	23.05	18.77
江山市	Jiangshan	2018	56.79	39.11	9.26	16.98	14.50
衢县	Quxian	2117	52.23	26.38	8.61	9.99	7.61
常山县	Changshan	1099	32.12	19.47	4.42	7.65	5.84
开化县	Kaihua	2223	34.17	19.31	5.91	7.53	6.25
龙游县	Longyou	1139	40.49	26.48	5.59	12.24	10.04
舟山市区	Zhoushan District	1028	68.85	86.96	17.80	33.19	26.43
岱山县	Daishan	326	20.81	23.97	9.66	6.40	5.49
嵊泗县	Shengsi	86	8.44	15.76	5.59	3.58	2.39
台州市区	Taizhou District	1536	143.90	283.31	20.60	176.51	161.97
温岭市	Wenling	836	114.09	193.97	26.16	101.45	94.20
临海市	Linhai	2171	110.15	91.48	14.27	47.94	39.90
玉环县	Yuhuan	378	39.03	87.18	14.71	48.94	45.19
三门县	Sanmen	1072	40.06	24.90	8.22	9.78	8.25
天台县	Tiantai	1426	55.47	34.99	6.61	15.87	13.24
仙居县	Xianju	1992	45.82	28.51	5.42	12.78	10.92
丽水市区	Lishui	1502	35.81	38.01	7.01	17.04	12.15
龙泉市	LongQuan	3059	27.50	18.85	4.91	7.20	5.52
青田县	Qingtian	2484	47.77	20.05	3.50	8.59	6.69
云和县	Yunhe	978	10.95	8.89	2.04	4.14	3.17
庆元县	Qingyuan	1898	19.73	9.35	3.07	2.80	2.14
缙云县	Jinyun	1482	43.60	23.92	4.59	10.07	7.77
遂昌县	Suichang	2539	22.57	14.93	3.71	6.55	5.50
松阳县	Songyang	1406	23.07	13.37	5.12	3.97	3.04
景宁自治县	Jingning	1950	17.73	9.02	2.78	3.38	2.51

17－23 续表 2 continued

市县名称	City and County	第三产业 Tertiary Industry	人均国内生产总值（元） Per-capita GDP (yuan)	社会消费品零售总额（亿元） Total Retail Sales of Consumer Goods (100 million yuan)	固定资产投资(亿元) Investment in Fixed Assets (100 million yuan)	财政总收入（亿元） Total Financial Revenue
杭州市区	Hangzhou District	553.83	31784	373.28	413.28	161.22
富阳市	Fuyang	30.98	18350	28.13	10.72	11.03
临安市	Linan	26.39	16791	18.85	12.64	5.02
建德市	Jiande	21.71	14611	12.45	10.13	4.53
桐庐县	Tonglu	16.44	15250	16.71	8.01	4.25
淳安县	Chunan	13.63	8292	9.40	7.00	2.41
宁波市区	Ningbo District	279.26	37983	167.70	215.63	120.96
余姚市	Yuyao	50.85	19768	61.19	19.50	13.80
慈溪市	Cixi	60.55	18226	83.87	29.42	17.70
奉化市	Fenghua	20.90	12844	20.10	6.69	6.23
象山县	Xiangshan	21.50	15434	39.45	10.40	6.02
宁海县	Ninghai	18.60	11743	31.98	13.80	7.10
鄞县	Yinxian	41.77	23385	42.44	25.09	18.50
温州市区	Wenzhou District	157.46		233.44	159.01	50.22
瑞安市	Ruian	54.88	13463	47.51	20.99	11.00
乐清市	Yueqing	54.74	14072	47.84	16.01	14.08
洞头县	Dongtou	4.74	8132	2.37	1.58	1.10
永嘉县	Yongjia	23.28	8230	27.29	9.29	5.56
平阳县	Pingyang	27.41	9309	30.40	14.90	5.57
苍南县	Cangnan	30.14	7203	39.55	13.52	5.81
文成县	Wencheng	6.64	3655	5.80	2.70	1.72
泰顺县	Taishun	6.25	3841	4.25	3.04	1.06
嘉兴市区	Jiaxing District	54.74	17976	61.27	126.28	15.21
平湖市	Pinghu	25.94	18561	23.05	8.56	7.21
海宁市	Haining	43.33	21134	58.24	19.36	10.62
桐乡市	Tongxiang	42.79	19507	53.55	20.24	10.07
嘉善县	Jiashan	23.33	20337	18.56	9.58	5.63
海盐县	Haiyan	18.36	18363	18.43	8.16	4.79
湖州市区	Huzhou District	62.03	17047	79.63	47.61	14.68
德清县	Deqing	20.67	15569	23.79	10.17	6.11
长兴县	Changxing	26.99	13268	33.57	25.88	5.01
安吉县	Anji	17.83	12291	23.24	10.65	3.68
绍兴市区	Shaoxing District	65.59	21466	48.78	68.94	14.97
诸暨市	Zhuji	54.15	16542	46.39	11.65	11.01
上虞市	Shangyu	43.08	19040	40.13	12.35	7.20

市县名称	City and County	第三产业 Tertiary Industry	人均国内生产总值（元） Per-capita GDP (yuan)	社会消费品零售总额（亿元） Total Retail Sales of Consumer Goods (100 million yuan)	固定资产投资（亿元） Investment in Fixed Assets (100 million yuan)	财政总收入（亿元） Total Financial Revenue
嵊州市	Shengzhou	24.93	10847	43.71	13.36	5.12
绍兴县	Shaoxing	60.08	28219	34.21	22.84	18.30
新昌县	Xinchang	18.52	15749	22.44	16.05	5.77
金华市区	Jinhua District	43.72	11634	50.57	42.20	11.81
兰溪市	Lanxi	23.63	10978	21.66	8.03	5.09
东阳市	Dongyang	29.46	13964	30.25	17.37	6.81
义乌市	Yiwu	59.79	20292	41.31	39.49	12.41
永康市	Yongkang	21.40	15419	20.97	13.57	8.04
武义县	Wuyi	10.14	9566	8.20	6.95	2.56
浦江县	Pujiang	9.43	8979	11.56	6.75	3.09
磐安县	Panan	3.15	6045	4.34	2.22	1.41
衢州市区	Quzhou District	18.62		17.78	35.47	4.98
江山市	Jiangshan	12.87	6897	18.49	8.63	2.96
衢县	Quxian	7.79	5049	10.10	3.32	1.30
常山县	Changshan	7.41	6078	10.29	4.85	1.43
开化县	Kaihua	5.88	5660	9.38	3.92	1.38
龙游县	Longyou	8.65	6546	17.63	6.99	2.11
舟山市区	Zhoushan District	35.96		50.16	30.01	10.04
岱山县	Daishan	7.91	11439	9.35	2.03	1.50
嵊泗县	Shengsi	6.59	18615	5.90	5.90	0.85
台州市区	Taizhou District	86.20	19738	76.80	53.68	27.25
温岭市	Wenling	66.36	17023	53.19	14.92	13.90
临海市	Linhai	29.27	8317	25.92	25.00	7.56
玉环县	Yuhuan	23.53	22377	13.50	10.40	7.53
三门县	Sanmen	6.89	6218	5.75	2.97	2.41
天台县	Tiantai	12.51	6310	13.05	6.91	3.31
仙居县	Xianju	10.31	6246	9.11	3.83	3.09
丽水市区	Lishui	13.97	10687	24.25	24.62	6.36
龙泉市	LongQuan	6.74	6863	5.99	7.52	1.31
青田县	Qingtian	7.95	4168	10.11	7.18	1.96
云和县	Yunhe	2.71	8126	2.96	2.96	0.97
庆元县	Qingyuan	3.48	4741	4.14	2.03	0.70
缙云县	Jinyun	9.26	5487	10.17	7.02	2.57
遂昌县	Suichang	4.67	6614	5.34	4.50	1.90
松阳县	Songyang	4.28	5802	5.60	2.42	1.00
景宁自治县	Jingning	2.85	5097	3.62	3.39	1.17

市县名称 City and County		地方财政收入（亿元）Local Financial Revenue (100 million yuan)	地方财政支出（亿元）Local Financial Expenditure (100 million yuan)	城乡居民储蓄存款年末余额（亿元）Savings Deposits of Urban and Rural Residents (100 million yuan)	城镇居民人均可支配收入（元）Per Capita Disposable Income of Urban Residents (yuan)	农村居民人均纯收入（元）Per Capita Net Income of Rural Residents (yuan)
杭州市区	Hangzhou District	88.47	84.95	797.64	10896	6527
富阳市	Fuyang	6.05	6.17	43.12	9972	5118
临安市	Linan	2.89	3.68	28.63	9511	5002
建德市	Jiande	2.62	3.47	30.12	8809	3641
桐庐县	Tonglu	2.47	3.07	26.61	9106	4453
淳安县	Chunan	1.78	3.60	15.72	7534	2901
宁波市区	Ningbo District	60.55	73.10	293.92	11991	5564
余姚市	Yuyao	8.11	7.66	83.09	9187	5261
慈溪市	Cixi	9.97	10.67	120.77	11262	5998
奉化市	Fenghua	3.44	4.66	37.04	11282	4754
象山县	Xiangshan	3.55	4.60	24.20	10683	4751
宁海县	Ninghai	3.93	5.13	22.93		4632
鄞县	Yinxian	9.58	10.47	117.53		5922
温州市区	Wenzhou District	35.52	20.42	323.92	13200	7671
瑞安市	Ruian	7.10	7.30	79.54	11580	5256
乐清市	Yueqing	8.00	8.19	60.52	12015	5781
洞头县	Dongtou	0.82	0.94	3.27		3508
永嘉县	Yongjia	3.41	4.08	36.80		3716
平阳县	Pingyang	3.49	4.17	29.20		4016
苍南县	Cangnan	3.67	4.64	31.41		3794
文成县	Wencheng	0.70	2.50	8.82		2324
泰顺县	Taishun	0.71	2.31	9.42		2237
嘉兴市区	Jiaxing District	8.81	10.15	99.38	10766	5111
平湖市	Pinghu	3.66	3.80	49.53	10626	5364
海宁市	Haining	6.12	6.21	72.67	11102	5616
桐乡市	Tongxiang	5.79	5.37	69.72	11152	5151
嘉善县	Jiashan	2.78	2.77	39.89	10903	5315
海盐县	Haiyan	2.57	2.76	41.23	11438	5507
湖州市区	Huzhou District	8.16	8.99	94.81	9872	4780
德清县	Deqing	3.32	4.10	34.02		4830
长兴县	Changxing	2.88	3.16	32.15		4753
安吉县	Anji	1.98	2.98	21.03	9529	4556
绍兴市区	Shaoxing District	9.37	9.69	126.67	10669	
诸暨市	Zhuji	6.48	6.62	66.25	10452	5603
上虞市	Shangyu	4.18	4.82	76.73	10439	5566

17－23 续表 5 continued

市县名称	City and County	地方财政收入（亿元）Local Financial Revenue (100 million yuan)	地方财政支出（亿元）Local Financial Expenditure (100 million yuan)	城乡居民储蓄存款年末余额（亿元）Savings Deposits of Urban and Rural Residents (100 million yuan)	城镇居民人均可支配收入（元）Per Capita Disposable Income of Urban Residents (yuan)	农村居民人均纯收入（元）Per Capita Net Income of Rural Residents (yuan)
嵊州市	Shengzhou	2.91	3.56	44.69	10316	4660
绍兴县	Shaoxing	9.80	9.21	113.85		5851
新昌县	Xinchang	2.85	3.47	28.47	10420	4637
金华市区	Jinhua District	5.72	8.62	71.83	10385	3822
兰溪市	Lanxi	2.89	3.58	24.66	7844	3603
东阳市	Dongyang	3.25	3.77	62.02		5034
义乌市	Yiwu	7.48	6.55	102.32		5349
永康市	Yongkang	4.40	4.15	57.53		4578
武义县	Wuyi	1.58	2.52	14.63		3009
浦江县	Pujiang	1.77	2.38	18.90	8130	3421
磐安县	Panan	0.76	1.95	6.60		2530
衢州市区	Quzhou District	2.84	5.42	33.79	8709	4212
江山市	Jiangshan	1.86	2.94	24.91		3750
衢县	Quxian	0.92	2.15	11.45		3100
常山县	Changshan	0.93	2.33	10.24		3035
开化县	Kaihua	0.92	2.39	11.35		3101
龙游县	Longyou	1.40	2.52	18.05		3515
舟山市区	Zhoushan District	6.39	11.68	73.53	10161	
岱山县	Daishan	0.98	2.43	15.92		
嵊泗县	Shengsi	0.61	1.73	7.32		
台州市区	Taizhou District	17.16	17.70	151.17	10842	5344
温岭市	Wenling	7.75	7.17	84.27	10909	5917
临海市	Linhai	4.43	5.22	43.84	10351	4125
玉环县	Yuhuan	4.27	4.59	24.64		6207
三门县	Sanmen	1.58	2.75	10.25		3300
天台县	Tiantai	1.81	2.85	19.69		3618
仙居县	Xianju	1.80	2.58	18.85		2917
丽水市区	Lishui	4.21	7.07	32.19	9158	3396
龙泉市	LongQuan	0.88	2.03	10.84	9185	2764
青田县	Qingtian	1.38	2.96	18.53		2135
云和县	Yunhe	0.69	1.75	4.81		
庆元县	Qingyuan	0.49	1.70	6.22		
缙云县	Jinyun	1.42	2.60	16.27		2785
遂昌县	Suichang	1.30	2.12	8.30		
松阳县	Songyang	0.73	1.70	7.73		2695
景宁自治县	Jingning	0.64	1.90	4.44		

17－24　各市、县年末从业人员数(2001 年)

Employed Persons by City and County(2001)

单位:万人　　　　(10000 persons)

市县名称 City and County		年末单位从业人员数 Total Employed Persons	农、林、牧、渔业 Agriculture	采掘业 Mining and Quarrying	制造业 Manufacturing	电力、煤气及水的生产和供应业 Electricity, Gas and Water Production and Supply
杭州市区	Hangzhou District	69.78	0.62	0.13	24.36	1.17
富阳市	Fuyang	4.67	0.04		1.56	0.10
临安市	Linan	2.44	0.02	0.01	0.49	0.05
建德市	Jiande	3.02	0.07	0.08	0.88	0.11
桐庐县	Tonglu	1.42	0.02		0.17	0.08
淳安县	Chunan	2.15	0.13	0.02	0.34	0.04
宁波市区	Ningbo District	32.08	0.26	0.01	12.96	0.87
余姚市	Yuyao	4.40	0.04		1.31	0.10
慈溪市	Cixi	4.75	0.09		1.41	0.10
奉化市	Fenghua	2.47	0.03		0.47	0.07
象山县	Xiangshan	7.30	0.02		0.80	0.04
宁海县	Ninghai	2.17	0.02		0.31	0.07
鄞县	Yinxian	4.29	0.05		1.09	0.04
温州市区	Wenzhou District	23.78	0.02		8.33	0.46
瑞安市	Ruian	5.99	0.03		1.98	0.09
乐清市	Yueqing	4.34	0.03		0.57	0.26
洞头县	Dongtou	0.74	0.01		0.09	0.03
永嘉县	Yongjia	3.09	0.05		0.22	0.10
平阳县	Pingyang	6.58	0.11		1.66	0.05
苍南县	Cangnan	5.96	0.03	0.20	1.68	0.05
文成县	Wencheng	1.41	0.04		0.06	0.07
泰顺县	Taishun	1.38	0.02			0.06
嘉兴市区	Jiaxing District	9.68	0.11		3.96	0.32
平湖市	Pinghu	2.80	0.06	0.01	0.67	0.13
海宁市	Haining	3.78	0.07		1.05	0.03
桐乡市	Tongxiang	4.46	0.06		1.69	0.04
嘉善县	Jiashan	3.04	0.06		1.19	0.05
海盐县	Haiyan	3.48	0.10	0.05	1.20	0.34
湖州市区	Huzhou District	7.74	0.03	0.01	2.33	0.19
德清县	Deqing	2.86	0.03	0.01	1.04	0.04
长兴县	Changxing	3.91	0.08	0.84	0.59	0.20
安吉县	Anji	2.45	0.02		0.47	0.07
绍兴市区	Shaoxing District	9.13	0.01	0.22	2.59	0.21
诸暨市	Zhuji	10.34	0.05	0.04	1.70	0.09

单位:万人　　17－24 续表 1 continued　　(10000 persons)

市县名称 City and County		年末单位从业人员数 Total Employed Persons	农、林、牧、渔业 Agriculture	采掘业 Mining and Quarrying	制造业 Manufacturing	电力、煤气及水的生产和供应业 Electricity, Gas and Water Production and Supply
上虞市	Shangyu	4.73	0.04	0.01	0.83	0.09
嵊州市	Shengzhou	3.85	0.03	0.01	1.43	0.10
绍兴县	Shaoxing	3.24	0.04		0.53	0.01
新昌县	Xinchang	3.61	0.01	0.01	1.89	0.10
金华市区	Jinhua District	6.88	0.05		1.77	0.27
兰溪市	Lanxi	3.51	0.04		1.46	0.08
东阳市	Dongyang	5.82	0.03	0.01	0.65	0.04
义乌市	Yiwu	3.73	0.02		0.39	0.08
永康市	Yongkang	1.92	0.02		0.05	0.05
武义县	Wuyi	1.12	0.03			0.07
浦江县	Pujiang	1.46	0.01		0.01	0.02
磐安县	Panan	0.69	0.01		0.04	0.03
衢州市区	Quzhou District	5.96	0.16	0.04	2.93	0.19
江山市	Jiangshan	1.93	0.04		0.50	0.04
衢县	Quxian	1.09			0.17	
常山县	Changshan	1.27	0.04		0.21	0.06
开化县	Kaihua	1.13	0.05	0.01	0.12	0.05
龙游县	Longyou	1.56	0.03		0.45	0.01
舟山市区	Zhoushan District	8.62	0.10	0.02	2.18	0.23
岱山县	Daishan	1.21	0.02		0.14	0.08
嵊泗县	Shengsi	0.84			0.12	0.05
台州市区	Taizhou District	12.69	0.30		3.44	0.49
温岭市	Wenling	5.45	0.13		0.99	0.08
临海市	Linhai	5.71	0.11		0.82	0.16
玉环县	Yuhuan	2.02	0.09		0.26	0.06
三门县	Sanmen	1.24	0.06	0.03	0.07	0.05
天台县	Tiantai	2.11	0.08	0.01	0.07	0.08
仙居县	Xianju	2.03	0.07	0.01	0.38	0.09
丽水市区	Lishui	3.30	0.06		0.71	0.14
龙泉市	LongQuan	1.31	0.05	0.03	0.20	0.05
青田县	Qingtian	1.29	0.02	0.02	0.05	0.05
云和县	Yunhe	0.72	0.04		0.09	0.09
庆元县	Qingyuan	0.87	0.05	0.01	0.08	0.06
缙云县	Jinyun	1.57	0.01		0.22	0.04
遂昌县	Suichang	1.44	0.08	0.08	0.46	0.05
松阳县	Songyang	1.09	0.03		0.10	0.04
景宁自治县	Jingning	0.81	0.09	0.01	0.03	0.05

市县名称 City and County		建筑业 Construction	地质勘探业、水利管理业 Geological Prospecting and Water Conservancy	交通运输、仓储及邮电通讯业 Transport, Storage, Post & Telecommunications	批发和零售贸易、餐饮业 Wholesale and Retail Sale Trade & Catering Services	金融保险业 Banking and Insurance	房地产业 Real Estate Trade
杭州市区	Hangzhou District	3.43	0.36	4.16	5.46	3.32	1.17
富阳市	Fuyang	0.16	0.02	0.15	0.32	0.19	0.05
临安市	Linan	0.01		0.11	0.17	0.14	0.01
建德市	Jiande	0.03		0.10	0.19	0.18	0.02
桐庐县	Tonglu	0.01	0.01	0.09	0.01	0.11	0.01
淳安县	Chunan	0.08		0.11	0.12	0.14	0.02
宁波市区	Ningbo District	2.01	0.15	2.65	2.62	1.30	0.58
余姚市	Yuyao	0.18	0.03	0.12	0.26	0.22	0.05
慈溪市	Cixi	0.05	0.03	0.22	0.34	0.31	0.04
奉化市	Fenghua	0.19	0.03	0.14	0.11	0.15	0.03
象山县	Xiangshan	4.80	0.01	0.13	0.08	0.15	
宁海县	Ninghai	0.03	0.01	0.16	0.09	0.14	0.01
鄞县	Yinxian	0.25	0.04	0.07	0.43	0.29	0.04
温州市区	Wenzhou District	4.68	0.10	1.00	1.65	0.99	0.50
瑞安市	Ruian	0.82		0.27	0.23	0.23	0.12
乐清市	Yueqing	0.21		0.24	0.34	0.21	0.04
洞头县	Dongtou	0.12		0.05	0.04	0.03	0.01
永嘉县	Yongjia	0.75	0.01	0.15	0.19	0.12	0.02
平阳县	Pingyang	2.32		0.19	0.19	0.13	0.09
苍南县	Cangnan	0.90	0.03	0.24	0.19	0.16	0.14
文成县	Wencheng	0.27		0.06	0.05	0.06	
泰顺县	Taishun	0.22		0.08	0.06	0.04	
嘉兴市区	Jiaxing District	0.32	0.01	0.49	0.75	0.52	0.16
平湖市	Pinghu	0.10	0.01	0.11	0.18	0.20	0.02
海宁市	Haining	0.04	0.02	0.13	0.41	0.24	0.05
桐乡市	Tongxiang	0.21		0.11	0.65	0.23	0.02
嘉善县	Jiashan	0.20		0.15	0.23	0.11	0.03
海盐县	Haiyan	0.33	0.01	0.09	0.23	0.18	0.06
湖州市区	Huzhou District	0.42	0.09	0.65	0.60	0.47	0.11
德清县	Deqing	0.18	0.01	0.09	0.21	0.18	0.01
长兴县	Changxing	0.16	0.01	0.20	0.27	0.18	0.01
安吉县	Anji	0.34	0.04	0.12	0.11	0.10	
绍兴市区	Shaoxing District	1.55	0.02	0.44	0.63	0.77	0.11
诸暨市	Zhuji	5.30	0.02	0.32	0.56	0.28	0.01
上虞市	Shangyu	1.14	0.02	0.18	0.46	0.28	0.05

市县名称 City and County		建筑业 Construction	地质勘探业、水利管理业 Geological Prospecting and Water Conservany	交通运输、仓储及邮电通讯业 Transport, Storage, Post & Telecommunications	批发和零售贸易、餐饮业 Wholesale and Retail Sale Trade & Catering Services	金融保险业 Banking and Insurance	房地产业 Real Estate Trade
嵊州市	Shengzhou	0.10	0.04	0.18	0.42	0.15	0.01
绍兴县	Shaoxing	0.09	0.01	0.12	0.25	0.24	0.04
新昌县	Xinchang	0.07	0.03	0.08	0.18	0.16	0.02
金华市区	Jinhua District	0.31	0.11	0.65	0.45	0.36	0.04
兰溪市	Lanxi	0.03	0.02	0.18	0.24	0.08	0.01
东阳市	Dongyang	2.89	0.05	0.16	0.30	0.17	0.02
义乌市	Yiwu	0.08	0.03	0.21	0.25	0.28	0.05
永康市	Yongkang	0.01	0.02	0.14	0.11	0.14	0.01
武义县	Wuyi		0.02	0.06	0.07	0.06	
浦江县	Pujiang		0.01	0.05	0.02	0.12	
磐安县	Panan			0.04	0.04	0.04	
衢州市区	Quzhou District	0.63	0.01	0.34	0.19	0.22	0.03
江山市	Jiangshan		0.01	0.10	0.08	0.08	0.01
衢县	Quxian	0.04		0.02	0.06	0.03	
常山县	Changshan	0.01	0.01	0.07	0.06	0.07	
开化县	Kaihua	0.04		0.07	0.04	0.06	
龙游县	Longyou		0.01	0.06	0.09	0.10	0.02
舟山市区	Zhoushan District	0.63	0.02	0.86	0.78	0.36	0.24
岱山县	Daishan	0.06		0.06	0.11	0.07	0.01
嵊泗县	Shengsi	0.02		0.07	0.07	0.04	0.01
台州市区	Taizhou District	1.49	0.06	0.65	0.88	1.14	0.12
温岭市	Wenling	1.61	0.02	0.17	0.25	0.21	0.06
临海市	Linhai	1.54	0.03	0.28	0.43	0.22	0.06
玉环县	Yuhuan	0.10		0.08	0.14	0.11	0.05
三门县	Sanmen	0.06	0.01	0.06	0.07	0.05	0.01
天台县	Tiantai	0.33	0.03	0.09	0.15	0.09	0.02
仙居县	Xianju	0.26	0.01	0.07	0.11	0.08	0.01
丽水市区	Lishui	0.13	0.05	0.24	0.14	0.20	0.04
龙泉市	LongQuan	0.01	0.01	0.09	0.08	0.06	0.01
青田县	Qingtian	0.03		0.07	0.04	0.08	0.03
云和县	Yunhe	0.01		0.05	0.04	0.03	
庆元县	Qingyuan			0.04	0.04	0.04	
缙云县	Jinyun	0.12		0.07	0.11	0.07	0.01
遂昌县	Suichang	0.01		0.07	0.04	0.05	0.01
松阳县	Songyang	0.12		0.06	0.09	0.05	0.01
景宁自治县	Jingning		0.01	0.04	0.04	0.03	0.01

单位:万人　　　　17－24 续表 4 continued　　　　(10000 persons)

市县名称 City and County		社会服务业 Social Services	卫生、体育和社会福利业 Health Care, Sports & Social Welfare	教育、文化和广播电影电视业 Education, Culture and Art, Radio, Film and Television	科学研究和综合技术服务业 Scientific Research and Polytechnical Services	国家机关、政党机关和社会团体 Government Agencies, Party Agencies and Social Organizations	其他行业 Others
杭州市区	Hangzhou District	7.30	3.65	7.65	2.09	4.24	0.67
富阳市	Fuyang	0.18	0.32	0.88	0.12	0.55	0.03
临安市	Linan	0.16	0.22	0.60	0.01	0.43	0.01
建德市	Jiande	0.20	0.25	0.56	0.02	0.30	0.03
桐庐县	Tonglu	0.04	0.15	0.42	0.01	0.27	0.02
淳安县	Chunan	0.18	0.15	0.43	0.01	0.33	0.05
宁波市区	Ningbo District	2.63	1.21	2.37	0.39	1.77	0.30
余姚市	Yuyao	0.32	0.29	0.84	0.03	0.57	0.04
慈溪市	Cixi	0.27	0.35	0.95	0.03	0.42	0.14
奉化市	Fenghua	0.19	0.19	0.49	0.02	0.34	0.02
象山县	Xiangshan	0.14	0.19	0.55	0.01	0.34	0.04
宁海县	Ninghai	0.09	0.19	0.57	0.02	0.43	0.03
鄞县	Yinxian	0.16	0.34	0.90	0.03	0.49	0.07
温州市区	Wenzhou District	1.18	1.19	1.86	0.23	1.46	0.13
瑞安市	Ruian	0.14	0.40	0.99	0.02	0.59	0.08
乐清市	Yueqing	0.12	0.41	1.19	0.03	0.65	0.03
洞头县	Dongtou	0.04	0.04	0.14	0.01	0.13	
永嘉县	Yongjia	0.05	0.02	0.73	0.03	0.46	0.01
平阳县	Pingyang	0.03	0.30	0.84	0.03	0.61	0.03
苍南县	Cangnan	0.08	0.28	1.26	0.02	0.67	0.03
文成县	Wencheng	0.05	0.12	0.33		0.29	0.01
泰顺县	Taishun	0.05	0.07	0.42	0.01	0.33	0.02
嘉兴市区	Jiaxing District	0.56	0.55	1.01	0.19	0.63	0.10
平湖市	Pinghu	0.20	0.23	0.55	0.01	0.26	0.05
海宁市	Haining	0.27	0.26	0.72	0.03	0.35	0.11
桐乡市	Tongxiang	0.14	0.26	0.65	0.02	0.34	0.05
嘉善县	Jiashan	0.11	0.19	0.40	0.01	0.27	0.04
海盐县	Haiyan	0.15	0.13	0.39	0.03	0.22	0.02
湖州市区	Huzhou District	0.26	0.45	1.18	0.05	0.83	0.07
德清县	Deqing	0.12	0.20	0.39	0.01	0.32	0.02
长兴县	Changxing	0.20	0.17	0.55	0.02	0.36	0.07
安吉县	Anji	0.04	0.17	0.48	0.01	0.43	0.03
绍兴市区	Shaoxing District	0.55	0.47	0.90	0.09	0.50	0.07
诸暨市	Zhuji	0.15	0.41	0.87	0.02	0.50	0.02
上虞市	Shangyu	0.08	0.28	0.76	0.01	0.46	0.04

单位:万人 17－24 续表 5 continued (10000 persons)

市县名称 City and County		社会服务业 Social Services	卫生、体育和社会福利业 Health Care, Sports & Social Welfare	教育、文化和广播电影电视业 Education, Culture and Art, Radio, Film and Television	科学研究和综合技术服务业 Scientific Research and Polytechnical Services	国家机关、政党机关和社会团体 Government Agencies, Party Agencies and Social Organizations	其他行业 Others
嵊州市	Shengzhou	0.10	0.24	0.65	0.02	0.36	0.01
绍兴县	Shaoxing	0.31	0.32	0.79	0.03	0.44	0.02
新昌县	Xinchang	0.10	0.14	0.44	0.01	0.30	0.07
金华市区	Jinhua District	0.28	0.47	1.11	0.12	0.82	0.06
兰溪市	Lanxi	0.10	0.26	0.62	0.02	0.34	0.03
东阳市	Dongyang	0.08	0.24	0.67	0.03	0.47	0.02
义乌市	Yiwu	0.48	0.32	0.74	0.04	0.62	0.12
永康市	Yongkang	0.10	0.21	0.46	0.03	0.37	0.21
武义县	Wuyi	0.06	0.14	0.34	0.01	0.24	0.01
浦江县	Pujiang	0.02	0.13	0.41	0.03	0.24	0.38
磐安县	Panan	0.02	0.07	0.20	0.01	0.21	0.01
衢州市区	Quzhou District	0.18	0.19	0.35	0.04	0.41	0.05
江山市	Jiangshan	0.06	0.19	0.49	0.01	0.30	0.02
衢县	Quxian	0.02	0.10	0.37		0.27	0.01
常山县	Changshan	0.06	0.11	0.27	0.01	0.28	0.01
开化县	Kaihua	0.03	0.12	0.27	0.01	0.25	0.01
龙游县	Longyou	0.04	0.12	0.32		0.30	0.01
舟山市区	Zhoushan District	0.64	0.46	0.99	0.09	0.79	0.23
岱山县	Daishan	0.04	0.12	0.27	0.01	0.20	0.02
嵊泗县	Shengsi	0.07	0.07	0.13	0.03	0.10	0.06
台州市区	Taizhou District	0.70	0.70	1.43	0.12	1.13	0.04
温岭市	Wenling	0.15	0.41	0.91	0.02	0.42	0.02
临海市	Linhai	0.18	0.37	1.09	0.03	0.37	0.02
玉环县	Yuhuan	0.18	0.18	0.42	0.01	0.33	0.01
三门县	Sanmen	0.04	0.12	0.36	0.01	0.24	
天台县	Tiantai	0.11	0.23	0.50	0.01	0.29	0.02
仙居县	Xianju	0.09	0.18	0.39	0.01	0.26	0.01
丽水市区	Lishui	0.16	0.32	0.59	0.05	0.44	0.02
龙泉市	LongQuan	0.06	0.10	0.29		0.24	
青田县	Qingtian	0.06	0.11	0.45	0.01	0.28	0.01
云和县	Yunhe	0.02	0.05	0.15		0.14	
庆元县	Qingyuan	0.01	0.08	0.23	0.01	0.21	
缙云县	Jinyun	0.03	0.11	0.44	0.01	0.33	
遂昌县	Suichang	0.03	0.09	0.27	0.01	0.20	0.01
松阳县	Songyang	0.02	0.09	0.25		0.24	
景宁自治县	Jingning	0.03	0.08	0.21	0.01	0.17	0.01

17-25 各市、县农、林、牧、渔业总产值(2001年)

Gross Output Value of Farming, Forestry, Animal Husbandry and Fishery by City and County(2001)

单位:万元 (10000 yuan)

市县名称 City and County		农、林、牧、渔业总产值 Total Output Value of Agriculture	农业产值 Farming	#种植业 Planting	林业产值 Forestry	牧业产值 Animal Husbandry	渔业产值 Fishery
杭州市区	Hangzhou District	233311	118000	112926	966	65909	48436
建德市	Fuyang	162095	107242	89272	8324	39393	7136
桐庐县	Linan	113326	70704	61567	7654	30472	4496
富阳市	Jiande	204354	138546	84789	18620	38754	8434
临安市	Tonglu	161456	67982	51823	65576	26406	1492
淳安县	Chunan	129614	81798	64976	20111	23888	3817
宁波市区	Ningbo District	199856	109226	102817	4798	50626	35206
余姚市	Yuyao	278167	198425	165813	13580	39040	27122
慈溪市	Cixi	217838	144635	137004	1090	30275	41838
奉化市	Fenghua	145759	64340	56700	11736	20566	49117
象山县	Xiangshan	373883	59525	56423	6677	21337	286344
宁海县	Ninghai	169274	46077	45611	7181	27071	88945
鄞县	Yinxian	179474	120845	104481	6349	33154	19126
温州市区	Wenzhou District	126300	67083	45768	861	37630	20726
瑞安市	Ruian	175233	86060	72507	1898	14191	73084
洞头县	Yueqing	66092	1345	1345	82	1267	63398
乐清市	Dongtou	192226	67938	52267	1417	14215	108656
永嘉县	Yongjia	73234	44597	38199	4760	21174	2703
平阳县	Pingyang	116393	64116	55971	5789	24461	22027
苍南县	Cangnan	175718	60277	51505	1651	13511	100279
文成县	Wencheng	40822	28136	23680	4309	8029	348
泰顺县	Taishun	36855	24375	20593	4868	7340	272
嘉兴市区	Jiaxing District	251583	125785	121280	185	95821	29792
海宁市	Pinghu	168275	78354	70479	362	70090	19469
平湖市	Haining	145204	89988	85723	594	28716	25906
嘉善县	Tongxiang	158747	93594	92592	239	37048	27866
海盐县	Jiashan	130266	75190	66490	1501	41726	11849
桐乡市	Haiyan	169507	74346	66898	72	87800	7289
湖州市区	Huzhou District	322759	144444	140520	9494	75161	93660
德清县	Deqing	140057	32198	31048	30951	37263	39645
长兴县	Changxing	201513	124323	120719	21115	25947	30128
安吉县	Anji	123231	62078	56861	38545	17370	5238
绍兴市区	Shaoxing District	110208	50159	46540	1034	23817	35198
诸暨市	Zhuji	309810	167635	140859	46745	51304	44126
上虞市	Shangyu	308433	185739	165836	22760	47157	52777

单位:万元 17－25 续表 continued (10000 yuan)

市县名称 City and County		农、林、牧、渔业总产值 Total Output Value of Agriculture	农业产值 Farming	#种植业 Planting	林业产值 Forestry	牧业产值 Animal Husbandry	渔业产值 Fishery
绍兴县	Shaoxing	192992	100716	96023	18930	35350	37996
嵊州市	Shengzhou	174744	130941	118195	14714	26605	2484
新昌县	Xinchang	111193	81559	69426	9865	18158	1611
金华市区	Jinhua District	234369	145831	132810	6675	66082	15781
兰溪市	Lanxi	117895	63980	58546	3009	37165	13741
东阳市	Dongyang	118359	87682	72509	5494	20054	5129
义乌市	Yiwu	107369	70929	56689	1845	23639	10956
永康市	Yongkang	65022	42590	34772	2545	14973	4914
武义县	Wuyi	80017	52967	47075	6419	18483	2148
浦江县	Pujiang	59748	38693	33781	1883	16110	3062
磐安县	Panan	51469	44460	39786	2204	4533	272
衢州市区	Quzhou District	33360	18106	16744	221	13269	1764
江山市	Jiangshan	135737	67100	63613	9438	55012	4187
衢 县	Quxian	137181	73698	62723	14228	45574	3681
常山县	Changshan	55191	42491	29772	4007	7105	1588
开化县	Kaihua	80727	56450	39096	10100	13558	619
龙游县	Longyou	96009	55248	37369	7220	29034	4507
舟山市区	Zhoushan District	416280	59432	46563	1477	16208	339163
岱山县	Daishan	220456	11389	8406	506	3729	204832
嵊泗县	Shengsi	101403	3762	712	142	362	97137
台州市区	Taizhou District	358961	203390	147907	2050	36157	117364
仙居县	Wenling	77811	54375	34150	5969	14673	2794
天台县	Linhai	97801	77144	48111	3771	15521	1365
三门县	Yuhuan	154059	57006	38971	2365	10121	84567
玉环县	Sanmen	277059	41143	27699	951	6324	228641
临海市	Tiantai	250139	112885	97707	8666	32660	95928
温岭市	Xianju	516038	120645	114123	421	34775	360197
丽水市区	Lishui	111210	82462	74445	8676	17604	2468
龙泉市	LongQuan	74897	47312	41483	17233	8842	1510
青田县	Qingtian	52272	35878	28276	5878	7159	3357
云和县	Yunhe	32014	25145	23555	3716	2659	494
庆元县	Qingyuan	47174	38072	33022	4705	3516	881
缙云县	Jinyun	77096	51173	37808	5975	18936	1012
遂昌县	Suichang	57340	35803	29437	11908	9098	531
松阳县	Songyang	81042	57317	51722	8348	14428	949
景宁自治县	Jingning	43502	32826	29482	6088	4243	345

17-26 各市、县农作物播种面积(2001年)
Sown Area by City and County(2001)

市县名称 City and County	农作物播种面积(千公顷) Sown Area of Farm Crops (1000 hectares)	#粮食 Grain	#谷物 Cereal	#油料 Oilbearing Crops	#棉花 Cotton	#蔬菜 Vegetable	#果用瓜 Melon Used as Fruits
杭州市区 Hangzhou District	31.56	8.59	7.02	0.89	0.18	19.34	0.31
建德市 Fuyang	40.69	24.23	18.99	6.06	0.03	6.19	1.86
桐庐县 Linan	36.39	19.50	13.97	7.53		6.06	1.04
富阳市 Jiande	48.62	31.12	26.41	6.96		6.42	0.95
临安市 Tonglu	35.76	24.12	19.28	4.48		4.94	0.77
淳安县 Chunan	47.15	32.67	21.79	7.86	0.12	4.69	0.48
宁波市区 Ningbo District	59.85	30.69	27.84	2.66	0.17	12.77	2.99
余姚市 Yuyao	73.67	37.89	33.41	4.86	3.21	21.46	1.71
慈溪市 Cixi	96.07	35.34	15.49	11.48	4.94	28.31	8.48
奉化市 Fenghua	32.43	18.71	17.24	0.48		5.31	0.39
象山县 Xiangshan	30.01	16.05	12.14	1.55	0.13	9.21	1.58
宁海县 Ninghai	39.17	22.94	15.71	3.94	1.65	7.63	1.43
鄞县 Yinxian	75.44	38.55	37.08	2.31	0.11	14.57	3.47
温州市区 Wenzhou District	31.35	18.72	16.70	0.57	0.22	9.93	0.48
瑞安市 Ruian	53.67	33.63	29.21	1.23	0.01	14.86	2.24
洞头县 Yueqing	1.65	0.99	0.16	0.19		0.45	
乐清市 Dongtou	45.42	32.47	29.02	0.36	0.03	7.45	1.21
永嘉县 Yongjia	37.80	28.22	22.79	1.02	0.02	6.53	1.24
平阳县 Pingyang	42.43	28.92	24.72	0.57		8.74	1.63
苍南县 Cangnan	54.33	40.50	34.59	0.39		9.68	1.45
文成县 Wencheng	20.02	12.01	7.25	0.28		6.20	0.39
泰顺县 Taishun	20.60	12.27	7.88	0.79	0.02	5.52	0.06
嘉兴市区 Jiaxing District	104.61	50.84	46.37	18.14	0.27	23.34	6.91
海宁市 Pinghu	59.54	34.30	30.09	11.35	0.12	9.25	0.80
平湖市 Haining	67.29	34.29	32.73	19.31	0.80	9.26	3.33
嘉善县 Tongxiang	56.02	32.78	29.98	4.98		13.78	3.31
海盐县 Jiashan	48.42	26.23	23.55	11.70	0.99	7.04	2.24
桐乡市 Haiyan	56.32	27.21	24.54	8.69		13.25	0.54
湖州市区 Huzhou District	80.61	45.14	36.64	19.39		13.77	0.78
德清县 Deqing	20.06	11.67	10.00	4.65		2.58	0.32
长兴县 Changxing	84.23	38.22	32.93	23.49	0.01	12.16	6.52
安吉县 Anji	39.11	22.46	18.39	7.98		6.08	0.94
绍兴市区 Shaoxing District	26.20	12.85	12.76	1.41		6.92	0.10
诸暨市 Zhuji	91.66	54.73	48.36	3.19	0.06	11.48	1.86

17－26 续表 continued

市 县 名 称 City and County		农作物播种面积（千公顷）Sown Area of Farm Crops (1000 hectares)	#粮食 Grain	#谷物 Cereal	#油料 Oilbearing Crops	#棉花 Cotton	#蔬菜 Vegetable	#果用瓜 Melon Used as Fruits
上虞市	Shangyu	86.99	43.45	36.20	9.81	4.70	18.76	2.32
绍兴县	Shaoxing	59.80	27.24	26.60	2.60	0.19	14.93	0.90
嵊州市	Shengzhou	58.98	34.22	29.92	3.12	0.14	9.54	0.99
新昌县	Xinchang	31.97	16.76	14.03	3.90	0.13	5.15	0.63
金华市区	Jinhua District	68.42	40.42	37.25	6.24	1.64	11.29	1.57
兰溪市	Lanxi	55.48	33.65	30.46	8.69	1.93	4.94	2.16
东阳市	Dongyang	51.45	34.53	28.96	2.03	0.09	6.05	0.35
义乌市	Yiwu	36.68	21.71	18.57	3.04	0.06	6.91	1.41
永康市	Yongkang	33.24	19.55	18.18	1.47	0.01	3.47	0.38
武义县	Wuyi	33.81	21.62	19.10	3.11	0.03	5.61	0.73
浦江县	Pujiang	29.15	19.67	17.52	2.26	0.32	2.68	0.27
磐安县	Panan	17.65	8.43	5.96	0.80		2.97	0.55
衢州市区	Quzhou District	9.40	5.31	4.67	0.44		3.09	0.09
江山市	Jiangshan	66.66	40.11	34.33	7.48	0.91	7.90	0.18
衢 县	Quxian	50.32	32.69	25.50	6.26	0.07	7.23	0.29
常山县	Changshan	24.93	17.93	15.93	2.27	0.05	2.78	0.16
开化县	Kaihua	33.77	21.05	14.97	6.10	0.12	4.81	0.25
龙游县	Longyou	48.27	32.51	29.05	7.09	0.70	4.74	0.37
舟山市区	Zhoushan District	27.65	12.93	7.97	2.83	0.42	9.21	0.83
岱山县	Daishan	4.66	2.42	1.41	0.57		1.46	0.19
嵊泗县	Shengsi	0.22	0.03				0.18	0.01
台州市区	Taizhou District	82.51	47.36	41.86	0.06	0.24	17.59	2.00
仙居县	Wenling	36.93	25.81	22.18	1.56	0.01	5.02	0.73
天台县	Linhai	43.44	32.06	27.76	0.75	0.05	7.06	0.41
三门县	Yuhuan	31.29	21.28	15.87	0.80	0.73	4.97	1.50
玉环县	Sanmen	11.17	6.27	3.81	0.15	0.09	3.48	0.46
临海市	Tiantai	57.16	46.85	41.81	0.16	0.11	5.02	1.45
温岭市	Xianju	77.21	39.42	32.04	0.20	0.34	17.94	4.35
丽水市区	Lishui	29.76	14.48	9.32	1.23	0.01	11.65	1.15
龙泉市	LongQuan	30.43	20.00	16.70	0.59		5.50	0.11
青田县	Qingtian	19.75	14.87	11.76	0.38	0.01	3.87	0.22
云和县	Yunhe	8.22	5.46	3.97	0.22		2.15	0.12
庆元县	Qingyuan	15.52	11.14	9.38			3.05	0.03
缙云县	Jinyun	24.47	14.56	12.38	1.85	0.03	4.71	0.27
遂昌县	Suichang	28.88	17.13	12.03	1.90	0.01	4.58	0.24
松阳县	Songyang	27.62	17.58	11.73	1.65	0.01	6.32	0.31
景宁县	Jingning	17.89	9.57	6.21	0.35	0.02	4.97	0.12

17－27 各市、县主要农产品产量(2001 年)

Output of Major Farm Products by City and County(2001)

单位:吨 (ton)

市县名称 City and County		粮食 Grain	#谷物 Cereal	油菜籽 Rapeseeds	棉花 Cotton	水果 Fruits	#柑桔 Citrus	茶叶 Tea	蚕茧 Silkworm Cocoons
杭州市区	Hangzhou District	55260	51050	1327	197	13976	212	1081	3
建德市	Fuyang	125039	105774	9328	34	116594	49832	2585	431
桐庐县	Linan	114028	91262	14414	3	47017	5258	1508	2120
富阳市	Jiande	178696	157977	11984		41847	4218	2326	982
临安市	Tonglu	141637	121329	8006		27768	279	2563	2906
淳安县	Chunan	120621	94207	11414	93	42434	22313	8284	3103
宁波市区	Ningbo District	187274	179359	4746	181	144927	46213	2633	
余姚市	Yuyao	235744	220599	6597	3740	126300	1931	5000	17
慈溪市	Cixi	140101	86567	17245	5643	338524	5682	354	
奉化市	Fenghua	109637	106183	442		81615	19733	2607	24
象山县	Xiangshan	84880	72152	1522	154	133145	81177	1558	30
宁海县	Ninghai	114216	95825	5793	1951	106844	60278	2285	166
鄞县	Yinxian	249827	243346	3278	109	140967	22243	4436	
温州市区	Wenzhou District	110505	102125	690	226	37582	21801	69	
瑞安市	Ruian	189321	174495	1100	6	56467	686	79	
洞头县	Yueqing	3640	736	173		51	12		
乐清市	Dongtou	193562	177509	350	50	67289	19725	91	
永嘉县	Yongjia	133870	110978	884	26	52550	8214	256	
平阳县	Pingyang	166250	150833	456		52027	925	287	
苍南县	Cangnan	207999	188866	363		43387	7846	703	
文成县	Wencheng	65592	43621	241		15668	657	110	
泰顺县	Taishun	66578	48774	1111	24	3885	535	1271	
嘉兴市区	Jiaxing District	357699	340077	38780	274	219742			8984
海宁市	Pinghu	217215	204185	24530	111	28268	4454	2	18007
平湖市	Haining	244406	238039	45299	945	95418	177	1	454
嘉善县	Tongxiang	214528	206198	9524		87308	572		700
海盐县	Jiashan	180541	171235	28970	1149	69403	4580	147	6149
桐乡市	Haiyan	192495	185485	18674		18452	36		24552
湖州市区	Huzhou District	328546	293960	42589		25522	66	325	15016
德清县	Deqing	82037	75093	8846		13337	208	1042	7275
长兴县	Changxing	259871	239442	44076	9	215864	156	2316	1471
安吉县	Anji	136337	123176	12551	2	36414	52	3476	1449
绍兴市区	Shaoxing District	88613	88146	2394	4	4478	84	846	37
诸暨市	Zhuji	332094	310404	4496	59	78276	3170	6935	1087
绍兴市区	Shaoxing District	130880	129881	2693	2	752	121	954	30
诸暨市	Zhuji	411141	388130	4833	68	23328	3016	5380	989

市县名称 City and County		粮食 Grain	#谷物 Cereal	油菜籽 Rapeseeds	棉花 Cotton	水果 Fruits	#柑桔 Citrus	茶叶 Tea	蚕茧 Silkworm Cocoons
上虞市	Shangyu	246113	224864	16800	5147	143049	792	2483	2148
绍兴县	Shaoxing	181945	178760	4796	225	31050	39	7150	100
嵊州市	Shengzhou	188778	177219	3761	108	78470	11859	9516	2517
新昌县	Xinchang	94264	85028	4400	172	29758	1473	5064	1961
金华市区	Jinhua District	221229	207896	9148	2026	159915	85041	4432	95
兰溪市	Lanxi	182926	172622	13696	2235	104693	32631	1095	2161
东阳市	Dongyang	185935	173322	3078	116	25448	6237	2221	225
义乌市	Yiwu	135527	123377	5209	91	74253	20123	974	124
永康市	Yongkang	108653	105352	2352	12	37721	18030	322	55
武义县	Wuyi	116633	109048	4301	21	27484	7460	5125	580
浦江县	Pujiang	105902	99419	3536	309	18916	3041	1408	239
磐安县	Panan	38783	32066	824	3	9755	208	1563	227
衢州市区	Quzhou District	30179	28391	399	4	50451	48340	589	
江山市	Jiangshan	230300	208870	10263	1011	35240	22772	1608	115
衢县	Quxian	171863	153642	7950	73	232154	223915	424	76
常山县	Changshan	93622	87510	2948	60	98265	93544	139	81
开化县	Kaihua	104395	88269	8179	105	19640	13322	1596	780
龙游县	Longyou	173204	162726	9686	956	42465	31856	1956	65
舟山市区	Zhoushan District	63095	47945	4070	397	70818	15193	70	9
岱山县	Daishan	12229	8631	728		4850	1486	63	6
嵊泗县	Shengsi	138				187	73		
台州市区	Taizhou District	271518	255291		321	268872	153515	126	3
仙居县	Wenling	125968	112835	2210	9	41046	15345	515	263
天台县	Linhai	152355	138211	858	39	33354	16130	864	231
三门县	Yuhuan	100552	82256	1196	819	106835	55089	539	
玉环县	Sanmen	36880	24041	158	133	46007	23593	5	
临海市	Tiantai	240021	222787	202	109	167867	116958	925	177
温岭市	Xianju	233901	198459	54	400	246569	60789	50	1
丽水市区	Lishui	65793	51311	1245	10	141591	94803	432	7
龙泉市	LongQuan	103824	96474	750		7788	4028	705	
青田县	Qingtian	70576	59168	366	10	28996	18551	114	1
云和县	Yunhe	26629	22527	268		6639	1067	149	
庆元县	Qingyuan	58089	53757			7026	5634	426	
缙云县	Jinyun	77655	69145	2604	37	21063	6353	936	1630
遂昌县	Suichang	80149	69239	2257	8	11145	3031	2243	
松阳县	Songyang	81888	68584	2378	15	39845	26835	2776	222
景宁自治县	Jingning	50634	41135	218	14	8723	4046	432	8

市县名称 City and County		生猪年末存栏头数（万头）Year-end Hogs (10000 heads)	牛年末存栏头数（头）Year-end Cattle (head)	羊年末存栏只数（万只）Year-end Sheep and Goats (10000 heads)	肉产量（吨）Output of Meat (ton)	#猪肉 Pork	禽蛋产量（吨）Poultry Eggs (ton)	牛羊奶产量（吨）Cow and Sheep Milk (ton)	水产品产量（吨）Output of Aquatic Products (ton)
杭州市区	Hangzhou District	29.41	10828	0.82	54948	41710	5094	35016	26845
建德市	Fuyang	15.44	4290	1.38	19093	14080	28012	231	6727
桐庐县	Linan	15.64	3608	1.26	16397	14089	1650		3637
富阳市	Jiande	20.59	3288	2.66	29904	23595	3610	366	4217
临安市	Tonglu	17.58	9089	3.55	19015	16457	2341	4062	2781
淳安县	Chunan	20.67	8971	0.62	15407	14574	4131	66	4551
宁波市区	Ningbo District	19.08	3602	0.82	35265	27101	18801	6093	45070
余姚市	Yuyao	14.33	1688	3.37	27286	16540	9651	80	18539
慈溪市	Cixi	5.86	677	0.88	14560	9201	7238	3	47176
奉化市	Fenghua	6.74	3663	1.98	9846	5946	19957	512	72298
象山县	Xiangshan	8.17	2818	2.79	13511	8788	16604		551411
宁海县	Ninghai	7.40	9718	2.50	12475	8290	21155	64	100048
鄞县	Yinxian	18.58	3057	1.05	22618	19318	15460	4393	17543
温州市区	Wenzhou District	16.66	4596	1.29	29556	23106	6264	5426	12480
瑞安市	Ruian	7.91	5187	1.00	11105	7994	4539	2033	137995
洞头县	Yueqing	0.67	35	0.35	1023	842	326		148651
乐清市	Dongtou	8.87	3465	0.96	10227	8264	5627	2029	89909
永嘉县	Yongjia	16.30	15968	2.58	17267	14062	2860	599	2995
平阳县	Pingyang	7.87	4830	2.03	14390	9976	5032	2367	43344
苍南县	Cangnan	9.23	4561	1.79	11602	8880	4056	1558	182871
文成县	Wencheng	6.30	5050	2.01	6995	5372	915	6	511
泰顺县	Taishun	5.87	4587	2.65	6528	5188	323	4	438
嘉兴市区	Jiaxing District	80.26	410	10.69	89635	76702	4008	1092	24543
海宁市	Pinghu	25.25	98	25.15	31100	19524	3088	150	16836
平湖市	Haining	61.40	96	1.47	27057	24970	2616	690	26928
嘉善县	Tongxiang	67.66	123	0.83	38933	31608	12346	290	22198
海盐县	Jiashan	60.36	13	8.29	29028	25792	1789		7535
桐乡市	Haiyan	21.84		37.67	36964	24866	12070		9366
湖州市区	Huzhou District	27.31	262	24.81	41701	33128	9793		74750
德清县	Deqing	18.82	294	3.81	21047	17022	6573	9	35677
长兴县	Changxing	18.52	2144	8.51	20548	12450	6546	1000	27457
安吉县	Anji	11.62	3965	2.90	12897	9836	3075		6071
绍兴市区	Shaoxing District	7.51	160	0.26	20359	10855	5422	517	10532
诸暨市	Zhuji	22.99	4938	5.13	39646	28749	9961	224	10405
上虞市	Shangyu	16.12	2987	5.05	29054	16938	6272	140	40120

17－27 续表 3 continued

市县名称 City and County		生猪年末存栏头数（万头） Year-end Hogs (10000 heads)	牛年末存栏头数（头） Year-end Cattle (head)	羊年末存栏只数（万只） Year-end Sheep and Goats (10000 heads)	肉产量（吨） Output of Meat (ton)	#猪肉 Pork	禽蛋产量（吨） Poultry Eggs (ton)	牛羊奶产量（吨） Cow and Sheep Milk (ton)	水产品产量（吨） Output of Aquatic Products (ton)
嵊州市	Shengzhou	15.32	7140	4.80	15243	12605	1969	9	3510
新昌县	Xinchang	9.63	5159	1.71	10163	8195	727	10	2130
金华市区	Jinhua District	36.37	38865	3.57	42801	32321	11048	56795	10858
兰溪市	Lanxi	18.17	11206	2.92	23109	19204	13201	2391	9050
东阳市	Dongyang	15.11	3364	2.00	15616	13746	3130	299	5720
义乌市	Yiwu	15.65	1288	1.93	20421	16264	3025	274	6500
永康市	Yongkang	10.80	1046	1.80	12686	10998	3006	54	5936
武义县	Wuyi	14.57	6717	0.89	12921	10272	1675	627	1980
浦江县	Pujiang	15.85	1701	0.53	13657	12731	1457	72	2630
磐安县	Panan	4.22	4306	0.99	4781	4476	273		361
衢州市区	Quzhou District	10.02	2207	0.22	12964	11314	779	1416	2464
江山市	Jiangshan	33.76	11581	0.76	34117	25985	8591	54	5221
衢　县	Quxian	50.30	9653	1.10	41569	39329	2619	45	5381
常山县	Changshan	7.31	3825	0.48	6686	5905	744	36	2024
开化县	Kaihua	13.17	4714	0.17	10779	10193	1156	24	855
龙游县	Longyou	25.95	8163	0.97	25778	22748	8575	71	6450
舟山市区	Zhoushan District	8.80	1082	1.13	9980	7593	5821	1252	694480
岱山县	Daishan	1.20	283	0.53	2516	1962	901	58	364251
嵊泗县	Shengsi	0.16	31	0.12	417	368	46	110	235120
台州市区	Taizhou District	21.84	5646	0.56	27723	24867	10756	6149	262233
仙居县	Wenling	12.53	10605	0.87	12375	11194	2066	952	2153
天台县	Linhai	20.07	12771	1.12	14359	13236	1441	250	2615
三门县	Yuhuan	7.44	5985	1.25	7941	6952	3323	53	160288
玉环县	Sanmen	3.14	691	0.77	5833	3474	2126	33	309933
临海市	Tiantai	27.06	6539	1.30	23967	22787	3539	539	120041
温岭市	Xianju	20.83	2017	0.26	31757	25712	9888	1478	526986
丽水市区	Lishui	14.83	9519	0.56	14926	10580	2167	205	2382
龙泉市	LongQuan	11.21	6383	1.89	8427	7682	768	38	1400
青田县	Qingtian	7.41	12559	1.54	7888	7078	410	22	2585
云和县	Yunhe	2.89	4850	0.34	2567	1949	207	2	679
庆元县	Qingyuan	4.04	2526	0.63	3384	3052	177		590
缙云县	Jinyun	9.01	5543	1.92	12085	7928	1494	119	1448
遂昌县	Suichang	14.96	12377	0.82	10933	10126	404	27	680
松阳县	Songyang	13.84	9775	0.39	11060	9279	707	22	1332
景宁自治县	Jingning	5.67	10078	1.47	4009	3285	183		445

17－28 各市、县农业现代化情况(2001年)
Agricultural Modernization by City and County(2001)

市县名称 City and County		农业机械总动力(千瓦) Total Power of Agricultural Machinery (kw)	农村用电量(万千瓦小时) Electricity Consumed in Rural Areas (10000 kwh)	农用化肥施用量(折标)(吨) Consumption of Chemical Fertilizers (standard) (ton)	农用化肥施用量(折纯)(吨) Consumption of Chemical Fertilizers (pure) (ton)	机耕面积(千公顷) Area Ploughed by Tractors (1000 hectares)	有效灌溉面积(千公顷) Irrigated Area (1000 hectares)	旱涝保收面积(千公顷) Stable Yields Ensured Despite Disasters (1000 hectares)
杭州市区	Hangzhou District	499248	78314	35066	7296	10.93	10.65	7.94
建德市	Fuyang	173688	15850	66160	13951	13.69	14.70	11.30
桐庐县	Linan	153849	17874	38820	7987	11.49	14.04	9.25
富阳市	Jiande	374168	49530	48106	10060	16.87	20.21	15.73
临安市	Tonglu	298261	31741	75540	15599	12.34	15.02	9.95
淳安县	Chunan	165021	6169	40607	8400	9.73	9.01	4.17
宁波市区	Ningbo District	324217	65476	97790	20275	27.87	30.88	17.07
余姚市	Yuyao	385112	94440	46375	9612	26.86	36.73	27.26
慈溪市	Cixi	380919	157280	109448	22409	17.90	31.55	25.39
奉化市	Fenghua	267875	36021	51668	10672	16.36	19.00	11.88
象山县	Xiangshan	615092	18275	68214	14124	12.54	15.88	8.81
宁海县	Ninghai	233297	33404	38318	8049	12.40	11.90	6.50
鄞县	Yinxian	341850	107700	120504	24978	30.44	32.61	23.80
温州市区	Wenzhou District	219769	106084	36506	7496	11.45	16.18	7.70
瑞安市	Ruian	374745	62220	57314	11987	17.61	20.78	15.83
洞头县	Yueqing	158191	1201	873	179	0.07	0.11	0.03
乐清市	Dongtou	272033	55932	80545	16682	19.11	20.99	11.36
永嘉县	Yongjia	129628	32607	53065	11063	5.48	14.27	5.50
平阳县	Pingyang	207265	33109	61753	12820	14.91	19.40	10.91
苍南县	Cangnan	415184	19864	49383	10312	15.47	21.80	6.36
文成县	Wencheng	58848	6488	27436	5715	2.59	5.20	1.69
泰顺县	Taishun	77071	4846	27429	5799	2.25	7.20	2.93
嘉兴市区	Jiaxing District	473468	69110	123001	25886	42.49	45.26	30.74
海宁市	Pinghu	242939	62331	58296	12117	21.92	31.00	26.80
平湖市	Haining	275092	48582	110655	22434	26.73	31.32	30.91
嘉善县	Tongxiang	458761	26735	53399	11106	23.31	29.18	24.90
海盐县	Jiashan	194857	49628	87688	18130	19.17	24.18	22.05
桐乡市	Haiyan	344557	80820	84517	17737	27.53	34.01	31.58
湖州市区	Huzhou District	724135	89605	66688	13871	44.05	45.48	44.12
德清县	Deqing	391626	49767	26330	5557	9.19	19.03	18.58
长兴县	Changxing	369133	28500	72547	15187	36.25	36.37	36.37
安吉县	Anji	220849	18048	64513	13545	17.97	19.07	12.92
绍兴市区	Shaoxing District	121683	59972	41390	8738	11.47	11.47	6.15
诸暨市	Zhuji	623271	125538	177172	37161	33.73	38.94	29.30

17－28 续表 continued

市县名称 City and County		农业机械总动力（千瓦） Total Power of Agricultural Machinery (kw)	农村用电量（万千瓦小时） Electricity Consumed in Rural Areas (10000 kwh)	农用化肥施用量（折标）（吨） Consumption of Chemical Fertilizers (standard) (ton)	农用化肥施用量（折纯）（吨） Consumption of Chemical Fertilizers (pure) (ton)	机耕面积（千公顷） Area Ploughed by Tractors (1000 hectares)	有效灌溉面积（千公顷） Irrigated Area (1000 hectares)	旱涝保收面积（千公顷） Stable Yields Ensured Despite Disasters (1000 hectares)
上虞市	Shangyu	425351	48700	146755	30728	23.48	38.73	22.79
绍兴县	Shaoxing	412331	286574	59167	12738	25.47	26.43	22.20
嵊州市	Shengzhou	245144	26320	54193	11351	14.58	24.71	18.13
新昌县	Xinchang	125604	16226	43751	9176	6.67	10.73	7.69
金华市区	Jinhua District	303173	22702	91350	19031	22.96	36.81	32.07
兰溪市	Lanxi	196136	16231	120241	25295	18.33	28.07	15.00
东阳市	Dongyang	354980	28322	56875	11798	19.59	23.05	18.80
义乌市	Yiwu	251814	42061	57028	11705	17.29	21.06	15.56
永康市	Yongkang	251285	15410	47354	9642	16.13	16.94	13.53
武义县	Wuyi	111829	10686	62229	12823	8.11	14.81	9.55
浦江县	Pujiang	102960	13058	33410	7023	7.12	11.02	9.30
磐安县	Panan	60606	2702	17308	3497	1.73	4.92	2.41
衢州市区	Quzhou District	65195	3153	16740	3494	3.97	5.94	5.11
江山市	Jiangshan	142577	13070	65672	13773	9.73	20.42	13.47
衢　县	Quxian	127732	11126	66536	13773	11.11	18.37	14.99
常山县	Changshan	62257	4779	42860	8978	5.73	10.40	5.64
开化县	Kaihua	71855	8742	41388	8647	7.13	10.32	8.02
龙游县	Longyou	123454	4500	88698	18734	10.77	21.87	16.17
舟山市区	Zhoushan District	988842	26241	19814	4116	9.48	11.89	9.79
岱山县	Daishan	491151	2396	554	115	1.19	1.65	0.98
嵊泗县	Shengsi	249293	1900	111	25		0.04	0.03
台州市区	Taizhou District	620974	92221	123795	26108	30.93	35.84	21.50
仙居县	Wenling	107699	6920	41113	8509	10.21	10.02	6.31
天台县	Linhai	142558	9000	31345	6896	4.59	12.85	9.80
三门县	Yuhuan	138928	4742	35932	7471	7.12	9.23	2.72
玉环县	Sanmen	291621	32325	15131	3097	4.22	3.72	1.20
临海市	Tiantai	363744	22427	111626	22887	23.74	23.66	17.10
温岭市	Xianju	1032934	69836	103424	21420	22.75	29.71	23.20
丽水市区	Lishui	88105	2566	60996	12887	6.09	11.15	7.68
龙泉市	LongQuan	95362	3182	29207	6041	6.51	13.28	9.30
青田县	Qingtian	72875	5752	22673	4768	1.55	9.20	3.70
云和县	Yunhe	38247	944	6812	1397	2.05	4.00	2.05
庆元县	Qingyuan	102819	1849	31928	6495	3.12	9.22	5.21
缙云县	Jinyun	92023	6321	33690	7009	6.23	10.37	7.92
遂昌县	Suichang	70914	1358	30770	6467	2.91	9.06	3.30
松阳县	Songyang	57869	3493	39549	8171	2.65	9.45	6.48
景宁自治县	Jingning	43575	1999	16152	3290	0.40	5.07	1.80

17－29 各市、县规模以上工业企业单位数(2001 年)

Number of Industrial Enterprises Above Disignated Size by City and County(2001)

单位:个 (unit)

市县名称	City and County	工业企业单位数 Number of Enterprises	内资企业 Domestic－Funded Enterprises	港澳台商投资企业 Enterprises with Investment from Hong Kong, Macao and Taiwan	外商投资企业 Enterprises with Foreign Investment
杭州市区	Hangzhou District	2645	2100	323	222
富阳市	Fuyang	382	339	18	25
临安市	Linan	181	159	12	10
建德市	Jiande	156	145	7	4
桐庐县	Tonglu	175	140	24	11
淳安县	Chunan	41	37	3	1
宁波市区	Ningbo District	890	608	166	116
余姚市	Yuyao	574	428	95	51
慈溪市	Cixi	653	547	68	38
奉化市	Fenghua	181	144	21	16
象山县	Xiangshan	250	196	29	25
宁海县	Ninghai	298	258	21	19
鄞县	Yinxian	684	524	91	69
温州市区	Wenzhou District	1233	1079	63	91
瑞安市	Ruian	554	521	16	17
乐清市	Yueqing	474	428	20	26
洞头县	Dongtou	29	27	2	
永嘉县	Yongjia	239	223	4	12
平阳县	Pingyang	196	177	10	9
苍南县	Cangnan	233	227	5	1
文成县	Wencheng	25	24		1
泰顺县	Taishun	22	21	1	
嘉兴市区	Jiaxing District	312	244	25	43
平湖市	Pinghu	182	123	18	41
海宁市	Haining	338	288	26	24
桐乡市	Tongxiang	189	161	18	10
嘉善县	Jiashan	155	114	18	23
海盐县	Haiyan	127	108	7	12
湖州市区	Huzhou District	422	394	12	16
德清县	Deqing	185	160	16	9
长兴县	Changxing	159	150	2	7
安吉县	Anji	217	196	14	7
绍兴市区	Shaoxing District	351	269	43	39
诸暨市	Zhuji	418	393	17	8
上虞市	Shangyu	322	286	17	19

市县名称 City and County		工业企业单位数 Number of Enterprises	内资企业 Domestic－Funded Enterprises	港澳台商投资企业 Enterprises with Investment from Hong Kong, Macao and Taiwan	外商投资企业 Enterprises with Foreign Investment
嵊州市	Shengzhou	234	204	21	9
绍兴县	Shaoxing	551	480	45	26
新昌县	Xinchang	99	86	3	10
金华市区	Jinhua District	177	162	7	8
兰溪市	Lanxi	111	103	6	2
东阳市	Dongyang	134	119	8	7
义乌市	Yiwu	162	137	19	6
永康市	Yongkang	130	120	1	9
武义县	Wuyi	82	77		5
浦江县	Pujiang	57	56	1	
磐安县	Panan	38	35	2	1
衢州市区	Quzhou District	75	69	4	2
江山市	Jiangshan	92	84	3	5
衢县	Quxian	55	50	4	1
常山县	Changshan	52	50	1	1
开化县	Kaihua	36	35	1	
龙游县	Longyou	66	62	1	3
舟山市区	Zhoushan District	176	167	4	5
岱山县	Daishan	35	31	4	
嵊泗县	Shengsi	17	16	1	
台州市区	Taizhou District	802	744	24	34
温岭市	Wenling	723	676	23	24
临海市	Linhai	251	222	18	11
玉环县	Yuhuan	350	317	19	14
三门县	Sanmen	59	52	3	4
天台县	Tiantai	104	100	2	2
仙居县	Xianju	124	100	14	10
丽水市区	Lishui	46	44	1	1
龙泉市	LongQuan	50	48	1	1
青田县	Qingtian	48	38		10
云和县	Yunhe	27	24	2	1
庆元县	Qingyuan	27	27		
缙云县	Jinyun	55	51	4	
遂昌县	Suichang	35	34		1
松阳县	Songyang	21	20		1
景宁自治县	Jingning	33	33		

17－30　各市、县规模以上工业总产值(2001年)

Gross Output Value of Industry Above Designated Size by City and County(2001)

单位:亿元　　(100 million yuan)

市县名称 City and County		工业总产值 Gross Output Value of Industry	内资企业 Domestic－Funded Enterprises	港澳台商投资企业 Enterprises with Investment from Hong Kong, Macao and Taiwan	外商投资企业 Enterprises with Foreign Investment
杭州市区	Hangzhou District	1615.62	1140.96	203.26	271.41
富阳市	Fuyang	141.02	127.47	5.90	7.65
临安市	Linan	67.00	57.53	5.65	3.82
建德市	Jiande	38.95	35.14	1.85	1.97
桐庐县	Tonglu	43.83	26.94	10.94	5.96
淳安县	Chunan	13.08	12.27	0.56	0.25
宁波市区	Ningbo District	751.58	521.95	110.29	119.33
余姚市	Yuyao	164.10	118.13	30.10	15.87
慈溪市	Cixi	200.55	162.37	22.55	15.63
奉化市	Fenghua	78.50	65.15	8.04	5.31
象山县	Xiangshan	72.21	52.17	12.68	7.36
宁海县	Ninghai	77.87	62.33	6.37	9.18
鄞县	Yinxian	284.85	222.20	37.92	24.73
温州市区	Wenzhou District	381.93	324.69	23.24	34.00
瑞安市	Ruian	113.32	103.66	4.05	5.62
乐清市	Yueqing	161.27	149.78	4.29	7.21
洞头县	Dongtou	4.14	3.84	0.30	
永嘉县	Yongjia	58.48	56.30	0.55	1.63
平阳县	Pingyang	61.43	48.23	8.23	4.97
苍南县	Cangnan	48.36	46.58	0.92	0.85
文成县	Wencheng	2.23	1.92		0.30
泰顺县	Taishun	2.37	2.31	0.07	
嘉兴市区	Jiaxing District	141.60	101.67	14.47	25.47
平湖市	Pinghu	131.92	81.79	7.73	42.41
海宁市	Haining	115.44	97.89	8.28	9.27
桐乡市	Tongxiang	121.41	105.68	9.61	6.13
嘉善县	Jiashan	51.39	30.49	12.81	8.09
海盐县	Haiyan	80.74	69.97	4.74	6.03
湖州市区	Huzhou District	220.71	201.93	14.27	4.51
德清县	Deqing	88.52	80.13	5.67	2.72
长兴县	Changxing	52.14	48.87	0.20	3.07
安吉县	Anji	48.13	43.16	2.75	2.22
绍兴市区	Shaoxing District	161.62	129.83	15.54	16.25
诸暨市	Zhuji	198.56	188.38	7.02	3.16
上虞市	Shangyu	255.20	236.35	12.43	6.43

市县名称 City and County		工业总产值 Gross Output Value of Industry	内资企业 Domestic－Funded Enterprises	港澳台商投资企业 Enterprises with Investment from Hong Kong, Macao and Taiwan	外商投资企业 Enterprises with Foreign Investment
嵊州市	Shengzhou	64.47	52.33	6.24	5.90
绍兴县	Shaoxing	448.77	387.33	42.72	18.71
新昌县	Xinchang	73.31	63.27	2.11	7.94
金华市区	Jinhua District	63.03	59.54	0.99	2.50
兰溪市	Lanxi	49.05	47.11	0.95	1.00
东阳市	Dongyang	64.87	59.04	2.05	3.77
义乌市	Yiwu	39.99	31.09	7.59	1.31
永康市	Yongkang	73.15	68.07	0.08	5.00
武义县	Wuyi	16.57	14.57		2.00
浦江县	Pujiang	18.24	16.58	1.66	
磐安县	Panan	6.29	5.95	0.17	0.17
衢州市区	Quzhou District	44.34	43.67	0.42	0.25
江山市	Jiangshan	24.87	23.50	0.26	1.11
衢县	Quxian	10.10	9.50	0.44	0.15
常山县	Changshan	9.92	9.13	0.21	0.58
开化县	Kaihua	7.10	7.04	0.06	
龙游县	Longyou	15.35	13.99	0.08	1.29
舟山市区	Zhoushan District	72.00	61.16	4.61	6.23
岱山县	Daishan	10.56	9.21	1.35	
嵊泗县	Shengsi	6.10	6.00	0.10	
台州市区	Taizhou District	247.91	198.51	8.11	41.29
温岭市	Wenling	159.10	130.84	12.14	16.11
临海市	Linhai	75.64	65.06	4.38	6.20
玉环县	Yuhuan	67.84	58.20	5.73	3.91
三门县	Sanmen	16.07	14.79	0.22	1.07
天台县	Tiantai	21.97	21.11	0.40	0.46
仙居县	Xianju	22.72	18.03	2.28	2.41
丽水市区	Lishui	34.40	34.11	0.20	0.09
龙泉市	LongQuan	7.38	7.18	0.05	0.15
青田县	Qingtian	11.11	9.52		1.59
云和县	Yunhe	5.01	4.72	0.23	0.06
庆元县	Qingyuan	3.06	3.06		
缙云县	Jinyun	12.37	9.60	2.78	
遂昌县	Suichang	14.53	14.48		0.05
松阳县	Songyang	4.32	4.14		0.18
景宁自治县	Jingning	4.11	4.11		
景宁自治县	Jingning	3.73	3.73		

17－31 各市、县工业企业经济指标(2001 年)

Main Indicators of Industrial Enterprises by City and County(2001)

单位:亿元 (100 million yuan)

市县名称	City and County	从业人员平均人数(万人) Average Number of Employed Persons (10000 persons)	流动资产年平均余额 Annual Average Balance of Circulating Assets	固定资产净值年平均余额 Annual Average Balance of Net Value of Fixed Assets	产品销售收入 Sale Revenue
杭州市区	Hangzhou District	58.10	915.18	584.14	1554.16
富阳市	Fuyang	6.32	75.37	37.71	125.47
临安市	Linan	3.89	38.24	32.75	64.59
建德市	Jiande	2.47	21.35	15.80	35.21
桐庐县	Tonglu	3.22	17.18	9.06	38.15
淳安县	Chunan	0.75	4.36	6.89	10.69
宁波市区	Ningbo District	20.68	362.86	418.83	702.85
余姚市	Yuyao	8.04	72.99	43.84	157.97
慈溪市	Cixi	12.22	107.48	58.33	193.20
奉化市	Fenghua	3.14	32.05	14.88	71.41
象山县	Xiangshan	3.32	33.98	17.98	66.76
宁海县	Ninghai	5.07	43.17	21.19	70.32
鄞县	Yinxian	14.43	139.08	74.46	276.18
温州市区	Wenzhou District	21.36	151.32	108.18	351.12
瑞安市	Ruian	8.06	44.88	27.83	107.06
乐清市	Yueqing	8.71	84.75	39.38	157.85
洞头县	Dongtou	0.22	1.72	1.05	3.99
永嘉县	Yongjia	3.37	24.82	15.68	57.83
平阳县	Pingyang	3.29	17.23	11.43	58.00
苍南县	Cangnan	2.75	16.75	13.74	46.36
文成县	Wencheng	0.18	1.64	3.90	2.43
泰顺县	Taishun	0.23	1.64	4.90	3.03
嘉兴市区	Jiaxing District	8.01	82.08	79.28	131.74
平湖市	Pinghu	7.54	53.05	48.47	129.34
海宁市	Haining	6.31	50.00	31.10	116.72
桐乡市	Tongxiang	5.95	41.50	34.36	121.17
嘉善县	Jiashan	2.72	22.31	16.79	48.60
海盐县	Haiyan	4.08	32.30	33.42	73.23
湖州市区	Huzhou District	9.32	88.50	73.23	203.49
德清县	Deqing	4.35	35.21	29.21	75.32
长兴县	Changxing	3.52	25.98	26.97	47.13
安吉县	Anji	2.15	13.31	63.18	33.14
绍兴市区	Shaoxing District	8.72	74.95	124.08	155.41
诸暨市	Zhuji	9.15	67.12	53.72	189.71
上虞市	Shangyu	6.81	70.58	49.06	242.47

市县名称 City and County		从业人员平均人数(万人) Average Number of Employed Persons (10000 persons)	流动资产年平均余额 Annual Average Balance of Circulating Assets	固定资产净值年平均余额 Annual Average Balance of Net Value of Fixed Assets	产品销售收入 Sale Revenue
嵊州市	Shengzhou	4.24	23.69	15.72	62.86
绍兴县	Shaoxing	14.58	133.97	176.29	436.75
新昌县	Xinchang	3.21	41.72	20.49	67.40
金华市区	Jinhua District	4.23	42.54	56.40	60.98
兰溪市	Lanxi	2.98	22.59	21.98	47.31
东阳市	Dongyang	4.33	34.59	24.36	59.58
义乌市	Yiwu	3.65	21.99	21.96	44.63
永康市	Yongkang	3.36	34.37	16.61	72.55
武义县	Wuyi	1.20	8.72	6.93	16.34
浦江县	Pujiang	1.37	7.60	6.97	17.91
磐安县	Panan	0.47	3.32	1.71	6.06
衢州市区	Quzhou District	3.75	43.19	44.96	41.91
江山市	Jiangshan	1.57	11.38	12.91	24.00
衢县	Quxian	0.60	5.00	2.97	9.83
常山县	Changshan	0.69	4.53	3.59	9.73
开化县	Kaihua	0.63	4.43	4.18	7.39
龙游县	Longyou	1.40	10.03	6.78	13.95
舟山市区	Zhoushan District	4.41	47.42	36.29	71.77
岱山县	Daishan	0.53	3.65	3.06	9.58
嵊泗县	Shengsi	0.24	2.52	3.52	5.49
台州市区	Taizhou District	13.14	109.27	91.57	214.68
温岭市	Wenling	8.35	59.42	29.22	157.52
临海市	Linhai	4.22	38.34	36.10	69.25
玉环县	Yuhuan	4.82	32.42	13.66	64.37
三门县	Sanmen	1.04	8.21	4.18	14.89
天台县	Tiantai	1.41	11.07	7.87	21.22
仙居县	Xianju	1.92	13.83	6.35	22.25
丽水市区	Lishui	1.14	16.94	13.24	65.06
龙泉市	LongQuan	0.58	3.25	2.74	6.77
青田县	Qingtian	0.91	3.70	2.87	11.27
云和县	Yunhe	0.48	2.85	9.70	3.63
庆元县	Qingyuan	0.29	1.40	1.11	2.72
缙云县	Jinyun	0.96	5.04	3.62	11.75
遂昌县	Suichang	0.69	6.39	6.24	15.39
松阳县	Songyang	0.23	2.54	2.03	3.85
景宁自治县	Jingning	0.53	2.13	3.98	4.34

17－32 各市、县客运量和货运量(2001年)

Passenger Traffic and Freight Traffic by City and County(2001)

市县名称 City and County		客运量(万人) Passenger Traffic (10000 persons)			货运量(万吨) Freight Traffic (10000 tons)		
		铁路 Railway	公路 Highway	水运 Waterway	铁路 Railway	公路 Highway	水运 Waterway
杭州市区	Hangzhou District	1320	12330	14	361	9350	2082
富阳市	Fuyang		1354			582	865
临安市	Linan		1889			998	17
建德市	Jiande	22	893	7	91	369	90
桐庐县	Tonglu		1424			507	303
淳安县	Chunan		817	127		180	41
宁波市区	Ningbo District	268	10402	35	697	3605	1478
余姚市	Yuyao	81	2272		28	935	2
慈溪市	Cixi		2451			1116	31
奉化市	Fenghua		1900			533	53
象山县	Xiangshan		1488	54		433	266
宁海县	Ninghai		1591	1		534	140
鄞县	Yinxian		2596	24		1144	187
温州市区	Wenzhou District	370	7058	319	75	2292	545
瑞安市	Ruian		2997	28		715	96
乐清市	Yueqing		4187	23		336	255
洞头县	Dongtou		374	55		103	98
永嘉县	Yongjia		1908	2		671	65
平阳县	Pingyang		2520	6		420	27
苍南县	Cangnan		2866	58		415	50
文成县	Wencheng		434			74	
泰顺县	Taishun		185			53	
嘉兴市区	Jiaxing District	192	1980	2	30	597	933
平湖市	Pinghu		1148	4		324	560
海宁市	Haining	128	1185	2	15	308	577
桐乡市	Tongxiang		1248			332	604
嘉善县	Jiashan	58	805	4	22	187	720
海盐县	Haiyan		805			211	28
湖州市区	Huzhou District	10	3873		42	1105	1289
德清县	Deqing	7	890		5	736	498
长兴县	Changxing	79	940		195	585	1306
安吉县	Anji		1313			1063	685
绍兴市区	Shaoxing District	85	2098	1	70	382	139
诸暨市	Zhuji	169	2858		28	2244	146

17－32 续表 continued

市县名称 City and County		客运量（万人）Passenger Traffic (10000 persons) 铁路 Railway	公路 Highway	水运 Waterway	货运量（万吨）Freight Traffic (10000 tons) 铁路 Railway	公路 Highway	水运 Waterway
嵊州市	Shengzhou		1810			897	32
绍兴县	Shaoxing	5	2564	1	8	876	202
新昌县	Xinchang		1389			576	
金华市区	Jinhua District	395	3229		104	1962	
兰溪市	Lanxi	59	1382	3	25	564	145
东阳市	Dongyang		2335	15		713	
义乌市	Yiwu	350	3107		51	1135	
永康市	Yongkang	36	2161		3	778	
武义县	Wuyi	16	675		12	448	
浦江县	Pujiang	20	575		5	296	
磐安县	Panan		428			177	
衢州市区	Quzhou District	133	767		86	765	
江山市	Jiangshan	59	764		175	723	
衢县	Quxian	2	451	16	2	660	
常山县	Changshan		336			413	
开化县	Kaihua		292			388	
龙游县	Longyou	46	445		25	520	2
舟山市区	Zhoushan District		5171	1249		991	1408
岱山县	Daishan		724	150		172	256
嵊泗县	Shengsi		205	80		105	131
台州市区	Taizhou District		4785	6		1463	1153
温岭市	Wenling		3654			537	288
临海市	Linhai		1465			516	215
玉环县	Yuhuan		1161	53		392	171
三门县	Sanmen		629	3		242	38
天台县	Tiantai		754			411	
仙居县	Xianju		662			326	
丽水市区	Lishui	56	713		67	814	12
龙泉市	LongQuan		506	4		214	
青田县	Qingtian	36	482	15		194	258
云和县	Yunhe		98	13		158	3
庆元县	Qingyuan		212			144	
缙云县	Jinyun	21	551		25	258	
遂昌县	Suichang		220	4		190	
松阳县	Songyang		295			217	
景宁自治县	Jingning		125			119	1

17－33 各市、县公路里程邮电通信和用电量情况(2001年)

Length of Highways, Posts and Telecommunications, Electricity Consumption by City and County(2001)

市县名称 City and County		境内公路里程(公里) Length of Highways(km)	年末邮电局(所)数(处) Number of Posts and Telecommunications Offices (unit)	电信业务总量(万元) Business Value of Telecommunications (10000 yuan)	本地电话用户(万户) Local Telephone Subscribers (10000 subscribers)	#农村 Rural
杭州市区	Hangzhou District	1708	209	392920	156.53	5.42
富阳市	Fuyang	811	33	18645	13.36	5.86
临安市	Linan	1550	37	13995	12.06	7.37
建德市	Jiande	685	48	9668	8.57	5.40
桐庐县	Tonglu	836	37	8543	7.74	3.87
淳安县	Chunan	806	18	6281	5.77	3.27
宁波市区	Ningbo District	581	142	194106	53.15	10.57
余姚市	Yuyao	860	45	42205	22.75	3.45
慈溪市	Cixi	540	56	62182	27.79	0.48
奉化市	Fenghua	707	45	19925	13.02	8.08
象山县	Xiangshan	563	41	24044	11.71	7.30
宁海县	Ninghai	1100	41	23821	12.36	7.82
鄞县	Yinxian	939			22.432	2.43
温州市区	Wenzhou District	581	442	280426	52.35	17.69
瑞安市	Ruian	500	77	70593	29.92	17.58
乐清市	Yueqing	591	85	69265	25.34	19.34
洞头县	Dongtou	126	9	3906	2.18	1.25
永嘉县	Yongjia	872	90	22700	12.15	9.31
平阳县	Pingyang	431	76	37966	13.72	10.36
苍南县	Cangnan	544	40	63641	20.47	14.14
文成县	Wencheng	688	49	6516	4.32	2.24
泰顺县	Taishun	844	63	6442	3.91	2.40
嘉兴市区	Jiaxing District	433	44	63853	23.17	10.86
平湖市	Pinghu	267	26	25444	13.71	8.91
海宁市	Haining	413	24	35503	17.59	11.50
桐乡市	Tongxiang	387	24	35700	15.99	11.83
嘉善县	Jiashan	150	26	21333	10.66	6.34
海盐县	Haiyan	231	19	19210	10.24	6.26
湖州市区	Huzhou District	583	63	139363	28.92	17.01
德清县	Deqing	439	23	8212	10.18	8.33
长兴县	Changxing	556	32	7992	12.71	7.44
安吉县	Anji	892	28	6242	8.47	5.71
绍兴市区	Shaoxing District	172	152	61151	23.08	12.03
诸暨市	Zhuji	883	163	43408	26.53	17.37
上虞市	Shangyu	502	78	25473	19.69	12.36

17－33 续表 1 continued

市县名称 City and County		境内公路里程（公里）Length of Highways(km)	年末邮电局（所）数（处）Number of Posts and Telecommunications Offices (unit)	电信业务总量（万元）Business Value of Telecommunications (10000 yuan)	本地电话用户（万户）Local Telephone Subscribers (10000 subscribers)	#农村 Rural
嵊州市	Shengzhou	903	62	24379	15.76	9.76
绍兴县	Shaoxing	672		40767	21.74	10.78
新昌县	Xinchang	824	65	14317	12.20	4.80
金华市区	Jinhua District	1285	59	31192	20.67	6.22
兰溪市	Lanxi	633	31	7748	10.13	4.64
东阳市	Dongyang	1383	30	12480	18.29	12.24
义乌市	Yiwu	770	61	26204	20.00	8.98
永康市	Yongkang	582	27	12264	13.41	6.91
武义县	Wuyi	803	18	4197	6.05	3.29
浦江县	Pujiang	469	15	5647	7.64	4.19
磐安县	Panan	519	27	2363	3.82	2.08
衢州市区	Quzhou District	119	43	36781	12.94	5.09
江山市	Jiangshan	662	23	12401	7.64	
衢县	Quxian	596				
常山县	Changshan	329	18	6698	4.14	2.14
开化县	Kaihua	672	14	6543	5.42	0.73
龙游县	Longyou	491	16	11459	6.13	3.22
舟山市区	Zhoushan District	652	58	50350	21.92	8.31
岱山县	Daishan	208	47	6793	5.26	2.78
嵊泗县	Shengsi	81	28	4059	2.55	1.32
台州市区	Taizhou District	842	104	127468	37.05	17.67
温岭市	Wenling	554	65	67029	26.25	20.88
临海市	Linhai	702	62	40044	20.28	13.00
玉环县	Yuhuan	258	29	36601	10.95	7.29
三门县	Sanmen	439	28	11126	5.75	3.55
天台县	Tiantai	537	34	15667	8.95	5.24
仙居县	Xianju	662	38	13775	7.86	4.54
丽水市区	Lishui	452	43	25091	8.10	2.00
龙泉市	LongQuan	903	84	5686	3.73	1.65
青田县	Qingtian	468	62	10238	5.82	3.00
云和县	Yunhe	259	30	3606	1.80	0.51
庆元县	Qingyuan	565	36	4156	2.61	0.18
缙云县	Jinyun	408	37	8305	5.55	3.77
遂昌县	Suichang	690	42	4567	3.29	1.57
松阳县	Songyang	341	16	4231	3.21	0.64
景宁自治县	Jingning	500	13	3411	2.20	0.85

17－33 续表 2 continued

市县名称 City and County		年末移动电话用户数（户） Number of Mobile Telephones Subscribers (subscriber)	全年用电量（万千瓦小时） Total Electricity Consumption (10000 kwh)	#工业用电 Industrial Consumption	#城乡居民生活用电 Residential Consumption
杭州市区	Hangzhou District	1634712	1331224	929917	167873
富阳市	Fuyang	103337	155757	126227	19189
临安市	Linan	63500	73742	49220	16936
建德市	Jiande	47132	77010	64099	6786
桐庐县	Tonglu	45361	32146	19154	6198
淳安县	Chunan	35000	19887	13623	3202
宁波市区	Ningbo District	1025433	560048	417255	51804
余姚市	Yuyao	203431	151051	117248	19485
慈溪市	Cixi	301642	244134	202651	31450
奉化市	Fenghua	122084	51092	33591	10264
象山县	Xiangshan	152217	39079	22639	9298
宁海县	Ninghai	151688	57463	33916	13832
鄞县	Yinxian		163668	116488	23085
温州市区	Wenzhou District	667685	445041	319035	79103
瑞安市	Ruian	296680	183300	136660	29680
乐清市	Yueqing	289911	117771	74668	34824
洞头县	Dongtou	13225	4883	1768	2485
永嘉县	Yongjia	128869	58987	33961	21101
平阳县	Pingyang	174013	70575	43293	14450
苍南县	Cangnan	276709	98300	53150	29372
文成县	Wencheng	47551	10198	6128	2509
泰顺县	Taishun	38008	8311	4480	3244
嘉兴市区	Jiaxing District	168936	205870	151647	19774
平湖市	Pinghu	80543	73880	53114	8230
海宁市	Haining	125346	117885	87587	19036
桐乡市	Tongxiang	124879	170261	146842	13492
嘉善县	Jiashan	71266	71017	53725	8667
海盐县	Haiyan	64643	118299	87587	19036
湖州市区	Huzhou District	239167	209321	144057	26172
德清县	Deqing	100800	87666	69125	8999
长兴县	Changxing	102819	99420	77868	11466
安吉县	Anji	70000	34951	22965	6807
绍兴市区	Shaoxing District	186700	171188	135667	13346
诸暨市	Zhuji	146920	180254	135410	23504
上虞市	Shangyu	95637	84580	64545	10515

市县名称 City and County		年末移动电话用户数（户）Number of Mobile Telephones Subscribers (subscriber)	全年用电量（万千瓦小时）Total Electricity Consumption (10000 kwh)	#工业用电 Industrial Consumption	#城乡居民生活用电 Residential Consumption
嵊州市	Shengzhou	80322	47701	31778	9457
绍兴县	Shaoxing	105067	355878	321518	12562
新昌县	Xinchang	78375	53374	37792	8611
金华市区	Jinhua District	247958	107853	70514	18032
兰溪市	Lanxi	77565	126429	114345	7132
东阳市	Dongyang	111715	75920	56202	13002
义乌市	Yiwu	254973	125973	74431	27179
永康市	Yongkang	154003	70939	54187	10250
武义县	Wuyi	47012	27592	18205	5844
浦江县	Pujiang	56660	33705	22181	8351
磐安县	Panan	23960	7089	3977	1948
衢州市区	Quzhou District	115100	206996	192721	5652
江山市	Jiangshan	59983	56162	48968	4919
衢县	Quxian		22448	18793	3620
常山县	Changshan	34624	17444	13299	2416
开化县	Kaihua	30210	21945	17077	2629
龙游县	Longyou	53683	28627	21085	4625
舟山市区	Zhoushan District	213378	80387	49481	14414
岱山县	Daishan	37977	12107	8670	2016
嵊泗县	Shengsi	26108	6089	3904	1008
台州市区	Taizhou District	521480	237844	174898	36015
温岭市	Wenling	264913	114092	77773	25827
临海市	Linhai	165002	53667	30152	13270
玉环县	Yuhuan	148212	65023	46436	15395
三门县	Sanmen	51268	15415	7160	4800
天台县	Tiantai	62684	22666	13097	6380
仙居县	Xianju	59766	16723	8659	5301
丽水市区	Lishui	125571	28719	15486	7737
龙泉市	LongQuan	20391	14878	10160	3280
青田县	Qingtian	31378	16723	9188	5266
云和县	Yunhe	13488	8566	6427	1604
庆元县	Qingyuan	15447	5516	2740	1587
缙云县	Jinyun	31022	20346	13838	4254
遂昌县	Suichang	14303	14720	11275	2099
松阳县	Songyang	14833	8052	4818	2194
景宁自治县	Jingning	12912	7435	4851	1728

17－34 各市、县固定资产投资(2001 年)

Total Investment in Fixed Assets by City and County(2001)

单位:亿元 (100 million yuan)

市县名称	City and County	固定资产投资 Investment in Fixed Assets	#住宅投资 Residential Buildings	基本建设投资 Capital Construction	更新改造投资 Innovation
杭州市区	Hangzhou District	413.28	91.01	176.82	86.86
富阳市	Fuyang	10.72	4.27	3.67	2.37
临安市	Linan	12.64	2.06	4.45	3.09
建德市	Jiande	10.13	2.68	3.66	3.46
桐庐县	Tonglu	8.01	3.01	2.75	1.38
淳安县	Chunan	7.00	1.15	2.54	2.47
宁波市区	Ningbo District	215.63	37.76	128.17	37.21
余姚市	Yuyao	19.50	6.89	8.83	1.00
慈溪市	Cixi	29.42	9.10	14.23	2.04
奉化市	Fenghua	6.69	2.24	2.83	
象山县	Xiangshan	10.40	2.19	5.76	1.23
宁海县	Ninghai	13.80	3.39	9.79	0.13
鄞县	Yinxian	25.09	9.31	11.80	4.77
温州市区	Wenzhou District	159.01	51.21	72.46	17.67
瑞安市	Ruian	20.99	4.49	11.06	2.28
乐清市	Yueqing	16.01	2.59	10.37	1.55
洞头县	Dongtou	1.58	0.17	1.11	0.08
永嘉县	Yongjia	9.29	3.30	3.28	1.34
平阳县	Pingyang	14.90	4.18	4.51	3.14
苍南县	Cangnan	13.52	1.44	9.42	2.03
文成县	Wencheng	2.70	0.38	1.33	0.50
泰顺县	Taishun	3.04	0.08	2.36	0.20
嘉兴市区	Jiaxing District	126.28	15.35	95.61	8.52
平湖市	Pinghu	8.56	1.95	3.75	1.75
海宁市	Haining	19.36	3.84	9.96	2.94
桐乡市	Tongxiang	20.24	3.10	8.09	4.51
嘉善县	Jiashan	9.58	3.06	5.36	0.24
海盐县	Haiyan	8.16	1.62	4.44	1.29
湖州市区	Huzhou District	47.61	8.87	25.95	0.46
德清县	Deqing	10.17	2.55	5.39	0.77
长兴县	Changxing	25.88	4.45	8.99	11.88
安吉县	Anji	10.65	1.63	7.68	0.47
绍兴市区	Shaoxing District	68.94	17.54	36.35	13.17
诸暨市	Zhuji	11.65	4.61	3.16	2.29
上虞市	Shangyu	12.35	4.05	5.30	1.49

注:本表统计范围为除集体和以外的经济单位投资。

The data in this table refer to the types of ownership other than Collective－owned units, individuals and private－owned units.

市县名称 City and County		固定资产投资 Investment in Fixed Assets	#住宅投资 Residential Buildings	基本建设投资 Capital Construction	更新改造投资 Innovation
嵊州市	Shengzhou	13.36	3.02	7.89	0.81
绍兴县	Shaoxing	22.84	9.60	11.13	0.35
新昌县	Xinchang	16.05	3.14	5.26	6.14
金华市区	Jinhua District	42.20	12.79	19.97	6.64
兰溪市	Lanxi	8.03	2.28	3.33	1.76
东阳市	Dongyang	17.37	4.74	10.12	1.62
义乌市	Yiwu	39.49	8.87	22.15	2.95
永康市	Yongkang	13.57	0.94	9.77	1.42
武义县	Wuyi	6.95	0.44	4.19	0.72
浦江县	Pujiang	6.75	0.46	3.77	0.65
磐安县	Panan	2.22	0.27	1.97	0.25
衢州市区	Quzhou District	35.47	7.71	15.09	10.09
江山市	Jiangshan	8.63	2.26	3.63	2.03
衢县	Quxian	3.32	0.20	1.74	0.89
常山县	Changshan	4.85	1.05	1.91	0.70
开化县	Kaihua	3.92	0.50	2.23	0.91
龙游县	Longyou	6.99	1.09	4.36	1.49
舟山市区	Zhoushan District	30.01	8.62	11.34	4.70
岱山县	Daishan	2.03	0.60	1.02	0.15
嵊泗县	Shengsi	5.90	0.65	4.59	0.59
台州市区	Taizhou District	53.68	11.62	31.11	6.53
温岭市	Wenling	14.92	4.94	6.94	2.48
临海市	Linhai	25.00	3.53	17.46	1.15
玉环县	Yuhuan	10.40	3.45	6.55	0.12
三门县	Sanmen	2.97	0.15	2.38	0.58
天台县	Tiantai	6.91	0.44	6.06	0.55
仙居县	Xianju	3.83	0.11	2.57	1.18
丽水市区	Lishui	24.62	4.76	16.29	2.31
龙泉市	LongQuan	7.52	1.30	3.76	2.06
青田县	Qingtian	7.18	1.74	3.64	1.51
云和县	Yunhe	2.96	0.15	2.49	0.40
庆元县	Qingyuan	2.03	0.01	1.78	0.15
缙云县	Jinyun	7.02	1.11	4.87	1.11
遂昌县	Suichang	4.50	0.26	2.93	1.08
松阳县	Songyang	2.42	0.06	2.03	0.32
景宁自治县	Jingning	3.39	0.22	2.75	0.33

市 县 名 称 City and County		房地产开发投资 Real Estate Development	#住宅 Residential Buildings	新增固定资产 Newly Incresaed Fixed Assets	#基本建设 Capital Construstion
杭州市区	Hangzhou District	125.56	79.24	293.22	133.18
富阳市	Fuyang	4.68	4.09	5.83	1.69
临安市	Linan	2.72	1.93	13.06	3.84
建德市	Jiande	2.97	2.58	6.00	1.72
桐庐县	Tonglu	3.62	2.87	7.25	3.74
淳安县	Chunan	1.36	1.03	4.36	1.67
宁波市区	Ningbo District	45.21	35.07	206.78	131.31
余姚市	Yuyao	9.20	6.11	11.63	4.94
慈溪市	Cixi	12.23	8.96	17.76	9.40
奉化市	Fenghua	2.96	2.18	5.47	2.38
象山县	Xiangshan	2.57	2.09	5.19	2.69
宁海县	Ninghai	3.60	3.29	12.55	9.10
鄞县	Yinxian	11.31	9.18	14.39	6.82
温州市区	Wenzhou District	65.28	47.75	99.21	52.79
瑞安市	Ruian	5.84	4.30	11.21	3.60
乐清市	Yueqing	4.09	2.59	16.61	13.83
洞头县	Dongtou	0.10	0.06	0.57	0.27
永嘉县	Yongjia	4.35	3.28	7.56	4.30
平阳县	Pingyang	5.56	4.09	7.64	2.05
苍南县	Cangnan	1.92	1.03	6.99	2.05
文成县	Wencheng	0.64	0.27	0.45	0.06
泰顺县	Taishun	0.11		2.67	1.51
嘉兴市区	Jiaxing District	22.02	15.03	115.69	113.38
平湖市	Pinghu	2.78	1.84	3.37	2.28
海宁市	Haining	6.13	3.21	9.53	6.89
桐乡市	Tongxiang	2.97	2.48	7.97	2.89
嘉善县	Jiashan	3.73	2.90	9.11	8.73
海盐县	Haiyan	2.20	1.32	3.46	2.45
湖州市区	Huzhou District	13.44	8.64	24.11	6.27
德清县	Deqing	3.10	2.45	2.95	1.52
长兴县	Changxing	4.84	4.17	14.45	8.68
安吉县	Anji	2.03	1.54	8.05	5.87
绍兴市区	Shaoxing District	18.57	14.08	42.28	27.70
诸暨市	Zhuji	5.85	4.55	4.22	1.47
上虞市	Shangyu	4.90	3.94	5.14	4.09

市县名称	City and County	房地产开发投资 Real Estate Development	#住宅 Residential Buildings	新增固定资产 Newly Incresaed Fixed Assets	#基本建设 Capital Constrution
嵊州市	Shengzhou	3.98	2.96	4.70	4.20
绍兴县	Shaoxing	10.93	8.53	10.20	8.28
新昌县	Xinchang	4.38	3.01	5.56	2.50
金华市区	Jinhua District	15.10	10.69	20.44	8.60
兰溪市	Lanxi	2.95	2.28	3.35	0.70
东阳市	Dongyang	5.58	4.66	8.20	2.55
义乌市	Yiwu	13.75	6.61	19.55	11.55
永康市	Yongkang	1.46	0.89	12.28	8.37
武义县	Wuyi	1.72	0.39	2.43	1.04
浦江县	Pujiang	1.07	0.44	3.49	1.66
磐安县	Panan			1.53	1.24
衢州市区	Quzhou District	10.28	7.06	22.32	6.65
江山市	Jiangshan	2.98	2.17	5.45	1.27
衢县	Quxian	0.12	0.10	1.27	0.93
常山县	Changshan	1.26	0.64	2.14	0.38
开化县	Kaihua	0.78	0.50	1.71	0.70
龙游县	Longyou	1.14	1.08	3.23	2.67
舟山市区	Zhoushan District	13.86	8.52	19.65	7.55
岱山县	Daishan	0.65	0.59	1.21	0.76
嵊泗县	Shengsi	0.70	0.65	12.72	11.66
台州市区	Taizhou District	16.04	8.96	34.46	23.65
温岭市	Wenling	5.50	4.56	13.52	7.69
临海市	Linhai	6.39	3.06	19.12	13.66
玉环县	Yuhuan	3.73	3.40	7.72	5.49
三门县	Sanmen			4.10	3.30
天台县	Tiantai	0.30	0.23	3.99	3.18
仙居县	Xianju	0.06	0.04	3.59	2.22
丽水市区	Lishui	6.02	4.62	8.04	5.18
龙泉市	LongQuan	1.70	1.30	5.82	3.44
青田县	Qingtian	2.02	1.56	5.18	3.51
云和县	Yunhe	0.07	0.07	2.14	1.63
庆元县	Qingyuan	0.10		1.22	0.93
缙云县	Jinyun	1.05	0.88	3.81	2.36
遂昌县	Suichang	0.50	0.26	1.52	0.52
松阳县	Songyang	0.08	0.06	2.91	2.47
景宁自治县	Jingning	0.23	0.21	0.98	0.39

市县名称 City and County		施工住宅面积（万平方米） Flovr Space Under Construction (10000 sq. m)	竣工住宅面积（万平方米） Flovr Space Completed (10000 sq. m)	商品房屋销售面积（万平方米） Flovr Space of Commercial Houses Sold(10000 sq. m)	商品房屋销售额（亿元） Total Value of Commercial Houses Sold(100 million yuan)
杭州市区	Hangzhou District	1082.49	322.85	295.97	93.46
富阳市	Fuyang	52.98	18.80	12.67	2.30
临安市	Linan	32.60	16.39	12.71	2.35
建德市	Jiande	30.00	10.19	9.91	1.36
桐庐县	Tonglu	30.07	19.50	19.19	2.30
淳安县	Chunan	20.97	11.93	12.82	1.57
宁波市区	Ningbo District	465.81	161.89	186.09	41.37
余姚市	Yuyao	74.08	33.65	40.29	8.72
慈溪市	Cixi	97.82	30.74	35.13	7.13
奉化市	Fenghua	27.91	22.48	25.26	4.18
象山县	Xiangshan	49.10	6.63	8.37	1.00
宁海县	Ninghai	39.48	25.43	23.44	3.60
鄞县	Yinxian	131.82	60.57	49.00	9.01
温州市区	Wenzhou District	686.69	141.26	138.98	40.70
瑞安市	Ruian	111.57	21.83	16.85	4.65
乐清市	Yueqing	36.53	7.59	12.28	2.34
洞头县	Dongtou	3.61	2.61	0.44	0.04
永嘉县	Yongjia	56.66	12.50	5.56	1.04
平阳县	Pingyang	69.98	21.44	19.72	3.20
苍南县	Cangnan	23.69	8.17	4.77	0.72
文成县	Wencheng	8.17	0.99	2.82	0.46
泰顺县	Taishun	0.85	0.43		
嘉兴市区	Jiaxing District	178.96	77.55	52.13	9.68
平湖市	Pinghu	38.66	13.96	11.30	0.86
海宁市	Haining	57.06	23.17	25.03	4.19
桐乡市	Tongxiang	41.63	14.32	6.66	0.92
嘉善县	Jiashan	37.19	13.68	10.00	1.41
海盐县	Haiyan	30.61	14.46	13.37	1.35
湖州市区	Huzhou District	118.29	57.50	41.87	7.39
德清县	Deqing	32.46	12.44	13.93	1.61
长兴县	Changxing	80.29	32.06	28.04	3.84
安吉县	Anji	26.48	10.22	10.30	1.31
绍兴市区	Shaoxing District	202.58	73.20	55.01	12.26
诸暨市	Zhuji	63.61	25.14	34.50	4.86
上虞市	Shangyu	63.00	40.64	43.38	6.08

17－34 续表5 continued

市县名称 City and County		施工住宅面积（万平方米）Flovr Space Under Construction（10000 sq. m）	竣工住宅面积（万平方米）Flovr Space Completed（10000 sq. m）	商品房屋销售面积（万平方米）Flovr Space of Commercial Houses Sold（10000 sq. m）	商品房屋销售额（亿元）Total Value of Commercial Houses Sold（100 million yuan）
嵊州市	Shengzhou	50.16	19.99	20.11	3.72
绍兴县	Shaoxing	99.79	49.92	41.95	7.88
新昌县	Xinchang	46.83	25.39	27.78	3.34
金华市区	Jinhua District	39.84	30.57	63.44	9.27
兰溪市	Lanxi			18.10	2.10
东阳市	Dongyang	2.92	1.99	22.10	2.72
义乌市	Yiwu	36.56	9.06	18.34	2.44
永康市	Yongkang	4.58	3.39	6.97	0.97
武义县	Wuyi	0.56	0.40	8.57	0.79
浦江县	Pujiang	0.36	0.36	1.48	0.29
磐安县	Panan	3.19	1.90		
衢州市区	Quzhou District	128.62	46.96	35.00	4.81
江山市	Jiangshan	35.27	16.16	15.19	2.28
衢县	Quxian	3.12	1.53	0.98	0.02
常山县	Changshan	14.74	2.54	2.80	0.23
开化县	Kaihua	4.72	1.42	3.54	0.16
龙游县	Longyou	9.63	0.27	1.54	0.11
舟山市区	Zhoushan District	99.00	38.75	43.35	9.40
岱山县	Daishan	7.67	1.70	2.06	0.34
嵊泗县	Shengsi	7.07	2.77	2.24	0.40
台州市区	Taizhou District	184.05	38.76	61.41	10.86
温岭市	Wenling	81.08	22.72	24.87	4.84
临海市	Linhai	69.95	29.09	29.94	4.71
玉环县	Yuhuan	40.43	18.04	18.33	3.02
三门县	Sanmen	4.81	0.06		
天台县	Tiantai	9.54	3.80	2.25	0.22
仙居县	Xianju	1.89	1.89	1.18	0.08
丽水市区	Lishui	52.35	17.52	20.96	3.32
龙泉市	LongQuan	18.97	12.92	12.37	1.85
青田县	Qingtian	22.49	5.37	4.63	0.62
云和县	Yunhe	2.40	2.40	1.33	0.13
庆元县	Qingyuan	0.28	0.28	0.23	0.02
缙云县	Jinyun	23.91	8.30	5.15	0.69
遂昌县	Suichang	11.92	3.11	3.01	0.34
松阳县	Songyang	2.34	1.45	1.31	0.10
景宁自治县	Jingning	5.53	1.73	1.16	0.11

17－35 各市、县国内贸易情况(2001 年)
Domestic Trade by City and County(2001)

市县名称 City and County		社会消费品零售额(亿元) Total Retail Sales of Consumber Goods (100 million yuan)	批发、零售贸易业商品销售总额(亿元) Total Sales of Wholesale and Retailsale Trade (100 million yuan)	限额以上批发零售贸易企业数(个) Wholesale and Retail Sale Trade Above Designated Size (Unit)	限额以上餐饮企业数(个) Catering Trade Above Designated Size(Unit)
杭州市区	Hangzhou District	373.28	1484.29	512	44
富阳市	Fuyang	28.13	18.34	40	
临安市	Linan	18.85	8.94	15	2
建德市	Jiande	12.45	8.07	19	1
桐庐县	Tonglu	16.71	6.65	10	
淳安县	Chunan	9.40	6.86	5	
宁波市区	Ningbo District	167.70	351.71	167	21
余姚市	Yuyao	61.19	49.65	44	1
慈溪市	Cixi	83.87	55.11	44	11
奉化市	Fenghua	20.10	10.78	15	1
象山县	Xiangshan	39.45	12.55	19	
宁海县	Ninghai	31.98	8.97	14	1
鄞县	Yinxian	42.44	88.99	35	3
温州市区	Wenzhou District	233.44	272.84	191	21
瑞安市	Ruian	47.51	12.22	11	4
乐清市	Yueqing	47.84	15.60	28	10
洞头县	Dongtou	2.37	14.95	2	
永嘉县	Yongjia	27.29	6.33	11	2
平阳县	Pingyang	30.40	7.56	10	
苍南县	Cangnan	39.55	10.84	14	
文成县	Wencheng	5.80	1.28	3	
泰顺县	Taishun	4.25	1.28	2	
嘉兴市区	Jiaxing District	61.27	79.41	42	38
平湖市	Pinghu	23.05	12.69	15	20
海宁市	Haining	58.24	39.41	38	44
桐乡市	Tongxiang	53.55	34.31	46	37
嘉善县	Jiashan	18.56	18.07	14	10
海盐县	Haiyan	18.43	9.75	21	25
湖州市区	Huzhou District	79.63	77.61	68	16
德清县	Deqing	23.79	16.63	22	8
长兴县	Changxing	33.57	8.55	16	3
安吉县	Anji	23.24	6.41	12	3
绍兴市区	Shaoxing District	48.78	53.59	47	18
诸暨市	Zhuji	46.39	38.86	19	8
上虞市	Shangyu	40.13	25.58	33	6

17－35 续表 continued

市县名称 City and County		社会消费品零售额（亿元）	批发、零售贸易业商品销售总额（亿元）Total Sales of Wholesale and Retailsale Trade (100 million yuan)	限额以上批发零售贸易企业数（个）Wholesale and Retail Sale Trade Above Designated Size (Unit)	限额以上餐饮企业数（个）Catering Trade Above Designated Size(Unit)
嵊州市	Shengzhou	43.71	10.20	15	8
绍兴县	Shaoxing	34.21	37.18	24	13
新昌县	Xinchang	22.44	5.67	12	4
金华市区	Jinhua District	50.57	70.28	82	12
兰溪市	Lanxi	21.66	9.98	18	5
东阳市	Dongyang	30.25	18.60	29	5
义乌市	Yiwu	41.31	24.29	25	6
永康市	Yongkang	20.97	16.66	17	7
武义县	Wuyi	8.20	5.73	8	
浦江县	Pujiang	11.56	4.30	9	
磐安县	Panan	4.34	3.09	8	1
衢州市区	Quzhou District	17.78	22.63	32	2
江山市	Jiangshan	18.49	4.24	6	
衢县	Quxian	10.10	2.38	6	
常山县	Changshan	10.29	2.39	5	
开化县	Kaihua	9.38	1.93	3	
龙游县	Longyou	17.63	5.94	10	
舟山市区	Zhoushan District	50.16	55.95	26	5
岱山县	Daishan	9.35	5.01	4	
嵊泗县	Shengsi	5.90	3.07	6	1
台州市区	Taizhou District	76.80	86.29	65	4
温岭市	Wenling	53.19	39.56	32	
临海市	Linhai	25.92	14.43	14	4
玉环县	Yuhuan	13.50	16.26	23	4
三门县	Sanmen	5.75	2.66	5	
天台县	Tiantai	13.05	3.79	8	1
仙居县	Xianju	9.11	4.65	15	
丽水市区	Lishui	24.25	12.19	22	2
龙泉市	LongQuan	5.99	1.75	2	
青田县	Qingtian	10.11	4.24	5	2
云和县	Yunhe	2.96	1.92	3	
庆元县	Qingyuan	4.14	0.79	1	
缙云县	Jinyun	10.17	2.70	4	
遂昌县	Suichang	5.34	4.42	8	
松阳县	Songyang	5.60	0.77	1	
景宁自治县	Jingning	3.62	0.73	1	

17－36 各市、县的外国和港澳台地区在华直接情况(2001年)
Foreign Funded Enterprises and Enterprises Funded by Entrepreneurs from Hong Kong, Macao & Taiwan by City and County(2001)

市县名称 City and County		新签协议(合同)数(个) Number of Agreements & Contracts Newly Signed (unit)	合同外资金额(万美元) Value for Utilization of Foreign Capital (USD 10000)	实际使用外资金额(万美元) Amount of Foreign Capital Actually Used (USD 10000)	已投产(开业)企业(个) Enterprises Put into Operation (unit)	从业人员(人) Employed Persons (person)
杭州市区	Hangzhou District	405	95907	46237	1453	188833
富阳市	Fuyang	25	3020	1511	109	11742
临安市	Linan	24	1765	804	72	382
建德市	Jiande	3	520	390	28	1970
桐庐县	Tonglu	25	1534	1010	88	9223
淳安县	Chunan	1	277	372	23	1518
宁波市区	Ningbo District	383	140006	57057	967	82069
余姚市	Yuyao	108	21570	10518	296	31632
慈溪市	Cixi	75	10046	6018	155	41172
奉化市	Fenghua	38	4100	2363	68	14126
象山县	Xiangshan	31	2054	1005	99	15025
宁海县	Ninghai	21	3578	2359	96	16586
鄞县	Yinxian	150	14165	8126	226	41019
温州市区	Wenzhou District	38	5053	3994	369	47543
瑞安市	Ruian	10	611	989	68	11622
乐清市	Yueqing	12	189	215	96	10540
洞头县	Dongtou				5	305
永嘉县	Yongjia	8	462	114	42	6300
平阳县	Pingyang	6	921	198	27	4497
苍南县	Cangnan	1	10		12	465
文成县	Wencheng				2	114
泰顺县	Taishun				1	83
嘉兴市区	Jiaxing District	77	28488	10458	265	56985
平湖市	Pinghu	45	12066	4204	172	20000
海宁市	Haining	37	8521	4047	118	17492
桐乡市	Tongxiang	38	5049	1276	150	13500
嘉善县	Jiashan	72	24139	5321	128	18600
海盐县	Haiyan	23	11877	1761	61	10915
湖州市区	Huzhou District	79	17019	8004	213	17234
德清县	Deqing	67	5162	3122	85	13093
长兴县	Changxing	28	11811	4600	37	2703
安吉县	Anji	82	13165	5246	50	4000
绍兴市区	Shaoxing District	53	9634	5167	203	35791
诸暨市	Zhuji	24	1726	955	91	15413

17－36 续表 continued

市县名称 City and County		新签协议(合同)数(个) Number of Agreements & Contracts Newly Signed (unit)	合同外资金额(万美元) Value for Utilization of Foreign Capital (USD 10000)	实际使用外资金额(万美元) Amount of Foreign Capital Actually Used (USD 10000)	已投产(开业)企业(个) Enterprises Put into Operation (unit)	从业人员(人) Employed Persons (person)
上虞市	Shangyu	41	5622	2804	151	19622
嵊州市	Shengzhou	26	1010	861	82	9237
绍兴县	Shaoxing	57	10150	5212	268	47705
新昌县	Xinchang	9	684	778	56	7800
金华市区	Jinhua District	15	4082	1383	87	9023
兰溪市	Lanxi	7	1040	53	27	4485
东阳市	Dongyang	17	334	226	93	5292
义乌市	Yiwu	33	1365	1061	110	5890
永康市	Yongkang	4	370	53	27	2800
武义县	Wuyi	2	25	26	19	1161
浦江县	Pujiang	11	709	304	30	2500
磐安县	Panan	4	2083	138	17	1120
衢州市区	Quzhou District	7	1776	827	24	1690
江山市	Jiangshan	6	206	4	21	2235
衢县	Quxian	5	22	152	14	1222
常山县	Changshan	2	61	70	7	561
开化县	Kaihua	1	25	25	5	101
龙游县	Longyou	7	248	128	9	737
舟山市区	Zhoushan District	34	2960	921	65	11363
岱山县	Daishan	1	45	197	12	1868
嵊泗县	Shengsi			23	6	379
台州市区	Taizhou District	34	6720	2624	115	12842
温岭市	Wenling	16	2614	1361	70	19371
临海市	Linhai	22	1380	593	56	8473
玉环县	Yuhuan	20	1750	742	42	7767
三门县	Sanmen	2	64	28	9	946
天台县	Tiantai	5	277	40	7	619
仙居县	Xianju	8	524	180	43	5040
丽水市区	Lishui	3	1382	642	14	2218
龙泉市	LongQuan	1	9	34	1	50
青田县	Qingtian	7	110	54	42	1232
云和县	Yunhe	3	52	52	3	600
庆元县	Qingyuan				1	70
缙云县	Jinyun				7	350
遂昌县	Suichang	1	14	14	4	220
松阳县	Songyang			11	4	260
景宁自治县	Jingning					

17－37 各市、县财政收支情况(2001年)

Total Financial Revenue and Expenditure by City and County(2001)

单位:亿元 (100 million yuan)

市县名称 City and County		中央财政预算内收入 Total Central Government Budgetary Financial Revenue	地方财政预算内收入 Total Local Government Budgetary Financial Revenue	地方财政预算内支出 Total Local Government Financial Expenditure	#科学事业费 Expenses for Science	#教育事业费 Expenses for Education
杭州市区	Hangzhou District	72.75	88.47	84.95	0.34	10.64
富阳市	Fuyang	4.98	6.05	6.17	0.05	1.88
临安市	Linan	2.13	2.89	3.68	0.01	1.00
建德市	Jiande	1.91	2.62	3.47	0.01	1.04
桐庐县	Tonglu	1.77	2.47	3.07	0.01	0.80
淳安县	Chunan	0.63	1.78	3.60	0.01	0.83
宁波市区	Ningbo District	60.41	60.55	73.10	0.32	6.56
余姚市	Yuyao	5.70	8.11	7.66	0.01	1.83
慈溪市	Cixi	7.73	9.97	10.67	0.03	1.96
奉化市	Fenghua	2.79	3.44	4.66		1.03
象山县	Xiangshan	2.47	3.55	4.60	0.01	1.09
宁海县	Ninghai	3.17	3.93	5.13		1.17
鄞县	Yinxian	8.93	9.58	10.47	0.02	1.76
温州市区	Wenzhou District	14.71	35.52	20.42	0.71	4.74
瑞安市	Ruian	3.90	7.10	7.30	0.15	1.90
乐清市	Yueqing	6.08	8.00	8.19	0.22	2.15
洞头县	Dongtou	0.28	0.82	0.94		0.19
永嘉县	Yongjia	2.15	3.41	4.08	0.06	1.23
平阳县	Pingyang	2.08	3.49	4.17	0.02	0.96
苍南县	Cangnan	2.14	3.67	4.64	0.09	1.54
文成县	Wencheng	1.02	0.70	2.50	0.01	0.46
泰顺县	Taishun	0.35	0.71	2.31	0.01	0.44
嘉兴市区	Jiaxing District	6.40	8.81	10.15	0.26	1.62
平湖市	Pinghu	3.55	3.66	3.80	0.08	0.73
海宁市	Haining	4.50	6.12	6.21	0.18	1.27
桐乡市	Tongxiang	4.28	5.79	5.37	0.14	1.07
嘉善县	Jiashan	2.85	2.78	2.77	0.07	0.78
海盐县	Haiyan	2.22	2.57	2.76	0.06	0.67
湖州市区	Huzhou District	6.53	8.16	8.99	0.04	1.90
德清县	Deqing	2.79	3.32	4.10		0.62
长兴县	Changxing	2.13	2.88	3.16	0.01	0.86
安吉县	Anji	1.70	1.98	2.98	0.01	0.76
绍兴市区	Shaoxing District	5.60	9.37	9.69	0.19	1.60
诸暨市	Zhuji	4.53	6.48	6.62	0.12	1.85
上虞市	Shangyu	3.03	4.18	4.82	0.17	1.27

市县名称 City and County		中央财政预算内收入 Total Central Government Budgetary Financial Revenue	地方财政预算内收入 Total Local Government Budgetary Financial Revenue	地方财政预算内支出 Total Local Government Financial Expenditure	#科学事业费 Expenses for Science	#教育事业费 Expenses for Education
嵊州市	Shengzhou	2.21	2.91	3.56	0.08	1.04
绍兴县	Shaoxing	8.50	9.80	9.21	0.28	1.39
新昌县	Xinchang	2.92	2.85	3.47	0.08	0.69
金华市区	Jinhua District	6.09	5.72	8.62	0.21	1.82
兰溪市	Lanxi	2.20	2.89	3.58	0.59	0.89
东阳市	Dongyang	3.56	3.25	3.77	0.08	1.17
义乌市	Yiwu	4.93	7.48	6.55	0.26	1.82
永康市	Yongkang	3.64	4.40	4.15	0.14	1.32
武义县	Wuyi	0.98	1.58	2.52	0.04	0.52
浦江县	Pujiang	1.32	1.77	2.38	0.04	0.59
磐安县	Panan	0.65	0.76	1.95	0.04	0.44
衢州市区	Quzhou District	2.14	2.84	5.42	0.02	0.62
江山市	Jiangshan	1.10	1.86	2.94	0.01	0.69
衢县	Quxian	0.37	0.92	2.15		0.48
常山县	Changshan	0.49	0.93	2.33	0.02	0.48
开化县	Kaihua	0.46	0.92	2.39	0.01	0.57
龙游县	Longyou	0.72	1.40	2.52		0.61
舟山市区	Zhoushan District	3.65	6.39	11.68	0.07	2.06
岱山县	Daishan	0.52	0.98	2.43	0.01	0.53
嵊泗县	Shengsi	0.24	0.61	1.73		0.29
台州市区	Taizhou District	10.09	17.16	17.70	0.64	3.37
温岭市	Wenling	6.15	7.75	7.17	0.11	2.07
临海市	Linhai	3.13	4.43	5.22	0.11	1.58
玉环县	Yuhuan	3.25	4.27	4.59	0.08	0.99
三门县	Sanmen	0.83	1.58	2.75	0.10	0.56
天台县	Tiantai	1.51	1.81	2.85	0.04	0.85
仙居县	Xianju	1.29	1.80	2.58	0.05	0.76
丽水市区	Lishui	2.15	4.21	7.07	0.05	1.19
龙泉市	LongQuan	0.43	0.88	2.03	0.02	0.44
青田县	Qingtian	0.59	1.38	2.96	0.01	0.76
云和县	Yunhe	0.28	0.69	1.75	0.01	0.25
庆元县	Qingyuan	0.21	0.49	1.70		0.36
缙云县	Jinyun	1.15	1.42	2.60		0.77
遂昌县	Suichang	0.61	1.30	2.12		0.42
松阳县	Songyang	0.27	0.73	1.70	0.01	0.40
景宁自治县	Jingning	0.52	0.64	1.90		0.33

17－38　各市、县金融和保险业(2001 年)

Finance and Insurance by City and County(2001)

单位:亿元　　　　(100 million yuan)

市县名称	City and County	金融机构年末存款余额 Deposits in Financial Institutions	#城乡居民储蓄存款年末余额 Savings Deposits of Urban and Rural Residents	金融机构年末贷款余额 Loans in Financial Institutions	承保额 Amount Insured	保费 Premium	已决赔款 Settled Claim
杭州市区	Hangzhou District	2376.54	797.64	1923.78	5735.02	33.40	4.52
富阳市	Fuyang	81.07	43.12	54.27	171.20	2.13	0.34
临安市	Linan	48.98	28.63	41.26	130.68	1.65	0.29
建德市	Jiande	47.25	30.12	28.02	87.48	0.95	0.19
桐庐县	Tonglu	41.86	26.61	25.11	77.95	0.92	0.18
淳安县	Chunan	25.81	15.72	15.26	57.69	0.75	0.18
宁波市区	Ningbo District	763.39	293.92	610.82	3537.64	16.72	3.08
余姚市	Yuyao	139.64	83.09	93.45	307.73	2.05	0.68
慈溪市	Cixi	196.09	120.77	113.08	369.33	2.44	0.77
奉化市	Fenghua	58.34	37.04	39.59	159.74	1.27	0.30
象山县	Xiangshan	40.08	24.20	35.49	162.06	1.11	0.32
宁海县	Ninghai	42.66	22.93	38.85	109.43	0.96	0.30
鄞县	Yinxian	204.34	117.53	120.27	426.36	2.41	0.92
温州市区	Wenzhou District	677.73	323.92	440.76	1153.04	6.64	1.31
瑞安市	Ruian	133.63	79.54	69.27	714.10	2.40	0.39
乐清市	Yueqing	128.27	60.52	75.31	240.62	2.65	0.46
洞头县	Dongtou	6.12	3.27	3.51	12.16	0.12	0.04
永嘉县	Yongjia	59.97	36.80	34.22	34.16	1.04	0.21
平阳县	Pingyang	46.48	29.20	30.06	56.60	1.21	0.17
苍南县	Cangnan	48.22	31.41	38.37	121.42	0.90	0.30
文成县	Wencheng	14.15	8.82	9.31	5.19	0.21	0.06
泰顺县	Taishun	14.46	9.42	7.29	9.01	0.20	0.06
嘉兴市区	Jiaxing District	201.13	99.38	163.97	743.60	5.08	0.76
平湖市	Pinghu	77.13	49.53	42.04	434.70	1.55	0.29
海宁市	Haining	114.80	72.67	69.86	198.53	1.70	0.39
桐乡市	Tongxiang	105.25	69.72	62.83	203.47	1.59	0.30
嘉善县	Jiashan	58.25	39.89	34.62	102.14	0.92	0.26
海盐县	Haiyan	71.07	41.23	55.89	98.00	1.41	0.24
湖州市区	Huzhou District	158.89	94.81	123.66	506.77	4.00	0.64
德清县	Deqing	52.25	34.02	31.54	85.01	1.18	0.35
长兴县	Changxing	56.67	32.15	33.44	70.64	1.09	0.25
安吉县	Anji	31.57	21.03	20.89	70.73	0.84	0.22
绍兴市区	Shaoxing District	261.86	126.67	186.11	544.93	4.92	1.05
诸暨市	Zhuji	109.47	66.25	70.31	249	2.00	0.49

市县名称 City and County		金融机构年末存款余额 Deposits in Financial Institutions	#城乡居民储蓄存款年末余额 Savings Deposits of Urban and Rural Residents	金融机构年末贷款余额 Loans in Financial Institutions	承保额 Amount Insured	保费 Premium	已决赔款 Settled Claim
上虞市	Shangyu	107.28	76.73	69.65	184.00	1.53	0.50
嵊州市	Shengzhou	63.04	44.69	40.71	165.00	1.31	0.41
绍兴县	Shaoxing	170.54	113.85	118.97	362.00	2.15	0.78
新昌县	Xinchang	47.37	28.47	28.49	118.00	0.90	0.24
金华市区	Jinhua District	154.71	71.83	136.11	387.57	3.59	0.79
兰溪市	Lanxi	38.03	24.66	27.59	96.54	0.86	0.19
东阳市	Dongyang	93.69	62.02	66.80	253.29	2.52	0.37
义乌市	Yiwu	226.33	102.32	119.82	392.47	3.26	0.58
永康市	Yongkang	94.75	57.53	61.09	231.73	1.74	0.37
武义县	Wuyi	23.76	14.63	14.49	32.03	0.59	0.13
浦江县	Pujiang	28.32	18.90	16.13	55.31	0.81	0.15
磐安县	Panan	10.97	6.60	7.02	28.03	0.26	0.09
衢州市区	Quzhou District	70.12	33.79	58.96	171.44	1.25	0.27
江山市	Jiangshan	38.06	24.91	23.59	126.83	0.74	0.23
衢县	Quxian	19.37	11.45	11.71	13.04	0.22	0.03
常山县	Changshan	16.89	10.24	8.28	107.89	0.34	0.08
开化县	Kaihua	18.17	11.35	10.47	44.32	0.38	0.08
龙游县	Longyou	29.68	18.05	17.07	113.64	0.54	0.14
舟山市区	Zhoushan District	139.27	73.53	94.73	1572.70	3.01	0.59
岱山县	Daishan	21.17	15.92	9.97	155.70	0.59	0.06
嵊泗县	Shengsi	11.80	7.32	7.66	16.40	0.22	0.04
台州市区	Taizhou District	299.10	151.17	197.19	921.25	5.38	1.56
温岭市	Wenling	131.40	84.27	70.63	361.53	2.36	0.55
临海市	Linhai	77.78	43.84	56.55	267.05	1.78	0.48
玉环县	Yuhuan	42.86	24.64	28.75	159.34	1.03	0.32
三门县	Sanmen	17.67	10.25	11.80	77.90	0.47	0.14
天台县	Tiantai	31.41	19.69	19.20	142.50	0.87	0.23
仙居县	Xianju	28.82	18.85	18.88	142.30	0.96	0.21
丽水市区	Lishui	66.50	32.19	47.11	104.14	1.24	0.27
龙泉市	LongQuan	17.31	10.84	10.18	43.59	0.35	0.09
青田县	Qingtian	26.47	18.53	15.82	35.53	0.24	0.08
云和县	Yunhe	9.04	4.81	5.25	35.06	0.19	0.04
庆元县	Qingyuan	8.92	6.22	4.30	19.78	0.17	0.04
缙云县	Jinyun	24.90	16.27	13.38	42.40	0.43	0.10
遂昌县	Suichang	14.37	8.30	8.14	66.51	0.47	0.07
松阳县	Songyang	11.82	7.73	7.16	27.70	0.27	0.06
景宁自治县	Jingning	8.25	4.44	4.64	21.48	0.12	0.03

17－39 各市、县职工工资和保险福利情况(2001 年)
Basic Statistics on Wages and Social Insurance & Welfare by City and County(2001)

单位:万人 (10000 persons)

市县名称 City and County		基本养老保险参保职工人数 Staff and Workers Participating in The Basic Retirement Security Program	基本医疗保险参保人数 Persons Participating in the Basic Health Care Program	#职工数 Staff and Workers	失业保险人数 Persons Participating in the Unemployment Insurance Program
杭州市区	Hangzhou District	88.92	76.99	52.27	79.11
富阳市	Fuyang	5.64			4.73
临安市	Linan	4.30			2.65
建德市	Jiande	4.59			3.82
桐庐县	Tonglu	3.71			2.36
淳安县	Chunan	2.15			2.85
宁波市区	Ningbo District	39.92	37.72	27.25	29.71
余姚市	Yuyao	9.48	3.79	3.79	5.91
慈溪市	Cixi	9.33	2.47	2.47	7.06
奉化市	Fenghua	4.95			3.93
象山县	Xiangshan	4.30	1.81	1.81	4.76
宁海县	Ninghai	4.68	1.83	1.83	3.34
鄞县	Yinxian	8.84	4.66	4.66	5.14
温州市区	Wenzhou District	25.73	15.94	9.77	17.49
瑞安市	Ruian	9.16	4.45	3.58	3.11
乐清市	Yueqing	6.51	1.52	1.14	2.35
洞头县	Dongtou	0.81	0.17	0.13	0.42
永嘉县	Yongjia	4.16	0.83	0.67	2.42
平阳县	Pingyang	4.89	0.62	0.62	2.27
苍南县	Cangnan	5.22			3.40
文成县	Wencheng	1.10	1.06	0.78	0.90
泰顺县	Taishun	1.41	1.36	1.11	0.79
嘉兴市区	Jiaxing District	12.20	11.44	9.18	12.12
平湖市	Pinghu	5.40	3.73	2.66	3.93
海宁市	Haining	7.59	5.19	3.56	5.47
桐乡市	Tongxiang	5.44	3.66	2.79	4.93
嘉善县	Jiashan	4.10	2.18	1.31	3.36
海盐县	Haiyan	3.43	3.46	2.53	3.84
湖州市区	Huzhou District	16.79	13.71	7.94	12.17
德清县	Deqing	6.51	4.45	3.19	2.60
长兴县	Changxing	6.13	3.58	2.43	2.43
安吉县	Anji	5.02	2.99	2.14	2.45
绍兴市区	Shaoxing District	13.39	12.02	8.98	11.95
诸暨市	Zhuji	6.45	0.42	0.42	5.50

市县名称	City and County	基本养老保险参保职工人数 Staff and Workers Participating in The Basic Retirement Security Program	基本医疗保险参保人数 Persons Participating in the Basic Health Care Program	#职工数 Staff and Workers	失业保险人数 Persons Participating in the Unemployment Insurance Program
上虞市	Shangyu	5.73	1.90		5.29
嵊州市	Shengzhou	4.25			5.92
绍兴县	Shaoxing	10.36	3.26	1.51	4.86
新昌县	Xinchang	3.74	4.24	3.20	4.21
金华市区	Jinhua District	9.08	10.20	7.24	7.56
兰溪市	Lanxi	4.60	3.97	2.62	3.12
东阳市	Dongyang	6.35	3.27	2.42	0.97
义乌市	Yiwu	5.22	4.40	3.23	1.70
永康市	Yongkang	3.80	3.24	2.31	1.63
武义县	Wuyi	2.27	2.20	1.54	0.83
浦江县	Pujiang	1.66	1.72	1.19	0.88
磐安县	Panan	1.19	0.85	0.67	0.53
衢州市区	Quzhou District	7.84	5.58	3.96	6.57
江山市	Jiangshan	2.60	2.43	1.66	2.67
衢县	Quxian	0.58	1.12	0.88	1.08
常山县	Changshan	1.49	1.00	0.80	1.65
开化县	Kaihua	1.49	1.66	1.25	1.50
龙游县	Longyou	2.33	1.45	0.93	2.06
舟山市区	Zhoushan District	8.93	11.41	8.97	8.92
岱山县	Daishan	1.86	2.06	1.62	1.01
嵊泗县	Shengsi	0.84	1.14	0.92	0.73
台州市区	Taizhou District	12.84	4.23	3.35	10.76
温岭市	Wenling	4.75	2.59	1.62	5.40
临海市	Linhai	6.40	1.16		5.38
玉环县	Yuhuan	3.50	2.91	2.34	2.04
三门县	Sanmen	1.61			1.15
天台县	Tiantai	2.59	1.42	0.99	1.74
仙居县	Xianju	2.08	0.98	0.69	1.94
丽水市区	Lishui	2.35	4.62	3.47	2.83
龙泉市	LongQuan	1.29	0.92	0.51	1.35
青田县	Qingtian	0.86	1.52	1.26	1.17
云和县	Yunhe	0.40	0.55	0.43	0.42
庆元县	Qingyuan	0.53	0.84	0.72	0.55
缙云县	Jinyun	1.07	1.50	0.98	1.08
遂昌县	Suichang	1.28	2.28	1.91	1.72
松阳县	Songyang	0.76	1.03	0.79	0.78
景宁自治县	Jingning	0.49	0.52	0.43	0.55

市县名称 City and County		社会福利院数（个） Social Welfare Homes(unit)	社会福利院床位数（张） Beds of Social Welfare Homes(bed)	社区服务设施数（个） Number of Community Service Facilities Established in Urban Areas (unit)	居民最低生活保障人数（人） Residents Receiving Minimum Life Guarantee Relief (person)
杭州市区	Hangzhou District	118	4588	1978	3854
富阳市	Fuyang	26	649		332
临安市	Linan	27	563		331
建德市	Jiande	34	480		156
桐庐县	Tonglu	26	558		169
淳安县	Chunan	27	388		187
宁波市区	Ningbo District	54	4335	1300	3577
余姚市	Yuyao	31	1190	180	631
慈溪市	Cixi	27	1709		228
奉化市	Fenghua	17	1006	30	88
象山县	Xiangshan	24	672	6	158
宁海县	Ninghai	20	810	2	202
鄞县	Yinxian	31	1600	11	603
温州市区	Wenzhou District	58	4155	5125	3690
瑞安市	Ruian	87	6782	1737	699
乐清市	Yueqing	28	753	2370	432
洞头县	Dongtou	10	161	230	406
永嘉县	Yongjia	42	616	1685	89
平阳县	Pingyang	49	1541	2858	241
苍南县	Cangnan	56	3358	286	169
文成县	Wencheng	35	372	88	328
泰顺县	Taishun	36	440	462	417
嘉兴市区	Jiaxing District	17	538	60	679
平湖市	Pinghu	11	611	136	521
海宁市	Haining	22	785	86	707
桐乡市	Tongxiang	24	732	30	561
嘉善县	Jiashan	18	560	141	718
海盐县	Haiyan	13	372	18	512
湖州市区	Huzhou District	25	1290	409	999
德清县	Deqing	21	475	1	572
长兴县	Changxing	16	269	32	178
安吉县	Anji	21	500	3	215
绍兴市区	Shaoxing District	25	1048	249	1056
诸暨市	Zhuji	39	536	76	481
上虞市	Shangyu	32	574	31	450

市县名称 City and County		社会福利院数(个) Social Welfare Homes(unit)	社会福利院床位数(张) Beds of Social Welfare Homes(bed)	社区服务设施数(个) Number of Community Service Facilities Established in Urban Areas (unit)	居民最低生活保障人数(人) Residents Receiving Minimum Life Guarantee Relief (person)
嵊州市	Shengzhou	31	458	10	118
绍兴县	Shaoxing	20	775	42	697
新昌县	Xinchang	19	385	8	46
金华市区	Jinhua District	42	1318	298	299
兰溪市	Lanxi	29	686	3	958
东阳市	Dongyang	22	476	1	64
义乌市	Yiwu	21	626	4	113
永康市	Yongkang	15	367		43
武义县	Wuyi	19	250		448
浦江县	Pujiang	18	263	45	290
磐安县	Panan	10	133		58
衢州市区	Quzhou District	11	185	32	529
江山市	Jiangshan	26	359		366
衢县	Quxian	30	355		98
常山县	Changshan	25	289	118	332
开化县	Kaihua	31	470		398
龙游县	Longyou	22	252		323
舟山市区	Zhoushan District	58	837	104	854
岱山县	Daishan	10	112	10	146
嵊泗县	Shengsi	7	143		39
台州市区	Taizhou District	40	1668	332	315
温岭市	Wenling	44	1284	2	239
临海市	Linhai	32	310	222	117
玉环县	Yuhuan	22	550	5	230
三门县	Sanmen	15	88	1	254
天台县	Tiantai	19	610		18
仙居县	Xianju	39	540		140
丽水市区	Lishui	9	316	2	475
龙泉市	LongQuan	18	175		251
青田县	Qingtian	31	191		34
云和县	Yunhe	16	88		94
庆元县	Qingyuan	22	220		412
缙云县	Jinyun	26	242		56
遂昌县	Suichang	21	168		258
松阳县	Songyang	21	159		253
景宁自治县	Jingning	24	127		246

17 - 40 各市、县各类学校在校学生数(2001 年)
Student Enrollment by Type of School ,City and County(2001)

市县名称 City and County		高等学校（人） Institutions of Higher Education (person)	中等专业学校（人） Specialized Secondary Schools (person)	普通中学（万人） Regular Secondary Schools (10000 persons)	小学（万人） Primary Schools (10000 persons)
杭州市区	Hangzhou District	156617	32763	20.71	26.06
富阳市	Fuyang			3.81	5.11
临安市	Linan	5602		3.46	4.23
建德市	Jiande			3.36	4.51
桐庐县	Tonglu			2.54	3.23
淳安县	Chunan			2.62	3.66
宁波市区	Ningbo District	43417	18336	6.98	10.06
余姚市	Yuyao		118	4.59	6.79
慈溪市	Cixi		585	5.47	8.30
奉化市	Fenghua		2110	2.62	3.37
象山县	Xiangshan			2.54	3.42
宁海县	Ninghai			3.60	3.88
鄞县	Yinxian		1507	3.89	6.42
温州市区	Wenzhou District	21837	7826	9.13	12.50
瑞安市	Ruian			6.87	8.59
乐清市	Yueqing			8.29	11.30
洞头县	Dongtou			0.69	0.62
永嘉县	Yongjia			4.79	6.63
平阳县	Pingyang			5.13	7.47
苍南县	Cangnan			7.59	12.64
文成县	Wencheng			1.82	2.50
泰顺县	Taishun			1.57	3.04
嘉兴市区	Jiaxing District	11551	7375	4.48	6.59
平湖市	Pinghu			2.61	4.02
海宁市	Haining		468	3.50	5.06
桐乡市	Tongxiang			3.53	5.46
嘉善县	Jiashan			2.15	3.16
海盐县	Haiyan			2.02	2.94
湖州市区	Huzhou District	6723	7065	5.95	8.65
德清县	Deqing			2.53	3.38
长兴县	Changxing			3.18	5.14
安吉县	Anji			2.59	3.54
绍兴市区	Shaoxing District	8880	9562	3.35	4.78
诸暨市	Zhuji		1222	6.83	8.27
上虞市	Shangyu			4.36	6.23

17－40 续表 continued

市县名称 City and County		高等学校（人） Institutions of Higher Education (person)	中等专业学校（人） Specialized Secondary Schools (person)	普通中学（万人） Regular Secondary Schools (10000 persons)	小学（万人） Primary Schools (10000 persons)
嵊州市	Shengzhou			3.70	5.20
绍兴县	Shaoxing		1989	4.40	6.69
新昌县	Xinchang			2.61	2.91
金华市区	Jinhua District	21509	10990	5.15	5.74
兰溪市	Lanxi			3.87	5.73
东阳市	Dongyang		978	4.68	5.87
义乌市	Yiwu			3.99	5.89
永康市	Yongkang			3.92	3.94
武义县	Wuyi			1.99	2.50
浦江县	Pujiang			2.21	3.40
磐安县	Panan			1.01	1.32
衢州市区	Quzhou District	6458	25147	1.62	1.92
江山市	Jiangshan			3.17	4.29
衢县	Quxian			2.68	3.60
常山县	Changshan			1.70	2.24
开化县	Kaihua			1.67	2.26
龙游县	Longyou			2.12	2.95
舟山市区	Zhoushan District	4785	1844	4.13	4.23
岱山县	Daishan			1.26	1.26
嵊泗县	Shengsi			0.41	0.58
台州市区	Taizhou District	2814	3748	8.82	9.78
温岭市	Wenling		1116	8.00	6.97
临海市	Linhai	4078	3612	6.56	6.91
玉环县	Yuhuan			2.59	2.24
三门县	Sanmen			2.51	2.49
天台县	Tiantai			3.40	3.64
仙居县	Xianju			2.04	3.42
丽水市区	Lishui	5631	12419	2.19	3.05
龙泉市	LongQuan			1.40	1.85
青田县	Qingtian			2.53	3.54
云和县	Yunhe			0.59	0.70
庆元县	Qingyuan			1.00	1.26
缙云县	Jinyun			2.75	2.74
遂昌县	Suichang			1.22	1.34
松阳县	Songyang			1.34	1.42
景宁自治县	Jingning			0.84	0.93

17－41 各市、县科学和技术主要指标(2001 年)
Science and Culture by City and County(2001)

市县名称 City and County		各类专业技术人员数(万人) Scientific and technological Personnel (10000 persons)	#中级技术职称以上人员数 Persons with Intermediate Technical Title Level and above	从事科技活动人员数(人) Persons Engaged in Scientific and Technological Activities (person)
杭州市区	Hangzhou District	18.18	8.12	30207
富阳市	Fuyang	1.03	0.43	967
临安市	Linan	0.79	0.29	1527
建德市	Jiande	0.87	0.28	336
桐庐县	Tonglu	0.53	0.16	429
淳安县	Chunan	0.74	0.25	489
宁波市区	Ningbo District	12.86	4.42	7324
余姚市	Yuyao	3.03	0.72	2461
慈溪市	Cixi	2.01	0.55	1649
奉化市	Fenghua	1.42	0.42	376
象山县	Xiangshan	1.33	0.43	1908
宁海县	Ninghai	1.95	0.36	1312
鄞县	Yinxian	2.90	0.71	3832
温州市区	Wenzhou District	1.39	0.78	5712
瑞安市	Ruian	1.27	0.39	1199
乐清市	Yueqing	1.37	0.29	2945
洞头县	Dongtou	0.21	0.07	235
永嘉县	Yongjia	2.14	0.45	677
平阳县	Pingyang	0.88	0.20	961
苍南县	Cangnan	1.32	0.31	708
文成县	Wencheng	0.44	0.12	215
泰顺县	Taishun	0.55	0.13	139
嘉兴市区	Jiaxing District	1.47	0.63	2801
平湖市	Pinghu	1.30	0.33	2306
海宁市	Haining	1.42	0.31	2146
桐乡市	Tongxiang	0.84	0.24	2671
嘉善县	Jiashan	0.55	0.19	1133
海盐县	Haiyan	1.47	0.42	1418
湖州市区	Huzhou District	1.80	0.64	1173
德清县	Deqing	0.59	0.19	1107
长兴县	Changxing	0.59	0.23	775
安吉县	Anji	0.91	0.26	476
绍兴市区	Shaoxing District	1.65	0.67	2464
诸暨市	Zhuji	1.22	0.51	4255
上虞市	Shangyu	1.04	0.38	2390

17 - 41 续表 continued

市县名称 City and County		各类专业技术人员数（万人） Scientific and technological Personnel (10000 persons)	#中级技术职称以上人员数 Persons with Intermediate Technical Title Level and above	从事科技活动人员数（人） Persons Engaged in Scientific and Technological Activities (person)
嵊州市	Shengzhou	0.90	0.31	1606
绍兴县	Shaoxing	1.03	0.45	3666
新昌县	Xinchang	0.82	0.22	2992
金华市区	Jinhua District	1.99	0.84	1338
兰溪市	Lanxi	0.85	0.35	615
东阳市	Dongyang	0.90	0.35	2548
义乌市	Yiwu	1.00	0.37	1407
永康市	Yongkang	0.78	0.27	919
武义县	Wuyi	0.47	0.18	559
浦江县	Pujiang	0.45	0.18	187
磐安县	Panan	0.31	0.09	143
衢州市区	Quzhou District	2.04	0.67	2139
江山市	Jiangshan	1.40	0.29	400
衢县	Quxian	0.45	0.13	223
常山县	Changshan	0.77	0.21	227
开化县	Kaihua	0.51	0.14	583
龙游县	Longyou	0.63	0.18	641
舟山市区	Zhoushan District	1.36	0.60	1418
岱山县	Daishan	0.37	0.15	213
嵊泗县	Shengsi	0.19	0.05	80
台州市区	Taizhou District	3.36	1.03	3973
温岭市	Wenling	1.76	0.50	5710
临海市	Linhai	1.87	0.63	1043
玉环县	Yuhuan	0.72	0.19	1535
三门县	Sanmen	0.57	0.18	289
天台县	Tiantai	0.85	0.26	443
仙居县	Xianju	0.80	0.24	554
丽水市区	Lishui	0.99	0.47	326
龙泉市	LongQuan	0.49	0.11	262
青田县	Qingtian	0.53	0.12	450
云和县	Yunhe	0.23	0.07	169
庆元县	Qingyuan	0.36	0.10	386
缙云县	Jinyun	0.58	0.19	249
遂昌县	Suichang	0.39	0.12	335
松阳县	Songyang	0.36	0.11	339
景宁自治县	Jingning	0.33	0.08	187

17－42 各市、县文化和卫生事业主要指标(2001年)
Public Health by City and County(2001)

市县名称 City and County		剧场和影剧院数(个) Number of Theaters and Music Halls (unit)	公共图书馆图书藏量(千册) Total Collections of Books in Public Libraries (1000 copies)	医院卫生院数(个) Number of Health Institutions (unit)	医院卫生院床位数(张) Number of Beds in Health Institutions (bed)	医生数(人) Doctor(person)
杭州市区	Hangzhou District	64	5934	191	17770	12968
富阳市	Fuyang	7	104	50	1558	1044
临安市	Linan	14	134	42	1169	883
建德市	Jiande	22	114	42	1286	916
桐庐县	Tonglu	17	108	32	941	565
淳安县	Chunan	1	82	34	796	618
宁波市区	Ningbo District	8	630	71	6309	4198
余姚市	Yuyao	8	150	26	1451	1143
慈溪市	Cixi	2	160	28	1672	1189
奉化市	Fenghua	8	100	31	1259	727
象山县	Xiangshan	2	130	34	875	595
宁海县	Ninghai	5	80	51	912	668
鄞县	Yinxian	17	120	45	1355	1153
温州市区	Wenzhou District	18	1016	97	5524	1595
瑞安市	Ruian	13	165	67	1680	1007
乐清市	Yueqing	15	156	66	1882	885
洞头县	Dongtou	2	63	15	153	70
永嘉县	Yongjia	5	180	55	669	510
平阳县	Pingyang	4	117	81	1035	552
苍南县	Cangnan	9	136	82	829	1090
文成县	Wencheng	5	46	74	411	401
泰顺县	Taishun	2	41	65	441	236
嘉兴市区	Jiaxing District	4	491	37	2645	1241
平湖市	Pinghu	9	247	14	1010	599
海宁市	Haining	8	257	24	1457	719
桐乡市	Tongxiang	26	125	26	1619	746
嘉善县	Jiashan	13	150	15	1101	529
海盐县	Haiyan	9	177	22	967	418
湖州市区	Huzhou District	25	336	36	3536	1963
德清县	Deqing		110	21	1248	712
长兴县	Changxing	9	96	34	1577	878
安吉县	Anji	5	88	37	1199	630
绍兴市区	Shaoxing District	4	450	20	2251	1170
诸暨市	Zhuji	10	160	37	1932	1431
上虞市	Shangyu	9	160	57	1189	986

17－42 续表 continued

市县名称 City and County		剧场和影剧院数(个) Number of Theaters and Music Halls (unit)	公共图书馆图书藏量(千册) Total Collections of Books in Public Libraries (1000 copies)	医院卫生院数(个) Number of Health Institutions (unit)	医院卫生院床位数(张) Number of Beds in Health Institutions (bed)	医生数(人) Doctor(person)
嵊州市	Shengzhou	7	180	65	1572	932
绍兴县	Shaoxing	19		22	2026	1126
新昌县	Xinchang	3	160	50	998	603
金华市区	Jinhua District	8	545	56	3094	1650
兰溪市	Lanxi	3	87	57	969	695
东阳市	Dongyang	15	155	59	1697	1040
义乌市	Yiwu	5	143	18	1758	1025
永康市	Yongkang	3	135	25	1008	665
武义县	Wuyi	2	89	35	772	439
浦江县	Pujiang	4	147	23	545	356
磐安县	Panan	1	47	23	377	222
衢州市区	Quzhou District	13	169	15	963	643
江山市	Jiangshan	25	76	39	1015	727
衢县	Quxian	47		46	517	436
常山县	Changshan	15	67	27	571	323
开化县	Kaihua	33	74	29	610	484
龙游县	Longyou	26	43	30	694	580
舟山市区	Zhoushan District	23	283	56	2239	1586
岱山县	Daishan		105	21	776	365
嵊泗县	Shengsi	2	62	18	398	171
台州市区	Taizhou District	29	234	85	3266	1958
温岭市	Wenling	13	161	47	2297	1186
临海市	Linhai	8	250	82	2074	930
玉环县	Yuhuan	4	84	34	616	386
三门县	Sanmen	3	40	35	527	307
天台县	Tiantai	4	57	55	948	538
仙居县	Xianju	7	108	32	668	530
丽水市区	Lishui	2	143	37	2001	894
龙泉市	LongQuan	3	165	46	551	387
青田县	Qingtian	2	92	63	523	275
云和县	Yunhe	1	126	20	241	149
庆元县	Qingyuan	4	86	43	379	258
缙云县	Jinyun	4	95	45	593	399
遂昌县	Suichang	1	101	34	653	286
松阳县	Songyang	3	54	29	419	243
景宁自治县	Jingning	1	46	35	319	209

附 录

APPENDIX

Chapter 18

附表 1　企业家信心指数和企业景气指数(2001 年)

行　　业	1 季度			2 季度		
	1999 年	2000 年	2001 年	1999 年	2000 年	2001 年
企业家信心指数	**114.5**	**129.3**	**133.5**	**109.8**	**133.2**	**129.1**
工　业	122.0	134.7	142.1	115.8	141.1	133.2
建筑业	125.7	140.4	149.7	122.6	137.4	147.5
交通运输、仓储和邮电通信业	104.9	114.2	119.8	109.5	120.7	122.7
批发和零售贸易、餐饮业	88.8	115.6	111.1	84.0	108.0	104.8
房地产业	136.8	157.9	164.5	128.6	166.8	165.0
社会服务业	94.8	99.3	118.5	94.1	115.7	130.6
企业景气指数	**129.9**	**126.7**	**129.0**	**127.4**	**142.8**	**133.3**
工业	136.6	130.6	134.6	136.7	152.7	137.6
建筑业	132.3	108.5	134.4	124.3	133.4	154.9
交通运输、仓储和邮电通信业	116.4	124.2	133.5	117.6	122.2	114.2
批发和零售贸易、餐饮业	116.5	127.3	124.6	104.1	123.4	121.1
房地产业	144.4	127.3	140.0	129.5	136.2	143.8
社会服务业	97.2	98.8	100.5	105.6	130.7	130.3

行　　业	3 季度			4 季度		
	1999 年	2000 年	2001 年	1999 年	2000 年	2001 年
企业家信心指数	**111.2**	**130.2**	**124.8**	**118.7**	**132.8**	**123.1**
工　业	117.4	137.5	128.7	125.6	141.1	125.3
建筑业	118.6	124.3	146.9	128.3	129.7	146.9
交通、动输、仓储和邮电通信业	113.4	115.6	118.2	107.9	118.5	114.8
批发和零贸易、餐饮业	87.8	117.2	102.1	95.9	111.5	102.4
房地产业	131.5	168.0	154.4	154.9	154.1	151.5
社会服务业	86.6	88.2	125.0	93.2	115.7	128.6
企业景气指数	**126.6**	**135.9**	**129.1**	**133.7**	**135.0**	**130.3**
工业	134.4	143.6	131.3	141.5	138.4	134.2
建筑业	128.4	139.8	150.7	140.2	143.0	150.2
交通、动输、仓储和邮电通信业	119.4	118.7	113.0	112.6	117.0	117.6
批发和零贸易、餐饮业	108.6	126.1	123.2	118.0	128.8	118.8
房地产业	131.0	137.5	142.7	138.8	143.2	149.8
社会服务业	89.6	82.2	124.4	107.5	126.4	122.7

附表2　各季企业景气指数(2001 年)

指　　标	1 季度	2 季度	3 季度	4 季度
按企业登记注册类型分				
国有企业	112.8	122.0	122.5	120.3
集体企业	134.0	142.2	132.4	136.5
股份合作企业	137.9	136.9	135.1	136.9
联营企业	92.0	99.7	115.1	130.4
有限责任公司	131.4	137.7	130.7	129.6
股份有限公司	141.6	143.4	139.4	142.0
私营企业	151.3	134.7	127.8	141.6
其它内资企业				
外商及港、澳、台投资企业	137.6	136.5	137.1	131.5
附:上市公司	148.0	149.6	145.3	148.5
按企业规模分				
大型	147.7	148.5	145.0	141.3
中型	119.2	128.1	123.6	126.8
小型	117.3	122.2	118.1	121.1
按主要行业大类分				
工　业				
采掘业	88.9	115.8	111.1	150.0
食品加工业	71.6	104.4	84.9	113.6
食品制造业	116.5	128.8	113.7	133.7
饮料制造业	156.7	162.3	163.5	112.0
纺织业	136.4	141.1	116.8	130.4
服装及其它纤维制造业	148.6	120.4	142.3	142.5
造纸及纸制品业	138.5	118.4	137.3	118.7
化学原料及制品制造业	117.7	143.7	148.3	140.1
医药制造业	151.2	185.6	151.2	164.8
化学纤维制造业	161.6	148.0	159.3	134.9

附表2　续表1

指　　标	1季度	2季度	3季度	4季度
塑料制品业	160.9	138.8	128.0	132.5
非金属矿物制品业	130.1	138.3	140.6	168.5
黑色金属冶炼及压延业	116.5	133.3	115.3	83.1
有色金属冶炼及压延业	153.0	127.0	127.0	147.0
金属制品业	148.8	146.0	136.9	122.2
普通机械制造业	151.0	151.8	143.7	136.6
专用设备制造业	124.5	120.0	114.2	126.8
交通运输设备制造业	127.8	128.0	137.9	137.9
电气机械及器材制造业	141.8	151.1	142.1	140.5
电子及通信设备制造业	137.7	142.8	136.4	140.6
电力蒸汽热水生产供应业	154.4	164.7	141.7	155.1
建筑业				
土木工程建筑业	135.3	157.5	151.1	152.1
线路、管道和设备安装业	132.6	118.5	140.7	125.1
交通运输仓储及邮电通信业：				
公路运输业	153.0	109.8	114.0	119.6
水上运输业	56.4	139.8	102.9	122.2
航空运输业	50.0	100.0	150.0	50.0
邮电通信业	116.6	110.0	94.4	91.0

附表2　续表2

指　　标	1季度	2季度	3季度	4季度
批发和零售贸易餐饮业：				
食品、饮料、烟草等批发业	132.5	132.0	140.6	130.8
能源、材料和机械等批发业	124.6	114.2	112.2	101.6
其他批发业	102.2	126.1	81.8	106.9
零售业	124.7	109.4	117.3	118.7
商业经纪与代理业	150.0	150.0	150.0	150.0
餐饮业	107.3	117.7	117.7	141.2
房地产业				
房地产开发与经营业	140.6	144.5	143.4	150.6
社会服务业				
公共设施服务业	123.1	179.8	143.3	125.0
居民服务业	83.3	150.0	83.3	133.3
旅馆业	93.5	120.4	117.6	121.4
租赁服务业	66.7	0.0	50.0	100.0
旅游业	112.5	150.0	150.0	112.5
娱乐服务业	50.0	50.0	50.0	100.0
信息、咨询服务业	71.4	100.0	128.6	85.7
其他社会服务业	199.0	199.0	199.0	199.0

附表3　各季企业家信心指数(2001年)

指　　标	1季度	2季度	3季度	4季度
按企业登记注册类型分				
国有企业	114.1	111.3	107.5	111.7
集体企业	138.5	134.1	132.6	133.6
股份合作企业	140.3	135.9	131.8	131.9
联营企业	115.1	115.1	107.4	122.8
有限责任公司	134.9	132.8	128.0	128.8
股份有限公司	150.6	137.3	129.5	120.3
私营企业	148.6	145.0	127.9	138.1
其它内资企业				
外商及港、澳、台投资企业	134.8	135.5	131.3	123.3
附:上市公司	169.2	142.0	141.0	112.8
按企业规模分				
大型	147.9	134.1	131.6	124.2
中型	126.4	127.5	121.5	122.8
小型	124.9	124.0	118.4	120.8
按主要行业大类分				
工　业				
食品加工业	98.9	105.1	93.3	112.1
食品制造业	130.8	123.2	105.8	121.4
饮料制造业	149.5	159.1	160.8	154.6
纺织业	136.4	136.4	120.5	122.5
服装及其它纤维制造业	162.4	125.0	127.2	127.4
造纸及纸制品业	151.5	133.7	143.7	135.7
化学原料及制品制造业	124.2	139.7	146.1	140.1
医药制造业	152.9	146.3	144.2	144.9
化学纤维制造业	131.1	102.3	108.4	112.3

附表3　续表

指　　标	1季度	2季度	3季度	4季度
塑料制品业	154.1	144.5	133.7	138.2
非金属矿物制品业	119.8	156.0	145.3	160.0
黑色金属冶炼及压延业	85.5	99.8	83.1	83.1
有色金属冶炼及压延业	123.0	137.1	140.0	127.1
金属制品业	152.3	148.3	146.2	145.1
普通机械制造业	151.4	142.0	136.1	124.8
专用设备制造业	128.0	120.0	116.9	122.4
交通运输设备制造业	124.8	128.0	136.3	144.5
电气机械及器材制造业	152.5	142.8	134.5	135.2
电子及通信设备制造业	169.0	161.2	126.6	118.8
电力蒸汽热水生产供应业	150.2	169.9	163.7	176.5
建筑业				
土木工程建筑业	151.1	149.3	148.5	149.8
线路、管道和设备安装业	129.6	125.6	129.2	105.9
交通运输仓储及邮电通信业				
公路运输业	133.3	116.7	112.5	120.8
水上运输业	73.2	128.7	128.7	128.7
航空运输业	100.0	100.0	150.0	100.0
邮电通信业	126.6	121.0	105.3	81.0
批发和零售贸易餐饮业				
食品、饮料、烟草等批发业	115.2	111.5	123.3	116.3
能源、材料和机械等批发业	122.1	103.4	85.4	84.3
其他批发业	77.8	87.7	76.9	89.8
零售业	100.5	107.4	101.4	99.1
商业经纪与代理业	150.0	150.0	100.0	200.0
餐饮业	114.7	105.9	111.8	141.2
房地产业				
房地产开发与经营业	165.5	166.0	155.2	152.2
社会服务业				
公共设施服务业	150.0	187.5	175.0	176.9
居民服务业	50.0	133.3	100.0	116.7
旅馆业	112.2	114.6	115.7	120.3
租赁服务业	33.3	50.0	50.0	100.0
旅游业	150.0	175.0	112.5	112.5
娱乐服务业	100.0	50.0	100.0	50.0
信息、咨询服务业	100.0	114.3	128.6	114.3
其他社会服务业	199.0	199.0	191.0	192.0

附表4　各行业企业生产经营情况景气指数(2001 年)

指　　标	1 季度	2 季度	3 季度	4 季度
工业				
企业综合经营状况	134.6	137.6	131.3	134.2
生产成本	103.3	96.6	106.9	105.9
生产总量	100.0	131.0	117.0	120.6
产品销售量	106.1	130.1	115.7	116.6
产品销售价格	78.4	84.2	71.1	69.9
产成品库存	127.7	125.8	112.1	121.5
税后利润	99.2	121.4	114.8	110.4
流动资金	96.6	103.6	105.6	99.3
货款拖欠	106.3	100.6	103.1	106.1
设备利用率	145.9	151.9	146.4	147.2
原材料及能源购进价格	96.6	89.0	103.5	108.1
建筑业				
企业综合经营状况	134.4	154.9	150.7	150.2
工程合同签订	121.9	145.0	135.0	148.2
建筑产品实物工程量	103.5	152.6	154.3	154.0
施工产值	104.9	163.7	162.7	166.4
竣工产值	93.8	118.2	136.5	155.9
工程结算收入	100.6	137.1	141.3	154.7
建筑材料购进价格	96.7	60.2	84.8	88.6
工程结算成本	87.3	64.0	85.9	79.4
税后利润	115.8	113.1	121.7	130.7
流动资金	77.9	83.0	75.6	76.5
货款拖欠	101.4	92.6	93.2	89.0
交通运输、仓储及邮电通信业				
企业综合经营状况	133.5	114.2	113.0	117.6
业务量	122.0	103.0	118.5	121.2
业务收入	115.5	86.7	104.5	102.0
业务收费价格	102.3	74.9	78.7	96.5
营业成本	97.5	80.6	60.8	57.1
税后利润	119.5	91.3	89.3	101.1
流动资金	72.5	81.7	80.1	79.8
货款拖欠	116.3	118.8	112.0	110.2
批零贸易、餐饮业				
企业综合经营状况	124.6	121.1	123.2	118.8
商品购进总额	111.6	107.1	103.1	107.4
商品购进价格	99.6	102.0	108.7	120.0
商品销售总额	109.1	108.1	104.0	119.1
其中:商品出口额	93.1	115.8	127.6	108.5

附表4 续表

指　　标	1季度	2季度	3季度	4季度
商品销售价格	87.3	88.0	82.0	72.0
商品库存	118.1	108.7	107.2	119.8
经营费用	100.0	85.0	92.9	83.4
税后利润	87.3	104.2	110.1	119.3
流动资金	82.0	90.2	87.1	86.2
货款拖欠	114.3	108.6	111.6	113.5
房地产业				
企业综合经营状况	140.0	143.8	142.7	149.8
土地开发面积	105.3	109.1	116.2	110.0
完成投资	121.4	134.1	141.8	133.3
房屋施工面积	102.0	105.0	103.7	109.8
房屋竣工面积	102.9	112.7	107.4	112.1
商品房预售面积	116.6	112.9	112.4	110.2
商品房销售面积	103.2	113.3	111.7	103.1
商品房销售价格	137.1	138.0	127.5	124.9
空置商品房面积	163.5	149.7	154.9	146.6
税后利润	108.4	117.7	116.5	123.7
流动资金	114.4	100.8	91.3	85.2
货款拖欠	135.8	124.2	129.7	121.2
社会服务业				
企业综合经营状况	100.5	130.3	124.4	122.7
业务量	88.4	121.0	107.4	127.5
客房出租	86.6	103.6	107.0	100.0
旅游客源	82.0	132.2	115.8	116.6
业务收费价格	84.0	102.5	88.1	97.1
营业收入	82.0	122.8	111.3	128.8
营业成本	84.6	94.1	67.1	81.6
税后利润	77.8	119.1	100.9	116.8
流动资金	96.0	107.8	100.6	102.4
货款拖欠	116.0	112.5	100.7	103.1

附表 5　重点企业建立现代企业制度跟踪监测主要指标(2001 年)

	企业数（个）	资本金（万元）	资产合计（万元）	销售收入（万元）	利润总额（万元）	从业人员（人）
总计	**294**	**4154235**	**22465133**	**19767699**	**1181916**	**448275**
按重点企业类型分						
520 户国家重点企业	17	723365	4811353	2815981	202231	65506
重组为集团的原 512 户企业	1	252375	1040284	2082434	66600	8620
省级重点企业	238	3516766	19168390	17095494	1058830	365961
现企原国家百户试点企业	2	54504	325580	121108	-1797	6278
现企原省级试点企业	113	1586736	7759621	5513865	316356	200154
试点集团母公司	3	156025	1947849	1843002	49324	26447
按主营行业分						
农、林、牧、渔业	2	18735	63158	66878	-4662	1982
采掘业	3	38342	124474	97238	-289	12690
制造业	255	3240499	16331230	15294752	1071099	385781
电气水的生产和供应业	1	8000	16381	5191	1171	106
建筑业	4	79139	397129	245166	2730	14367
运输邮电业	4	237396	1005257	230725	17572	14780
批发零售贸易餐饮业	9	245007	2137328	3339350	59603	10997
金融保险业	2	13500	252590	21349	5206	175
其他	14	273617	2137586	467050	29486	7397
按控股情况分						
国有绝对控股	87	1980839	10920873	8400268	384782	171786
国有相对控股	28	392900	1856572	1287430	94704	40692
集体绝对控股	27	388582	1460041	1318595	82005	36039
集体相对控股	26	218137	1178389	1625730	104642	39598
其他	126	1173777	7049258	7135676	515783	160160
按企业规模分						
特大型	4	386394	1844264	2336493	81398	29864
大型	160	2785955	16038447	13278166	857590	301877
中型	98	787542	3125950	2633763	192513	98194
小型	22	61464	352583	335850	30235	13959
其他	10	132880	1103889	1183427	20180	4381
按登记注册类型分						
国有企业	25	454549	2449392	1696588	146692	64815
国有独资公司	30	677731	4801151	2818111	97268	51109
其他有限责任公司	125	1386179	6719243	6392105	406597	161877
股份有限公司	88	1379081	6825099	7423632	435363	138973
中外合资企业	7	85455	353913	249186	13634	9778
其他	19	171240	1316335	1188077	82362	21723

附表6　重点企业建立现代企业制度跟踪监测财务指标

单位:万元

指　　标	2000 年	2001 年
年末资产总计	19780037	22465133
固定资产原价	8035801	9079941
累计折旧	2452389	2830508
#本年折旧	460146	513276
累计对外投资	1953321	3411956
#本年对外投资	485098	1530094
存货	2795648	2903023
流动资产年平均余额	8981520	10080995
应收帐款	1893956	1846745
年末负债合计	10868926	11261381
流动负债	8493197	9155741
年末股东(所有者)权益合计	8911111	11203752
股本(实收资本)	3810639	4627817
主营业务收入	18130430	19379430
#主营业务成本	15159589	15975173
#主营业务税金及附加	376238	398604
其他业务收入	382169	388269
新产品销售收入	2756587	3065531
出口销售总额	3782714	4093355
存货跌价损失和营业、管理、财务等费用合计	1734545	1867300
#税金	25428	27712
#劳动、待业保险费	101641	104638
#利息支出	267752	293977
投资收益	221361	205034
营业外收入	47371	61658
利润总额	1082993	1181916
应交所得税	236331	304724
应缴增值税	509123	560205
固定资产投资完成额	1030786	1160291
研究开发费用	149855	169117

注:此表根据 294 家重点企业建立现代企业制度跟踪监测 2001 年年报统计数及其去年同期数填列(“劳动工资指标”表和“主营业务指标”表的填列口径与之一致)。

附表7　重点企业建立现代企业制度跟踪监测劳动工资指标

指　　标	年末人数（人）		劳动报酬（万元）	
	2000年	2001年	2000年	2001年
从业人员	451893	448275	605007	659873
#在岗职工	445565	441347	599149	653740
#其他从业人员	6328	6928	5858	6133
#研究开发人员	11238	13458	21264	30961

附表8　重点企业建立现代企业制度跟踪监测主营业务指标

指　　标	单位	2000年	2001年
农林牧渔业总产值(现价)	万元	55116	54543
采掘业企业工业总产值(现价)	万元	60705	76158
制造业企业工业总产值(现价)	万元	12880543	13739634
电气及水的生产和供应业企业工业总产值(现价)	万元	6215	5190
建筑业总产值(现价)	万元	138599	197088
交通运输业			
货运量	万吨	10430	11316
客运量	万人	1219	1266
批发零售贸易业企业商品销售总额	万元	4199611	4377200
外贸企业进出口总额	万美元	67867	59380
#出口额	万美元	58986	51306

附表9　全省企业集团基本情况（2001年）

指　　标	单位数（个）	资产总计（万元）	营业收入（万元）	从业人员（个）	劳动报酬总额（万元）
总　　计	**273**	**29837553**	**29814890**	**785996**	**1146554**
#国家重点	15	6102745	5266616	99952	188908
按审批部门分					
国务院	3	2300744	2188091	37952	58620
国务院主管部门	13	1660896	1756994	70295	102320
省级人民政府	111	9738773	9775793	217822	301773
省级政府主管部门	95	9055249	8612560	256528	362666
其他	51	7081891	7481452	203399	321175
按母公司主营行业类别分					
农、林、牧、渔业	1	24706	21495	1733	4761
采掘业	1	32079	11625	1424	2264
制造业	202	20604774	20093481	555905	777582
电气水的生产和供应业	4	529073	212994	6164	10200
建筑业	18	2579705	2669039	155157	245323
运输邮电业	3	180150	78722	5770	11671
批发和零售贸易餐饮业	28	4724859	6256211	46321	73996
金融保险业					
房地产业	9	512722	122722	2446	3447
其他	7	649485	348601	11076	17310
按母公司登记注册类型分					
国有企业	16	2479037	2334885	51733	88189
国有独资公司	28	5071304	4577415	99239	166536
其他有限责任公司	138	13319117	13019366	380194	556640
股份有限公司	49	5008847	5427395	150656	199784
中外合资企业	7	404859	442151	19431	23046
港澳台合资企业					
其他	35	3554389	4013678	84743	112359

附表9 续表

指　　标	单位数（个）	资产总计（万元）	营业收入（万元）	从业人员（个）	劳动报酬总额（万元）
按母公司控股情况分					
国有绝对控股	60	9035499	8434911	180701	294361
国有相对控股	11	2139623	1958468	30491	53189
集体绝对控股	46	5087381	5297226	155076	222662
集体相对控股	23	1512238	1922953	46849	55297
其他	133	12062812	12201332	372879	521045
按成立时间分					
1990 年及以前	7	2659355	2327988	67947	107090
1991 年	3	380741	395541	11650	13037
1992 年	16	2568769	2741840	78035	105973
1993 年	30	4098389	3823178	113232	163929
1994 年	60	5183658	5913713	127119	193221
1995 年	56	4058629	4487834	151948	218205
1996 年	47	5012303	5426387	95374	137247
1997 年	20	1307651	1143078	36464	45930
1998 年	14	2206546	1941280	46449	74596
1999 年	11	1610188	973607	34888	52567
2000 年	7	614923	438905	18277	29867
2001 年	2	136401	201539	4613	4892
按资产总计分					
50 亿元及以上	10	7785549	7365850	171736	291946
40—50 亿元	3	1359848	1873153	14050	35692
30—40 亿元	3	1152773	964285	26379	38024
20—30 亿元	16	3865094	4420610	75334	105665
10—20 亿元	51	6953809	5661100	175629	246920
5—10 亿元	74	5408249	5974626	181013	264956
5 亿元以下	116	3312231	3555266	141855	163351

注：全省企业集团包括：①省批及以上企业集团；②我省列入国家重点企业的大企业（集团）；③年末资产总计、年主营业务收入均在 5 亿元以上的其他各类企业集团。

附表10　全省企业集团财务指标

单位:万元

指　　　　标	2000年	2001年
年末资产总计	25755962	29837553
固定资产原价	9659324	11138635
累计折旧	2720905	3240647
#本年折旧	523038	609040
累计对外投资	1600756	2050048
#本年对外投资	266256	489410
存货	4070790	4498728
流动资产年平均余额	13609150	16172107
应收帐款	2649160	2905053
年末负债合计	14817012	17048174
流动负债	12545534	14532352
年末少数股东权益	994727	1412088
年末股东(所有者)权益合计	9944223	11377291
股本(实收资本)	5470548	6141525
主营业务收入	25585423	29135279
#主营业务成本	21718674	24698687
主营业务税金及附加	248446	292045
其他业务收入	549834	679611
新产品销售收入	2985363	3580035
出口销售总额	4269550	5048579
存货跌价损失和营业、管理、财务等费用合计	2408399	2723397
#税金	70103	61351
#劳动、待业保险费	89816	93064
#利息支出	331846	370418
投资收益	171555	188896
营业外收入	77757	80287
利润总额	1341950	1579695
应交所得税	341889	377199
应缴增值税	671049	728268
固定资产投资完成额	1348983	1685701
研究开发费用	151109	226749

注:此表根据全省273家企业集团2001年年报统计数及其去年同期数填列("企业集团劳动工资表"及"企业集团主要业务指标"表的填列口径与此表一致)。

附表 11　全省企业集团劳动工资

指　　标	年末从业人数(人)		劳动报酬(万元)	
	2000 年	2001 年	2000 年	2001 年
从业人员	745260	785996	977510	1146554
#在岗职工	725628	764482	956786	1117906
其他从业人员	19632	21514	20724	28648
研究开发人员	12861	17238	31437	45096

附表 12　全省企业集团主要业务指标

指　　标	单位	2000 年	2001 年
农林牧渔业总产值(现价)	万元	31175	29560
采掘业企业工业总产值(现价)	万元	31621	30101
制造业企业工业总产值(现价)	万元	16025177	18275713
电力、煤气及水的生产和供应业企业工业总产值(现价)	万元	466082	163021
建筑业总产值(现价)	万元	2329545	3043764
交通运输业			
货运量	万吨	4887	4135
客运量	万人	7850	9406
批发零售贸易业企业商品销售总额	万元	7890936	9627589
外贸企业进出口总额	万美元	1063521	925279
#出口额	万美元	704214	669436

注:全省企业集团包括:①省批及以上企业集团;②我省列入国家重点企业的大企业(集团);③年末资产总计、年主营业务收入均在5亿元以上的其他各类企业集团。

2001年全省部分销售收入上亿元及农村工业企业基本情况

企业名称	法人代表	电话号码	邮政编码	生产主要产品
杭州东南化工有限公司	陈培元	86052240	310002	香皂、洗洁精、半透明皂、甘油、泡化碱、沐浴露、洗手液、清洗剂
杭州锅炉集团有限公司	杨建生	85371966	310004	电站锅炉、余热锅炉、工业锅炉、电站辅机等
杭州机床集团有限公司	朱金根	87295819	310003	200多个品种大型、数控、精密、缓进给平面磨床，30多个规格线切割机床及加工中心
杭州娃哈哈集团有限公司	宗庆后	86032866	310020	娃哈哈纯净水、非常可乐、茶饮料、营养八宝粥、果汁、纯牛奶、AD钙奶
万事利集团有限公司	沈爱琴	85148888	310021	万事利牌女装、丝织品、印花产品等
杭州东华机电器材集团有限公司	宣碧华	85144908	310021	工业链条、农机链条、汽车链条、摩托车链条、各类非标链
杭州杭联热电有限公司	吴砥中	86920447	310018	生产经营电力、蒸汽及灰渣综合利用
杭州玻璃集团有限公司	占和林	88144501	310022	平板玻璃、玻璃纤维纱、玻璃纤维布、安全玻璃
杭州华丰(新丰)纸业有限公司	黄胜利	88091424	310011	卷烟纸系列、拷贝纸、牛皮箱纸板、纱管纸、滤嘴棒成型纸、复写原纸
杭州鸿雁电器公司	杜桂福	88863670	310012	电气接插件、塑料管件、智能产品、荧光灯具、计算机产品等
杭州长河集团有限公司	华水芳	86624888	310052	水泥、护栏、晶体材料、商品混凝土
杭州龙山化工有限公司	彭　立	86617638	310053	合成氨、纯碱、氯化铵、硝盐、醋酸乙酯、医药中间体
万向集团公司	鲁冠球	82833999	311215	汽车零配件
杭州前进齿轮箱集团有限公司	王兆勤	82673888	311203	船用齿轮箱、工程机械变速箱、汽车变速器、工业齿轮箱、粉末冶金制品、大型重载精密齿轮
浙江亚太机电股份有限公司	黄来兴	82761888	311203	轿车、轻微型系列盘式制动器、鼓式制动器、真空助力器、制动总分泵等
杭州德意电气实业有限公司	高德康	82834888	311215	燃气灶、吸油烟机、消毒柜、热水器
杭州恒天面粉有限公司	孔金祥	82835790	311215	面粉、大米、粮油食品及副产品
杭州钱潮建材集团有限公司	俞从均	88681401	311122	水泥、商品混凝土
杭州雅加实业有限公司	毕文杰	88662451	311121	橡胶制品—全胶鞋
杭州高新塑料厂	高长虹	88501288	311117	PVC电缆料、35KV以下XLPE交联聚乙烯绝缘料
杭州昌隆皮件服装有限公司	古望灶	64261808	311508	皮革服装
浙江建德建业有机化工有限公司	冯　烈	64149269	311604	一（二、三）乙胺、异丙胺、吗啉、一（二、三）正丙胺、辛胺、醋酸乙（丁）酯等
杭州市新安江味精厂	程明哲	64755724	311600	“汤大福”牌系列味精、麸酸

企 业 名 称	法人代表	电话号码	邮政编码	生产主要产品
华伦集团有限公司	陈建龙	87040790	311400	光纤、光缆、通信电缆、数字通信电缆、光器件
杭州富春江冶炼有限公司	罗忠平	63485828	311400	标准阴极铜、黄金、白银、硫酸铜、硫酸
杭州金富春丝绸化纤有限公司	周文峰	63323131	311400	白厂丝、丝织品、稀硝酸、涤纶短纤
浙江天松集团有限公司	施永强	63738888	311300	聚酯树脂、路标树脂、白厂丝、绸缎、针织服装、UPVC双壁波纹管
杭州华宇铝业有限公司	方剑成	88171457	310015	铝型材
杭州信息科技有限公司	宋小春	87061375	310009	磁带、光盘、聚酯薄膜
浙江萧山金龟机械有限公司	黄银霞	82673091	311203	机械压力机、精密冷冲模架、自动送料装置、手板机等系列
杭州大庄地板有限公司	林　海	82463209	311251	竹木地板、竹装饰材料、竹家具材料
浙江国泰密封材料股份有限公司	孙子仁	82322322	311255	密封材料、密封制品
杭州萧山长河水泥有限公司	华水芳	82798536	311209	普通硅酸盐水泥32.5R
杭州盛联印务有限公司	王　铭	86296667	311101	包装盒
临安奥星电子有限公司	詹有耕	63821615	311313	电容器铝外壳：拉伸工艺、冷挤工艺、片式电解电容器铝壳、有机薄膜电容器铝外壳
宁波宜科科技实业股份有限公司	石东明	88200101	315192	黑炭衬、粘合衬
宁波贝发集团有限公司	邱智铭	86186888	315801	中性笔、圆珠笔、直液笔、荧光笔四大系列
浙江善高化学有限公司	颜　杰	86177445	315801	离子膜烧碱、液氯、盐酸、次氯酸钠、双氧水
宁波亚洲纸管纸箱有限公司	黄志源	86227461	315803	工业纸管、工业纱管、瓦楞纸板、瓦楞纸箱
宁波亚洲纸器纸品有限公司	黄志源	86227461	315803	美妆纸箱、美妆纸盒、单卡纸盒
中国石化镇海炼油化工股份有限公司	孙伟君	86444000	315207	原油加工、尿素、聚丙烯
宁波中鑫毛纺集团公司	钟康明	86551765	315206	精毛纺纱线、粗毛纺纱线、花色纱线、羊绒系列面料
宁波如意股份有限公司	储吉旺	65552001	315600	手动液压搬运车、平台车、拉紧器、电动堆高车、电动游览车、电动搬运车
宁波中华纸业有限公司	黄志源	87464811	315012	涂布白纸板
宁波天邦饲料科技股份有限公司	刘索加	62817777	315400	甲鱼、鳗鱼、虾、蟹等特种水产饲料、宠物食品、观赏鱼饲料
宁波利时塑胶有限公司	李立新	88021888	315171	家庭塑胶制品
宁波欣达（集团）有限公司	赵吉康	88489128	315113	螺杆空压机、电梯主机及零部件、印刷机器、电机

企 业 名 称	法人代表	电话号码	邮政编码	生产主要产品
宁波长城精工卷尺制造有限公司	朱文江	62811913	315400	钢卷（直）尺、（激光）水平尺、玻璃纤维卷尺、活络扳手、两用呆扳、钳子、美工刀等
宁波三A集团有限公司	景华南	63301688	315324	扑克牌
浙江球冠电缆制造有限公司	陈永明	86197888	315823	35KV及以下交联聚乙烯电力电缆、0.6/1KV聚氯乙烯电力电缆、信号及控制电缆、塑料绝缘电线等
宁波市日骋工贸有限公司	徐明强	63542208	315323	自行车配件、系列拨链器、变速飞轮、曲柄链轮、刹车器组件
宁波宝洁电器有限公司	余彭年	63577111	315322	半自动双桶洗衣机
温州快鹿集团公司	丁国聪	88623658	325005	快鹿牌味精、速冻食品系列、大米加工等
浙江霸力（鞋业）集团有限公司	王跃进	88787975	325007	皮鞋、毛皮
巨一集团有限公司	李爱莲	86557222	325011	鞋
浙江骊谷服饰有限公司	钱　维	88916880	325003	女时装及配套服饰系列
温州市拜丽德企业有限公司	郑秀东	88621821	325027	休闲服饰：衬衫、毛衫、茄克、风雪衣、休闲大衣、包、皮带、鞋等
温州三维集团公司	施文波	86537653	325011	炭黑、邻苯二甲酸酐、增塑剂、涂料
浙江华迪不锈钢集团有限公司	王　迪	86887225	325024	无缝不锈钢管
金狮啤酒集团有限公司	史美斌	86369993	325014	"双鹿"啤酒、"双鹿王"啤酒
立峰集团有限公司	陈光爱	63380888	325060	摩托车、助动车、电瓶车，摩托车、助动车发动机，摩托车、汽车配件
日泰鞋业有限公司	金林兴	67358111	325102	"日泰"牌真皮男女皮鞋
瑞安光裕针织有限公司	孙裕强	65475206	325215	袜子、健美裤、内衣、胸罩
浙江瑞立集团有限公司	张晓平	65609900	325200	汽车零部件
浙江南翔电工股份有限公司	赵泽南	65377837	325204	聚酯漆包圆铜线、无氧铜杆、镀锡铜线、裸铜线
德力西集团有限公司	胡成中	62723888	325604	低压电器、高中压电气、建筑电器、交通电器、仪器仪表、电线电缆、通信电器等
天正集团有限公司	高天乐	62775688	325604	低压电器、电源设备、仪器仪表、成套设备
新华电器集团有限公司	郑元孟	62722020	325604	低压电器主要元件
宏达电器集团有限公司	胡建新	62786358	325604	断路器系列、继电器系列、接触器系列、高低压成套设备、仪器仪表、尼龙扎带
耀华电器集团有限公司	何建国	62777332	325604	高、低压电气元件及成套设备
温州鑫田集团有限公司	周化荣	65358886	325204	汽车散热片、仪表、全车线、传感器、电动后视镜

企业名称	法人代表	电话号码	邮政编码	生产主要产品
浙江万控电气成套设备有限公司	木晓东	62898000	325603	GCK、GCS、GGD、MNS、XGN、KYN28、KYN18、KGN、VSI高低压开关柜柜体等
晋亿实业有限公司	蔡永龙	4185001	314100	螺栓、螺母、螺钉、牙条、精线
嘉善锦中油脂有限公司	张驰道	4262004	314100	菜籽油、菜粕
浙江海盐广大纺织有限责任公司	任大伟	6122420	314300	60支及以下各种精梳、普梳纯棉纱、化纤纱和混纺纱
日本电产芝浦(浙江)有限公司	永守重信	5092551	314200	空调用直流无刷电动机、交流电动机、全自动洗衣机（空调室外机）用钢板电机等
浙江桐昆集团	陈士良	8112900	314500	涤纶长丝、聚酯切片、油剂
浙江省桐乡市崇德丝厂	冯海荣	8033166	314500	白厂丝、绸缎、服装生产和销售
海宁市永发机电有限公司	高树彪	7611232	314411	Y系列三相异步电动机、YD系列变极多速异步电动机、YDT系列风机、泵用变极多速异步电动机
浙江美大太阳能工业有限公司	夏志生	7811189	314417	美大牌真空集热管、太阳热水器
嘉兴永成制衣有限公司	徐永法	5766071	314208	各类衬衫、茄克、风衣等
浙江金鑫皮革有限公司	沈金木	8351277	314511	山羊鞋面革
浙江威莱集团公司	徐海明	3952168	313013	白厂丝、白坯绢丝、染色绢丝及各类混纺纱、各类针织、梭织服装
浙江洪波线缆股份有限公司	陈找根	3581098	313013	漆包铜圆线、电工圆铜线
浙江正兴集团有限公司	陈亚明	2023264	313000	粗、精纺毛纱、毛针织衫、联合收割机、汽车配件
升华集团控股有限公司	夏士林	8401888	313220	硫酸粘杆菌素、阿维菌素、氧化铁系列、新闻纸、装饰贴面板等
浙江德华木业股份有限公司	丁鸿敏	8406625	313218	贴面板、胶合板、细木工板、木门、环保型胶粘剂、化纤纺织品
浙江新市油脂股份有限公司	张甲亮	8444090	313201	精制面粉、二级菜油、豆油、菜籽、大豆色拉油
浙江中利达实业集团	陈银中	8423109	313216	“白塔”牌普通硅酸盐水泥P.O 32.5、42.5 130万吨
浙江德清东立实业总公司	沈利明	8427718	313216	饲料、兽药、医药、食品
浙江纵横轻纺集团有限公司	袁柏仁	8034123	312071	聚酯切片、差别化纤维、时装面料
绍兴市独树印染有限公司	孟令一	8649003	312000	印染、涤纶、化纤，天然织物，各类印染针纺织品
浙江稽山印染有限公司	金关良	4021950	312046	弹力系列产品、全棉印花布
绍兴五洋实业有限公司	金尧兴	4029587	312046	大提花布系列、纱卡、帆布等全棉系列，起重运输机械、环保设备
浙江华港染织有限公司	肖国英	4881541	312030	各类纺织品及染色、印花加工、各类服装服饰、外贸进出口业务

企 业 名 称	法人代表	电话号码	邮政编码	生产主要产品
绍兴县八方纺织有限公司	钱建荣	5186258	312067	化纤织物、仿真、强捻系列、弹力系列服装面料
浙江绍兴怡东仪表有限公司	朱建平	4090358	312030	汽车仪表及电器
浙江漓铁集团公司	魏仕校	4011007	312041	铁精矿、氧化球团等
浙江医药股份有限公司－新昌制药厂	李春波	6022746	312500	来立信、VE、来益、利福平、乐仕、泰康新、乙酰、先锋
浙江万丰奥特集团有限公司	陈爱莲	6297288	312500	汽车及汽车零部件
浙江泰坦股份有限公司	陈其新	6123592	312500	TT96剑杆织机、XB318真丝（化纤）倍捻机、TB192包覆纱机、XB310化纤倍捻机等
回音必集团浙江亚东制药有限公司	王大冲	7211468	311800	回音必麦当乳通颗粒、孕康口服液、断血流片、舒尔洗剂
浙江宏磊铜业有限公司	戚建萍	7742985	311801	铜管、铜棒、无氧铜线、漆包线
浙江闰土化工集团有限公司	阮加根	2041282	312368	分散、活性、阳离子、还原、硫化等系列染料及化工中间体印染助剂
浙江联丰集团公司	蒋梦兰	2120777	312300	“联丰”牌玻璃钢冷却塔、制冷机、压力容器、风机盘管等制造
浙江锻压机械集团有限公司	周仲初	3021311	312400	JZ21系列高性能开式固定台压力机、JZ21F系列开式快速返程压力机等
诸暨市缝制设备厂	陈培康	7391420	311832	飞鹰牌GG705系列电脑绣花机
浙江武义恒友机电有限公司	吕志辉	7616399	321200	电锤ZIC－DW16－38系列、电镐ZIG－DW50系列、汽车后桥盘角齿系列等
浙江康恩贝制药股份有限公司	陈国平	8901598	321100	普乐安片、银杏叶片、咳停片、葛根素、注射液
浙江南龙工贸有限公司	应高峰	7112421	321300	不锈钢保温器皿：真空保温杯系列、汽车杯系列、广口瓶系列等
浙江伟达制衣有限公司	陈金潮	5952568	322009	男衬衫
浙江三特电池股份有限公司	马黎明	6700008	322104	LR6、LR03无汞碱锰电池
浙江开关厂有限公司	蒋善武	3012342	324000	高压电器、高低压开关柜和电磁线
浙江常山四通轴承有限公司	詹端平	5131180	324200	轴承
浙江亚伦集团股份有限公司	计　皓	7090008	324400	水松原纸、晒图原纸、氧化锌制版原纸、铝箔衬纸、字典纸、不干胶衬纸等
浙江001电子集团有限公司	项青松	7015888	324400	天线、画写板、电话录音机、铜轴电缆
浙江江山水泥股份有限公司	张剑星	4211001	324103	虎山牌32.5　42.5R水泥
浙江省江山虎球水泥有限公司	王金火	4553298	324109	32.5R　42.5普通硅酸盐水泥
中国水产舟山海洋渔业公司	许　军	3093912	316101	明珠牌冻鱿鱼制品、明珠牌鱿鱼丝、烤鱼片等

企业名称	法人代表	电话号码	邮政编码	生产主要产品
浙江正龙食品有限公司	郭岳龙	8862356	316000	鱿鱼丝、烤鱼片、烤虾、烟熏鱿鱼圈、鱿鱼调干片、单冻虾仁、各种鱼冻制品
浙江杰克缝纫机有限公司	阮积祥	8177778	318010	平缝机系列、包缝机系列、绷缝机系列、花色机系列等
台州吉利装璜材料有限公司	应再生	2451301	318050	高级幕墙铝塑板、PVC铝塑板、高压耐火板、美铝曲板等系列
三友控股集团有限公司	张小赧	2700362	318058	塑料筒管系列、摩托车、精纺毛纱等
浙江台州爱仕达电器有限公司	陈合林	6130398	317500	不粘锅系列、压力锅系列、硬质氧化炊具系列、小家电系列、焖烧锅系列
台州海之味水产有限公司	胡于青	6661098	317511	煮烤熟星鳗片、梭子蟹、冻虾仁、鲜黄鱼、冻带鱼
浙江德仁集团有限公司	郭世德	5125626	317000	胶合板、单板、细木工板、集装箱底板、竹杉复合地板、海洋板
浙江丽人木业集团有限公司	徐梦璋	2133739	323000	中纤板、甲醛

2001年部分房地产企业基本情况

企业名称	法人代表	主要开发项目	资质等级	邮政编码	电话号码
浙江绿城房地产集团有限公司	宋卫平	春江花月.九溪玫瑰园.桃花源.杭州绿园.桂花城.紫桂花园.世纪广场	一级	310012	88988888总机
浙江省浙信房地产公司	盛建荣	武林小区.清泰小区.新华小区.　中医学院.翰林花园.国信嘉园	一级	310006	85783810
中国·大自然房地产开发集团有限公司	厉育平	房地产	一级(申报)	325000	0577-88920581
浙江金昌房地产集团有限公司	潘政权	森海豪庭.湖中园.梦景园	二级	312030	0575-4116958
乐清市东方房地产实业有限公司	陈振江	新世纪花园	二级	325600	62580598
温州市富园住宅开发有限公司	郑光湖	银都花苑.商住楼.温州世贸中心大厦	二级	325400	0577-63724898
浙江铭基置业有限公司	江朝胜	温岭锦园小区-春水苑碧水苑.台州路桥嘉绿苑.江苏镇江丹徒"铭基商贸城"	二级	318000	0576-8528360
浙江广厦集团房地产开发有限公司	楼江跃	万安西苑.万安南苑.广厦·西湖时代广场.广厦绿洲花园	二级	310013	0571-85127706
新昌县金城房地产开发有限公司	任北洪	新叶小区.秀水苑二三期.金茂大厦金马公寓.金禧苑.金鑫阁.文体新村	三级	312500	6028893
金华市金正房地产开发有限公司	李跃军	金信花园.金信大厦.金正花园	三级	321017	2394956
宁波荣安集团股份有限公司	王久方	欢乐家园.欢乐精品园.荣安世家.荣安佳境	三级	315000	87312566

浙江省部分省批企业集团名录

企业集团名称	法人代表	电话号码	邮政编码
浙江省物产集团公司	王玉娣	0571-87054601	310006
巨化集团公司	刘奇	0570-3616593	324004
万向集团公司	鲁冠球	0571-82832999	311215
杭州娃哈哈集团有限公司	宗庆后	0571-86951559	310020
杭州钢铁集团公司	童云芳	0571-88144301	310022
杭州制氧机集团有限公司	许虎忠	0571-85372001	310004
浙江新安化工集团股份有限公司	王伟	0571-64723891	311600
浙江富春江通信集团有限公司	孙驰	0571-63371405	311400
浙江省兴合集团公司	葛龙川	0571-87060201	310006
浙江省海运集团有限公司	杨建雄	0571-85158884	310006
浙江红山集团公司	丁有根	0571-82699103	311234
浙江之俊集团有限公司	徐国定	0571-63315819	311400
浙江新亚太机电集团有限公司	沈齐源	0571-82763177	311203
西湖电子集团	陈焕新	0571-88271114	310012
华立集团	汪力成	0571-88900712	310005
浙江康恩贝集团	陈国平	0571-87249226	310003
普天东方通信集团	欧阳忠谋	0571-88865262	310013
万事利集团	周一鸣	0571-85148888	310021
宁波建工集团股份有限公司	王宇凌	0574-87066570	315040
昌泰电力集团有限公司	蔡逸天	0577-88200473	325000
浙江温州医药商业集团有限公司	朱永筱	0577-88222728	325000
浙江超同科技股份有限公司	吴李明	0573-6779818	314312
巨石集团有限公司	张毓强	0573-8181222	314500
浙江卧龙集团公司	陈建成	0575-2019460	312300
浙江大普集团有限公司	王列东	0575-2820855	312361
浙江天乐集团公司	葛南尧	0575-3188297	312400
浙江纵横轻纺集团	袁柏仁	0575-8034123	312071
富润集团	郭玉凤	0575-7222043	311800
中国绍兴黄酒集团	邱仁甫	0575-5157501	312000
鼎立建设集团	许宝星	0579-6815115	322100
横店集团	徐文荣	0579-6651511	322118
浙江虎山集团有限公司	张剑星	0570-4211157	324103
钱江集团	林华中	0576-6139075	317500
浙江中贝九洲集团公司	花轩德	0576-8827575	318000
苏泊尔集团有限公司	苏增福	0576-7338388	317604

2001年部分建筑业企业基本情况

企　业　名　称	法人代表	资质等级	邮政编码	联系电话	建筑业总产值（万　元）
杭　州　市					
浙江省长城建设集团股份有限公司	葛相校	一级	310008	86064163	156107
浙江省火电建设公司	钟耀坤	一级	310016	51214222	62072
浙江中强建工集团有限公司	徐关兴	一级	311256	82408008	52068
杭州交通工程集团公司	杨永灿	一级	310007	87963330	39582
杭州萧宏建设集团有限公司	俞先富	一级	310051	86624043	36862
浙江大华建设集团有限公司	陈振华	一级	310004	85461167	33271
杭州湾建筑工程公司	黄妙福	一级	310021	85040279	28449
杭州市设备安装有限公司	王明和	一级	310005	88063656	23911
浙江杭萧钢构股份有限公司	单银木	一级	311217	82414788	16511
浙江银建装饰工程有限公司	王启明	一级	310004	85195313	4087
浙江东冠建设工程有限公司	章方祥	二级	310053	86618386	35384
浙江兴润建设有限公司	沈才兴	二级	310013	85127003	26888
浙江华新交通工程有限公司	倪春荣	二级	310008	86807111	21585
杭州余杭交通工程公司	王智保	二级	311100	86224011	20957
浙江省钱江建筑工程公司	陆国炎	二级	310011	88859330	18922
杭州兴耀建设集团有限公司	黄耀坤	二级	310051	86688498	16188
杭州市第四建筑工程公司	吴忆平	二级	310006	85103310	15664
杭州瓶窑建筑工程有限公司	李德洪	二级	311115	88551483	13860
杭州路达公路工程总公司	盛寿桥	二级	310004	85452786	12101
杭州中豪建筑工程公司	陈云弟	二级	310020	86992047	10553
杭州复兴建设工程公司	陈玲兔	二级	310008	86820956	9749
杭州滨江建筑工程有限公司	章明星	二级	310016	86093918	8629
杭州市第五建筑工程有限公司	张忠华	二级	310030	88953124	7506
杭州兴元安装有限公司	张旭虹	二级	310002	86052972	1834
浙江华能装饰工程有限公司	卓四海	二级	310012	88986666	1714
杭州中泰装饰工程有限公司	程可沛	二级	310003	87216888	1347
淳安县第一建筑有限责任公司	何柏林	二级	311700	64812253	8436
宁　波　市					
宏润建设集团股份有限公司	郑宏舫	一级	200235	64081888	116748
浙江中达建设集团股份有限公司	胡家定	一级	315700	65722162	86687
宁波华丰建设集团股份有限公司	王泽光	一级	315040	87900001	85556
浙江省二建建设集团有限公司	陈天民	一级	315200	86264218	38766
宁波远翔交通建设有限公司	童君耀	二级	315040	87722750	31536
浙江天元建设股份有限公司	林　鹰	二级	315700	65724677	28018
浙江良和交通建设有限公司	王良明	二级	315700	65724151	25445

企　业　名　称	法人代表	资质等级	邮政编码	联系电话	建筑业总产值（万　元）
宁波市住宅建设总公司	祁华平	二级	315010	87311500	24068
浙江恒立交通工程有限公司	周行春	二级	315040	87411790	21395
宁波华锦建设有限公司	乐伟康	二级	315700	65728569	21142
宁波宏海建设有限公司	陈忠成	二级	315600	65566748	20108
宁波锦虹建筑有限公司	史善良	二级	315700	65725942	20014
浙江天海建设有限公司	周绍弟	二级	315800	86905688	15700
浙江汇龙建设有限公司	洪国良	二级	315040	87753328	15215
宁波新亚建设有限公司	金兴根	二级	315000	87317760	14701
宁波同三建设有限公司	严跃飞	二级	315600	65588270	13218
浙江德发建设集团有限公司	王如法	二级	315400	62824310	12515
宁波市华东市政建设工程总公司	杨德明	二级	315020	87671715	11265
宁波滕头建设有限公司	朱祥茂	二级	315500	88528778	11029
浙江海洋工程有限公司	陈烁	二级	315200	86273897	10133
宁波市公路局路桥工程处	韩光明	二级	315040	87923805	9112
宁波市第四建筑工程公司	李永伯	二级	315200	86275764	7739
宁波和太幕墙工程有限公司	王和平	二级	315016	87218548	6280
宁波市自来水工程建设有限公司	张晴涉	二级	315192	87416001	6846
慈溪城关建筑有限公司	胡培能	二级	315300	63107283	21576
慈溪市建筑工程有限公司	叶金泽	二级	315300	63113985	12247
慈溪市建筑设备安装公司	孙焕良	二级	315300	63807089	11035
慈溪市城市发展有限公司	胡培浩	二级	315300	63100730	15298
慈溪市交通建筑有限公司	许国苗	二级	315300	63813894	7129
余姚市三江建设有限公司	蒋荣夫	二级	315400	62814365	15519
温　州　市					
温州市建筑工程公司	张崇萱	一级	325000	88233650	37166
温州市中城建设集团有限公司	倪明连	一级	325005	88521213	32988
温州东瓯建设集团有限公司	何金弟	二级	325014	86767818	26578
温州交通工程有限公司	朱国燕	二级	325028	88623793	25562
温州顺吉公路建设有限公司	施顺吉	二级	325102	67323235	23750
温州市瓯海建筑工程公司	吴宝成	二级	325005	88535492	22182
温州市政工程建设开发公司	谢侠飞	二级	325000	88312380	17249
温州市华昌建筑安装工程有限公司	李龙跃	二级	325027	88834700	12209
温州矿山井巷工程有限公司	林万运	二级	325000	88338869	10228
温州市港航工程公司	徐长江	二级	325003	88342678	9984
温州晋大建筑安装工程有限公司	叶庆年	二级	325011	86531015	9639
温州鹿城第一建筑工程公司	张建兴	二级	325005	88224304	8351
温州市东风建筑工程公司	王会通	二级	325005	88528228	8278
温州浙南地质工程有限公司	黄国庆	二级	325006	88419506	7230

企　业　名　称	法人代表	资质等级	邮政编码	联系电话	建筑业总产值（万　元）
温州市华昌市政工程有限公司	邹阿光	二级	325000	88854837	3561
永加县建筑工程公司	李秀旺	二级	325100	67252948	11019
永加县瓯北建筑工程有限公司	林　华	二级	325102	67352749	9830
平阳县第二建筑安装工程公司	许　凌	二级	325400	63726280	11576
平阳县第三建筑安装工程公司	黄益艺	二级	325405	63873983	13157
苍南县建筑工程公司	陈培约	二级	325800	64763238	11088
乐清县建筑工程公司	林宣荣	二级	325600	62522019	8168
嘉　兴　市					
浙江中元建设股份有限公司	朱　谦	一级	314001	2083928	39548
浙江天天建设有限公司	黄建根	二级	314400	7226208	18118
嘉善华盛建筑安装工程公司	陆建平	二级	314100	4024836	16200
桐乡市振业建筑发展有限公司	许长发	二级	314500	8102962	11298
平湖市市政工程有限公司	王祖伦	二级	314200	5015697	6280
湖　州　市					
浙江天力建筑有限公司	杨虎麟	二级	313000	2018798	12076
浙江振州建设有限公司	王振宇	二级	313300	5032860	11228
安吉县建筑工程有限公司	蒋　诚	二级	313300	5022301	10584
湖州市华煜建设工程有限公司	沈黎兴	二级	313000	2095299	7500
湖州市美的装饰工程有限公司	吴信江	二级	313000	2067418	3513
德清县第二建筑工程有限责任公司	金英杰	二级	313200	8061020	8140
浙江解放装饰工程公司	王迪瑞	二级	313200	8081782	2725
绍　兴　市					
浙江耀江建设集团股份有限公司	汪曦光	一级	311800	7014627	190355
浙江舜杰建筑集团股份有限公司	李华达	一级	312300	2014964	183056
浙江中设建工集团有限公司	陈永根	一级	312072	5101396	125572
五洋建设集团股份有限公司	陈志樟	一级	310009	87234888	112335
浙江中富建筑集团股份有限公司	王尧甫	一级	312300	2128000	100980
绍兴第一建工集团有限公司	杨长甫	一级	312000	5138920	92514
浙江八达建设集团有限公司	王昌培	一级	311800	7213388	75852
浙江樟塘建筑集团有限公司	王水鑫	一级	312300	2165588	71146
诸暨市第一建筑工程公司	蒋信贤	一级	311800	7020663	60032
绍兴市交通工程公司	陈德根	一级	312000	8201863	54286
浙江宏达建设工程有限公司	周洪校	一级	311800	7029620	38563
浙江广艺建筑装饰工程有限公司	金吉祥	一级	312028	4573377	28073
浙江有色建设工程有限公司	寿小平	一级	312000	8654372	8241
浙江勤业建工集团有限公司	张勤良	二级	312080	5656166	55163
浙江大舜公路建设有限公司	项俞泽	二级	312352	2053026	45938
绍兴市双保路桥工程建设有限公司	徐爱娟	二级	312000	8201817	42171

企业名称	法人代表	资质等级	邮政编码	联系电话	建筑业总产值（万元）
绍兴市五洲建筑安装工程有限公司	金关根	二级	312000	8645317	33880
浙江中安建设有限公司	陈忠安	二级	312065	5181338	26195
绍兴市禹陵建筑工程有限公司	凌月根	二级	312000	8645526	22086
浙江八汇建筑有限公司	陈祖权	二级	311800	7115178	15363
绍兴市兴业建筑安装工程有限公司	汤小牛	二级	312069	5199684	15029
浙江广昌建筑有限公司	许友夫	二级	311800	7225638	15008
绍兴市袍江建筑安装工程公司	王国贤	二级	312071	8039805	12933
浙江三维实业有限公司	戴文杰	二级	312300	2120780	11269
绍兴宏伟建筑工程有限公司	金伟根	二级	312067	5183351	11249
浙江华宇建设有限公司	王敏华	二级	312030	4381121	11244
绍兴白云建设有限公司	徐建国	二级	312500	6229692	10148
绍兴市市政设施施工处	詹文高	二级	312000	5148095	6618
绍兴市园林建筑有限公司	何孟荣	二级	312500	6023916	5307
绍兴市水利建筑工程有限公司	朱良文	二级	312366	2770806	5073
绍兴市佳隆防腐保温工程有限公司	王家德	二级	312000	8650970	3171
绍兴县工业设备安装有限公司	赵关根	二级	312000	5139050	2270
绍兴市信用建筑装潢工程公司	相阳	二级	312000	5135619	1499
上虞市谢塘建筑工程公司	沈卫星	二级	312369	2076104	25268
上虞市中城建设工程有限公司	赵铭灿	二级	312300	2023690	12616
上虞市德盛建筑工程有限公司	周月新	二级	312300	2116598	8146
嵊州市第二建筑工程有限公司	袁玉平	二级	312400	3036099	18024
嵊州市新联建筑工程有限公司	李求军	二级	312400	3200589	12204
金华市					
东阳市第二建筑工程有限公司	陈春雷	一级	322100	6688524	85016
东阳市第四建筑工程公司	何品苏	一级	310004	85366522	80638
东阳市建筑工程总公司	蒋德良	一级	322100	6816018	72736
核工业金华建设工程公司	张根红	一级	321017	2067328	8474
浙江八咏公路工程有限公司	徐宇光	二级	321017	2398777	22064
金华送变电工程有限公司	马　勤	二级	321001	2052547	14661
金华市市政工程公司	李喜友	二级	321000	2338298	10520
浙江省第三地矿工程公司	杜正民	二级	321001	2341452	5830
义乌市交通工程建设有限公司	黄祖坚	二级	322000	5411202	23208
浙江成龙建筑有限公司	方汝腾	二级	322000	5310617	12875
浙江稠城建筑工程有限公司	陈士进	二级	322000	5317998	12688
东阳市公路建设工程有限公司	洪志浩	二级	322100	6632622	12745
东阳市市政工程有限公司	吴正见	二级	322100	6676107	11112
东阳市城市建设工程有限公司	张海高	二级	322100	6623843	9594
东阳市第十建筑工程有限公司	张锡鲁	二级	322118	6551307	9209

企业名称	法人代表	资质等级	邮政编码	联系电话	建筑业总产值（万元）
浙江横店建筑装潢工程公司	张忠水	二级	322118	6550350	3859
东阳市设备安装公司	吕国栋	二级	322100	6686374	2130
浙江正华装饰设计工程有限公司	楼华君	二级	322000	5545188	3568
永康市明珠建设工程有限公司	陈福生	二级	321300	7261737	12309
兰溪市第一建筑工程有限公司	朱永芳	二级	321100	8891788	10965
兰溪市市政工程建设公司	楼守勤	二级	321100	8884243	6238
磐安金厦建筑工程有限公司	陈公哲	二级	322300	4662083	8028
浙江加兰装饰工程有限公司	杨庭贵	二级	321112	8781666	2918
衢州市					
龙游县通途交通建设工程有限公司	兰正元	二级	324400	7013836	21288
衢州市第五建筑工程有限公司	翁建平	二级	324000	3086093	12890
衢州广胜建设工程有限公司	朱志光	二级	324000	8017778	5510
衢州市政工程有限公司	徐晓东	二级	324000	3031406	3142
江山市万厦建筑工程有限公司	何克胜	二级	324100	4021756	6181
舟山市					
舟山市第二建筑安装有限公司	袁国义	二级	316100	3053737	12236
舟山市恒昌市政工程有限公司	毕贵茵	二级	316000	2025626	6102
台州市					
腾达建设集团股份有限公司	叶洋友	一级	318050	2522526	64290
温岭市第六建筑工程公司	严冬喜	一级	317500	6111387	53287
浙江天一交通建设有限公司	李维国	二级	317300	7761697	21318
台州市华强建筑安装工程有限公司	陈林国	二级	318000	8811788	20599
浙江东源建设有限公司	李君林	二级	317015	5723618	20290
浙江大地交通工程有限公司	张洪亮	二级	317300	7756563	20134
浙江宏业建设集团有限公司	徐学林	二级	318013	8229750	12858
浙江鼎业基础工程有限公司	王福林	二级	317500	6117188	12016
温岭市第一建筑工程有限公司	尤昌满	二级	317500	6105505	10037
温岭市宏远交通工程有限公司	张中	二级	317500	6105161	9160
临海市第四建筑工程公司	陈永清	二级	317000	5114298	11897
临海市第二市政建设工程公司	陈江云	二级	317000	5117150	6471
台州万达建筑工程有限公司	赖兵	二级	317100	3332260	9726
台州市黄岩区市政建设公司	张士乐	二级	318020	4290108	7526
台州市康泰幕墙装饰有限公司	邱来银	二级	318000	8208290	4023
台州市岩土工程有限公司	张荣华	二级	318000	8883928	2089
丽水市					
丽水市路桥工程处	赵常山	二级	323000	2135783	27532
丽水市交通工程有限公司	戴土儿	二级	323000	2170112	24794

浙江省部分金融保险证券单位名录

单 位 名 称	负责人	电话号码	邮政编码
中国人民银行杭州中心支行	龚方乐	0571-87078911	310001
福建兴业银行杭州分行	杨华辉	0571-87037999	310006
广东发展银行杭州分行	金海腾	0571-87019888	310006
华夏银行杭州分行	叶望春	0571-87231319	310003
上海浦东发展银行杭州分行	杨绍红	0571-87790088	310002
中国农业发展银行宁波市分行	张　斌	0574-87269106	315010
嘉兴市商业银行	盛明强	0573-2060588	314000
中国保险监督管理委员会杭州特派员办事处	张忠继	0571-85777752	310003
中国人寿保险公司浙江省分公司	单国强	0571-87216426	310003
中国太平洋人寿保险股份有限公司杭州分公司	程政钦	0571-87220388	310003
中国太平洋人寿保险股份有限公司宁波分公司	陈建伟	0574-87277555	315010
中国太平洋财产保险股份有限公司杭州分公司	陆安平	0571-87220007	310006
中国人民保险公司宁波分公司	屠锦成	0574-87196111	315000
大众保险股份有限公司宁波分公司	秦沪鹰	0574-87730777	315040
中国平安保险股份有限公司宁波分公司（寿险）	曹　湛	0574-87289886	315010
天安保险股份有限公司杭州分公司	毛惠春	0571-87829888	310009
天安保险股份有限公司宁波分公司	章金国	0574-87269981	315010
中国农业发展银行浙江省分行	张池数	0571-87781778	310006
国家开发银行杭州分行	徐　勇	0571-87817545	310009
中国华融资产管理公司杭州办事处	傅百英	0571-87813539	310009
中国长城资产管理公司杭州办事处	倪复兴	0571-87226222	310003
金华市信托投资股份有限公司	葛　政	0579-2322265	321000
绍兴市信托投资股份有限公司	李坚路	0575-5135668	312000
浙江金迪期货经纪有限公司	骆家刚	0571-85282335	310004
浙江省永安期货经纪有限公司	施建军	0571-88388127	310005
海通证券有限公司杭州业务总部	周晓岚	0571-87211002	
天一证券有限责任公司	林益森	0574-87288620	315000

2001年部分学校基本情况

单　　位	法人代表	电话号码	邮政编码	重点学科
浙江大学	潘云鹤	0571-85172244	310027	哲学、经济学、法学、教育学、文学、历史学、理学、工学、农学、医学、管理学等十一大门类
浙江工程学院	赵　匀	0571-88495012	310033	纺织工程、轻化工程、服装设计与工程、艺术设计、国际经济与贸易、机械设计制造及其自动化、计算机科学与技术
浙江教育学院	王建华	0571-88213002	310012	汉语言文学、物理学、计算机科学与技术、音乐、美术、外贸、英语、市场营销、旅游管理、园林绿化、装潢设计
浙江树人大学	陈子元	0571-88290670	310015	工商管理、风景园林、装潢艺术设计、国际贸易、应用电子技术、工业分析、环境保护与治理、建设基础工程等36个专业
浙江建设职业技术学院	沈端雄	0571-82696997	310012	土木工程施工与管理、建筑装饰技术、建筑经济与管理、环境保护与治理、建筑设计、电气技术、工程施工监理、给水排水技术、市政工程设施与管理
浙江长征职业技术学院	魏贤超	0571-88499327	310030	计算机信息管理、计算机技术与应用、财务会计、社会工作、工企管理、英语、文秘、旅游与饭店管理、市场营销、房屋建筑工程、电子商务等
浙江金融职业学院	周建松	0571-86048088	310020	金融、保险、证券与期货、投资理财与经纪、财务会计、市场营销、计算机信息管理、房地产投资与管理、文秘、商务英语、电子商务
浙江交通职业技术学院	王怡民	0571-88481818	311112	道路与桥梁工程技术、高等级公路管理、汽车运用技术、汽车检测与维修、海洋船舶驾驶、轮机技术与管理、物流管理、计算机技术与应用
浙江经济职业技术学院	王大平	0571-88084069	310012	物流管理、市场营销、计算机信息管理、计算机技术与应用、财务会计、文秘、酒店与宾馆管理、电子商务、房地产经营、专业市场管理、证券与期货、国际贸易
浙江广播电视高等专科学校	彭少健	0571-88290280	310015	广播电视新闻、影视广告、动画、播音、公关礼仪、文艺编导、影视表演、电视摄像、电视节目制作、录音艺术、广播电视文秘、广播电视工程
浙江水利水电专科学校	黄世钧	0571-86438161	310016	水利水电建筑工程、发电厂及电力系统
宁波大学	严陆光	0574-87600253	315211	计算机科学与技术、国际经济与贸易、英语、数学与应用数学、土木工程、水产养殖学、法学、航海技术、应用化学、机械工程及自动化
宁波交通高级技术学校	高浩其	0574-87425650	315313	汽车运用技术、汽车驾驶与维修
浙江工商职业技术学院	张百章	0574-87422033	315012	计算机技术与应用、市场营销、应用电子技术、投资理财与经纪、国际贸易、通讯与信息技术应用、酒店与宾馆管理、电子商务、环境艺术设计、实用英语等
浙江纺织职业技术学院	陈伟国	0574-87224552	315016	服装设计、轻纺产品设计、服装表演与营销、物流管理、计算机信息管理、投资与理财
浙江省温州农业学校（温州市农业科学研究院）	马成武	0577-88417877	325006	经济管理、企管、物业、市场营销、会计电算化、计算机及应用、计算机信息管理、旅游服务与管理、文秘、英语、城镇建设
温州职业技术学院	周锦成	0577-86680000	325035	市场营销、机械制造工艺及设备、财务会计、计算机技术及应用、建筑经济与管理、服装设计、文秘、实用英语、产品造型设计
嘉兴职业技术学院	魏斌贤	0573-2312830	314000	电子商务、经营管理、实用英语、文秘、应用生物技术、服装设计、计算机技术与运用、汽车运用技术、园林与绿化工程、动检、轻纺产品与设计

单　　位	法人代表	电话号码	邮政编码	重点学科
绍兴文理学院	费君清	0575-8341801	312000	计算机科学与技术、数学与应用数学、汉语言文学、英语、艺术设计、音乐学、生物科学、纺织工程、工商管理、会计学、国际经济与贸易、美术学、物理学、化学、自动化
绍兴市职教中心	查品详	0575-8643632	312000	美术设计类、餐饮旅游类、电子信息类、财贸管理类
浙江师范大学	徐　辉	0579-2282388	321004	哲学、经济学、法学、教育学、文学、历史学、理学、工学、管理学、高职类等专业
浙江工业大学浙西分校	郑家锦	0570-3060115	324006	房屋建筑工程、建筑装饰技术、工业电气自动化技术、计算机应用与维护、机械制造工艺及设备、机械设备及自动化、化工工艺、精细化工工艺、制药工程
浙江海洋学院	应启肇	0580-2550081	316004	海洋渔业科学与技术、机械设计制造及其自动化
舟山航海（水产）学校	王　捷	0580-2551964	316004	船舶驾驶、轮机管理
丽水职业技术学院	汪建云	0578-2134924	323000	园林规划与设计、应用电子技术、文化艺术、计算机辅助设计与制造
浙江省丽水卫生学校	潘丽萍	0578-2131183	323000	医学教育（中等、大专）

2001年部分医疗单位基本情况

单　　位	法人代表	电话号码	邮政编码	重点学科
浙江大学医学院附属第一医院	郑树森	0571-87236666	310003	传染病内科、器官移植（肝移植、肾移植、骨髓移植等）、肝胆胰外科、泌尿外科、血管外科、血液病内科、消化内科、心血管内外科、呼吸内科、影像医学
浙江医院	祝世法	0571-87980005	310013	老年医学:心脑血管流行病学、心脑血管病危险因素研究、临床治疗及康复、骨质疏松、老年肿瘤诊断与治疗、骨质疏松(针灸)、颈椎病（推拿）
杭州浙益眼科诊疗中心	韩　凯	0571-87214081	310003	白内障、玻璃体视网膜病变、屈光不正矫正及手术治疗、小儿斜视弱视矫正、睑部整形美容
杭州市余杭区中医院	沈根松	0571-86372126	311106	脑外科、中风康复科、消化内科、肾病科、眼科、骨伤科
杭州市萧山区第一人民医院	闻吾森	82621086-2121	311201	急诊、创伤
宁波市精神病院	张月丽	0574-87582454	315032	精神科
宁海县妇幼保健院	王加妹	0574-65579718	315600	妇科内窥镜、人类辅助生殖（夫精人工授精）、儿科（儿童学习障碍早期研究与干预）
奉化市中医院	王建康	0574-88586001	315500	中医骨伤科
余姚市第三人民医院	俞承烈	0574-62814779	315400	精神科
嘉兴市第一人民医院	崔　蒙	0573-2083006	314000	血吸虫病科
嘉善县第一人民医院	姚定栋	0573-4023001	314100	骨科、神经外科、儿科、烧伤整形外科、消化内科、普外科、泌尿外科
金华市妇幼保健院	余筱妹	0579-2117366	321000	妇产科、中医科
兰溪市人民医院	应佑华	0579-8849270	321100	金华市胆道内镜重点专科、兰溪市肝胆胰治疗中心
开化县人民医院	余发熙	0570-6013421	324300	内科、外科、妇产科、骨科、儿科、传染科
庆元县中医院	陈才兴	0578-6128289	323800	中医骨伤科、中医儿科

2001年部分重点商业（外贸）企业、商品交易市场基本情况

单位名称	法人代码	电话号码	邮政编码	经营范围
杭州好又多百货有限公司	严文志	87631003	310007	批发、零售、收购
温州中国石油销售有限公司	李国庆	88239188	325000	汽油、煤油、柴油批发
浙江省轻纺供销有限公司	施康生	87801217	310009	油脂、木浆、废纸、马口铁
浙江上百贸易有限公司	骆左强	2012806	312300	百货、日化用品、五金交家电、音像制品等
浙江松门水产品批发市场	陈祥勇	6650559	317511	水产品批发
宁波万国商城有限责任公司	夏云辉	88443983	315153	金属建筑材料、轻纺原料、机电设备
温州人本机电城有限公司	冯章光	88353450	325027	机械及配件、汽车配件、家用电器等
上虞市松厦供销合作社	胡松青	2061058	312365	生活、生产资料
浙江眼睛城	李荣桂	5662288	317016	眼镜及配件
浙江省烟草公司温岭市公司	蒋增满	6111785	317500	卷烟
宁波象山县对外贸易有限公司	陈振祥	65725773	315700	纺织品、粮油食品、机械设备等进出口贸易
浙江省冶金物资有限公司	章寿仁	86452525	310020	金属材料、铁合金，经营进出口业务
浙江天天惠超市有限公司	董国兴	2615368	316000	食品、副食品、针纺织品、日用百货等
华东医药股份有限公司	李邦良	85159098	310003	中成药、中药材、西药等的销售
绍兴华能超市有限公司	金良顺	8644408	312000	食品、服装、日用百货等
浙江省畜产进出口公司	姜益民	87918150	310006	畜产品及其制品、种畜、饲料等进出口业务
温州华特汽车销售服务有限公司	王文权	88388881	325000	销售上海通用汽车，生产别克、赛欧系列轿车
浙江省土产畜产进出口集团公司	龚荣祥	85773888	310003	各类商品进出口业务
绍兴大通商城股份有限公司	陈国柱	2014685	312300	日用百货、五金家电、服装鞋帽、食品等
锦江麦德龙杭州江干商场	吕国满	86498888	310021	销售总公司的产品
绍兴县工商局中国轻纺城分局	沈宝根	4094188	312030	时装面料、装饰家纺用布料及饰品等
浙江省金属材料公司	董明生	85271111	310003	金属材料及其压延加工产品，金属丝及其制品等
浙江省茶叶进出口公司	施新权	87069835	310006	茶叶、五金机械、服装、土特产、工艺美术品等

2001年部分重点服务业单位基本情况

单位名称	法人代表	电话号码	邮政编码
浙江省体育局	陈培德	85153091	310004
浙江国大集团有限责任公司	乐　毅	85156666	310006
杭州之江饭店	郑成山	88066888	310005
杭州海华大酒店	王志海	87215888	310006
浙江远洲集团有限公司	卢　诚	5228888	317000
桐乡市新世纪大酒店	金　炎	8108888	314500
宁波开元大酒店有限公司分公司	陈妙强	87068888	315040
绍兴市园林大酒店	方为孺	5220257	312000
慈溪市阳明餐饮有限公司	胡金泉	63895020	315300
杭州市有线广播电视网络中心	曹　强	87244387	310009
绍兴电视台	祝　政	8658808	312000
嘉兴市广电信息网络有限公司	陶志来	2202065	314001
绍兴轻纺科技中心有限公司	徐建平	4111558	312030
中国东方航空舟山旅游实业发展公司	朱通海	2048138	316000
浙江海内外商务旅行社	刘政奇	85270758	310006
浙江富春江旅游股份有限公司	朱宝良	85198475	311500
温州商报社	夏向荣	88813435	325000
宁波启新绿色世界有限公司	王　铭	88401866	315133
杭州市军队离休退休干部金家浜休养所	戴旺生	88861865	310012

2001年部分科研单位基本情况

单位名称	法人代表	邮政编码	电话号码	重点科研项目
浙江省经济建设规划院	周震武	310007	87053680	《浙江"十五"规划基本思路研究》、《浙江省天然气利用规划报告中》、《浙江省城市化发展战略研究》
轻工业自动化研究所	王亚卡	310015	88019266	高速制袋机控制系统、造纸质量检测仪器、剑杆织机电气控制系统、自动横机（织领机）逻辑控制系统、覆铜箔板自动分解叠配生产线系统、计算机信息管理系统的开发与服务
中国农业科学院茶叶研究所	杨亚军	310008	86650444	茶树种质资源和遗传育种、茶树营养生理、茶树有害生物治理、现代茶叶加工工程、茶叶化学、茶叶质量标准与安全等
宁波市测绘设计研究院	施宝湘	315041	87721276	
浙江省普瑞科技有限公司(浙江省造纸研究所)	赵俊方	310011	88170685	飞机舱段干燥设备、镍镉电池隔膜纸、无汞碱性电池隔膜纸
杭州市教育科学研究所	陈凤鸣	310003	87013431	中等职业学校专业建设现代化的研究、中小学教师心理保健研究、构建终身教育体系的研究
中国科技开发院浙江分院	昌金铭	310012	88840768	多晶硅太阳能电池的生产与应用、生物酶制剂的开发与应用、CAD技术的开发与应用
轻工业杭州机电设计研究院	刘安江	310004	85186716	制浆造纸、日化、食品、塑机等轻工业装置的设计研制及与之配套的电气传动、自动控制系统的研制
水利部农村电气化研究所	刘　勇	310012	88841336	
国家海洋局第二海洋研究所	王康善	310009	88076924	
浙江省测试技术研究所	庞惠民	310012	88846999	
浙江省电子技术研究所	吴海平	310012	88860704	
浙江省林业科学研究院	汪奎宏	310023	85229279	
浙江省医疗器械研究所	何　涛	310009	87047039	
杭州市水利水电勘测设计所	朱雪坤	310014	85300294	

2001年部分事务所基本情况

单位名称	法人代表	邮政编码	电话号码
温州中源会计师事务所	刘旭海	325005	88527372
新昌信安达联合会计师事务所	施忠顺	312500	6041102
浙江会计师事务所	胡少先	310006	85178273
杭州宏达会计师事务所	钱云国	310006	85056804
杭州大地会计师事务所	徐红英	310016	86090580
浙江律师事务所	蒋　峰	310004	85190163
浙江人地律师事务所	苏全生	310014	85237300
浙江浙杭律师事务所	刘　恩	310006	85105638
浙江君鉴律师事务所	王光剡	310002	87810715
浙江天册律师事务所	王秋潮	310006	88380000
浙江星韬律师事务所	楼　韬	310007	87981490
浙江星韵律师事务所	胡祥甫	310006	87210882
浙江英之杰律师事务所	张　军	310007	85115204
浙江星建律师事务所	卢建平	310013	87951284
浙江中青审计师事务所	钱晓东	310008	87914338
浙江省商标事务所	章善浚	310006	87060981
杭州市滨江税务师事务所	王炎根	310051	86685108
杭州市经纪人事务所	田川星	310003	87221485

部分企业简介（索引）

共发展　同兴业
——福建兴业银行杭州分行

详细地址：浙江省杭州市延安路286号
法人代表：杨华辉
邮政编码：310006
电话号码：0571-87037999
传真号码：0571-87923988
网　　址：www.fibhz.com.cn
电话银行：96186
网上银行：www.fib.com.cn

兴业银行总行系经国务院及中国人民银行总行批准组建的中国首批股份制商业银行之一，于1988年8月成立，注册资本30亿元。目前在上海、北京、深圳、杭州、广州、南京、重庆、济南、武汉、沈阳、长沙、福州、厦门、宁波、温州、义乌等经济中心城市共设有260余个分支机构。为迎接加入WTO后的挑战，兴业银行以东部沿海地区尤其是长江三角洲、珠江三角洲等经济发达地区为重点，逐步加快向全国主要经济中心城市发展的步伐，目前正进行公开上市、组建金融控股集团、引进国外战略投资者等各项准备工作，努力成为一家成长与服务能力突出、经营与管理特色突出、品牌与市场形象突出，在国内具有较大影响，在国际拥有一定知名度的全国性现代化商业银行。

兴业银行杭州分行系经中国人民银行总行批准成立的省级分行，于2000年5月28日开业。杭州分行自成立以来，遵循"高起点、高标准、市场化、规范化、科学化"的办行方针，积极支持地方经济建设，在规范中发展，在发展中创新，积极探索并建立富有区域特色和时代特征的现代商业银行经营管理模式，实现了规模、质量、效益三者之间协调快速健康发展。截止2001年末，杭州分行总资产达62亿元；本外币各项存款余额57亿元（其中，人民币一般性存款余额44亿元，人民币同业存款余额11亿元，外币一般性存款余额1340万美元，外币同业存款1406万美元）；本外币各项贷款余额31亿元；实现利润2349万元。全面完成总行下达的各项目标任务，各主要业务指标增幅居当地同业和系统内各单位前列。在全行系统综合评比中，2001年度计划完成情况列居全行第2位；在首次参加全行业务经营与发展综合考评中，列居全行第6位，在新办分行中列居第2位，进入全行较为先进的行列。

坚持以资产质量为前提，以经济效益为中心，以批发业务和优质企业为主，积极支持地方经济建设，大力拓展本外币各项业务，各项业务取得快速协调健康发展。建立公司、同业、个人三大市场营销系统，实现公司业务、同业业务、中间业务、个人金融业务，分支行业务，本外币业务与货币市场、资本市场、保险市场相关业务的有机的互动与联动。大力发展同业特色业务，在坚持以银证合作为重点的基础上，积极发展与银行同业、保险、信托、租赁等金融同业的业务合作。实施"科技兴行"战略，高度重视金融产品创新，提高技术含量，提升服务水平，大力拓展网上银行业务，推出兴业卡、96186电话银行、"银证通"、"银券通"等业务品牌。推行客户经理制和综合柜员制，积极探索营销方式创新，致力于为客户提供一揽子、综合性、个性化的贴身服务。

积极推进管理创新，建立健全内控管理体系和风险防范机制，为各项业务持续快速健康发展和风险防范保驾护航。建立和完善"民主、公开、科学、高效"的集体决策机制，增强决策的科学化、民主化。率先在全行系统和金融同业中实行分行对支行财务会计主管委派制，健全和完善总、分、支行间的内控体系，进一步强化分行对支行的管理与监督。

分支机构建设取得突破性进展。在杭州市区设立西湖、清泰、武林、余杭、庆春、萧山等6家支行。2001年，该行成功收购义乌市商城城市信用社并设立义乌支行，成立本行系统首家省外异地支行，开创我国股份制商业银行以市场化原则购并城市信用社的先例。该行成功收购温州瓯北城市信用社并设立温州支行。同时，加强机构筹建、验收、开业辅导的规范管理工作。各支行业务发展势头良好，管理规范，实现筹建一个成功一个的目标。

实行人本化管理，努力塑造"以人为本、同心兴业"的企业文化。杭州分行现有员工200多人，平均年龄29岁，大专以上学历占93%。以知贤、求贤、用贤指导人力资源管理全过程，积极探索人力资源管理体制改革与创新，实行全员劳动合同制，推行管理干部聘任制及任前公示制。切实加强对员工的业务素质、风险文化和职业道德等教育培训，炼就了"团队、敬业、奉献、拼搏"的兴业精神，建立了高尚、现代、文明、健康、向上的内部人际关系，打造了一支与兴业银行同发展、共命运、能征善战的员工队伍。倡导风险文化和管理文化，丰富企业核心价值理念。

面对我国加入WTO后的新形势、新机遇、新挑战，杭州分行审时度势，科学规划，制订了《福建兴业银行杭州分行2001—2005年发展规划》，提出了在新世纪实现跨越式新发展的奋斗目标。杭州分行将在总行、中国人民银行、中共浙江省委、省政府的正确领导下，在社会各界的关心与支持下，立足杭州、面向浙江全省，依托浙江省良好的经济与金融环境，积极而有序地在浙江省经济发达的中心城市设立分支机构，加快发展，完善服务，努力向"高起点、高标准、市场化、规范化、科学化"的现代商业银行目标迈进，为浙江省经济建设和社会发展作出积极的努力。

浙江登峰交通集团有限公司

集团总部地址：浙江省杭州市萧山区通惠中路155号

法人代表：孙云球

邮政编码：311201

电话号码：0571-82725692　82725731

传真号码：0571-82731411

浙江登峰交通集团有限公司是一家立足道路、桥梁、交通基础工程施工为主，多元化经营的股份制集团企业，具有国家公路一级资质，是浙江省公路施工的骨干企业。集团有限公司源于萧山市交通工程公司和萧山市临浦公路建设工程公司强强联合组建，公司经过8年的创业，逐步发展到目前占地19万平方米，总资产5亿元，员工1200人（其中工程技术人员225人），1999、2000、2001年三年分别完成工程总产值2.93亿元，3.61亿元和4.81亿元。集团拥有国内先进施工机械设备，如美国（TM-50）、意大利产（玛连尼）等大型沥青砼拌和楼5台套；美国（PF-510）和德国（ABG）摊铺机6台套；日本产小松挖掘机6台；WCQ500、WCQ300稳定土拌和设备5套；国产大中型水泥砼拌和楼（含自动进料设备）16台套；水泥砼输送车二辆；反击式碎石机2台套；大吨位工程（斯太尔）自卸车80余辆；机制砂设备1台套。集团中心试验室取得乙级资质；还利用集装箱改装成省内首创的具有检测和试验能力的整体式流动式流动试验室，这些试验室均经工地所在地交通工程质监站批准取得“临时资质证书”，公司除了每年不断充实各级工程技术人员外，对在岗职工强化职业技术培训，提高职工岗位技能，共进行培训35次，累计受训206人次，发证227张，合格率达100%，和省厅工程质监站合编“浙江省公路建设项目施工统一用表”共5册，并已制成“浙江省公路建设项目施工统一用表管理系统”（电脑软件）。凭借集团雄厚的软硬件实力，已跨入大中型企业集团的行列。

集团自1996年以来，为激发企业活力，适时转换经营机制，牢牢抓住市场这个契机，将企业直接推向市场，使企业能在激烈的市场角逐中生机勃发。一条重要的经验是，一个施工企业在建设市场的立足、生存、发展和壮大靠的是企业的实力、工程质量和信誉。公司在近3年中分别承建了杭州绕城公路、03省道诸暨段、104国道余杭段、杭州石大线、萧山机场路、104国道萧山段、萧山闻臧线、浦十四线、11省道湖州段路面工程、04省道余杭段路面工程、320国道嘉兴段改建工程等14项工程的20个合同段的路基、路面和桥梁工程，合格率100%，17项被评为优良工程，杭州石大线还被评为省“交通杯”工程，公司还被评为“九九质量年”活动先进单位，充分体现了企业的良好形象。为进一步扩大企业规模，拓展领域积累了资本。随着国家对国有企业改革的进一步深化，集团公司经萧山区人民政府批准正在进行进一步转制工作，公司将完全按照国企深化改革的思路，在既定方针下、在企业全面改制的前提下努力完成两个转变，下一步将解决以内部经济责任制为基础的企业重组工作，以适应不断拓展的市场需要。

通过贯彻GB/T19001：2000标准，建立、实施和保持交通工程质量体系，将进一步促进集团公司的全面发展，随着国家“十五”计划的实施，公司将一鼓作气，奋斗三至五年，使企业有一个质的发展和飞跃，为浙江省交通事业和社会主义建设作出更大贡献。

浙江万亨盛印染有限公司

详细地址：浙江省绍兴县安昌镇盛陵村

法人代表：陈金夫

邮政编码：312080

电话号码：0575-5654363

传真号码：0575-5655424

浙江万亨盛印染有限公司成立于1993年，系绍兴县肖绍印染厂与香港永亨昌有限公司共同投资成立，座落于绍兴西北的千年古镇——安昌镇，交通便利，距杭甬高速公路2公里，距杭州国际机场15公里，离中国轻纺城10公里，系国家大型企业。现已拥有固定资产原值4600万元，其中韩国产拉幅定型机8台，J型染色机45台。现有职工600人。产品主要以外销为主，在市场中可谓一支独秀，已远销美国、德国、意大利等10多个国家和地区。2001年创销售收入26096万元，其中外销收入占总销售收入的80%。税利569万元。曾被评为省、市两级重点骨干企业。

温州敖龙印刷器材有限公司

详细地址：浙江省温州市鳌江镇垂杨工业园区

法人代表：洪永亮

邮政编码：325401

电话号码：0577-63691888

传真号码：0577-63691777

电子信箱：alag@ag888.com

企业网址：www.ag888.com

温州敖龙印刷器材有限公司是专业生产“奥光”牌PS版的厂家。厂区占地面积19800平方米，建筑面积6100平方米，拥有现代化、多功能的综合办公大楼，集国内一流的技术管理人才。公司位于“联合国可持续发展的中国小城镇”、“国家级星火技术密集区”——温州市鳌江镇，海、陆、空交通十分便利。公司拥有国内外现代化高科技全自动、全封闭连续卷筒式PS版生产线，其自控系统全套进口，能生产宽度为1400mm以下、厚度为0.15-0.3mm的各种规格版，年产“奥光”牌PS版280万平方米。产品质量稳定，达到国内先进水平。公司产品于2001年10月份荣获省市场质量计量信得过单位，同时，通过了ISO9001国际质量体系的认证。

公司本着实施科学管理、创造卓越品质、诚信服务客户、开拓国际市场的质量方针为您提供最优质的产品，最完美的售后服务。

竭诚欢迎国内外印刷界朋友和广大用户光临惠顾，亲密合作！

浙江仙琚制药股份有限公司

详细地址：浙江省仙居县仙药路1号

法人代表：金敬德

邮政编码：317300

电话号码：0576-7731013

传真号码：0576-7774487

电子信箱：xjpharma@mail.tzptt.zj.cn

企业网址：www.xianjupharmacy.com

浙江仙琚制药股份有限公司前身为仙居制药厂，创建于1972年；2000年，根据企业发展和市场实际，公司实行了资产重组，成立了仙居制药有限公司；2001年底，把有限责任公司改制为股份公司。

仙琚制药是国家甾体激素类药物和计划生育药物定点生产厂家、全国医药行业50强企业、浙江省重点化学制药骨干企业、浙江省五个一批企业。公司总资产7.01亿元，总股本2.56亿元，占地面积15万平方米，现有员工1400多人，其中工程技术人员占30%，是原料药和制剂综合生产厂家。公司产品独树一帜，主要生产皮质激素、性激素、孕激素，同时还生产肌松类产品，共有近百个品种。拥有200吨原料药、50亿片片剂、4亿粒胶囊、1亿支水针、200万支冻干粉针剂的生产规模。

仙琚制药与中国科学院上海有机所、中国药科大学等20多个国内著名科研院（校），建立了长期的合作关系，并投资建立了产品开发中心。近几年，成功地开发了20多个高科技新药品种，取得了近10项科研成果。其中有8个产品填补了国内空白，十一酸睾酮、米非司酮等3个产品成为国家级新药。主要原药产品醋酸泼尼松、氢化泼尼松、安宫黄体酮等采用国际标准生产，畅销全国，并远销东南亚、欧美各国。近几年来，公司获得国家级荣誉8项，AAA级信用企业等省级荣誉20项。抗早孕药物“含珠停”是浙江省名牌产品；氟哌酸及其胶囊、醋酸泼尼松片等为浙江省高质量产品；十一酸睾酮注射液的推广应用分别获得国家和浙江省科学技术进步奖；同时获得浙江省科学技术进步奖的还有米非司酮原料药及其片剂、国内独家生产的肌松类药物维库溴铵及其注射液等。

仙琚制药严格按照《中华人民共和国药品管理法》和《药品生产质量管理规范》等法律、法规的要求和标准，实施管理、组织生产，并逐步与国际标准接轨，生产工艺先进，技术力量雄厚，检测手段齐全。除已通过GMP认证的产品外，地米系列产品于2001年通过了国家局的认证验收；肌松类药物维库溴铵及其注射剂“仙林”产品分别通过FDA和GMP认证；小容量注射剂又于2002年5月通过省药监局初验。

仙琚制药奉行“生产一流产品，提供优质服务，致力人类健康，获取最佳效益”的宗旨，建立现代企业制度，不断开发高新技术产品，提高企业装备和生产水平，发挥规模效应，拓展经营领域，实现企业再次腾飞。

浙江丰惠建筑有限公司

详细地址：浙江省上虞市丰惠镇创业路1号

法人代表：祝信标

邮政编码：312361

注册地电话号码：0575-2081232

传真号码：0575-2082750

公司上海总部电话号码：021-55806001

传真号码：021-55803001

浙江丰惠建筑有限公司，原名上虞丰惠建筑工程公司，地处浙江上虞千年古县址，建筑业历史传统悠久，是一家集工业与民用建筑、建筑装饰、市政建设、园林古建筑、房地产、工业、旅游服务业为一体的国家工业与民用建筑总承包一级企业。公司在上海、南京、山东、杭州、宁波、绍兴、上虞等地均设有分公司和办事处。现有注资金6019万元，其中生产性固定资产3454万元，拥有各类专业技术职称管理人员378人，其中高、中级职称人员89人，在册员工6090人。1999年4月完成体制改革，2000年5月，通过ISO9002质量保证体系认证，2000年6月企业更名为浙江丰惠建筑有限公司。

回顾企业求生存、求发展的历程，1991年"浙江统计年鉴"入编我省部分企事业基本情况时，企业年施工产值仅573万元。在当时论资质、论规模、论管理经验、论装备各方面都无法与国家级集团去竞争，就是与上虞市兄弟建筑企业相比也存在着明显的差距。为此开始从"重合同、守信用"起步，至今已连续11年被评为上虞市"重合同、守信用"单位。企业在诚信的基础上，以实施质量兴业方针着手，从施工容量大的上海建筑市场中崛起，改变了长期徘徊不前的局面，于1995年起连续创出上海市"白玉兰奖"等优质工程，被上海市、浙江省建筑业领导赞誉为发扬了"丰惠精神"，而扬名上海滩。名不见经传的丰惠建筑公司于1996年1月24日在浙江日报登载的我省进沪建筑大军创业记，报道了企业发展状况。报道中还说"质量是信誉，随信誉而来的是源源不断的业务，丰惠建筑公司还是三级建筑企业。由于连续二年三创白玉兰奖工程，在竞争激烈的上海建筑市场，业务却应接不暇。"在1996年初全省建筑业座谈会上，省建设厅厅长宣读丰惠建筑公司破格升为二级企业的批文，张启楣副省长亲自授予二级资质证书。企业领导抓住机遇上规模，拓展市场、做到先做长再做强、后做大稳固提高。承接工程规模、向高大难新方向发展，着手开发房地产。培养、利用、引进、集聚人才，分别在上虞、绍兴、上海、南京招聘人才，集约经营、实行项目经理与项目部管理成员聘用制，全面推行一级核算使企业有核心强项竞争力，通过保障工资兑现、职工养老保险等使企业员工有稳定的环境，一手抓企业品牌、再创名优工程，一手抓企业经济实力、走质量——信誉——市场——效益——发展之路。企业连续8年获得上虞市建筑综合实力十强企业、浙江省建设银行信用"AAA"级企业、浙江省进沪施工优胜单位。自1998年中华人民共和国建筑法的贯彻实施，企业进一步树立以诚为本、精诚合作、以质兴业、争创一流的经营宗旨，公司员工弘扬勇于开拓、顽强拼搏、志在创优的"丰惠精神"。施工产值 、经济效益连年翻番，2000年完成产值26409万元，实现企业增加值5864万元，2001年完成施工产值51338万元，实现企业增加值11091万元。企业从浙江省建筑业的第94位，跃居到第57位，2000年进入上海市外省市进沪施工企业安全业绩考核前30名，2001年进入上海市经营行为、工程质量、施工安全、科学进步、队伍管理、文明施工等方面综合考评进沪施工优秀30强企业的行列。

展望未来，公司将进一步营造讲求商业道德、诚实守信、公平竞争的氛围，以团结、求实、开拓创新的企业精神，积极推进企业制度创新、加大人才、技术、管理等生产要素优化组合，以建筑为主、多元经营、纵横开拓、集团发展发经营方式，实现以创优质、夺名牌、树信誉、上规模的奋斗目标，面对加入WTO的建筑市场、争取与国际惯例接轨取得进入国际市场的通行证，贯彻建设部关于进一步整顿和规范建筑市场秩序工作做到依法治业，全方位提高企业竞争力，扬长避短充分发挥"上虞建筑之乡"之优势，坚持以"三个代表"重要思想为指导，力促建设工程总体质量达到新水平，构造丰惠建筑新丰碑。

浙江中成建工集团有限公司

详细地址：浙江省绍兴市马山海南路68号

法人代表：王永泉

邮政编码：312085

电话号码：0575-8047788

传真号码：0575-8048812

电子信箱：masters@zhongcheng.net.cn

企业网址：www.zhongcheng.net.cn

浙江中成建工集团有限公司系国家一级资质建筑施工企业，能独立承揽国内外工业与民用、市政公用、公路交通、设备安装等大型、复杂的建设总承包施工任务。企业经过不断的积累与发展，已成为浙江省建筑业的龙头企业。企业拥有总资产10亿余元，各类工程技术人员4000余名，有资质的项目经理专业类别齐全，其中一级资质项目经理有近50名。企业的技术装备精良，拥有各类专业施工所需的大中型机械设备。

1998年至2000年企业完成的施工产值均名列浙江省前二名，2001年企业完成施工产值达23.8亿元。企业主要市场有上海、内蒙古、山东、江苏以及浙江省内等。其中上海市场年完成产值在10亿元以上。企业的年施工能力达30亿元以上。企业坚持实施质量名牌战略。已创省（市）级以上优质工程120余项，其中国家建设工程“鲁班奖”4项、建设部优质工程奖5项、上海市“白玉兰”优质工程36项、“浦江杯”优质工程21项、浙江省“钱江杯”19项，创优业绩居全省同行业之冠。公司始终不渝地追求科技进步，近年来，有5项科研成果通过了省（市）级鉴定，有3项施工工法被审定为国家级和上海市市级工法。企业的技术力量雄厚，承建大、高、难、新项目经验丰富，已承建了上海中土大厦、上海阳光世界大厦、上海深房广场、上海港泰广场、上海集装箱码头SCT大楼、上海众和新苑、上海新华花园、上海金樟花苑等高层建筑150余幢，建造了杭州西湖国际饭店、上海闸北体育场、绍兴文理学院主教育楼等一大批具有时代特征的大型公共建筑，创造了多项全国、全省的建设之最，在浙、沪乃至全国同行业中久负盛名。

公司积极地进行机制创新和管理创新，企业的综合实力不断增强，已连续10年被评为浙江省资信AAA级企业，连续3年被评为“上海市用户满意企业”，连续二届被评为“全国先进建筑施工企业”。公司还先后荣获“浙江省重点骨干企业”、“浙江省先进建筑施工企业”、“上海市优秀施工企业”、“上海市跨世纪住宅建设优秀施工企业”、“全国先进集体建筑企业”、“全国全面质量管理优秀企业（金屋奖）”、“全国最佳经济效益企业”、“全国用户满意企业”等荣誉称号。

浙江长广（集团）有限责任公司

详细地址：浙江省长兴县金陵南路2号

法人代表：姚炳南

邮政编码：313121

电话号码：0572-6207395

传真号码：0572-6207361

浙江长广（集团）有限责任公司是省直属大型企业，创建于1958年，历经40余年的开发建设，已从初建时的单一煤炭生产型，发展成为今天的以煤炭、电力、建筑、火工品为主，三产经营为辅的综合性国家大型企业。集团公司位于交通便利、区域经济发达的湖州地区，总部设在长兴县城，企业占地11763亩。

集团公司于1997年底改制建立现代企业制度，现有下属控资子、分公司20家，拥有总资产9.74亿，2001年实现生产经营总收入80606万元，上缴国家税金6537万元。集团公司主要生产经营的产品、项目：煤炭（年生产能力80万吨）、发电（100MW）、水泥（70万吨）、炸药（5000吨）、雷管（500万发）、机械加工（2000吨）、建筑工程安装（含土建、矿建，建筑具有国家二级施工资质），汽车修理及运输、照明电器、蓄电池和商业。正在开发建设的项目有：10万千瓦发电工程、5000吨乳化炸药生产线将于2002年内竣工投产。公司主要产品中，长广牌425＃普通硅酸盐水泥为省优质产品，长广牌525＃普通硅酸盐水泥获“中华水泥精品”称号，集团公司水泥分公司被中国水泥协会评为“全国水泥产品质量百佳企业”。集团公司曾两次被评为“全国煤炭企业发展多种经营先进单位”。

杭州市自来水总公司

详细地址：浙江省杭州市建国南路168号

法人代表：竺豪立

邮政编码：310009

电话号码：0571-87815788总机转

传真号码：0571-87829689

2001年，总公司总产值34251万元，制水量34273.93万吨，售水量29460.48万吨，水质综合合格率达99.56%。

年末总公司从业人员人数1571人，其中专业技术人员391人。固定资产原值22.66亿元，净值15.72亿元。

2001年，在公司全体员工的共同努力下，紧紧围绕“低成本经营、低成本技改、低成本拓展；高起点规划、高标准建设、高效能管理”的“三低三高”经营方针，深化改革，强化管理，提高企业核心竞争力，加强员工队伍凝聚力，建立现代企业制度，再创发展新优势。一年来，公司生产、供水安全有序，更加科学合理；改革进一步深化，下属企业的改制工作迈出了崭新的一步。企业管理得到加强，继续深化企业精致管理，强化成本管理；实事工程圆满完成，有效解决市民关心的热难点问题；科教工作成效显著，有力推动了总公司“十五”科技规划的实施；创建工作取得好成绩，总公司被评为“全国建设系统精神文明建设先进单位”，再次被授予“省级文明单位”称号；党建工作成效明显，此外，综合治理、爱国卫生、后勤保障、计划生育等各项工作也迈上了新的台阶。

一年来，总公司始终坚持为人民生活和生产建设服务，紧紧围绕杭州市“构筑大都市、建设新天堂”的目标，解放思想，真抓实干，开拓创新，不懈努力，为杭城经济建设和人民生活水平提高作出了积极的贡献。

浙江省新昌县彩淳建筑工程有限公司

详细地址：浙江省新昌县城关镇西镇南路114号

法人代表：梁上炎

邮政编码：312500

电话号码：0575-6022427

传真号码：0575-6043582

电子信箱：xcccjz@21cn.com

新昌县彩淳建筑工程有限公司创建于1979年，现为国家建筑二级企业，主营工业与民用建筑，兼营公路、水电工程及出国劳务。现有职工1680多人，工程技术经济人员170多人，其中含中、高级职称的工程技术经济人员80人。拥有固定资产2188万元，总资产8000多万元，近几年来平均年产值1.5亿多元，年利税500多万元。公司走“以质兴业”之路，工程合格率100%，优良率达70%以上。其中工行大楼、彩建小区、梅苑小区A幢商住楼工程分别创市优“兰花杯”工程。连续3年获县、市建筑业系统优胜单位。

公司在近几年来输出日本、新加坡等国家的劳务工累计1200多人次。创建出国技工培训中心一所，累计培训技工1800多人，获省劳动厅“就业服务先进企业”。

公司充分利用新昌特色产业优势，投资4000多万元创建浙东现代渔业示范观光园区，从澳大利亚引进名优鱼种，实行高科技设施渔业车间养殖名特优稀水产珍品，被列为省重点项目。

中国统计出版社最新资料书简目

中国统计年鉴—2002
中国统计摘要—2002
2002 中国发展报告
中国城市统计年鉴—2001
中国农村统计年鉴—2002
中国劳动统计年鉴—2002
中国人口统计年鉴—2002
中国社会统计资料—2001
中国工业经济统计年鉴—2002
中国市场统计年鉴—2002
2001 中国城市发展报告
中国建筑业统计年鉴—2001
中国固定资产投资统计年鉴—2002
中国价格及城镇居民家庭收支调查统计年鉴—2002
国际统计年鉴—2002
中国西部统计年鉴—2001
中国对外经济贸易统计年鉴—2001
中国商品交易市场统计年鉴—2001
中国基本单位统计年鉴—2001
中国食品工业年鉴—2001
中国民政统计年鉴—2002
如何使用统计年鉴
中国市民的经济观
北京统计年鉴—2002
天津统计年鉴—2002
河北经济年鉴—2002
山西统计年鉴—2002
内蒙古统计年鉴—2002
辽宁统计年鉴—2002
吉林统计年鉴—2002
黑龙江统计年鉴—2002
上海统计年鉴—2002
江苏统计年鉴—2002
浙江统计年鉴—2002
安徽统计年鉴—2002
福建统计年鉴—2002
江西统计年鉴—2002
山东统计年鉴—2002
河南统计年鉴—2002
湖北统计年鉴—2002
湖南统计年鉴—2002
广东统计年鉴—2002
广西统计年鉴—2002
贵州统计年鉴—2002
云南统计年鉴—2002
海南统计年鉴—2002
四川统计年鉴—2002
重庆统计年鉴—2002
西藏统计年鉴—2002
陕西统计年鉴—2002
甘肃年鉴—2002
青海统计年鉴—2002
宁夏统计年鉴—2002
新疆统计年鉴—2002
新疆产生建设兵团统计年鉴—2002
石家庄统计年鉴—2002
唐山统计年鉴—2002
保定统计年鉴—2002
邯郸统计年鉴—2002
张家口统计年鉴—2002
伊克昭盟统计年鉴—2002
太原统计年鉴—2002
临汾年鉴—2002
呼和浩特经济统计年鉴—2002
沈阳年鉴—2002
大连统计年鉴—2002
吉林市社会经济统计年鉴—2002
四平统计年鉴—2002
延吉统计年鉴—2002
哈尔滨统计年鉴—2002
齐齐哈尔经济统计年鉴—2002
黑龙江垦区统计年鉴—2002
牡丹江统计年鉴—2002
上海浦东新区统计年鉴—2002
连云港统计年鉴—2002
南京统计年鉴—2002
苏州统计年鉴—2002
无锡统计年鉴—2002
常州统计年鉴—2002
徐州统计年鉴—2002
南通统计年鉴—2002
盐城统计年鉴—2002
杭州统计年鉴—2002
宁波统计年鉴—2002
绍兴统计年鉴—2002
台州统计年鉴—2002
舟山统计年鉴—2002
温州统计年鉴—2002
福州年鉴—2002
厦门经济特区年鉴—2002
福州经济技术开发区年鉴—2002
南昌统计年鉴—2002
九江统计年鉴—2002
河池地区年鉴—2002
青岛统计年鉴—2002
天水统计年鉴—2002
泰安统计年鉴—2002
昆明统计年鉴—2002
济南统计年鉴—2002
郑州统计年鉴—2002
洛阳统计年鉴—2002
十堰统计年鉴—2002
三门峡统计年鉴—2002
平顶山统计年鉴—2002
南阳统计年鉴—2002
武汉统计年鉴—2002
宜昌统计年鉴—2002
广州统计年鉴—2002
深圳统计信息年鉴—2002
惠州统计年鉴—2002
珠海统计年鉴—2002
东莞统计年鉴—2002
南宁统计年鉴—2002
南宁地区统计年鉴—2002
桂林经济社会统计年鉴—2002
柳州经济统计年鉴—2002
柳州地区统计年鉴—2002
贵阳统计年鉴—2002
海口统计年鉴—2002
成都统计年鉴—2002
广安统计年鉴—2002
攀枝花统计年鉴—2002
西安统计年鉴—2002
兰州年鉴—2001
西宁统计年鉴—2002
乌鲁木齐统计年鉴—2002
巴音郭楞统计年鉴—2002
吐鲁番统计年鉴—2002
石河子统计年鉴—2002
庆阳年鉴—2002
银川统计年鉴—2002

[illegible] 03.7.14